유니티 전문 개발자가 알려주는
효과적인 게임 제작 기법

절대강좌! 유니티 2021

Unity 전문 개발자가 알려주는 효과적인 게임 제작 기법

지은이 이재현

펴낸이 박찬규   엮은이 이대엽   디자인 북누리   표지디자인 Arowa & Arowana

펴낸곳 위키북스   전화 031-955-3658, 3659   팩스 031-955-3660
주소 경기도 파주시 문발로 115, 311호 (파주출판도시, 세종출판벤처타운)

가격 48,000   페이지 820   책규격 188 x 240mm

1쇄 발행 2021년 06월 10일
2쇄 발행 2022년 02월 17일
3쇄 발행 2023년 03월 30일
ISBN 979-11-5839-261-1 (93000)

등록번호 제406-2006-000036호   등록일자 2006년 05월 19일
홈페이지 wikibook.co.kr   전자우편 wikibook@wikibook.co.kr

절대강좌! 유니티

유니티 전문 개발자가 알려주는
효과적인 게임 제작 기법

이재현 지음

위키북스

필자가 처음 게임을 만들기 시작한 것은 중학교 시절이었다. GW-BASIC 언어를 배워가며 게임을 만들기 시작했다. 팩맨(Pac-Man)과 비슷한 게임으로 괴도 루팡이 보석을 줍는 시나리오였는데, 물론 기술적인 한계 때문에 완성하진 못했다. 그 이후로 게임과 전혀 관련 없는 SI 분야에서 개발 경력을 쌓아오다 2008년 과감히 아이폰 앱 개발에 뛰어들었다.

2D 게임을 개발하면 할수록 3D 게임 개발에 대한 열망이 커져 이런저런 개발 툴을 기웃거리다가 유니티를 접하고 나서 많은 희망을 봤고 동시에 절망감도 느꼈다. 그 당시 국내에는 유니티 관련 책이 단 한권도 없었기 때문에 영문 매뉴얼과 외국 유니티 포럼이 유일한 길라잡이였다.

요즘은 국내외로 좋은 책이 많이 나와 있어 유니티를 배우려는 분들에게 축복받은 시절이라할 수 있다. 필자가 이 책을 쓰게 된 이유 중 하나는 오프라인 강의를 진행하면서 대부분 수강생이 유니티 책을 한두 권 가지고 있지만, 실제로 게임을 어떻게 개발해야 하는지, 어디서부터 시작해야 하는지 몰라서 답답해하는 모습을 많이 봤기 때문이다. 유니티가 비주얼 툴(Visual Tool)이기 때문에 지면을 통해 그 내용을 전달하기 어렵다는 것은 독자들이 배우기가 쉽지 않다는 말과 같다. 또한 유니티의 기능을 충분히 소개했다고 해도 막상 "이러이러한 게임을 개발합시다!"라고 하면 그 기능을 어떻게 적용해야 하는지 모르는 경우가 많다. 이것은 영어 단어와 문법을 열심히 공부해도 막상 외국인을 만나면 간단한 회화조차 하기 어려운 것과 같다.

따라서 이 책에서는 유니티를 기능별로 깊이 있게 파고들지 않는다. 또한 기능별로 분리해서 설명하는 방식이 아니라 개발하는 데 필요한 기능을 설명하고 적용하는 방식으로 진행한다.

이 책의 마지막 페이지를 덮고 나면 독자 여러분의 PC에 꽤 괜찮은 게임 프로토타입이 남아있기를 기대한다.

본문 내용을 시작하기에 앞서 이 책의 도서 홈페이지, 대상 독자, 예제 파일을 소개하고, 이 책에서 사용된 편집 서식에 대해 알아보겠다.

도서 홈페이지

이 책의 홈페이지 URL은 다음과 같다.

- **책 홈페이지**: https://wikibook.co.kr/unity2021/

이 책을 읽는 과정에서 잘못된 내용, 오탈자가 있다면 홈페이지 우측의 [도서 관련 문의]를 통해 문의바란다. 독자분들의 의견을 반영해 더 좋은 책을 만들도록 노력하겠다.

대상 독자

이 책은 우선 유니티 초급자를 대상으로 한다. 유니티 소개, 설치 및 인터페이스 소개부터 시작하므로 이미 개발 경험이 있는 독자는 1장은 건너뛰어도 된다. 또한 이 책은 중급자를 위한 책이기도 하다. 이미 다른 유니티 관련 책으로 공부한 독자에게 실제로 게임을 어떻게 개발해 나가는지를 소개한다.

리소스 및 책의 소스코드 내려받기

이 책에서 사용하는 대부분의 리소스는 유니티사에서 운영하는 에셋 스토어(Asset Store)에서 내려받아 사용하며 책에서 사용하는 별도의 리소스는 아래 깃허브 저장소에서 내려받을 수 있다. 또한, 장별로 완료된 프로젝트 소스코드와 스크립트별 Github Gist를 제공한다.

- **깃허브 저장소**: https://github.com/IndieGameMaker/UnityBook

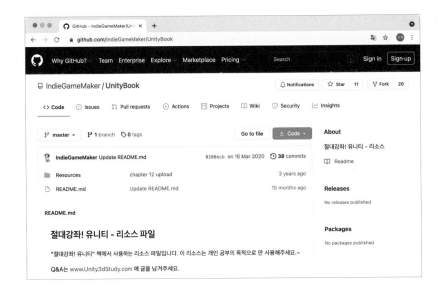

예제 코드 내려받기

이 책의 예제 코드를 내려받는 방법을 알아보겠다.

01 웹 브라우저로 깃허브 저장소(https://github.com/IndieGameMaker/UnityBook)에 접속한 다음 오른쪽 상단의 [Code]를 클릭한 후 [Download ZIP]을 클릭한다.

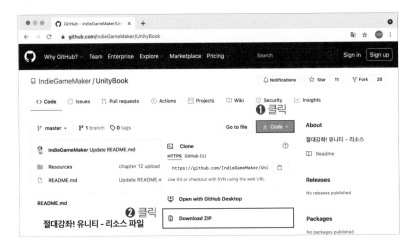

02 다운로드할 폴더를 지정해 압축 파일(ZIP 파일)을 내려받는다. 특별히 다운로드 폴더를 지정하지 않으면 다운로드 폴더에 내려받는다.

03 내려받은 압축 파일(UnityBook-master.zip)의 압축을 해제한다. 이때 압축 해제된 파일이 위치할 대상 폴더를 지정하거나 현재 디렉터리에 압축을 해제한 후 대상 폴더로 옮길 수 있다.

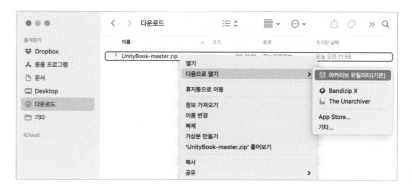

04 압축을 해제한 폴더로 이동하면 폴더 구성을 확인할 수 있다. 리소스별로 폴더가 구분돼 있고, 리소스를 임포트하는 방법은 책에서 자세히 설명하고 있다.

이 책에서 사용한 프로그램

이 책은 유니티 허브 프로그램을 이용해 유니티를 설치한 다음 실습을 진행했다. 유니티를 설치하는 방법은 이 책의 1장에서 자세히 설명하고 있다.

- **이 책에서 사용한 유니티 버전:** 2021.1.5f1

문의 사항

이 책을 읽다가 생기는 궁금한 사항에 대해서는 필자의 개인 사이트에서 문의할 수 있다. 또한 지면으로 설명하기 힘든 부분에 대해서는 추가적인 동영상 강좌를 필자의 개인 사이트에서 제공할 예정이다.

- **필자의 개인 사이트:** www.Unity3dStudy.com

편집 서식

이 책의 본문에 사용된 서식에 대해 알아보겠다.

본문 코드　　본문에서 코드와 관련된 사항을 표기한다.

여러분이 사용할 lowpolybullet 모델은 두 번째 방식을 적용해 유니티 좌표계와 일치시켜보자. 먼저 하이러키 뷰에 빈 게임오브젝트를 생성한 후 이름을 "Bullet"으로 변경한다. 생성한 Bullet은 원점 (0, 0, 0)에 생성되어 주인공 캐릭터와 같은 위치에 놓이게 된다.

코드 블록　　　예제 코드를 나타낸다.

스크립트 4-1 유니티 주요 이벤트 함수의 사용과 특징

```csharp
using System.Collections;
using System.Collections.Generic;
using UnityEngine;
public class PlayerCtrl : MonoBehaviour
{
    void Awake()
    {
        // 제일 먼저 호출되는 함수
        // 스크립트가 비활성화돼 있어도 호출되는 함수
    }
    .... 생략 ...
}
```

팁, 주의, 정보　　　본문 내용과 관련해 참고할 만한 내용을 나타낸다.

> **🗐 팁**　　　연산 처리 속도가 가장 빠른 Collider
>
> Sphere Collider가 가장 빠르게 연산을 처리하며, Capsule Collider, Box Collider 순서대로 속도가 빠르다. 따라서 특별한 경우가 아니라면 다음 순서대로 Collider 컴포넌트를 선택하길 권한다.
>
> 1. Sphere Collider
> 2. Capsule Collider
> 3. Box Collider

개정판을 내면서

그동안 『절대강좌! 유니티』 시리즈를 사랑해주신 모든 독자분께 지면을 통해 진심으로 감사드립니다. 이전 개정판은 유니티 2018 버전 기준으로 집필됐으며 절판된 지 2년 만에 새로운 개정판을 선보이게 됐습니다. 본 개정판은 유니티 2021 버전을 기준으로 집필됐으며, 그동안 담지 못했던 새로운 내용과 버전업된 유니티의 기능을 좀 더 충실히 담았습니다. 또한, 초판 버전에서 다뤘던 네트워크 게임 부분을 현시점에 맞게 새롭게 추가했습니다. 오랫동안 기다려주신 독자 여러분께 감사의 말씀 전합니다.

감사의 글

이 책이 나올 수 있게 해준 위키북스 출판사에 감사한다. 특히 오랜 집필 기간 동안 묵묵히 지켜봐 주셨던 박찬규 대표님, 지속적인 아이디어와 기술 동향에 대해 조언을 해주셨던 김윤래 팀장님, 그리고 초보 집필자의 어설픈 문장력을 기술적인 이해도를 바탕으로 꼼꼼하게 교정해 주신 윤가희 씨와 이대엽 씨에게 감사한디. 또한 멋진 표지 그림을 그려주신 잠산 작가님께 감사한다.

언제나 아들의 길을 성원해주신
어머니, 아버지, 감사드리고 사랑합니다.

남편의 무모한 시도를 항상 응원하고 격려해준
나의 아내 현상, 사랑합니다.
그리고 무럭무럭 밝게 커주고 있는
사랑스러운 다은, 다윤아, 아빠가 많이 사랑해.

07장

유니티
UI 시스템

14장

Input System

15장

포톤 클라우드를 활용한 네트워크 게임

01

유니티 엔진의 소개

이번 장에서는 유니티 엔진의 전체적인 특징과 장점에 대해 알아본다. 또한, 유니티를 설치하고 라이선스를 설정하며 유니티 인터페이스와 반드시 익혀야 하는 단축키에 대해 소개한다.

유니티(Unity)는 통합 멀티미디어 게임 엔진이다. 게임 엔진은 게임 개발에 필요한 여러 기능을 제공함으로써 쉽게 게임을 만들 수 있게 돕는다. 이러한 게임 엔진을 이용하면 게임 개발 시 생산성과 작업 능률을 높일 수 있다.

기존의 게임 엔진은 상용 게임 엔진부터 무료 게임 엔진까지 무척 다양하다. 대표적인 상용 게임 엔진으로는 언리얼(Unreal), 크라이(CryENGINE), 하복(Havok Physic Engine), 게임 브리오(Game Bryo), 소스엔진(Source Engine) 등이 있다. 유니티가 나오기 전까지만 해도 이러한 고성능 게임 엔진은 높은 가격 탓에 게임을 개발하려는 개인이나 학생이 접하기는 어려웠다.

유니티 개발사에서 말하는 "개발의 민주화(Democratizing Development)"라는 표어는 "이러한 현실에서 벗어나 누구나 쉽게 게임을 만들 수 있는 훌륭한 게임 엔진을 제공하자"라는 것이다. 유니티의 등장은 인디 게임 개발사는 물론 게임 개발을 꿈꾸는 많은 개발자에게는 큰 도움이 됐다. 유니티가 가져온 가장 큰 패러다임의 변화는 모든 게임엔진을 무료화 한 것이라고 필자는 생각한다.

또한, 유니티(Unity)는 리얼타임 3D 플랫폼 엔진이다. 처음 시작은 게임 개발 엔진으로 개발되었으나 최근에는 게임 이외의 분야에서도 널리 사용하고 있다. 이에 게임만을 제작하는 툴에만 국한하지 않고 다양한 분야에서 사용할 수 있다는 것을 표현하기 위해 "리얼타임 3D 플랫폼"이라는 부제를 달았다.

리얼타임 3D 플랫폼

유니티 개발사는 2017년 초에 유니티 2017 버전을 선보인다. 기존의 버전 넘버링 체계가 변했다는 것은 표면적인 것 외에도 좀 더 중요한 의미를 내포하고 있다. 즉, 통합 멀티미디어 엔진으로 진화한다는 것을 의미한다. 쉽게 이야기하면 기존의 게임 개발에만 국한된 엔진의 이미지에서 다양한 분야로 확장하기 위해 새로운 기능을 다수 탑재했다. 대표적인 기능으로 시네머신(Cinemachine)과 타임라인(Timeline)을 꼽을 수 있다.

[그림 1-1] 2017 버전부터 추가된 타임라인과 시네머신 기능

또한 2018년 3월 GDC(Game Developers Conference)에서는 유니티 2018 버전을 선보였는데, 2018 버전에서는 SRP(Scriptable Rndering Pipelines), C# Job System 및 ECS, 셰이더 그래프 (Shader Graph) 기능이 추가되어 렌더링 성능과 시스템 성능을 한 차원 더 끌어올렸다. 최근 유니티 2020 LTS 버전 또한 URP(Universal Render Pipeline)를 활용한 그래픽 성능의 향상과 애니메이션 리깅(Animation Rigging), 셰이더 그래프, 2D 워크플로우 개선 등의 다양한 업그레이드를 선보였다.

[그림 1-2] URP를 활용해 그래픽 품질을 획기적으로 향상시킨 Boat Attack 데모

2016년, 유니티5로 제작된 단편 애니메이션 아담(Adam)이 소개됐는데, 이 애니메이션에서는 영화적인 연출과 다양한 효과를 선보였다. 그 후 닐 블롬캠프[1] 감독은 유니티 2017 버전으로 아담 더 미러(Adam the Mirror)라는 단편영화를 제작해 영화 제작 분야에서도 유니티의 가능성을 확인했다. 또한 2017년 개봉작인 "블레이드 러너 2049"의 특수효과에도 유니티가 활용됐다.

[그림 1-3] 유니티로 제작된 단편 애니메이션 아담(Adam)(출처: 유니티 홈페이지)

아담(Adam) 시리즈와 사자의 서(Book of the Dead)를 제작했던 유니티 데모팀에서 최근 선보인 유니티 더 헤레틱(The Heretic) 단편 영화는 고해상도 렌더 파이프라인(HDRP)과 실시간 VFX의 장점을 잘 보여주는 사례로 유니티 엔진의 가능성을 극명하게 보여준다.

1　닐 블롬캠프(Neil Blomkamp): 디스트릭트9, 엘리시움, 채피 등을 연출한 남아프리카공화국 출신의 할리우드 영화감독

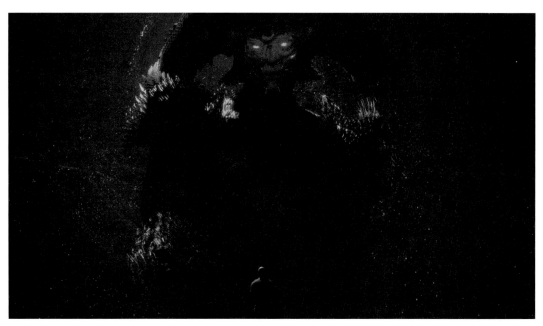

[그림 1-4] 실시간 VFX를 사용한 더 헤러틱 단편영화(출처: 유니티 홈페이지)

유니티의 장점

유니티는 2001년에 덴마크에서 처음 개발이 시작되어 2005년에 애플(Apple)의 WWDC에서 유니디1을
처음 선보였다. 그 이후로 지속적인 업그레이드를 하면서 꾸준히 성장했고, 높은 인기를 얻고 있다. 2016
년도 상위 무료 모바일게임 1,000개 중 34%가 유니티로 개발됐으며(출처: SourceDNA 2016년 1분기),
2018년 GDC에서 발표한 자료에 의하면 모바일 게임의 50%가 유니티로 개발됐다고 한다.

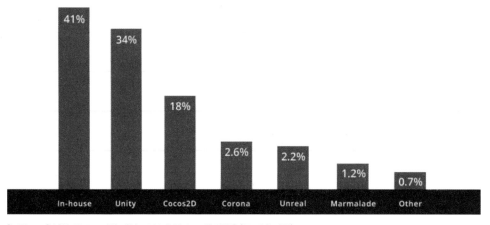

[그림 1-5] 상위 무료 모바일 게임 1,000개 중 34%의 점유율(2016년 기준)

이처럼 유니티가 폭발적인 인기를 얻게 된 몇 가지 요인을 꼽자면 다음과 같다.

- 직관적인 개발 환경(IDE) 제공
- 멀티 플랫폼(Multi Platform) 빌드
- 에셋스토어(Asset Store) 운영
- 다양한 온라인 커뮤니티

- 빠른 개발 속도 제공
- 가상현실 및 증강현실 개발
- 퍼포먼스 리포팅, 리모트 서비스
- 광고, 부분 유료화, 분석 툴 및 분석 데이터 제공

멀티 플랫폼 지원

유니티의 가장 큰 장점은 멀티 플랫폼을 지원하는 것이다. 2008년에 서비스를 시작한 애플의 앱스토어 (AppStore)는 전 세계의 1인 게임 개발자에게 큰 꿈을 가질 수 있는 장을 열었다. 이에 발맞춰 유니티 개발사는 그해 아이폰으로 빌드할 수 있는 유니티 아이폰 버전을 출시했다. 그 후 지금까지 유니티는 지속해서 빌드 플랫폼을 확장했으며, 현재 유니티는 총 25개 이상의 플랫폼을 지원한다. 유니티는 새로운 플랫폼이 개발되면 가장 먼저 지원하는 엔진 중 하나다.

- 모바일 플랫폼(iOS, 안드로이드, UWP, Fire OS)
- 데스크톱 플랫폼(윈도우, 윈도우 스토어, 맥, 리눅스, 페이스북 게임룸)
- 콘솔 플랫폼(PS3, XBOX, Wii, Nintendo Switch)
- 웹 플랫폼(HTML5, WebGL)
- 가상현실 및 증강현실(오큘러스, HTC, PS VR, Gear VR, Microsoft HoloLens)
- 스마트 TV(Android TV, 삼성 스마트TV, tvOS)

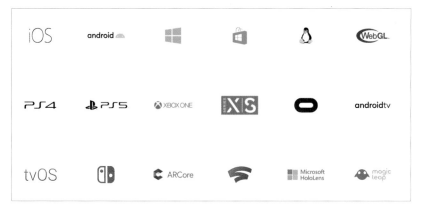

[그림 1-6] 유니티가 지원하는 다양한 플랫폼(출처: 유니티 홈페이지)

통합 개발환경

유니티는 스테이지 디자인, 스크립트 코딩, 디버깅, 빌드 및 테스트 등 일련의 개발 프로세스가 모두 유니티 에디터에서 이뤄지므로 매우 높은 생산성을 자랑한다. 또한 직관적이고 합리적인 통합 개발 환경을 통해 편리한 개발 환경을 제공한다.

- 직관적인 인터페이스를 제공
- 스크립트 코딩
- Progressive Lightmapper
- VFX, 셰이더 그래프(Shader Graph)
- Terrain Engine

- 레벨 디자인
- 디버깅 / 실시간 빌드
- SRP(Scriptable Rendering Pipeline)
- UI Toolkit

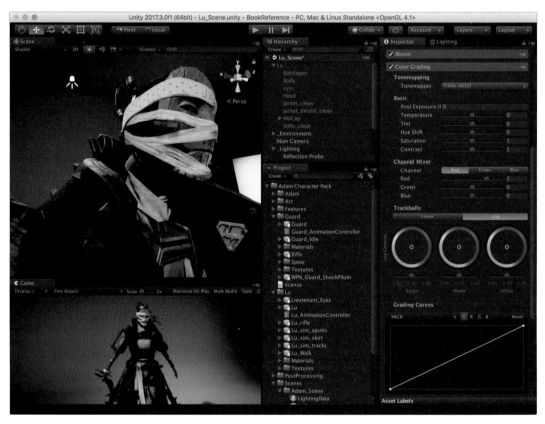

[그림 1-7] 효율적인 개발을 위한 All-in-One 에디터 – Post Processing

유니티 라이선스 정책

기본적으로 유니티는 엔진의 모든 기능을 무료로 사용할 수 있으며 무료인 학생 또는 퍼스널 버전과 유료인 플러스, 프로, 기업 버전으로 구분된다. 퍼스널 버전은 시작 시 유니티 로고가 표시되는 것 말고는 엔진 자체의 기능상 제약은 없다. 다만 전년도 매출액이 10만 달러를 초과할 때는 유료 버전을 사용해야 하며, 유료 버전의 경우 월 구독의 형태로 과금한다.

- 학생과 Personal 버전은 무료
- 사업자용 Plus, Pro 버전은 유료
- 전년도 매출액 10만 달러 초과 시 유료 버전 사용
- 개발 정책과 목적에 따라 선택 가능

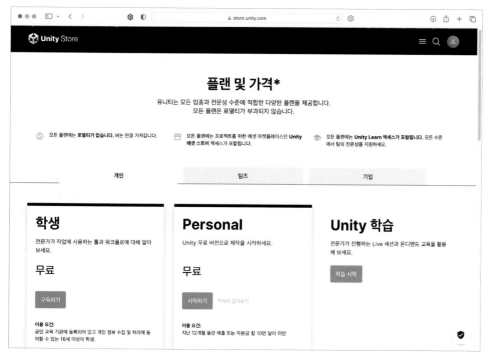

[그림 1-8] 유니티의 과금 체계(출처: 유니티 홈페이지)

정보 공유를 위한 커뮤니티 활성화

유니티 커뮤니티[2]에서는 방대한 분량의 매뉴얼과 체계적인 예제 소스를 제공하며, 유니티 홈페이지에서는 많은 동영상 튜토리얼을 제공하고 있어 유니티 학습에 편리한 환경이 구축돼 있다. 또한 개발 중 어려움에 봉착했을 때 도움을 얻을 수 있는 유니티 포럼도 활발히 운영되고 있다.

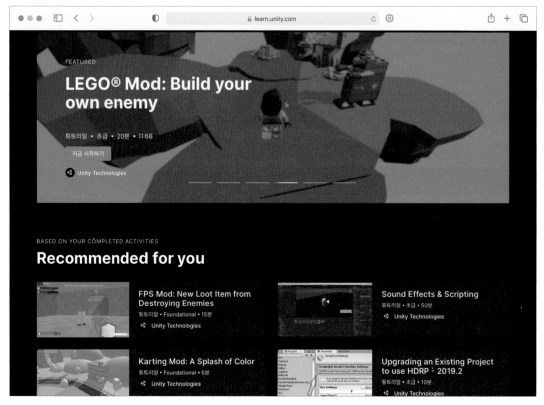

[그림 1-9] 다양한 난이도의 유니티 학습 튜토리얼(출처: 유니티 홈페이지)

에셋 스토어

에셋(Asset)의 사전적 의미는 자산이다. 유니티에서 말하는 에셋은 게임 및 콘텐츠 제작에 필요한 모든 요소를 말한다. 즉, 3D 모델, 텍스처 이미지, 모션 캡처 애니메이션, 사운드, 파티클 효과, 유틸리티 등을 에셋이라 지칭한다. 에셋 스토어[3]는 이러한 에셋을 사고팔 수 있는 오픈마켓으로 1인 개발자 또는 소규모 개

---

2 https://unity.com/kr/community
3 https://assetstore.unity.com/?locale=ko-KR

발사에서는 고품질의 다양한 에셋을 비교적 저렴한 비용으로 구입할 수 있어 개발 시간을 획기적으로 줄일 수 있다는 장점이 있다.

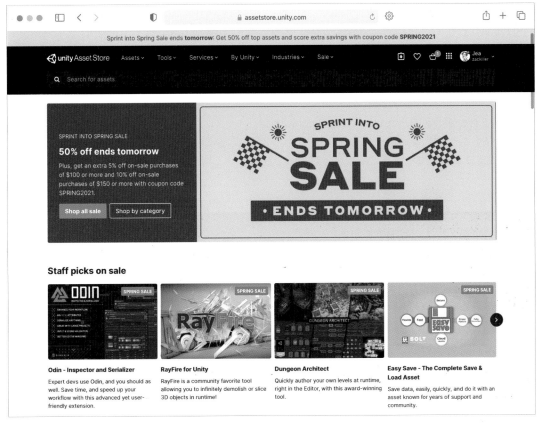

[그림 1-10] 다양한 에셋을 구할 수 있는 에셋 스토어

유니티로 만들어진 게임 및 콘텐츠

유니티로 제작된 게임은 다양한 플랫폼으로 출시되어 많은 히트작을 내고 있으며 좀 더 많은 게임은 유니티 홈페이지의 Made with Unity[4]에서 소개하고 있다.

---

4 https://unity.com/kr/madewith

유니티 설치

유니티 에디터를 설치하기 위해 먼저 유니티 허브(Unity Hub) 프로그램을 내려받아야 한다. 유니티 허브는 작업 PC에 여러 가지 버전의 유니티 에디터를 설치하고 프로젝트 목록을 관리하는 일종의 허브(게이트웨이) 프로그램이다. 유니티 홈페이지에 접속해 첫 화면에서 [시작하기] 버튼을 클릭하거나, 설치 페이지로 직접 들어간 다음 [개인] 탭을 선택하고 학생 또는 Personal의 [시작하기]를 클릭한다.

- **유니티 홈페이지:** https://unity.com/kr
- **유니티 허브 설치 페이지:** https://unity.com/kr/download

독자 여러분의 운영체계에 맞는 유니티 허브를 다운로드한다.

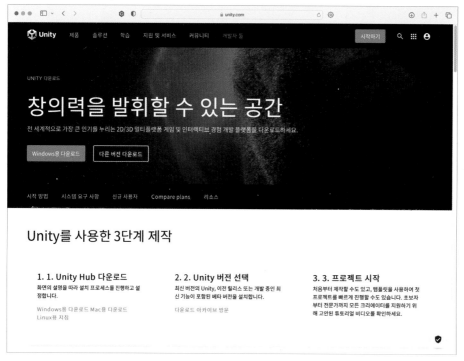

[그림 1-11] 유니티 허브를 다운로드하는 페이지

유니티 허브에서 로그인 또는 계정 생성

내려받은 유니티 허브를 설치한 후 실행하면 다음과 같이 열린다. 처음 유니티를 사용한다면 먼저 유니티 개발자 계정을 생성한다. 왼쪽 위에 있는 사람 모양의 아이콘을 클릭한 후 [계정생성]을 선택한다.

[그림 1-12] 유니티 허브에서 계정생성 메뉴 선택

이미 유니티 개발자 계정이 있는 경우에는 [로그인] 버튼을 클릭하면 웹 브라우저가 열린다. 로그인 페이지에서 이메일 주소와 암호를 입력한다.

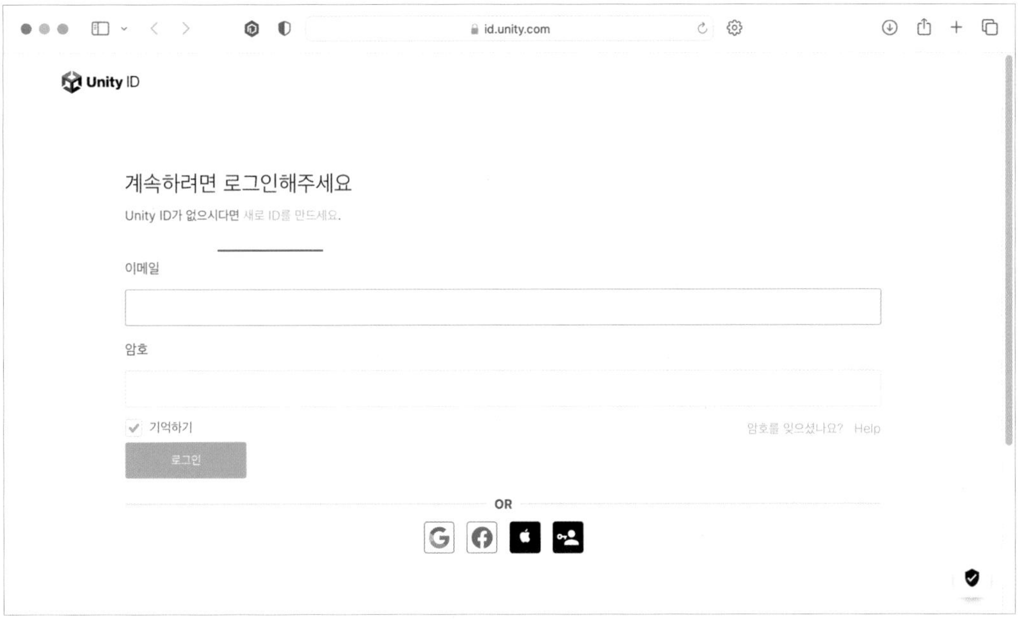

[그림 1-13] 로그인 페이지

만약 새로운 계정을 생성한다면 등록한 이메일 주소로 유니티측에서 확인 메일을 보낸다. 메일 수신 후 활성화 링크를 클릭해야 계정 등록이 완료된다. 유니티 계정은 다양한 소셜 계정으로도 연동해서 생성할 수 있다.

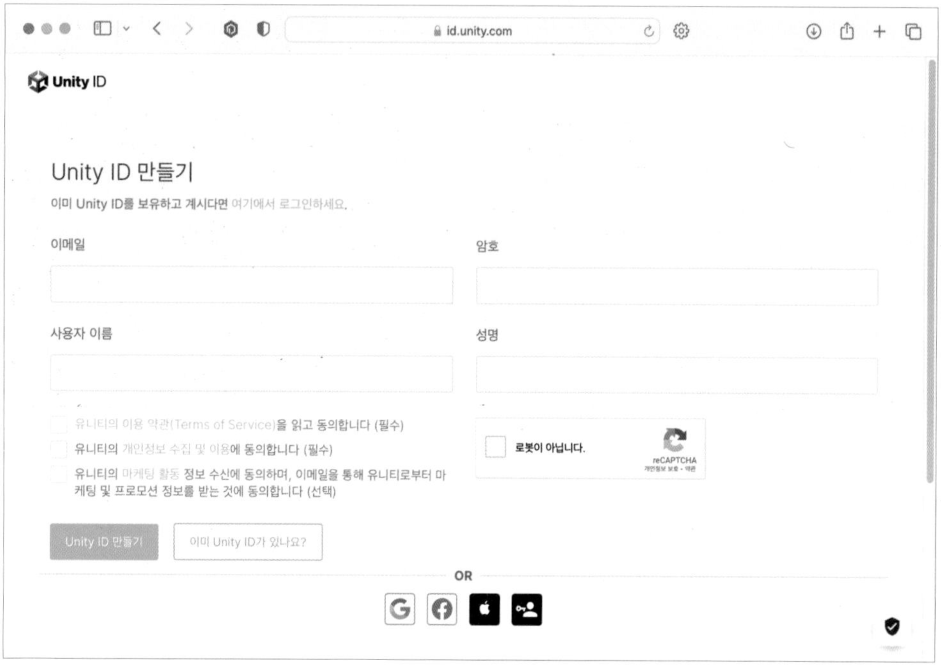

[그림 1-14] 유니티 계정 생성

라이선스 활성화

유니티 에디터를 사용하기 위해 적절한 라이선스를 생성해야 한다. 왼쪽 메뉴에서 [라이선스 관리]를 클릭한다.

[그림 1-15] 라이선스 관리 선택

[추가] 버튼 또는 [라이선스 추가] 버튼을 클릭한 후 [무료 Personal 라이선스 받기]를 선택한다.

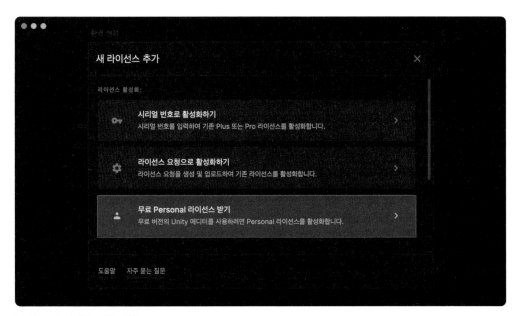

[그림 1-16] 라이선스 종류 선택

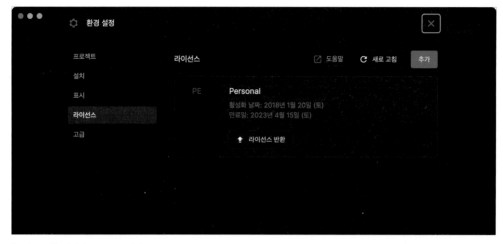

[그림 1-17] 설치된 Personal 라이선스

유니티 에디터 설치

왼쪽 메뉴의 [설치] 탭을 클릭하면 이미 설치된 유니티 에디터 목록을 볼 수 있다. 한 번도 유니티 에디터를 설치한 적이 없을 경우에는 비어 있을 것이다.

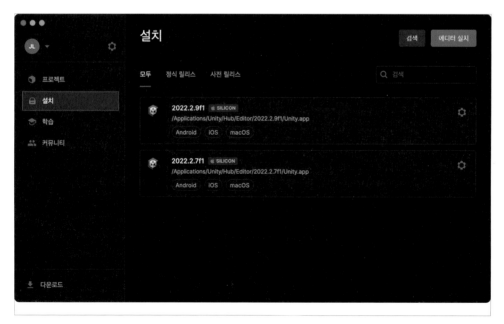

[그림 1-18] 다양한 버전의 유니티 에디터

[에디터 설치] 버튼을 클릭해 설치할 유니티 에디터를 선택한다. 정식 릴리스에서 Unity 2021.3.x 버전을 선택하고 [설치] 버튼을 클릭하면 유니티 에디터와 함께 설치할 모듈을 선택할 수 있다. 기본 에디터인 Visual Studio를 선택하고 플랫폼별로 모듈을 선택하면 해당 플랫폼으로 빌드할 수 있다. 모듈은 추후 필요할 때 언제든지 추가할 수 있다.

[그림 1-19] 설치할 유니티 버전 선택

[그림 1-20] 플랫폼 모듈을 선택할 수 있는 화면

만약 Visual Studio 이외의 다른 에디터를 사용한다면 언체크해 유니티 에디터만 설치해도 된다. Visual Studio 라이선스 동의 여부 옵션을 체크하고 [설치] 버튼을 클릭하면 설치가 진행된다.

[그림 1-21] 유니티 에디터 설치

유니티 에디터 소개

유니티는 비주얼 툴이므로 프로그래밍 능력 못지않게 툴을 능숙하게 다룰 줄 알아야 한다. 따라서 다양한 단축키 또는 단축키와 마우스의 조합을 숙지해야 빠르게 개발할 수 있다. 물론 단기간 내에 습득하기는 어렵지만 꾸준히 유니티를 접한다면 차츰 손에 익으면서 능숙하게 다룰 수 있게 될 것이다. 단축키에 대해서는 앞으로 진행하면서 틈틈이 언급하겠다.

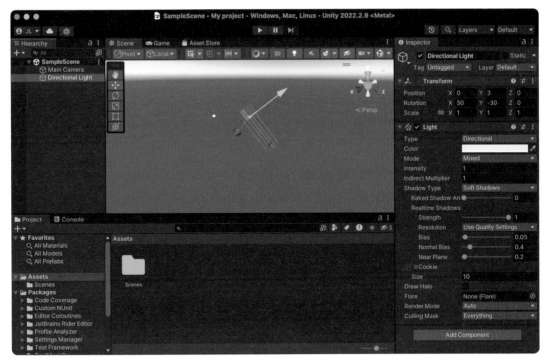

[그림 1-22] 유니티를 실행한 후 초기 에디터의 모습

에디터 테마를 Light 또는 Dark 모드로 변경할 수 있다. 테마를 변경할 경우 macOS 사용자는 메뉴에서 [Unity] → [Preferences...]를 선택하고 윈도우 사용자는 메뉴에서 [Edit] → [Preferences...]를 선택하면 Preferences 창이 나타난다. 첫 번째 General 탭의 Editor Theme에서 테마를 변경할 수 있다.

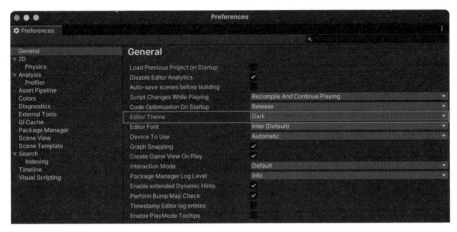

[그림 1-23] Preferences 창의 Editor Theme 설정 옵션

유니티 에디터 구조

유니티의 기본적인 인터페이스는 다음과 같이 구성돼 있다. 가장 윗부분은 툴 바(Tool bar) 부분이고 가운데 부분은 각종 뷰로 구성된다. 가장 아래쪽에는 상태바(Status bar)가 위치한다.

[그림 1-24] 유니티 에디터의 초기 화면

뷰

각 탭으로 분리된 윈도우(Window)를 뷰(View)라고 한다. 뷰의 명칭은 탭에 표기돼 있으며, 이 탭을 드래그 앤드 드롭해 자유롭게 배치할 수 있다. 뷰별로 세부적으로 살펴보자.

1. 프로젝트 뷰

프로젝트 브라우저(Project Browser) 또는 프로젝트 패널(Project Panel)이라고도 한다. 이 책에서는 뷰라는 용어를 사용한다. 이 프로젝트 뷰(Project View)는 게임 또는 콘텐츠 제작에 필요한 모든 리소스(Resource)를 모아두는(저장하는) 곳이다. 여기서 리소스라 함은 3D 모델, 애니메이션, 사운드 파일, 텍스처 파일, 스크립트, 유니티에서 생성한 에셋을 말한다. 또한 윈도우 OS의 파일 탐색기(macOS의 파인

더)가 유니티 에디터에 들어와 있다고 생각하면 이해하기가 편하다. 따라서 프로젝트 뷰는 폴더의 개념이 성립한다.

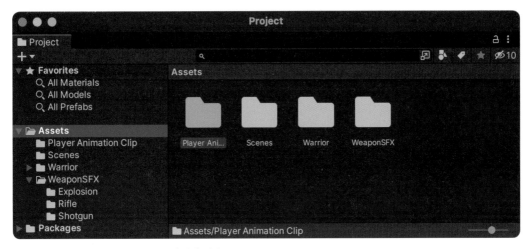

[그림 1-25] 프로젝트 뷰에 나열된 리소스(에셋) 내역

프로젝트 뷰의 기본 설정은 두 개의 칼럼(Column)으로 분리돼 있으며, 하나의 칼럼으로 변경하는 옵션을 제공한다. 프로젝트 뷰의 탭에서 마우스 오른쪽 버튼을 클릭한 다음 컨텍스트 메뉴에서 칼럼의 종류를 선택할 수 있다.

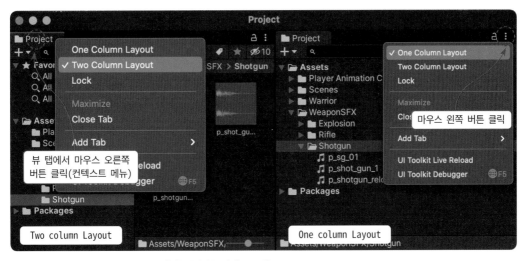

[그림 1-26] 프로젝트 뷰의 칼럼 레이아웃을 변경하는 컨텍스트 메뉴

프로젝트 뷰에 나열된 폴더 구조와 파일은 "**프로젝트의 저장경로/Assets/**" 폴더 아래에 저장되며 파일 탐색기에서 확인할 수 있다.

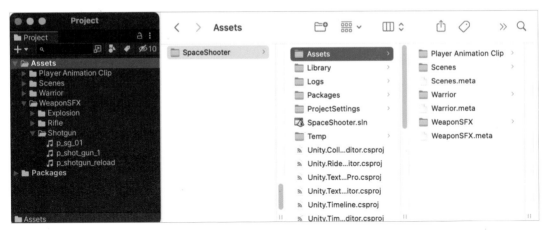

[그림 1-27] 프로젝트 뷰의 실제 저장 경로

프로젝트 뷰의 실제 폴더로 바로 찾아가보자. 마우스 커서를 프로젝트 뷰에 위치한 후 마우스 오른쪽 버튼을 클릭한 다음 컨텍스트 메뉴에서 [Show in Explorer](macOS에서는 [Reveal in Finder])를 선택하면 윈도우 탐색기가 바로 열린다.

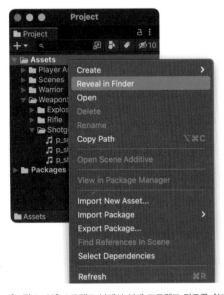

[그림 1-28] 프로젝트 뷰에서 실제 프로젝트 경로를 쉽게 찾아가는 메뉴

2. 씬 뷰

씬 뷰(Scene View)는 무한 3차원 공간을 표현하고, 스테이지를 디자인하고, 플레이어를 배치해 게임을 설계하는 뷰로, 프로젝트 뷰에 나열된 에셋을 씬 뷰로 드래그 앤드 드롭해 배치한다.

[그림 1-29] 게임을 디자인하는 씬 뷰(15장에서 개발할 네트워크 게임)

씬 뷰의 헤더에 있는 바를 컨트롤 바(Control Bar)라고 한다. 컨트롤 바의 맨 왼쪽에 있는 드롭다운 메뉴는 씬 뷰를 다양한 모드로 바꿀 수 있는 드로우 모드(Draw Mode) 옵션이다. 이 옵션은 개발 시 적절히 변경할 수 있으며, 실행 시에는 영향을 미치지 않는다. 드로우 모드는 Shading Mode, Miscellaneous, Deferred, Global Illumination, Baked Global Illumination의 일곱 개 섹터로 구분돼 있다.

[그림 1-30] 씬 뷰의 드로우 모드 옵션

Shading Mode의 옵션에 따라 씬 뷰의 화면은 다음과 같이 바뀐다.

- **Shaded**: 기본 옵션으로, 3D 모델의 표면에 텍스처를 입혀서 보여준다. 실제 게임을 실행했을 때 보이는 화면과 같다.

[그림 1-31] Shaded 옵션일 때의 씬 뷰

- **Wireframe**: 텍스처는 제외하고 3D 모델의 메쉬(Mesh)만 보여준다.

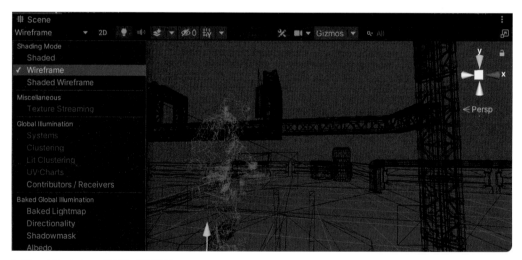

[그림 1-32] Wireframe 옵션일 때의 씬 뷰

- Shaded Wireframe: 텍스처와 메쉬를 동시에 표현하는 옵션이다.

[그림 1-33] Shaded Wireframe 옵션일 때의 씬 뷰

컨트롤 바에 있는 다른 옵션의 기능은 다음과 같다.

- **2D/3D 화면 전환**: Scene 뷰 화면을 2D와 3D로 전환한다.
- **조명 효과**: 조명 효과의 적용 여부를 선택할 수 있다.
- **음향 효과**: 음향 효과의 적용 여부를 선택할 수 있다.
- **이펙트 효과**: Skybox, Fog, Flares, Post Processing, Particle System의 적용 여부를 선택할 수 있다.

[그림 1-34] 컨트롤 바의 여러 가지 기능 버튼

컨트롤 바의 기즈모(Gizmos) 버튼은 씬 뷰에 있는 특정 오브젝트에 아이콘을 표시해 쉽게 식별할 수 있게 해주는 기능으로, 아이콘의 크기와 표시 여부, 선택한 객체의 외곽선 표시 여부 등을 설정할 수 있다. Selection Outline은 현재 선택한 객체의 외곽선을 굵게 표현하는 옵션으로 이 책에서는 언체크하고 진행한다. Selection Wire는 선택한 객체의 메쉬(Mesh) 정보까지 함께 표현하는 옵션이다.

[그림 1-35] 기즈모(Gizmos)의 옵션

3. 하이러키 뷰

하이러키 뷰(Hierarchy View)는 씬 뷰에 배치한 모든 객체를 계층 구조로 나열해서 보여준다. 씬 뷰에서 마우스로 클릭해 선택하기 어렵거나 찾기 어려울 때도 하이러키 뷰에서 쉽게 선택할 수 있다. 또는 컨트롤 바의 검색 기능을 이용할 수도 있다.

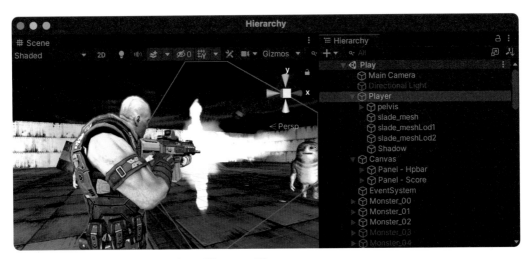

[그림 1-36] 씬 뷰에 있는 모든 게임오브젝트를 계층 구조로 나열

하이러키 뷰에 나열된 요소는 모두 게임오브젝트다. 게임오브젝트는 씬 뷰에 가져다 놓을 수 있는 모든 것을 의미하며, 유니티에서 가장 기본이 되는 단위를 말한다. 하이러키 뷰는 게임오브젝트를 다른 게임오브젝트로 드래그 앤드 드롭해 차일드화할 수 있는 기능이 있다. 이 기능을 페어런팅(Parenting)이라 한다.

[그림 1-37] 페어런팅(Parenting)을 통해 게임오브젝트를 그룹화

이처럼 그룹화된 게임오브젝트는 페어런트(Parent) 게임오브젝트가 이동하면 함께 움직이는 특성이 있다. 또한, 페어런트 게임오브젝트의 레이어(Layer)를 상속받는다.

하이러키 뷰의 정렬은 두 가지를 제공한다.

- Transform Sort: 생성된 순서로 정렬
- Alphabetical Sort: 알파벳 순서로 정렬

하이러키 뷰의 기본 정렬 방식은 Transform Sort이며, 게임오브젝트가 생성된 순서대로 정렬된다. 또한 원하는 위치로 이동시켜 드래그해 배치할 수 있다. 특히 UI 항목 간의 화면에 표시되는 Z-Order의 우선순위가 된다. 알파벳 정렬로 바꾸려면 Preference 창에서 "Enable Alphanumeric Sorting" 옵션을 활성화한다.

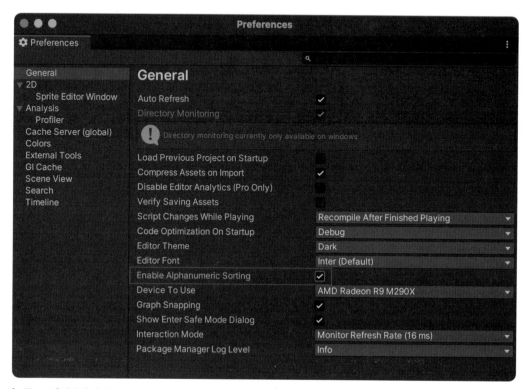

[그림 1-38] 알파벳 정렬 기능의 활성화 옵션

알파벳 정렬 옵션을 활성화하면 하이러키 뷰의 컨트롤 바에 정렬 옵션 툴 버튼이 표시되어 쉽게 정렬 방식을 바꿀 수 있다.

[그림 1-39] 하이러키 뷰에 표시된 정렬 옵션 툴 버튼

하이러키 뷰에 특정 게임오브젝트를 선택할 수 없도록 하는 락킹(Locking) 기능과 시각적으로 표시하지 않는 룩(Look) 기능이 추가됐다. 락킹 기능을 체크하면 씬 뷰에서 마우스 클릭으로 특정 게임오브젝트를 선택할 수 없고 반드시 하이러키 뷰의 해당 게임오브젝트를 클릭해야만 선택된다. 락킹이라고 해서 이동을 할 수 없다는 것은 아니고 단순히 씬 뷰에서 선택할 수 없도록 하는 기능이다.

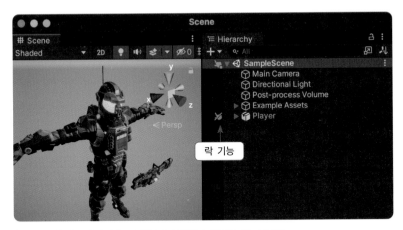

[그림 1-40] 씬 뷰에서 마우스 클릭으로 선택할 수 없도록 하는 락 기능

시각적으로 표시하지 않는 기능은 씬 뷰에 렌더링하지 않는 것으로 레이어 마스크를 설정하지 않아도 잠시 해당 게임오브젝트를 꺼두고 작업을 진행할 때 유용하게 활용할 수 있다.

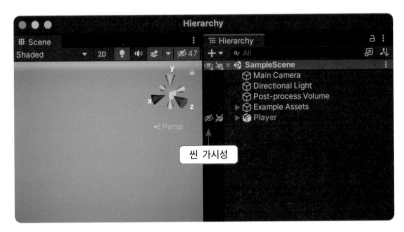

[그림 1-41] 씬 뷰에 해당 게임오브젝트를 꺼두는 기능

4. 인스펙터 뷰

인스펙터 뷰(Inspector View)는 씬 뷰, 하이러키 뷰 또는 프로젝트 뷰에 선택된 게임오브젝트와 에셋의 속성을 보여주는 뷰로서, 해당 속성을 조회하거나 수정할 때 사용한다. 같은 속성에 한해 동시에 여러 개의 게임오브젝트를 선택하고 인스펙터 뷰에서 수정할 수 있다.

[그림 1-42] 인스펙터 뷰 - 선택된 게임오브젝트의 속성을 확인

인프펙터 뷰는 임포트한 에셋을 선택하면 해당 에셋의 유형에 따라서 다양한 인터페이스로 변경된다. 다음은 텍스처 파일을 선택했을 때 텍스처의 세부정보를 조회하고 설정값을 수정할 수 있도록 변경된 인터페이스다.

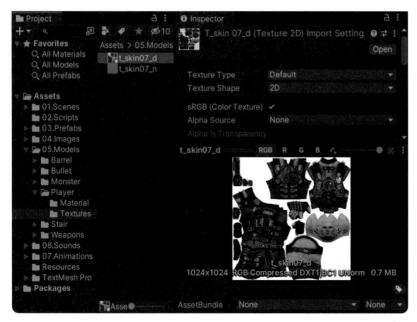

[그림 1-43] 텍스처 에셋을 선택했을 때의 인스펙터 뷰 인터페이스

5. 게임 뷰

게임 뷰(Game View)는 개발 진행 중에 게임을 실행해 미리 볼 수 있는 뷰로서, 씬 뷰에 있는 메인 카메라의 시야로 렌더링해서 보여준다. 해당 프로젝트를 빌드해서 실행하거나 모바일에서 구동할 때 보이는 화면과 동일하다. 또한 게임 뷰에 있는 컨트롤 바의 해상도를 선택하면 다양한 해상도로 볼 수 있다.

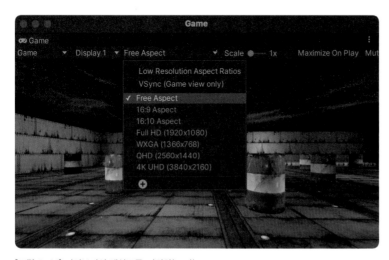

[그림 1-44] 미리보기의 해상도를 지정하는 기능

게임 뷰는 빌드할 대상 플랫폼으로 시뮬레이션해 볼 수 있다. 게임 뷰 왼쪽 위의 [Game] 버튼을 클릭해 [Simulator]로 선택하면 다양한 모바일 플랫폼을 선택해 해당 플랫폼으로 빌드했을 때의 화면을 미리 확인해 볼 수 있다. 또한 오른쪽의 Rotate 기능을 통해 화면을 회전시킬 수 있다.

[그림 1-45] 특정 모바일 플랫폼을 지정해 시뮬레이션해 볼 수 있는 기능

6. 콘솔 뷰

콘솔 뷰(Console View)는 디버깅 시 로그를 출력하는 뷰로서, 출력하는 메시지는 정보(Information), 경고(Warning), 오류(Error)로 분류해 메시지 타입별로 필터링해 출력할 수 있다.

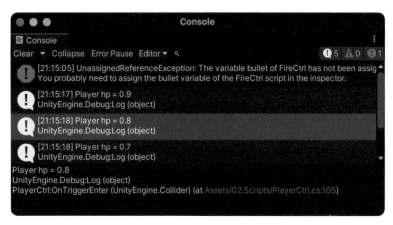

[그림 1-46] 콘솔 뷰에 출력된 로그 메시지

콘솔 뷰는 개발 시 자주 보는 뷰이므로 꼭 단축키를 기억해 두자(macOS: command + shift + C, 윈도우: Ctrl + Shift + C). 또한 에러 메시지가 여러 개 표시될 경우 맨 위에 있는 에러 메시지부터 해결해야 한다.

> **❷ 주의** **항상 켜야 하는 Error 메시지 필터와 Error Pause 기능**
>
> 특별한 경우가 아니고서는 오류 메시지의 필터링은 해제하지 않는다. 오류 메시지 필터링이 해제된 상태에서는 콘솔 뷰에 오류 메시지가 출력되지 않기 때문에 에러 메시지를 놓치는 경우가 빈번히 발생하기 때문이다. 또한 "Error Pause" 버튼을 선택하면 사소한 에러에도 일시 정지가 걸려 테스트하기가 어려울 수 있다. 따라서 최종 테스트가 아닌 경우에는 "Error Pause" 기능은 비활성화하고 진행하기를 권장한다.

툴 바의 기능

1. 툴 버튼

유니티 툴 버튼은 게임 디자인 작업 시 가장 자주 사용하는 기능이므로 단축키를 기억해 두는 편이 좋다. 단축키는 왼쪽부터 Q, W, E, R, T, Y다.

- **View 툴 버튼**: Hand 툴 버튼이라고도 부르며 이 버튼을 클릭하면 마우스 커서가 🖐로 바뀌며, 씬 뷰의 화면을 이동시킬 수 있다.

[그림 1-47] View 툴을 이용해 씬 뷰의 화면을 상하좌우로 이동할 수 있다(단축키: Q).

- **Move 툴 버튼**: 선택한 게임오브젝트의 3차원 좌표축(Transform)이 표시되며 해당 축을 클릭하고 드래그하면 해당 축 방향으로 이동시킬 수 있다.

[그림 1-48] 선택한 게임오브젝트를 이동시키는 Move 툴 버튼(단축키: W)

Move 툴 버튼을 클릭하고 게임오브젝트를 선택하면 해당 게임오브젝트의 원점 좌표(피벗: Pivot)에 3개의 좌표축이 표시된다. 빨간색 축은 X축, 녹색 축은 Y축, 파란색은 Z축을 의미한다. 유니티는 왼손 좌표계를 사용하기 때문에 +Z축 방향이 전진방향이고 +X축 방향이 오른쪽 방향을 의미한다. +Y축은 당연히 위쪽을 의미한다. 앞으로 여러분들은 해당 축의 색상만 보고도 어떤 축인지를 바로 알아야 한다. 색상에 대응하는 축을 기억할 때는 RGB(Red, Green, Blue) 순서대로 XYZ가 대응된다고 생각하면 쉽게 기억할 수 있을 것이다.

- **Rotate 툴 버튼**: 선택한 객체를 회전시킨다.

[그림 1-49] 선택한 게임오브젝트를 회전시키는 Rotate 툴 버튼(단축키: E)

Rotate 툴 버튼을 클릭하면 해당 게임오브젝트의 피봇 좌표를 기준으로 세 개의 원이 표시된다. 각 원은 RGB 색상으로 표시된다. 각 원의 색상은 어느 축을 기준으로 회전할지를 나타낸다. 만약 녹색 원을 클릭하고 드래그하면 Y축을 기준으로 회전한다는 것을 의미한다. 원을 마우스로 클릭한 후 윈도우 Ctrl(macOS: command) 키를 누른 채 회전시키면 스냅(Snap) 설정 각도 단계로 회전할 수 있으며, 식별하기 편리하게 눈금자가 표시된다. 기본 스냅의 설정 각도는 15°이다.

[그림 1-50] Ctrl 또는 command 키를 누른 채로 회전할 경우 표시되는 스냅 눈금

- **Scale 툴 버튼**: 선택한 객체의 스케일을 변경한다.

[그림 1-51] 선택한 게임오브젝트의 크기를 변경하는 Scale 툴 버튼(단축키: R)

- **Rect 툴 버튼**: 선택한 UI 객체의 이동, 회전, 스케일을 변경한다.

[그림 1-52] Rect 툴 버튼(단축키: T)

- **Transform 툴 버튼**: 선택한 객체의 이동, 회전, 스케일을 모두 변경한다.

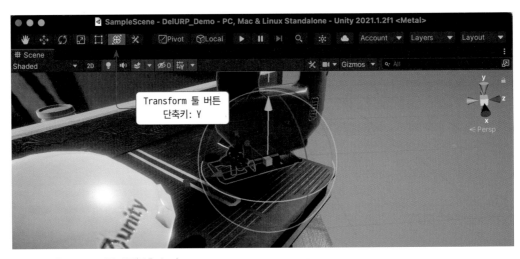

[그림 1-53] Transform 툴 버튼(단축키: Y)

마우스 휠 스크롤

씬 뷰를 확대/축소한다.

macOS: option + 마우스 왼쪽 버튼, 윈도우: alt + 마우스 왼쪽 버튼

씬 뷰의 화면 중심을 기준으로 회전하는 기능

macOS: option + command + 마우스 왼쪽 버튼, 윈도우: Ctrl + Alt + 마우스 왼쪽 버튼

씬 뷰의 화면 중심을 이동하는 기능(이동 툴 버튼과 동일한 기능)

마우스 오른쪽 버튼 + (W/A/S/D, Q/E)

마우스 오른쪽 버튼을 클릭하고 드래그하면 시야각이 변하며 키보드 W, A, S, D 키로 이동할 수 있다. FPS 게임의 주인공 조작법과 같다. Q 키는 아래로 내려가고, E 키는 위로 올라간다. 또한 Shift 키를 함께 누르면 속도가 빨라진다.

macOS: option + 마우스 오른쪽 버튼, 윈도우: Alt + 마우스 오른쪽 버튼

option/alt 키를 누르고 마우스 오른쪽 버튼을 클릭한 상태로 드래그하면 씬 뷰의 화면이 확대/축소된다(마우스 휠 스크롤과 동일한 기능).

Alt + 마우스 오른쪽 버튼 + 마우스 이동

씬 뷰를 확대/축소한다.

2. 피봇 / 센터

피봇 툴 버튼은 선택한 3D 모델의 중심 좌표를 어떻게 표시할 것인가에 대한 옵션이다. 토글 방식으로 Pivot/Center로 전환된다. Pivot으로 설정하면 3D 모델링 툴에서 모델링할 때 설정한 원점 좌표에 좌표 축의 원점이 표시되며, Center로 설정하면 3D 모델의 원래 원점 좌표는 무시되고 해당 3D 모델의 중앙에 좌표축을 표시한다. 단축키는 Z 키이며, 실행 시 영향을 미치지는 않는다.

[그림 1-54] Pivot, Center 옵션 선택에 따른 좌표축의 원점

유니티에서 제공하는 기본 모델(Primitive Model: Cube, Sphere, Capsule, Cylinder, Plane, Quad)의 경우 피봇과 센터 옵션을 선택해도 항상 가운데에 좌표축이 표시된다. 유니티에 익숙해지기 전까지는 항상 Pivot으로 설정하고 작업하는 것을 원칙으로 한다. 특별한 경우가 아니고서는 Center로 작업할 경우가 거의 없다.

3. 로컬/글로벌

로컬/글로벌(Local/Global) 툴 버튼은 선택한 게임오브젝트의 좌표축을 로컬 좌표(Local Coordinate) 또는 글로벌 좌표(Global Coordinate)로 표시하는 옵션으로, 토글 방식으로 전환된다. 씬 뷰는 무한대로 확장할 수 있는 3차원 공간으로, 기준이 되는 좌표를 글로벌 좌표라 한다. 씬 뷰의 오른쪽 상단에 있는 십자 모양의 기즈모(Gizmo)가 글로벌 좌표축을 표시한다.

[그림 1-55] 글로벌 좌표축 기즈모

아래 그림은 3D 모델을 Y축을 기준으로 −45° 회전시킨 후 좌표계를 변경시킨 화면이다. 로컬 좌표를 −45° 회전시켰지만 글로벌 옵션으로 선택하면 표시되는 좌표축은 씬 뷰에 있는 글로벌 좌표축과 동일하게 표시된다. 단축키는 키보드 X 키이며, 실행 시 영향을 미치지는 않는다.

[그림 1-56] 로컬 좌표계와 글로벌 좌표계의 축 방향이 달라짐

🔍 정보　글로벌 좌표와 로컬 좌표

글로벌 좌표(Global Coordinate)는 3차원 공간의 절대 좌표를 의미하며, 변하지 않는 기준 좌표다. 반면 씬 뷰에 있는 개별 게임오브젝트는 자신만의 좌표를 갖고 있다. 이것을 로컬 좌표라 한다.

---

4. Play/Pause/Step

유니티 에디터의 툴 바 가운데에 배치된 Play/Pause/Step 버튼은 굳이 설명하지 않아도 될 정도의 직관적인 버튼이다. Play 버튼을 클릭하면 유니티는 런 모드(Run mode)로 변경되고 구현한 로직을 실행한다. 버튼의 색상이 청색으로 변경된다. 다시 Play 버튼을 클릭하면 에디트 모드(Edit mode)로 변경된다. Pause 버튼은 일시 정지 기능이고, Step 버튼은 한 프레임 단위로 끊어서 실행하는 기능이다. 자주 사용하는 버튼이기 때문에 반드시 단축키를 기억하기를 권장한다.

- **Play:** Ctrl + P (macOS: command + P)

- **Pause:** Ctrl + Shift + P (macOS: command + Shift + P)

- **Step:** Ctrl + Alf + P (macOS: command + Alt + P)

5. 검색

유니티 프로젝트의 규모가 커질수록 임포트한 리소스가 많아지는데, 이때 효율적인 검색을 할 수 있도록 하는 기능이다. 검색 결과 목록을 클릭하면 미리보기 창에서 조회하거나 선택할 수 있는 기능을 제공한다. 단축키는 Ctrl + K (macOS: command + K)로 호출할 수 있다.

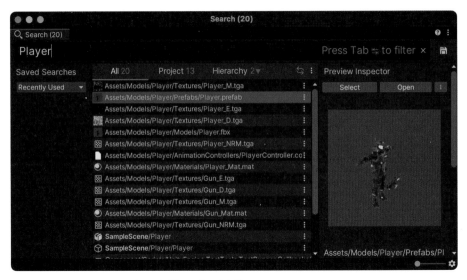

[그림 1-57] 프로젝트 리소스를 쉽게 검색할 수 있는 검색 창

6. 콜라보레이트

콜라보레이트(Collaborate) 기능은 유니티사에서 제공하는 협업 시스템의 일부이다. 다수의 개발자간의 소스 공유를 통해 프로젝트를 진행할 수 있는 기능으로 프로젝트 용량이 1GB 까지는 무료로 사용할 수 있으며 유료로 전환할 경우 25GB 용량을 제공한다.

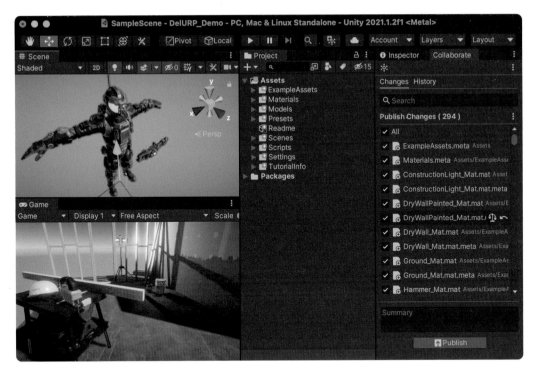

[그림 1-58] 콜라보레이트를 통한 빌트인 협업 기능

Q 정보   유니티 팀즈 서비스

협업을 위한 유니티 팀즈에 대한 자세한 내용을 다음 주소에서 확인할 수 있다.

· https://unity.com/kr/unity/features/collaborate

7. 서비스

유니티 서비스(Unity Services) 툴 버튼은 유니티사에서 제공하는 여러 가지 서비스 정보를 유니티 에디터에서 직접 확인할 수 있다. 유니티 서비스 툴 버튼을 클릭하면 서비스 뷰가 열리며 Ads, Analytics, Collaborate, Performance Reporting, In-App Purchasing, Cloud Build, Multiplayer 관련 내용을 조회하거나 설정하는 기능을 제공한다. "Go to Dashboard"를 클릭하면 해당 서비스의 상세 정보를 웹페이지에서 조회하거나 설정할 수 있다.

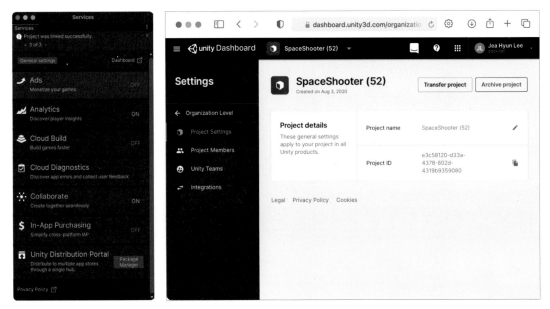

[그림 1-59] 유니티사에서 제공하는 다양한 서비스와 대시보드

8. 계정

Account ▼

유니티 개발자 계정을 변경하거나 개발자 계정 정보를 조회할 수 있는 페이지로 이동하는 기능을 제공한다.

9. 레이어

Layers ▼

씬 뷰에 배치된 모든 게임오브젝트는 레이어(Layer)를 지정할 수 있다. 툴 바의 레이어 옵션은 특정 레이어만 선택적으로 씬 뷰에 표시할 수 있다.

10. 레이아웃

Layout ▼

유니티는 뷰의 배치를 자유롭게 할 수 있는 기능을 제공한다. 툴 바의 오른쪽 상단에 있는 레이아웃(Layout) 옵션을 클릭하면 여러 형태의 레이아웃을 드롭다운 메뉴에서 선택할 수 있다. 독자 여러분이 선호하는 레이아웃이 있다면 그 레이아웃을 저장하면 레이아웃 드롭다운 메뉴에 표시된다.

단축키 설정

마우스 커서를 특정 뷰에 두고 Shift + Space 키를 누를 때마다 해당 뷰가 최대화/최소화된다. 참고로 이 단축키는 Space 단축키였지만 Timeline Play의 단축키로 지정되어 Shift + Space 키 조합으로 바뀌었다.

유니티의 단축키는 Shortcuts 창에서 설정할 수 있다. (macOS: [Unity] → [Shortcuts...], 윈도우: [Edit] → [Shortcuts...]). 뷰를 최대화/최소화하는 단축키를 원래 단축키였던 Space 키로 변경해 본다. Category에서 Window를 선택한 후 Command 목록에 Maximaze View를 선택한다. Shortcut에 할당된 Shift + Space를 더블 클릭해 스페이스 키를 누르면 새로운 키가 단축키로 설정된다.

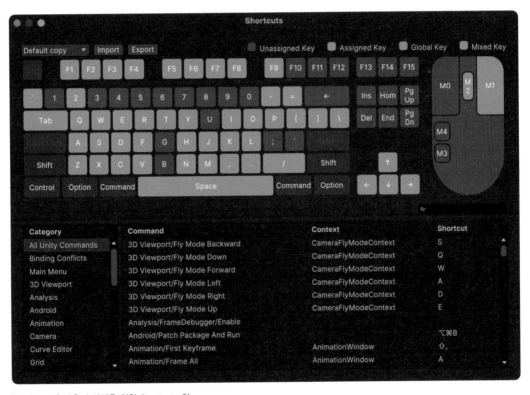

[그림 1-60] 단축키 설정을 위한 Shortcuts 창

다른 단축키와 충돌이 있다는 팝업이 뜨면 [Reassign] 버튼을 클릭해 강제 할당한다. 앞으로 자주 사용하는 메뉴의 단축키가 없다면 이 창에서 직접 설정해 사용할 수 있다. 필자의 경우 [Project Settings...] 메뉴의 단축키를 Ctrl + T(command + T)로 정의해두고 유니티를 사용한다.

정리

1장에서는 유니티 게임 엔진의 전반적인 특징과 인터페이스에 대해 알아봤다. 유니티 인터페이스에 익숙해지는 가장 빠른 방법은 단축키를 숙지하는 것이다. 1장에서 언급한 단축키 외에도 많은 단축키가 있으므로 조금씩 익혀나가기를 권장한다.

02

게임 개발 준비

이번 장에서는 3인칭 슈팅게임을 개발하기 위한 프로젝트를 생성하고 필요한 리소스를 임포트한다. 또한 효율적인 개발을 위한 유니티 에디터의 설정을 제시한다.

이 책에서 개발할 게임 소개 및 개발 순서

[그림 2-1] 이 책에서 개발할 3인칭 슈팅 게임

이 책에서 개발할 게임은 3인칭 시점 슈팅(TPS, Third Person Shooting) 게임이다. 1인칭 시점 슈팅 (FPS, First Person Shooting) 게임과 더불어 인기가 많은 장르의 게임으로, 주인공과 적 캐릭터가 전투를 벌이는 단순한 시나리오의 게임이다. 단순한 게임이지만 개발을 진행하면서 유니티 엔진의 기능 및 다양한 게임 제작 기법을 습득할 수 있는 장르이기도 하다.

몇몇 독자분께서 이 책을 읽고 나면 FPS 게임을 만들 수 있는지 문의한 적이 있다. 이는 FPS 게임의 인기를 방증하는 질문이다. 물론 TPS와 FPS는 비슷하기는 하나 카메라 시점의 차이가 있다. 또한 주인공을 컨트롤하는 것과 관련해서 수정할 부분이 분명히 있으나 이 책에서 진행하는 TPS 게임의 제작 기법을 충실히 소화한다면 FPS 게임을 만드는 데 크게 도움이 되리라 생각한다.

이 책에서는 게임 개발을 크게 다음 순서로 진행한다.

1. 게임 개발 환경 설정
2. 게임에서 사용할 리소스 내려받기 및 설치
3. 게임의 배경이 되는 스테이지 제작
4. 주인공의 이동 및 공격 기능 구현

5. 적 캐릭터 생성 및 추적 기능 구현

6. 주인공과 적 캐릭터 간의 공격 및 피격 기능 구현

7. 게임 매니저 및 오브젝트 풀링 구현

프로젝트 생성

새 프로젝트를 생성하기 위해 유니티 허브를 실행한다. 유니티 허브에서는 이전에 작업했던 프로젝트를 열거나 새로운 프로젝트를 생성할 수 있다. 또한, 유니티 라이선스를 등록하는 기능을 제공한다.

[그림 2-2] 프로젝트 생성을 위한 유니티 허브

이전에 작업했던 프로젝트가 있다면 프로젝트 목록이 표시된다. [새 프로젝트] 버튼을 클릭하면 생성할 프로젝트의 탬플릿을 선택하거나 유니티 에디터의 버전을 선택할 수 있는 UI로 변경된다.

[그림 2-3] 원하는 버전의 프로젝트를 생성하기 위한 메뉴

[새로 생성] 버튼을 클릭하면 템플릿, 프로젝트 이름과 저장 위치를 선택하는 창이 열린다.

[그림 2-4] 에디터 버전, 탬플릿, 프로젝트 명과 경로를 지정

템플릿은 유니티 인터페이스와 프로젝트 옵션을 자동으로 설정하고 필요한 패키지를 미리 설치한다. 기본 값인 3D를 선택한 후 프로젝트 명을 "SpaceShooter"로 지정한다. 저장 위치는 프로젝트를 생성할 경로를 지정한다. 저장 경로에 한글 경로가 포함될 경우 예기치 못한 오류가 발생할 수 있다. 반드시 영문 경로의 폴더에 프로젝트를 생성하기를 권장한다.

유니티 에디터의 환경설정

유니티 에디터는 개발자가 사용하는 모니터의 크기나 개수 또는 취향에 맞게 화면 레이아웃을 자유롭게 배치할 수 있다. 다음은 유니티 에디터의 기본 레이아웃이다.

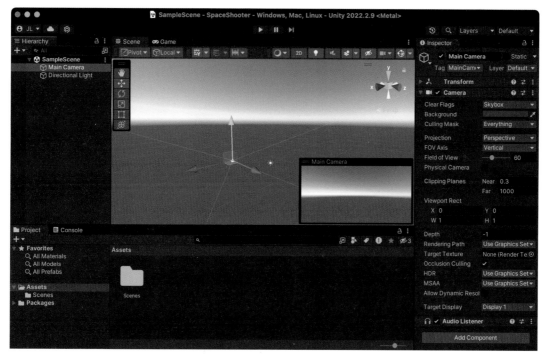

[그림 2-5] 유니티 에디터의 기본 레이아웃

레이아웃

이 책에서는 화면 배치를 "2 by 3" 레이아웃으로 바꿔서 진행한다. 반드시 따라야 하는 강제사항은 아니므로 본인에게 편한 레이아웃이 있다면 원하는 레이아웃을 사용해도 무방하다. 레이아웃은 오른쪽 상단에 있는 Layout 드롭다운 메뉴에서 변경할 수 있다.

[그림 2-6] 2 by 3 레이아웃으로 변경

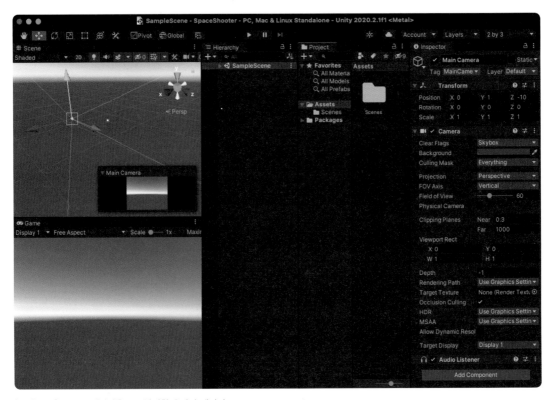

[그림 2-7] 2 by 3 레이아웃으로 변경한 유니티 에디터

개인적 의견으로, 유니티 기본 레이아웃인 Default 레이아웃은 2D 콘텐츠 개발이나 UI 작업에는 편리하지만, 하이러키 뷰와 인스펙터 뷰 사이의 마우스 이동 동선이 너무 멀어서 불편하다.

프로젝트 뷰의 칼럼

프로젝트 뷰는 폴더를 계층 구조로 표현하기 위해 Two Column Layout으로 지정돼 있다. 이 또한 자신의 취향에 맞게 변경할 수 있다. 프로젝트 뷰의 탭 부분에서 마우스 오른쪽 버튼을 클릭하면 다음과 같이 컨텍스트 메뉴가 나온다. 이 컨텍스트 메뉴에서 [One Column Layout]을 선택하면 프로젝트 뷰의 칼럼이 하나로 바뀐다.

[그림 2-8] 프로젝트 뷰의 칼럼 변경

프로젝트 뷰의 체계적인 관리

프로젝트 뷰는 게임 개발에 사용하는 모든 리소스가 저장되는 곳으로, 개발을 진행할수록 많은 리소스가 나열된다. 처음부터 체계적으로 관리하지 않으면 나중에 리소스를 검색하거나 프로젝트를 효율적으로 관리하기가 어려워진다. 따라서 프로젝트 뷰에 임포트하는 모든 리소스는 종류에 따라 폴더로 분류해서 관리하는 방법을 권장한다.

다음은 필자가 실제 프로젝트에서 사용하는 방식으로, 숫자로 시작하는 폴더명을 사용하면 프로젝트 뷰의 폴더를 원하는 순서대로 정렬할 수 있다. 프로젝트 뷰에 [표 2-1]과 같이 폴더를 미리 생성하고 시작하자. 물론 독자 여러분의 방식대로 진행하거나 소속 프로젝트의 관리규약이 있다면 해당 규약에 따라 진행해도 무방하다.

폴더 명칭	분류 기준
01.Scenes	씬(Scene)을 저장한다.
02.Scripts	C# 스크립트를 저장한다.
03.Prefabs	프리팹(Prefab)을 저장한다.
04.Images	텍스처 이미지 및 머티리얼(Material)을 저장한다.
05.Models	3D 모델을 저장한다.

폴더 명칭	분류 기준
06.Sounds	오디오 파일을 저장한다.
07.Animations	애니메이터 컨트롤러 및 각종 애니메이션 클립을 저장한다.

[표 2-1] 프로젝트 뷰의 폴더 생성 예시 및 분류 기준

프로젝트를 생성하면 자동으로 생성된 Scenes 폴더는 F2 키(맥: return)를 눌러 "**01.Scenes**"로 이름을 변경하고 나머지 폴더를 생성한다.

[그림 2-9] 자동으로 생성된 폴더의 이름 변경

프로젝트 뷰에 폴더를 생성하는 방법은 다음 세 가지가 있다.

1. 메뉴에서 [Assets] → [Create] → [Folder]를 선택한다.

2. 프로젝트 뷰의 컨트롤 바에 있는 [+] 버튼을 클릭한 후 [Folder]를 선택한다.

3. 프로젝트 뷰에서 마우스 오른쪽 버튼을 클릭해 팝업되는 컨텍스트 메뉴에서 [Create] → [Folder]를 선택한다.

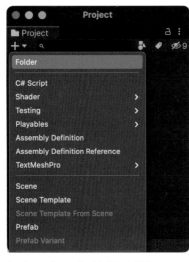 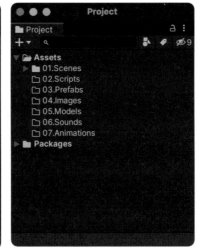

[그림 2-10] 프로젝트 뷰에 폴더 생성

캐릭터 모델 임포트하기

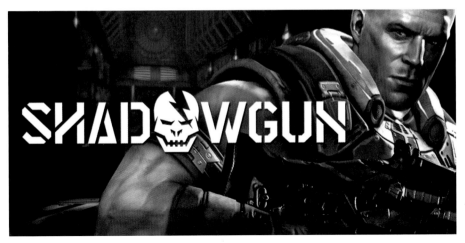

[그림 2-11] 게임 개발에 사용할 주인공 캐릭터

이 책에서 사용할 주인공 캐릭터는 MADFINGER Games사에서 개발한 "ShadowGun:Deadzone" 게임의 에셋을 사용한다. 최근까지 에셋 스토어에서 "Shadowgun: Deadzone GM's Kit"으로 무료로 공개했던 에셋이지만 아쉽게도 지금은 내려진 상태다. 이 책에서는 그 에셋 중에서 몇 가지 모델과 텍스처를 사용한다. 아직 리소스를 준비하지 못했다면 다음 깃허브 주소에서 먼저 내려받는다.

- **깃허브 저장소**: https://github.com/IndieGameMaker/UnityBook

유니티 패키지를 통한 리소스 설치

내려받은 Resources.zip 파일의 압축을 풀고 "Resources/Models" 폴더에 있는 Player.unitypackage를 더블클릭하면 다음과 같이 Import Unity Package 다이얼로그 창이 열린다. [Import] 버튼을 클릭하면 리소스 파일이 유니티로 설치되며 프로젝트 뷰에서 확인할 수 있다. 다른 방법으로는 패키지 파일을 프로젝트 뷰로 드래그 앤드 드롭해도 된다.

유니티 패키지(unitypackage)는 유니티 내에서 사용되는 에셋과 그 에셋의 정보(메타데이터)를 저장한 압축파일로, 확장자는 .unitypackage다. 즉, 유니티 에디터에서 선택한 여러 개의 에셋을 하나의 압축 파일 형태로 추출(Export)할 수 있다. 이를 통해 나중에 해당 유니티 패키지를 임포트해 편리하게 재사용할 수 있다.

[그림 2-12] 유니티 패키지 임포트 창

❓ 주의   유니티 패키지 설치 시 주의 사항

유니티 패키지를 임포트할 때 유니티가 런-모드라면 설치되지 않는다. 반드시 에디트-모드 상태에서 설치해야 한다. 또한, 패키지 파일을 더블클릭했을 때 유니티 허브가 실행된다면 패키지 파일을 직접 프로젝트 뷰로 드래그해서 설치한다. 유니티 허브가 실행되는 것은 일종의 버그로, macOS에서만 발생한다.

주인공 캐릭터를 임포트한 후 프로젝트 뷰에 생성된 Player 폴더를 앞서 미리 생성한 "05.Models" 폴더로 드래그해 옮긴다. 앞으로 게임 개발에 사용할 모든 3D 모델은 "05.Models" 폴더로 옮겨서 관리한다.

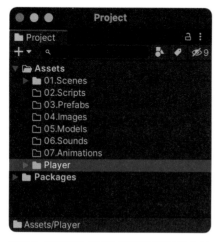
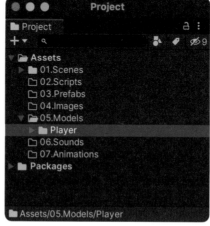

[그림 2-13] 주인공 캐릭터 패키지를 임포트한 후 "05.Models" 폴더로 이동

에셋 스토어

유니티는 품질 좋은 다양한 리소스를 사고팔 수 있는 오픈마켓을 직접 운영한다. 에셋 스토어(Asset Store)에서는 게임 개발에 필요한 3D 모델, 텍스처, 애니메이션, 플러그인, 사운드, 심지어 완성된 프로젝트 소스 등을 구할 수 있다. 최근 사운드의 경우 오케스트라를 동원해 직접 녹음한 Epic 스타일의 배경음악과 전문 성우를 동원한 Voice까지도 구할 수 있다.

- https://assetstore.unity.com

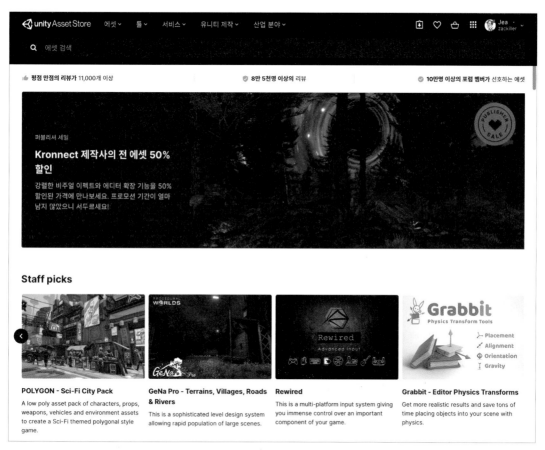

[그림 2-14] 유니티 에셋 스토어 웹 사이트

유니티 2019 버전까지는 유니티 에디터 내에서 직접 에셋 스토어에 접속할 수 있었으나 2020 버전부터는 웹 브라우저에서 조회하고 구매하는 방식으로 변경됐다. 구매한 에셋은 유니티 에디터의 패키지 매니저 (Package Manager)에서 내려받고 설치할 수 있다.

메뉴에서 [Window] → [Asset Store]를 선택하면 Asset Store 뷰가 열리고, 에셋 스토어가 접속 방식이 변경됐다는 문구가 표시된다. [Search online] 버튼을 클릭하면 자동으로 웹 브라우저가 열리고 해당 사이트로 연결된다. 이 때 "Always open in browser from menu" 체크 박스를 선택하면 앞으로는 에셋 스토어 뷰가 열리지 않고 바로 웹 브라우저가 열린다.

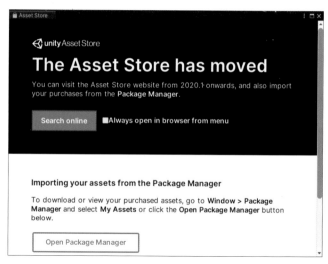

[그림 2-15] 웹 사이트에 접속할 수 있는 버튼을 제공하는 에셋 스토어 뷰

무료 리소스 내려받기

게임 제작에 필요한 무료 리소스를 에셋 스토어에서 내려받는다. 웹 사이트 상단 검색란에서 다음 키워드로 검색하면 본 게임에서 사용할 리소스를 쉽게 찾을 수 있다.

1. Yughues Free Metal Materials ('Metal Texture'로 검색)

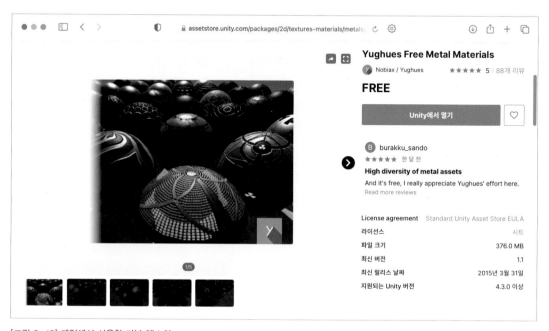

[그림 2-16] 게임에서 사용할 기본 텍스처

원하는 에셋을 검색한 후 [내 에셋에 추가하기] 버튼을 누르고 [Unity에서 열기] 버튼을 클릭하면 유니티의 패키지 매니저가 열린다. 맥OS를 사용하는 독자는 에셋 스토어에서 구매한 에셋이 패키지 매니저에 자동으로 표시되지 않는 버그가 있다. 따라서 패키지 매니저의 좌측 상단의 콤보박스를 클릭해 [Packages: My Assets]를 선택한 후 해당 에셋을 수동으로 검색해야 한다. 패키지 매니저 창의 오른쪽 아래의 [Download] 버튼을 클릭하면 에셋을 내려받기 시작하고 완료되면 [Import] 버튼이 활성화된다.

[그림 2-17] 패키지 매니저에서 에셋 내려받기

[Import] 버튼을 클릭하면 압축이 풀리는 과정을 거친 후 다음과 같이 Import Unity Package 다이얼로그 창이 뜬다. 불필요한 파일이 있다면 이 창에서 선택을 해제해 임포트 목록에서 제거할 수도 있다. 다음 그림처럼 Demo 폴더만 언체크한 다음 오른쪽 아래에 있는 [Import] 버튼을 클릭한다.

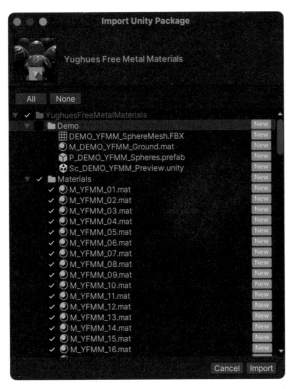

[그림 2-18] 최종 임포트할 에셋을 선택하는 임포트 유니티 패키지 다이얼로그 창

2. Skybox Volume 2 ('Skybox Vol2'로 검색)

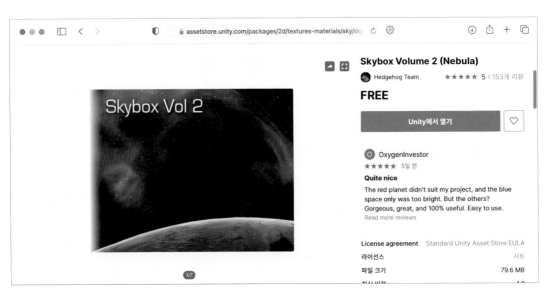

[그림 2-19] 하늘을 표현할 텍스처

3. Barrel

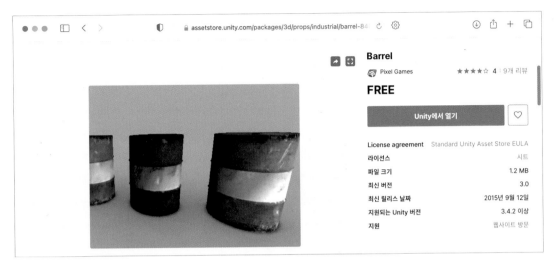

[그림 2-20] 폭발 소품으로 사용할 드럼통 3D

위 세 가지 리소스를 모두 임포트한 후 Yughues
FreeMetalMaterilas 에셋은 제외하고 나머지 에
셋들은 다음과 같이 리소스 성격에 맞는 폴더로 옮
긴다. 임포트한 리소스는 바로바로 폴더에 정리하
는 습관을 들이기를 권장한다.

리소스명	이동할 폴더
Skybox Volume 2	04.Images/
Barrel	05.Models/

[표 2-2] 리소스별 이동할 폴더

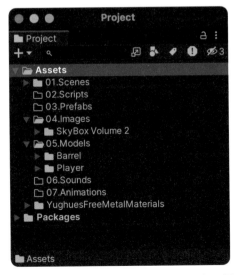

[그림 2-21] 임포트한 후 리소스 성격에 맞는 폴더로 이동

YughuesFreeMetalMaterials 에셋은 하위에 있는 Textures 폴더만 04.Images 폴더로 이동한 후 YughuesFreeMetalMaterials 폴더는 삭제한다.

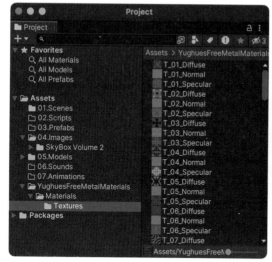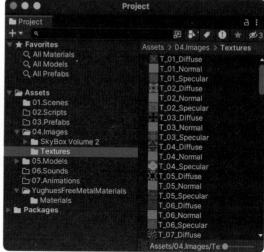

[그림 2-22] YughuesFreeMetalMaterials 에셋의 폴더를 정리

Q 정보   내려받은 에셋의 저장 경로

에셋 스토어에서 내려받은 에셋은 로컬 PC에 저장되며 나중에 다시 내려받지 않고 바로 임포트할 수 있다. 에셋의 저장 경로는 다음과 같다.

- 맥: /Users/사용자계정명/Library/Unity/Asset Store-5.x
- 윈도우: C:\Users\사용자계정명\AppData\Roaming\Unity\Asset Store

❷ 주의   무료 리소스를 상용 게임에서 사용할 때의 주의사항

에셋 스토어에서 내려받은 무료 리소스를 상용 게임에 사용할 때는 반드시 라이선스를 확인해야 한다. 상용 게임에 사용할 때 별도의 라이선스를 요구하는 경우가 있으므로 라이선스와 관련한 주의사항이 있다면 반드시 확인해야 한다.

본격적인 게임 개발에 앞서 자동으로 생성된 씬의 이름을 변경한다. 프로젝트 뷰의 "**01.Scenes**" 폴더에 있는 **SampleScene**을 선택하고 F2 키(맥: return)를 누르면 수정 모드가 된다. 씬 이름을 "**Play**"로 지정한다.

[1]현재 열려있는 씬의 이름을 변경하면 리로드(Reload)할 것인지 묻는 다이얼로그가 나온다. [Reload] 버튼을 클릭해 씬을 갱신한다.

[그림 2-23] 자동으로 생성된 씬의 이름을 변경

정리

이번 장에서는 게임 개발에 필요한 여러 가지 에셋을 설치했다. 유니티의 장점 중 하나인 에셋 스토어에서는 많은 무료 에셋을 제공한다. 1인 개발자 또는 학생이라도 무료 에셋만 잘 활용해도 좋은 게임을 만들 수 있음을 기억하자. 다음 장부터는 본격적인 게임 개발을 진행한다.

- 이 장까지의 소스 코드 내려받기
  https://github.com/IndieGameMaker/SpaceShooter2021/releases/tag/2장

---

1 유니티 2022.2 버전부터는 자동으로 씬이 리로드된다.

03

게임 스테이지 제작

이번 장에서는 게임의 배경이 되는 스테이지를 제작한다. 유니티가 처음인 개발자에게는 다소 지루할 수 있으며, 잘 진행되지 않는다고 실망할 필요는 없다. 유니티가 익숙해지기 전까지는 당연히 개발 속도가 나지 않을 것이다. 하지만 조금씩 따라 하다 보면 어느새 익숙해지는 단계가 반드시 온다는 것을 명심하자.

바닥 생성 및 배치

게임의 배경이 되는 스테이지를 제작할 때 맨 먼저 작업하는 것 중 하나가 바로 바닥인 Floor다. 스테이지에 맞게 디자인된 3D 모델이 없을 때는 보통 유니티에서 제공하는 원시 모델(Primitive Model) 중 Plane 또는 Cube를 사용한다. 이 책에서는 Plane 모델을 사용한다. Plane은 가로, 세로의 크기가 각각 10유닛, 10유닛으로 설정된 모델이다.

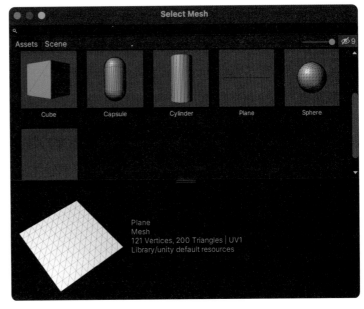

[그림 3-1] 유니티 에디터의 원시 모델

메뉴에서 [GameObject] → [3D Object] → [Plane]을 선택하면 씬 뷰에 Plane이 배치된다. GameObject의 대분류 메뉴는 하이러키 뷰의 컨트롤 바에 있는 [+] 툴 버튼을 클릭하거나 마우스 오른쪽 버튼을 클릭하면 팝업되는 컨텍스트 메뉴에서도 동일하게 선택할 수 있다.

[그림 3-2] 하이러키 뷰의 컨트롤 바에 있는 [+] 툴 버튼

하이러키 뷰 또는 씬 뷰에서 Plane을 선택한 다음 인스펙터 뷰에서 Transform 컴포넌트의 Position 속성이 (0, 0, 0)인지 확인한다.

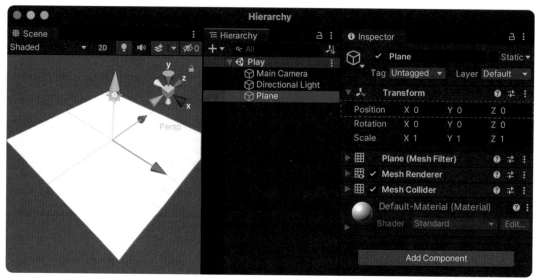

[그림 3-3] Transform 컴포넌트의 Position 속성값 확인

Position 값이 자동으로 (0, 0, 0)으로 지정되지 않았다면 유니티 에디터의 설정을 다음과 같이 변경한다. 메뉴에서 [Edit] → [Preferences](맥: [Unity] → [Preferences])를 선택해 Preferences 창을 연다. 왼쪽 메뉴에서 [Scene View] 카테고리를 선택한 후 [Create Objects at Origin] 옵션에 체크한다. 이는 개발자가 생성하는 객체의 Position 값을 항상 월드 좌표의 원점 (0, 0, 0)으로 설정하는 옵션으로, 유니티를 처음 접하는 개발자에게는 굉장히 편리한 기능이다.

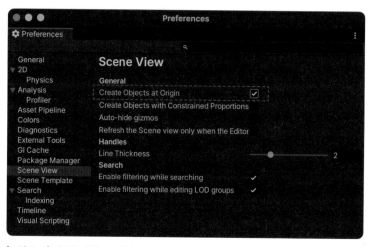

[그림 3-4] 좌표를 자동으로 원점으로 설정하는 Create Objects at Origin 옵션

씬 뷰에 배치한 모든 게임오브젝트(GameObject)의 이름은 직관적인 이름으로 바꾸기를 권장한다. 방금 만든 게임오브젝트는 게임의 바닥이 될 것이므로 이름을 Floor로 변경한다. 하이러키 뷰에서 해당 게임오브젝트를 선택하고 F2 키(맥에서는 return 키)를 누르면 수정할 수 있다.

지금까지 씬 뷰에 바닥을 배치했다. 현재로서는 그 바닥의 가로×세로의 크기가 1m×1m인지, 아니면 10m×10m인지 확인할 수 없다. 유니티에는 기준 척도가 되는 원시 모델이 있다. 메뉴에서 [Game Object] → [3D Object] → [Capsule]을 선택해 Capsule을 생성한다. Capsule을 선택하고 인스펙터 뷰에서 Transform 컴포넌트의 Position 속성을 (0, 1, 0)으로 설정하면 다음 그림과 같이 Capsule이 바닥에 정확히 맞닿게 된다.

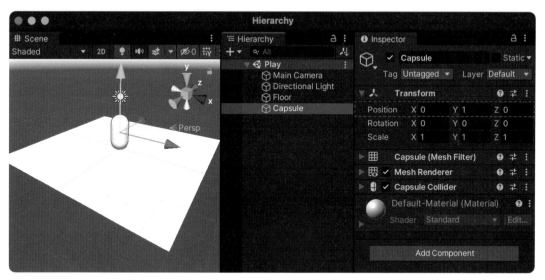

[그림 3-5] 표준 신장(키)의 기준으로 사용할 Capsule 원시 모델

이 Capsule의 높이는 유니티의 유닛(Unit) 단위로 2유닛으로 디자인돼 있다. 이 캡슐의 크기를 사람의 표준 신장으로 생각하면 된다. 즉, 유니티의 1유닛을 1m로 생각하고 작업하는 것이다. 이는 미터법에 익숙한

우리가 유니티의 1유닛을 1m로 생각하고 개발하는 것이 편리하기 때문에 그렇게 하는 것이지 절대적인 단위는 아니다.

바닥으로 사용할 Floor의 크기가 사람의 크기에 비교해 너무 작으므로 스케일을 변경해 적절한 크기로 설정한다. 앞서 만든 바닥은 Plane을 사용했으며, Plane의 가로, 세로의 크기는 각각 10유닛으로 디자인돼 있다. 즉, 미터로 생각해 본다면 10m, 10m 크기의 바닥인 것이다.

하이러키 뷰의 Floor를 선택하고 Transform의 Scale 속성을 (5, 5, 5)로 변경한다. 이는 가로×세로의 길이를 각각 50m로 설정한 것이다(10m*5=50m).

[그림 3-6] 스케일을 변경해 바닥의 크기를 50m×50m로 조정

🔍 정보 | 균등 스케일 vs. 비균등 스케일

균등 스케일(Uniform Scale)은 3D 모델의 (x, y, z) 스케일(Scale) 값이 모두 같은 값을 갖는 것을 의미한다. 즉, (1, 1, 1) 또는 (5, 5, 5)와 같은 것을 말한다. 반대로 비균등 스케일(Non-Uniform Scale)은 스케일의 (x, y, z) 값이 다른 경우를 말한다. 비균등 스케일의 경우 정적(Static, 움직이지 않고 고정된)인 모델에는 별다른 문제가 없지만, 비균등 스케일로 설정된 객체 하위에 다른 객체가 있다면 하위 객체의 회전 계산에 문제가 발생할 수 있다. 따라서 스테이지 디자인을 위해 배치하는 3D 모델을 제외하고는 가능한 한 균등 스케일을 유지하는 것이 바람직하다.

텍스처

텍스처(Texture)란 3D 모델의 표면에 매핑시킬 이미지 파일을 지칭한다. 마네킹에 다양한 옷을 입힐 수 있는 것처럼 3D 모델에 텍스처를 입힌다고 표현하면 이해하기 쉽다. 유니티는 PNG, JPEG, TIFF, GIF, BMP, TGA 등 다양한 포맷의 이미지 파일을 지원하며, 포토샵 포맷인 PSD 파일도 지원한다. 또한 PSD 파일에 있는 여러 개의 레이어(Layer)를 자동으로 평면화(Flatten)한다. 물론 원본 PSD 파일은 손상되지 않는다. 유니티는 텍스처의 원본을 보존한 상태로 다양한 압축 포맷으로 용량을 줄이는 기능을 제공하므로 원본 텍스처를 불러와 사용할 수 있다.

텍스처의 크기는 가로세로가 2^n(예: 256×256, 1024×1024) 형태일 때 압축을 지원하며, 속도가 가장 빠르다. 특히 모바일 플랫폼에서 속도를 향상시키고 싶다면 반드시 2^n(POT, power of two) 형태의 텍스처를 사용해야 한다.

프로젝트 뷰에서 "**04. Images/Textures/ T_10_Diffuse**"를 선택하면 인스펙터 뷰에서 텍스처의 세부 정보를 조회하거나 속성을 설정할 수 있다.

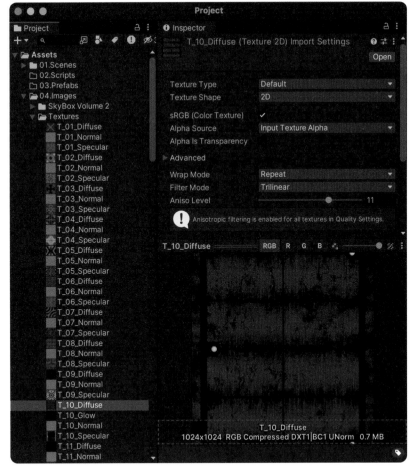

[그림 3-7] 선택한 텍스처의 속성 및 미리 보기

텍스처의 해상도 조절

위 그림에서 인스펙터 뷰 하단에 있는 프리뷰 영역에는 텍스처의 이미지와 해상도, 압축 알고리즘, 파일 크기가 표시된다. 선택한 diffuse 텍스처는 해상도가 1024×1024이고, 파일 크기는 1.3MB다. 따라서 모바일 플랫폼으로 출시를 염두에 둔다면 텍스처의 해상도를 적절히 줄여야 한다. 텍스처의 Max Size 속성을 512로 설정하고 [Apply] 버튼을 클릭한다. 텍스처의 파일 크기가 341.4KB로 원본 용량 대비 약 74% 줄어든 것을 확인할 수 있다.

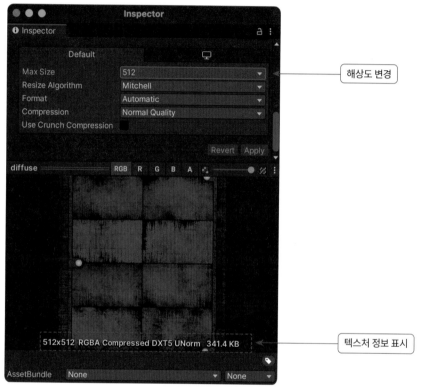

[그림 3-8] 플랫폼에 최적화하기 위한 해상도 조절 기능

프로젝트를 진행할 때 대상 플랫폼을 명확히 설정하고 임포트한 텍스처의 품질을 어떻게 관리할 것인지 미리 결정해야 한다. 이에 따라 프로젝트를 진행하면서 임포트하는 텍스처는 바로 적절한 품질로 설정하는 작업을 병행해야 나중에 최적화 작업에 유리하다.

머티리얼

3D 모델에 텍스처를 적용하려면 3D 모델과 텍스처 사이에 반드시 머티리얼(Material)이라는 매개체가 필요하다. 머티리얼은 3D 모델에 적용할 텍스처의 다양한 속성을 설정하는 역할을 한다. 즉 "**어떤 텍스처를, 어떤 간격으로 반복하고, 표면의 재질은 어떻게 표현하느냐**" 등의 속성을 설정한다.

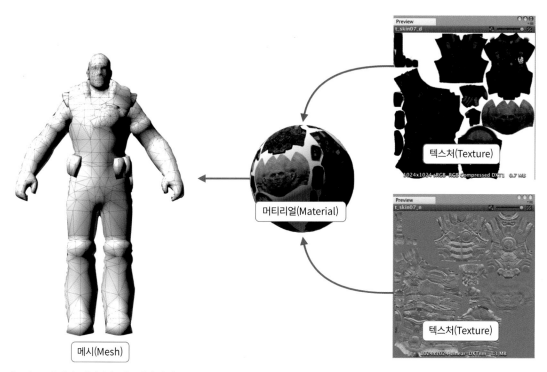

[그림 3-9] 메시, 머티리얼, 텍스처의 관계

머티리얼의 자동 적용

floor에 텍스처를 적용해보자. 먼저 텍스처를 적용하는 방법에는 두 가지가 있다. 텍스처를 임포트한 다음 프로젝트 뷰의 "**04.Images/Textures/T_10_Diffuse**" 텍스처를 씬 뷰의 Floor로 드래그 앤 드롭하면 텍스처가 입혀지며, 해당 텍스처가 있던 폴더의 상위에 자동으로 "**Materials**" 폴더가 생긴다. 새로 생성된 폴더를 열어보면 텍스처 파일명과 동일한 머티리얼이 생성된 것을 볼 수 있다.

[그림 3-10] 텍스처를 모델에 직접 드래그 앤드 드롭해 텍스처를 지정

이 방식은 텍스처를 적용하는 가장 간단한 방법이지만 유니티 초보자에게 권장하는 방법은 아니다. 텍스처와 머티리얼이 여러 폴더에 산재해 있으면 나중에 프로젝트가 방대해졌을 때 관리하기가 어렵다. 또한, 텍스처가 어떤 절차를 거쳐서 메시에 연결되는지 개발자가 명확히 알고 있어야 하므로 유니티에 어느 정도 익숙해질 때까지는 항상 사용할 머티리얼을 직접 생성한 다음 속성을 설정하는 방식으로 작업하길 권장한다.

프로젝트 뷰의 **04.Images** 폴더 하위에 자동으로 생성된 **Materials** 폴더를 삭제한다. 좀 전에 **Floor**에 적용됐던 텍스처는 분홍색으로 변경된 모습을 볼 수 있다. 앞으로 종종 분홍색으로 변한 3D 모델을 보게 될 것이다. 이처럼 분홍색으로 변한 3D 모델은 **"3D 모델에 텍스처를 저장하고 있는 머티리얼이 연결되지 않았거나 끊어졌다"**는 것을 의미한다.

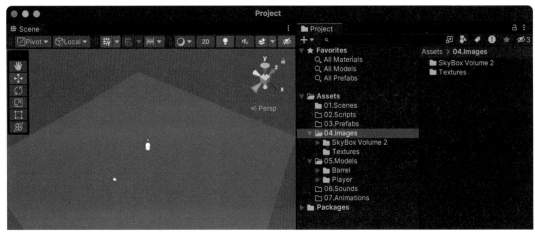

[그림 3-11] Materials 폴더를 삭제한 후 분홍색으로 변경된 3D 모델

하이러키 뷰 또는 씬 뷰에서 Floor를 선택하고 인스펙터 뷰의 Mesh Renderer 컴포넌트를 보면 Materials → Element 0 속성이 "Missing(Material)"으로 표시된 것을 볼 수 있다. Missing이라는 단어에서 유추할 수 있듯이 이전에 머티리얼이 연결돼 있다가 해당 머티리얼이 삭제되어 연결이 끊어졌다는 것을 말한다.

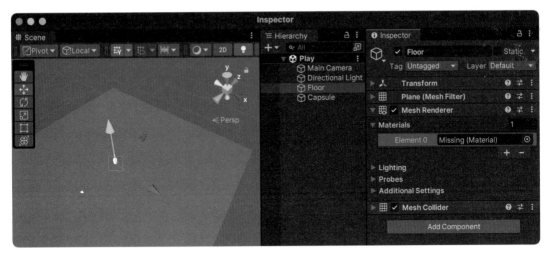

[그림 3-12] Materials → Element 0 속성에 끊어진 정보 표시

머티리얼 생성

프로젝트 뷰에서 "04.Images" 폴더의 하위 폴더로 "Materials" 폴더를 직접 생성한다. 이 Materials 폴더는 유니티 에디터의 예약 폴더로서 반드시 대소문자를 지켜야 하고, 복수형으로 작성해야 한다. Materials 폴더를 선택하고 마우스 오른쪽 버튼을 클릭한 후 팝업된 컨텍스트 메뉴에서 [Create] → [Material]을 선택하거나 프로젝트 뷰의 [+] 툴 버튼을 클릭해 메뉴에서 [Material]을 선택하면 새로운 머티리얼이 생성된다.

[그림 3-13] Materials 폴더를 생성한 후 새로운 머티리얼을 생성

머티리얼과 같은 에셋의 이름을 정하는 방법은 늘 고민스러울 때가 많다. 개발자의 성향에 따라 "m" 또는 "mt"와 같은 접두사(Prefix) 나 접미사(Postfix)를 붙여서 명명하는 경우도 있으나 유니티는 각 에셋의 종류를 식별하기 위한 아이콘이 대단히 잘 갖춰져 있다. 따라서 각 에셋 앞에 표기된 아이콘을 통해 어떤 에셋인지 식별하기를 권장한다. 여기서는 머티리얼의 이름을 "Floor"로 지정한다.

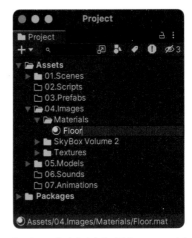

[그림 3-14] 머티리얼의 이름을 Floor로 지정

Albedo, Normal Map 적용

이제 Floor 머티리얼에 텍스처 이미지를 지정해보자. 머티리얼을 선택하면 인스펙터 뷰에서 선택한 머티리얼의 속성을 볼 수 있다. 프로젝트 뷰에서 Floor 머티리얼을 선택한 후 다음 그림과 같이 "04.Images/

Textures/T_10_Diffuse" 텍스처를 Albedo 슬롯으로 드래그 앤드 드롭해 연결하고, normal 이미지는 Normal Map 슬롯에 연결한다. 인스펙터 뷰 아래에 있는 프리뷰(Preview)에서 Sphere 모델을 통해 텍스처가 입혀진 모델의 이미지를 미리 볼 수 있다.

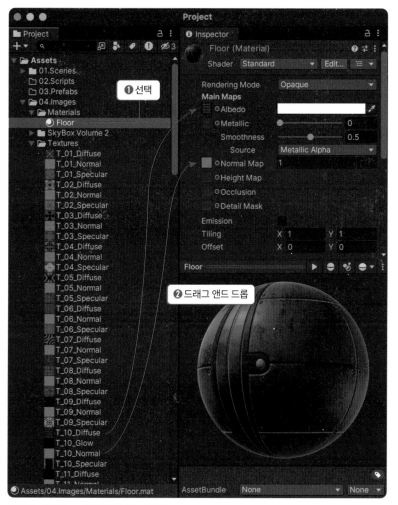

[그림 3-15] Floor 머티리얼에 텍스처 적용

머티리얼의 텍스처를 지정하는 또 다른 방식은 텍스처 슬롯 바로 옆에 있는 원(이후 브라우저 버튼이라 지칭함)을 클릭해 직접 텍스처를 선택하는 것이다. 브라우저 버튼을 클릭하면 Select Texture 창이 나타나며, 이곳에는 현재 프로젝트 뷰에 임포트된 모든 텍스처가 나열된다. 이 선택 창에서 원하는 텍스처를 더블클릭해 선택할 수 있다.

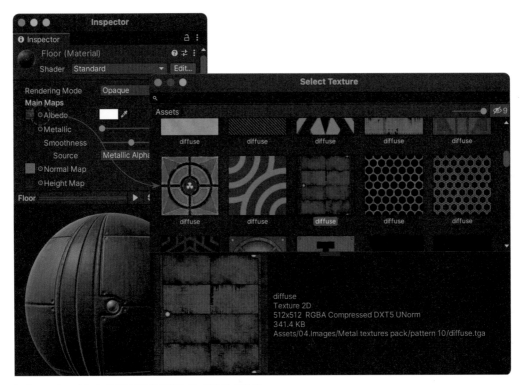

[그림 3-16] 브라우저 버튼을 클릭하면 팝업되는 텍스처 선택 창

📋 **팁** 텍스처 슬롯에 연결된 텍스처 확대 기능

Standard 셰이더를 선택했을 때 텍스처 슬롯에 표시되는 텍스처의 크기가
작아서 육안으로 확인하기 어려울 수 있다. Ctrl 키를 누른 채로 텍스처 슬
롯을 마우스 왼쪽 버튼으로 클릭하면 해당 슬롯에 연결된 텍스처를 확대해
볼 수 있다.

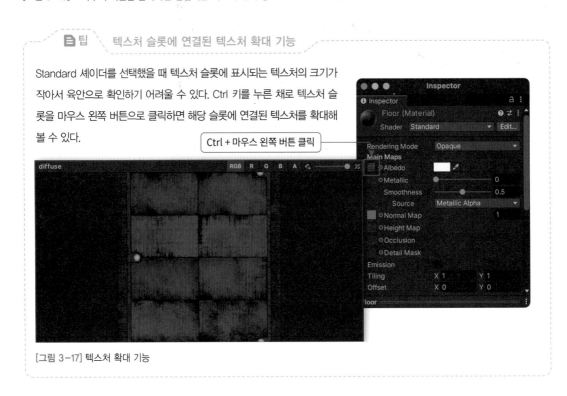

[그림 3-17] 텍스처 확대 기능

머티리얼 적용 방법

완성된 머티리얼을 Floor 게임오브젝트에 적용해보자. Floor 머티리얼을 씬 뷰의 Floor 게임오브젝트로
드래그 앤드 드롭하면 텍스처가 적용된다.

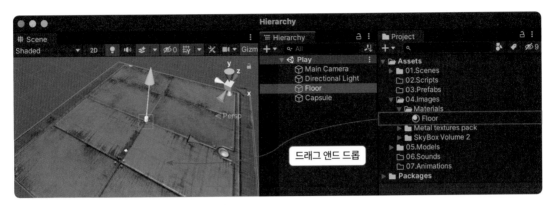

[그림 3-18] 씬 뷰의 Floor 게임오브젝트에 텍스처 적용

여기서 한 가지 알고 넘어가야 하는 부분이 있다. Floor 머티리얼을 직접 씬 뷰의 바닥에 드래그해서 적용
했지만, 사실은 Floor 게임오브젝트에 있는 Mesh Renderer 컴포넌트의 Materials 속성에 Floor 머티리얼
이 연결된 것이다.

[그림 3-19] Mesh Renderer 컴포넌트의 Materials 속성에 연결된 머티리얼

애니메이션이 적용되지 않은 3D 모델은 반드시 Mesh Filter와 Mesh Renderer 컴포넌트가 있다. Mesh Filter 컴포넌트는 해당 모델의 3차원 형상 정보인 메시 데이터를 갖고 있고, 이 메시 데이터를 토대로 화면에 렌더링 처리를 하는 컴포넌트가 Mesh Renderer다.

또한 유니티에서 제공하는 "~ Renderer" 계열의 컴포넌트는 반드시 Materials 속성이 있다. 즉, 대부분의 "~ Renderer" 계열의 컴포넌트는 텍스처 정보를 가진 머티리얼을 연결하는 속성이 있다는 것을 의미한다.

타일링 속성

머티리얼의 기능 가운데 텍스처를 욕실의 타일처럼 반복시키는 기능이 있다. 프로젝트 뷰의 "04.Images/Materials" 폴더 하위에 있는 Floor 머티리얼을 선택하고 인스펙터 뷰에 표시된 Tiling 속성의 X, Y값을 (10, 10)으로 설정한다. 즉, 한 장의 텍스처를 X축으로 10번, Y축으로 10번 반복시켜 패턴화한다.

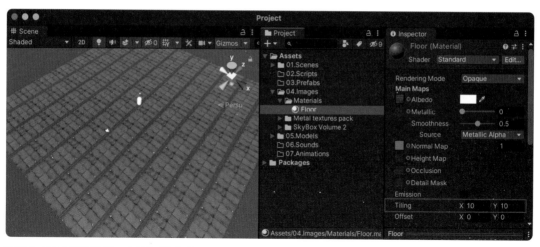

[그림 3-20] 머티리얼의 Tiling 속성을 이용해 텍스처를 패턴화

Tiling 속성은 Main Maps 섹션에 있는 Tiling 속성을 수정해야 한다. Secondary Maps 섹션에도 Tiling 속성이 있기에 혼동하지 말아야 한다. Secondary Maps 섹션은 3D 모델의 특정 부분을 좀 더 세밀하게 표현하기 위한 텍스처를 적용하는 영역이다.

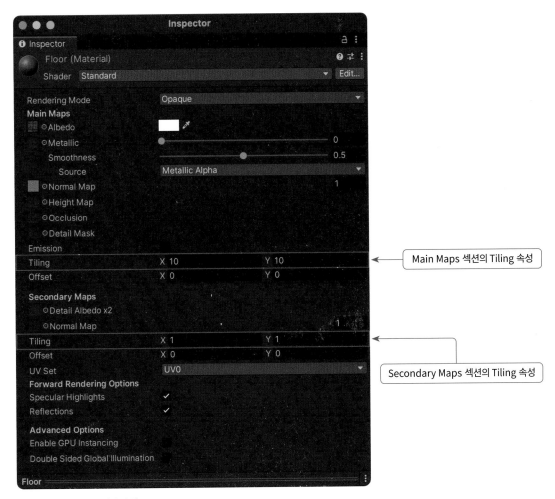

Main Maps 섹션의 Tiling 속성

Secondary Maps 섹션의 Tiling 속성

[그림 3-21] 2개의 타일링 속성

프리뷰의 다양한 기능

인스펙터 뷰에서 머티리얼 정보의 아래쪽에 있는 프리뷰는 헤더 부분을 드래그하면 크기를 위아래로 조절할 수 있으며, 헤더 부분을 클릭하면 최소화된다. 이를 다시 클릭하면 이전 크기로 보인다.

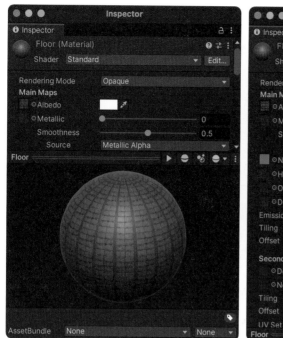
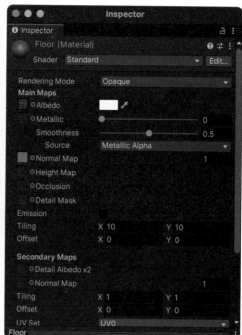

[그림 3-22] 프리뷰의 헤더를 드래그해 크기를 조절

또한, 프리뷰 영역을 별도의 윈도우로 분리할 수도 있다. 프리뷰 헤더에서 마우스 오른쪽 버튼을 클릭하거나 오른쪽 끝에 있는 점 3개가 수직으로 배열된 버튼(비공식적이지만 "케밥 메뉴"라고 부르기도 한다.)을 클릭하면 프리뷰 영역을 별도의 윈도우로 분리하는 메뉴를 볼 수 있다.

[그림 3-23] 옵션 버튼을 클릭하면 프리뷰 창을 분리시키는 메뉴가 나온다.

프리뷰의 컨트롤 바에 있는 구 모양의 툴 버튼을 클릭하면 텍스처가 입혀진 Sphere 모델을 Cube, Cylinder, Donut, Quad 모델로 변경할 수 있다. 텍스처를 적용하려는 3D 모델과 유사한 모델을 선택해 미리 확인해 볼 수 있다.

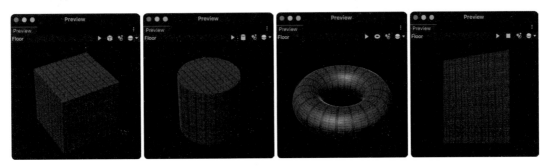

[그림 3-24] 텍스처를 미리 입혀볼 수 있는 다양한 3D 모델

셰이더 및 물리 기반 셰이딩

셰이더(Shader)는 렌더링할 때 픽셀의 농담, 색조, 명암을 결정하는 프로그래밍 방식을 말한다. 쉽게 풀어 쓴다면 화면에 텍스처를 표현할 때 재질감 또는 효과를 표현하는 기능이다. 셰이더 프로그래밍은 DirectX, OpenGL에 따라 서로 다른 언어로 구현되고 3D 그래픽스의 이론적인 배경을 많이 알아야 할 정도로 깊이 있는 지식을 요구하는 분야이기도 하다. 셰이더에 대한 자세한 이론은 이 책의 범위를 벗어난다. 따라서 이 책에서는 셰이더를 어떻게 활용하는가에 관해서만 소개한다.

유니티는 셰이더 프로그래밍 지식이나 경험이 없더라도 손쉽게 사용할 수 있게 내장 셰이더(Built in Shader)를 제공한다. 특히 유니티 5에서 처음 선보인 물리 기반 셰이딩(PBS, Physically-Based Shading)은 물체가 가진 고유의 특성에 맞게 재질을 표현하는 것으로, 현실 세계에 존재하는 돌, 나무, 유리, 플라스틱, 금속 등과 같은 재질감을 하나의 셰이더에서 표현할 수 있게 설계돼 있다. 또한, 유니티 구버전에서 사용됐던 다양한 셰이더를 하나의 셰이더로 대체하기 위해 새롭게 디자인됐다. 물론 하위 호환성을 위해 유니티 4.x 버전의 셰이더는 Legacy Shaders로 분류돼 있다.

유니티의 기본 셰이더인 Standard는 물리 기반 셰이더로서 다음 차트는 물리 기반 셰이더의 속성값에 따른 변화 또는 차이점을 표시한 것이다.

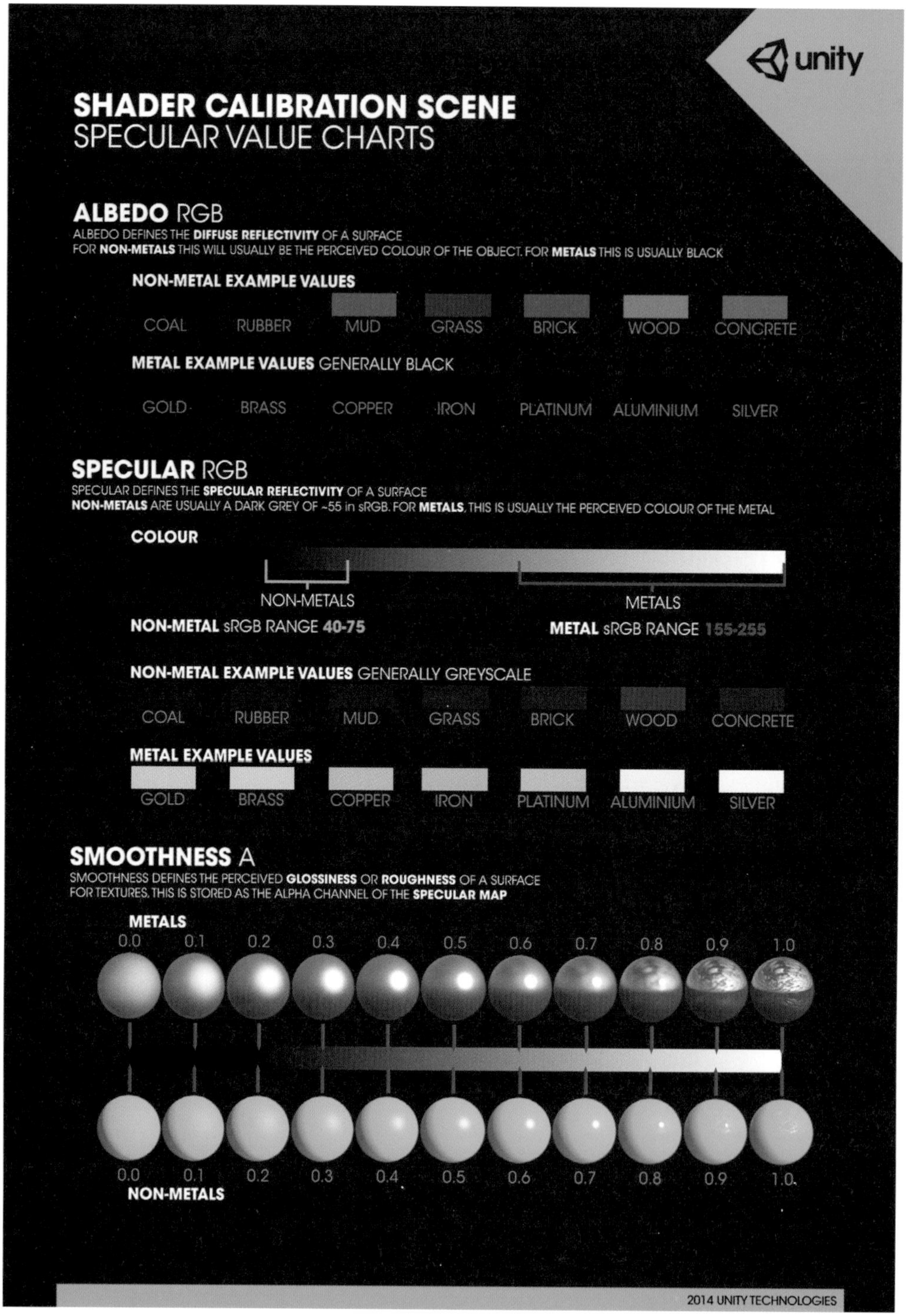

[그림 3-25] 스페큘러(Specular) 차트

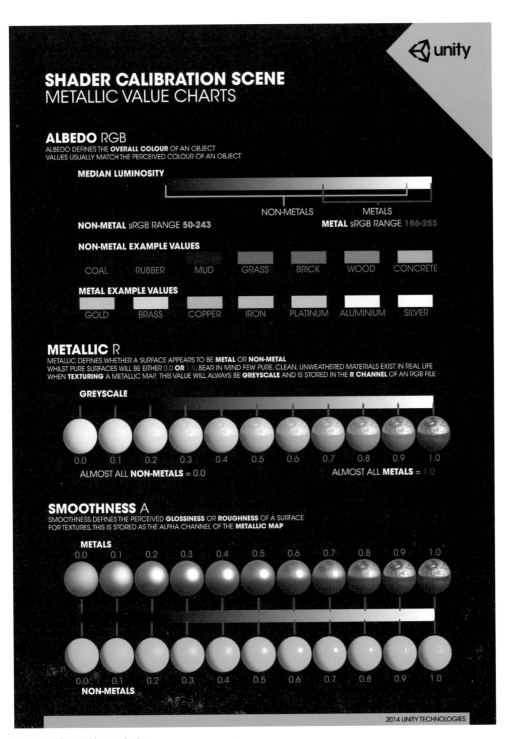

[그림 3-26] 메탈릭(Metalic) 차트

유니티의 기본 셰이더인 Standard 셰이더는 물리 기반 셰이딩을 위해 다양한 옵션을 제공한다. 이 가운데 몇 가지 중요한 머티리얼 파라미터(Material parameters)는 다음과 같다.

렌더링 모드

렌더링 모드(Rendering Mode)는 Opaque(불투명), Cutout(그물망 표현), Fade(홀로그램 효과), Transparent(투명)의 네 가지 설정을 통해 다양한 재질감을 표현할 수 있다.

Rendering Mode 옵션	설명
Opaque	기본값으로 불투명한 텍스처를 표현하는 옵션이다. 투명한 부분이 전혀 없는 Solid 객체에 적합하다.
Cutout	불투명한 부분과 투명한 부분을 동시에 표현하는 옵션이다. 주로 풀, 그물망 등을 표현할 때 적합하다.
Transparent	투명한 플라스틱 또는 유리와 같은 재질을 표현하는 옵션이다.
Fade	투명 속성값을 가진 객체를 페이드 아웃시키는 옵션으로, 페이드 인/아웃을 애니메이션 처리할 수 있다. 불투명한 객체를 부분적으로 페이드 아웃시킬 수 있어 홀로그램(Hologram) 효과를 구현할 수 있다.

[표 3-1] 렌더링 모드 옵션

알베도

알베도(Albedo)는 빛을 반사하는 정도를 말하며, 반사율이라고도 한다. 유니티 5부터 도입된 물리 기반 셰이딩을 구현하기 위해 추가된 텍스처다. 즉, 현실 세계에 있는 모든 물체는 각각 다른 빛 반사율을 가진 것에서 착안했다. 일반적으로 가장 기본이 되는 텍스처를 연결하는 속성이다.

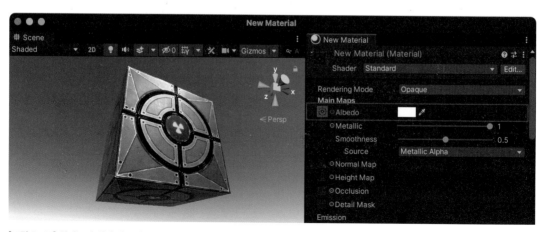

[그림 3-27] 알베도 속성에 텍스처를 연결한 큐브

메탈릭 속성

메탈릭(Metallic)은 객체 표면에 금속의 재질을 표현하기 위한 텍스처다. 이 텍스처 슬롯 옆에 있는 슬라이드 값이 1에 가까워질수록 금속 재질에 가까워지는 특성이 있다([그림 3-27] 참고). 반면 아래 그림은 메탈릭 속성을 0으로 설정했을 때의 모습이다.

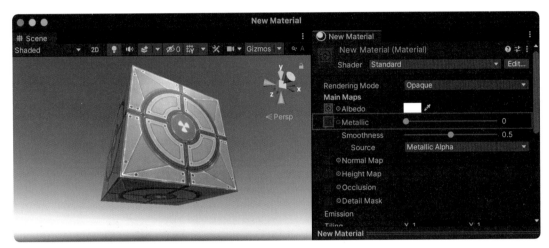

[그림 3-28] 메탈릭 속성을 0으로 적용한 큐브

노멀 맵

노멀 맵(Normal Map)은 표면의 세밀한 입체감이나 질감을 표현하기 위한 텍스처의 일종으로 3D 모델링으로 많은 폴리곤(Polygon)을 소모하지 않고 같은 효과를 낼 수 있다. 노멀 맵 텍스처 슬롯의 오른쪽에 있는 속성값이 커질수록 거친 음영효과를 낸다.

[그림 3-29] 노멀 맵을 적용한 큐브

하이트 맵

하이트 맵(Height Map)은 텍스처로 높낮이를 표현하는 것으로, 노멀 맵과 비슷한 기능을 하지만, 좀 더 돌출시켜 뒤에 있는 사물을 가리는(Occlusion) 효과를 낼 수 있다. 텍스처가 연결되면 슬라이더가 표시되고 돌출되는 높이를 설정할 수 있다. 아래 이미지 중 첫 번째는 알베도만 연결된 것으로 평면적인 이미지다. 두 번째 이미지는 노멀 맵을 적용한 것으로 입체감이 표현됐다. 마지막 세 번째 이미지는 노멀 맵과 하이트 맵을 동시에 적용한 것으로 뒤에 있는 돌이 가려지는 효과를 볼 수 있다.

[그림 3-30] 하이트 맵을 적용했을 때의 오클루전 효과(출처: 유니티 매뉴얼)

오클루전

오클루전(Occlusion)은 흑백의 텍스처로 간접조명에 의해 생기는 명암을 더욱 뚜렷이 표시해 사물의 입체감과 깊이감을 살리는 데 사용한다. 오클루전 맵에 사용할 텍스처는 일반적으로 3D 모델링 툴 또는 서드 파티 툴에서 추출한다.

이미션

이미션(Emission)은 스스로 빛을 방출하는 속성을 말한다. 속성값을 변경하면 객체의 표면에서 방출되는 빛의 강도와 빛의 색상을 설정할 수 있는 항목이 나타난다. 또한 하단에 전역 조명에 반영하기 위한 옵션이 나타난다. 다음 그림은 이미션 텍스처를 적용한 후의 모습으로 가운데 방사능 마크 부분만 자체 발광하는 것을 확인할 수 있다.

[그림 3-31] 이미션 효과를 적용한 큐브

디테일 마스크

디테일 마스크(Detail Mask)는 Secondary Maps에 적용할 마스크를 설정하는 텍스처 슬롯이다. 특정 부분만 좀 더 세부적인 텍스처를 표현할 때 사용한다.

> 🔍 **정보** | Standard 셰이더 세부 정보
>
> 유니티의 Standard 셰이더에 대한 세부 정보는 다음 URL을 참고한다.
>
> - https://docs.unity3d.com/kr/current/Manual/shader-StandardShader.html

프리팹

프리팹(Prefab)의 사전적 의미는 조립식 주택 또는 미리 부품을 만들어 놓고 현장에서는 조립만 하는 건축 기법을 의미한다. 즉, 자주 사용하는 객체를 미리 부품처럼 만들어 놓고 재사용할 수 있게 하는 것이다.

유니티에서의 프리팹은 복사가 가능한 원본의 개념으로, 프리팹을 복제해서 만든 복사본(Clone)의 속성은 원본의 속성과 일치한다. 따라서 원본 프리팹을 수정하면 그 복사본은 수정 사항이 자동으로 일괄적으로 적용되는 특성이 있다.

예를 들어, 전투 로봇을 만들고 3개를 복사해 스테이지 곳곳에 배치했다가 나중에 모델이나 속성에 대해 변경사항이 발생하면 3개의 전투 로봇을 일일이 변경해야 한다. 하지만 [그림 3-32]와 같이 로직이 완성된

전투 로봇을 프리팹으로 전환한 다음 그 프리팹을 복사해 배치하고 나서 그림처럼 원본 프리팹을 수정해 포탑을 장착하고 저장하면 그 변경사항이 3개의 복사본에 자동으로 적용된다. 매우 편리하고 강력한 기능이다.

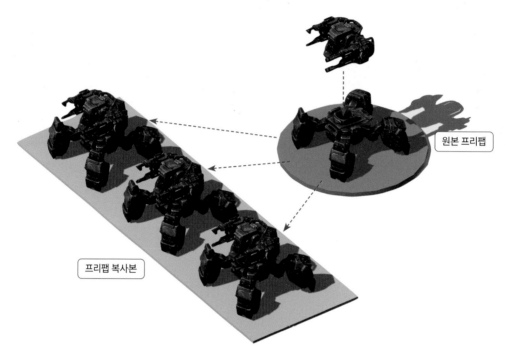

[그림 3-32] 프리팹 원본을 수정하면 그 프리팹의 복사본에 수정 사항이 자동으로 반영된다.

네스티드 프리팹

유니티 2018.3 버전부터 지원하기 시작한 네스티드 프리팹(Nested Prefab, 중첩 프리팹) 기능은 프리팹 하위에 다른 프리팹을 추가할 수 있는 기능이다. 페어런트 프리팹과 별도의 인스턴스를 유지할 수 있는 프리팹을 추가할 수 있기 때문에 많은 유니티 개발자로부터 요청이 있던 기능이다. 네스티드 프리팹의 장점은 다음과 같다.

- 프리팹 하위에 프리팹을 추가할 수 있기 때문에 개발 효율성을 높인다.
- OOP 개념의 상속이 가능하다. 다른 프리팹을 상속받아 다양한 기능을 추가할 수 있다.
- 프리팹 모드 기능으로 프리팹만 수정할 수 있는 별도의 인터페이스를 제공한다.

벽 만들기

이제 Floor 게임오브젝트의 네 군데 모서리에 배치할 벽을 프리팹으로 만들어 배치하자. 먼저 원본 프리팹을 하나 제작한 다음 그 프리팹을 복사하기로 한다. 메뉴에서 [GameObject] → [3D Object] → [Cube]를 선택해 씬 뷰에 Cube 모델을 생성한다. Cube의 이름을 Wall로 변경하고 Transform 속성을 다음 표와 같이 설정한다.

Transform 속성	X	Y	Z
Position	0	3	0
Rotation	0	0	0
Scale	50	6	1

[표 3-2] Wall 게임오브젝트의 Transform 컴포넌트의 속성

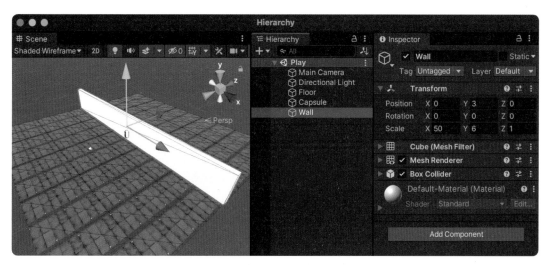

[그림 3-33] Cube 모델을 배치한 후 이름과 Transform 컴포넌트의 속성 수정

이어서 벽에 연결할 머티리얼을 제작해보자. 프로젝트 뷰의 "04.Images/Materials" 폴더 아래에 새로운 머티리얼을 생성하고 머티리얼 이름은 Wall로 변경한다. 머티리얼을 생성하면 셰이더는 기본 셰이더인 Standard로 설정된다. Standard 셰이더는 고품질을 내기 위한 셰이더이기에 모바일 플랫폼에서는 무겁다. 따라서 좀 더 가벼운 셰이더로 변경한다. 인스펙터 뷰에서 Shader 속성을 클릭한 후 [Mobile] → [Bumped Diffuse]를 차례로 선택해 셰이더를 수정한다.

[그림 3-34] 모바일용 셰이더인 Mobile/Bumped Diffuse 셰이더로 수정

변경한 Mobile/Bumped Diffuse 셰이더는 메인 텍스처와 음영을 표현하기 위한 노멀 맵 텍스처로 구성돼있다. 프로젝트 뷰의 "04.Images/Textures" 폴더에 있는 T_08_Diffuse 텍스처를 Base (RGB) 슬롯으로 드래그 앤 드 드롭해 연결한다. 그다음 텍스처의 Tiling 속성 중 X를 10으로 설정한다.

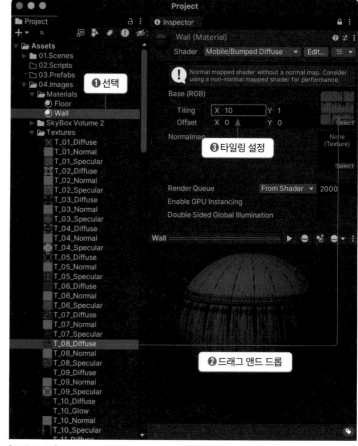

[그림 3-35] Base 텍스처 연결 및 타일링 설정

하이러키 뷰에서 Wall 게임오브젝트를 선택하고 인스펙터 뷰를 확인한다. Mesh Renderer 컴포넌트의
Materials 속성은 배열 타입으로 머티리얼을 한 개 이상 연결할 수 있다. Wall 머티리얼을 Mesh Renderer
컴포넌트의 Materials 속성의 Element 0에 드래그 앤드 드롭해 직접 연결한다.

[그림 3-36] Mesh Renderer 컴포넌트에 Materials 속성 설정

단순히 Base 텍스처만 적용된 Wall 머티리얼을 적용한 벽 모델은 다음 그림과 같이 음영이나 표면의 흠집
같은 세밀함이 표현되지 않는다.

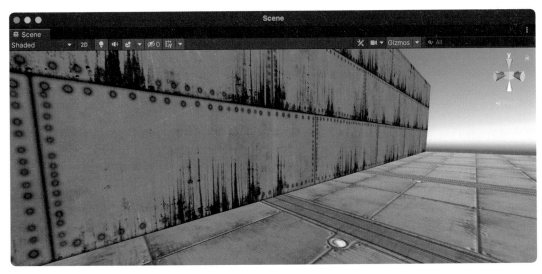

[그림 3-37] 기본 텍스처만 적용된 벽 모델

바닥의 음영효과처럼 벽 모델 역시 노멀 맵을 적용해보자. 지금까지는 머티리얼을 만들고 해당 머티리얼을 선택한 후 텍스처를 추가하거나 속성값을 변경했다. 하지만 머티리얼을 매번 선택하지 않아도 속성을 수정할 수 있다. Wall에는 이미 머티리얼을 연결했기 때문에 인스펙터 뷰에서 바로 해당 머티리얼의 정보를 조회하거나 수정할 수 있다. 굳이 프로젝트 뷰에서 해당 머티리얼을 선택하지 않아도 된다.

하이러키 뷰 또는 씬 뷰의 Wall을 선택하면 인스펙터 뷰의 하단에 Wall 머티리얼의 정보가 있는 것을 볼 수 있다. 머티리얼 정보가 축소돼 있다면 왼쪽에 있는 삼각형 모양 아이콘을 클릭하면 펼쳐진다.

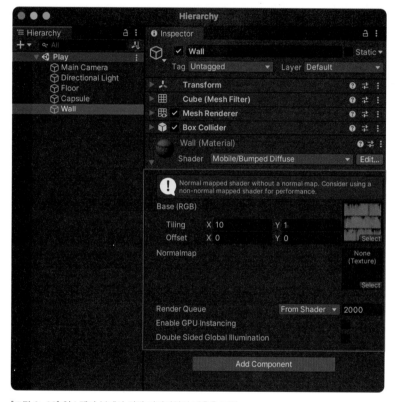

[그림 3-38] 인스펙터 뷰에서 직접 머티리얼의 내용을 조회

이제 프로젝트 뷰의 "04.Images/Textures" 폴더에 있는 T_08_Normal 텍스처를 인스펙터 뷰의 Normalmap 슬롯으로 드래그 앤드 드롭해 연결한다.

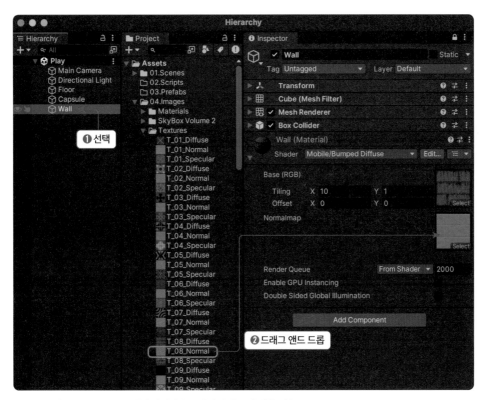

[그림 3-39] 인스펙터 뷰에 표시된 머티리얼 속성에 직접 노멀 맵을 적용

Base 텍스처만 연결했을 때와 다르게 리벳(못) 자국과 표면의 흠집 등이 세밀하게 표현된 것을 확인할 수 있다.

[그림 3-40] 노멀 맵을 적용한 후의 음영 표현이 살아난 벽 모델

앞서 Wall에 적용한 셰이더는 스페큘러 속성(빛을 반사하는 속성)이 표현되지 않기 때문에 금속성의 재질을 표현하지 못하는 것은 아쉬운 부분이다. Wall의 Shader를 Legacy Shaders/Bumped Specular로 변경하면 다음 그림과 같이 표면의 빛이 반사되는 효과를 볼 수 있다. 독자 여러분이 직접 셰이더의 Main Color, Specular Color, Shininess 등의 속성을 수정해 재질감이 어떻게 변경되는지 확인해보자.

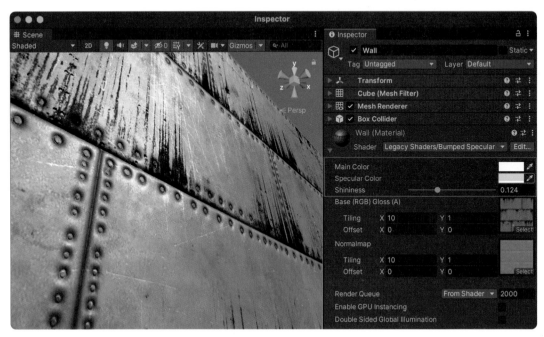

[그림 3-41] 스페큘러를 지원하는 셰이더로 교체한 벽 모델

프리팹 생성

하이러키 뷰의 Wall을 프리팹으로 만들어보자. 하이러키 뷰의 Wall을 프로젝트 뷰로 드래그 앤드 드롭하면 같은 이름으로 객체가 생성되는데, 바로 이 객체가 프리팹이다. 물론 프로젝트 뷰의 컨텍스트 메뉴에서 프리팹을 미리 생성한 다음에 연결할 수도 있지만, 드래그 앤드 드롭 방식이 훨씬 편리하다.

[그림 3-42] 프로젝트 뷰로 드래그 앤드 드롭해 프리팹 생성

생성한 프리팹은 "**03.Prefabs**" 폴더로 옮겨서 분류한다. 앞으로 독자 여러분이 만드는 프리팹은 이 폴더에 분류하기로 한다.

유니티 에디터의 스킨이 Light로 설정돼 있으면 하이러키 뷰에 나열된 게임오브젝트의 글자색은 검은색이 기본색이고, 스킨이 Dark로 설정돼 있으면 흰색이 기본으로 표시된다. 글자색이 청색인 것은 해당 게임오브젝트가 프리팹이거나 3D 모델임을 의미한다. 하이러키 뷰에서 청색으로 표시된 게임오브젝트를 선택하면 인스펙터 뷰에 프리팹 또는 3D 모델 여부가 텍스트로 표시되어 확인할 수 있다.

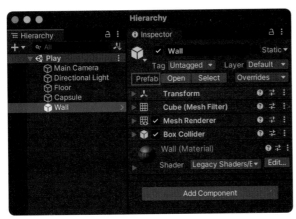

[그림 3-43] 청색인 게임오브젝트의 프리팹 여부 표시

[그림 3-44] 청색인 게임오브젝트의 3D 모델 여부 표시

프로젝트 뷰에 생성된 프리팹을 원본 프리팹이라 한다. 이 원본 프리팹을 삭제하면 하이러키 뷰에 있던 프리팹 복사본은 붉은색으로 표시된다. 이 경우 하이러키 뷰의 원본 프리팹과 연결이 끊어진 게임오브젝트를 프로젝트 뷰로 다시 드래그 앤 드롭하면 청색으로 변경되며 새로운 연결이 생성된다. 따라서 프로젝트 뷰에 있는 프리팹을 삭제할 때는 주의해서 삭제해야 한다.

[그림 3-45] 프리팹 인스턴스가 끊어진 경우 붉은색으로 표시된다.

반면 의도적으로 프리팹의 연결고리를 끊고 일반 게임오브젝트로 환원시키고자 한다면 해당 프리팹을 선택한 후 마우스 오른쪽 버튼을 클릭하고 [Prefab] → [Unpack]을 선택한다. 중첩 프리팹의 경우 모든 하위 프리팹까지 일반 게임오브젝트로 환원시키고자 한다면 [Prefab] → [Unpack Completely]를 선택한다.

프리팹의 복제 및 네이밍

유니티의 모든 에셋은 복사본을 만들 수 있다. 즉, 게임오브젝트, 프리팹, 각종 리소스는 물론 씬(Scene)도 복사할 수 있다. 하이러키 뷰의 Wall을 선택하고 단축키(윈도우: Ctrl + D, 맥: command + D)를 누르면 Wall 프리팹이 복사된다. 세 개를 추가로 복사해 총 네 개의 Wall 프리팹을 각 Floor 모서리 끝부분에 배치할 예정이다. Wall을 복사하면 해당 게임오브젝트의 이름 뒤에 자동으로 일련번호가 부여된다. 따라서 복사된 Wall 프리팹은 Wall (1), Wall (2), Wall (3)으로 이름이 부여됐을 것이다.

[그림 3-46] 복제된 프리팹의 기본 네이밍 형식

복제된 프리팹은 "{프리팹 이름} (번호)"와 같은 형식으로 생성된다. 이 네이밍 방식이 낯설거나 마음에 들지 않는다면 변경할 수 있다. 메뉴에서 [Edit] → [Project Settings]를 선택한 후 [Editor] 카테고리를 선택한다. 가장 아래쪽에 있는 "Numbering Scheme"에서 Game Object Naming을 변경한다. 네이밍은 다음 3가지 형식을 지원한다. 또한, Game Object Digits 속성으로 번호 앞에 0으로 채우는 수를 지정할 수 있다.

- Prefab (1)
- Prefab.1
- Prefab_1

필자는 [Prefab_1]을 선택해 "{프리팹 이름}_{번호}" 형식으로 복제본이 생성되게 설정했다. Project Settings의 변경사항은 별도의 저장 과정이 없으므로 윈도우를 닫는다.

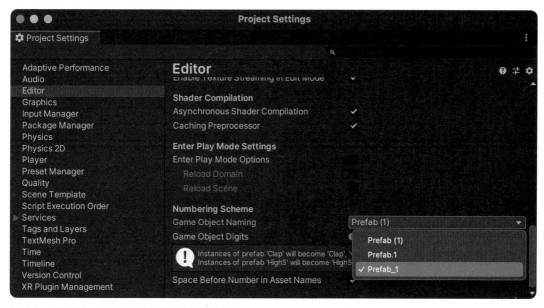

[그림 3-47] 복제된 프리팹의 네이밍 형식을 변경할 수 있는 Game Object Naming 속성

앞서 복제했던 Wall (1), Wall (2), Wall (3) 프리팹을 모두 삭제한다. 하이러키 뷰의 처음 만든 Wall의 이름을 "Wall_1"로 변경한다.

[그림 3-48] 복제한 프리팹 삭제 및 기존 프리팹의 이름 변경

이름을 변경한 Wall_1을 선택한 후 세 번 복제하면 다음과 같이 번호가 순차적으로 증가한 이름을 볼 수 있다. 명명 규칙은 개발자마다 취향이 다르기 때문에 어떤 것이 정답이라고 할 수 없다. 따라서 독자 여러분에게 가장 맞는 방식을 선택하면 된다.

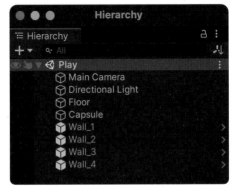

[그림 3-49] 네이밍이 변경된 Wall 프리팹

스내핑 기능

현재 복사한 Wall 프리팹은 모두 같은 위치에서 생성됐을 것이다. 이 Wall은 바닥의 네 군데 경계선(엣지) 쪽으로 이동해 게임 스테이지의 경계로 사용할 것이다. 물론 하이러키 뷰에서 하나씩 선택하고 씬 뷰에서 좌표축을 마우스로 드래그하는 방법으로 Floor의 모서리에 배치할 수 있지만, 바닥의 모서리와 벽의 모서리를 정확히 맞닿게 하기란 거의 불가능에 가깝다. 눈으로 봐서는 바닥의 모서리와 벽의 모서리를 정확히 붙인 것처럼 보이지만 가까이 확대해보면 두 메시가 미세하게 떨어져 있거나 서로 묻혀있다.

유니티는 이러한 불편한 점을 개선하기 위해 쉽게 화면에 배치할 수 있는 표면 스내핑(Surface Snapping)과 정점 스내핑(Vertex Snapping) 기능을 제공한다. 스내핑은 자석처럼 딱 붙는 기능을 생각하면 된다. 그중 정점 스내핑은 메시의 꼭짓점과 꼭짓점을 붙이는 기능으로, 숙달되면 매우 쉽고 편리하게 배치할 수 있다. 다음 절차대로 차근차근 따라 해보자. 이때 유니티 툴 버튼은 반드시 Move Tool을 선택해야 한다.

[그림 3-50] 정점 스내핑을 위해 Move 툴 버튼 선택

먼저 하이러키 뷰의 Wall_1을 선택하고 Z축을 마우스로 드래그해 바닥의 경계선 쪽으로 이동시킨다. 정확히 붙이려고 할 필요 없이 작업하기 편한 정도로 바닥과 적당히 간격을 두어도 무방하다.

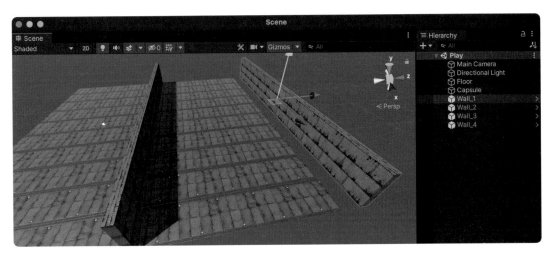

[그림 3-51] Wall_1을 바닥 경계선으로 이동

정점 스내핑시킬 Wall_1을 선택한 후 키보드 V 키를 누른 상태에서 마우스 커서를 꼭짓점 근처로 옮기면 Transform 축의 원점이 해당 꼭짓점으로 이동한다. 이때 꼭짓점 가운데 네모를 마우스로 드래그해 Floor 쪽으로 이동하면 Floor의 가장 가까이 있는 꼭짓점으로 스내핑된다. 원하는 꼭짓점에 스내핑되면 누르고 있던 V 키는 릴리스한다.

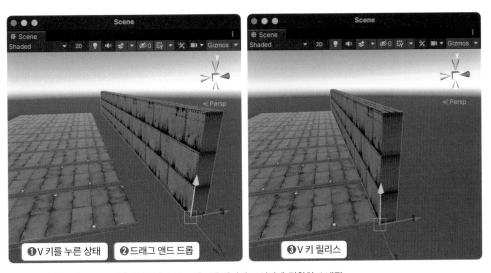

[그림 3-52] V 키를 누른 상태에서 마우스를 드래그해 메시의 모서리에 정확히 스내핑

나머지 Wall_2, Wall_3, Wall_4 역시 같은 방법으로 네 군데 경계로 위치를 이동시킨다. 각도를 90° 회전해야 할 경우 Transform 컴포넌트의 Rotation Y값을 90으로 설정한다. 다음 그림은 모든 벽을 외곽에 배치해 완성한 모습이다.

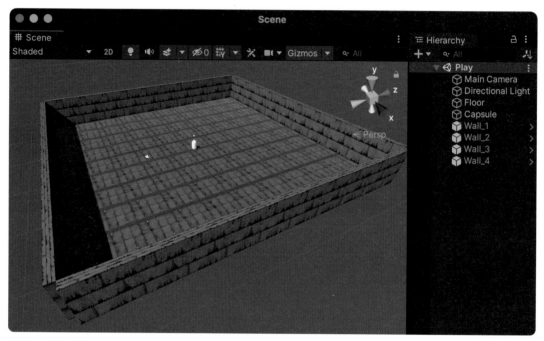

[그림 3-53] 복사한 Wall 프리팹을 Floor 모서리로 옮겨서 배치

조명

게임 개발에서 조명(Light)은 얼마나 효과적으로 사용하느냐에 따라 게임의 분위기나 완성도가 완전히 달라질 정도로 매우 중요한 요소 중 하나다. 게임 화면 곳곳에 조명을 설치하면 할수록 시각적인 효과는 커지지만, 조명을 처리하기 위한 렌더링 부하는 늘어날 수밖에 없다. 따라서 최소한의 조명으로 시각적인 효과와 게임 수행 속도 사이의 균형을 맞추는 데 항상 신경 써야 한다.

유니티는 게임 속도를 저하하지 않고 실시간 조명의 효과를 낼 수 있는 라이트매핑 및 라이트 프로브 기능을 제공한다. 이 기능은 11장에서 살펴보자.

유니티가 제공하는 조명은 Directional Light, Point Light, Spot Light, Area Light의 네 가지다. 메뉴에서 [GameObject] → [Light]를 차례로 선택해 원하는 조명을 생성할 수 있으며 새로운 씬이 만들어지면 기본적으로 Directional Light는 생성돼 있다. 이 네 가지 조명을 하나씩 살펴보자.

Directional Light

Directional Light는 전체 화면에 균일한 빛을 비춘다. 태양과 같은 조명으로, 위치는 어디에 있든 관계가 없고 빛을 비추는 각도에 따라 그림자의 방향과 길이가 달라진다. 실시간 조명 중에서 가장 비용이 적게 드는 조명이다.

[그림 3-54] 태양과 같은 역할을 하는 Directional Light

> 📑 **팁**   Directional Light의 위치
>
> 씬 뷰에서 Directional Light가 어디에 위치해도 무방하지만, 적어도 y축 좌푯값을 0보다 크게 설정하는 것이 편리하다. 필자는 씬 뷰에서 작업할 때 방해되지 않도록 Directional Light의 Transform 컴포넌트의 y축 좌표를 10 또는 100 정도로 설정한다.

Point Light

Point Light는 일반 전구와 같은 성격을 띤다. 즉, Point Light가 위치한 좌표를 기준으로 360° 퍼져나가는 조명이다. Directional Light와는 달리 빛이 미치는 범위를 설정할 수 있는 Range 속성이 있다.

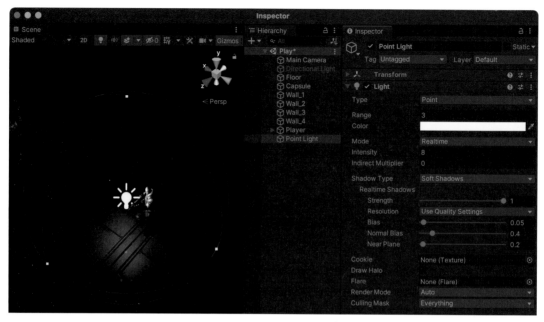

[그림 3-55] 일반 전구와 같은 성격을 띠는 Point Light

Spot Light

Spot Light는 손전등과 같이 콘(Corn) 모양으로 빛을 발하는 조명으로, 실시간 조명 중에서 처리 비용이 가장 비싼 조명이다. 빛이 뻗어 나가는 각도를 조절할 수 있는 Spot Angle 속성이 있다.

[그림 3-56] 조명 연산 비용이 가장 비싼 Spot Light

Area Light

Area Light는 사각형 형태의 조명으로, 한쪽 면에서 빛을 발하는 조명이다. 메뉴에서 [Window] → [Rendering] → [Lighting]을 선택해 라이팅 뷰(Lighting View)를 연 다음 라이트맵을 베이크(Bake)해야만 확인할 수 있다. 유니티에서 제공하는 4개의 조명 중 Area Light만 실시간 조명이 아니며, 주로 간접 조명으로 사용한다.

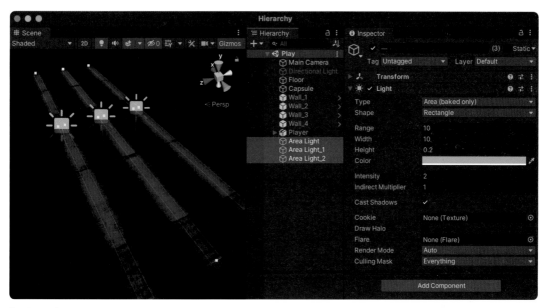

[그림 3-57] 라이트맵 베이킹 또는 실시간 베이킹 후 표시되는 Area Light 조명 효과

실시간 라이트매핑 기능

유니티는 백그라운드로 라이트맵을 베이킹할 수 있는 기능을 제공한다. 개발 중에 조명의 효과를 볼 수 있어 반복적인 작업에 매우 편리하다. 메뉴에서 [Window] → [Rendering] → [Lighting]을 선택하면 라이팅 뷰가 열린다.

Lighting Settings 에셋

먼저 해당 씬의 조명 속성을 저장하는 Lighting Settings 에셋을 생성해야 한다. 라이팅 뷰의 상단에 있는 [Scene] 탭을 선택하고 [New Lighting Settings] 버튼을 클릭해 에셋을 생성한다. 이름은 씬 이름과 동일하게 "Play"로 지정한다. Play 에셋은 "01.Scenes" 폴더로 이동해 분류한다.

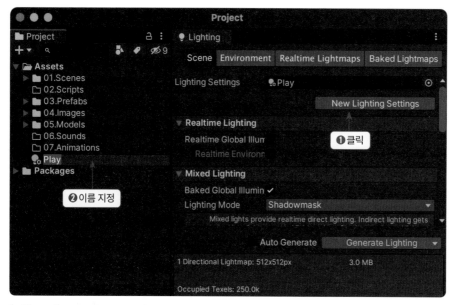

[그림 3-58] Lighting Settings 에셋 생성

Auto Generate 옵션

라이팅 뷰의 아래에 있는 [Auto Generate] 옵
션을 체크하면 실시간 라이트맵을 베이크한다.
아직 스테이지에 라이트매핑을 위해 설정한 것
이 없기 때문에 계산 시간은 얼마 걸리지 않는
다. 정식적인 라이트맵을 만드는 과정은 11장에
서 자세히 다룬다.

Auto Generate 옵션에 체크하면 실시간으로
전역 조명의 연산 및 라이트매핑 작업을 진행하
므로 유니티 에디터의 속도를 떨어뜨리는 원인
이 된다. 따라서 작업에 방해가 될 정도로 속도
가 저하되거나 끊김 현상이 발생한다면 Auto
Generate 옵션을 끄고 필요할 때 라이트맵을
베이크한다.

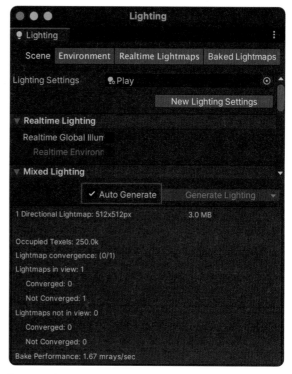

[그림 3-59] 실시간 라이트매핑을 위한 Auto Generate 옵션

하늘 표현 방식

게임에서 하늘을 표현하는 대표적인 방식으로는 Skybox와 SkyDome이 있다. 먼저 Skybox는 카메라가 볼 수 있는 하늘의 여섯 방면(left, front, right, back, top, bottom)의 이미지를 Cube 형태로 배치해 표현한다. 반면 SkyDome은 [그림 3-61]과 같이 돔(dome) 형태의 메시에 하늘의 이미지 텍스처를 입혀 구현한다.

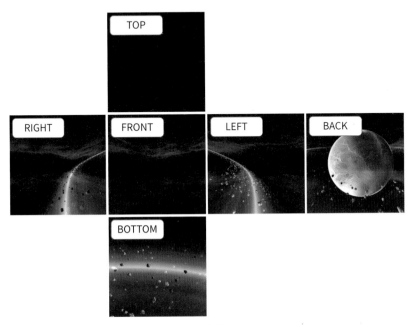

[그림 3-60] Skybox에 사용하는 여섯 개 방면의 이미지

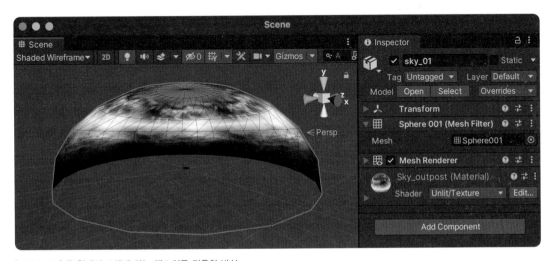

[그림 3-61] 돔 형태의 모델에 하늘 텍스처를 적용한 방식

6방면 스카이박스

먼저 6방면 스카이박스(6 sided skybox)를 적용해보자. 프로젝트 뷰에서 "04.Images/Materials" 폴더에 새로운 머티리얼을 생성한 후 이름을 "Skybox"로 지정한다.

[그림 3-62] 머티리얼 생성

생성한 Skybox 머티리얼의 Shader 콤보 박스를 클릭한 다음 [Skybox] → [6 Sided] 셰이더를 차례로 선택하면 6개의 텍스처를 지정할 수 있게 머티리얼의 속성이 바뀐다.

[그림 3-63] Skybox/6 Sided 셰이더로 변경

에셋 스토어에서 내려받은 "Skybox Volume 2"는 프로젝트 뷰의 "04.Images/Skybox Volume 2" 아래에 테마별로 Skybox가 분리돼 있다. 이 가운데 마음에 드는 테마를 선택해 여섯 방면의 이미지를 해당 텍스처에 차례로 하나씩 연결한다. 대부분 Skybox용 이미지 파일의 이름은 Front, Back, Left, Right, Up, Down의 형태로 지정돼 있으며, Down 이미지는 없을 수도 있다.

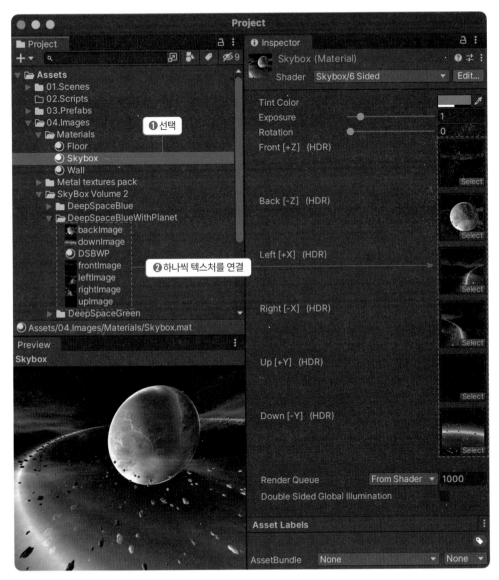

[그림 3-64] 6장의 텍스처를 적용한 Skybox 머티리얼

Exposure 속성은 Skybox 텍스처의 노출을 설정하는 것으로 밝기를 조절할 수 있으며, Rotation 속성은 Y축을 기준으로 + 방향(시계방향)으로 텍스처를 회전시킬 수 있다.

스카이박스 적용

완성된 Skybox 머티리얼을 적용해보자. 메뉴에서 [Window] → [Rendering] → [Lighting]을 선택하면 라이팅 뷰(Lighting View)가 열린다. 상단에서 [Environment] 탭을 선택하고 Skybox Material 속성에 지금까지 설정한 Skybox 머티리얼을 드래그해 연결한다.

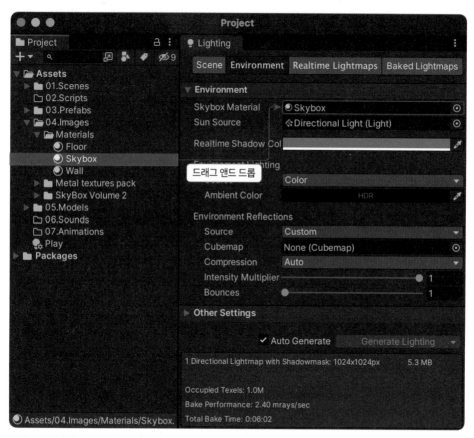

[그림 3-65] 라이팅 뷰의 Skybox Material 속성에 머티리얼 연결

더 간단한 방법으로 Skybox 머티리얼을 씬 뷰의 하늘 영역에 직접 드래그 앤드 드롭해도 된다.

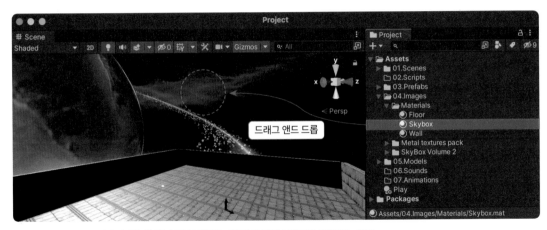

[그림 3-66] Skybox 머티리얼을 씬 뷰의 빈 공간(하늘 영역)에 직접 드래그해 적용하는 방법

프로시저럴 스카이박스

유니티5부터 Skybox의 구현이 4가지 형태로 확장됐다. 앞서 진행했던 6 sided와 Cubemap, Panoramic, Procedural이 그것이다. 그중에서 프로시저럴 스카이박스(Procedural Skybox)에 관해 살펴보자. 프로시저럴 스카이박스의 특징은 텍스처를 적용하지 않고 하늘의 색상, 대기 농도, 노출(밝기), 태양의 위치와 크기 등을 설정할 수 있다는 것이다. 유니티를 처음 열었을 때 적용된 하늘이 바로 이 프로시저럴 스카이박스다. 기본값인 Default-Skybox는 여러 가지 설정값을 수정할 수 없으므로 별도의 프로시저럴 스카이박스 머티리얼을 만들어야 한다.

프로젝트 뷰의 "04.Images/Material" 폴더에 새로운 머티리얼을 만들고 이름을 "SkyboxPC"로 지정한다. Shader 속성을 [Skybox] → [Procedural]로 수정한다.

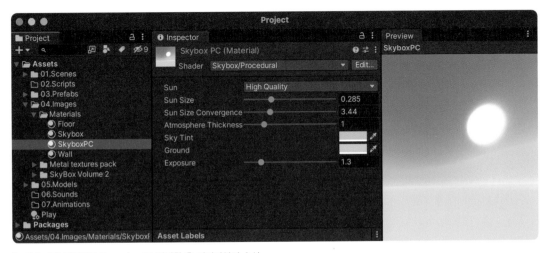

[그림 3-67] 셰이더를 Procedural로 변경한 후 머티리얼의 속성

프로시저럴로 변경한 후 인스펙터에 표시된 속성의 기능은 다음 표와 같다. 직접 여러 가지 속성을 변경해보자.

속성	설명
Sun	None: 태양 이미지를 표시하지 않음
	Simple: 태양 주변에 헤일로(Halo) 처리를 하지 않음
	High Quality: 태양 주변에 헤일로 처리
Sun Size	태양 이미지 크기 조절
Sun Size Convergence	태양 주변의 퍼지는 빛의 범위를 조절 (High Quality일 때만 표시됨)
Atmosphere Thickness	대기 농도: 청명하거나 탁한 정도를 조절
Sky Tint	하늘 색상 조절
Ground	대지 색상 조절
Exposure	노출 조절

[표 3-3] 프로시저럴 스카이박스의 속성별 기능

프로시저럴 스카이박스의 여러 속성을 조절해 원하는 하늘을 만든 후 라이팅 뷰의 Sun Material에 연결하거나 씬 뷰에 직접 드래그해 하늘을 변경해보자.

프로시저럴 스카이박스는 태양 이미지를 표현할 수 있고, 위치도 변경할 수 있다. 즉, 게임에서 해가 뜨고지는 시스템을 적용한 경우에는 태양 이미지의 위치가 태양의 고도에 따라 같이 변경돼야 한다. 라이팅 뷰를 열어 [Environments] 탭을 선택한 다음 Sun Source 속성에 기본 생성된 Directional Light가 연결된 것을 확인해보자. 이 속성은 Directional Light의 각도가 변경됐을 때 하늘에 표현된 태양 이미지의 위치를 변경해 마치 태양의 고도가 변경되는 것과 같은 효과를 낸다.

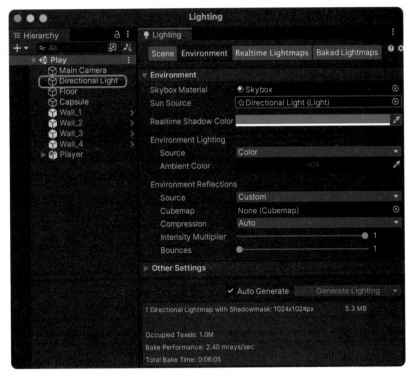

[그림 3-68] 태양 이미지의 위치를 변경하기 위한 Sun Source 속성

테스트를 위해 **SkyboxPC** 머티리얼을 스카이박스에 적용시킨다. 라이팅 뷰의 **Skybox Material**에 연결하거나 씬 뷰의 빈 공간에 드래그 앤드 드롭한다. 이제 씬 뷰에 있는 Directional Light를 선택하고 **Transform**의 **Rotation** 속성값을 변경해 회전시키면 태양 이미지의 위치가 변경되는 모습을 확인할 수 있다.

[그림 3-69] Directional Light의 회전에 따라 태양 이미지의 위치가 변경된다.

큐브맵 스카이박스

큐브맵 스카이박스(Cubemap Skybox) 방식은 먼저 큐브맵을 생성한 후 하늘을 표현한다. 큐브맵은 여섯 방면 스카이박스와 마찬가지로 6장의 텍스처가 필요하며 주변 환경을 반사하는 효과에 주로 사용한다. 큐브맵 스카이박스를 적용하려면 여섯 방면의 이미지가 한 장의 텍스처에 있어야 하며, Texture Type을 Cubemap으로 설정해야 한다.

다만 한 장의 텍스처에 6방면의 이미지를 합칠 때는 다음과 같은 세 가지 방식으로 작업해야 한다.

매핑 타입	이미지 형태
6 Frame Layout(Cube Environment)	여섯 방면의 이미지를 평면으로 배치
Latitude-Longitude(Cylindrical)	파노라마 이미지로 실린더 형태의 이미지
Mirrored Ball(Spheremap)	구체(Sphere) 이미지

[표 3-4] 큐브맵 스카이박스에 사용할 이미지 형태

 팁 │ 큐브맵 정보

큐브맵 생성에 관한 자세한 내용은 다음 페이지를 참조한다.

- http://docs.unity3d.com/Manual/class-Cubemap.html

🔍 정보 │ 6방면 스카이박스의 드로우콜 소모량

6방면 스카이박스(6 Side Skybox)는 6개의 텍스처를 사용하므로 기본적으로 6 드로우콜(DrawCall)을 소모하지만, 큐브맵 스카이박스와 프로시저럴 스카이박스는 1 드로우콜만 소모하므로 좋은 대안이 될 수 있다. 또한 Sky Dome 역시 1장의 텍스처를 사용할 경우 1 드로우콜만 소모하므로 드로우콜을 낮출 수 있다는 장점이 있다. 하지만 게임의 특성에 따라 카메라가 볼 수 있는 최대거리(Far clipping Plane)를 제한해야 할 때는 Sky Dome 방식을 적용하는 것은 적합하지 않을 수 있다.

정리

이번 장에서는 게임의 무대가 되는 스테이지를 제작했다. 아직 유니티를 사용하는 데 익숙하지 않아 제대로 완성하지 못한 독자도 있겠지만 전혀 실망할 필요는 없다. 유니티를 자주 사용하다 보면 점차 툴 사용에 익숙해질 것이며, 유니티에서 제공하는 다양한 단축키를 빨리 숙지하길 권장한다.

- **이 장까지의 소스 코드 내려받기**

  https://github.com/IndieGameMaker/SpaceShooter2021/releases/tag/3장

주인공 캐릭터 제작

이번 장에서는 주인공 캐릭터의 제작 및 게임오브젝트와 컴포넌트의 관계를 알아보고 이동 로직 스크립트를 작성해 적용하는 방법을 살펴본다. 먼저 주인공 캐릭터로 사용할 3D 모델을 불러와 이동 로직을 구현해보자. 2장에서 주인공 캐릭터로 사용할 3D 모델을 임포트하지 않았다면 먼저 패키지를 임포트한 후 진행한다.

3D 모델 불러오기

프로젝트 뷰의 "05.Models/Player" 폴더에서 Player를 씬 뷰 또는 하이러키 뷰로 드래그 앤드 드롭한다. 가장 먼저 해야 할 것은 Player 게임오브젝트의 Transform의 Position 속성을 (0, 0, 0)으로 설정하는 것이다. 하이러키 뷰로 드래그 앤드 드롭하면 원점좌표에 배치되지만, 씬 뷰로 드래그 앤드 드롭하면 원점좌표가 아닐 수도 있기 때문에 반드시 확인해야 한다.

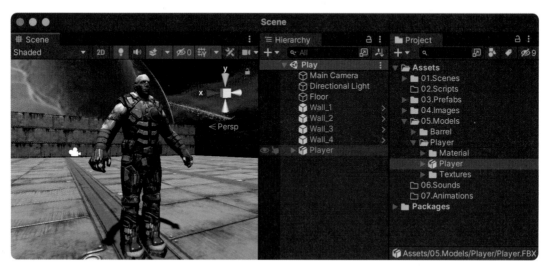

[그림 4-1] 3D 모델을 씬 뷰 또는 하이러키 뷰로 드래그해 배치

유니티 엔진의 개발 방식

유니티는 다음과 같이 2가지 개발 방식을 지원한다. 하나는 **컴포넌트 기반의 개발 방식**이고, 다른 하나는 **멀티스레드 기반의 DOTS 개발 방식**이다. DOTS 기반의 개발 방식은 컴포넌트 기반의 개발 방식과 코드 구조가 전혀 달라서 유니티 초보자가 바로 접하기에는 난도가 상당히 높다. 또한, 현재 개발 중인 기능이 많아 안정화 버전이 나올 때까지는 상용으로 사용하기에 위험부담이 있다.

- 컴포넌트 기반의 개발(CBD; Component Based Development)
- 데이터 기반의 개발(DOTS; Data Oriented Technology Stack)

컴포넌트 기반의 개발 방식

먼저 컴포넌트(Component)의 개념에 대해 알고 넘어가자. 컴포넌트 기반의 개발은 일종의 소프트웨어 개발 방법론으로, 독립적인 기능 단위로 컴포넌트를 제작한 다음 필요한 기능을 조립하는 방식을 말한다.

마치 장난감 블록처럼 조립하는 방식을 생각하면 쉽게 이해될 것이다. 이 개발 방식은 컴포넌트의 재사용이 가능하고 높은 생산성이 장점인 개발 방법론이다.

컴포넌트는 인스펙터 뷰에서 확인할 수 있다. 인스펙터 뷰에는 선택한 게임오브젝트에 포함된 컴포넌트가 나열되고 각 컴포넌트의 속성을 조회하거나 수정할 수 있다. 하이러키 뷰에서 Main Camera를 선택하고 인스펙터 뷰를 살펴보자. 다음 그림과 같이 선으로 구분된 하나하나가 각각 컴포넌트다. 즉, Main Camera는 Transform, Camera, Audio Listener로 총 3개의 컴포넌트로 구성된 게임오브젝트다.

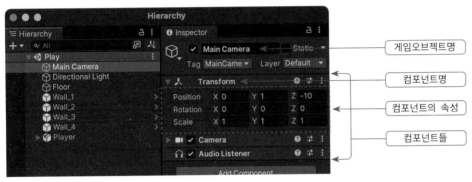

[그림 4-2] Main Camera 게임오브젝트에 포함된 컴포넌트 목록

게임오브젝트에 추가된 컴포넌트는 언제든 삭제할 수 있지만, 유일하게 Transform 컴포넌트는 삭제할 수 없다. Transform 컴포넌트는 해당 게임오브젝트의 3차원 위치, 각 축에 대한 각도 및 스케일 속성을 가진다. 따라서 3차원 공간에서 어떤 객체가 존재하려면 이러한 정보가 반드시 있어야 하므로 삭제할 수 없는 컴포넌트다.

컴포넌트의 삭제는 컴포넌트명이 있는 위치(컴포넌트 헤더)에서 마우스 오른쪽 버튼을 클릭해 팝업되는 컨텍스트 메뉴에서 [Remove Component]를 선택하거나 컴포넌트명 오른쪽에 있는 점 3개로 표시된 아이콘[1](이후 옵션 버튼이라 지칭함)을 클릭한 다음 [Remove Component] 메뉴를 선택하면 삭제할 수 있다.

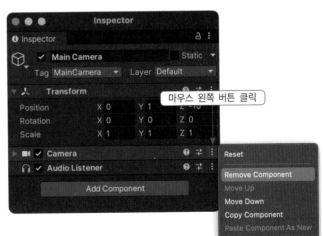

[그림 4-3] 컴포넌트를 삭제하는 컨텍스트 메뉴

---

1 공식 명칭은 아니지만 일부 개발자들은 이를 케밥 메뉴라고 부르기도 한다.

C# 스크립트

유니티는 C# 언어를 지원한다. 물론 유니티 엔진의 코어(Core) 부분은 C++로 제작됐다. 유니티 초기 버전에서는 자바스크립트 문법을 차용한 UnityScript를 지원했지만, 2017 버전부터 C# 언어만 지원한다.

C#은 C++, 자바 언어의 장점을 차용한 Managed Language[2]로써 국내외를 막론하고 많이 사용되는 인기 있는 언어 중 하나다. 다른 언어를 조금이라도 경험해본 적이 있다면 이 책에서 사용한 스크립트의 내용을 어렵지 않게 이해할 수 있을 것이다. 다만 C# 언어의 고급 기법에 대해서는 별도의 책을 통해 익히기를 권장한다.

스크립트 코드 에디터

유니티에서 지원하는 기본 스크립트 코드 에디터는 다음과 같으며 유니티를 설치할 때 같이 설치할 수 있도록 기본값으로 선택돼 있다.

- Visual Studio Community 2019
- Visual Studio for Mac

윈도우 OS 사용자는 Visual Studio Community 2019 버전을 사용할 수 있다. 다른 버전의 비주얼 스튜디오를 사용한다면 코드 에디터를 변경할 수 있다.

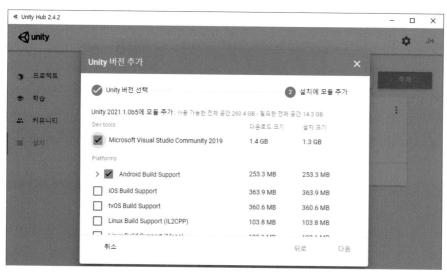

[그림 4-4] Visual Studio Community 2019 모듈 설치

---

2 C#, 자바, 파이썬과 같이 메모리 관리를 자동으로 처리하는 언어

유니티 초기 버전부터 지원했던 모노디벨롭(MonoDevelop)은 유니티 2018 버전부터 지원을 중단하고 비주얼 스튜디오가 기본 에디터로 채택됐다. macOS 사용자를 위해 Visual Studio for Mac이 제공되지만 모노디벨롭에서 발전된 자말린(Xmarine) 기반으로 제작됐기에 인터페이스는 기존 모노디벨롭과 거의 비슷하다. 따라서 모노디벨롭에 익숙한 사용자라면 어려움 없이 사용할 수 있다.

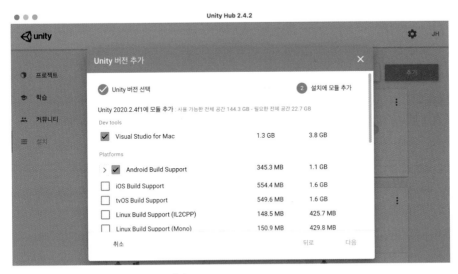

[그림 4-5] Visual Studio for Mac 모듈 설치

추천하는 코드 에디터

위 2가지 코드 에디터 이외에 강력히 추천하는 에디터는 다음과 같다.

- Visual Studio Code
- JetBrains Rider

Visual Studio Code[3](약칭: VSCode)는 마이크로소프트사가 2015년에 발표한 오픈소스 에디터로, 필자도 즐겨 사용하는 에디터다. 크로스 플랫폼을 지원해 윈도우, macOS, 리눅스에서 모두 사용할 수 있다. VSCode의 가장 큰 장점은 다른 코드 에디터보다 굉장히 가볍고 구동 시간이 빠르다는 것이다. 또한, 다양한 확장(Extension) 기능으로 개발에 최적화된 에디터라고 생각한다. 따라서 아직 다른 에디터에 익숙하지 않은 개발자이거나 처음 개발을 시작한다면 VSCode를 사용하기를 적극적으로 추천한다.

---

3 2020년 개발자 선호 툴 2위에 선정됐다.

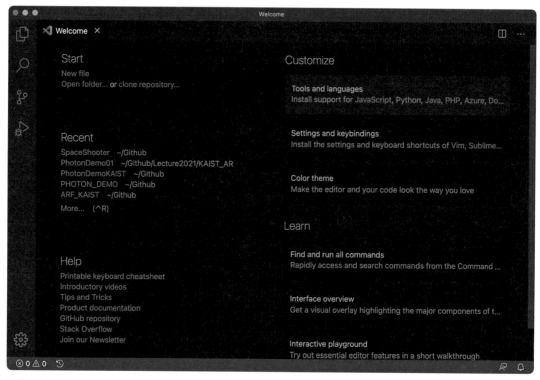

[그림 4-6] Visual Studio Code의 첫 화면

JetBrains Rider도 역시 크로스 플랫폼을 지원하는 .NET 기반의 IDE로서 개발에 필요한 거의 모든 기능을 제공하는 툴이다. 다양한 기능 중에서 유니티 C# 코드를 분석하고 바람직한(최적의) 코드를 제시해 주는 코드 분석 기능 하나만으로도 이 툴의 사용 가치는 충분하다고 생각한다. 학생은 무료로 사용할 수 있다. 고급 개발자를 위한 툴로 평가받지만, 필자는 오히려 유니티 초보자에게 큰 도움이 된다고 생각한다.

JetBrains Rider 다운로드 URL

https://www.jetbrains.com/rider

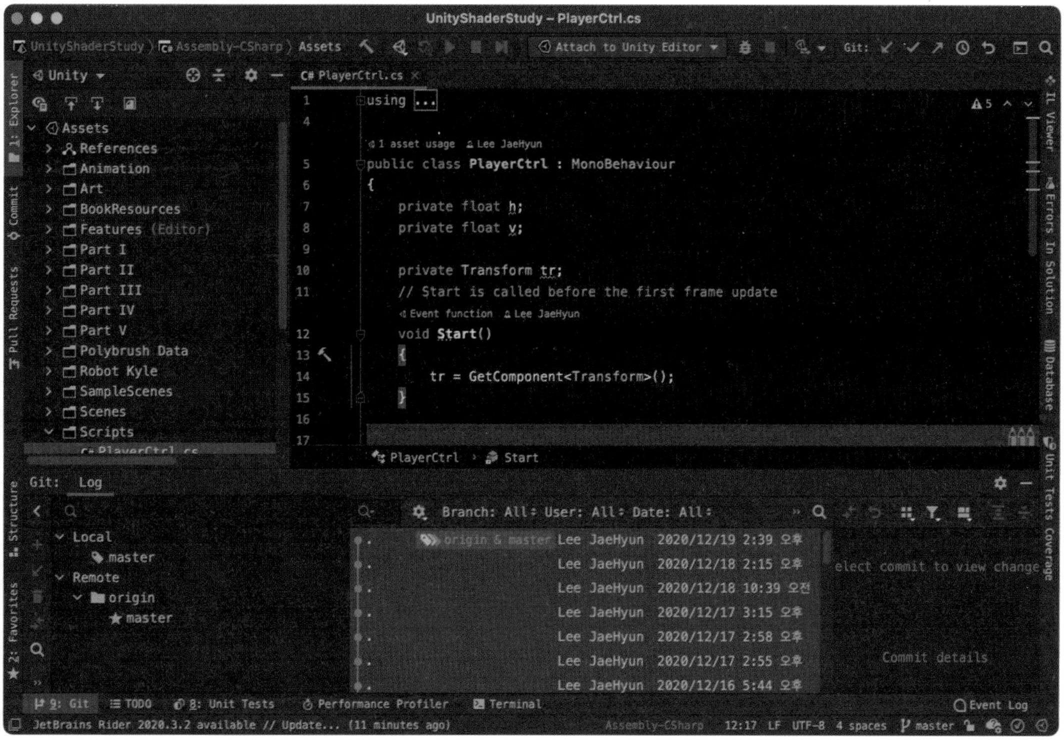

[그림 4-7] JetBrains Rider IDE의 화면

코드 에디터 변경

유니티 기본 에디터인 비주얼 스튜디오 이외에 VSCode와 같은 서드파티(3rd Party) 에디터를 사용할 경우 Preferences에서 설정할 수 있다. 메뉴에서 [Edit] → [Preferences](맥: [Unity] → [Preferences])를 선택한 후 [External Tools] 섹션의 External Script Editor에서 독자 여러분이 사용할 에디터를 선택할 수 있다. 원하는 에디터가 목록에 없다면 [Browse...]를 클릭한 다음 직접 에디터의 실행 파일을 선택해야 한다.

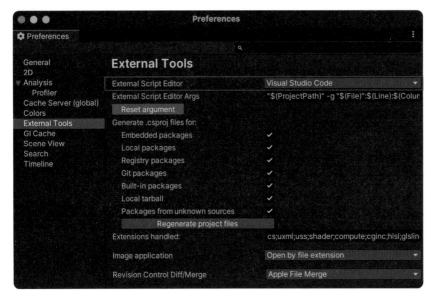

[그림 4-8] 스크립트 에디터를 변경하는 External Script Editor 속성

유니티의 기본 스크립트 에디터를 VSCode를 사용한다면 코드 자동완성 기능을 사용하기 위해 VSCode에서 C# 확장 패키지를 설치해야 한다. 자세한 설정 방법은 다음 주소에서 확인할 수 있다.

- https://code.visualstudio.com/docs/other/unity

C# 스크립트 생성

먼저 **Player** 게임오브젝트를 이동시킬 로직을 작성할 스크립트를 생성해보자. 프로젝트 뷰의 "**02.Scripts**" 폴더를 선택한 후 [+] 툴 버튼을 클릭하고 [C# Script] 메뉴를 선택한다. 또는 선택한 폴더에서 마우스 오른쪽 버튼을 클릭하면 나오는 컨텍스트 메뉴에서 [Create] → [C# Script]를 선택해도 된다.

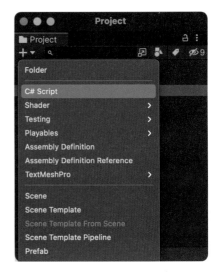

[그림 4-9] C# 스크립트를 생성하는 메뉴

폴더 아래에 새로 생성된 스크립트가 이름을 입력할 수 있는 상태가 되는데, "PlayerCtrl"이라고 입력한 다음 Enter 키를 누른다. 확장자(*.cs)는 유니티에서 자동으로 붙여주므로 신경 쓰지 않아도 된다.

 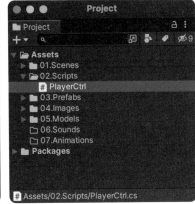

[그림 4-10] 스크립트의 생성과 스크립트명 지정

유니티 에디터에서 생성한 C# 스크립트는 지정한 스크립트명으로 물리적인 파일이 만들어지며, 해당 스크립트의 클래스명으로 결정된다. 나중에 프로젝트 뷰에서 스크립트명을 수정하더라도 스크립트의 클래스명이 자동으로 수정되지 않기 때문에 스크립트 에디터에서 해당 스크립트를 직접 수정해야 한다.

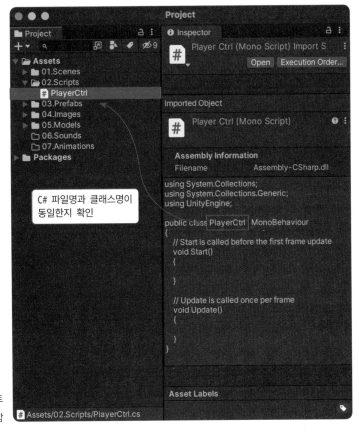

[그림 4-11] 프로젝트 뷰의 물리적인 스크립트 파일명과 클래스명이 일치해야 함

만약 실수로 스크립트의 파일명과 클래스명을 서로 다르게 설정하면 해당 스크립트를 원하는 게임오브젝트에 추가하려 할 때 "Can't add script"라는 오류 메시지가 나오고 해당 스크립트는 추가되지 않는다. 이런 경우에는 해당 스크립트를 열어 클래스명을 스크립트 파일명과 동일하게 변경해야 한다. 아직 코딩 전이라면 파일을 삭제하고 새로 만드는 편이 낫다.

[그림 4-12] 스크립트 파일명과 클래스명이 서로 다를 때 발생하는 오류 메시지

유니티의 주요 이벤트 함수

PlayerCtrl 스크립트를 더블클릭하거나 인스펙터 뷰 상단의 Open 버튼을 클릭하면 유니티 기본 에디터인 Visual Studio 2019 또는 여러분이 선택한 에디터가 열린다. 스크립트는 C# 클래스의 기본 구조와 Start, Update 함수가 포함된 스크립트가 자동으로 작성된 상태다.

```csharp
using System.Collections;
using System.Collections.Generic;
using UnityEngine;

public class PlayerCtrl : MonoBehaviour
{
    // Start is called before the first frame update
    void Start()
    {

    }

    // Update is called once per frame
    void Update()
    {

    }
}
```

[그림 4-13] Visual Studio Code 에디터로 연 스크립트

유니티에서 Start 함수와 Update 함수는 가장 기본적인 함수이자 이벤트 함수다. 이벤트 함수(Event Function)는 특정 조건을 만족할 때 시스템에서 자동으로 호출해주는 함수를 말한다. 여기서 시스템이란

유니티 엔진을 말하며 Start, Update 함수는 유니티 엔진에서 자동으로 호출해주기 때문에 유니티 이벤트 함수라고 한다.

다음 표는 초기 스크립트에 포함된 Start, Update 함수 이외에 자주 사용되는 함수이므로 한 번씩 살펴보자. 아래의 함수를 당장 다 외우려고 하지 말고, 우선 어떠한 특성이 있는지만 읽고 넘어가자. 또한, 아직 배우지 않은 내용이 있기 때문에 지금은 무슨 말인지 알기 어려운 부분이 있을 것이다.

함수명	설명
Awake	• 스크립트가 실행될 때 한 번만 호출되는 함수다. • 주로 게임의 상태 값 또는 변수의 초기화에 사용한다. • Start 함수가 호출되기 전에 맨 먼저 호출된다. • 스크립트가 비활성화돼 있어도 실행된다. • 코루틴으로 실행 불가
Start	• Update 함수가 호출되기 전에 한 번만 호출된다. • 스크립트가 활성화돼 있어야 실행된다. • 다른 스크립트의 모든 Awake가 모두 다 실행된 이후에 실행된다. • 코루틴으로 실행 가능
Update	• 프레임마다 호출되는 함수로 주로 게임의 핵심 로직을 작성한다. • 스크립트가 활성화돼 있어야 실행된다.
LateUpdate	• 모든 Update 함수가 호출되고 나서 한 번씩 호출된다. • Update 함수에서 전처리가 끝난 후 실행해야 하는 로직에 사용한다. • 스크립트가 활성화돼 있어야 실행된다.
FixedUpdate	• 물리 엔진의 시뮬레이션 계산 주기로 기본값은 0.02초다. • 발생하는 주기가 일정하다.
OnEnable	• 게임오브젝트 또는 스크립트가 활성화됐을 때 호출된다. • 주로 사용자 정의 이벤트 연결에 사용한다. • 코루틴 사용 불가
OnDisable	• 게임오브젝트 또는 스크립트가 비활성화됐을 때 호출된다. • 이벤트 연결을 종료할 때 사용한다. • 코루틴 사용 불가
OnGUI	• 레거시 GUI 관련 함수를 사용할 때 사용한다.

[표 4-1] 유니티의 주요 이벤트 함수

이벤트 함수의 호출 순서

다음 스크립트는 유니티 주요 이벤트 함수의 사용법과 특징을 기술한 것으로, 독자 여러분은 따라 입력하지 말고 가볍게 읽고 넘어가자.

스크립트 4-1 유니티 주요 이벤트 함수의 사용과 특징

```
using System.Collections;
using System.Collections.Generic;
using UnityEngine;

public class PlayerCtrl : MonoBehaviour
{
    void Awake()
    {
        // 제일 먼저 호출되는 함수
        // 스크립트가 비활성화돼 있어도 호출되는 함수
    }

    void OnEnable()
    {
        // 두 번째로 호출되는 함수
        // 스크립트가 활성화될 때마다 호출되는 함수
    }

    void Start()
    {
        // 세 번째로 호출되는 함수
        // Update 함수가 호출되기 전에 호출되는 함수
        // 코루틴(Coroutine)으로 호출될 수 있는 함수 (예: IEnumerator Start() {})
    }

    void Update()
    {
        // 프레임마다 호출되는 함수
        // 호출 간격이 불규칙적인 함수
        // 화면의 렌더링 주기와 일치
    }

    void LateUpdate()
    {
        // Update 함수가 종료된 후 호출되는 함수
    }
```

```
    void FixedUpdate()
    {
        // 일정한 간격으로 호출되는 함수 (기본값 0.02초)
        // 물리 엔진의 계산 주기와 일치
    }
}
```

키보드 입력값 받아들이기

외부에서 들어오는 입력 소스는 키보드, 마우스, 모바일의 터치, 조이스틱 등 다양하다. 유니티에서 제공하는 Input 클래스는 이러한 외부에서 들어오는 입력값을 관리하는 클래스다. 또 다른 방법으로는 최근 추가된 InputSystem을 활용하는 방법이 있다. InputSystem은 내용이 많기 때문에 14장에서 자세히 알아보기로 한다. 이번 장에서는 먼저 Input 클래스를 이용해 키보드 입력값을 처리해보자.

InputManager

유니티는 게임에서 자주 사용하는 키보드, 마우스, 조이스틱 입력에 대한 조합을 미리 정의해 놓았다. 이러한 다양한 Input 조합에 관한 정의는 InputManager에서 관리하며, 메뉴에서 [Edit] → [Project Settings] → [Input Manager]를 선택하면 확인할 수 있다. Horizontal, Vertical, Fire1, Jump, Mouse X 등의 이름으로 Input 조합이 정의돼 있고 세부 내용을 수정하거나 개발자가 직접 새로운 Input 조합을 정의해 추가할 수 있다.

GetAxis 메서드

미리 설정한 키 조합의

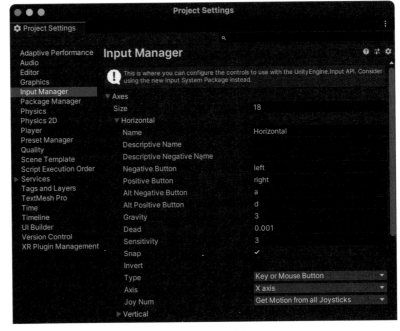

[그림 4-14] InputManager에 설정된 미리 정의된 외부 입력 소스

반환 값은 Input.GetAxis("Input 조합 이름") 함수를 이용해 가져올 수 있다. 앞서 만든 PlayerCtrl 스크립트에서 다음과 같이 Update 문을 수정해 InputManager에 정의된 키보드 입력값을 받아오는 스크립트를 작성해보자.

스크립트 4-2 PlayerCtrl – 키보드 입력값을 받아오는 로직

```
using System.Collections;
using System.Collections.Generic;
using UnityEngine;

public class PlayerCtrl : MonoBehaviour
{
    void Start()
    {

    }

    void Update()
    {
        float h = Input.GetAxis("Horizontal");   // -1.0f ~ 0.0f ~ +1.0f
        float v = Input.GetAxis("Vertical");     // -1.0f ~ 0.0f ~ +1.0f

        Debug.Log("h=" + h);
        Debug.Log("v=" + v);
    }
}
```

Input.GetAxis("Horizontal") 함수는 InputManager의 "Horizontal"에 미리 설정된 값으로, 키보드의 A, D 또는 화살표 Left, Right 키를 눌렀을 때 −1.0f부터 +1.0f까지의 값을 반환한다. Input.GetAxis("Vertical") 함수 역시 키보드의 W, S, Up, Down 키를 눌렀을 때 −1.0f부터 +1.0f까지의 값을 반환한다. 또한 해당 키보드를 누르지 않을 때는 둘 다 0.0f 값이 반환된다.

```
float h = Input.GetAxis("Horizontal");   // -1.0f ~ 0.0f ~ +1.0f
float v = Input.GetAxis("Vertical");     // -1.0f ~ 0.0f ~ +1.0f
```

키보드를 눌렀을 때 어떤 값이 반환되는지 확인하기 위해 Debug 클래스를 활용해보자. Debug는 실행 중 각

종 디버깅 정보를 출력해주는 클래스로, 그중 Debug.Log()는 디버깅 정보를 텍스트 형태로 콘솔 뷰에 표시한다.

```
Debug.Log("출력할 문자열");
```

콘솔 뷰는 메뉴에서 [Window] → [Console]을 선택하거나 단축키(윈도우: Ctrl + Shift + C, 맥: command + shift + C)로 열 수 있다. Debug.Log()의 인자는 문자열이므로 float 타입 변수인 h와 v는 문자열로 암시적 형 변환(Implicit conversions)[4]을 한다.

```
Debug.Log("h=" + h);
Debug.Log("v=" + v);
```

스크립트 적용 방식

스크립트 작성을 완료했으면 Player에 적용해보자. 스크립트를 게임오브젝트에 추가하는 방식은 다음 네가지 방법이 있다.

첫 번째는 프로젝트 뷰의 PlayerCtrl 스크립트를 씬 뷰에 있는 Player에 직접 드래그 앤드 드롭하는 것이다. 이 방식은 가장 위험한 방법으로, 드래그하다가 마우스의 위치가 잘못된 곳에 있을 때 릴리스하면 엉뚱한 게임오브젝트에 스크립트가 추가된다. 따라서 유니티에 익숙해졌다고 해도 이 방법은 추천하지 않는다.

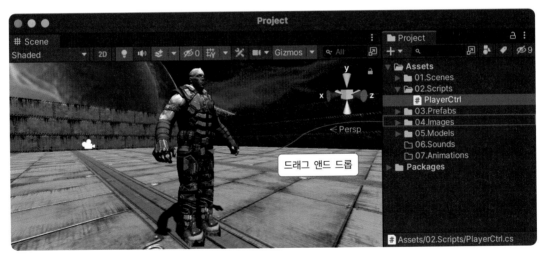

[그림 4-15] 씬 뷰의 Player에 스크립트를 직접 드래그 앤드 드롭하는 방법

---

4 암시적 형 변환(Implicit conversions): 컴파일러가 자동으로 데이터 타입을 변경해주는 변환을 말한다.

두 번째는 스크립트를 하이러키 뷰의 Player에 드래그 앤드 드롭하는 방법으로 첫 번째 방법보다 비교적 안전한 방법이다.

[그림 4-16] 하이러키 뷰의 Player에 스크립트를 드래그 앤드 드롭하는 방법

세 번째는 하이러키 뷰에서 Player를 선택하고 스크립트를 인스펙터 뷰의 아래쪽 빈 곳으로 드래그 앤드 드롭하는 방법이다. 이 방법은 인스펙터 뷰 아래쪽에 빈 곳이 없을 때는 번거로운 방법일 수 있으나 가장 안전한 방법이다.

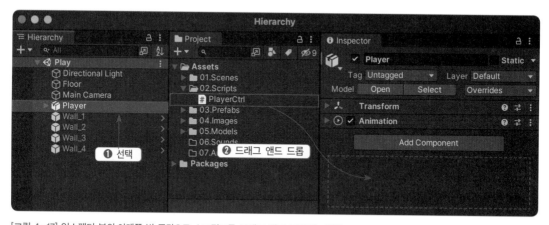

[그림 4-17] 인스펙터 뷰의 아래쪽 빈 공간으로 스크립트를 드래그 앤드 드롭하는 방법

마지막 방법은 인스펙터 뷰에 있는 [Add Component] 버튼을 클릭해 추가하는 방법이다. [Add Component] 버튼을 클릭하고 검색어를 입력하면 PlayerCtrl 스크립트가 목록에 표시된다. 이때 클릭하거나 Enter 키를 누르면 스크립트가 추가된다.

[그림 4-18] Add Component 기능을 이용해 스크립트를 검색한 후 추가하는 방법

[Add Component] 버튼은 상당히 편리한 기능으로 단축키(윈도우: Ctrl + Shift + A, 맥: command + Shift + A)를 활용해 원하는 컴포넌트를 빠르게 추가할 수 있다. 이 단축키는 반드시 숙지해 적극적으로 활용하기를 권장한다.

📄 팁 잘못 추가된 에셋을 찾는 방법

위에 언급한 네 가지 방법 중 첫 번째 방법으로 스크립트를 추가하다가 실수로 원하지 않는 게임오브젝트에 스크립트를 추가한 경우 씬에 게임오브젝트가 많다면 잘못 추가된 스크립트를 찾기가 어렵다. 이때는 프로젝트 뷰에서 찾고자 하는 에셋을 선택하고 마우스 오른쪽 버튼을 클릭해 팝업된 메뉴에서 [Find References In Scene]을 선택하면 해당 스크립트를 포함하고 있는 게임오브젝트가 필터링된다. 예로 든 스크립트뿐만 아니라 유니티의 모든 에셋(머티리얼, 프리팹, 리소스 등)도 같은 방법으로 찾을 수 있다.

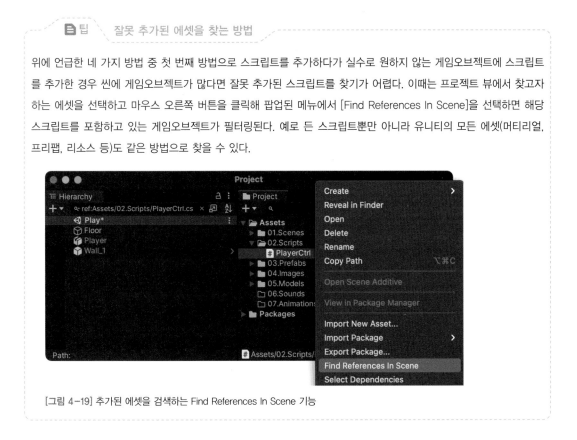

[그림 4-19] 추가된 에셋을 검색하는 Find References In Scene 기능

위 네 가지 방법 중 하나를 택해 Player에 PlayerCtrl 스크립트를 추가한다. 스크립트 역시 컴포넌트의 일종으로 유니티에서는 스크립트 컴포넌트라고 지칭한다. 당연히 씬 뷰의 게임오브젝트에 추가해야만 유니티가 실행됐을 때 스크립트가 동작한다.

유니티 에디터의 가운데 상단에 있는 실행 버튼을 클릭하거나 단축키(윈도우: Ctrl + P, 맥: command + P)를 눌러 실행한다. 실행 후 키보드의 W, S, A, D, Up, Down, Left, Right 키를 눌러 콘솔 뷰에 로그 메시지가 출력되는지 확인해보자. 다음과 같이 콘솔 뷰에서 변숫값이 −1.0f에서 +1.0f까지 변경되는 것을 확인할 수 있다.

콘솔 뷰는 메뉴 [Window] → [General] → [Console]를 선택하면 열리며 자주 사용하는 뷰이기에 단축키(윈도우: Ctrl + Shift + C, 맥: command + shift + C)를 꼭 기억하길 권장한다.

[그림 4-20] 콘솔 뷰에 출력된 로그 메시지

> **❓ 주의**   InputManager에 정의되지 않은 축 이름을 사용했을 때 발생하는 오류
>
> Input.GetAxis(string axisName) 함수의 axisName이 InputManager에 정의한 것과 일치하지 않으면 다음과 같은 오류가 발생한다. 따라서 Horizontal, Vertical과 같은 axisName에 대소문자 또는 오탈자가 없도록 주의해야 한다.
>
>
>
> [그림 4-21] 잘못된 Axis명을 사용했을 때 발생하는 오류

GetAxisRaw 메서드

Input.GetAxis("Horizontal")은 −1.0f부터 +1.0f 사이의 연속적인 값을 반환한다. 따라서 부드러운 이동이 필요할 때는 GetAxis 메서드를 사용한다. 하지만 키보드 입력값에 따라 바로바로 방향을 바꾸거나 속도를 변경해야 할 때는 Input.GetAxisRaw("Horizontal")을 사용해야 한다. GetAxisRaw는 불연속적인 (이산, Discrete) −1.0f, 0.0f, +1.0f의 세 가지 값만 반환한다.

캐릭터의 이동

유니티에서 어떤 물체를 이동시키거나 회전시키는 방법은 2가지로 분류할 수 있다. 첫 번째 방법은 모든 게임오브젝트에 있는 Transform 컴포넌트의 position, rotation 속성값을 지속해서 변경하는 것이다. 두 번째 방법은 유니티 엔진에 내장된 물리 엔진을 이용해 물리적인 힘(Force) 또는 회전력(Torque)을 가해 변경시키는 것이다.

- Transform 컴포넌트를 사용하는 방법
- 물리 엔진(PhysX, Box2D)을 사용하는 방법

애니메이션으로도 이동 및 회전을 할 수 있지만, 이것 역시 Transform 컴포넌트의 속성값을 연속적으로 기록한 것을 재생하는 것이기 때문에 Transform 컴포넌트를 이용하는 방법에 포함된다.

먼저 주인공 캐릭터인 Player를 Transform 컴포넌트를 이용해 이동시켜보자. 앞서 키보드 입력값의 변화를 콘솔 뷰에서 확인했으면 다음과 같이 PlayerCtrl 스크립트를 작성한다.

스크립트 4-3 PlayerCtrl – 이동 로직 추가

```
using System.Collections;
using System.Collections.Generic;
using UnityEngine;

public class PlayerCtrl : MonoBehaviour
{
    void Start()
    {
    }
```

```
    void Update()
    {
        float h = Input.GetAxis("Horizontal");    // -1.0f ~ 0.0f ~ +1.0f
        float v = Input.GetAxis("Vertical");      // -1.0f ~ 0.0f ~ +1.0f

        Debug.Log("h=" + h);
        Debug.Log("v=" + v);

        // Transform 컴포넌트의 position 속성값을 변경
        transform.position += new Vector3(0, 0, 1);
    }
}
```

위 스크립트는 Transform 컴포넌트의 position 속성의 Z축 값을 프레임마다 1씩 증가시켜 전진시키는 스크립트다. 전진이라는 용어에서 알 수 있듯이, 유니티는 왼손 좌표계를 사용하기 때문에 +Z축 방향이 전진이다. 반대로 –Z는 후진이다. 소문자로 시작하는 transform 변수는 Transform 클래스에 정의된 멤버 변수로 PlayerCtrl 스크립트가 추가된 게임오브젝트의 Transform 컴포넌트에 바로 접근할 수 있다. 따라서 transform.position은 Transform 컴포넌트의 position 속성에 접근한다는 것을 의미한다.

이 코드를 Update 함수에 작성했기 때문에 프레임마다 실행된다. 실행하는 PC가 60프레임(fps, frame per seconds)으로 동작한다면 Update 함수 안의 코드가 1초에 60번 호출된다.

```
void Update()
{
    [중략...]
    // Transform 컴포넌트의 position 속성값을 변경
    transform.position += new Vector3(0, 0, 1);
}
```

Transform 컴포넌트의 position 속성은 Vector3(x, y, z) 타입으로 3개의 값(x, y, z)을 갖는다. 위 코드에서 new Vector3(0, 0, 1) 값을 누적시킨 것으로 x, y 값은 모두 0이고 z 값만 1이기 때문에 결국 position 속성의 z 값만 증가한다.

유니티를 실행하면 주인공 캐릭터가 전진 방향으로 이동하는 모습을 확인할 수 있다. 지금 단계에서는 프레임마다 1유닛(미터)씩 전진하기 때문에 굉장히 빠른 속도로 이동할 것이다.

Vector3 구조체

유니티에서 3차원 좌표에 대한 개념을 익히려면 Vector3 구조체에 대해 알아야 한다. Vector3 구조체는 3차원 벡터와 좌푯값을 저장하기 위한 용도로 사용되며, 다음 코드는 Vector3 구조체의 일부분이다. 3차원 x, y, z 값이 float로 선언된 것과 방향을 지시하는 약칭(Shorthand)을 볼 수 있다.

```
public struct Vector3 : IEquatable<Vector3>, IFormattable
{
    public const float kEpsilon = 1E-05F;
    public const float kEpsilonNormalSqrt = 1E-15F;
    //
    // Summary:
    //     X component of the vector.
    public float x;
    //
    // Summary:
    //     Y component of the vector.
    public float y;
    //
    // Summary:
    //     Z component of the vector.
    public float z;
    [중략…]

    //
    // Summary:
    //     Shorthand for writing Vector3(1, 0, 0).
    public static Vector3 right { get; }
    //
    // Summary:
    //     Shorthand for writing Vector3(-1, 0, 0).
    public static Vector3 left { get; }
```

```
    //
    // Summary:
    //     Shorthand for writing Vector3(0, 1, 0).
    public static Vector3 up { get; }
    //
    // Summary:
    //     Shorthand for writing Vector3(0, 0, -1).
    public static Vector3 back { get; }
    //
    // Summary:
    //     Shorthand for writing Vector3(0, 0, 1).
    public static Vector3 forward { get; }
    [중략…]
}
```

다음 표에 제시된 것은 Vector3 구조체의 여러 속성 중에서 자주 사용되는 속성으로 추후 뒷장에서 충분히 활용할 예정이다.

속성	설명
magnitude	벡터의 길이 (읽기 전용)
normalized	크기가 1인 벡터, 정규화 벡터 (읽기 전용)
sqrMagnitude	벡터의 길이의 제곱 (읽기 전용)
x	벡터의 x 성분 (3차원 공간의 x 좌표)
y	벡터의 y 성분 (3차원 공간의 y 좌표)
z	벡터의 z 성분 (3차원 공간의 z 좌표)

[표 4-2] Vector3 구조체의 주요 속성

정규화 벡터

벡터(Vector)는 크기와 방향을 나타낼 수 있는 데이터 타입으로, 그중 각 축의 크기가 1인 벡터를 정규화 벡터(Normalized Vector) 또는 단위 벡터(Unit Vector)라 한다. 즉, 방향만 표시하는 벡터라고 생각하면 된다.

Vector3 구조체에서 제공하는 방향을 가리키는 정규화 벡터는 다음과 같다. 다음 표에서 어두운 배경색의 셀 부분의 약칭은 반드시 기억하기를 권한다.

Vector3.forward	Vector3(0, 0, 1)
Vector3.back	Vector3(0, 0, −1)
Vector3.left	Vector3(−1, 0, 0)
Vector3.right	Vector3(1, 0, 0)
Vector3.up	Vector3(0, 1, 0)
Vector3.down	Vector3(0, −1, 0)
Vector3.one	Vector3(1, 1, 1)
Vector3.zero	Vector3(0, 0, 0)

[표 4-3] 방향을 가리키는 정규화 벡터

유니티는 왼손 좌표계를 사용하며, 왼손 엄지가 X, 검지가 Y, 중지가 Z축이다. Z축이 전진 방향이므로 Vector3.forward는 Vector3(0, 0, 1)과 같은 의미이며, Vector3.forward에 속력을 곱하면 해당 방향으로 크기를 가진 벡터가 된다.

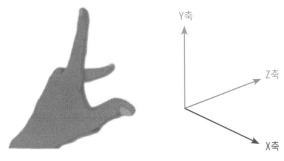

[그림 4-22] 왼손 좌표계

대부분의 3D 툴과 마찬가지로 X, Y, Z축은 R, G, B 색상에 대응된다는 것도 기억해두자. 독자 여러분은 Transform 축의 색상만 보고도 무슨 축인지 알 수 있어야 한다.

PlayerCtrl 스크립트를 다음과 같이 수정한다. [스크립트 4-3] 코드와 같은 동작을 하는 코드다.

스크립트 4-4 PlayerCtrl – 방향을 가리키는 정규화 벡터의 사용

```
using System.Collections;
using System.Collections.Generic;
using UnityEngine;
```

```
public class PlayerCtrl : MonoBehaviour
{
    void Start()
    {
    }

    void Update()
    {
        float h = Input.GetAxis("Horizontal"); // -1.0f ~ 0.0f ~ +1.0f
        float v = Input.GetAxis("Vertical");   // -1.0f ~ 0.0f ~ +1.0f

        Debug.Log("h=" + h);
        Debug.Log("v=" + v);

        // Transform 컴포넌트의 위치를 변경
        // transform.position += new Vector3(0, 0, 1);

        // 정규화 벡터를 사용한 코드
        transform.position += Vector3.forward * 1;
    }
}
```

추가한 코드에서 [Vector3.forward * 1]의 의미는 [전진 방향 * 속력]과 같은 의미다.

```
// 정규화 벡터를 사용한 코드
transform.position += Vector3.forward * 1;
```

컴포넌트 캐시 처리

Update 함수는 프레임(Frame)마다 한 번씩 호출되는 함수로서 항상 최적화에 주의를 기울여야 한다. 예를 들어, 게임을 실행하는 디바이스가 30프레임이라면 Update 함수는 이론적으로 1초에 30번 호출된다. 따라서 조금이라도 부하가 걸리는 함수나 잘못된 로직은 자제해야 한다. 특히 이동 로직은 Transform 컴포넌트의 Position 속성을 조금씩 변경하는 것으로 프레임마다 Transform 컴포넌트에 접근하는 방식은 바람직하지 않다.

앞서 Update 함수 안에서 Transform 컴포넌트의 멤버 변수 transform을 사용했는데, 이를 미리 변수에 담아 두고 해당 변수에 접근하는 방식이 미세하지만 빠르다. 따라서 컴포넌트의 캐시 처리란 스크립트에서 접근해야 할 컴포넌트를 Awake 함수나 Start 함수에서 미리 변수에 할당한 후에 그 변수를 통해 접근하는 것을 말한다. PlayerCtrl 스크립트를 다음과 같이 작성한다.

스크립트 4-5 PlayerCtrl – Transform 컴포넌트의 캐시 처리

```
using System.Collections;
using System.Collections.Generic;
using UnityEngine;


public class PlayerCtrl : MonoBehaviour
{
    // 컴포넌트를 캐시 처리할 변수
    private Transform tr;

    void Start()
    {
        // Transform 컴포넌트를 추출해 변수에 대입
        tr = GetComponent<Transform>();
    }


    void Update()
    {
        float h = Input.GetAxis("Horizontal"); // -1.0f ~ 0.0f ~ +1.0f
        float v = Input.GetAxis("Vertical");   // -1.0f ~ 0.0f ~ +1.0f

        Debug.Log("h=" + h);
        Debug.Log("v=" + v);

        // Transform 컴포넌트의 위치를 변경
        // transform.position += new Vector3(0, 0, 1);

        // 정규화 벡터를 사용한 코드
        tr.position += Vector3.forward * 1;
    }
}
```

PlayerCtrl 스크립트(클래스)의 선언부에 Transform 컴포넌트를 캐시 처리할 변수를 선언하고, 스크립트가 실행되면 제일 먼저 호출되는 Start 함수에서 해당 컴포넌트를 추출해 저장한다.

```
// 컴포넌트를 캐시 처리할 변수
private Transform tr;

void Start()
{
    // Transform 컴포넌트를 추출해 변수에 대입
    tr = GetComponent<Transform>();
}
```

Transform 컴포넌트를 tr 변수에 할당하는 데 사용한 GetComponent 함수는 게임오브젝트에 추가된 컴포넌트 중에서 원하는 컴포넌트를 참조(추출)할 때 사용한다.

GetComponent 함수의 사용법은 다음과 같이 다양한 문법으로 표현할 수 있다.

```
tr = GetComponent<Transform>();
tr = GetComponent("Transform") as Transform;
tr = (Transform)GetComponent(typeof(Transform));
```

위에 열거한 사용법은 모두 같은 의미다. 첫 번째 방법에 사용한 제네릭(Generic) 타입은 별도의 형 변환이 필요 없고 소스 코드를 간결하게 작성할 수 있다는 장점이 있다.

Start 함수에서 tr 변수에 할당하는 구문은 아래 코드를 축약한 것으로, 쉽게 풀어본다면 다음과 같이 해석할 수 있다.

```
tr = this.gameObject.GetComponent<Transform>();
```

"이 스크립트가 포함된 게임오브젝트가 가진 여러 컴포넌트 중에서 Transform 컴포넌트를 추출해 tr 변수에 저장하라."

C#에서 this라는 키워드는 해당 클래스(스크립트), 즉 PlayerCtrl을 의미한다. 따라서 this.gameObject 가 의미하는 것은 이 스크립트가 추가된 게임오브젝트를 말한다. [스크립트 4-5]에서 작성한 것과 같이 this.gameObject 키워드는 생략할 수 있다.

Translate 함수

게임오브젝트의 이동 로직을 Transform 컴포넌트의 position 속성값을 계산해 이동하는 방식으로 코딩한 다면 대단히 번거롭고 코드의 가독성도 떨어진다. 다행히 유니티에서는 쉽게 사용할 수 있는 Translate 함 수를 제공한다. 이 함수는 게임오브젝트의 이동 처리를 편하게 할 수 있는 함수로서, 함수의 원형은 다음과 같다.

```
void Translate(Vector3 direction, [Space relativeTo])
```

앞에서 작성한 스크립트를 Translate 함수를 사용하면 다음과 같이 간결하고 가독성 있는 코드로 표현할 수 있다.

```
void Update()
{
    tr.Translate(Vector3.forward * 1.0f);
}
```

Translate 함수의 두 번째 인자는 이동하는 게임오브젝트가 월드 좌표(Space.World)를 기준으로 이동할 지, 로컬 좌표(Space.Self)를 기준으로 이동할지 결정한다. 기준 좌표계 인자를 생략하면 로컬 좌표를 기 준으로 이동한다.

정보 | 좌표계(coordinate system) - 로컬 좌표계와 월드 좌표계

유니티의 씬 뷰는 무한한 3차원 공간을 표현한다. 이 3차원 공간에서 바뀌지 않는 기준이 되는 좌표를 월드 좌표 또는 글로벌 좌표라고 한다. 반면 로컬 좌표는 씬 뷰에 존재하는 모든 게임오브젝트의 개별 고유 좌표를 지칭한다. 따라서 Translate 함수의 기준 좌표계를 Space.Self로 지정하면 로컬 좌표계를 기준으로 이동하며 Space.World로 지정하면 월드 좌표계를 기준으로 이동하게 된다.

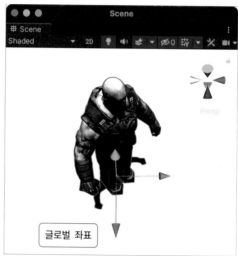

로컬 좌표

글로벌 좌표

[그림 4-23] 로컬 좌표(Space.Self) 이동과 글로벌 좌표(Space.World) 이동

PlayerCtrl 스크립트를 다음과 같이 수정한다.

스크립트 4-6 PlayerCtrl - Translate 함수를 사용한 이동 처리

```
using System.Collections;
using System.Collections.Generic;
using UnityEngine;

public class PlayerCtrl : MonoBehaviour
{
    // 컴포넌트를 캐시 처리할 변수
    private Transform tr;

    void Start()
    {
```

```
        // 컴포넌트를 추출해 변수에 대입
        tr = GetComponent<Transform>();
    }

    void Update()
    {
        float h = Input.GetAxis("Horizontal"); // -1.0f ~ 0.0f ~ +1.0f
        float v = Input.GetAxis("Vertical");   // -1.0f ~ 0.0f ~ +1.0f

        Debug.Log("h=" + h);
        Debug.Log("v=" + v);

        // 정규화 벡터를 사용한 코드
        // tr.position += Vector3.forward * 1;

        // Translate 함수를 사용한 이동 로직
        tr.Translate(Vector3.forward * 1);
    }
}
```

Time.deltaTime

Time.deltaTime은 이전 프레임의 시작 시각부터 현재 프레임이 시작되는 시각의 차(델타)를 말한다. 쉽게 풀이하면 이전 프레임부터 현재 프레임까지 걸린 시간의 차다.

다음은 1프레임마다 10유닛을 이동시키는 코드다. 게임이 초당 30프레임으로 구동된다면 Update 함수는 1초에 30번 호출되므로 총 300유닛을 이동한다.

```
void Update()
{
    tr.Translate(Vector3.forward * 10);
}
```

이 코드를 초당 60프레임으로 구동되는 환경에서 실행한다면 1초에 600유닛을 이동할 것이다. 즉, 같은 소스 코드지만, 프레임 레이트(Frame rate)가 다른 환경에서 실행하면 속도가 달라지는 문제가 발생한다. 이 문제는 Time.deltaTime을 곱하는 것으로 해결할 수 있다. 30프레임으로 구동되는 기기의 Time.deltaTime 값은 1/30초(약 0.033초)이고, 10을 곱하면 1/3초가 된다. 초당 30프레임으로 가정했기 때문에 30을 마저 곱하면 결국 초당 10유닛을 이동한다.

```
Time.deltaTime * 10 * 프레임 수
1/30 * 10 * 30 = 10유닛
```

```
void Update()
{
    // Translate 함수를 사용한 이동 로직
    tr.Translate(Vector3.forward * Time.deltaTime * 10);
}
```

이제 이 코드를 60프레임으로 구동되는 환경에서 실행한다고 가정하고 계산해보면 1/60 * 10 * 60(프레임) = 10유닛 이동한다. 즉, 프레임 레이트가 서로 다른 기기에서도 개발자가 정한 일정한 속도로 이동시킬 수 있다.

요약하자면 Time.deltaTime을 곱하지 않았을 때는 프레임당 지정한 유닛만큼 이동하고, Time.deltaTime을 곱하면 초당 지정한 유닛만큼 이동한다. 특히 Update 함수에 이동 및 회전을 처리하는 로직을 작성했다면 반드시 Time.deltaTime 속성을 사용해야 한다.

```
// 프레임마다 10유닛씩 이동
transform.Translate(Vector3.forward * 10);

// 매 초 10유닛씩 이동
transform.Translate(Vector3.forward * Time.deltaTime * 10);
```

PlayerCtrl 스크립트에 Time.deltaTime을 반영하고 별도의 이동 속도를 저장할 변수를 다음과 같이 추가한다.

스크립트 4-7 PlayerCtrl – Time.deltaTime 반영

```
using System.Collections;
using System.Collections.Generic;
using UnityEngine;

public class PlayerCtrl : MonoBehaviour
{
    // 컴포넌트를 캐시 처리할 변수
    private Transform tr;
    // 이동 속도 변수 (public으로 선언되어 인스펙터 뷰에 노출됨)
```

```
    public float moveSpeed = 10.0f;

    void Start()
    {
        // 컴포넌트를 추출해 변수에 대입
        tr = GetComponent<Transform>();
    }

    void Update()
    {
        float h = Input.GetAxis("Horizontal"); // -1.0f ~ 0.0f ~ +1.0f
        float v = Input.GetAxis("Vertical");   // -1.0f ~ 0.0f ~ +1.0f

        Debug.Log("h=" + h);
        Debug.Log("v=" + v);

        // 정규화 벡터를 사용한 코드
        // tr.position += Vector3.forward * 1;

        // Translate 함수를 사용한 이동 로직
        tr.Translate(Vector3.forward * Time.deltaTime * v * moveSpeed);
    }
}
```

Vector3.forward는 미리 정의된 전진 방향을 나타내는 정규화 벡터로, Vector3(0, 0, 1)과 같은 의미다. 이 단위 벡터에 Time.deltaTime과 속력(moveSpeed)을 곱하면 moveSpeed 변수에 지정한 속도로 이동한다. 또한, v 변수는 키보드 입력값으로, Up 화살표 키를 누르면 값으로 +1.0f가 들어오고, Down 화살표 키를 누르면 -1.0f가 들어온다. 즉, 주인공 캐릭터의 이동 방향을 전진, 후진 또는 정지시키는 역할을 한다.

```
tr.Translate(Vector3.forward * Time.deltaTime * v * moveSpeed);
```

조금 쉽게 풀이하면 다음과 같다.

```
tr.Translate({이동할 방향} * Time.deltaTime * {전진/후진 변수} * {속도});
```

유니티를 실행하면 게임 뷰가 활성화 뷰(Activated view)로 자동 선택된다. 활성화 뷰는 입력 장치로부터 값을 받아들일 수 있는 뷰를 의미하며 게임 뷰 탭에 파란색 막대가 표시된다. 실행 중에 다른 뷰를 클릭하면 활성화 뷰가 다른 뷰로 넘어가서 키보드 또는 마우스 입력값이 전달되지 않는다. 이때는 게임 뷰를 다시 마우스로 클릭해 선택한다. 이제 Up, Down 화살표를 누르면 주인공 캐릭터가 각각 전진, 후진하는 모습을 확인할 수 있다.

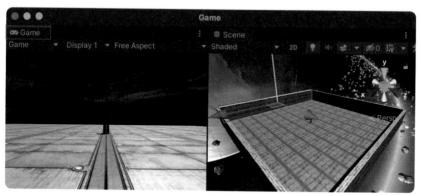

[그림 4-24] 활성화된 게임 뷰(게임 뷰 탭의 파란색 막대 표시)

public, private 접근 제한자

C#에시 지원하는 집근 제한자는 public, private, protected, internal이 있다. 접근 제한자는 외부 클래스(구조체), 멤버 변수 등의 접근을 허용하는 범위를 지정한다. 클래스는 다음과 같이 접근 제한자를 지정한다.

```
[접근 제한자] class 클래스_명
{

}
```

변수는 다음과 같이 접근 제한자를 지정한다.

```
[접근 제한자] 변수_타입 변수명;

private Transform tr;
public float moveSpeed = 10.0f;
```

각 접근 제한자의 의미는 다음과 같다.

- **public**: 외부 클래스(스크립트)에서 접근 가능

- **private**: 동일 클래스에서만 접근 가능. 외부에서는 접근 불가능

- **protected**: private과 동일하게 외부에서는 접근이 불가능하고, 상속받은 파생 클래스에서만 접근 가능

- **internal**: 같은 어셈블리에서만 접근 가능. 클래스의 경우 접근 제한자를 생략하면 internal이 기본값으로 설정됨

다른 프로그래밍 언어와 마찬가지로 **public** 접근 제한자는 다른 클래스(스크립트)에서 접근할 수 있다는 것을 의미한다. 추가로 유니티는 또 다른 의미가 있다. **public**으로 선언한 moveSpeed 변수는 인스펙터 뷰에 속성(Property)으로 노출돼 값을 직접 수정할 수 있다. 반대로 **private** 접근 제한자로 선언된 **tr** 변수는 노출되지 않는다.

```
// 인스펙터 뷰에 노출되지 않음
private Transform tr;
// 인스펙터 뷰에 노출됨
public float moveSpeed = 10.0f;
```

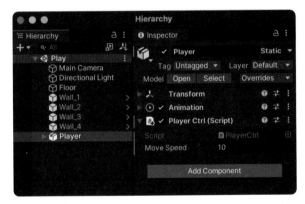

[그림 4-25] public으로 선언해 인스펙터 뷰에 노출된 moveSpeed 변수

인스펙터 뷰에 노출된 변수는 첫 글자가 대문자로 바뀌고, 키워드와 키워드 사이에 공백이 자동으로 추가된다. 이는 가독성을 위한 기능일 뿐 변수는 여전히 moveSpeed다.

인스펙터 뷰에 노출된 변수의 우선순위

스크립트를 처음 추가했을 때 인스펙터 뷰에 노출된 moveSpeed 속성의 값은 스크립트에서 지정한 10.0f로 설정된다. 하지만 인스펙터 뷰에 노출된 moveSpeed 속성을 20.0f로 변경하면 스크립트 내에서 moveSpeed 변숫값이 10.0f로 돼 있어도 인스펙터 뷰에서 설정한 20.0f가 적용된다. 따라서 접근 제한자가 public인 변수는 스크립트에서 지정한 값을 무시하고, 인스펙터 뷰에서 설정한 값이 스크립트에 적용된다는 것을 반드시 기억해야 한다. 유니티의 이러한 특징 때문에 다른 프로그래밍 언어를 접했던 개발자들이 실수하고 오류를 찾지 못하는 일이 비일비재하다.

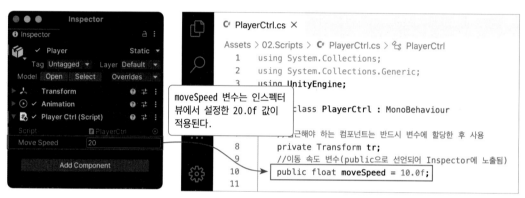

[그림 4-26] 접근 제한자가 public일 때 인스펙터 뷰의 속성값이 스크립트에 적용됨

private 변수의 인스펙터 뷰 노출

유니티를 실행하면 PlayerCtrl 스크립트가 실행되며 가장 먼저 Start 함수가 실행된다. tr 변수는 private으로 선언했기 때문에 추출된 Transform 컴포넌트가 연결됐는지 현재로서는 확인할 수 없다. 하지만 인스펙터 뷰의 모드를 디버그 모드(Debug Mode)로 설정하면 private 변숫값도 확인할 수 있다.

인스펙터 뷰의 탭에서 마우스 오른쪽 버튼을 클릭한 다음 팝업된 메뉴에서 [Debug]를 선택하면 인스펙터 뷰가 디버그 모드로 전환된다. 이제 유니티를 실행하면 인스펙터 뷰에 노출된 private 변수인 tr에 Player(Transform)가 표시되는 것을 확인할 수 있다. 기본 설정은 노멀 모드(Normal Mode)다.

인스펙터 뷰를 디버그 모드로 전환하면 private 변수들이 읽기 전용(Read-only)으로 노출돼 결괏값을 확인할 수 있다. 단, 디버그 모드에서 확인을 완료했다면 반드시 노멀 모드로 전환한다. 디버그 모드에서는 노멀 모드의 많은 속성이 보이지 않는다.

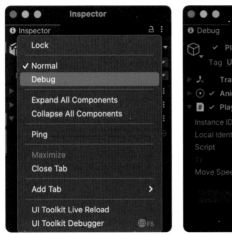
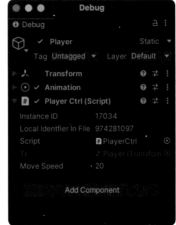

[그림 4-27] 인스펙터 뷰의 노멀/디버그 모드 전환

또 다른 방법은 SerializeField 속성(Attribute)을 사용하는 것이다. PlayerCtrl 스크립트를 다음과 같이 수정한 다음 인스펙터 뷰를 확인하면 노멀 모드의 인스펙터 뷰에서도 private 변수가 노출된 것을 확인할 수 있다. SerializeField는 private 접근 지시자의 속성을 유지한 채 인스펙터 뷰에 노출하는 기능이다.

```
// 접근해야 하는 컴포넌트는 반드시 변수에 할당한 후 사용
[SerializeField]
private Transform tr;
```

[그림 4-28] SerializeField 속성을 이용해 인스펙터 뷰에 노출된 tr 변수

인스펙터에 노출된 moveSpeed 변숫값을 8로 설정해 주인공 캐릭터의 이동 속도를 적절하게 변경하고 진행한다.

벡터의 덧셈 연산

예제 프로젝트를 실행한 다음 키보드 Up, Down 화살표 키를 눌러 전진 및 후진하는지 확인해보자. 정상적으로 동작한다면 이제 Player의 좌우 이동을 구현하기 위해 Vector3.right에 +, - 값을 곱해보자. PlayerCtrl 스크립트를 다음과 같이 수정한다.

스크립트 4-8 PlayerCtrl – 전후좌우 이동 로직

```
using System.Collections;
using System.Collections.Generic;
using UnityEngine;

public class PlayerCtrl : MonoBehaviour
{
    // 컴포넌트를 캐시 처리할 변수
    private Transform tr;
    // 이동 속력 변수 (public으로 선언되어 인스펙터 뷰에 노출됨)
    public float moveSpeed = 10.0f;

    void Start()
    {
        // 컴포넌트를 추출해 변수에 대입
        tr = GetComponent<Transform>();
    }

    void Update()
    {
        float h = Input.GetAxis("Horizontal");
        float v = Input.GetAxis("Vertical");

        Debug.Log("h=" + h);
        Debug.Log("v=" + v);

        // 전후좌우 이동 방향 벡터 계산
        Vector3 moveDir = (Vector3.forward * v) + (Vector3.right * h);

        // Translate(이동 방향 * 속력 * Time.deltaTime)
        tr.Translate(moveDir * moveSpeed * Time.deltaTime);
    }
}
```

전진/후진 방향 벡터와 좌우 방향 벡터를 다음과 같이 벡터의 덧셈 연산을 이용해 하나의 벡터로 만든 다음 속력을 곱하면 전후좌우로 이동시킬 수 있다.

```
// 전후좌우 이동 방향 벡터 계산
Vector3 moveDir = (Vector3.forward * v) + (Vector3.right * h);

// Translate(이동 방향 * 속력 * Time.deltaTime)
tr.Translate(moveDir * moveSpeed * Time.deltaTime);
```

실행 후 전후좌우 화살표나 W, A, S, D 키를 사용해 플레이어가 이동하는 모습을 확인해보자. 전진 또는 후진을 해보고 나서 두 개의 키를 동시에 눌러 대각선으로도 이동해본다. 속도가 살짝 빠르다는 것을 알 수 있다.

moveDir 변수는 Vector3 타입으로, 키보드 입력값을 이용해 벡터 연산을 했다. 전진 방향의 벡터와 좌우 방향의 벡터를 덧셈 연산을 하면 [그림 4-29]와 같이 대각선 방향의 벡터가 생성된다. 이 대각선 벡터의 길이는 피타고라스의 정리[5]에 의해 $\sqrt{2}$ (약 1.414…)임을 알 수 있다. 대각선으로 이동할 때 속도가 빨라진 원인이다. 따라서 길이가 1인 벡터로 변환해 방향 성분만 사용해야 한다. 이처럼 길이가 1인 벡터를 단위 벡터 또는 정규화 벡터(Normalized Vector)라고 앞서 언급했다.

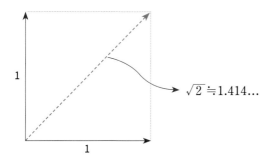

[그림 4-29] 벡터의 덧셈 연산

벡터의 방향 성분만 추출하기 위해 정규화 벡터로 변경하려면 Vector3.normalized 속성을 이용해 정규화 벡터값을 사용한다. 즉, Vector3 타입으로 선언한 moveDir 변수는 normalized 속성을 이용할 수 있다. 다음과 같이 PlayerCtrl 스크립트를 수정하자.

---

5 피타고라스 정리: 빗변^2 = 밑변^2 + 높이^2, 빗변 = $\sqrt{밑변^2 + 높이^2}$

```csharp
using System.Collections;
using System.Collections.Generic;
using UnityEngine;

public class PlayerCtrl : MonoBehaviour
{
    // 컴포넌트를 캐시 처리할 변수
    private Transform tr;
    // 이동 속력 변수 (public으로 선언되어 인스펙터 뷰에 노출됨)
    public float moveSpeed = 10.0f;

    void Start()
    {
        // 컴포넌트를 추출해 변수에 대입
        tr = GetComponent<Transform>();
    }

    void Update()
    {
        float h = Input.GetAxis("Horizontal");
        float v = Input.GetAxis("Vertical");

        Debug.Log("h=" + h);
        Debug.Log("v=" + v);

        // 전후좌우 이동 방향 벡터 계산
        Vector3 moveDir = (Vector3.forward * v) + (Vector3.right * h);

        // Translate(이동 방향 * 속력 * Time.deltaTime)
        tr.Translate(moveDir.normalized * moveSpeed * Time.deltaTime);
    }
}
```

🔍 정보 ⟍ 벡터의 크기와 정규화

벡터의 크기(Magnitude)는 Vector3.Magnitude 함수를 이용해 가져올 수 있다. 다음 코드는 전진 방향의 단위 벡터의 크기와 두 벡터의 덧셈 연산을 했을 때의 벡터의 크기, 그리고 덧셈 연산을 한 벡터를 정규화했을 때의 크기를 출력한 것이다.

```
void Start ()
{
    float vec1 = Vector3.Magnitude(Vector3.forward);
    float vec2 = Vector3.Magnitude(Vector3.forward + Vector3.right);
    float vec3 = Vector3.Magnitude((Vector3.forward + Vector3.right).normalized);


    Debug.Log (vec1);
    Debug.Log (vec2);
    Debug.Log (vec3);
}
```

위 코드를 실행한 결과는 다음과 같다.

[그림 4-30] 벡터 연산의 결과

캐릭터 회전 – Rotate

게임오브젝트를 회전할 때는 Transform.rotation 속성값을 변경하거나 Rotate 계열의 함수를 사용할 수 있다. 가장 기초적인 Rotate 함수는 다음과 같이 다양한 인자를 사용할 수 있다.

- void Rotate(Vector3 eulerAngles, [Space relativeTo]);

- void Rotate(float xAngle, float yAngle, float zAngle, [Space relativeTo]);

- void Rotate(Vector3 axis, float angle, [Space relativeTo]);

다음 코드는 y축을 기준으로 30° 회전시키는 예제다.

```
tr.Rotate(new Vector3(0.0f, 30.0f, 0.0f));
tr.Rotate(0.0f, 30.0f, 0.0f);
tr.Rotate(Vector3.up * 30.0f);
```

다음 코드는 Update 함수에서 Rotate 함수의 인자에 Y축에 Time.deltaTime을 곱해서 시계방향으로 회전하는 것을 볼 수 있다. Rotate 함수의 인자는 모두 다르지만 전부 같은 의미다.

```
void Update()
{
    transform.Rotate(Vector3.up * Time.deltaTime);
    transform.Rotate(0, Time.deltaTime, 0);
    transform.Rotate(Vector3.up, Time.deltaTime);
}
```

다음과 같이 PlayerCtrl 스크립트에 회전하는 로직을 추가하자. 화살표 키의 입력값을 확인하기 위해 추가했던 Debug.Log() 코드는 주석 처리하거나 삭제한다.

스크립트 4-10 PlayerCtrl – 회전 로직 추가

```
using System.Collections;
using System.Collections.Generic;
using UnityEngine;

public class PlayerCtrl : MonoBehaviour
{
    // 컴포넌트를 캐시 처리할 변수
    private Transform tr;
    // 이동 속력 변수 (public으로 선언되어 인스펙터 뷰에 노출됨)
    public float moveSpeed = 10.0f;
    // 회전 속도 변수
    public float turnSpeed = 80.0f;
```

```
    void Start()
    {
        // 컴포넌트를 추출해 변수에 대입
        tr = GetComponent<Transform>();
    }

    void Update()
    {
        float h = Input.GetAxis("Horizontal");
        float v = Input.GetAxis("Vertical");
        float r = Input.GetAxis("Mouse X");

        // Debug.Log("h=" + h);
        // Debug.Log("v=" + v);

        // 전후좌우 이동 방향 벡터 계산
        Vector3 moveDir = (Vector3.forward * v) + (Vector3.right * h);

        // Translate(이동 방향 * 속력 * Time.deltaTime)
        tr.Translate(moveDir.normalized * moveSpeed * Time.deltaTime);

        // Vector3.up 축을 기준으로 turnSpeed만큼의 속도로 회전
        tr.Rotate(Vector3.up * turnSpeed * Time.deltaTime * r);
    }
}
```

전진/후진은 키보드 입력값으로 구현했으나, 플레이어의 회전은 마우스의 좌우 이동 값을 받아와 구현한다. InputManager에서 "Mouse X"라고 정의된 축은 마우스를 왼쪽으로 움직이면 음수 값을 반환하고, 오른쪽으로 움직이면 양수 값을 반환한다. 이 값을 회전의 방향으로 사용하기 위해 변수 r에 저장한다.

```
float r = Input.GetAxis("Mouse X");
```

회전 로직 또한 구동하는 디바이스의 프레임 레이트에 관계없이 회전할 수 있게 Time.deltaTime을 곱한다.

```
Rotate(회전좌표축 * 회전속도 * Time.deltaTime * 변위입력 값)
```

```
// Vector3.up 축을 기준으로 turnSpeed만큼의 속도로 회전
tr.Rotate(Vector3.up * turnSpeed * Time.deltaTime * r);
```

실행 후 마우스를 좌우로 움직여보면 캐릭터가 회전하는 모습을 확인할 수 있다.

씬 뷰에서 가상 카메라의 이동

Main Camera가 주인공을 따라가게끔 만드는 로직을 구현하기 전까지는 씬 뷰를 렌더링하는 가상 카메라가 주인공 캐릭터를 따라가는 기능을 활용해보자. 이 기능은 필자가 오프라인 강의에서는 반드시 소개하는 기능인데, "글로 잘 표현할 수 있을까?" 또는 "독자 여러분이 잘 이해할 수 있게 전달할 수 있을까?" 하는 염려로 늘 설명하기를 망설였던 기능이다.

먼저 하이러키 뷰에서 Player를 선택하고 단축키 shift + F를 누르면 씬 뷰의 가상 카메라가 플레이어 위치로 이동한다. 즉, 플레이어가 화면 가운데에 위치한다.

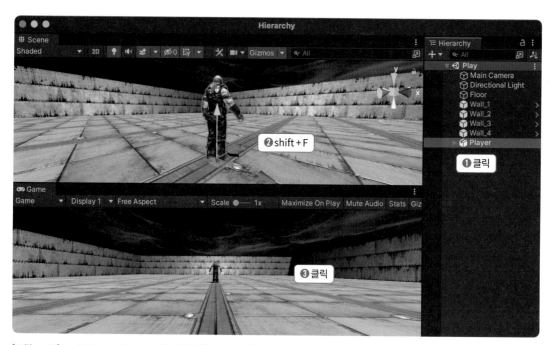

[그림 4-31] Lock View to Selected 기능을 활용한 Follow 기능

이 상태에서 게임 뷰를 클릭해 활성 뷰를 변경한다. 이제 유니티를 실행해 플레이어를 이동시키면 씬 뷰의 가상 카메라가 플레이어를 따라 이동하는 모습을 볼 수 있다. 게임 뷰의 플레이어는 화면을 벗어나거나 멀

리 떨어져 작게 보여도 씬 뷰의 플레이어는 가상 카메라가 Follow하고 있기 때문에 항상 씬 뷰의 중앙에 위치한다. 이때 씬 뷰 또는 하이러키 뷰의 다른 게임오브젝트를 클릭해 선택하면 락이 풀린다.

Follow하는 단축키 shift + F 대신 메뉴에서 [Edit] → [Lock View to Selected]를 선택해도 된다. 유니티 버전에 따라 맥에서 단축키 shift + F가 동작하지 않는다면 메뉴를 이용해 이 기능을 활용하기 바란다.

애니메이션

유니티는 레거시 애니메이션(Legacy Animation)과 메카님 애니메이션(Mecanim Animation)이라는 두 가지 유형의 애니메이션을 지원한다.

- **레거시 애니메이션**: 하위 호환성을 고려한 애니메이션, 소스 코드로 컨트롤해야 함
- **메카님 애니메이션**: 모션 캡처 애니메이션, 리타게팅[6] 기능

주인공 캐릭터는 레거시 애니메이션 타입으로 구현하고, 적 캐릭터는 메카님 애니메이션을 적용해보자. 내려받은 리소스의 "Resources/Animations" 폴더에서 PlayerAnimation 패키지를 더블클릭해 임포트한다.

[그림 4-32] 주인공 캐릭터에 사용할 애니메이션 클립

임포트한 후 프로젝트 뷰에 생성된 "Player Animation Clip" 폴더는 "07.Animations" 폴더로 옮긴다.

---

6 리타게팅(Retagetting): 애니메이션을 재사용하는 기능을 말한다. 6장에서 리타게팅 기능을 자세히 소개한다.

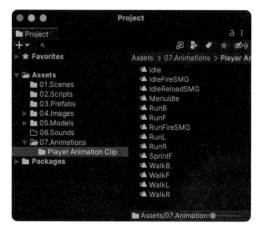

[그림 4-33] 폴더를 이동시킨 애니메이션 클립

프로젝트 뷰의 "05.Models/Player" 폴더에 있는 Player 모델을 선택한다. 인스펙터 뷰에 외부에서 임포트한 3D 모델의 여러 가지 정보가 표시된다. 그중에서 [Rig] 탭을 선택하고 Animation Type 속성을 Legacy로 설정한다. Animation Type 속성은 다음과 같다.

Animation Type 옵션	설명
None	애니메이션을 사용하지 않는다.
Legacy	하위 호환성을 유지하기 위한 이전 방식의 애니메이션
Generic	메카님 애니메이션. 인체형 모델이 아닌 3D 모델에 적용. 리타게팅할 수 없음.
Humanoid	메카님 애니메이션. 리타게팅이 가능하며, 사람과 같이 2족 보행하는 모델에 적용

[표 4-4] Rig 탭의 Animation Type 옵션

[그림 4-34] Animation Type을 Legacy로 설정

하이러키 뷰에서 Player를 선택하고 인스펙터 뷰를 보면 Animation 컴포넌트가 추가돼 있다. Animation 컴포넌트가 추가돼 있다면 해당 모델은 레거시 타입으로 설정된 모델을 의미한다.

[그림 4-35] Animation 컴포넌트가 추가된 Player 3D 모델

애니메이션 처리가 된 3D 모델을 씬 뷰에 추가했을 때 Animation Type에 따라 다음과 같이 서로 다른 컴포넌트가 자동으로 추가된다.

- **레거시 애니메이션**: Animation 컴포넌트
- **메카님 애니메이션**: Animator 컴포넌트

Animation, Animator 컴포넌트 모두 애니메이션과 관련된 컴포넌트지만, 작동 방식이 전혀 다르다. 따라서 3D 모델에 추가된 컴포넌트의 종류를 보고 해당 모델의 애니메이션 유형이 무엇으로 설정됐는지 구별할 수 있어야 한다.

애니메이션 클립

애니메이션 클립(Animation Clip)은 캐릭터의 걷기, 달리기, 점프, 총 쏘기와 같은 동작을 기록한 파일을 말한다. 그리고 애니메이션 컴포넌트는 애니메이션 클립에 기록된 관절의 위치와 회전 값을 프레임 단위로 재생시키는 역할을 한다.

3D 모델링 툴에서 제작한 애니메이션 클립을 애니메이션 파일로 만드는 방법에는 세 가지 방식이 있다.

첫 번째는 모든 애니메이션 클립이 하나의 애니메이션 파일에 들어 있고, 각 애니메이션 클립이 시작 프레임과 종료 프레임을 가지는 방식이다. 다음 그림의 경우 하나의 애니메이션 파일에 여러 개의 애니메이션 클립이 있고, 미리 분리되지 않은 상태이기 때문에 개발자가 직접 분리해서 사용해야 한다.

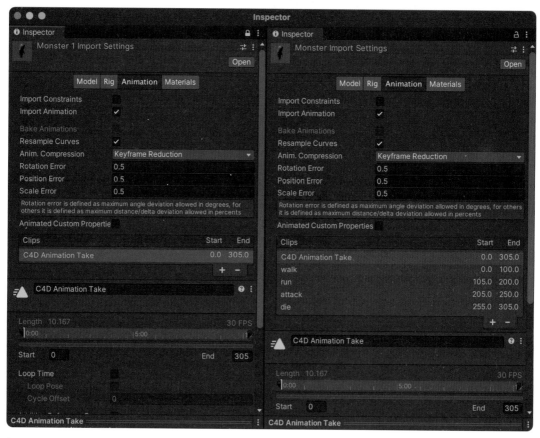

[그림 4-36] 하나의 애니메이션 파일을 여러 애니메이션 클립으로 분리

두 번째는 위와 동일하게 모든 애니메이션 클립이 하나의 애니메이션 파일에 들어가 있지만, 미리 분리된 경우다.

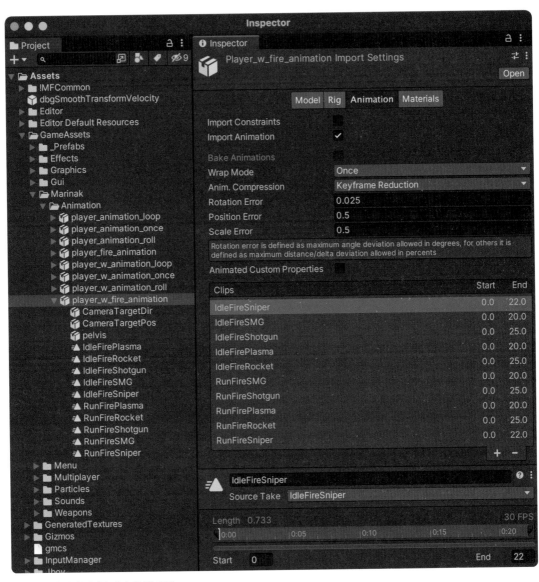

[그림 4-37] 미리 분리된 애니메이션 클립

세 번째는 애니메이션 클립을 동작별로 분리해 별도의 파일로 생성하는 방식이다. 이때 생성된 애니메이션 클립의 파일명은 "모델명@애니메이션 클립명" 형태의 명명 규칙이 적용된다. 애니메이션 클립의 수가 많거나 애니메이션의 수정 작업이 빈번하게 일어날 것으로 예상한다면 세 번째 방식으로 작업하는 것이 편리하다.

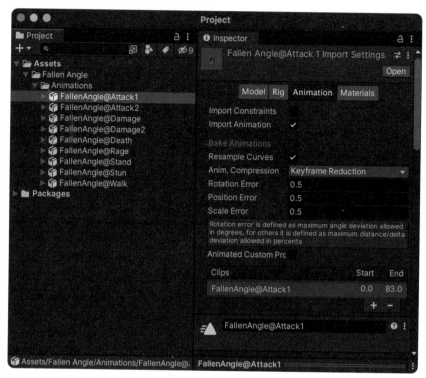

[그림 4-38] 별도의 파일로 분리된 애니메이션 클립

애니메이션 적용

프로젝트 뷰에서 "07.Animations/Player Animation Clip" 폴더의 Idle 애니메이션 클립을 선택하면 인스펙터 뷰에서 Wrap Mode 속성과 프리뷰 창을 볼 수 있다. 프리뷰 창은 적절한 모델이 추가되기 전까지는 다음과 같이 텍스트만 표기된다. 하이러키 뷰의 Player를 프리뷰 창으로 드래그 앤 드롭하면 해당 모델에 애니메이션 클립이 적용된 모습을 확인할 수 있다.

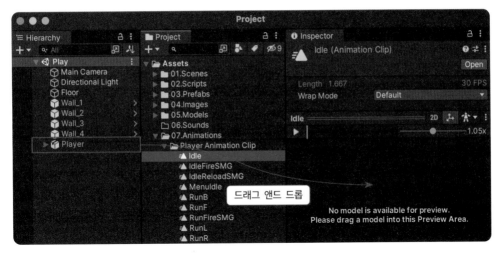

[그림 4-39] 프리뷰 창에 주인공 캐릭터 모델을 연결

또 다른 방법으로 프로젝트 뷰에 있는 Player 원본 3D 모델을 프리뷰 창으로 드래그 앤드 드롭해도 된다.

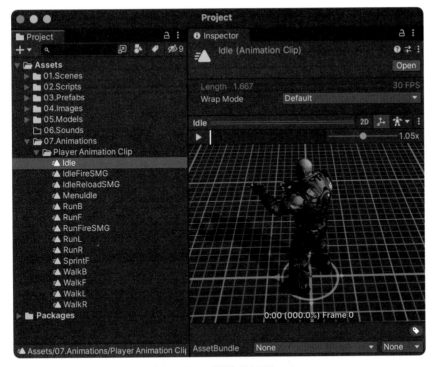

[그림 4-40] 선택한 애니메이션 클립의 동작을 프리뷰 창에서 확인

Player를 프리뷰 창에 연결하면 주인공 캐릭터가 현재 선택한 애니메이션 클립의 동작을 미리볼 수 있으며, 오른쪽의 슬라이드 바를 사용해 재생 속도를 설정할 수 있다.

"07.Animations/Player Animation Clip" 폴더에서 Idle, RunB, RunF, RunL, RunR의 다섯 가지 애니메이션 클립만 사용한다. 애니메이션 클립을 한 번씩 선택하고 인스펙터 뷰에서 Wrap Mode를 Loop로 지정한다. 아쉽게도 여러 개를 한꺼번에 선택하고 수정하는 기능은 제공하지 않는다. Wrap Mode 속성의 Loop 옵션은 애니메이션 클립의 첫 프레임부터 마지막 프레임까지 계속 반복하는 옵션이다.

[그림 4-41] 애니메이션 클립의 반복 속성을 Loop로 변경

하이러키 뷰에서 Player를 선택한 후 Animation 컴포넌트 속성을 살펴보자. 첫 번째 Animation 속성은 실행되면 처음 동작하는 애니메이션 클립을 연결하는 속성이다. 두 번째 Animations 속성은 배열 타입의 속성으로, Player 모델이 실행할 수 있는 애니메이션 클립들을 저장한다. 즉, 이 Animations 목록에 없는 애니메이션 동작은 수행할 수 없다.

[그림 4-42] Animation 컴포넌트

이제 우리가 사용할 Idle, RunB, RunF, RunL, RunR의 다섯 가지 애니메이션 클립을 Animations 속성에 추가한다. 물론 하나씩 드래그 앤 드롭해 추가할 수도 있지만, 개수가 많아질수록 번거롭기 때문에 여러 개를 선택해 한 번에 추가하는 방법을 설명한다.

먼저 하이러키 뷰에서 Player를 선택한 후 인스펙터 뷰의 오른쪽 위에 있는 자물쇠 모양의 아이콘을 클릭한다. 이는 Lock 기능으로 클릭할 때마다 Lock, UnLock이 토글된다. Lock 기능을 이용하면 하이러키 뷰나 프로젝트 뷰에서 다른 것을 선택해도 인스펙터 뷰의 내용이 변경되지 않고 고정된다. 또는 인스펙터 뷰의 탭에서 마우스 오른쪽 버튼을 클릭한 다음 팝업된 메뉴에서 [Lock]을 선택해도 된다.

[그림 4-43] 인스펙터 뷰의 Lock 기능을 이용해 선택한 게임오브젝트를 고정

인스펙터 뷰의 내용이 Lock 기능으로 인해 고정됐다. 이제 Idle, RunB, RunF, RunL, RunR 애니메이션 클립을 다중 선택한 후 인스펙터 뷰의 Animation 컴포넌트의 Animations 속성으로 드래그 앤 드롭하면 한 번에 여러 개의 애니메이션 클립이 추가된다.

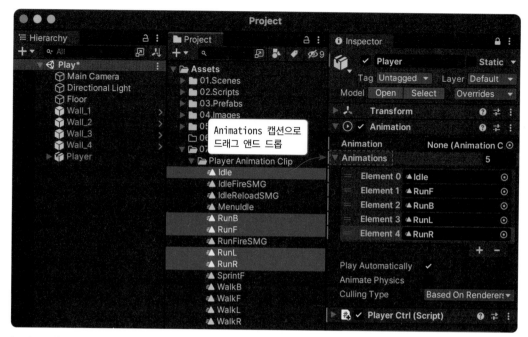

[그림 4-44] 다중 선택한 애니메이션 클립을 Animations 속성으로 드래그 앤드 드롭

이제 처음 실행시킬 Idle 애니메이션 클립을 Animation 속성으로 드래그 앤드 드롭해 연결한다.

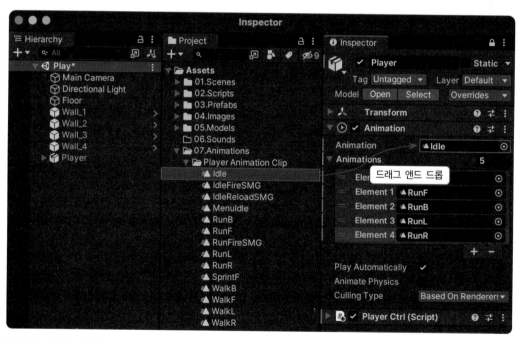

[그림 4-45] 처음 실행할 애니메이션 클립을 Animation 속성에 연결

애니메이션 클립에 대한 설정을 완료했다면 반드시 인스펙터 뷰의 Lock을 풀어야 한다. 다시 한번 자물쇠 아이콘을 클릭해 Unlock한다.

이제 유니티를 실행해보자. Animation 컴포넌트의 Play Automatically 속성이 체크돼 있기 때문에 Idle 애니메이션 동작이 실행되는 것을 확인할 수 있다. Idle 애니메이션 동작이 한 사이클만 수행되고 정지한다 면 해당 애니메이션 클립의 Wrap Mode 속성이 Loop로 설정되지 않은 것이다.

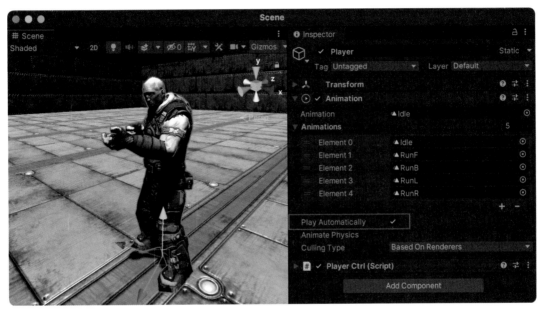

[그림 4-46] 실행했을 때 기본 애니메이션 클립을 실행하는 주인공 캐릭터 모델

Animation 컴포넌트의 Play Automatically 속성은 실행했을 때 기본 애니메이션 클립을 자동으로 실행하 는 옵션이다. 이 옵션의 체크를 해제하고 스크립트에서 직접 컨트롤해보자. PlayerCtrl 스크립트를 다음과 같이 수정한다.

스크립트 4-11 PlayerCtrl – 애니메이션 실행

```
using System.Collections;
using System.Collections.Generic;
using UnityEngine;

public class PlayerCtrl : MonoBehaviour
{
```

```
        // 컴포넌트를 캐시 처리할 변수
        private Transform tr;
        // Animation 컴포넌트를 저장할 변수
        private Animation anim;

        // 이동 속력 변수 (public으로 선언되어 인스펙터 뷰에 노출됨)
        public float moveSpeed = 10.0f;
        // 회전 속도 변수
        public float turnSpeed = 80.0f;

        void Start()
        {
            // 컴포넌트를 추출해 변수에 대입
            tr = GetComponent<Transform>();
            anim = GetComponent<Animation>();

            // 애니메이션 실행
            anim.Play("Idle");
        }

        void Update()
        {
            [중략…]
        }
    }
```

Animation 컴포넌트에 접근하기 위해 저장할 변수를 선언하고 Start 함수에서 GetComponent 함수로 해당 컴포넌트를 추출해 저장한다. 애니메이션의 실행은 Animation.Play() 함수를 사용해 재생한다. Play 함수의 인자는 애니메이션 클립명을 문자열로 넘겨준다.

```
Animation.Play("애니메이션 클립명")
```

위 코드와 다르게 다음과 같이 clip 속성에 애니메이션 클립을 지정하고 Play 함수를 실행하는 방법도 있다. Animation.clip 속성은 현재 실행할 애니메이션 클립을 의미한다. 하지만 굳이 이렇게 사용하는 경우는 그리 많지 않다.

```
// 애니메이션 실행
anim.clip = anim.GetClip("Idle");
anim.Play();
```

유니티를 실행하면 Idle 애니메이션이 동작하는 것을 볼 수 있다. Play Automatically 속성을 언체크하고 스크립트를 통해 제어한 것이다. 이제 주인공 캐릭터를 이동시키면 이동 방향에 적합한 애니메이션이 재생되게 만들어보자.

애니메이션 블렌딩

유니티는 현재 수행 중인 애니메이션에서 다른 애니메이션으로 변경될 때 이를 부드럽게 연결해주는 애니메이션 블렌딩(Animation Blending) 기능을 제공한다. 예를 들어, Player가 Idle 애니메이션을 수행하는 상태에서 급격하게 RunF 애니메이션으로 바뀌면 어색한 동작이 연출될 수 있다. 이를 방지하고 애니메이션의 변화가 부드럽게 이뤄질 수 있게 CrossFade 함수를 제공한다.

주인공이 정지 상태일 때는 Idle 애니메이션을 실행하다가 전진하는 경우 자연스럽게 RunF 애니메이션으로 변경되게 해보자. PlayerCtrl 스크립트를 다음과 같이 수정한다.

스크립트 4-12 PlayerCtrl – 이동 시 애니메이션 실행 로직

```
using System.Collections;
using System.Collections.Generic;
using UnityEngine;

public class PlayerCtrl : MonoBehaviour
{
    // 컴포넌트를 캐시 처리할 변수
    private Transform tr;
    // Animation 컴포넌트를 저장할 변수
    private Animation anim;

    // 이동 속력 변수 (public으로 선언되어 인스펙터 뷰에 노출됨)
    public float moveSpeed = 10.0f;
    // 회전 속도 변수
    public float turnSpeed = 80.0f;
```

```
void Start()
{
    // 컴포넌트를 추출해 변수에 대입
    tr = GetComponent<Transform>();
    anim = GetComponent<Animation>();

    // 애니메이션 실행
    anim.Play("Idle");
}

void Update()
{
    float h = Input.GetAxis("Horizontal");
    float v = Input.GetAxis("Vertical");
    float r = Input.GetAxis("Mouse X");

    // 전후좌우 이동 방향 벡터 계산
    Vector3 moveDir = (Vector3.forward * v) + (Vector3.right * h);

    // Translate(이동 방향 * 속력 * Time.deltaTime)
    tr.Translate(moveDir.normalized * moveSpeed * Time.deltaTime);

    // Vector3.up 축을 기준으로 turnSpeed만큼의 속도로 회전
    tr.Rotate(Vector3.up * turnSpeed * Time.deltaTime * r);

    // 주인공 캐릭터의 애니메이션 설정
    PlayerAnim(h, v);
}

void PlayerAnim(float h, float v)
{
    // 키보드 입력값을 기준으로 동작할 애니메이션 수행

    if (v >= 0.1f)
    {
        anim.CrossFade("RunF", 0.25f);  // 전진 애니메이션 실행
    }
    else if (v <= -0.1f)
    {
```

```
            anim.CrossFade("RunB", 0.25f);   // 후진 애니메이션 실행
        }
        else if (h >= 0.1f)
        {
            anim.CrossFade("RunR", 0.25f);   // 오른쪽 이동 애니메이션 실행
        }
        else if (h <= -0.1f)
        {
            anim.CrossFade("RunL", 0.25f);   // 왼쪽 이동 애니메이션 실행
        }
        else
        {
            anim.CrossFade("Idle", 0.25f);    // 정지 시 Idle 애니메이션 실행
        }
    }
}
```

Update 함수 안의 코드가 길어지는 것을 방지하기 위해 PlayerAnim 함수를 추가했다. PlayerAnim 함수는 주인공 캐릭터에 적절한 애니메이션 클립을 재생시키는 역할을 한다. 주인공 캐릭터의 이동 방향을 판단하는 기준인 h와 v 변수를 인자로 넘겨준다. 주인공 캐릭터가 전진 또는 후진하고 있다는 것은 v 변숫값으로 알 수 있기 때문이다. 마찬가지로 좌우 이동 역시 h 변숫값으로 알 수 있기 때문에 해당 변숫값이 0보다 큰지 작은지에 따라 애니메이션을 교체한다. 마지막으로 키보드를 누르지 않아서 0 값이 전달되면 정지 상태인 Idle 애니메이션 클립을 실행한다.

애니메이션 클립을 실행하는 CrossFade 함수는 두 개의 인자를 받는다. 첫 번째 인자는 변경할 애니메이션 클립의 명칭이며, 두 번째 인자는 다른 애니메이션 클립으로 페이드아웃 되는 시간을 의미한다. 다음 코드는 Idle 애니메이션 클립에서 RunF 애니메이션 클립으로 0.25f 동안 애니메이션이 변경되는 코드다. 이때 단순히 정해진 시간 동안 애니메이션이 변경되는 것이 아니라 애니메이션 키프레임을 보간(Interpolate) 해 부드럽게 보정시킨다.

```
if (v >= 0.1f)
{
    anim.CrossFade("RunF", 0.25f); // 전진 애니메이션 실행
}
```

게임을 실행한 후 플레이어를 여러 방향으로 이동시켜 각 애니메이션이 부드럽게 전환되는지 확인해보자. 키보드를 입력하지 않았을 때 Idle 애니메이션이 실행되지 않고 한쪽으로 뛰는 동작을 한다면 PlayerAnim 함수에 작성한 If 문의 부등호 방향과 기호가 틀리지 않았는지 확인해본다.

무기 장착

애니메이션을 실행하면 주인공 캐릭터는 총을 들고 있는 동작을 취하고 있다. 어색하지 않게 주인공 캐릭터에 무기를 장착해보자. 내려받은 리소스 파일의 "Resources/Models" 폴더에서 Weapons 패키지를 임포트한다.

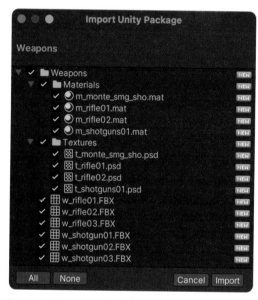

[그림 4-47] Weapons 패키지 임포트

패키지를 임포트한 후 Weapons 폴더를 "05.Models" 폴더 하위로 옮긴다.

무기류를 장착하려면 주인공 캐릭터의 본(Bone) 구조를 확인해야 한다. 즉, 오른손 관절을 찾아 내려가야 한다. 하이러키 뷰의 Player를 펼쳐보면 pelvis가 있다. 이는 관절 정보를 담고 있는 게임오브젝트로서 인체로 치면 골반을 의미한다. 다음과 같이 계층적으로 내려가 Rweaponholder를 찾는다. 모델링 과정에서 무기류를 장착할 수 있게 지점(Holder)을 만들어 제공하는 경우라면 개발자가 좀 더 편리하게 작업할 수 있다. Rweaponholder와 같은 지점이 없다면 Rwrist 관절에 무기류를 장착해도 무방하다.

```
Player → pelvis → stomach → Ribs → chest → Rshoulder → Rarm → Rforearm → Rwrist → Rweaponholder
```

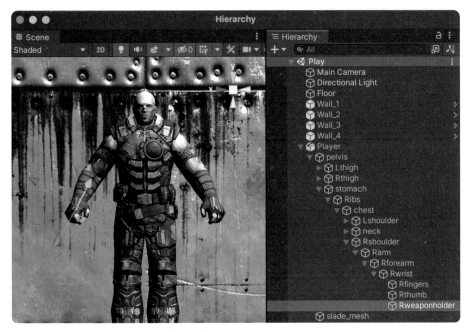

[그림 4-48] 무기를 장착할 수 있는 지점(Holder)의 게임오브젝트

프로젝트 뷰에서 "05.Models/Weapons" 폴더의 w_rifle01 모델을 하이러키 뷰의 Rweaponholder로 드래그 앤드 드롭한다. 독자 여러분은 마음에 드는 다른 총 모델을 적용해도 무방하다.

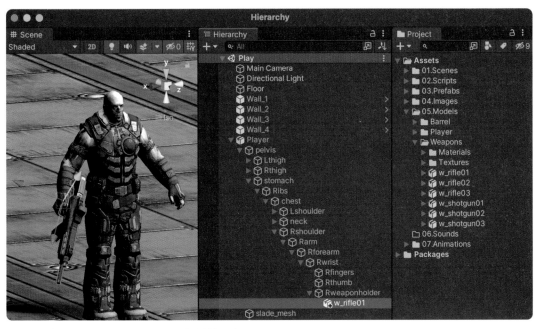

[그림 4-49] 오른손 관절인 Rweaponholder에 추가한 무기

이제 애니메이션을 실행했을 때 어색한 점이 없는지 확인해보기 위해 유니티를 실행해보자. 총을 받치고 있는 주인공 캐릭터의 왼손을 보면 총의 위치가 조금 어긋나 있다.

[그림 4-50] 애니메이션 실행 시 왼손과 어긋나 있는 무기

무기류 장착 지점 또는 손 관절에 무기를 연결하고 난 후 가장 빠르게 위칫값을 설정하는 방법의 하나가 장착한 무기의 Transform 컴포넌트 속성을 초기화하는 것이다. 유니티 실행을 정지하고 에디트 모드로 돌아온 후 Transform 컴포넌트의 옵션 버튼을 클릭하고 [Reset]을 선택한다.

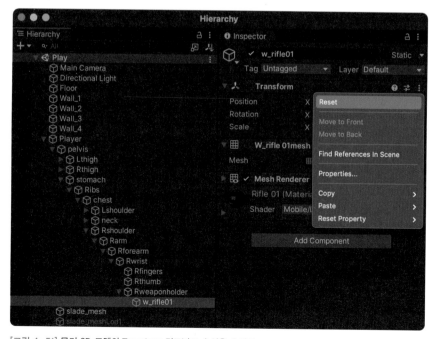

[그림 4-51] 무기 3D 모델의 Transform 컴포넌트 속성을 초기화

Transform 컴포넌트의 모든 속성값이 초기화된다. 다시 유니티를 실행해 앞서 어긋난 총의 위치가 정확히 맞는지 확인해보자.

[그림 4-52] 무기 3D 모델의 정렬이 정상적으로 변경된 모습

그림자

게임에 있어서 주인공 캐릭터를 비롯해 적 캐릭터(NPC)의 입체감을 표현하기 위한 그림자 효과는 매우 중요한 요소다. 이어서 그림자를 표현하는 몇 가지 방법을 소개하고자 한다.

실시간 그림자

유니티는 Directional Light, Point Light, Spotlight라는 세 가지 광원에 대해 실시간 그림자(Real Time Shadow)를 지원한다. 하지만 모바일 디바이스의 성능에 따라 실시간 그림자는 처리 비용이 매우 크다.

유니티는 실시간 그림자가 기본으로 적용돼 있으며 Directional Light의 속성 중 Shadow Type 옵션으로 설정한다. Shadow Type 속성으로는 No Shadows, Hard Shadows, Soft Shadows로 세 가지 옵션이 있고, Soft Shadows나 Hard Shadows를 선택하면 [그림 4-53], [그림 4-54]와 같이 실시간 그림자가 적용된다.

- **No Shadows**: 기본 설정값으로 실시간 그림자를 적용하지 않는다.

- **Hard Shadows**: 실시간 그림자를 표현하지만, 외곽선에 계단 현상이 발생한다.

- **Soft Shadows**: 부드러운 실시간 그림자를 표현하지만, 가장 많은 부하를 준다.

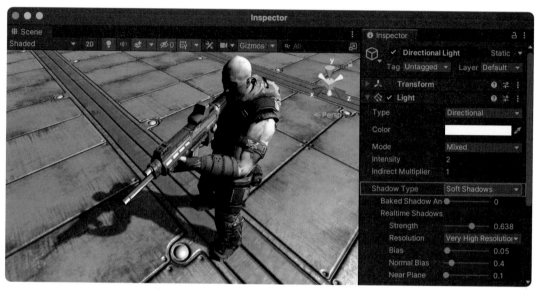

[그림 4-53] Shadow Type을 Soft Shadows로 설정

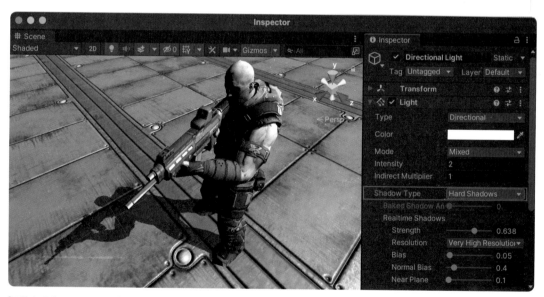

[그림 4-54] Shadow Type을 Hard Shadows로 설정

실시간 그림자의 시각적 효과는 매우 탁월하지만, 엔진에 많은 부하를 준다. 따라서 실시간 그림자 효과가 필요 없는 3D 모델은 실시간 그림자 영향에서 제외하는 설정을 빠뜨리지 않아야 한다.

3D 모델은 Mesh Renderer 또는 Skinned Mesh Renderer 중 한 컴포넌트를 반드시 갖고 있다. 그리고 이 두 가지 컴포넌트에는 실시간 그림자와 관련된 Cast Shadows와 Receive Shadows 속성이 있다.

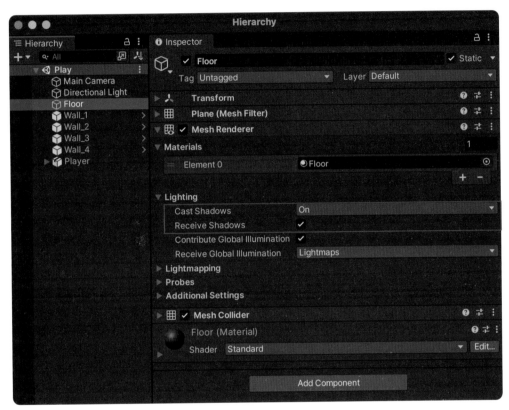

[그림 4-55] Renderer 계열의 컴포넌트에 있는 그림자 관련 속성

- Cast Shadows: 빛을 받아서 자신의 그림자를 만들 것인지 결정하는 속성

Off	그림자를 만들지 않는다.
On	그림자를 만든다.
Two Sided	백 페이스 컬링을 무시하고 그림자를 양면으로 만든다.
Shadows Only	그림자를 만들지만, 자신은 렌더링하지 않는다. 즉, 화면에 보이지 않는 특성이 있어 그림자 처리만을 위한 로우 폴리 3D 모델에 활용할 수 있다.

- Receive Shadows: 다른 그림자에 들어갔을 때 표면에 그림자의 영향을 받는지 아닌지

따라서 실시간 그림자의 영향을 받지 않아도 시각적 효과에 크게 상관없는 3D 모델은 이 두 가지 옵션을 적절히 설정해 그림자를 생성하지 않게 한다.

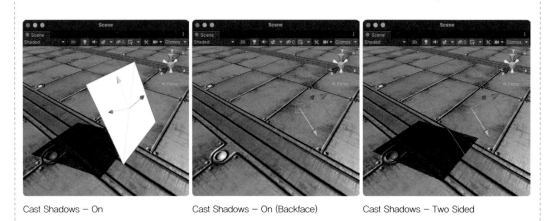
메시를 이용한 그림자

실시간 그림자보다 시각적인 효과는 덜 하지만, 그래도 입체감을 낼 수 있는 가벼운 그림자 처리를 구현해 보자. 단순한 평면 메시를 이용하는 방법으로 모바일 게임에서 흔히 볼 수 있는 방식이다.

먼저 Player에 적용된 실시간 그림자가 생성되지 않도록 설정한다. 하이러키 뷰의 Player를 펼쳐보면 slade_mesh, slade_mashLod1, slade_mashLod2의 세 개의 메시로 구성돼 있다. 세 개의 메시를 모두 선택한 후 인스펙터 뷰에서 Skinned Mesh Renderer 컴포넌트의 Cast Shadows 속성을 Off로 변경하고 Receive Shadows 속성도 언체크한다.

[그림 4-57] 실시간 그림자가 적용되지 않게 속성 수정

또한, 주인공 캐릭터가 들고 있는 총도 실시간 그림자 처리가 되지 않게 설정한다. w_rifle01을 선택하고
Mesh Renderer 컴포넌트의 Cast Shadows와 Receive Shadows 속성을 설정한다.

[그림 4-58] 총의 실시간 그림자가 적용되지 않도록 속성 수정

먼저 그림자를 표시할 메시는 유니티에서 제공하는 **Quad**를 사용한다. 메뉴에서 [GameObject] → [3D Object] → [Quad]를 선택하거나 프로젝트 뷰의 [+] 버튼을 클릭해 생성한다. 생성한 **Quad** 모델을 **Player** 게임오브젝트 아래로 드래그 앤드 드롭해 차일드화한다. 또는 하이러키 뷰에서 **Player**를 선택하고 마우스 오른쪽 버튼을 클릭한 후 팝업된 메뉴에서 [3D Object] → [Quad]를 선택해 직접 추가할 수도 있다. **Player** 하위에 추가한 **Quad** 모델의 **Transform** 속성을 다음 표를 참조해 설정한다.

Transform 속성	X	Y	Z
Position	0	0.01	0
Rotation	90	0	0
Scale	2	2	2

[표 4-5] Quad 모델의 Transform 컴포넌트 속성 설정

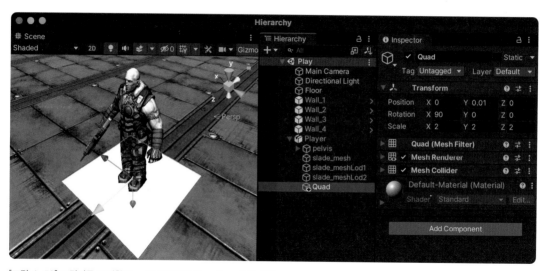

[그림 4-59] 그림자를 표시할 Quad를 추가하고 Transform 속성 수정

Quad의 y축 값을 0.01(약 1cm)로 설정한 이유는 y축 값이 0일 경우 **Floor**와 겹쳐지는 부분에 다음 그림과 같이 깜빡이는 현상[7]이 발생하기 때문이다.

---

7 Z-fighting 또는 Plane-fighting이라고도 한다. 카메라로부터 같은 거리에 있는 메시를 렌더링할 때 발생하는 현상이다.

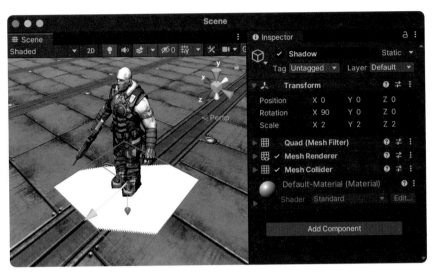

[그림 4-60] Floor와 Quad가 서로 같은 높이에 있을 때 발생하는 Z-Fighting 현상

유니티에서 제공하는 원시 모델은 모두 자신의 모양에 맞는 Collider 컴포넌트를 갖고 있다. Collider 컴포넌트는 다른 물체와의 충돌 여부를 감지하는 역할을 하는 것으로, 필요 없는 경우에는 반드시 삭제한다. 따라서 추가한 Quad의 Mesh Collider 컴포넌트는 삭제한다. Collider 컴포넌트에 관해서는 다음 장에서 자세히 소개한다.

[그림 4-61] 불필요한 Mesh Collider 컴포넌트 삭제

추가한 Quad의 이름은 Shadow로 변경하고 적용할 텍스처를 임포트한다. 내려받은 파일의 "Resources/ Textures" 폴더에서 BlobShadow.psd 파일을 프로젝트 뷰의 "04.Images" 폴더로 드래그 앤드 드롭해 임포트한다. 임포트한 BlobShadow 텍스처를 씬 뷰의 Shadow(Quad)로 직접 드래그 앤드 드롭해 적용한다. 아직 셰이더 설정을 하지 않았기 때문에 다음과 같이 표시되며 Materials 폴더 하위에 텍스처 이름과 동일한 머티리얼이 자동으로 생성된 것을 확인할 수 있다.

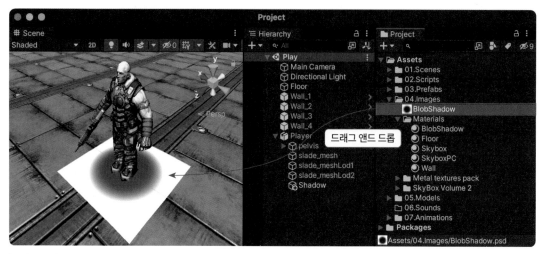

[그림 4-62] BlobShadow 텍스처를 Shadow(Quad)로 드래그 앤드 드롭해 적용

하이러키 뷰의 Player/Shadow를 선택하고 인스펙터 뷰를 확인하면 아래쪽에 머티리얼 정보가 표시된다. Shader를 [Mobile] → [Particles] → [Multiply]로 변경하면 다음과 같이 자연스러운 그림자 효과가 표현된다.

[그림 4-63] 셰이더를 변경해 그러데이션 처리한 그림자 효과

지금까지 만들어본 평면 메시를 이용한 방식은 부하가 적은 방법으로 많이 사용되고 있지만, 게임 스테이지에 굴곡이 있거나 경사로가 있다면 그림자가 다른 메시에 묻혀 제대로 표현되지 않는다는 점도 기억하자.

Level Of Detail 설정

지금까지 Player 3D 모델을 가지고 작업해 왔지만, 주인공 캐릭터의 품질이 조금 이상하다고 느낀 독자도 있을 것이다. 씬 뷰에서 주인공 캐릭터의 어깨 부분을 확대해 자세히 보면 다음과 같이 이미지가 깔끔하지 않고 뭔가 겹쳐진 것처럼 보일 것이다.

[그림 4-64] 어깨 부분을 확대한 주인공 캐릭터

여러분이 배치한 주인공 캐릭터는 카메라와의 거리에 따라서 다른 폴리곤을 렌더링하기 위해 3개의 모델이 합쳐진 상태다. LOD(Level of detail)라고 부르는 이 기능은 화면을 렌더링하는 카메라로부터 멀리 떨어질수록 낮은 폴리곤으로 변경해 렌더링 부하를 줄여주는 기법이다. 따라서 주인공 캐릭터는 3단계의 폴리곤으로 이뤄진 모델로서 slade_mesh가 가장 하이 폴리곤이며 slade_meshLod1이 미들 폴리곤, slade_meshLod2가 로우 폴리곤이다.

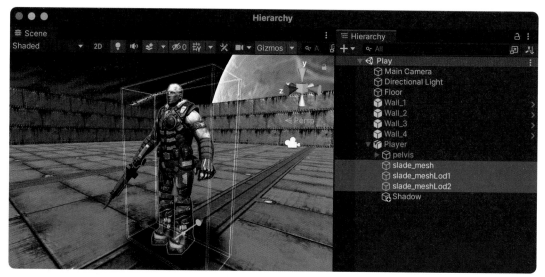

[그림 4-65] 3개의 폴리곤으로 구성된 주인공 캐릭터

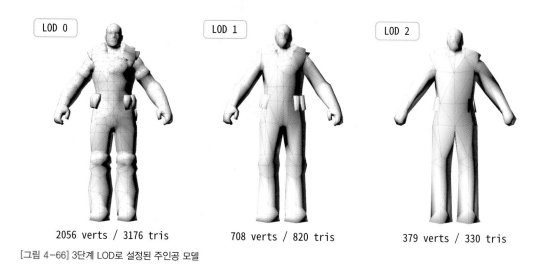

LOD 0   2056 verts / 3176 tris

LOD 1   708 verts / 820 tris

LOD 2   379 verts / 330 tris

[그림 4-66] 3단계 LOD로 설정된 주인공 모델

LOD Group 컴포넌트

LOD Group 컴포넌트는 카메라와 피사체의 거리에 따라 렌더링할 메시를 결정하는 역할을 한다. Player 를 선택하고 메뉴에서 [Component] → [Rendering] → [LOD Group]을 선택해 LOD Group 컴포넌트를 추가한다.

[그림 4-67] LOD Group 컴포넌트 추가

이제 **LOD Group** 컴포넌트의 LOD 구간으로 메시를 차례대로 드래그 앤드 드롭한다. LOD 0 구간은 가장 하이 폴리곤이며 LOD 뒤 숫자가 커질수록 로우 폴리곤 메시를 연결한다.

- LOD 0 – slade_mesh
- LOD 1 – slade_meshLod1
- LOD 2 – slade_meshLod2

[그림 4-68] LOD Group의 LOD **영역에 메시를 연결**

LOD Group은 기본적으로 3단계의 LOD 구간과 Culled 구간으로 설정돼 있다. 마지막 Culled는 카메라와의 거리가 아주 멀리 떨어져 화면에서 렌더링하지 않는 구간을 의미한다. 구간의 개수를 늘리거나 줄이고 싶다면 LOD 구간 위에서 마우스 오른쪽 버튼을 클릭한 다음 팝업된 메뉴에서 처리할 수 있다. 또한 LOD 구간과 구간 사이를 마우스로 드래그해 구간의 범위를 변경할 수 있다.

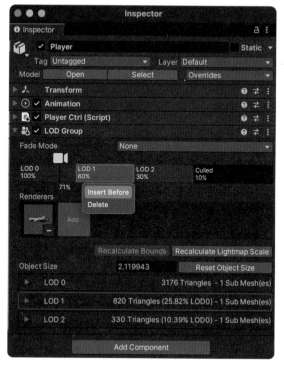

[그림 4-69] LOD 구간을 추가하거나 삭제하는 컨텍스트 메뉴

이제 다시 주인공 캐릭터의 어깨 부분을 보면 깨끗하게 표현되는 것을 볼 수 있다. 또한, LOD Group 컴포넌트에 표시된 카메라 아이콘을 드래그하면 씬 뷰에서 LOD 번호와 함께 메시가 변경되는 것을 확인할 수 있다.

[그림 4-70] LOD가 적용되어 메시가 겹쳐지지 않고 렌더링된 Player 3D 모델

주인공 캐릭터는 대부분 카메라와의 거리가 고정돼있기 때문에 굳이 LOD를 적용할 필요는 없지만, 멀티플레이어 게임에서는 상대편이 멀리 떨어져 있는 내 캐릭터를 봤을 때 LOD가 유용하게 사용될 수 있다. 특히 모바일 게임에서는 렌더링 최적화 기법 가운데 중요하게 꼽는 것 중 하나가 바로 LOD 기능이다.

Follow Camera 로직

지금까지는 shift + F(메뉴의 Lock View to Selected) 기능을 사용해 씬 뷰에서 주인공 캐릭터를 따라가게 했다. 이제는 Main Camera가 주인공 캐릭터를 따라가는 기능을 구현할 차례다. 프로젝트 뷰의 "02. Scripts" 폴더에 새로운 스크립트를 생성하고 스크립트명은 FollowCam으로 지정한다. FollowCam 스크립트를 다음과 같이 작성하고 Main Camera에 추가한다.

스크립트 4-13 FollowCam

```
using System.Collections;
using System.Collections.Generic;
using UnityEngine;

public class FollowCam : MonoBehaviour
{
    // 따라가야 할 대상을 연결할 변수
```

```csharp
    public Transform targetTr;
    // Main Camera 자신의 Transform 컴포넌트
    private Transform camTr;

    // 따라갈 대상으로부터 떨어질 거리
    [Range(2.0f, 20.0f)]
    public float distance = 10.0f;

    // Y축으로 이동할 높이
    [Range(0.0f, 10.0f)]
    public float height = 2.0f;

    void Start()
    {
        // Main Camera 자신의 Transform 컴포넌트를 추출
        camTr = GetComponent<Transform>();
    }

    void LateUpdate()
    {
        // 추적해야 할 대상의 뒤쪽으로 distance만큼 이동
        // 높이를 height만큼 이동
        camTr.position = targetTr.position
                        + (-targetTr.forward * distance)
                        + (Vector3.up * height);

        // Camera를 피벗 좌표를 향해 회전
        camTr.LookAt(targetTr.position);
    }
}
```

[Range(min, max)] 어트리뷰트를 사용하면 다음 라인에 선언한 변수의 입력 범위를 (min, max)로 제한할 수 있고, 인스펙터 뷰에 슬라이드바를 표시한다.

```csharp
// 따라갈 대상으로부터 떨어질 거리
[Range(2.0f, 20.0f)]
public float distance = 10.0f;
```

```
// Y축으로 이동할 높이
[Range(0.0f, 10.0f)]
public float height = 2.0f;
```

[그림 4-71] Range 어트리뷰트로 선언한 float 타입의 변수

targetTr 변수는 Main Camera가 따라가야 할 대상을 저장할 변수다. 하이러키 뷰의 Player를 드래그 앤드 드롭해 연결한다.

[그림 4-72] Player를 연결한 targetTr 변수

LateUpdate 함수는 모든 Update 함수가 실행되고 난 후에 호출되는 함수다. 여기에서는 주인공 캐릭터가 Update 함수에서 이동 로직을 완료한 후, 이동한 좌표로 카메라를 이동시키기 위해 LateUpdate 함수를 사용했다. 카메라의 이동 로직도 Update 함수에서 처리한다면 PlayerCtrl 스크립트의 Update 함수가 먼저

실행된 후 FollowCam 스크립트의 Update 함수가 실행된다면 아무런 문제가 없다. 하지만 이러한 호출 순서는 보장된 것이 아니기 때문에 호출되는 순서가 반대로 되거나 불규칙하게 되면 카메라가 떨리는 현상이 발생할 수 있다. 따라서 선행된 결괏값을 갖고 후처리 작업을 해야 할 때는 LateUpdate 함수를 사용하면 그러한 떨림 현상은 어느 정도 방지할 수 있다. 실제로 FollowCam 스크립트의 LateUpdate를 Update로 변경하고 테스트해보면 심하게 떨리는 현상을 확인할 수 있다.

```
void LateUpdate()
{
    // 추적해야 할 대상의 뒤쪽으로 distance만큼 이동
    // 높이를 height만큼 이동
    camTr.position = targetTr.position
                        + (-targetTr.forward * distance)
                        + (Vector3.up * height);

    // Camera를 피벗 좌표를 향해 회전
    camTr.LookAt(targetTr.position);
}
```

LateUpdate 함수에서 카메라의 위치를 계산하는 공식은 다음과 같이 풀이할 수 있다. targetTr.forward는 targetTr 변수에 Player를 연결했기에 주인공 캐릭터의 전진 방향을 의미한다. 즉, -targetTr.forward는 마이너스를 곱했기에 주인공 캐릭터의 후진 방향을 의미한다.

```
카메라의 위치 = 타깃의 위치
                + (타깃의 뒤쪽 방향 * 떨어질 거리)
                + (Y축 방향 * 높이);
```

다음 그림은 distance = 3, height = 2로 설정하고 실행했을 때의 카메라 위치다.

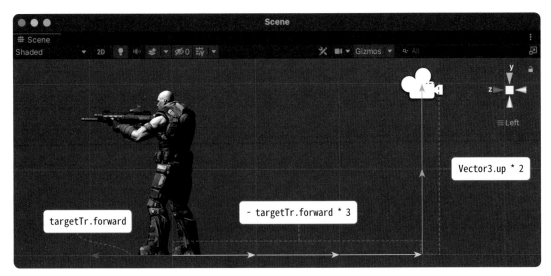

[그림 4-73] 카메라의 위치 계산

Transform.LookAt() 함수는 인자로 Vector3 좌표 또는 Transform 컴포넌트를 전달하면 해당 좌표로 회전시키는 기능을 한다. 먼저 카메라의 위치를 이동시킨 후 따라갈 대상을 향해 카메라의 각도를 회전시키는 역할을 한다.

```
// Camera를 피벗 좌표를 향해 회전
camTr.LookAt(targetTr.position);
```

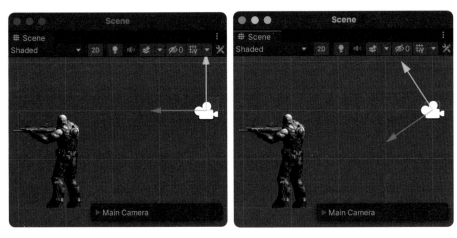

[그림 4-74] LookAt 함수를 사용해 카메라의 각도를 회전

Distance와 Height 속성을 독자 여러분이 적절히 수정해 변경한 후 테스트해보자. 떨림 현상은 없지만 부드럽게 이동한다는 느낌은 받을 수 없다. 따라서 주인공 캐릭터가 이동한 후 일정한 시간 간격을 두고 따라가도록 스크립트를 수정해보자.

Vector3.Lerp, Vector3.Slerp

선형 보간(Linear Interpolation)과 구면 선형 보간(Spherical Linear Interpolation)은 시작점과 끝점 사이의 특정 위치의 값을 추정할 때 사용한다. 이러한 보간 함수는 현재 값을 목푯값으로 변경할 때 갑자기 변경하지 않고 부드럽게 변경시키는 로직에 많이 활용된다.

선형 보간이라는 명칭에서 알 수 있듯이 "선형"은 "직선"을 의미한다. [그림 4-75]에서 빨간 점이 시작점이고 파란 점이 끝점으로, 시작점에서 끝점으로 이동하는 데 걸리는 시간 t를 1초로 가정한다면 0.25초일 때의 이동 거리와 0.5초일 때의 이동 거리가 동일하다. 따라서 선형 보간은 균일한 속도로 이동시키거나 회전시킬 때 사용한다. 유니티에서는 Lerp 선형 보간 함수를 제공하며 Vector3, Mathf, Quaternion, Color 구조체에서 사용할 수 있다.

```
Vector3.Lerp(시작 좌표, 종료 좌표, t);
Mathf.Lerp(시작 값, 종료 값, t);
Quaternion.Lerp(시작 각도, 종료 각도, t);
```

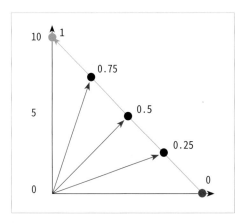

[그림 4-75] 선형 보간 차트

세로축의 값이 0부터 10까지라고 한다면 선형 보간한 결괏값은 다음과 같이 백분율로 반환된다.

```
Mathf.Lerp(0, 10, 0.0f); // 0을 반환
Mathf.Lerp(0, 10, 0.5f); // 5를 반환
Mathf.Lerp(0, 10, 0.8f); // 8을 반환
Mathf.Lerp(0, 10, 1.0f); //10을 반환
```

구면 선형 보간(Spherical Linear Interpolation)은 직선의 형태가 아닌 구면(구체) 형태로 값을 추론한다. 구면을 따라서 값을 반환하기에 시간 t가 증가할 때 시작점과 종료점은 느리게 증가하고 중간지점은 동일한 시간 대비 이동해야 할 거리가 크기 때문에 빠르게 이동하는 특성이 있다. 따라서 구면 선형 보간은 주로 회전 로직에 사용된다.

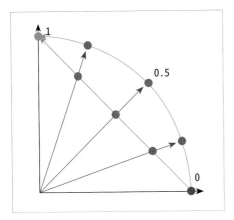

[그림 4-76] 구면 선형 보간

유니티에서 제공하는 구면 선형 보간 함수는 Slerp로 Vector3, Quaternion 구조체에서 사용할 수 있고, 함수의 사용법은 다음과 같다.

```
Vector3.Slerp(시작 좌표, 종료 좌표, t);
Quaternion.Slerp(시작 각도, 종료 각도, t);
```

FollowCam 스크립트를 Slerp 함수를 사용하는 방식으로 수정한다.

스크립트 4-14 FollowCam – Slerp 함수를 활용해 부드럽게 이동하도록 처리

```
using System.Collections;
using System.Collections.Generic;
using UnityEngine;
```

```
public class FollowCam : MonoBehaviour
{
    // 따라가야 할 대상을 연결할 변수
    public Transform targetTr;
    // Main Camera 자신의 Transform 컴포넌트
    private Transform camTr;

    // 따라갈 대상으로부터 떨어질 거리
    [Range(2.0f, 20.0f)]
    public float distance = 10.0f;

    // Y축으로 이동할 높이
    [Range(0.0f, 10.0f)]
    public float height = 2.0f;

    // 반응 속도
    public float damping = 10.0f;

    void Start()
    {
        // Main Camera 자신의 Transform 컴포넌트를 추출
        camTr = GetComponent<Transform>();
    }

    void LateUpdate()
    {
        // 추적해야 할 대상의 뒤쪽으로 distance만큼 이동
        // 높이를 height만큼 이동
        Vector3 pos = targetTr.position
                    + (-targetTr.forward * distance)
                    + (Vector3.up * height);

        // 구면 선형 보간 함수를 사용해 부드럽게 위치를 변경
        camTr.position = Vector3.Slerp(camTr.position,        // 시작 위치
                                       pos,                   // 목표 위치
                                       Time.deltaTime * damping); // 시간 t

        // Camera를 피벗 좌표를 향해 회전
        camTr.LookAt(targetTr.position);
    }
}
```

변경한 코드는 카메라가 이동할 목표 위치를 변수에 저장한 후 **Slerp** 함수를 이용해 점진적으로 이동시킨다.

```
// 추적해야 할 대상의 뒤쪽으로 distance만큼 이동
// 높이를 height만큼 이동
Vector3 pos = targetTr.position
            + (-targetTr.forward * distance)
            + (Vector3.up * height);

// 구면 선형 보간 함수를 사용해 부드럽게 위치를 변경
camTr.position = Vector3.Slerp(camTr.position,          // 시작 위치
                    pos,                                // 목표 위치
                    Time.deltaTime * damping); // 시간 t
```

유니티를 실행해 이동 및 회전해보면 처음 작성했던 코드보다 부드러워진 것을 확인할 수 있다.

Vector3.SmoothDamp

부드럽게 이동시키는 방법 중 **Vector3.SmoothDamp** 함수를 이용하는 방법도 있다. 보통 카메라의 Follow 로직에 많이 사용되며 사용법은 다음과 같다.

```
Vector3.SmoothDamp(Vector3 current,
                   Vector3 target,
                   ref Vector3 currentVelocity,
                   float smoothTime,
                   float maxSpeed,
                   float deltaTime);
```

매개 변수	설명
current	시작 위치
target	목표 위치
currentVelocity	현재 속도
smoothTime	목표 위치까지의 도달 시간
maxSpeed	최대 속력 제한 값(기본값: 무한대 Mathf.Infinity), 생략 가능
deltaTime	프레임 보정을 위한 델타 타임(기본값: Time.deltaTime), 생략 가능

[표 4-6] SmoothDamp 함수의 매개 변수

앞서 작성한 코드에서 구면 선형 보간을 사용한 부분은 주석 처리하고 다음과 같이 수정한다.

```csharp
using System.Collections;
using System.Collections.Generic;
using UnityEngine;

public class FollowCam : MonoBehaviour
{
    // 따라가야 할 대상을 연결할 변수
    public Transform targetTr;
    // Main Camera 자신의 Transform 컴포넌트
    private Transform camTr;

    // 따라갈 대상으로부터 떨어질 거리
    [Range(2.0f, 20.0f)]
    public float distance = 10.0f;

    // Y축으로 이동할 높이
    [Range(0.0f, 10.0f)]
    public float height = 2.0f;

    // 반응 속도
    public float damping = 10.0f;

    // SmoothDamp에서 사용할 변수
    private Vector3 velocity = Vector3.zero;

    void Start()
    {
        // Main Camera 자신의 Transform 컴포넌트를 추출
        camTr = GetComponent<Transform>();
    }

    void LateUpdate()
    {
        // 추적해야 할 대상의 뒤쪽으로 distance만큼 이동
        // 높이를 height만큼 이동
```

```
        Vector3 pos = targetTr.position
                    + (-targetTr.forward * distance)
                    + (Vector3.up * height);

        // 구면 선형 보간함수를 사용해 부드럽게 위치를 변경
        // camTr.position = Vector3.Slerp(camTr.position,          // 시작 위치
        //                               pos,                      // 목표 위치
        //                               Time.deltaTime * damping); // 시간 t

        // SmoothDamp을 이용한 위치 보간
        camTr.position = Vector3.SmoothDamp(camTr.position, // 시작 위치
                                            pos,            // 목표 위치
                                            ref velocity,   // 현재 속도
                                            damping);       // 목표 위치까지 도달할 시간

        // Camera를 피벗 좌표를 향해 회전
        camTr.LookAt(targetTr.position);
    }
}
```

작성을 완료한 후 인스펙터 뷰에서 Damping 속성을 0.1로 변경하고 테스트해보자. 구면 선형 보간 로직에 사용했던 Damping 변수는 값이 클수록 반응 속도가 빨랐지만 SmoothDamp에서는 목표 지점까지 이동할 때 걸리는 시간으로 사용되기 때문에 반대로 값이 작을수록 반응 속도가 빨라진다.

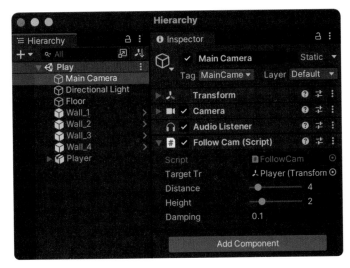

[그림 4-77] Damping 변숫값 변경

Target Offset 적용

지금까지 FollowCam 스크립트에서 주인공 캐릭터를 따라가는 로직을 구현했다. 하지만 다음 그림과 같이 주인공 캐릭터가 화면 중앙에 위치해 전반 시야가 매우 좁다. 이것은 FollowCam 스크립트에서 Main Camera가 플레이어를 향해 LookAt 처리를 해서 플레이어의 피벗 좌표를 바라보기 때문이다. 따라서 LookAt 좌표를 조정해서 전방 시야를 확보해보자.

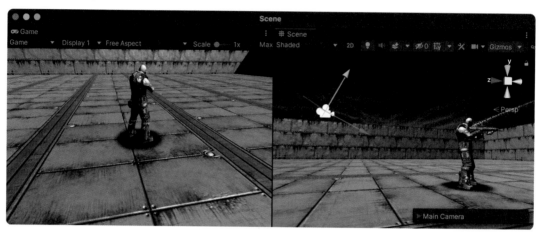

[그림 4-78] Player 피벗 좌표를 향해 LookAt하고 있는 카메라

FollowCam 스크립트를 다음과 같이 수정한다.

스크립트 4-16 FollowCam – 오프셋 변수와 LookAt 함수 수정

```
using System.Collections;
using System.Collections.Generic;
using UnityEngine;

public class FollowCam : MonoBehaviour
{
    // 따라가야 할 대상을 연결할 변수
    public Transform targetTr;
    // Main Camera 자신의 Transform 컴포넌트
    private Transform camTr;

    // 따라갈 대상으로부터 떨어질 거리
    [Range(2.0f, 20.0f)]
    public float distance = 10.0f;
```

```csharp
    // Y축으로 이동할 높이
    [Range(0.0f, 10.0f)]
    public float height = 2.0f;

    // 반응 속도
    public float damping = 10.0f;

    // 카메라 LookAt의 Offset 값
    public float targetOffset = 2.0f;

    // SmoothDamp에서 사용할 변수
    private Vector3 velocity = Vector3.zero;

    void Start()
    {
        // Main Camera 자신의 Transform 컴포넌트를 추출
        camTr = GetComponent<Transform>();
    }

    void LateUpdate()
    {
        // 추적해야 할 대상의 뒤쪽으로 distance만큼 이동
        // 높이를 height만큼 이동
        Vector3 pos = targetTr.position
                    + (-targetTr.forward * distance)
                    + (Vector3.up * height);

        // SmoothDamp을 이용한 위치 보간
        camTr.position = Vector3.SmoothDamp(camTr.position, // 시작 위치
                                    pos,         // 목표 위치
                                    ref velocity,   // 현재 속도
                                    damping);    // 목표 위치까지 도달할 시간

        // Camera를 피벗 좌표를 향해 회전
        camTr.LookAt(targetTr.position + (targetTr.up * targetOffset));
    }
}
```

유니티를 실행하면 다음과 같이 주인공 캐릭터가 화면 아래쪽에 배치되고 전방 시야가 확보된 것을 알 수 있다.

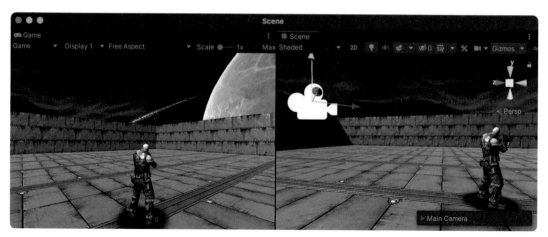

[그림 4-79] LookAt 좌표를 수정해 시야를 변경한 카메라

정리

이번 장에서는 게임오브젝트와 컴포넌트 사이의 관계와 기본적인 이동과 회전 기능에 대한 스크립트를 작성해봤다. 개발을 진행하면서 가장 확실히 알고 넘어가야 하는 내용이기는 하지만, 완벽하게 이해하지 못했다고 해서 걱정할 필요는 없다. 뒷장에서 계속 반복적으로 나오기 때문에 차근차근 진행하길 권장한다.

- **이 장까지의 소스 코드 내려받기**

  https://github.com/IndieGameMaker/SpaceShooter2021/releases/tag/4장

총 발사 로직

이번 장에서는 게임 개발에서 중요한 기능 중 하나인 물리엔진에 대해 살펴본다. 충돌 감지를 위한 필수 컴포넌트의 속성과 특징에 대해 알아보고, 충돌 감지 및 충돌 처리 로직을 구현한다. 또한 스파크 또는 폭발 효과와 같은 파티클을 발생시키는 방식에 대해서 기술한다.

이번 장에서는 총알을 발사하는 기능을 구현하면서 발사한 총알과 다른 물체와의 충돌을 처리하는 방법을 자세히 알아보자. 게임에서 총기류의 발사는 크게 두 가지 방식으로 구현하는데, 바로 Projectile 방식과 RayCasting 방식이다.

- Projectile 방식
- Raycast 방식

[그림 5-1] 에셋 스토어에서 판매하는 Projectile 방식의 이펙트

Projectile 방식은 총알이 물리적으로 발사되는 방식으로, 총알이 직접 날아가 적에게 타격을 입힌다. 따라서 당연히 총알이 시각적으로 표현되지만, 짧은 시간 동안 여러 개의 총알을 생성하면 게임의 속도가 저하되는 단점이 있다. 이 같은 단점을 보완하기 위해 총알은 될 수 있으면 로우폴리(Low Poly) 모델이나 평면 메시 모델에 텍스처를 입혀 사용한다. 총알 역시 동적으로 생성하기보다는 오브젝트 풀(Object Pool) 개념을 도입해 총알을 미리 생성해 두고 번갈아 가며 발사되게 구현하는 편이 속도 향상에 유리하다.

RayCasting 방식은 FPS 게임에서 저격용 총의 발사 루틴을 구현하는 데 자주 활용된다. 실제 총알이 발사되는 방식이 아니라 레이저 빔과 같이 눈에 보이지 않는 광선을 발사해 적 또는 물체를 검출하는 방식이다. 즉, 총을 쏘면 총구 화염이 표시됨과 동시에 멀리 떨어져 있는 적이 피격되는 효과를 연출할 수 있다. RayCasting 방식은 총알 발사 루틴뿐 아니라 미로를 탐색하는 로봇의 센서 기능이나 추적 기능을 구현할 때도 활용할 수 있다.

이번 장에서는 먼저 Projectile 방식으로 총알 발사를 구현하고 적 캐릭터의 피격 루틴을 완성한 후에 RayCasting 방식으로 변경한다.

총알 모델 준비

내려받은 리소스의 "Resources/
Models" 폴더에서 Bullet 패키지를
임포트하면 프로젝트 뷰에 Bullet
폴더가 생성된다. 이 폴더를 프로젝
트 뷰의 "05.Models"로 옮긴다.

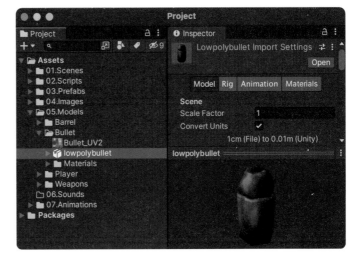

[그림 5-2] 임포트한 Bullet 패키지

Bullet 폴더에 있는 lowpolybullet 모델을 씬 뷰로 드래그 앤드 드롭해 추가하면 [그림 5-2]와 같이
lowpolybullet은 X축을 기준으로 −90°만큼 회전돼 있다. 즉, 총알이 서 있는 상태. 3D 모델링 툴(3D
Max, Maya, Blender 등)의 Z축이 Up 방향으로 설정돼 있으므로 유니티로 불러오면 축이 90°만큼 회전
된다.

이 문제의 가장 좋은 해결 방안은 해당 3D 모델링 툴에서 Up 방향의 축을 Y로 설정해 FBX 파일 형식으로
익스포트해서 유니티의 좌표계와 맞추는 것이다. 다른 방안은 빈 게임오브젝트를 생성하고 해당 모델을 차
일드화한 다음 해당 모델을 90°만큼 돌려서 유니티의 기준 축에 맞춰 사용하는 것이다.

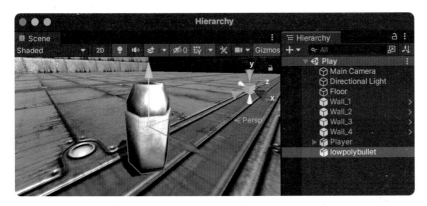

[그림 5-3] Z축이 Up 방향으로 모델링된 lowpolybullet 모델

여러분이 사용할 lowpolybullet 모델은 두 번째 방식을 적용해 유니티 좌표계와 일치시켜보자. 먼저 하이러키 뷰에 빈 게임오브젝트를 생성한 후 이름을 "Bullet"으로 변경한다. 생성한 Bullet은 원점 (0, 0, 0)에 생성되어 주인공 캐릭터와 같은 위치에 놓이게 된다. 따라서 작업을 편리하게 하기 위해 생성한 Bullet 게임오브젝트의 위치를 임의의 좌표 (0, 1, 5)로 설정해 위치를 변경한다. 이제 Bullet 게임오브젝트에 lowpolybullet 모델을 드래그 앤드 드롭해 차일드화한다. 항상 어떤 게임오브젝트 아래로 차일드화한 다음에는 반드시 Transform의 Position 속성을 (0, 0, 0)으로 설정해야 한다는 점을 잊지 말자.

[그림 5-4] Bullet 게임오브젝트에 차일드화한 lowpolybullet 모델의 원점을 (0, 0, 0)으로 설정

Bullet 게임오브젝트에 차일드화한 lowpolybullet을 선택한 다음 Transform의 Rotation 속성 중 X축의 값을 90으로 설정해 90° 회전시킨다.

[그림 5-5] 차일드화된 lowpolybullet 모델의 X축을 90° 회전

Rigidbody 컴포넌트

유니티에서 게임오브젝트를 이동할 때는 보통 Transform의 Position 속성을 이용하거나 물리 엔진을 이용한다고 앞서 언급했다. 지금 구현하는 총알은 물리 엔진의 힘을 이용해 발사해보자. 그러기 위해서는 Rigidbody 컴포넌트가 필요하다. 게임오브젝트에 Rigidbody 컴포넌트를 추가하면 해당 게임오브젝트는 물리 엔진의 영향을 받기 시작한다. 즉, 코드를 작성하지 않아도 FixedUpdate 함수의 주기로 물리적인 연산을 해 해당 게임오브젝트의 위치와 회전값이 변경된다.

하이러키 뷰의 Bullet 게임오브젝트를 선택한 후 메뉴에서 [Component] → [Physics] → [Rigidbody]를 선택해 Rigidbody 컴포넌트를 추가한다.

[그림 5-6] Bullet 게임오브젝트에 추가한 Rigidbody 컴포넌트

실행해보면 총알이 바닥으로 떨어지는 현상을 볼 수 있는데, Rigidbody의 Use Gravity 속성이 체크돼 있어 중력의 영향을 받았기 때문이다. 이 게임에서는 총알이 중력의 영향을 받지 않고 직진으로 날아갈 수 있게 Rigidbody 속성 중 Use Gravity 속성은 언체크한다.

[그림 5-7] 중력의 영향을 받을 것인지를 결정하는 Use Gravity 속성

Rigidbody 컴포넌트는 물리학 용어의 강체(剛體)[1]를 의미한다. 유니티에서의 Rigidbody 역시 강체의 의미가 있고 충돌 감지 또는 물리 시뮬레이션을 위한 중요한 컴포넌트다.

속성	설명
Mass	질량. 상대적인 의미의 질량으로 1kg, 1g 등의 무게 단위가 아니다. 즉, A 물체의 Mass가 1이고 B 물체는 10이라 한다면 B가 A보다 10배 더 무겁다고 해석해야 한다. 하지만 편의상 1kg으로 가정하고 작업하는 것이 일반적이다.
Drag	이동할 때 적용되는 마찰계수(저항)
Angular Drag	회전할 때 적용되는 마찰계수(저항)
Use Gravity	중력 적용 여부
Is Kinematic	체크하면 물리 시뮬레이션을 이용해 이동하지 않고 Transform 컴포넌트를 이용해 이동한다. 즉, 이 옵션을 체크하면 물리 엔진의 영향을 받지 않는다.
Interpolate	물리력을 이용한 움직임이 끊어지는 현상이 발생할 때 보간(Interpolate)해준다. • Interpolate: 이전 프레임의 Transform에 맞게 움직임을 부드럽게 처리한다. • Extrapolate: 다음 프레임의 Transform 변화를 추정해 움직임을 부드럽게 처리한다.

---

1 강체(Rigidbody, 剛體): 외력을 가해도 크기나 형태가 변하지 않는 이상적인 물체를 말한다. 아주 큰 힘을 받지 않는 한 부서지지 않는 대부분의 고체는 강체로 간주한다. (출처: 두산백과)

속성	설명
Collision Detection	충돌 감지 옵션으로 아주 빠른 물체는 물리 엔진이 충돌 검출을 놓칠 수 있다. 따라서 좀 더 세밀한 충돌을 검출하기 위한 옵션값이다. 빠르게 이동하는 물체의 충돌을 감지하려면 Continuous, Continuous Dynamic, Continuous Speculative 옵션을 사용한다. • CCD(Continuous collision detection)의 자세한 내용은 다음을 참고한다. https://docs.unity3d.com/Manual/ContinuousCollisionDetection.html
Freeze Position	X, Y, Z 축 중에서 해당 축으로의 이동을 막는다.
Freeze Rotation	X, Y, Z 축 중에서 해당 축을 기준으로 회전을 막는다.

[표 5-1] Rigidbody 컴포넌트의 속성

> ❷ 주의 랜더링 역할만을 하는 lowpolybullet 모델
>
> 총알 제작에 필요한 모든 컴포넌트 및 스크립트는 Bullet 게임오브젝트에 추가한다. 하위에 추가한 lowpolybullet 모델에는 어떠한 컴포넌트도 추가하지 않는다는 점을 명심하자. 단순히 시각적인 표현을 하기 위한 모델로 생각하자.

이제 **Bullet** 게임오브젝트에 추가할 스크립트를 작성한다. 새로운 C# 스크립트를 생성한 후 스크립트명을 **BulletCtrl**로 지정하고 다음과 같이 작성한다.

스크립트 5-1 BulletCtrl – 스크립트 생성

```csharp
using System.Collections;
using System.Collections.Generic;
using UnityEngine;

public class BulletCtrl : MonoBehaviour
{
    // 총알의 파괴력
    public float damage = 20.0f;
    // 총알 발사 힘
    public float force = 1500.0f;

    private Rigidbody rb;

    void Start ()
```

```
    {
        // Rigidbody 컴포넌트를 추출
        rb = GetComponent<Rigidbody>();

        // 총알의 전진 방향으로 힘(Force)을 가한다.
        rb.AddForce(transform.forward * force);
    }
}
```

작성을 완료한 후 하이러키 뷰의 **Bullet** 게임오브젝트에 스크립트를 추가한다. **BulletCtrl** 스크립트는 먼저 스크립트에서 접근할 **Rigidbody** 컴포넌트를 저장할 변수와 총알의 파괴력과 발사 힘을 저장할 변수를 선언했다. **Start** 함수는 스크립트가 실행되면 맨 먼저 수행되는 함수로서 게임을 실행하면 **Rigidbody** 컴포넌트에 힘을 가하는 **AddForce** 함수를 사용했다. 실행하면 시작과 동시에 총알의 전진 방향(Z축)으로 총알이 날아가는 모습을 볼 수 있다.

```
void Start ()
{
    // Rigidbody 컴포넌트를 추출
    rb = GetComponent<Rigidbody>();

    // 총알의 전진 방향으로 힘(Force)을 가한다.
    rb.AddForce(transform.forward * force);
}
```

Rigidbody 컴포넌트가 제공하는 힘(Force)을 가하는 함수는 다음과 같다.

- void AddForce(Vector3 force);

- void AddRelativeForce(Vector3 force);

BulletCtrl 스크립트에서 사용한 **AddForce** 함수의 인자 force는 Vector3 타입으로 월드 좌표 기준으로 힘이 가해지므로 bullet 게임오브젝트의 Y축이 회전하더라도 항상 같은 월드 좌표의 Z축 방향으로 날아간다. 따라서 해당 게임오브젝트의 로컬 좌표를 기준으로 힘을 주려면 transform.forward * force로 지정하거나 **AddRelativeForce** 함수를 사용해야 한다. **AddRelativeForce** 함수는 해당 게임오브젝트의 로컬 좌표를 기준으로 Rigidbody에 힘을 주는 함수로서 다음과 같이 사용한다.

```
// 로컬 좌표계 기준의 전진 방향으로 힘을 가한다.
GetComponent<Rigidbody>().AddRelativeForce(Vector3.forward * force);
```

[그림 5-8] BulletCtrl 스크립트를 추가한 Bullet 모델

물리 엔진 속성 설정 – Physics Manager

유니티에 탑재된 물리 엔진의 설정은 Physics Manager에서 확인할 수 있다. 메뉴에서 [Edit] → [Project Settings]를 선택하고 [Physics] 섹션을 선택한 다음 몇 가지 중요한 속성을 살펴보자.

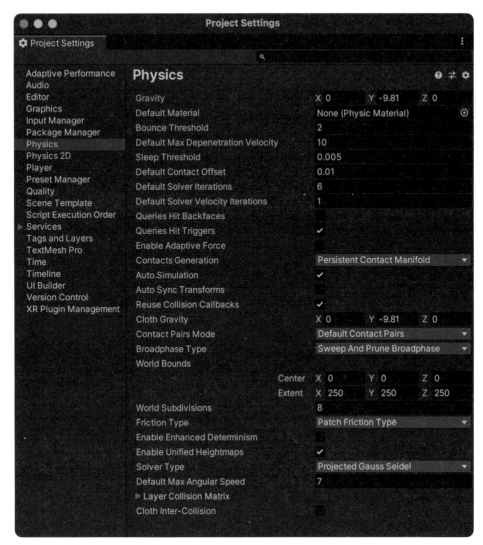

[그림 5-9] 물리 엔진 속성을 설정하는 Physics Manager

- **Gravity**

  Rigidbody의 Use Gravity 속성에 체크하면 Gravity에 설정된 값으로 중력이 작용한다. 기본값은 Y축으로 −9.81로 돼 있어 밑으로 떨어진다. 즉, 중력가속도 −9.8㎨이 적용된다.

- **Default Material**

  두 물체가 충돌했을 때 물리적인 반작용에 대한 속성을 전역적으로 설정한다. None으로 설정하면 각 Rigidbody에서 개별적으로 물리적인 반작용을 설정할 수 있다.

- **Bound Threshold**

  충돌한 두 물체의 상대 속도가 이 값보다 작으면 충돌이 발생하지 않는다. 또한, 떨림 현상(Jitter)을 감소시키는 역할을 한다.

- **Layer Collision Matrix**

  Build in Layer 또는 사용자 정의 레이어(Layer) 간의 충돌 감지 여부를 선택적으로 활성화하거나 비활성화할 수 있다. 즉, Rigidbody를 포함한 게임오브젝트가 특정 레이어에서만 물리 엔진의 영향을 받게 할 수 있는 옵션이다.

좀 더 자세한 속성은 다음 문서를 참조한다.

- **Physics Manager**

  https://docs.unity3d.com/2021.1/Documentation/Manual/class−PhysicsManager.html

Collider 컴포넌트

게임에서 충돌 감지는 매우 중요한 요소 중 하나다. 유니티는 충돌 감지를 위해 다양한 Collider 컴포넌트를 제공한다. Collider 컴포넌트는 충돌을 감지하는 일종의 센서라고 생각하면 이해하기 쉽고, 다음과 같이 여러 형태로 제공한다.

Box Collider

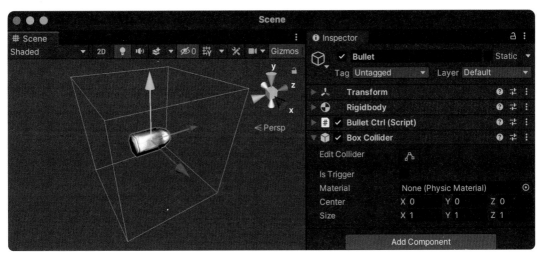

[그림 5−10] Box Collider 컴포넌트

가장 다양한 용도로 사용하는 Collider로, **Center**와 **Size** 속성으로 박스 형태를 조절한다. Edit Collider 토글 버튼을 클릭하면 씬 뷰에서 직접 크기를 조절할 수 있다.

Sphere Collider

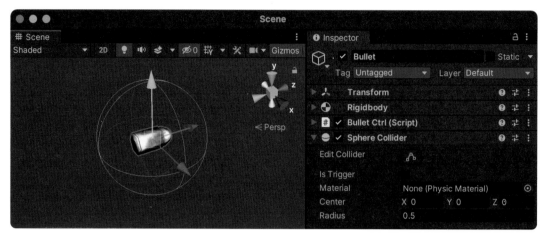

[그림 5-11] Sphere Collider 컴포넌트

가장 속도 처리가 빠른 Collider로, Radius 속성으로 구체의 반지름을 조절한다. 정밀한 충돌 감지를 해야하는 경우를 제외하고는 대부분 Sphere Collider를 활용하는 것을 권장한다.

Capsule Collider

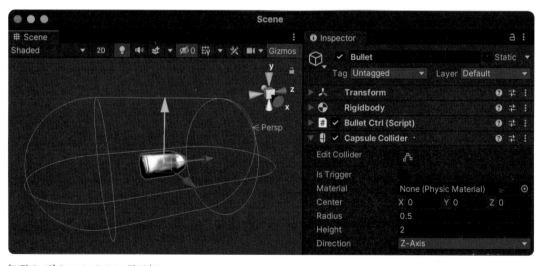

[그림 5-12] Capsule Collider 컴포넌트

주로 인체 또는 나무, 가로등과 같은 모델의 충돌체로 사용할 때가 많다. Height 속성은 캡슐의 높이를 조절한다. Direction 속성은 Height 속성값을 변경했을 때 길어지는 축을 설정할 수 있다. 기본은 Y축으로 설정돼 있다.

Mesh Collider

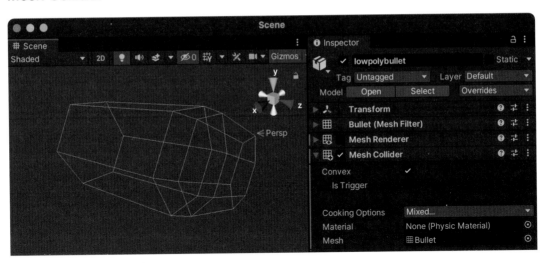

[그림 5-13] Mesh Collider 컴포넌트

충돌 감지를 위한 CPU 부하가 가장 높은 Collider다. 추가한 모델의 폴리곤 수가 아주 많다면 굉장히 세밀한 Collider가 형성되기 때문에 로우 폴리곤에서만 사용해야 한다. 따라서 이 충돌체는 세밀한 충돌 감지에 사용한다. 유니티에서는 Mesh Collider 간의 충돌 감지가 안 되도록 기본값이 설정돼 있다. 이는 속도 저하를 방지하기 위함이며 충돌 감지를 해야 할 때는 Mesh Collider 속성 중 **Convex** 옵션을 체크해야만 충돌이 감지된다.

인터넷상의 자료나 문서를 보면 Mesh Collider는 절대로 사용하지 말라는 내용을 볼 수 있으나, 미로처럼 복잡한 게임 스테이지에서 플레이어가 스테이지를 벗어나지 못하게 하려고 여러 개의 Collider를 배치한다면 작업 시간도 오래 걸리고 작업량도 많아서 개발자가 누락하는 실수를 범할 수 있다. 이럴 때 Mesh Collider를 활용할 수 있다. 게임 스테이지 전체를 로우폴리 메시로 제작하고, Mesh Collider를 적용한 후 Mesh Renderer는 제거해서 게임 스테이지에 오버랩해 사용하는 방식이다. 물론 성능 모니터링을 통해 구동 디바이스의 성능이 충분히 수용 가능한지 먼저 검토해야 한다.

[그림 5-14] 복잡한 스테이지에 적용한 로우폴리 Mesh Collider

Wheel Collider

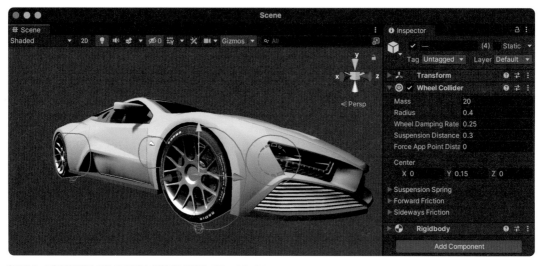

[그림 5-15] 물리적인 차량의 바퀴를 시뮬레이션하는 Wheel Collider

Wheel Collider는 차량의 바퀴에 사용할 목적으로 제공되는 Collider다. 바퀴의 서스펜션, 바닥과의 마찰
계수와 미끄러지는 저항을 세밀하게 설정할 수 있다.

Terrain Collider

유니티에 내장된 Terrain Engine을 이용해 생성한 지형에 적용되는 Collider다. 지형의 복잡도에 따라 Collider의 부하가 높아진다. 로우폴리 메시를 이용해 Mesh Collider로 대체하는 것도 좋은 방법이다.

충돌 감지 조건

Bullet이 발사되어 일정 거리를 날아가서 벽이나 적에게 맞았을 때 충돌을 감지하려면 다음의 두 가지 조건을 만족해야 한다.

- 충돌을 일으키는 양쪽 게임오브젝트 모두 Collider 컴포넌트가 추가돼 있어야 한다.
- 두 게임오브젝트 중 움직이는 쪽에는 반드시 Rigidbody 컴포넌트가 있어야 한다.

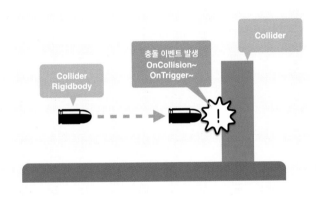

[그림 5-16] 충돌을 감지하기 위한 필수 조건

위 충돌 조건에 맞게 먼저 Bullet 게임오브젝트에 Sphere Collider 컴포넌트를 추가한다. 메뉴에서 [Component] → [Physics] → [Sphere Collider]를 선택해 Sphere Collider 컴포넌트를 추가하고 Radius 속성을 0.2f로 수정해 Sphere Collider의 크기를 Bullet의 크기에 맞게 조정한다.

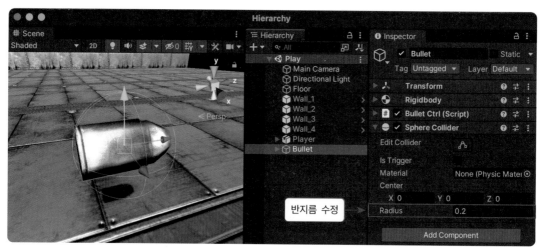
[그림 5-17] Bullet 게임오브젝트에 추가한 Sphere Collider 컴포넌트

앞에서 만든 **Wall**은 유니티에서 제공하는 원시 모델(Primitive Model)인 Cube를 사용했다. 원시 모델은 각 모양에 맞는 Collider가 기본적으로 추가돼 있다. **Wall**을 하나 선택한 후 인스펙터 뷰를 확인해 보면 **Box Collider**가 이미 추가된 것을 확인할 수 있다.

Bullet에 **Rigidbody, Collider** 컴포넌트를 추가했고 **Wall**에도 **Box Collider** 컴포넌트가 있으므로 두 게임오브젝트의 충돌 감지를 위한 필수 조건은 충족됐다. 이제 게임을 실행하면 벽을 뚫고 지나갔던 총알이 벽에 충돌해 정지되는 모습을 확인할 수 있다.

[그림 5-18] 벽과 충돌 후 정지한 총알

🔍 정보   충돌 발생 조건(Collision Action Matrix)

Collider를 포함한 두 게임오브젝트가 충돌했을 때 설정에 따라 충돌 이벤트가 발생하는 다양한 경우의 수가 있다. 다음 표에서 Y로 표기된 셀의 가로, 세로의 조건을 만족했을 때 충돌 이벤트가 발생한다.

Collision detection occurs and messages are sent upon collision

	Static Collider	Rigidbody Collider	Kinematic Rigidbody Collider	Static Trigger Collider	Rigidbody Trigger Collider	Kinematic Rigidbody Trigger Collider
Static Collider		Y				
Rigidbody Collider	Y	Y	Y			
Kinematic Rigidbody Collider		Y				
Static Trigger Collider						
Rigidbody Trigger Collider						
Kinematic Rigidbody Trigger Collider						

[그림 5-19] Collision Event 발생 조건(출처: 유니티 매뉴얼)

Trigger messages are sent upon collision

	Static Collider	Rigidbody Collider	Kinematic Rigidbody Collider	Static Trigger Collider	Rigidbody Trigger Collider	Kinematic Rigidbody Trigger Collider
Static Collider					Y	Y
Rigidbody Collider				Y	Y	Y
Kinematic Rigidbody Collider				Y	Y	Y
Static Trigger Collider		Y	Y		Y	Y
Rigidbody Trigger Collider	Y	Y	Y	Y	Y	Y
Kinematic Rigidbody Trigger Collider	Y	Y	Y	Y	Y	Y

[그림 5-20] Trigger Event 발생 조건(출처: 유니티 매뉴얼)

자세한 사항은 아래 URL에 있는 Collision matrix를 참고한다.

- http://docs.unity3d.com/Manual/CollidersOverview.html

충돌 이벤트

Collider 컴포넌트를 포함한 게임오브젝트 간의 충돌이 발생하면 OnCollision~ 이벤트 함수 또는 OnTrigger~ 이벤트 함수가 발생한다. 이벤트 함수라고 부르는 이유는 언제 충돌이 발생할지 모르는 상태에서 충돌이 감지되는 시점에 시스템에서 호출해주기 때문이다. 또 다른 용어로 콜백 함수(Call back function)라고 부르기도 한다. 콜백은 충돌이 감지되면 시스템(Back)에서 호출(Call)한다는 것을 의미한다.

함수명	호출 조건	Is Trigger 옵션
void OnCollisionEnter	두 물체 간의 충돌이 일어나기 시작했을 때	언체크
void OnCollisionStay	두 물체 간의 충돌이 지속할 때	언체크
void OnCollisionExit	두 물체가 서로 떨어졌을 때	언체크
void OnTriggerEnter	두 물체 간의 충돌이 일어나기 시작했을 때	체크
void OnTriggerStay	두 물체 간의 충돌이 지속할 때	체크
void OnTriggerExit	두 물체가 서로 떨어졌을 때	체크

[표 5-2] 충돌 시 발생하는 이벤트 종류 및 발생 조건

모든 Collider 컴포넌트에는 Is Trigger 속성이 있다. 이 속성을 체크하면 충돌 감지는 되지만 물리적인 충돌은 일어나지 않는다. 즉, 물체가 서로 부딪혀 정지하거나 튕기는 물리적 현상을 일으키지 않는다.

따라서 Bullet의 Sphere Collider에서 Is Trigger에 체크하면 물체를 관통하는 효과가 발생한다. 이 때 발생하는 충돌 이벤트는 OnTrigger~ 계열의 함수다. 반대로 Is Trigger 속성에 체크하지 않으면 OnCollision~ 계열의 함수가 발생한다.

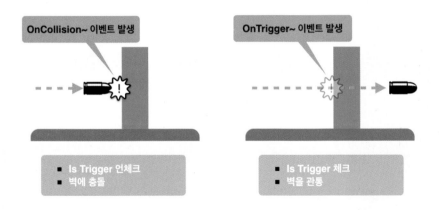

[그림 5-21] Is Trigger 속성의 체크 여부에 따른 충돌 결과

📋 팁 · · · · · · 감지 센서 역할을 하는 Is Trigger 속성

Is Trigger가 체크된 Collider는 주로 감지 센서 역할에 자주 사용된다. 즉, 플레이어가 슬라이딩 도어 앞에 도착했을 때 도어가 슬라이딩되어 열리거나 특정 지역에 진입했을 때 적 캐릭터가 생성되게 하는 로직을 구현할 때 유용하다.

Tag 활용

총알이 Wall에 충돌했을 때 Wall의 관점에서 생각해 보면 Collider 컴포넌트를 가진 어떤 게임오브젝트가 날아와서 충돌이 일어났는지 알 필요가 있다. 물론 충돌한 게임오브젝트의 이름으로 판단할 수도 있지만, 결코 좋은 방법은 아니다. 따라서 게임오브젝트에 태그를 지정하고 충돌 시 해당 태그값을 식별해 태그값에 따라 적절한 로직을 처리해야 한다.

태그를 추가하려면 인스펙터 뷰 상단의 Tag 콤보 박스를 클릭한 다음 팝업 메뉴에서 [Add Tag…]를 선택한다. 메뉴에서 [Edit] → [Project Setting] → [Tags & Layers]를 선택해도 된다.

[그림 5-22] Tag 생성 메뉴

[Add Tag...] 메뉴를 선택하면 인스펙터 뷰에서 Tags, Sorting Layers, Layers를 설정할 수 있다. Tags 섹션의 아래쪽에 있는 [+] 기호를 클릭한 다음 "BULLET"을 입력한 후 [Save] 버튼을 클릭하면 Tag 0에 새로운 태그가 추가된다.

[그림 5-23] Tag 생성

> 📄 **팁**   Tag, Sorting Layer, Layer 이름은 대문자로 지정
>
> 스크립트에서 게임오브젝트의 Tag는 문자열로 비교하므로 대소문자를 정확히 지켜야 한다. 스크립트 작성 시 대소문자 오류를 줄이기 위해 필자는 Tag, Sorting Layer 및 Layer를 모두 대문자로 생성한다.

하이러키 뷰에서 Bullet 게임오브젝트를 선택한 다음 인스펙터 뷰의 상단에 있는 **Tag** 속성을 새로 추가한 BULLET 태그로 지정한다.

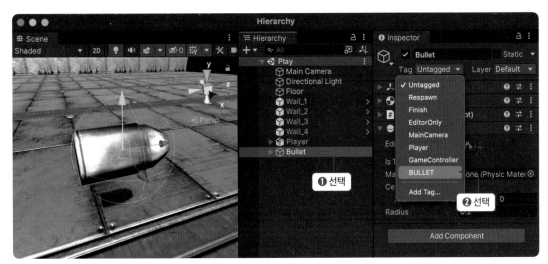

[그림 5-24] Bullet 게임오브젝트의 Tag 속성을 BULLET으로 설정

이제 발사된 총알이 벽에 충돌했을 때 충돌 이벤트 함수가 호출되는지 확인해보자. RemoveBullet이라는 새로운 스크립트를 생성한다. 자동으로 생성된 **Start** 함수와 **Update** 함수는 삭제하고 다음과 같이 작성한다.

스크립트 5-2 RemoveBullet - 충돌 콜백 함수 작성

```
using System.Collections;
using System.Collections.Generic;
using UnityEngine;

public class RemoveBullet : MonoBehaviour
{
    // 충돌이 시작할 때 발생하는 이벤트
    void OnCollisionEnter(Collision coll)
    {
        // 충돌한 게임오브젝트의 태그값 비교
        if (coll.collider.tag == "BULLET")
        {
            // 충돌한 게임오브젝트 삭제
            Destroy(coll.gameObject);
```

```
        }
    }
}
```

작성한 스크립트는 프로젝트 뷰의 Wall 프리팹에 드래그 앤드 드롭해 직접 추가한다. 프로젝트 뷰의 Wall 프리팹은 원본 프리팹이기에 하이러키 뷰에 있는 네 개의 Wall에 자동으로 스크립트가 추가된다.

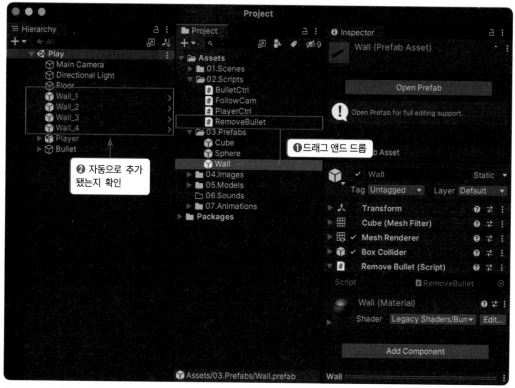

[그림 5-25] 원본 프리팹 Wall에 스크립트를 추가한 후 하이러키 뷰의 Wall에 스크립트가 적용됐는지 확인

OnCollisionEnter 콜백 함수

OnCollisionEnter 함수는 Collision 타입의 인자를 넘겨준다. Collision은 클래스이며 충돌한 게임오브 젝트의 정보, 충돌 위치 및 충돌 속도 등 다양한 정보가 담겨 있다. 이러한 정보가 필요하지 않을 때는 인자를 생략할 수 있다.

```
// 충돌이 시작할 때 발생하는 이벤트
void OnCollisionEnter(Collision coll)
{

}
```

coll 파라미터는 Collision 타입으로 충돌 시 다음과 같은 정보를 담고 있다.

속성	설명
collider	충돌한 게임오브젝트의 Collider 컴포넌트(읽기 전용)
contacts	물체 간의 충돌 지점으로 물리 엔진에 의해 생성
gameObject	충돌한 게임오브젝트
impulse	충돌 시 발생한 충격량
relativeVelocity	충돌한 두 객체의 상대적인 선 속도(읽기 전용)
rigidbody	충돌한 게임오브젝트의 Rigidbody 컴포넌트(읽기 전용)
transform	충돌한 게임오브젝트의 Transform 컴포넌트(읽기 전용)

[표 5-3] Collision 클래스의 속성

coll.collider.tag는 충돌한 게임오브젝트의 Tag 값을 반환하며 이 값을 "BULLET" 문자열과 비교해 Bullet이 와서 충돌한 것인지 판단한다. 또는, coll.gameObject.tag로 작성해도 같은 의미다.

```
// 충돌한 게임오브젝트의 태그값 비교
if (coll.collider.tag == "BULLET")
{
    // 충돌한 게임오브젝트 삭제
    Destroy(coll.gameObject);
}
```

Wall에 충돌한 Bullet 게임오브젝트를 제거하는 Destroy 메서드는 게임오브젝트 또는 컴포넌트를 제거하는 함수다. 첫 번째 인자에는 제거할 대상을 지정하고 두 번째 인자에는 시간을 지정하면 해당 시간이 지난 후 삭제된다.

- static void Destroy(Object obj);
- static void Destroy(Object obj, float t);

따라서 Destroy(coll.gameObject)는 충돌한 Bullet 게임오브젝트를 제거한다. 유니티를 실행해보면 총알이 발사되어 벽에 충돌한 후 삭제되는 것을 확인할 수 있다.

CompareTag 함수

위 코드에서 사용한 coll.collider.tag == "문자열" 또는 "coll.gameObject.tag == "문자열"과 같이 게임오브젝트의 문자 속성을 가져오는 코드는 실행 시 해당 문자열의 복사본을 생성한다. 이 복사본은 특정 메모리에 할당되며 가비지 컬렉션(Garbage Collection)의 대상이 된다.

가비지 컬렉션은 메모리에 자동으로 할당된 저장 공간을 일정 시간이 지난 후 더는 사용하지 않을 때 자동으로 메모리를 해제(Release)하는 동작을 말한다. 따라서 가비지 컬렉션 처리해야 할 대상이 많아질수록 해제하는 시점에 잠시 멈추는 랙 현상이 발생한다. 앞서 작성한 코드가 틀렸다고 할 수는 없지만 가비지 컬렉션이 발생하지 않는 CompareTag 함수를 사용하는 방법을 적극적으로 권장한다. CompareTag 함수는 비교할 태그명을 tag 인자로 넘겨주면 해당 게임오브젝트의 태그와 비교해 같으면 true 값을 반환한다.

RemoveBullet 스크립트를 다음과 같이 변경한다.

스크립트 5-3 RemoveBullet – CompareTag 함수로 변경

```
using System.Collections;
using System.Collections.Generic;
using UnityEngine;

public class RemoveBullet : MonoBehaviour
{
    // 충돌이 시작할 때 발생하는 이벤트
    void OnCollisionEnter(Collision coll)
    {
        // 충돌한 게임오브젝트의 태그값 비교
        if (coll.collider.CompareTag("BULLET"))
        {
            // 충돌한 게임오브젝트 삭제
            Destroy(coll.gameObject);
        }
    }
}
```

Bullet의 프리팹 전환

이제 총알의 기본적인 기능은 완성됐으므로 하이러키 뷰에 있는 Bullet 게임오브젝트를 프로젝트 뷰의 "03.Prefabs" 폴더로 드래그 앤드 드롭해 프리팹으로 만들자. 하이러키 뷰에 있는 Bullet은 로직이 완성되지 않았기에 지금은 삭제하지 않는다.

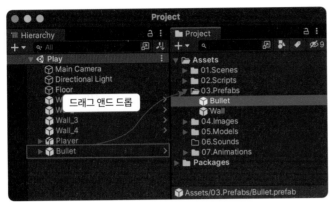

[그림 5-26] Bullet 게임오브젝트를 프리팹으로 전환

총알 발사 로직

마우스 왼쪽 버튼을 클릭할 때마다 총알을 발사하는 로직을 구현해보자. 게임 개발을 진행하다 보면 어떤 게임오브젝트 하위로 차일드화해서 빈 게임오브젝트를 생성해야 할 경우가 빈번하다.

다음 2가지 방법 중 편리한 방법을 선택해 숙지한다. 먼저 하이러키 뷰에서 부모가 될 게임오브젝트를 선택하고 [+] 버튼을 클릭해 [Create Empty Child]를 선택하거나 부모가 될 게임오브젝트에서 마우스 오른쪽 버튼을 클릭해 팝업되는 컨텍스트 메뉴에서 [Create Empty]를 선택한다. 필자는 [GameObject] → [Create Empty Child] 메뉴의 단축키(윈도우: Shift + Alt + N, 맥: shift + option + N)를 주로 사용한다. 독자 여러분도 단축키를 적극적으로 활용하기를 권장한다.

총알의 발사 위치

하이러키 뷰에서 Player의 본 구조를 따라 내려가 하위에 있는 총(w_rifle01)을 선택하거나 계층 구조를 따라 내려가기가 번거롭다면 씬 뷰에서 총 모델을 바로 클릭한다.

선택한 총 모델의 하위에 빈 게임오브젝트를 생성한다. 생성된 게임오브젝트의 이름을 "FirePos"로 변경한다.

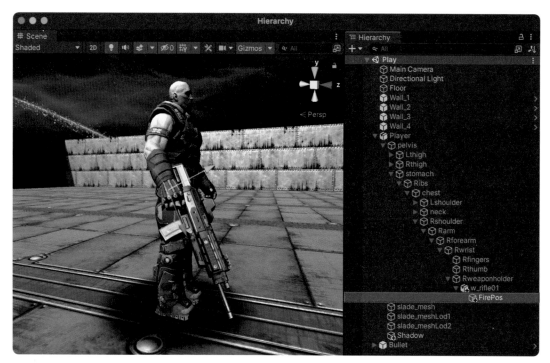

[그림 5-27] 총 모델의 하위에 생성한 빈 게임오브젝트

📄 **팁**   "Create Empty Child" 메뉴의 편리성

하이러키 뷰 루트에 빈 게임오브젝트를 생성한 후 다른 게임오브젝트의 하위로 드래그해서 차일드할 경우 Transform 속성이 변경될 수 있어 주의를 기울여야 한다. 하지만 Create Empty Child 메뉴는 부모의 Transform, Layer 속성을 상속받아 생성되므로 사소한 실수를 방지할 수 있다.

런 모드에서 수정한 속성

FirePos 게임오브젝트는 자신의 위치에서 총알을 만들어 발사시키는 원점으로 사용할 것이기에 총구 앞쪽으로 배치해야 한다. 하지만 주인공이 들고 있는 총구는 아래를 향하고 있어서 에디터 모드에서는 정확히 FirePos를 총구 앞쪽에 배치하기가 어렵다. 따라서 유니티를 실행해 런 모드에서 주인공 캐릭터가 총을 들고 있는 애니메이션을 취하게 하고, 이 상태에서 FirePos의 위치를 조정해야 한다. 아직 회전과 이동이 익숙하지 않아서 [그림 5-28]과 같이 총구 앞에 위치를 맞추기 어렵다면 [표 5-4]를 참고해 Transform 속성을 설정한다.

[그림 5-28] 유니티 런 모드(실행) 상태에서 위치를 이동한 FirePos의 속성값

Transform 속성	X	Y	Z
Position	-0.14	0.032	0.88
Rotation	4	0	0

[표 5-4] FirePos의 Transform 속성

유니티의 런 모드 상태에서 수정한 값은 에디트 모드로 돌아가면 원래 값으로 롤백(Rollback)된다. 따라서 런 모드를 유지한 상태에서 Transform 컴포넌트의 옵션 버튼을 클릭하고 [Copy] → [Component] 메뉴를 선택해 컴포넌트를 복사한다.

[그림 5-29] 런 모드에서 컴포넌트를 복사

이제 에디트 모드로 돌아온 후 Transform 컴포넌트의 옵션 버튼을 다시 클릭하고 [Paste] → [Component Values] 메뉴를 선택하면 런 모드에서 복사한 컴포넌트의 속성값만 붙여넣을 수 있다. 이 기능은 개발 시 아주 유용하게 활용할 수 있기에 꼭 기억해두길 권한다.

[그림 5-30] 에디트 모드로 돌아와 복사한 컴포넌트의 값만 붙여넣기

기즈모의 활용

FirePos와 같이 Transform 컴포넌트만 가진 게임오브젝트는 씬 뷰에서 직접 마우스로 클릭하거나 영역을 드래그해서 선택할 수 없다. 따라서 FirePos 게임오브젝트의 위치를 변경하려면 하이러키 뷰에서 FirePos를 선택한 후 Transform 축을 클릭해 좌표를 수정해야 하는 불편함이 있다. 이처럼 메시가 없는 빈 게임오브젝트는 씬 뷰에서 직접 선택할 수 없고 눈으로 확인할 수 없는 불편함을 해결하기 위해 사용자 정의 기즈모(Gizmo)를 활용해보자.

MyGizmos라는 C# 스크립트를 생성해 다음과 같이 작성한 후 FirePos에 추가하면 [그림 5-31]과 같이 FirePos에 노란색 구체가 보인다. 이제는 씬 뷰에서 마우스로 클릭해 직접 FirePos를 선택할 수 있다. 기즈모는 유니티 에디터에만 보이며 실행 시에는 보이지 않는다.

스크립트 5-4 MyGizmos 작성

```
using System.Collections;
using System.Collections.Generic;
using UnityEngine;
```

```
public class MyGizmos : MonoBehaviour
{
    public Color _color = Color.yellow;
    public float _radius = 0.1f;

    void OnDrawGizmos()
    {
        // 기즈모 색상 설정
        Gizmos.color = _color;
        // 구체 모양의 기즈모 생성. 인자는 (생성 위치, 반지름)
        Gizmos.DrawSphere(transform.position, _radius);
    }
}
```

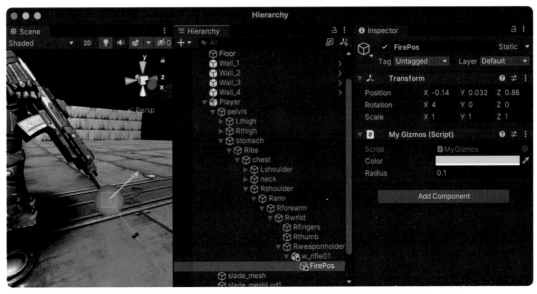

[그림 5-31] FirePos에 MyGizmos 스크립트를 추가한 모습

MyGizmos의 색상과 반지름을 조절할 수 있으며 특히 색상의 알파 값을 조절해 투명하게 표현할 수 있다. 이처럼 기즈모를 직접 구현할 수도 있지만, 유니티 에디터는 모든 게임오브젝트에 대해 Icon과 Label 기능을 제공한다. 먼저 FirePos를 선택하고 [그림 5-32]와 같이 인스펙터 뷰에서 Icon을 선택하면 별도의 스크립트 없이 씬 뷰에서 확인할 수 있다. 다만 씬 뷰의 Gizmos 옵션에서 전체적으로 크기가 조절되기 때문에 특정 기즈모의 크기만 조절하거나 투명도를 설정할 수는 없다.

[그림 5-32] 인스펙터 뷰의 Icon 기능을 이용한 기즈모 효과

또한 하이러키 뷰의 Player를 선택하고 인스펙터 뷰에서 Label을 선택하면 해당 색상으로 게임오브젝트의
이름이 씬 뷰에 표시된다. 따라서 멀리 줌 아웃돼 있어도 쉽게 식별할 수 있고 게임을 디자인할 때 유용하게
사용할 수 있는 기능이다.

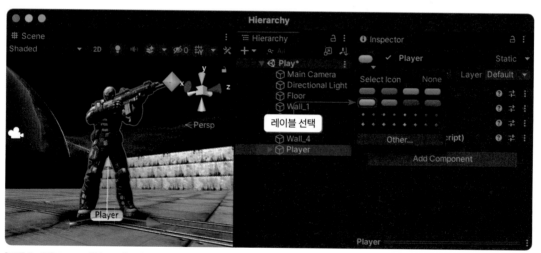

[그림 5-33] Player 게임오브젝트의 레이블 표시

📑 팁   게임오브젝트의 레이블 표시

레이블이 적용된 게임오브젝트는 씬 뷰에서 해당 레이블을 클릭하면 하이러키 뷰에서 게임오브젝트를 선택하는 것과 같이
항상 최상위 게임오브젝트를 선택할 수 있다.

스크립트 작성 방식

스크립트를 작성하는 방식은 개발자의 성향에 따라 다를 수 있다. 해당 게임오브젝트가 수행해야 할 모든 로직을 하나의 스크립트에 몰아서 작성하는 개발자도 있고, 특정 기능별로 스크립트를 분리해서 작성하는 개발자도 있다. 두 방식 모두 장단점이 있으나 스크립트를 너무 세분화하는 방식은 나중에 관리하기가 어려워질 수 있고, 한 스크립트에 전부 작성하는 방식 또한 스크립트의 소스가 길어져 관리 측면에서 비효율적일 수 있다. 초보자에게는 어려울 수 있으나 구현하려는 로직을 적절히 분리해 스크립트를 작성해야 한다.

생성과 동시에 앞으로 날아가는 총알과 총알이 생성될 좌표인 FirePos가 준비됐다. 이제 마우스 왼쪽 버튼을 클릭할 때마다 총알을 발사해보자. 총알 발사 로직을 기존의 PlayerCtrl 스크립트에 추가해도 관계없지만, 별도의 스크립트로 작성해 구현해보자. FireCtrl 스크립트를 생성해 다음과 같이 작성하고 Player 게임오브젝트에 추가하자.

스크립트 5-5 FireCtrl – 생성

```
using System.Collections;
using System.Collections.Generic;
using UnityEngine;

public class FireCtrl : MonoBehaviour
{
    // 총알 프리팹
    public GameObject bullet;
    // 총알 발사 좌표
    public Transform firePos;

    void Start ()
    {

    }

    void Update ()
    {
        // 마우스 왼쪽 버튼을 클릭했을 때 Fire 함수 호출
        if (Input.GetMouseButtonDown(0))
        {
            Fire();
```

```
        }
    }

    void Fire()
    {
        // Bullet 프리팹을 동적으로 생성(생성할 객체, 위치, 회전)
        Instantiate(bullet, firePos.position, firePos.rotation);
    }
}
```

FireCtrl 스크립트를 Player에 추가하면 인스펙터 뷰에 Bullet과 FirePos 변수가 노출된다. Bullet 변수에는 프로젝트 뷰의 "03.Prefabs/Bullet" 프리팹을 연결하고 FirePos 변수에는 총 모델 하위에 추가한 FirePos 게임오브젝트를 연결한다.

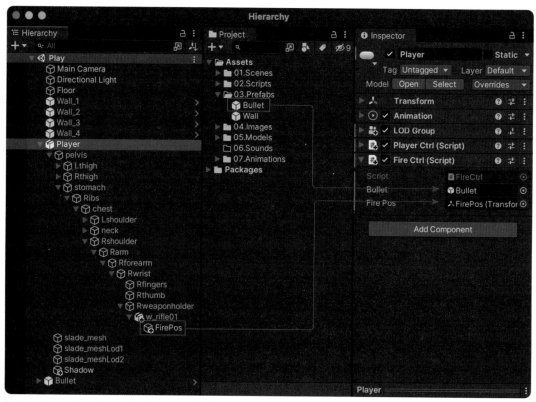

[그림 5-34] FireCtrl 스크립트의 Bullet, FirePos 속성 연결

Input 클래스에서 제공하는 마우스 클릭과 관련된 이벤트는 다음과 같다.

GetMouseButton(int button)	마우스 버튼을 클릭하고 있을 때 계속 발생
GetMouseButtonDown(int button)	마우스 버튼을 클릭했을 때 한 번 발생
GetMouseButtonUp(int button)	마우스 버튼을 놓았을 때 한 번 발생

Input.GetMouseButtonDown(0)은 마우스 왼쪽 버튼을 클릭했을 때 한 번 발생하며, 인자는 마우스 버튼의 종류(0: 왼쪽 버튼, 1: 오른쪽 버튼, 2: 가운데 버튼)를 나타낸다.

```
// 마우스 왼쪽 버튼을 클릭했을 때 Fire 함수 호출
if (Input.GetMouseButtonDown(0))
{
    Fire();
}
```

Fire 함수에서 사용한 Instantiate 함수는 게임오브젝트나 프리팹의 복사본을 만드는 함수로서 인자는 (생성할 객체, 생성 위치, 각도)다. 생성할 객체는 Bullet 프리팹을 저장한 변수 bullet을 지정한다. Transform 타입으로 선언된 firePos 변수는 firePos.position과 같은 문법으로 Transform.position 속성을 참조할 수 있다. 회전값 또한 firePos.rotation을 사용해 총알이 생성될 각도를 지정한다.

```
void Fire()
{
    // Bullet 프리팹을 동적으로 생성(생성할 객체, 위치, 회전)
    Instantiate(bullet, firePos.position, firePos.rotation);
}
```

Instantiate 함수는 다음과 같은 다형성을 갖는다.

```
Instantiate<GameObject>(bullet, firePos.position, firePos.rotation);
Instantiate<GameObject>(bullet, firePos.position, firePos.rotation, null);
Instantiate<GameObject>(bullet, firePos);
Instantiate<GameObject>(bullet, firePos, false);
```

실행 후 마우스 왼쪽 버튼을 클릭할 때마다 총알이 발사되는지 확인하자. 여러 발의 총알을 발사하면 하이러키 뷰에서 "Bullet(Clone)"이라는 이름으로 생성된 Bullet 프리팹의 복사본들을 확인할 수 있다. Instantiate 함수를 통해 동적으로 생성된 객체는 "프리팹 이름(Clone)"의 형식으로 이름이 붙여진다.

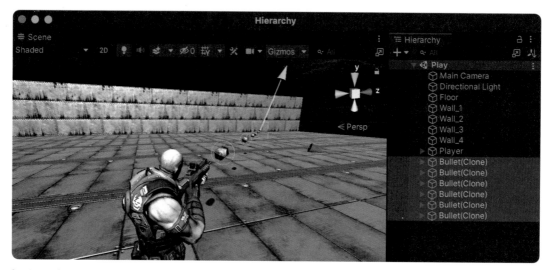

[그림 5-35] 마우스 왼쪽 버튼을 클릭해 생성된 Bullet(Clone) 프리팹

총알 발사 궤적 효과 만들기 - Trail Renderer

RPG류 게임에서 주인공이 휘두르는 검에 표현되는 궤적이나 총알을 발사했을 때 총알이 날아가는 궤적은 게임 내에서 흔히 볼 수 있는 효과다. 이러한 시각적인 효과는 게임의 보는 재미를 증가시키고 타격감 향상에 도움이 된다.

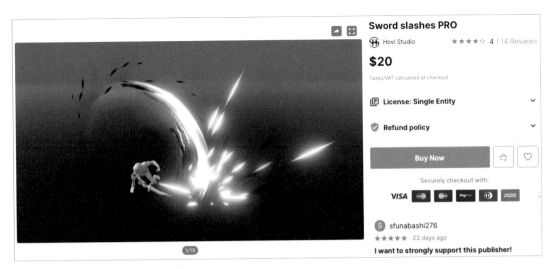

[그림 5-36] 궤적 효과(출처: 에셋 스토어)

이를 구현하는 방식은 여러 가지가 있지만, 검 또는 총알이 이동함과 동시에 동적으로 메시를 만들고 일정 시간이 흐른 다음 생성된 메시를 제거해 나가는 방식이 흔히 접할 수 있는 기법이다. 따라서 유니티는 메시의 동적 생성을 쉽게 처리해주는 Trail Renderer 컴포넌트를 제공한다. 이 컴포넌트를 활용해 총알이 발사될 때 좀 더 시각적인 효과를 높이도록 궤적을 표시해보자.

Trail Renderer

하이러키 뷰에서 Bullet을 선택하고 메뉴에서 [Component] → [Effects] → [Trail Renderer]를 선택해 Trail Renderer 컴포넌트를 추가한다. 컴포넌트를 추가한 다음 Bullet의 Z축을 선택하고 전진 방향으로 드래그하면 동적으로 생성된 메시를 볼 수 있다. 이때 씬 뷰의 렌더링 모드를 Wireframe으로 변경하면 동적으로 만들어진 메시의 형태를 볼 수 있다.

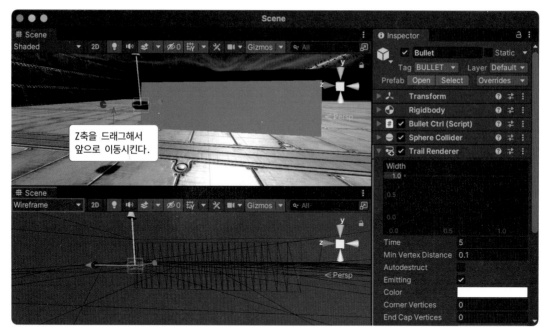

[그림 5-37] Bullet에 Trail Renderer 컴포넌트를 추가한 후 Z축으로 이동시킨 모습

동적으로 생성된 메시의 색이 위 그림과 같이 분홍색으로 나오는 경우는 연결된 머티리얼이 없다는 의미다. 먼저 Trail Renderer에 연결할 머티리얼을 생성하고 텍스처를 지정하자.

Trail Renderer에 적용할 이미지 파일은 내려받은 리소스의 "Resources/Textures" 폴더에서 Trail.png 파일을 사용한다. Trail.png 파일을 프로젝트 뷰의 "04.Images" 폴더로 드래그해 임포트한다.

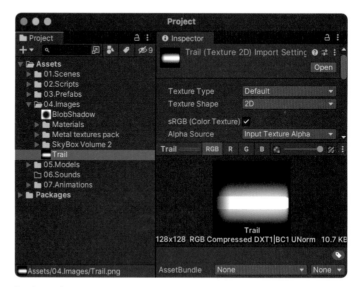

[그림 5-38] Trail Renderer에 사용할 텍스처 임포트

프로젝트 뷰의 "04.Images/Materials" 폴더에 새로운 머티리얼을 만들고 이름을 "BulletTrail"로 지정한다. 셰이더를 "Mobile/Particles/Additive"로 변경하면 Particle Texture 속성이 나타난다. 여기에 Trail.png 텍스처를 드래그해 연결한다.

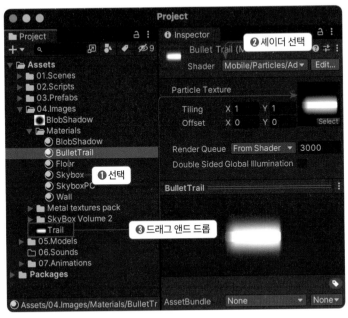

[그림 5-39] BulletTrail 머티리얼 설정 순서

설정을 완료한 BulletTrail 머티리얼을 Bullet에 추가한 Trail Renderer 컴포넌트의 Materials 속성 중 Elements 0에 연결하면 분홍색이었던 메시에 텍스처가 입혀진다. 또는 BulletTrail 머티리얼을 인스펙터 뷰의 아래쪽 빈 곳으로 드래그 앤드 드롭해도 자동으로 Materials 속성에 연결된다.

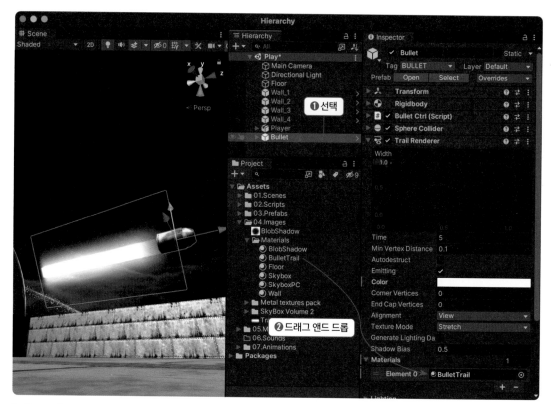

[그림 5-40] BulletTrail 머티리얼을 Trail Renderer에 연결

Trail Renderer 컴포넌트의 Time 속성은 동적으로 생성된 메시의 지속 시간으로, 값이 크면 긴 궤적이 되고 값이 작을수록 궤적의 길이가 짧아진다. 이 값은 0.7로 설정한다. Width 속성은 메시의 최대 높이를 지정하는 것으로 기본값은 1이다. Width 속성 바로 밑에 있는 Curved Editor를 이용해 Trail Renderer의 앞쪽과 끝부분의 너비를 조절할 수 있다. Curved Editor는 빨간색 마름모 아이콘으로 노드(Node)를 표시한다. 기본값으로 하나의 노드가 생성돼 있다. 오른쪽 끝부분에 마우스 커서를 이동시키고 더블클릭하면 새로운 노드가 생성된다.

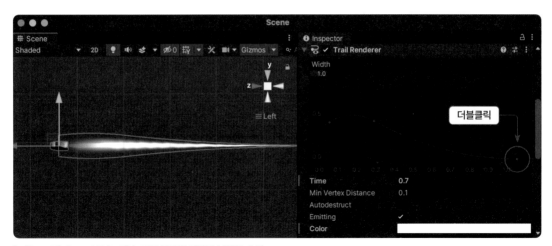

[그림 5-41] Curved Editor에 노드를 추가해 커브의 너비를 수정

이 노드를 드래그해 적절히 너비를 설정하고 노드를 선택했을 때 표시되는 가이드 선을 이용해 커브의 기울기를 조절해 다음 그림과 같이 끝부분으로 갈수록 가늘어지게 설정해보자.

Trail Renderer 컴포넌트의 Min Vertex Distance 속성은 생성하는 버텍스 간의 최솟값을 설정하는 것으로 값이 작을수록 조밀한 폴리곤을 생성한다. 따라서 물체가 직선으로만 이동한다면 값을 크게 해서 동적으로 생성되는 폴리곤의 개수를 줄이고, 포물선 운동처럼 곡선으로 이동한다면 값을 작게 수정해 부드러운 궤적으로 표현될 수 있게 적절히 조절해야 한다.

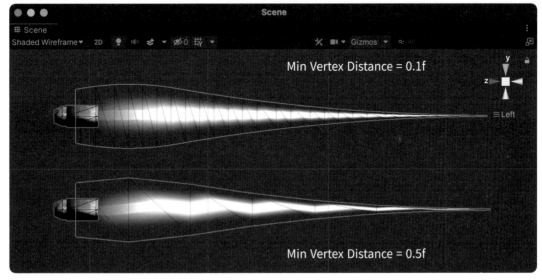

[그림 5-42] 버텍스 간의 간격을 조절하는 Min Vertex Distance 속성

Trail Renderer가 동적으로 생성하는 폴리곤에 적용한 텍스처의 색상은 그러데이션 처리를 할 수 있다. 이는 Color 속성을 클릭해 팝업된 Gradient Editor에서 설정할 수 있다. Gradient Editor 가운데에 있는 Color Bar를 기준으로 위쪽과 아래쪽에 각각 2개의 노드가 있다. 위에 있는 노드로는 투명도를 설정하고, 아래쪽 노드로는 색상을 선택할 수 있다. 왼쪽 아래에 있는 노드를 선택하고 Color를 노란색으로 설정한다. 이것은 시작 지점의 색상을 의미하며 끝으로 갈수록 흰색으로 컬러링한다는 것이다. 이제 오른쪽 위의 노드를 선택하고 Alpha 속성을 180 정도로 설정하면 Trail Renderer의 끝부분으로 갈수록 투명하게 처리된다.

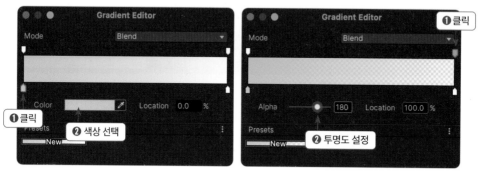

[그림 5-43] Trail Renderer의 색상과 투명도를 설정

프리팹의 변경 내용 조회 및 저장

지금까지 여러분이 변경한 하이어라키 뷰에 있는 Bullet은 복사본 또는 원본 프리팹에서 상속받은 프리팹이다. 따라서 변경 사항을 저장하기 전에는 프로젝트 뷰에 있는 원본 프리팹에 반영되지 않는다. 하이어라키 뷰의 Bullet을 선택하고 인스펙터 뷰 상단에 있는 [Overrides] 콤보 박스를 클릭한다.

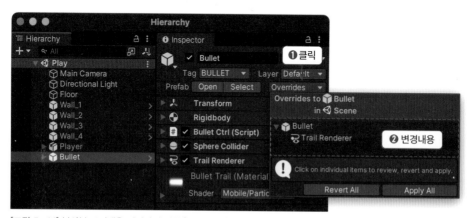

[그림 5-44] 복사본 프리팹을 저장하기 위한 [Overrides] 버튼

팝업된 다이얼로그에는 어떤 프리팹으로부터 상속받았는지 원본 프리팹이 표시되고, 복사본 프리팹에 어떤 변경 내용이 있는지 목록으로 표시된다. [Revert All]은 변경 내용을 모두 되돌리는 기능이고, [Apply All]은 해당 변경 사항을 원본 프리팹에 모두 저장하는 기능이다.

[그림 5-44]에서 "❷ 변경내용" 부분은 Trail Renderer 컴포넌트가 추가됐다는 것을 의미하며 클릭하면 다음과 같이 어떤 속성이 변경됐는지 자세히 확인할 수 있다.

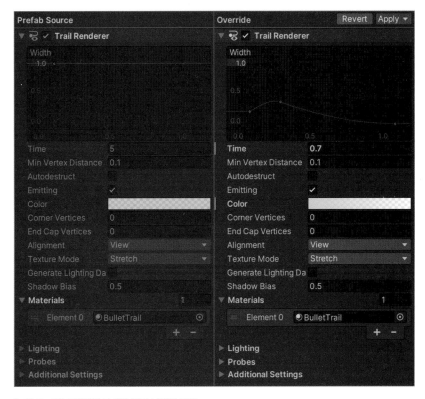

[그림 5-45] 프리팹의 자세한 변경 내용을 조회

이제 [Apply All] 버튼을 클릭해 원본 프리팹에 변경 사항을 저장한다.

[그림 5-46] 원본 프리팹에 저장하기 위해 [Apply All] 버튼을 클릭

이제 총알을 발사하면 총알 뒤에서 궤적이 표현되는 것을 확인할 수 있다. 총알이 비현실적으로 크게 느껴진다면 Bullet 프리팹을 선택하고 Transform의 Scale 속성을 (0.3, 0.3, 0.3) 정도로 설정한다. Trail Renderer의 Width도 1에서 0.5 정도로 줄이면 좋을 것이다.

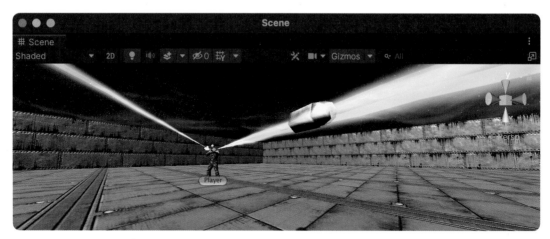

[그림 5-47] Trail Renderer 기능을 추가한 총알의 발사 궤적 효과

파티클 활용하기

벽에 총알이 충돌했을 때 불꽃이 튀는 효과를 구현해보자. 게임에서 화염, 연기, 타격 등의 효과에는 주로 파티클(Particle)을 사용한다. 파티클은 표현하고자 하는 텍스처가 적용된 메시(Mesh)를 입자(Emitter)처럼 생성하고, 그 입자를 이동 및 회전시켜 효과를 표현한다. 그러나 입자가 많아질수록 성능에 큰 부하를 주기 때문에 적절히 사용해야 한다.

에셋 스토어에서는 아주 많은 유료 또는 무료 파티클 패키지를 볼 수 있다. 이 책에서는 유니티사에서 제공하는 다음 파티클 패키지를 임포트해 사용한다. 에셋 스토어에서 "Legacy Particle Pack"로 검색해 설치한다.

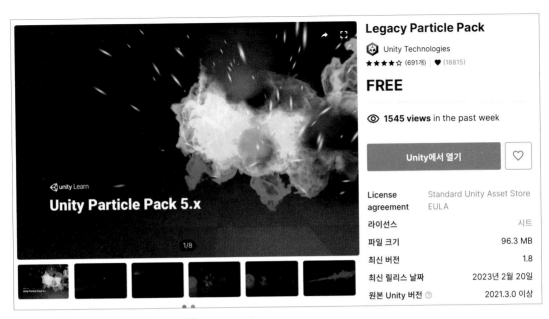

[그림 5-48] 유니티사에서 제공하는 파티클 팩

이 패키지는 유니티 5.x 버전에 맞춰 개발됐지만, 최신 버전의 유니티에서도 사용할 수 있다. 웹브라우저에서 [내 에셋에 저장]을 클릭하고 유니티 패키지 매니저에서 해당 패키지를 임포트한다.

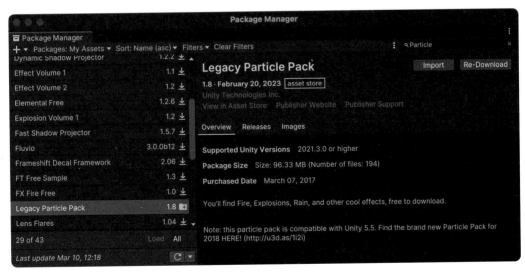

[그림 5-49] 유니티 파티클 팩 임포트

패키지를 임포트한 후 프로젝트 뷰에 생성된 EffectExamples 폴더는 "03.Prefabs" 폴더로 이동해 정리한다. 사용할 스파크 효과는 "03.Prefabs/EffectExamples/Misc Effects/Prefabs" 폴더에 있는 SparksEffect 프리팹이다. 씬 뷰 또는 하이러키 뷰로 드래그 앤드 드롭해보면 다음과 같이 불꽃이 튀는 파티클 효과를 볼 수 있다.

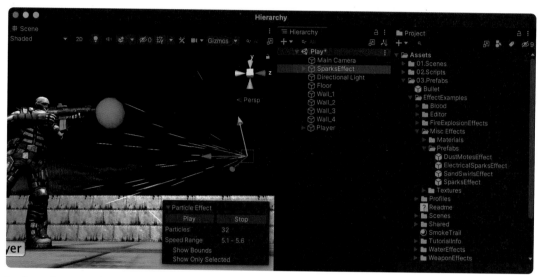

[그림 5-50] 스파크 파티클 효과

총알이 벽에 충돌했을 때 발생할 스파크 효과는 RemoveBullet 스크립트에서 구현한다. RemoveBullet 스크립트를 다음과 같이 수정한다.

스크립트 5-6 RemoveBullet - 스파크 효과

```
using System.Collections;
using System.Collections.Generic;
using UnityEngine;

public class RemoveBullet : MonoBehaviour
{
    // 스파크 파티클 프리팹을 연결할 변수
    public GameObject sparkEffect;

    // 충돌이 시작할 때 발생하는 이벤트
    void OnCollisionEnter(Collision coll)
    {
```

절대강좌! 유니티

```
            // 충돌한 게임오브젝트의 태그값 비교
    if (coll.collider.CompareTag("BULLET"))
    {
        // 스파크 파티클을 동적으로 생성
        Instantiate(sparkEffect, coll.transform.position, Quaternion.identity);

        // 충돌한 게임오브젝트 삭제
        Destroy(coll.gameObject);
    }
    }
}
```

충돌 콜백 함수인 OnCollisionEnter에 추가한 Instantiate 함수에서 스파크 파티클을 생성한다. 위치는 총알이 충돌한 시점의 총알 위치로 지정한다. 각도는 Quaternion.identity로 설정해 회전 없이 생성한다. 쿼터니언(Quaternion) 구조체에 관해서는 뒤에서 자세히 소개하기로 하고 지금은 **"유니티에서 사용하는 각도의 단위는 쿼터니언이다"**라고만 기억한다.

프로젝트 뷰의 Wall 프리팹을 선택하고 RemoveBullet의 spark Effect 변수에 SparksEffect 프리팹을 드래그해 연결한다. 프리팹 원본을 선택하고 직접 연결했기 때문에 하이러키 뷰에 있는 네 개의 Wall 프리팹 복사본들은 자동으로 SparksEffect가 연결됐다.

[그림 5-51] Wall 프리팹의 Spark Effect 변수에 SparksEffect 프리팹 연결

유니티를 실행한 다음 벽을 향해 총을 발사해보면 다음과 같이 총알이 벽에 충돌한 지점에서 스파크 효과를 볼 수 있다.

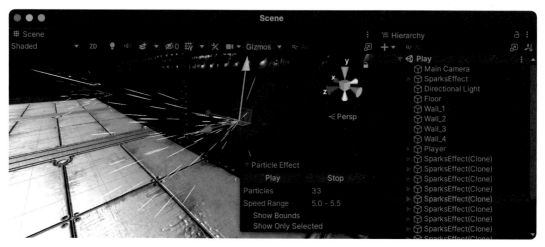

[그림 5-52] 벽에 충돌한 지점에서 발생시킨 스파크 파티클

충돌 지점과 법선 벡터

앞서 Instantiate 함수의 3번째 인자를 Quaterion.identity로 설정했다. 이것의 의미는 Sparks Effect 프리팹의 원래 각도 그대로 생성하겠다는 뜻으로 4개의 벽에 총을 골고루 발사해보면 스파크가 튀는 방향이 항상 일정하게 생성된다. 따라서 충돌한 지점에서 법선 벡터(Normal Vector)를 구해 해당 방향으로 스파크가 튀게 변경해보자. 법선 벡터는 두 물체가 충돌한 평면 또는 구면의 접점에서 수직 방향으로 바라보는 벡터를 말한다. 다음 그림에서 빨간색 벡터가 법선 벡터를 의미한다.

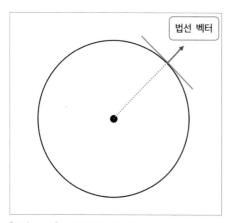

[그림 5-53] 구면에서의 법선 벡터

RemoveBullet 스크립트를 다음과 같이 수정해 Bullet과 Wall의 정확한 충돌 지점과 해당 접점에서의 법선 벡터를 구해 스파크 파티클을 회전시켜보자.

스크립트 5-7 RemoveBullet – 충돌 지점과 법선 벡터 산출

```
using System.Collections;
using System.Collections.Generic;
using UnityEngine;

public class RemoveBullet : MonoBehaviour
{
    // 스파크 파티클 프리팹을 연결할 변수
    public GameObject sparkEffect;

    // 충돌이 시작할 때 발생하는 이벤트
    void OnCollisionEnter(Collision coll)
    {
        // 충돌한 게임오브젝트의 태그값 비교
        if (coll.collider.CompareTag("BULLET"))
        {
            // 첫 번째 충돌 지점의 정보 추출
            ContactPoint cp = coll.GetContact(0);
            // 충돌한 총알의 법선 벡터를 쿼터니언 타입으로 변환
            Quaternion rot = Quaternion.LookRotation(-cp.normal);

            // 스파크 파티클을 동적으로 생성
            Instantiate(sparkEffect, cp.point, rot);

            // 충돌한 게임오브젝트 삭제
            Destroy(coll.gameObject);
        }
    }
}
```

충돌 지점의 정보는 Collision 클래스에 정의된 GetContact, GetContacts 함수를 통해 알 수 있다. 충돌하는 두 게임오브젝트에 추가된 Collider 컴포넌트의 종류와 충돌 속도에 따라 충돌 지점의 개수는 하나 이상이다. 따라서 하나의 충돌 지점 정보만 필요하다면 GetContact를 사용하고 모든 충돌 지점의 정보가 필요하다면 GetContacts 함수를 사용한다.

- public ContactPoint GetContact(int index)

- public int GetContact(ContactPoint[] contacts)

여기서는 하나의 충돌 지점만 필요하기에 GetContactPoint 함수를 사용했으며 첫 번째 충돌 지점을 의미하는 인덱스 값 0을 인자로 넘긴다. OnCollisionEnter 충돌 콜백 함수가 발생했다는 것은 최소 하나 이상의 충돌 접점이 있다는 것을 의미하기 때문에 인덱스로 0을 지정했다[2].

```
// 첫 번째 충돌 지점의 정보 추출
ContactPoint cp = coll.GetContact(0);
```

GetContactPoint 함수의 반환 타입은 ContactPoint 구조체 타입으로 다음과 같이 정의돼 있다.

속성	설명
normal	충돌 지점의 법선
otherCollider	충돌 지점의 다른 Collider
point	충돌 지점의 위치
separation	충돌한 두 Collider 간의 거리
thisCollider	충돌 지점의 첫 번째 Collider

[표 5-5] ContactPoint 구조체

> ❓ 주의   GetContact, GetContacts 함수
>
> 충돌 지점의 접점 정보는 Collision.contacts 속성으로도 알 수 있지만, contacts 속성은 가비지 컬렉션을 발생시키기 때문에 GetContact, GetContacts 함수를 사용하기를 권한다.

쿼터니언(Quaternion)

Quaternion(쿼터니언) 타입에 관해 알아보자. Quaternion은 유니티에서 사용되는 각도의 단위다. 수학용어로는 복소수 4차원 벡터(four-dimensional complex number)라고 한다. 말 그대로 각도를 4개의 원소로 표현한 것으로 인스펙터 뷰를 Debug 모드로 변경하고 Transform 컴포넌트를 보면 4개의 원소(x, y, z, w)로 구성된 것을 확인할 수 있다.

---

2   Bullet 프리팹에 Sphere Collider 대신 Box Collider를 사용했다면 접점(contactCount)은 4개가 된다.

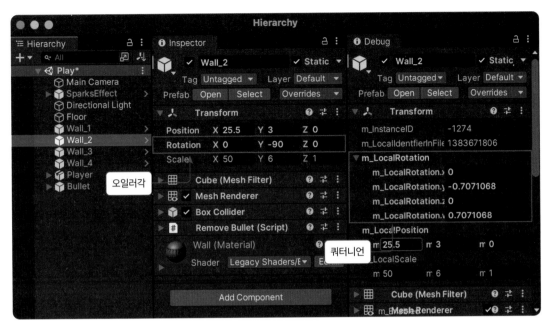

[그림 5-54] 쿼터니언 값을 확인할 수 있는 Debug 모드

위 그림에서 알 수 있듯이 Wall_2는 Y축으로 -90° 회전돼 있다. 우리가 알고 있는 각도인 -90°는 오일러 각(Euler Angle)이다. 하지만 유니티는 이 오일러 각을 내부적으로 Quaternion 타입으로 변형해 사용한다.

오일러 각은 수학자 오일러가 고안한 것으로 3차원 공간의 절대 좌표를 기준으로 물체가 얼마나 회전했는지 측정하는 방식이다. 오일러 각을 이용한 회전 방식은 X, Y, Z 축 차례대로 회전시키는데, 회전하는 동안 X, Y, Z 축 중 2개의 축이 겹쳐지면 어느 축으로도 회전하지 않고 잠기는 현상이 발생한다. 이 현상을 **짐벌락(Gimbal Lock)**이라고 한다.

이러한 문제점을 해결하기 위해 쿼터니언이라는 대안이 제시됐다. 앞서 언급했듯이 쿼터니언은 4차원 복소수로서, 오일러 각이 각축에 대해 차례로 회전시켰다면 쿼터니언은 세 개의 축을 동시에 회전시켜 짐벌락 현상을 방지한다. 따라서 짐벌락을 방지하기 위해 유니티는 모든 객체의 회전(Rotation)을 쿼터니언을 이용해 처리한다.

아래 예제는 Y축을 기준으로 30° 회전시키는 스크립트로, 같은 결과를 볼 수 있다. Rotate 함수의 인자는 모두 오일러각으로 Rotate 함수에서 자동으로 쿼터니언으로 변환한다. Transform.rotation은 Quaternion 타입의 속성으로 Quaternion.Eular(X, Y, Z) 함수를 이용해 오일러 각을 Quaternion 타입으로 변환해 대입해야 한다.

```
transform.Rotate(0, 30, 0);
transform.rotation = Quaternion.Eular(0, 30, 0);
```

스파크를 생성할 때 사용한 Intantiate 함수의 세 번째 인자는 각도를 설정하며, Quaternion 타입이다. 따라서 Quaternion.LookRotation 함수의 반환값은 Quaternion 타입이며 인자로 전달한 벡터의 방향을 Quaternion 타입으로 변환시키는 역할을 한다. 또한, ContactPoint.point 속성으로 충돌 지점의 접점의 좌표를 알 수 있다.

```
// 충돌한 총알의 법선 벡터를 쿼터니언 타입으로 변환
Quaternion rot = Quaternion.LookRotation(-cp.normal);

// 스파크 파티클을 동적으로 생성
Instantiate(sparkEffect, cp.point, rot);
```

실행한 후 벽이 교차하는 스테이지의 모서리 부분을 향해 총을 발사했을 때 다음과 같이 법선 벡터 방향으로 스파크 파티클이 회전되는지 확인해보자.

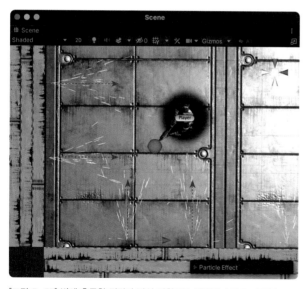

[그림 5-55] 벽에 충돌한 접점의 법선 방향으로 회전된 스파크 파티클

총알과 충돌해 생성된 스파크 파티클은 무한 반복된다. 다음과 같이 일정 시간이 지난 후 삭제시키는 로직을 추가한다.

SparksEffect는 무한 반복하게 설정돼 있다. 프로젝트 뷰에서 SparksEffect를 선택하고 Particle System 컴포넌트의 [Open Editor]를 클릭하면 파티클 이펙트 편집창이 열린다.

[그림 5-56] 파티클 시스템 컴포넌트의 편집창

SparksEffect 프리팹은 3개의 서브 파티클로 구성된 것을 알 수 있다. 매우 많은 속성이 있으나 그중 무한 반복하는 Looping 속성을 언체크한다. Duration은 파티클 효과가 지속되는 시간을 의미하며 Looping은 계속 반복할지를 나타낸다.

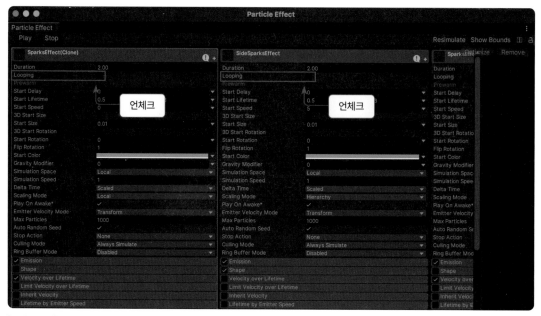

[그림 5-57] 파티클 이펙트 편집창에서 속성 수정

SparksEffect 파티클 속성의 수정을 완료했으면 예제 게임을 실행하고 벽을 향해 총을 발사해본다. 총알이 벽에 충돌함과 동시에 스파크가 튀고 Duration 시간(2초) 후에 사라지는 것을 확인할 수 있다. 파티클 효과를 보인 후 사라지지만, 하이러키 뷰에는 여전히 SparksEffect 게임오브젝트가 남아있다. 따라서 동적으로 생성한 SparksEffect 프리팹을 일정 시간이 지난 후 강제로 소멸시켜야 한다. RemoveBullet 스크립트의 스파크 파티클 생성 부분을 다음과 같이 수정하자.

스크립트 5-8 RemoveBullet – 스파크 파티클의 강제 소멸 로직

```
using System.Collections;
using System.Collections.Generic;
using UnityEngine;

public class RemoveBullet : MonoBehaviour
{
    // 스파크 파티클 프리팹을 연결할 변수
    public GameObject sparkEffect;

    // 충돌이 시작할 때 발생하는 이벤트
    void OnCollisionEnter(Collision coll)
```

```
    {
        // 충돌한 게임오브젝트의 태그값 비교
        if (coll.collider.CompareTag("BULLET"))
        {
            // 첫 번째 충돌 지점의 정보 추출
            ContactPoint cp = coll.GetContact(0);
            // 충돌한 총알의 법선 벡터를 쿼터니언 타입으로 변환
            Quaternion rot = Quaternion.LookRotation(-cp.normal);

            // 스파크 파티클을 동적으로 생성
            GameObject spark = Instantiate(sparkEffect, cp.point, rot);
            // 일정 시간이 지난 후 스파크 파티클을 삭제
            Destroy(spark, 0.5f);

            // 충돌한 게임오브젝트 삭제
            Destroy(coll.gameObject);
        }
    }
}
```

Instantiate 함수는 복사본을 생성한 후 생성한 객체를 반환한다. 이 객체를 spark 변수에 저장한 후 Destroy 함수를 사용해 삭제할 수 있다. Destroy 함수의 두 번째 인자는 지연 시간으로, 0.5f로 설정했기 때문에 0.5초 후에 삭제된다.

```
// 스파크 파티클을 동적으로 생성
GameObject spark = Instantiate(sparkEffect, cp.point, rot);
// 일정 시간이 지난 후 스파크 파티클을 삭제
Destroy(spark, 0.5f);
```

다시 실행해 테스트해보면 스파크 파티클이 생성되고 0.5초가 지난 후에 소멸되는 것을 확인할 수 있다.

폭발 효과 및 폭발력 생성

2장에서 미리 임포트해둔 Barrel 모델을 씬에 배치한 다음 총알을 발사해 폭발시켜보자. 에셋 스토어의 무료 리소스 중에서 그래픽 퀄리티가 높은 Barrel 모델이 많이 있으나 독자 여러분이 알고 대처해야 하는 내용이 있기에 이 리소스를 선택했다.

우선 프로젝트 뷰의 "05.Models/Barrel" 폴더를 보면 이름이 Barrel인 두 개의 에셋이 있다. 어떤 에셋이 3D 모델 원본(FBX)이고 어떤 에셋이 프리팹인지 아이콘만 보고도 구분할 수 있어야 한다.

[그림 5-58] 아이콘으로 에셋의 타입 구별

미리 만들어진 Barrel 프리팹은 삭제하고 원본 3D 모델로 작업을 진행하기로 한다. 프로젝트 뷰가 Two Column으로 설정돼 있다면 아이콘이 표시되지 않는다. 대신 프로젝트 뷰 아래의 상태바에 아이콘과 함께 프리팹인지 모델인지를 나타내는 확장자가 표시된다.

원본 Barrel 모델을 씬 뷰로 드래그 앤드 드롭해 배치하면 다음과 같이 Player에 비해 큰 크기의 드럼통을 볼 수 있다. 먼저 주인공 캐릭터의 크기에 맞게 드럼통의 스케일을 조정해보자.

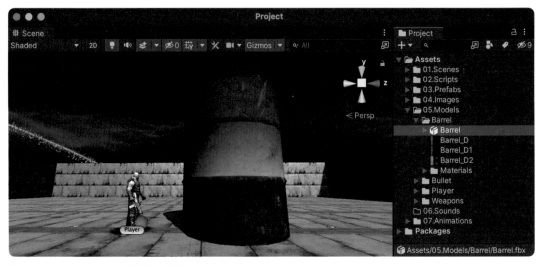

[그림 5-59] 주인공 캐릭터와 비율이 맞지 않는 Barrel 모델

Scale Factor

외부에서 임포트한 3D 모델은 반드시 Transform의 Scale 속성을 수정하지 말고, FBX Import Setting의 Scale Factor 속성을 수정한다. 프로젝트 뷰의 Barrel 3D 모델을 선택하면 인스펙터 뷰에 3D 모델의 여러 정보(FBX Import Settings)가 표시된다. 첫 번째 [Model] 탭을 선택하고 Scale Factor를 0.4로 설정하면 현재 Barrel 모델의 크기를 40% 크기로 조절할 수 있다. 스케일을 변경하고 하단에 있는 [Apply] 버튼을 클릭해 저장한다.

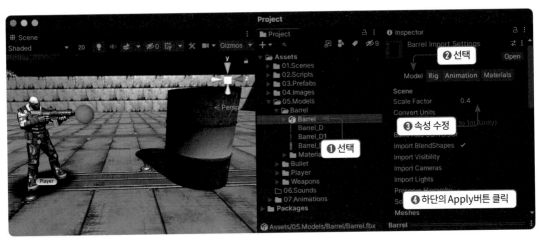

[그림 5-60] Barrel 3D 모델의 Scale Factor 수정

드럼통의 스케일을 조정한 다음 총알을 맞았을 때의 충돌 처리를 위해 Capsule Collider와 Rigidbody 컴포넌트를 추가한다. Capsule Collider의 속성은 [표 5-6]과 같이 수정한다.

속성	속성값
Center의 Y	1.25
Radius	0.8
Height	2.5
Direction	Y-Axis

[표 5-6] Barrel에 추가한 Capsule Collider 속성값

[그림 5-61] Capsule Collider 컴포넌트의 속성 설정

Rigidbody 컴포넌트의 속성은 질량을 나타내는 mass를 20으로 설정한다. Constraints는 위치와 회전에 제한을 거는 속성으로 Freeze Rotation의 X축과 Z축에 체크한다. 이는 X축과 Z축으로 회전을 금지하는 역할을 한다.

[그림 5-62] Rigidbody 컴포넌트의 속성 설정

실행한 후 Barrel을 향해 총을
발사하면 총알이 튕겨 나가고
Barrel이 살짝 뒤로 움직이는
모습을 볼 수 있다.

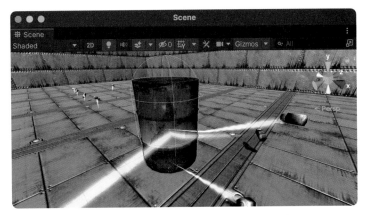

[그림 5-63] Capsule Collider에 충돌해 튕기는 Bullet

이제 Barrel에 충돌한 Bullet을 제거하고 스파크 효과를 발생시켜보자. 앞서 Wall에 추가했던
RemoveBullet 스크립트를 재활용한다. Barrel에 RemoveBullet 스크립트를 추가하고 SparksEffect를 연
결한다.

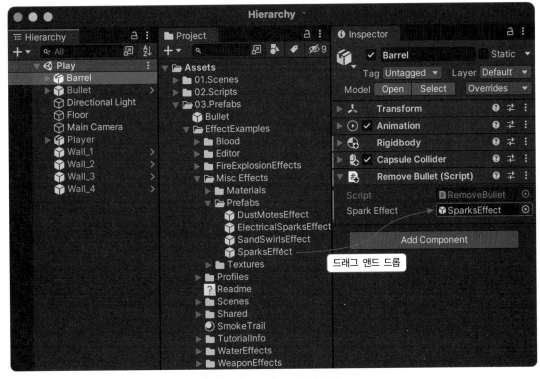

[그림 5-64] Barrel에 RemoveBullet 스크립트를 추가하고 SparksEffect 프리팹 연결

실행 후 총을 Barrel을 향해 발사하면 총알과 드럼통의 충돌 접점에서 스파크 효과가 발생하고 Bullet이 제거되는 것을 확인할 수 있다.

[그림 5-65] 총알의 충돌 접점에 스파크 파티클 효과

드럼통은 총알을 세 발 맞았을 경우에 폭발하게 한다. BarrelCtrl이라는 스크립트를 새로 생성하고 다음과 같이 작성한 후 하이러키 뷰의 Barrel에 추가한다.

스크립트 5-9 BarrelCtrl – 폭발 효과

```
using System.Collections;
using System.Collections.Generic;
using UnityEngine;

public class BarrelCtrl : MonoBehaviour
{
    // 폭발 효과 파티클을 연결할 변수
    public GameObject expEffect;

    // 컴포넌트를 저장할 변수
    private Transform tr;
    private Rigidbody rb;

    // 총알 맞은 횟수를 누적시킬 변수
    private int hitCount = 0;
```

```
    void Start ()
    {
        tr = GetComponent<Transform>();
        rb = GetComponent<Rigidbody>();
    }


    // 충돌 시 발생하는 콜백 함수
    void OnCollisionEnter(Collision coll)
    {
        if (coll.collider.CompareTag("BULLET"))
        {
            // 총알 맞은 횟수를 증가시키고 3회 이상이면 폭발 처리
            if (++hitCount == 3){
                ExpBarrel();
            }
        }
    }


    // 드럼통을 폭발시킬 함수
    void ExpBarrel()
    {
        // 폭발 효과 파티클 생성
        GameObject exp = Instantiate(expEffect, tr.position, Quaternion.identity);
        // 폭발 효과 파티클 5초 후에 제거
        Destroy(exp, 5.0f);

        // Rigidbody 컴포넌트의 mass를 1.0으로 수정해 무게를 가볍게 함
        rb.mass = 1.0f;
        // 위로 솟구치는 힘을 가함
        rb.AddForce(Vector3.up * 1500.0f);

        // 3초 후에 드럼통 제거
        Destroy(gameObject, 3.0f);
    }
}
```

BarrelCtrl 스크립트는 드럼통에 총알이 3발 명중했을 때 폭발하는 파티클을 생성하고 해당 드럼통을 위로 솟구치게 한다. 충돌 시 발생하는 OnCollisionEnter 함수에서 hitCount 변수를 +1씩 증가시켜 3이면 ExpBarrel() 함수를 호출한다.

```csharp
// 충돌 시 발생하는 콜백 함수
void OnCollisionEnter(Collision coll)
{
    if (coll.collider.CompareTag("BULLET"))
    {
        // 총알 맞은 횟수를 증가시키고 3회 이상이면 폭발 처리
        if (++hitCount == 3){
            ExpBarrel();
        }
    }
}
```

ExpBarrel 함수에서는 폭발 효과 프리팹을 동적으로 생성시키고 Rigidbody.AddForce 함수를 이용해 위쪽으로 힘을 가한다.

드럼통이 폭발할 때 생성할 SmallExplosionEffect 프리팹은 시간이 지나도 여전히 하이러키 뷰에 남아있다. 이것 역시 게임오브젝트로서 지속해서 쌓이면 메모리를 차지해 메모리 누수의 원인이 된다. 따라서 파티클 효과는 소멸(정지)하더라도 반드시 삭제해야 한다.

```csharp
// 드럼통을 폭발시킬 함수
void ExpBarrel()
{
    // 폭발 효과 파티클 생성
    GameObject exp = Instantiate(expEffect, tr.position, Quaternion.identity);
    // 폭발 효과 파티클 5초 후에 제거
    Destroy(exp, 5.0f);

    // Rigidbody 컴포넌트의 mass를 1.0으로 수정해 무게를 가볍게 함
    rb.mass = 1.0f;
    // 위로 솟구치는 힘을 가함
    rb.AddForce(Vector3.up * 1500.0f);
```

```
    // 3초 후에 드럼통 제거
    Destroy(gameObject, 3.0f);
}
```

Barrel에 추가한 BarrelCtrl 스크립트의 ExpEffect 속성에 폭발 효과를 내는 파티클을 연결한다. 프로젝트 뷰의 "03.Prefabs/EffectExamples/FireExplosionEffects/Prefabs" 폴더에 있는 SmallExplosionEffect를 연결한다.

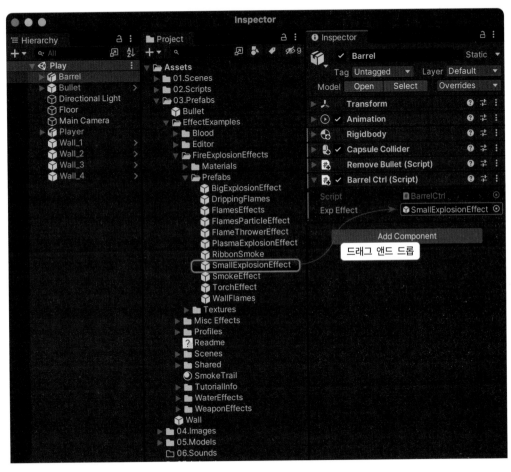

[그림 5-66] 폭발 효과 파티클 연결

SmallExplosionEffect 프리팹은 계속 반복하도록 설정돼 있기 때문에 SmallExplosionEffect의 Particle System 컴포넌트의 [Open Editor]로 들어가 파티클의 Looping 속성을 모두 언체크한다([그림 5-57] 참고). 이제 게임을 실행해 총알을 세 발 맞으면 폭발과 함께 위로 솟구치는지 확인해보자.

[그림 5-67] 총알이 3발 명중된 후 위로 솟구치는 드럼통

하이러키 뷰의 간략화

하이러키 뷰의 Barrel을 "03.Prefabs" 폴더로 이동해 프리팹으로 변환한다.

[그림 5-68] Barrel을 프리팹으로 변환

프리팹으로 변환한 후 스테이지에 Barrel을 복제해 여러 개 배치하려고 한다. 20여 개 정도 복제해 배치한다고 하면 하이러키 뷰에 표시되는 게임오브젝트의 개수가 많아져 작업할 때 번거롭기 때문에 간략히 유지하는 것이 개발에 도움이 된다. 이럴 때는 더미(Dummy) 게임오브젝트를 생성하고 그 게임오브젝트 하위에 복제하면 하이러키 뷰를 간략하게 유지할 수 있다.

하이러키 뷰에 빈 게임오브젝트를 생성하고 이름을 "_STAGES"로 지정한다. 하이러키 뷰의 정렬 옵션이 알파벳 정렬로 돼 있을 때 게임오브젝트 이름이 특수 문자로 시작하면 가장 상위에 위치한다.

[그림 5-69] 더미 게임오브젝트 _STAGES 생성

이제 하이러키 뷰의 Barrel 프리팹을 선택하고 복제하는 단축키(윈도우: Ctrl + D, 맥: command + D)를 눌러 하나씩 복제한 다음 적절한 위치로 이동시킨다. 이 작업을 여러 번 반복해 여러분이 생성하고 싶은 개수만큼 Barrel을 배치하자. 이렇게 배치한 Barrel은 다음 장에서 장애물로 활용할 것이다.

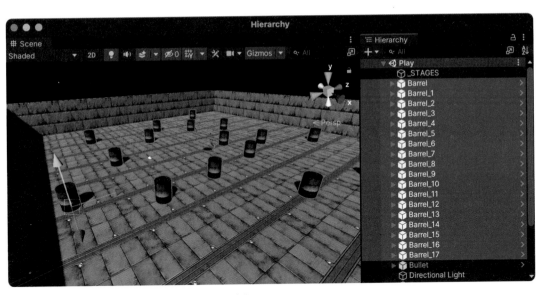

[그림 5-70] 스테이지에 여러 개 복제해 배치한 Barrel 프리팹

복제한 Barrel 프리팹들을 모두 선택한 후 _STAGES 폴더로 드래그해 이동시키고 Collapse시키면 하이러키 뷰를 간결하게 유지할 수 있다.

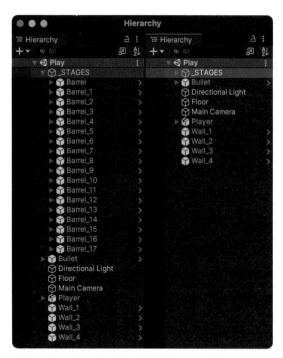

[그림 5-71] _STAGES 하위로 이동시킨 Barrel 프리팹

텍스처 변경하기 – Mesh Renderer

여러 개 배치한 드럼통은 모두 같은 텍스처로 적용돼 있는데, 시작과 동시에 텍스처를 다양하게 변경시켜
보자. 텍스처의 적용은 Mesh Renderer 컴포넌트에 연결된 Material에서 지정한다. 여기서 사용한 Barrel
모델의 Mesh Renderer 컴포넌트는 Barrel 하위에 있는 Barrel에 추가돼 있다. 즉, 부모 오브젝트인
Barrel은 빈 게임오브젝트다.

[그림 5-72]] Barrel 하위에 있는 Mesh Renderer 컴포넌트

따라서 하위에 있는 `Mesh Renderer`를 연결할 변수를 선언하고 미리 연결한 다음 스크립트에서 텍스처만 변경할 수도 있지만, 스크립트에서 직접 연결하는 방식으로 구현해보자. `BarrelCtrl` 스크립트를 다음과 같이 수정한다.

스크립트 5-10 BarrelCtrl – 불규칙한 텍스처를 적용하는 로직 추가

```
using System.Collections;
using System.Collections.Generic;
using UnityEngine;

public class BarrelCtrl : MonoBehaviour
{
    // 폭발 효과 파티클을 연결할 변수
    public GameObject expEffect;
    // 무작위로 적용할 텍스처 배열
    public Texture[] textures;
    // 하위에 있는 Mesh Renderer 컴포넌트를 저장할 변수
    private new MeshRenderer renderer;

    // 컴포넌트를 저장할 변수
    private Transform tr;
```

```
    private Rigidbody rb;

    // 총알 맞은 횟수를 누적시킬 변수
    private int hitCount = 0;

    void Start ()
    {
        tr = GetComponent<Transform>();
        rb = GetComponent<Rigidbody>();
        // 하위에 있는 MeshRenderer 컴포넌트를 추출
        renderer = GetComponentInChildren<MeshRenderer>();

        // 난수 발생
        int idx = Random.Range(0, textures.Length);
        // 텍스처 지정
        renderer.material.mainTexture = textures[idx];
    }

    [중략...]
}
```

클래스 선언부에 선언한 renderer 변수는 유니티의 Component.renderer로 정의된 멤버 변수로서 new 키워드를 사용하지 않으면 다음과 같이 CS0108 경고 문구를 표시한다. new 키워드는 상속받은 Base 멤버 변수가 아니라 새롭게 선언한 변수라는 의미다.

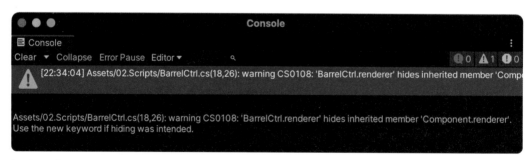

[그림 5-73] Base 멤버 변수임을 알리는 경고 문구

여러분이 사용한 Barrel 모델은 3장의 텍스처를 제공한다. 따라서 여러 개의 텍스처를 저장하기 위해 Texture 타입의 배열을 선언한다.

```
// 무작위로 적용할 텍스처 배열
public Texture[] textures;
```

Start 함수에서 textures 배열의 무작위 첨자(Index)는 난수를 발생시키는 Random.Range(min, max) 함수를 사용해 idx 변수에 저장한다. Barrel의 하위에 있는 Mesh Renderer 컴포넌트를 추출해 저장한 renderer 변수를 통해 머티리얼의 텍스처 속성인 mainTexture에 textures 배열에 저장된 텍스처를 할당하면 Barrel의 텍스처가 변경된다.

```
// 난수 발생
int idx = Random.Range(0, textures.Length);
// 텍스처 지정
renderer.material.mainTexture = textures[idx];
```

난수를 발생시키는 함수인 Random.Range는 시작과 종료 인자의 타입에 따라 반환되는 범위가 다르다. Random.Range(float min, float max)처럼 인자가 Float 타입일 때는 max 값을 포함한 난수가 발생하며, 인자가 Integer 타입일 때는 max 값은 포함하지 않는다. 즉, max-1 값을 반환한다.

사용법	결괏값
Random.Range(1.0f, 10.0f)	1.0f ~ 10.0f 범위의 난수 발생 (max까지가 범위)
Random.Range(1, 10)	1 ~ 9 범위의 난수 발생 (max-1까지가 범위)

[표 5-7] 인자의 타입에 따른 결괏값

 팁   UnityEngine.Random과 System.Random의 혼란

Visual Studio 2019를 사용할 때 컴파일러 옵션에 따라 UnityEngine.Random 클래스를 C#의 System.Random 고유 클래스로 인식하는 경우에 인자가 불일치한다는 오류 메시지를 출력한다. 이런 경우에는 using 구문을 사용해 다음과 같이 Random 클래스를 직접 정의하면 해당 오류를 피할 수 있다.

```
using Random = UnityEngine.Random;
```

스크립트를 수정한 후 프로젝트 뷰에서 원본 Barrel 프리팹을 선택하고 "05.Models/Barrel" 폴더에 있는 텍스처를 BarrelCtrl 스크립트의 textures 배열에 드래그 앤 드롭해 연결한다. 원본 Barrel 프리팹을 직접 수정했기 때문에 하이러키 뷰의 모든 복사본 Barrel 프리팹에 자동으로 변경 사항이 반영된다.

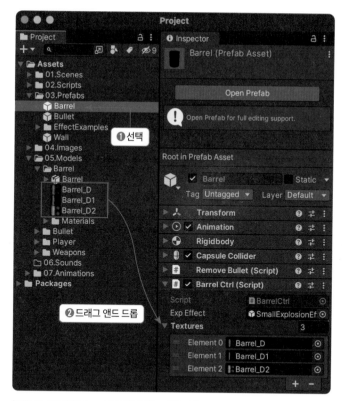

[그림 5-74] 원본 Barrel 프리팹에 텍스처를 적용

실행해보면 스테이지에 배치한 드럼통의 텍스처가 무작위로 변경되는 모습을 확인할 수 있다.

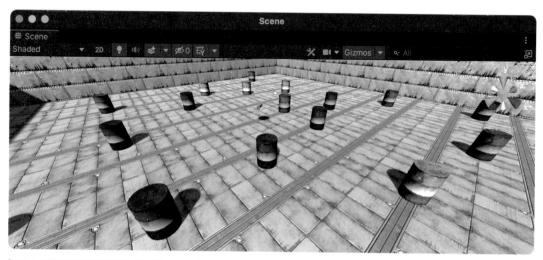

[그림 5-75] 실행할 때마다 다른 텍스처로 표시되는 Barrel

폭발력 적용하기 – AddExplosionForce

앞서 드럼통이 폭발하면서 위로 솟구치는 로직을 구현했다. 실제로 폭발하면서 주변의 물체까지 폭발력을 전달해 간접적으로 데미지를 주는 로직을 구현해보자. 먼저 폭발하는 드럼통 주변의 물체가 어떤 것인지 알아야 한다. 지금까지 배웠던 범위에서 생각해 본다면 드럼통에 Sphere Collider를 추가해 충돌된 물체가 무엇인지 알 수 있지만, 폭발하는 순간 주변의 물체를 추출하는 방식으로 구현해보자. 또한, 드럼통만 데미지를 적용한다.

스크립트를 변경하기 전에 먼저 레이어(Layer)를 추가한다. 유니티에서 레이어는 포토샵 또는 일러스트레이터 같은 툴의 레이어와는 다른 개념으로 그룹(Group)이라는 의미로 볼 수 있다. 레이어는 다양한 로직 또는 기능에 활용할 수 있다. 예를 들어 스크립트 로직이 특정 레이어에만 반응하게 하거나 조명이 특정 레이어에만 비치게 하는 기능에 응용할 수 있다.

레이어를 추가하는 방법은 툴바 오른쪽에 있는 Layers 콤보 박스를 클릭한 다음 [Edit Layers...]를 선택하거나 인스펙터 뷰의 상단에 있는 Layer 콤보 박스를 클릭해 [Add Layer...]를 선택한다.

[그림 5-76] 신규 레이어 추가

인스펙터 뷰에 "Tags & Layers"가 표시되면 User Layer 3에 "BARREL"을 입력한다. Tag 지정과 마찬가지로 레이어도 모두 대문자로 표기하길 권장한다. 비활성화된 레이어는 유니티 엔진 내부에서 사용하는 레이어다.

프로젝트 뷰의 원본 Barrel 프리팹을 선택하고 인스펙터 뷰의 Layer를 클릭한 다음 팝업 목록에서 추가한 레이어인 BARREL을 선택하면 레이어가 지정된다. 역시 원본 Barrel 프리팹을 직접 수정했기 때문에 씬에 만들어진 모든 복사본 Barrel의 레이어는 BARREL로 지정된다. 하위에 있는 게임오브젝트까지 레이어를 지정할 것인지 묻는 팝업창이 나오면 [No, this object only] 버튼을 클릭한다. 충돌을 감지하는 Collider 컴포넌트가 최상위 Barrel 게임오브젝트에 있기 때문에 하위까지 적용할 필요가 없다.

[그림 5-77] Barrel 프리팹의 레이어 지정

폭발하는 드럼통 주위에 어떤 드럼통이 있는지 판단할 때는 Physics.OverlapSphere 함수를 사용한다. 오른쪽 그림에서 노란색 드럼통이 폭발할 드럼통으로, 반경 몇 m 이내에 근접해 있는 드럼통을 가져올 수 있다. 그림에서 빨간색 드럼통은 폭발 효과의 범위를 벗어난 것으로 폭발 효과를 전달할 필요가 없다.

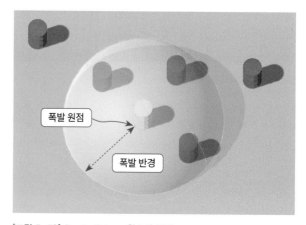

[그림 5-78] OverlapSphere 함수의 개념

또한, OverlapSphere 함수는 추출하려는 반경 이내에 들어와 있는 것 중에 특정 레이어만 검출할 수 있다. BarrelCtrl 스크립트를 다음과 같이 수정한다.

```csharp
using System.Collections;
using System.Collections.Generic;
using UnityEngine;
using Random = UnityEngine.Random;

public class BarrelCtrl : MonoBehaviour
{
    // 폭발 효과 파티클을 연결할 변수
    public GameObject expEffect;
    // 무작위로 적용할 텍스처 배열
    public Texture[] textures;
    // 폭발 반경
    public float radius = 10.0f;
    // 하위에 있는 Mesh Renderer 컴포넌트를 저장할 변수
    private new MeshRenderer renderer;

    // 컴포넌트를 저장할 변수
    private Transform tr;
    private Rigidbody rb;

    // 총알 맞은 횟수를 누적시킬 변수
    private int hitCount = 0;

    void Start ()
    {
        tr = GetComponent<Transform>();
        rb = GetComponent<Rigidbody>();
        // 하위에 있는 MeshRenderer 컴포넌트를 추출
        renderer = GetComponentInChildren<MeshRenderer>();

        // 난수 발생
        int idx = Random.Range(0, textures.Length);
        // 텍스처 지정
        renderer.material.mainTexture = textures[idx];
```

```csharp
    }

    // 충돌 시 발생하는 콜백 함수
    void OnCollisionEnter(Collision coll)
    {
        if (coll.collider.CompareTag("BULLET"))
        {
            // 총알 맞은 횟수를 증가시키고 3회 이상이면 폭발 처리
            if (++hitCount == 3)
            {
                ExpBarrel();
            }
        }
    }

    // 드럼통을 폭발시킬 함수
    void ExpBarrel()
    {
        // 폭발 효과 파티클 생성
        GameObject exp = Instantiate(expEffect, tr.position, Quaternion.identity);
        // 폭발 효과 파티클 5초 후에 제거
        Destroy(exp, 5.0f);

        // Rigidbody 컴포넌트의 mass를 1.0으로 수정해 무게를 가볍게 함
        // rb.mass = 1.0f;
        // 위로 솟구치는 힘을 가함
        // rb.AddForce(Vector3.up * 1500.0f);

        // 간접 폭발력 전달
        IndirectDamage(tr.position);

        // 3초 후에 드럼통 제거
        Destroy(gameObject, 3.0f);
    }

    // 폭발력을 주변에 전달하는 함수
    void IndirectDamage(Vector3 pos)
    {
        // 주변에 있는 드럼통을 모두 추출
```

```
        Collider[] colls = Physics.OverlapSphere(pos, radius, 1 << 3);

        foreach(var coll in colls)
        {
            // 폭발 범위에 포함된 드럼통의 Rigidbody 컴포넌트 추출
            rb = coll.GetComponent<Rigidbody>();
            // 드럼통의 무게를 가볍게 함
            rb.mass = 1.0f;
            // freezeRotation 제한값을 해제
            rb.constraints = RigidbodyConstraints.None;
            // 폭발력을 전달
            rb.AddExplosionForce(1500.0f, pos, radius, 1200.0f);
        }
    }
}
```

Rigidbody.mass 속성과 Rigidbody.AddForce 함수를 사용해 폭발력을 생성했던 소스는 주석 처리하거나 삭제하고 IndirectDamage 함수를 호출한다.

```
// 드럼통을 폭발시킬 함수
void ExpBarrel()
{
    // 폭발 효과 파티클 생성
    GameObject exp = Instantiate(expEffect, tr.position, Quaternion.identity);
    // 폭발 효과 파티클 5초 후에 제거
    Destroy(exp, 5.0f);

    // Rigidbody 컴포넌트의 mass를 1.0으로 수정해 무게를 가볍게 함
    // rb.mass = 1.0f;
    // 위로 솟구치는 힘을 가함
    // rb.AddForce(Vector3.up * 1500.0f);

    // 간접 폭발력 전달
    IndirectDamage(tr.position);

    // 3초 후에 드럼통 제거
    Destroy(gameObject, 3.0f);
}
```

폭발력을 발생시키는 `IndirectDamage` 함수에서 사용한 `Physics.OverlapSphere` 함수의 인자는 다음과 같다.

> `Physics.OverlapSphere(원점, 반지름, 검출 대상 레이어)`

원점은 폭발 원점으로 현재 드럼통의 위치를 넘겨주고, 반지름은 `radius` 변숫값인 10.0f로 적용된다. 즉, 드럼통을 기준으로 반경 10m에 있는 `Collider` 컴포넌트를 추출한다. 3번째 인자인 레이어는 비트 연산 표기법을 사용해 3번째 레이어를 의미하는 1<<3을 사용한다. 1<<3을 이진수로 표현하면 2^3이다. 따라서 10진수인 8(=2^3)을 대입해도 같은 결과를 얻는다. 하지만 레이어 인자에 10진수를 사용하지 않고 비트 연산 표기법을 사용하는 이유는 다음과 같이 다양한 논리 연산이 가능하기 때문이다.

- 1<<8 | 1<<9: OR 연산, 8번 또는 9번 레이어
- ~(1<<8): NOT 연산, 8번 레이어를 제외한 나머지 모든 레이어

```
// 주변에 있는 드럼통을 모두 추출
Collider[] colls = Physics.OverlapSphere(pos, radius, 1 << 3);
```

`Physics.OverlapSphere` 함수의 반환 값은 조건에 맞고 해당 범위에 들어온 모든 `Collider` 컴포넌트가 배열에 담겨 넘어온다. 따라서 `foreach` 구문을 이용해 배열의 처음부터 마지막까지 순회하면서 폭발력을 적용한다.

폭발력을 생성하는 `Rigidbody.AddExplosionForce` 함수의 인자는 다음과 같다. 네 번째 인자는 위로 솟구치는 힘을 의미하며, 이 인자를 생략하면 생성되는 폭발력은 횡(가로 방향)으로만 적용된다.

> `Rigidbody.AddExplosionForce(횡 폭발력, 폭발 원점, 폭발 반경, 종 폭발력)`

```
foreach(var coll in colls)
{
    // 폭발 범위에 포함된 드럼통의 Rigidbody 컴포넌트 추출
    rb = coll.GetComponent<Rigidbody>();
    // 드럼통의 무게를 가볍게 함
    rb.mass = 1.0f;
    // freezeRotation 제한값을 해제
    rb.constraints = RigidbodyConstraints.None;
    // 폭발력을 전달
    rb.AddExplosionForce(1500.0f, pos, radius, 1200.0f);
}
```

유니티를 실행해 드럼통을 폭발시키고, 주변의 드럼통에도 폭발력이 전달되는지 확인해보자.

[그림 5-79] 폭발한 드럼통 주변의 드럼통에도 전달되는 폭발력

OverlapSphereNonAlloc

Physics.OverlapSphere 함수는 실행 시 Sphere 범위에 검출될 개수가 명확하지 않을 때만 사용해야 한다. 메모리 Garbage가 발생하기 때문이다. 따라서 Sphere 범위에 검출될 개수가 명확할 때는 Garbage가 발생하지 않는 Physics.OverlapSphereNonAlloc 함수를 사용하기를 권장한다. 이 함수는 결괏값을 저장할 정적 배열을 미리 선언해 사용하며 실행 중에 배열의 크기를 변경할 수 없다.

```
// 결괏값을 저장할 정적 배열을 미리 선언
Collider[] colls = new Collider[10];

// 폭발력을 주변에 전달하는 함수
void IndirectDamage(Vector3 pos)
{
    // 가비지 컬렉션이 발생
    // Collider[] colls = Physics.OverlapSphere(pos, radius, 1 << 3);

    // 가비지 컬렉션이 발생하지 않음
    Physics.OverlapSphereNonAlloc(pos, radius, colls, 1<<3);

    foreach(var coll in colls)
    {
```

```
        // 폭발 범위에 포함된 드럼통의 Rigidbody 컴포넌트 추출
        rb = coll.GetComponent<Rigidbody>();
        // 드럼통의 무게를 가볍게 함
        rb.mass = 1.0f;
        // freezeRotation 제한값을 해제
        rb.constraints = RigidbodyConstraints.None;
        // 폭발력을 전달
        rb.AddExplosionForce(1500.0f, pos, radius, 1200.0f);
    }
}
```

🔍 **정보** Overlap 계열의 함수

Physics 클래스는 검출 형태(Box, Capsule, Sphere)에 따라서 다음과 같은 Overlap 계열의 함수를 제공한다.

- OverlapBox
- OverlapBoxNonAlloc
- OverlapCapsule
- OverlapCapsuleNonAlloc
- OverlapSphere
- OverlapSphereNonAlloc

자세한 내용은 다음 URL을 참고한다.

- https://docs.unity3d.com/ScriptReference/Physics.html

오디오

게임 개발에서 오디오는 매우 중요한 요소이며, 적절한 배경음악이나 효과음만으로도 게임의 분위기가 결정될 정도로 영향력이 크다. 유니티에서 제공하는 오디오 시스템은 외부 오디오 라이브러리가 없어도 될 만큼 훌륭한 기능을 제공한다. 대부분의 오디오 파일(AIFF, WAV, MP3, Ogg 등)을 임포트할 수 있으며 리버브(Reverb), 에코(Echo), 필터링(Filtering)과 같은 음원 효과를 낼 수 있다.

AudioListener, AudioSource 컴포넌트

이제 총알 발사 시 효과음을 추가해보자. 오디오를 구현하려면 다음의 두 가지 컴포넌트가 필요하다. 사람의 귀처럼 소리를 듣는 역할을 하는 AudioListener 컴포넌트와 소리를 내는 음원 역할을 하는 AudioSource 컴포넌트가 있어야 한다.

- AudioListener: 소리를 듣는 역할
- AudioSource: 소리를 발생시키는 역할

AudioListener는 씬에서 반드시 한 개만 존재해야 하고, 그와 반대로 AudioSource는 여러 개가 있을 수 있다. 그리고 실제로 소리를 재생시키고자 하는 오디오 파일이 필요하다.

[그림 5-80] AudioListener와 AudioSource 컴포넌트의 관계

AudioListener 컴포넌트는 Main Camera에 기본 컴포넌트로 추가돼 있다. AudioListener는 개발자가 조정할 수 있는 별도의 속성은 없다.

[그림 5-81] 기본으로 추가된 Main Camera의 AudioListener 컴포넌트

> ⚙ **주의** 여러 대의 카메라를 배치했을 때 반드시 확인해야 하는 주의사항
>
> 게임을 개발할 때 하나의 씬에 여러 개의 카메라를 사용해야 할 경우가 있다. 이 경우 나중에 추가한 카메라에는 기본적으로 AudioListener 컴포넌트가 추가돼 있으므로 다음과 같이 하나의 씬에 여러 개의 AudioListener 컴포넌트가 있다는 경고 메시지를 볼 수 있다. 따라서 어느 카메라에 있는 AudioListener 컴포넌트를 사용할 것인지 결정하고 나머지는 반드시 삭제해야 한다. 중복된 AudioListener를 삭제하지 않는다면 성능 저하를 경험하게 된다.

[그림 5-82] 씬에 하나 이상의 AudioListener 컴포넌트가 있을 때 나타나는 메시지

오디오 파일 임포트 및 설정

총소리 사운드 파일은 내려받은 리소스의 "Resources/Sounds" 폴더에서 WeaponSFX 패키지를 임포트하고 프로젝트 뷰의 "06.Sounds" 폴더로 드래그 앤드 드롭해 위치를 옮긴다.

[그림 5-83] 오디오 파일 임포트

WeaponSFX 패키지에는 Rifle과 Shotgun 두 가지 무기의 총소리와 폭발음이 포함돼 있으며, 먼저 Rifle 폴더에 있는 "p_m4_1" 사운드 파일을 사용한다. 이 파일을 선택하면 인스펙터 뷰에서는 압축 품질, 3D 효과, 스테레오, 모노 변환 등을 설정할 수 있고, 하단에 있는 Preview 영역에서는 음원의 파형 및 미리 듣기를 할 수 있다. 유니티에서는 이러한 음원 파일을 오디오 클립(Audio Clip)이라고 한다.

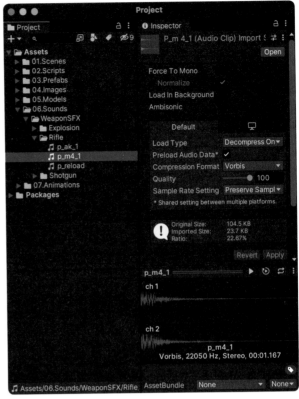

[그림 5-84] 총소리에 사용할 오디오 파일 임포트

임포트한 오디오 클립은 프리뷰에서 확인할 수 있듯이 2개의 채널로 이뤄져 있다. 즉, 스테레오 음원으로 음향 효과를 극대화한 게임이 아니라면 모노 음원으로 변환하는 것이 성능 면에서 유리하다. 특히 모바일 게임에서 스테레오 사운드는 용량과 성능 저하의 원인이 될 수 있다. 따라서 Force To Mono 옵션에 체크하고 [Apply] 버튼을 클릭해 모노로 변환한다. 모노 사운드로 변환이 완료되면 다음과 같이 사운드 프리뷰에 하나의 파형만 보인다. 임포트된 파일 크기도 23.7KB에서 7.4KB로 줄어든다.

[그림 5-85] 모노 사운드로 변환한 후 보이는 파형

오디오 임포트 옵션 – Load Type

유니티는 오디오 파일을 임포트할 때 설정된 플랫폼에 맞게 임포트 설정을 자동으로 처리한다. 기본 설정은 Decompress On Load와 Vorbis로 설정된다. 이 기본 옵션은 대부분은 크게 문제가 없지만, 잘못 설정하면 성능 저하의 원인이 된다. 먼저 **Load Type** 옵션을 알아보자. **Load Type**은 [표 5–8]과 같이 세 가지 옵션이 있으며 상황에 맞게 설정해야 한다.

[그림 5–86] 오디오의 Load Type 속성

Load Type 옵션	설명
Decompress On Load	실행과 동시에 압축을 해제하므로 큰 사이즈의 오디오 파일은 성능상 오버헤드를 발생시킨다. 따라서 작은 사이즈의 오디오에 적합하다. 압축이 미리 해제된 상태에서 저장되기 때문에 많은 메모리를 사용하지만, CPU 자원을 덜 소모하는 타입이다.
Compressed In Memory	메모리에 압축된 상태로 저장되며 실행 시 압축을 해제하기 때문에 약간의 성능상 오버헤드를 발생시킨다. 따라서 큰 사이즈의 오디오에 적합하다.
Streaming	Persistent 메모리(HDD, Flash Driver)에 저장된 오디오를 스트리밍 방식으로 재생한다(오디오 파일을 저장하기 위한 메모리가 필요 없다).

[표 5–8] Load Type의 옵션별 특성

오디오 임포트 옵션 – Compression Format

압축 포맷은 오디오 파일의 용도에 따라 다르게 설정해야 한다. 유니티에서 지원하는 오디오 압축 포맷으로는 PCM, ADPCM, Vorbis/MP3가 있다.

오디오 압축 포맷	설명
PCM	품질이 높은 대신 파일의 크기는 상대적으로 크기 때문에 짧은 오디오에 적합하다(비압축 포맷).
ADPCM	압축비가 PCM 대비 3.5배이기에 파일의 크기가 작지만, CPU 자원은 조금 더 사용한다. 노이즈가 포함돼 있어서 총소리, 발걸음 소리와 같이 잡음이 일부 포함된 오디오에 적합하다.
Vorbis / MP3	중간 길이 정도의 효과음 또는 배경음악에 적합하다. PCM 대비 품질은 떨어지며 압축률(Quality 설정)을 조절할 수 있다. 보통 압축률을 70% 정도로 설정하는 것이 무방하다.

[표 5–9] 압축 포맷별 특성

배경음악과 환경음은 대부분 큰 파일이기 때문에 실행할 때 미리 압축을 풀어서 메모리에 보관하면 가용 메모리가 줄어든다. 따라서 큰 파일의 오디오는 다음과 같은 임포트 설정을 권장한다. 특히 Compressed In Memory를 사용할 경우 압축해 메모리에 올리는 것으로 품질을 떨어뜨리면 파일 크기를 줄일 수 있다. 따라서 귀로 들어보고 음질의 손상이 없는 범위 내에서 적절하게 Quality 속성값을 설정하기를 권장한다.

Load Type	Compression Format	Quality
Streaming	Vorbis	
Compressed In Momory	Vorbis	70%

[표 5-10] 배경음악 또는 환경음의 임포트 권장 설정법

또한 오디오의 발생 빈도나 오디오 파일의 크기에 따라 다음 표와 같은 임포트 설정을 권장한다.

발생 빈도	파일의 크기	Load Type	Compression Format
빈번히 발생	작은 크기	Decompress On Load	PCM 또는 ADPCM
빈번히 발생	중간 크기	Compressed In Memory	ADPCM
가끔 발생	작은 크기	Compressed In Memory	ADPCM
가끔 발생	중간 크기	Compressed In Memory	Vorbis

[표 5-11] 상황별 임포트 권장 설정법

Preload Audio Data 속성은 씬이 로딩될 때 씬에서 사용하는 모든 오디오 클립이 미리 로딩된다. 기본값은 체크돼 있으며 만약 언체크돼 있으면 처음 오디오를 재생할 때 로딩되기 때문에 약간의 레이턴시가 발생할 수 있다.

총소리 구현

총을 발사할 때마다 총소리를 발생시켜보자. 총소리는 짧은 시간 안에 빈번히 발생시켜야 하는 음원이기에 다음과 같이 Load Type은 Decompress On Load로, Compression Format은 ADPCM으로 설정한다.

[그림 5-87] 총소리 음원의 속성 설정

먼저 총소리는 Bullet에서 발생시키기로 한다. 하이러키 뷰에서 Bullet 프리팹을 선택한 다음, 메뉴에서 [Component] → [Audio] → [Audio Source]를 차례로 선택해 AudioSource 컴포넌트를 추가한다. 추가한 AudioSource 컴포넌트의 속성을 다음과 같이 수정한다.

속성	설정값	설명
Audio Clip	p_m4_1.wav	발생시킬 음원 파일
Play On Awake	체크	해당 컴포넌트가 활성화될 때 자동 재생 여부
Min Distance	5	볼륨 100% 값으로 음원이 들리는 영역 범위
Max Distance	10	음원이 들리는 최대 영역 범위

[표 5-12] Bullet 프리팹의 AudioSource 컴포넌트 속성

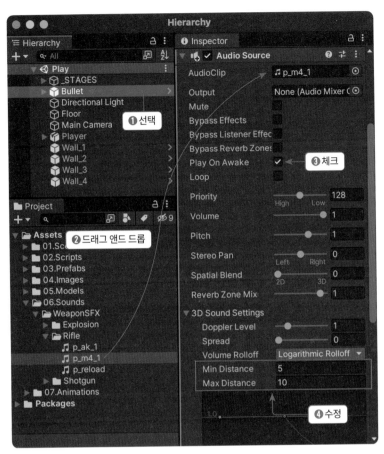

[그림 5-88] Bullet에 Audio Source 추가 후 속성 설정

AudioSource 컴포넌트는 다양한 오디오 효과를 연출하는 여러 속성이 있다. AudioListener가 소리를 들을 수 있는 범위, 즉 AudioSource가 발생시키는 소리가 전달되는 범위는 3D Sound Settings의 Min Distance와 Max Distance 속성으로 결정한다. Min Distance와 Max Distance는 [그림 5-89]와 같이 파란색 구체(Sphere)로 표현된다. 안쪽의 작은 원이 Min Distance이고 바깥쪽의 큰 원이 Max Distance를 의미한다.

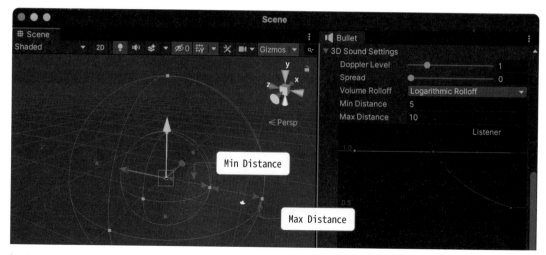

[그림 5-89] 소리의 전달 범위인 Min Distance와 Max Distance

Main Camera에 있는 AudioListener가 AudioSource의 Min Distance 범위에 있을 때는 100%의 볼륨 크기로 들리며, Min Distance부터 Max Distance 사이에 있을 때는 Volume Rolloff 옵션에 따라 볼륨이 서서히 감소한다. 그리고 AudioListener의 위치가 Max Distance를 넘어서면 소리가 50%의 볼륨 크기로 들린다.

Volume Rolloff 옵션은 Audio Source가 멀어질수록 볼륨이 감소하는 세 가지 프리셋(Preset) 옵션을 제공한다. 또한 하단의 커브드 에디터(Curved Editor)를 이용해 감소 효과의 세부적인 조정을 할 수 있다.

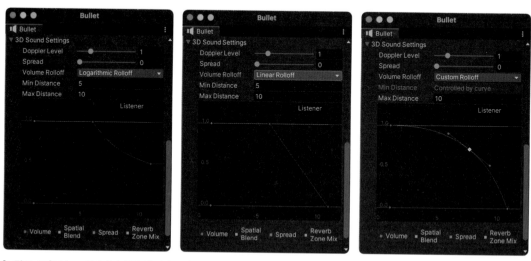

[그림 5-90] Volume Rolloff 속성의 세 가지 프리셋

하이러키 뷰의 Bullet을 수정했기 때문에 [Override] → [Apply All] 버튼을 클릭해 원본 Bullet 프리팹에 저장한다. 또 다른 방식은 새롭게 추가한 Audio Source 컴포넌트에서 마우스 오른쪽 버튼을 클릭해 팝업된 메뉴에서 [Added Component] → [Apply to Prefab 'Bullet']을 선택하는 것이다.

[그림 5-91] 마우스 오른쪽 버튼을 클릭해 팝업된 메뉴에서 프리팹을 저장하는 메뉴

이제 예제를 실행해 발사를 테스트해보자. 총알을 발사한 후 일시 정지시킨 다음 Bullet(Clone)을 선택하면 다음 그림과 같이 AudioSource의 음원 범위가 표시된다. 물론 짧은 시간 내에 빨리 멀어지는 Bullet 때문에 Volume Rolloff 효과는 거의 느끼지 못할 것이다. 하지만 고정된 객체의 경우에는 플레이어가 접근함에 따라 점점 소리가 커지는 효과를 체감할 수 있을 것이다.

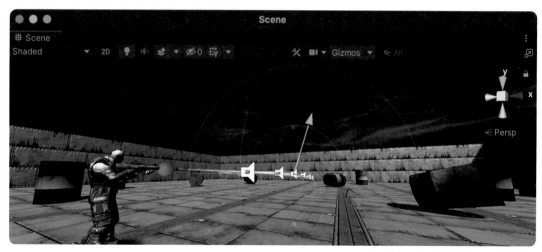

[그림 5-92] Audio Source가 추가된 Bullet의 발사 테스트

앞서 구현한 총소리는 Bullet 프리팹에서 직접 사운드를 발생시켰지만, 벽이나 드럼통 가까이에서 발사하면 Bullet이 충돌하자마자 삭제되므로 총소리가 모두 재생되기 이전에 사운드가 끊어지는 현상이 발생한다. 따라서 총소리의 생성은 스크립트에서 처리한다. 우선 프로젝트 뷰의 Bullet 프리팹 원본을 선택하고 추가했던 AudioSource 컴포넌트를 제거한다. 만약 하이러키 뷰에 있는 Bullet을 선택하고 Audio Source 컴포넌트를 제거했다면 반드시 Apply All 버튼을 클릭해 원본 프리팹에 변경사항을 저장해야 한다.

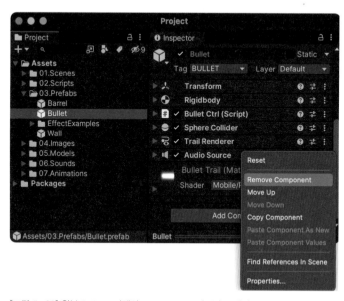

[그림 5-93] 원본 Bullet 프리팹의 AudioSource 컴포넌트 제거

총소리는 주인공 캐릭터에서 발생시켜보자. 하이러키 뷰의 **Player**에 **AudioSource** 컴포넌트를 추가한다. 추가한 **AudioSource** 컴포넌트의 속성은 아무것도 수정하지 않고, **FireCtrl** 스크립트는 다음과 같이 수정한다.

스크립트 5-12 FireCtrl – 총소리 오디오를 발생시키는 로직

```csharp
using System.Collections;
using System.Collections.Generic;
using UnityEngine;

// 반드시 필요한 컴포넌트를 명시해 해당 컴포넌트가 삭제되는 것을 방지하는 어트리뷰트
[RequireComponent(typeof(AudioSource))]
public class FireCtrl : MonoBehaviour
{
    // 총알 프리팹
    public GameObject bullet;
    // 총알 발사 좌표
    public Transform firePos;
    // 총소리에 사용할 오디오 음원
    public AudioClip fireSfx;

    // AudioSource 컴포넌트를 저장할 변수
    private new AudioSource audio;

    void Start ()
    {
        audio = GetComponent<AudioSource>();
    }

    void Update ()
    {
        // 마우스 왼쪽 버튼을 클릭했을 때 Fire 함수 호출
        if (Input.GetMouseButtonDown(0))
        {
            Fire();
        }
    }
```

```
    void Fire()
    {
        // Bullet 프리팹을 동적으로 생성
        Instantiate(bullet, firePos.position, firePos.rotation);
        // 총소리 발생
        audio.PlayOneShot(fireSfx, 1.0f);
    }
}
```

어떤 스크립트에서 반드시 함께 있어야만 하는 컴포넌트를 자동으로 추가하고, 실수로 의존성이 있는 컴포넌트를 삭제하는 것을 방지하기 위해 RequireComponent 어트리뷰트를 사용한다.

```
[RequireComponent(typeof(AudioSource))]
```

또한, FireCtrl에 설정한 RequireComponent 어트리뷰트 때문에 이미 추가된 AudioSource 컴포넌트를 삭제하려 한다면 다음과 같이 "스크립트에서 참조하고 있는 컴포넌트는 삭제할 수 없다"는 메시지가 나타난다.

[그림 5-94] 스크립트에서 참조하고 있는 컴포넌트를 삭제하려 했을 때 나타나는 메시지

총소리를 발생시키는 로직은 Fire 함수에서 처리하며, AudioSource 컴포넌트의 PlayOneShot 메서드를 사용한다.

```
AudioSource.PlayOneShot(오디오 클립, 볼륨)
```

FireCtrl 스크립트의 수정이 끝난 다음 인스펙터 뷰에 노출된 fireSfx 변수에 p_m4_1.wav 파일을 연결하고 테스트해보자. 이전과는 다르게 Bullet의 소멸 여부와 관계없이 소리의 끊김 현상이 없는 것을 확인할 수 있다.

[그림 5-95] FireCtrl 스크립트의 Fire Sfx 변수에 오디오 클립을 연결

총구 화염 효과 - Muzzle Flash

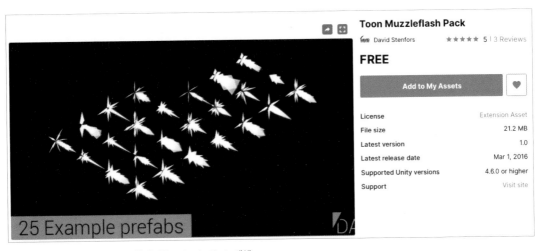

[그림 5-96] 에셋 스토어에서 구할 수 있는 Muzzle Flash 에셋

총구 화염 효과를 구현해 게임을 실감 나게 만들어보자. 총구 화염(Muzzle Flash)을 구현하는 데는 파티클 효과를 사용하거나 성능을 고려해 단순한 메시를 사용할 수 있다. 특히 대상 플랫폼이 모바일일 경우 파티클의 사용이 부담스러울 수 있기에 다수의 적 캐릭터가 출현한다면 가벼운 메시를 사용하는 방식으로 총구화염을 구현하는 것을 권장한다.

하이러키 뷰의 Player 하위에 있는 FirePos를 선택하고 마우스 오른쪽 버튼을 클릭해 팝업된 메뉴에서 [Create] → [3D Object] → [Quad]를 선택한다. FirePos 하위로 생성된 Quad의 이름을 "MuzzleFlash" 로 수정한다. Quad에는 Mesh Collider 컴포넌트가 기본으로 추가돼 있다. 이 컴포넌트를 제거하지 않으면 총알이 Mesh Collider에 충돌해 이상하게 휘어 나가기 때문에 Mesh Collider 컴포넌트는 삭제한다.

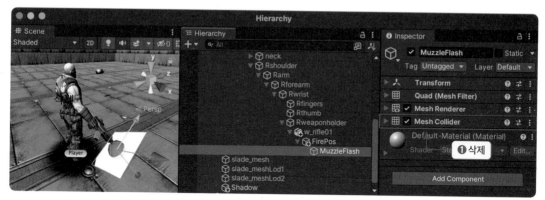

[그림 5-97] Quad로 생성한 MuzzleFlash의 Mesh Collider 컴포넌트 삭제

또한, 총구 화염 효과는 실시간 그림자 처리를 할 필요가 없으므로 Mesh Renderer 컴포넌트의 그림자와 관련된 속성인 Cast Shadows를 Off로 설정하고, 조명과 관련된 속성인 Receive Shadows를 언체크한다.

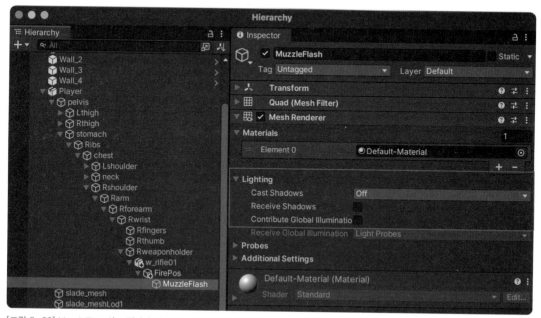

[그림 5-98] MuzzleFlash의 그림자와 관련된 속성을 비활성화

MuzzleFlash에 사용할 이미지로는 내려받은 리소스의 "Resources/Textures/Weapons" 폴더에 있는 MuzzleFlash.png 파일을 사용한다. 이 파일을 프로젝트 뷰의 "04.Images" 폴더로 드래그해 임포트한다.

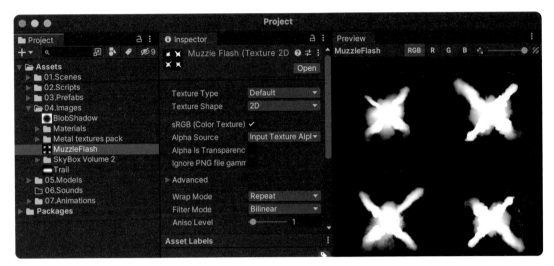

[그림 5-99] MuzzleFlash에 적용할 텍스처 임포트

이 텍스처는 불규칙한 네 개의 총구 화염이 하나의 이미지 파일에 들어 있다. 실제로 총알을 발사하면 네 개의 이미지 중에서 4분의 1영역의 이미지만 사용한다. 즉, 텍스처의 Offset 값을 변경해 네 개의 이미지를 불규칙하게 노출해 총구 화염 효과를 표현한다.

이 텍스처를 씬 뷰의 MuzzleFlash로 드래그해 텍스처를 적용한다. 텍스처를 직접 드래그해 적용하면 해당 텍스처가 있는 폴더의 Materials 폴더에 드래그해서 적용한 텍스처의 이름과 같은 머티리얼이 자동으로 생성된다. Materials 폴더가 없으면 Materials 폴더가 생성된다.

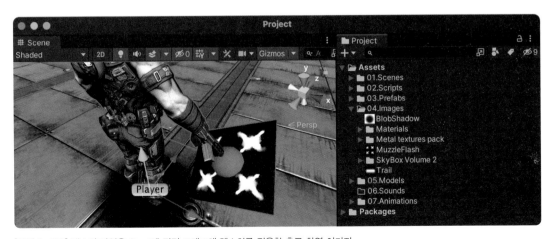

[그림 5-100] 텍스처 파일을 Quad에 직접 드래그해 텍스처를 적용한 총구 화염 이미지

하이러키 뷰의 **MuzzleFlash**를 선택한 후 인스펙터 뷰를 보면 연결된 머티리얼의 정보를 볼 수 있다. 먼저 **Shader** 속성을 [Mobile] → [Particles] → [Additive]로 변경하면 검은색 부분이 투명하게 처리된다. 네 개의 이미지 중 한 장의 이미지만 노출하기 위해 타일링 속성 **Tiling (X, Y)**를 (0.5, 0.5)로 설정한다.

[그림 5-101] 셰이더를 변경하고 타일링 속성을 변경한 MuzzleFlash

알을 발사할 때마다 네 개의 이미지 중 하나를 불규칙하게 표현하기 위해 머티리얼의 **Offset** 값을 변경한다. 즉, **Offset** 속성을 (0.5, 0.5)로 지정하면 오른쪽 위에 있는 이미지가 표현된다. 다음 그림은 **Offset** 속성값에 따라 표현되는 영역을 표시한 것이다.

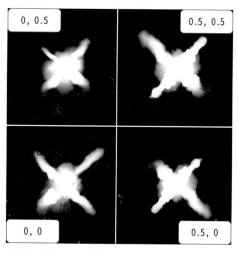

[그림 5-102] 머티리얼의 Offset 속성에 따라 표현되는 영역

주인공 캐릭터 하위에 있는 MuzzleFlash에 포함된 MeshRenderer 컴포넌트를 추출하는 로직을 FireCtrl 스크립트에 추가한다.

```
using System.Collections;
using System.Collections.Generic;
using UnityEngine;

// 반드시 필요한 컴포넌트를 명시해 해당 컴포넌트가 삭제되는 것을 방지하는 어트리뷰트
[RequireComponent(typeof(AudioSource))]
public class FireCtrl : MonoBehaviour
{
    // 총알 프리팹
    public GameObject bullet;
    // 총알 발사 좌표
    public Transform firePos;
    // 총소리에 사용할 오디오 음원
    public AudioClip fireSfx;

    // AudioSource 컴포넌트를 저장할 변수
    private new AudioSource audio;
    // Muzzle Flash의 MeshRenderer 컴포넌트
    private MeshRenderer muzzleFlash;

    void Start ()
    {
        audio = GetComponent<AudioSource>();

        // FirePos 하위에 있는 MuzzleFlash의 Material 컴포넌트를 추출
        muzzleFlash = firePos.GetComponentInChildren<MeshRenderer>();
        // 처음 시작할 때 비활성화
        muzzleFlash.enabled = false;
    }

    void Update ()
    {
        // 마우스 왼쪽 버튼을 클릭했을 때 Fire 함수 호출
        if (Input.GetMouseButtonDown(0))
```

```
        {
            Fire();
        }
    }

    void Fire()
    {
        // Bullet 프리팹을 동적으로 생성
        Instantiate(bullet, firePos.position, firePos.rotation);
        // 총소리 발생
        audio.PlayOneShot(fireSfx, 1.0f);
    }
}
```

MuzzleFlash 머티리얼의 Offset 값을 변경하려면 머티리얼 정보를 담고 있는 MeshRenderer 컴포넌트에 접근해야 한다. FirePos는 public 변수로 선언해 FireCtrl 스크립트에 연결해 놓았기 때문에 FirePos 게임오브젝트를 통해 하위에 있는 MuzzleFlash 게임오브젝트의 MeshRenderer 컴포넌트에 접근할 수 있다.

Start 함수에서 firePos 하위에 있는 MuzzleFlash의 MeshRenderer 컴포넌트를 추출하고 총을 발사할 때만 렌더링해야 하므로 MeshRenderer 컴포넌트를 비활성화시켜 처음에는 보이지 않게 한다.

```
void Start () {
    // FirePos 하위에 있는 MuzzleFlash의 Material 컴포넌트를 추출
    muzzleFlash = firePos.GetComponentInChildren<MeshRenderer>();
    // 처음 시작할 때 비활성화
    muzzleFlash.enabled = false;
}
```

실행하면 MuzzleFlash가 보이지 않으며 MuzzleFlash의 MeshRenderer 컴포넌트가 비활성화된 것을 확인할 수 있다.

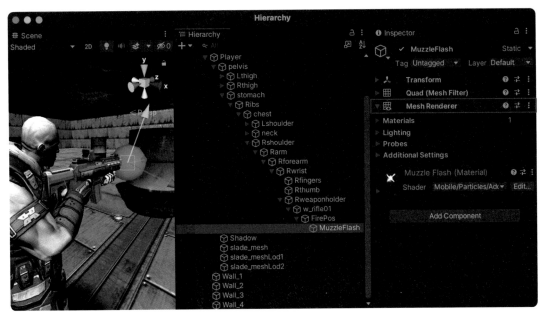

[그림 5-103] 실행 후 Mesh Renderer 컴포넌트가 비활성화된 MuzzleFlash

코루틴 함수

유니티는 게임을 실행하면 모든 스크립트에 일종의 **메시지 루프**(Message Loop)가 동작한다. 메시지 루프란 유니티의 다양한 이벤트 함수가 정해진 순서대로 실행되는 순환 구조를 말한다. 일반적인 함수를 호출하면 해당 함수 안의 로직을 다 수행해야만 실행이 끝난다.

만약 함수 안에서 수행하는 로직이 10초 정도의 시간이 걸린다고 가정하면 10초 동안 메시지 루프의 다른 로직을 실행할 수 없다는 것을 의미한다. 즉, 게임이 10초 동안 멈추는 현상이 발생한다. 다른 용어로는 이를 **블로킹**(Blocking)이라고 한다. 그리고 메시지 루프의 다른 함수가 정상적으로 실행되면서 시간이 오래 걸리는 함수를 병렬로 호출하는 것을 멀티 스레드(Multi thread)라고 한다.

유니티에서는 멀티 스레드와 같이 비동기(Asynchronous)로 처리해야 하는 로직을 구현하기 위해 멀티 스레드와 유사한 코루틴(Coroutine)을 제공한다. 코루틴을 **협력**(Co-)+**루틴**(Routine)의 합성어로 생각하면 "협력 루틴" 또는 "협력 동작"으로 해석할 수 있다. 즉, 메시지 루프와 코루틴이 서로 번갈아 가면서 로직을 수행한다고 이해할 수 있다.

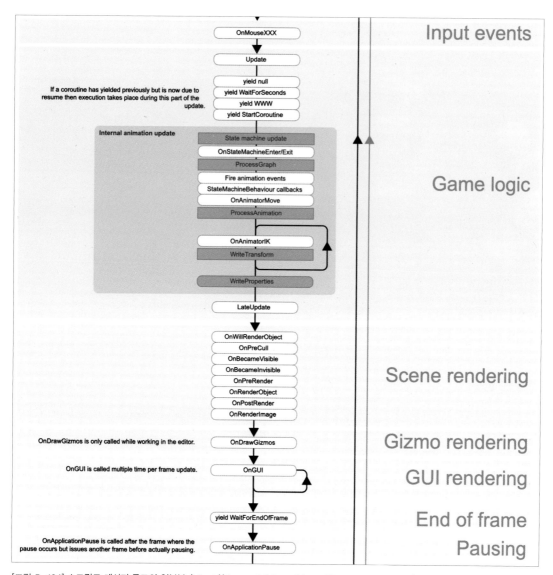

[그림 5-104] 스크립트 메시지 루프의 일부분 (https://docs.unity3d.com/Manual/ExecutionOrder.html)

다음 예제는 유니티 매뉴얼에 있는 스크립트로 for 반복문을 반복하면서 알파(Alpha) 값을 감소시켜 투명하게 처리하는 코드다. 하지만 일반 함수인 Fade 함수를 실행하면 한 프레임에서 for 반복문을 다 돌아버리기 때문에 바로 투명하게 처리돼 버린다.

```
void Fade()
{
    for (float f = 1f; f >= 0; f -= 0.1f)
    {
        Color c = GetComponent<Renderer>().material.color;
        c.a = f;
        GetComponent<Renderer>().material.color = c;
    }
}
```

이와 달리 다음 예제 코드는 한 프레임마다 점진적으로 알파 값을 감소시켜 실제로 투명 처리되는 과정을 눈으로 확인할 방법으로 코루틴을 사용했다. 코루틴 함수 안에 있는 yield 키워드를 만나면 제어 권한을 유니티의 메인 메시지 루프로 "양보"하는 방식으로 점진적인 작업을 처리할 수 있다. yield return null은 다음 프레임까지 해당 코루틴을 잠시 대기(정지)하는 동안 메인 메시지 루프로 제어권을 넘겨 다른 작업을 처리하라는 의미다. 즉, 프로세스가 블로킹되지 않고 마치 멀티 스레드로 처리하는 것과 비슷한 효과를 낸다.

```
IEnumerator Fade()
{
    for (float f = 1f; f >= 0; f -= 0.1f)
    {
        Color c = GetComponent<Renderer>().material.color;
        c.a = f;
        GetComponent<Renderer>().material.color = c;
        yield return null;
    }
}
```

코루틴 함수는 열거자 IEnumerator 타입으로 선언해야 하고 함수 내에 하나 이상의 yield 키워드를 사용해야 한다.

```
IEnumerator 함수명(인자1, 인자2, ...)
{
    [로직 1]                    ❶

    yield return null;          ❷
```

```
    [로직 2]                    ❸

    yield return null;          ❹

    [로직 3]                    ❺
}
```

위 예제에서 코루틴 함수의 실행 과정을 살펴보면 다음과 같다.

❶ [로직 1]을 실행

❷ yield return null: 코루틴 함수를 대기(정지)시키고 메시지 루프로 제어권을 양보

❸ 다음 프레임에서 [로직 2]를 실행

❹ yield return null: 코루틴 함수를 대기(정지)시키고 메시지 루프로 제어권을 양보

❺ 다음 프레임에서 [로직 3]을 실행한 후 코루틴 함수 종료

코루틴 함수는 일반 함수를 호출하듯이 함수명으로 호출할 수 없다. 다음과 같이 StartCoroutine() 함수를 이용해 호출한다. 코루틴 함수를 호출할 때 전달하는 인자는 함수의 원형(포인터)을 사용한다. 호출할 코루틴 함수명을 문자열로 전달할 수도 있지만, 그럴 경우 가비지 컬렉션이 발생하며 문자열로 호출한 코루틴은 개별적으로 정지시킬 수 없다는 문제가 있다. 따라서 문자열로 전달하는 방식을 사용하지 않기를 권한다.

```
void Update()
{
    if (Input.GetKeyDown(KeyCode.Space))
    {
        StartCoroutine(Fire()); // 함수의 원형을 전달하는 방식 (권장)
        StartCoroutine("Fire"); // 함수명을 문자열로 전달하는 방식
    }
}

IEnumerator Fire()
{
    [로직...]
    yield return null;
}
```

다음 프레임까지 정지하는 yield return null 구문 대신에 WaitForSeconds를 사용해 일정 시간을 정지(지연)시킬 수 있다. 아래 예제 코드는 적 캐릭터의 상태를 0.3초 간격으로 검사하는 로직으로 while 반복문의 탈출 조건인 isDie 변수가 true가 될 때까지 무한루프를 도는 코드다. 따라서 적 캐릭터의 상태는 0.3초 간격으로 지속적인 갱신을 할 수 있다. 이때 while 반복문 안에 yield 키워드가 없다면 정말로 무한루프에 빠져버리기 때문에 항상 주의를 기울여야 한다.

```
bool isDie;

IEnumerator CheckState()
{
    while (!isDie)
    {
        //적 캐릭터의 상태를 체크하는 로직
        yield return new WaitForSeconds(0.3f);
    }
}
```

MuzzleFlash의 블링크 효과

총알을 발사할 때마다 MuzzleFlash가 깜박거리는 블링크(Blink) 효과를 구현해보자. 사실 깜박거린다는 것은 눈에 보였다가 안 보이는 것을 반복하는 것으로 다음과 같은 일반적인 함수에서 처리하면 한 프레임 안에서 실행돼 우리가 보기에는 그냥 꺼진 것처럼 보인다.

```
void ShowMuzzleFlash()
{
    muzzleFlash.enabled = true;
    // 정지 또는 대기하는 로직이 필요
    muzzleFlash.enabled = false;
}
```

코루틴 함수를 이용해 잠깐 기다렸다가 꺼주는 로직을 구현한다면 총구 화염 효과를 표현할 수 있다. FireCtrl 스크립트를 다음과 같이 수정한다.

```csharp
using System.Collections;
using System.Collections.Generic;
using UnityEngine;

// 반드시 필요한 컴포넌트를 명시해 해당 컴포넌트가 삭제되는 것을 방지하는 어트리뷰트
[RequireComponent(typeof(AudioSource))]
public class FireCtrl : MonoBehaviour
{
    // 총알 프리팹
    public GameObject bullet;
    // 총알 발사 좌표
    public Transform firePos;
    // 총소리에 사용할 오디오 음원
    public AudioClip fireSfx;

    // AudioSource 컴포넌트를 저장할 변수
    private new AudioSource audio;
    // Muzzle Flash의 MeshRenderer 컴포넌트
    private MeshRenderer muzzleFlash;

    void Start ()
    {
        audio = GetComponent<AudioSource>();

        // FirePos 하위에 있는 MuzzleFlash의 Material 컴포넌트를 추출
        muzzleFlash = firePos.GetComponentInChildren<MeshRenderer>();
        // 처음 시작할 때 비활성화
        muzzleFlash.enabled = false;
    }

    void Update ()
    {
        // 마우스 왼쪽 버튼을 클릭했을 때 Fire 함수 호출
        if (Input.GetMouseButtonDown(0))
        {
            Fire();
        }
    }
```

```csharp
    void Fire()
    {
        // Bullet 프리팹을 동적으로 생성
        Instantiate(bullet, firePos.position, firePos.rotation);
        // 총소리 발생
        audio.PlayOneShot(fireSfx, 1.0f);
        // 총구 화염 효과 코루틴 함수 호출
        StartCoroutine(ShowMuzzleFlash());
    }

    IEnumerator ShowMuzzleFlash()
    {
        // MuzzleFlash 활성화
        muzzleFlash.enabled = true;

        // 0.2초 동안 대기(정지)하는 동안 메시지 루프로 제어권을 양보
        yield return new WaitForSeconds(0.2f);

        // MuzzleFlash 비활성화
        muzzleFlash.enabled = false;
    }
}
```

실행해서 총을 발사할 때마다 MuzzleFlash가 보이는 것을 확인할 수 있다.

[그림 5-105] 총을 발사할 때 표시되는 MuzzleFlash

MuzzleFlash의 텍스처 오프셋 변경

단순히 MeshRenderer 컴포넌트만 활성화/비활성화하는 것만으로는 총구 화염 효과라고 보기에는 어렵다. 먼저 MuzzleFlash에 연결한 Texture의 오프셋을 불규칙하게 변경해보자. 또한, MuzzleFlash를 불규칙적인 각도로 회전시키고 크기도 조절하면 좀 더 실감 나는 총구 화염을 연출할 수 있다.

텍스처의 오프셋 값은 SetTextureOffset 함수와 mainTextureOffset 속성으로 설정할 수 있다.

```
public void SetTextureOffset(string name, Vector2 value);
public Vector2 mainTextureOffset { get; set; }
```

FireCtrl 스크립트를 다음과 같이 수정한다.

스크립트 5-15 FireCtrl – MuzzleFlash의 텍스처 오프셋과 크기 및 회전 설정

```csharp
using System.Collections;
using System.Collections.Generic;
using UnityEngine;

// 반드시 필요한 컴포넌트를 명시해 해당 컴포넌트가 삭제되는 것을 방지하는 어트리뷰트
[RequireComponent(typeof(AudioSource))]
public class FireCtrl : MonoBehaviour
{
    // 총알 프리팹
    public GameObject bullet;
    // 총알 발사 좌표
    public Transform firePos;
    // 총소리에 사용할 오디오 음원
    public AudioClip fireSfx;

    // AudioSource 컴포넌트를 저장할 변수
    private new AudioSource audio;
    // Muzzle Flash의 MeshRenderer 컴포넌트
    private MeshRenderer muzzleFlash;

    void Start ()
    {
        audio = GetComponent<AudioSource>();
```

```
        // FirePos 하위에 있는 MuzzleFlash의 Material 컴포넌트를 추출
        muzzleFlash = firePos.GetComponentInChildren<MeshRenderer>();
        // 처음 시작할 때 비활성화
        muzzleFlash.enabled = false;
    }


    void Update ()
    {
        // 마우스 왼쪽 버튼을 클릭했을 때 Fire 함수 호출
        if (Input.GetMouseButtonDown(0))
        {
            Fire();
        }
    }


    void Fire()
    {
        // Bullet 프리팹을 동적으로 생성
        Instantiate(bullet, firePos.position, firePos.rotation);
        // 총소리 발생
        audio.PlayOneShot(fireSfx, 1.0f);
        // 총구 화염 효과 코루틴 함수 호출
        StartCoroutine(ShowMuzzleFlash());
    }


    IEnumerator ShowMuzzleFlash()
    {
        // 오프셋 좌푯값을 랜덤 함수로 생성
        Vector2 offset = new Vector2(Random.Range(0, 2), Random.Range(0, 2)) * 0.5f;
        // 텍스처의 오프셋 값 설정
        muzzleFlash.material.mainTextureOffset = offset;

        // MuzzleFlash의 회전 변경
        float angle = Random.Range(0, 360);
        muzzleFlash.transform.localRotation = Quaternion.Euler(0, 0, angle);

        // MuzzleFlash의 크기 조절
        float scale = Random.Range(1.0f, 2.0f);
        muzzleFlash.transform.localScale = Vector3.one * scale;
```

```
        // MuzzleFlash 활성화
        muzzleFlash.enabled = true;

        // 0.2초 동안 대기(정지)하는 동안 메시지 루프로 제어권을 양보
        yield return new WaitForSeconds(0.2f);

        // MuzzleFlash 비활성화
        muzzleFlash.enabled = false;
    }
}
```

텍스처의 오프셋 값을 수정하기 위해 **mainTextureOffset** 속성을 사용했다. 텍스처의 오프셋은 Vector2 타입으로 (x, y) 값을 갖는다. [그림 5–102]에서 제시한 오프셋은 다음과 같이 4개의 좌푯값 중 하나를 랜덤하게 추출해야 한다.

- (0, 0)
- (0, 0.5)
- (0.5, 0)
- (0.5, 0.5)

Random.Range(0, 2)가 반환하는 난수는 0, 1이고 이 값에 0.5f를 곱하면 결국 (0.0f, 0.5f) 값 중의 하나가 된다. 이 값을 **mainTextureOffset** 속성에 할당해 텍스처를 표시할 영역을 지정한다.

```
// 오프셋 좌푯값을 랜덤 함수로 생성
Vector2 offset = new Vector2(Random.Range(0, 2), Random.Range(0, 2)) * 0.5f;

// 텍스처의 오프셋 값 설정
muzzleFlash.material.mainTextureOffset = offset;
```

텍스처의 오프셋 설정은 다음과 같이 **SetTextureOffset** 함수를 사용해도 된다. 다만 셰이더의 프로퍼티명을 인자로 전달해야 한다.

```
// 오프셋 좌푯값을 랜덤 함수로 생성
Vector2 offset = new Vector2(Random.Range(0, 2), Random.Range(0, 2)) * 0.5f;
```

```
// 텍스처의 오프셋 값 설정
muzzleFlash.material.SetTextureOffset("_MainTxt", offset);
```

MuzzleFlash는 다른 게임오브젝트(FirePos) 아래에 차일드화된 게임오브젝트로서, 좌표, 회전 각도, 스케일을 수정하려면 반드시 localPosition, localRotation, localScale 속성을 사용해야 한다.

MuzzleFlash를 회전시키기 위한 localRotation 속성은 Quaterion 타입이므로 오일러 각을 Quaternion으로 변환시키는 Quaternion.Euler(x, y, z) 함수를 사용한다. 먼저 0°부터 360° 사잇값을 난수로 생성하고 그 값을 사용해 회전한다.

```
// MuzzleFlash의 회전 변경
float angle = Random.Range(0, 360);
muzzleFlash.transform.localRotation = Quaternion.Euler(0, 0, angle);
```

Quaternion.Euler 함수의 인자는 (x, y, z)와 같이 세 개의 축으로 나눠 전달할 수도 있고 다음과 같이 단위 벡터를 사용할 수도 있다. 유니티 원시 모델인 Quad로 만든 MuzzleFlash는 x축을 기준으로 −90° 회전된 모델로서 z축을 기준으로 회전시켜야 하므로 Vector3.forward를 사용한다.

```
muzzleFlash.transform.localRotation = Quaternion.Euler(Vector3.forward * angle);
```

스케일 역시 localScale 속성을 이용해 조절한다. 여기에 사용된 Vector3.one은 Vector3(1, 1, 1)을 나타내는 속성으로 Vector3.one * 1.5f는 new Vector3(1.5, 1.5, 1.5)와 같은 의미다. 따라서 Vector3.one에 곱하는 스칼라(Scala) 값을 난수로 발생시킨다.

```
// MuzzleFlash의 크기 조절
float scale = Random.Range(1.0f, 2.0f);
muzzleFlash.transform.localScale = Vector3.one * scale;
```

게임을 실행해 총알을 발사하면 MuzzleFlash의 텍스처, 크기 및 회전이 불규칙하게 변하는 것을 확인할 수 있다.

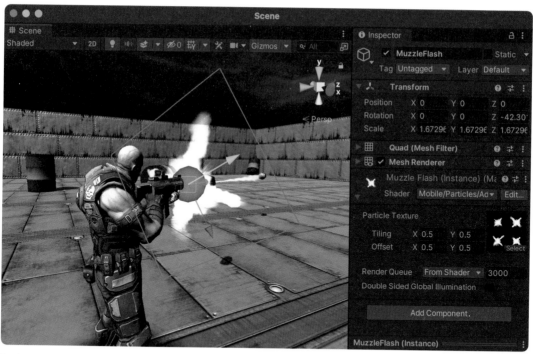

[그림 5-106] 불규칙한 텍스처 적용과 스케일 및 회전값이 변경되는 MuzzleFlash

코루틴의 응용 – 임계치

예제 게임을 시작할 때마다 에디트 모드에서 주인공 캐릭터가 바라보는 방향이 불규칙하게 변경된다. 이런 현상은 시작할 때 마우스의 좌우 이동값이 불규칙하게 넘어와서 발생하는 현상이다. 따라서 테스트를 쉽게 하기 위해 Start 함수를 코루틴 함수로 변경시켜 해결해보자. PlayerCtrl 스크립트를 다음과 같이 수정한다.

스크립트 5-16 PlayerCtrl – 런 모드 진입 시 회전값을 고정하는 로직

```
using System.Collections;
using System.Collections.Generic;
using UnityEngine;

public class PlayerCtrl : MonoBehaviour
{
    // 컴포넌트를 캐시 처리할 변수
    private Transform tr;
```

```
// Animation 컴포넌트를 저장할 변수
private Animation anim;

// 이동 속력 변수 (public으로 선언돼 인스펙터 뷰에 노출됨)
public float moveSpeed = 10.0f;
// 회전 속도 변수
public float turnSpeed = 80.0f;

IEnumerator Start()
{
    // 컴포넌트를 추출해 변수에 대입
    tr = GetComponent<Transform>();
    anim = GetComponent<Animation>();

    // 애니메이션 실행
    anim.Play("Idle");

    turnSpeed = 0.0f;
    yield return new WaitForSeconds(0.3f);
    turnSpeed = 80.0f;
}

[중략…]

}
```

Start 함수는 다른 이벤트 함수와는 다르게 코루틴으로 실행할 수 있다. void 대신 IEnumerator로 변경하고 회전 속도를 지정하는 변수를 0.0f로 초기화한다. 그리고 잠시 대기한 후 원래의 회전 속도값을 turnSpeed 변수에 지정한다. 즉, 처음 시작할 때 넘어온 마우스의 불규칙한 값을 적용하지 않고 안정적인 값이 넘어올 때까지 잠시 대기한 후 정상적인 로직을 실행하도록 한 것이다.

```
turnSpeed = 0.0f;
yield return new WaitForSeconds(0.3f);
turnSpeed = 80.0f;
```

이처럼 처음 시작할 때 쓰레깃값(노이즈, Noise)이 넘어온다면 코루틴을 활용해 허용 임계치를 적용할 수 있다. 모바일 게임에서 가상 조이스틱을 터치했을 때도 터치하자마자 조이스틱의 방향 벡터를 계산해 사용하면 쓰레깃값이 넘어와 주인공 캐릭터가 원하지 않는 방향으로 움직이는 현상이 발생한다. 이 또한 임계치를 적용해야 하는 대표적인 사례다. 따라서 일정 시간이 지난 후부터 계산하거나 조이스틱의 이동 변위(델타) 값이 임계치 이상일 때만 계산하는 방식을 사용한다.

이제부터는 실행했을 때 주인공 캐릭터가 엉뚱한 곳을 응시하지 않고 여러분이 설정한 방향을 바라본 채로 시작하는 것을 확인할 수 있다.

정리

이번 장은 물리 엔진, 충돌 콜백, 쿼터니언, 코루틴 함수, 오디오 등의 내용을 다뤘다. 아마도 게임을 제작할 때 가장 필수적이고 중요한 내용일 것이다. 따라서 이해가 가지 않는 부분이 있다면 충분히 복습하길 권장한다. 다음 장부터는 컴포넌트의 추가 및 연결하는 부분과 같이 기초적인 설명은 간략히 다루거나 생략하고 진행한다.

- **이 장까지의 소스 코드 내려받기**
  https://github.com/IndieGameMaker/SpaceShooter2021/releases/tag/5장

적 캐릭터
제작

이번 장에서는 유한상태머신을 이용해 적 캐릭터의 인공지능을 구현
하고 유연한 애니메이션을 위한 메카님 애니메이션 시스템에 대해 실
습하고, 내비게이션 시스템을 통해 이동 및 추적 로직을 구현한다.

적 캐릭터는 NPC(Non Playable Character)의 일종으로 게임에 참여한 플레이어가 조작할 수 없는 캐릭터를 말한다. 즉, 자신만의 인공지능(AI)을 가지고 있어 게임 속 플레이어와 유기적인 플레이를 할 수 있게 제작해야 현실감 있는 게임이 될 수 있다.

유한 상태 머신의 정의

NPC의 인공지능(AI)을 구현하는 방식에는 여러 가지가 있다. 그중 하나가 유한 상태 머신[1](FSM; Finite State Machine)으로, 적 캐릭터가 스스로 알아서 주변 환경에 적응하거나 들어오는 반응에 적절하게 반작용하도록 구현한 것을 일컫는다. 아래 그림처럼 적 캐릭터가 생성(스폰, Spawn)되고, 일정 범위를 순찰하다가 주인공을 추적하고 사정거리 이내에 근접하면 공격하는 것과 같은 구조를 상태 머신이라고 한다. 또한 피격을 당해 일정 데미지가 누적되면 사망하고 소멸하는 구조이기에 상태가 유한해서 "유한 상태 머신"이라고 부른다.

이 책에서 제작할 적 캐릭터는 생성되면 주변을 순찰하고, 플레이어를 만나면 추적을 시작하며, 사정거리 내에 근접하면 플레이어를 공격한다. 또한, 데미지를 입고 생명이 다하면 사망하는 FSM을 적용해 본다.

[그림 6-1] 유한 상태 머신 개념도

FSM의 단점이라면 상태가 많아질수록 상태와 상태 간의 연결(Transition)이 복잡해지고 코드의 확장과 유지 보수가 어려워지는 것이다. 이러한 점을 개선하기 위해 상태를 모듈화하고 계층적으로 분류하는 계층적 유한 상태 머신(HFSM; Hierachical Finite State Machine) 방식을 도입할 수 있다. 또한, 최근에는 행동 트리(BT; Behaviour Tree) 방식도 개발에 많이 적용한다.

---

1 유한 상태 기계라는 용어로도 불린다.

메카님

FSM의 상태에 따라 적절한 애니메이션 동작을 취할 수 있게 메카님(Mecanim)을 사용해 애니메이션을 제어해보자. 메카님은 유니티 4.0 버전부터 선보인 기능으로, 애니메이션 미들웨어 엔진의 일종이다. 기존의 레거시 애니메이션에서는 처리하기 어려웠던 유연한 애니메이션을 처리할 수 있게 해준다.

메카님은 리타게팅 기능을 제공해 인체형(Humanoid) 모델의 필수 본(Bone, 뼈대) 구조와 일치하면 다른 모델의 애니메이션이나 모션 캡처 애니메이션을 바로 적용할 수 있다. 따라서 타 모델에 적용한 애니메이션을 재사용할 수 있고, 모델에 고품질의 모션 캡처 동작을 적용해 애니메이션 퀄리티를 높일 수 있다는 장점이 있다.

- 노드 기반의 Visual Editor
- 세밀한 애니메이션 처리
- 리타게팅을 통한 애니메이션 적용

에셋 스토어에서는 많은 모션 캡처 애니메이션을 볼 수 있다. 전문 애니메이터가 없다면 에셋 스토어에서 찾아보는 것도 좋은 방법이다.

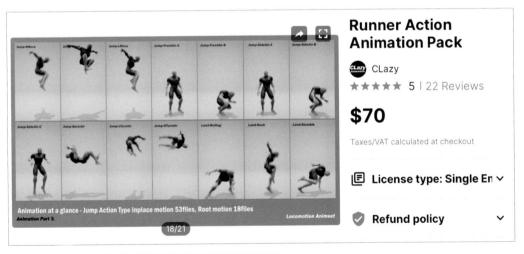

[그림 6-2] 리타게팅이 가능한 다양한 액션 동작의 애니메이션 패키지

메카님은 다음 그림과 같이 시각적인 설계 방식(WYSIWYG)의 에디터를 제공한다. 따라서 애니메이션 클립 간의 관계 설정을 쉽게 할 수 있고, 복잡한 애니메이션 설계가 가능하다. 또한, 애니메이터 뷰 자체가 FSM의 설계도이기도 하다.

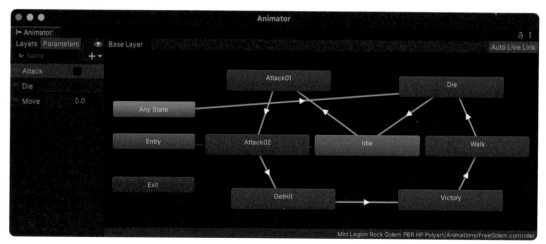

[그림 6-3] 시각적인 설계 방식을 적용한 애니메이터 뷰

적 캐릭터 3D 모델 임포트

적 캐릭터에 사용할 3D 모델과 애니메이션을 준비한다. 내려받은 리소스 파일의 "Resources/Models" 폴더에서 Monster 패키지를 임포트한다.

[그림 6-4] 적 캐릭터에 사용할 Monster 모델 임포트

임포트한 후 프로젝트 뷰에 생성된 Monster 폴더는 "05.Models" 폴더로 드래그해 이동한다. 이 몬스터 모델은 게임에 필요한 기본 애니메이션인 idle, walk, run, jump, fall, attack 등을 포함하고 있다. 해당 애니메이션은 모션 캡처로 제작된 애니메이션은 아니지만 메카님 타입으로 전환해 사용할 수 있다.

메카님 애니메이션으로 전환

프로젝트 뷰에서 Monster 모델을 선택한 다음 인스펙터 뷰의 [Rig] 탭을 선택해보면 Animation Type이 Generic으로 설정돼있다. [Rig] 탭에서는 애니메이션 타입과 여러 가지 속성을 설정한다.

[그림 6-5] 애니메이션 타입과 속성을 설정하는 [Rig] 탭

애니메이션 타입으로는 레거시 애니메이션(Legacy Animation), 제너릭(Generic), 휴머노이드 (Humaniod)라는 세 가지 유형이 있으며, 각 타입의 특성은 다음과 같다.

애니메이션 타입	특성
레거시	유니티 4.0 이전에서 사용하던 애니메이션 시스템
제너릭	메카님 애니메이션(비인간형 모델), 리타게팅 불가
휴머노이드	메카님 애니메이션(인간형 모델, 2족 보행 모델), 리타게팅 가능

[표 6-1] 애니메이션 타입

적 캐릭터로 사용할 모델은 사람은 아니지만 2족 보행(Biped)하는 모델이므로 휴머노이드로 설정해 구현할 수 있다. 애니메이션 타입을 Humanoid로 변경한 후 하단의 [Apply] 버튼을 클릭한다. 이때 해당 모델의 본 구조를 분석해 자동으로 매핑하는 작업을 진행하며 매핑 작업이 완료되면 [Configure] 버튼이 활성화된다. 정상적으로 본 매핑이 완료되면 버튼 앞에 체크 표시가 나타난다. Humanoid 타입의 본 구조가 아닐 때는 엑스 표시가 나타나며, 메카님을 사용할 수 없는 본 구조를 의미한다. 경우에 따라 수동으로 본을 연결해야 한다.

만약 [Configure] 버튼 앞에 체크가 표시되지 않고 여전히 점 세개로 표시된다면 프로젝트 뷰에서 다른 에 셋을 클릭한 후 다시 Monster를 선택하면 갱신된 것을 확인 할 수 있다. 이는 유니티 에디터 버그로서 이러 한 현상이 발생하지 않을 수도 있다.

[그림 6-6] 애니메이션 타입을 Humanoid로 변경한 적 캐릭터 모델

Configure 버튼을 클릭하면 [그림 6-7]과 같이 본(Bone) 구조의 매핑 정보를 확인할 수 있는 씬 뷰가 Avatar Configuration 화면으로 바뀐다. 이때 현재 열려 있는 씬을 저장하라는 팝업이 나타나면 저장 버 튼을 클릭해 씬을 저장한다. Avatar 에셋은 3D 모델에 본 구조의 매핑 정보를 저장하고 있으며, 본 구조가 동일하다면 다른 모델에서 사용한 Avatar 에셋을 재사용할 수 있다.

인스펙터 뷰의 Monster Avatar는 모델의 본과 매핑된 결과를 보여주며, 실선으로 돼 있는 원은 필수로 연 결해야 하는 본으로 총 15개가 있다. 점선으로 된 원은 추가적인 본으로 연결하지 않아도 무방한 본이다. 따라서 전혀 다른 모델이라고 하더라도 필수 본만 같다면 다른 애니메이션 클립을 연결해 사용할 수 있다.

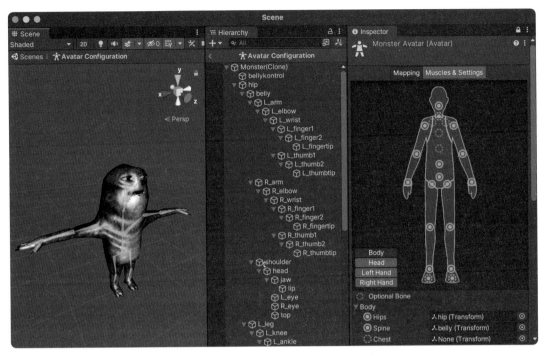

[그림 6-7] 자동으로 본(Bone) 구조가 매핑된 Avatar 정보

인스펙터 뷰에 표시된 Monster Avatar의 [Head]를 클릭하면 얼굴의 본 연결 정보를 볼 수 있고 [Left Hand]를 클릭해 손가락 관절의 본 연결 정보를 확인할 수 있다. 여러분이 사용할 Monster 모델의 경우 입과 손가락에도 관절이 설정돼 있으므로 애니메이션을 적용할 수 있다.

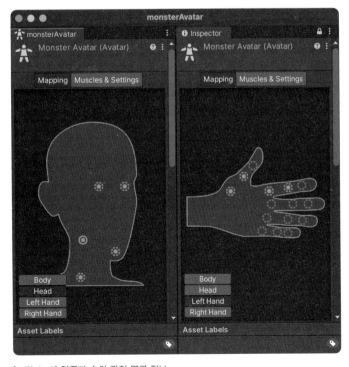

[그림 6-8] 얼굴과 손의 관절 연결 정보

Monster Avatar 상단의 [Muscles & Settings] 탭을 선택하면 각 관절의 정상적인 동작 여부를 슬라이더로 조절하며 시각적으로 확인할 수 있다.

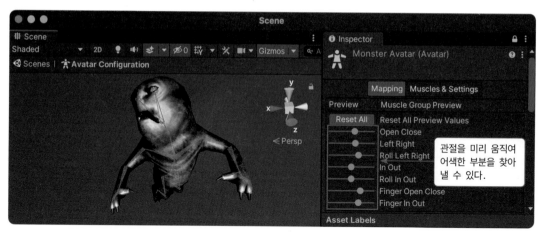

[그림 6-9] 관절을 움직여 자연스러운 동작 여부를 확인하는 옵션

또한 Per-Muscle Settings에서 각 관절이 회전할 수 있는 최소 각도와 최대 각도의 범위를 설정하는 기능을 제공한다. 부채꼴로 표시되는 각도의 범위는 RGB 색상으로 해당 관절의 회전축을 의미한다. 조회 및 설정을 완료했으면 Avatar Configuration을 나가기 위해 인스펙터 뷰 아래에 있는 [Done] 버튼을 클릭한다. 책을 따라서 관절 범위를 수정한 독자는 반드시 하단에 있는 [Revert] 버튼을 클릭해 원래대로 롤백한 후 [Done] 버튼을 클릭한다. [Done] 버튼을 클릭하면 원래 작업하던 Play 씬이 열린다.

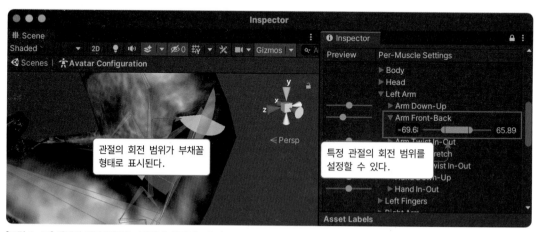

[그림 6-10] 관절의 회전 범위를 미세하게 설정하는 옵션

이제 Monster 모델의 애니메이션 클립에 대해 세부적으로 설정해보자.

애니메이션 클립 속성

[Animations] 탭을 선택하면 해당 모델이 가진 애니메이션 목록이 나열돼 있고 각 애니메이션 클립의 속성을 수정할 수 있다. Loop Time 속성은 애니메이션 클립을 무한 반복하는 옵션이고 Loop Pose는 애니메이션을 반복할 때 끊김 없이 부드럽게 해주는 옵션이다. 각 애니메이션 클립은 시작 프레임과 종료 프레임을 설정할 수 있으며, 여러분이 사용하는 몬스터 모델은 이미 설정돼 있다.

[그림 6-11]과 같이 idle, walk, attack 애니메이션 클립을 하나씩 선택해 Loop Time 옵션을 체크하고 나머지 애니메이션 클립은 체크하지 않는다. Loop Time 속성을 모두 체크한 후 하단의 [Apply] 버튼을 클릭해 변경 사항을 저장한다.

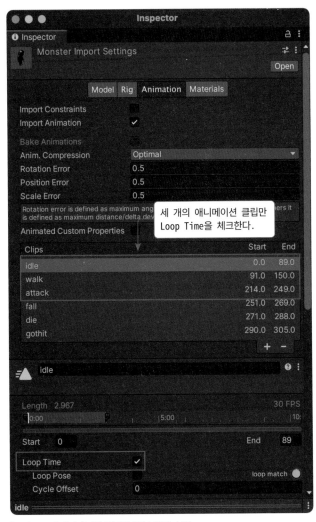

[그림 6-11] 애니메이션 클립의 반복 옵션 설정

애니메이션 리타게팅

메카님의 장점 중 하나인 리타깃(Retarget) 기능을 살펴보자. 리타게팅은 다른 애니메이션 동작을 가져와 재사용하는 기능으로, 굉장히 편리한 기능이다. 적 캐릭터 역시 Humanoid 타입의 모델이므로 다른 모션 캡처 애니메이션을 가져와 적용할 수 있다.

아래에 소개하는 사이트는 다양한 애니메이션과 리깅(Rigging)을 직접 할 수 있는 서비스를 제공한다. 독자 여러분도 회원 가입을 하면 다양한 무료 애니메이션을 손쉽게 가져와 사용할 수 있다.

• http://www.mixamo.com

2012년 전 세계를 강타했던 싸이의 강남스타일 애니메이션을 가져와 적용해보자. "gangnam"으로만 검색해도 찾을 수 있다.

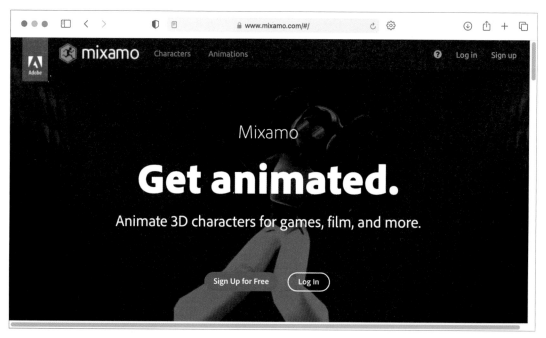

[그림 6-12] 모션 캡처 애니메이션을 제공하는 Mixamo 사이트

또한, 유니티에서 작업하던 3D 모델을 직접 이 사이트에 업로드한 후 애니메이션을 미리 보기 할 수 있으며, 여러 파라미터를 조절해 동작을 미세하게 조절하는 기능도 제공한다. 다음은 지금 작업하고 있는 적 캐릭터 모델 파일(Monster.fbx)을 업로드해 애니메이션을 적용해본 것이다.

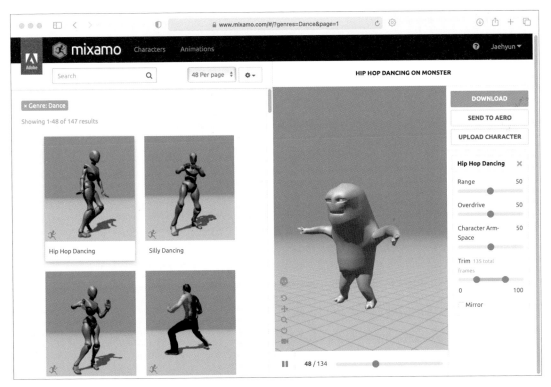

[그림 6-13] 업로드한 3D 모델에 적용해본 애니메이션 동작

독자 여러분이 원하는 애니메이션을 직접 내려받거나 회원 가입을 원치 않는 독자는 내려받은 리소스의 "Resources/Animations" 폴더에서 `Monster@Gangnam Style.fbx` 파일을 사용해도 된다. 이 파일을 프로젝트 뷰의 "07.Animations" 폴더로 드래그 앤드 드롭해 임포트한다.

메카님 애니메이션의 리타게팅 기능을 사용하려면 적용하려는 모델과 애니메이션 클립의 `Animation Type`을 둘 다 Humanoid로 설정해야 한다. 따라서 임포트한 `Monster@Gangnam Style.fbx`를 선택하고 [Rig] 탭에서 `Animation Type`을 Humanoid로 지정한 다음 [Apply] 버튼을 클릭한다.

[그림 6-14] Humanoid로 변경한 강남스타일 애니메이션 클립

애니메이션을 계속 반복해서 실행시키기
위해 [Animation] 탭을 클릭하고 Loop
Time 속성에 체크한다. 변경 사항을 저장
하려면 하단에 있는 [Apply] 버튼을 클릭
한다.

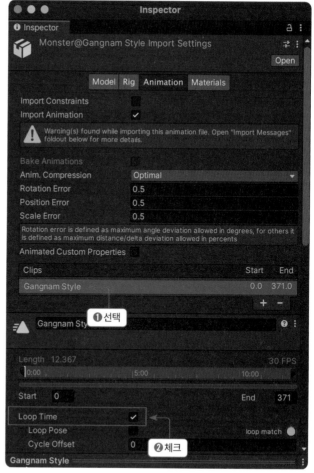

[그림 6-15] 애니메이션 동작의 반복 실행을 위해 Loop Time 속성에 체크

또한 프로젝트 뷰의 Monster를 프리뷰 창으로 드래그 앤드 드롭하고 프리뷰의 Play 버튼을 눌러 애니메이션을 미리 보기 해보자. 조금도 어색함 없이 강남스타일 춤을 추는 모습을 확인할 수 있다.

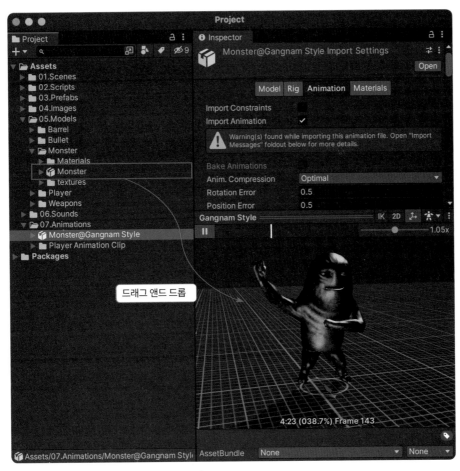

[그림 6-16] 프리뷰 창에서 애니메이션 미리 보기

메카님의 장점인 리타게팅 기능을 사용해 모션 캡처로 녹화된 애니메이션 클립을 적용해봤다.

Animator 컴포넌트

기본적인 메카님 속성은 설정했으므로 프로젝트 뷰의 Monster 모델을 씬 뷰 또는 하이러키 뷰로 드래그 앤드 드롭해 주인공 캐릭터 옆에 나란히 배치해보자. Monster 모델은 주인공 캐릭터와 그 크기를 비교했을 때 적절하게 설정돼 있으므로 Scale Factor를 수정하지 않아도 된다.

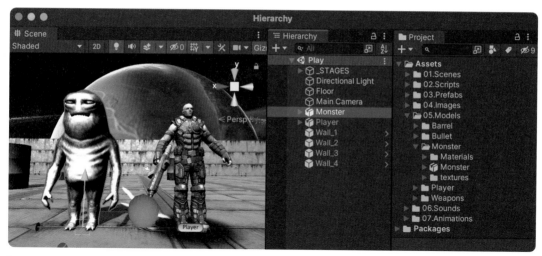

[그림 6-17] 주인공 캐릭터와 나란히 배치한 Monster 모델

씬 뷰에 추가한 Monster 모델은 기본적으로 Animator 컴포넌트를 포함하고 있다. 3D 모델의 애니메이션 타입을 메카님으로 설정하면 Animator 컴포넌트가 자동으로 추가된다. 앞서 제작한 Player 모델은 애니메이션 타입을 레거시로 설정했기 때문에 Animation 컴포넌트가 추가됐다. 따라서 3D 모델에 어떤 컴포넌트가 추가됐는지 살펴보고 해당 모델이 메카님 애니메이션인지 레거시 애니메이션인지 구별할 수 있어야 한다.

컴포넌트	애니메이션 타입	세부 옵션
Animator	메카님 애니메이션	제너릭(Generic)
		휴머노이드(Humanoid)
Animation	레거시 애니메이션	

[표 6-2] 추가된 컴포넌트에 따른 애니메이션 타입

Animator 컴포넌트는 애니메이션을 컨트롤하는 컴포넌트로서 앞서 제작한 Player 모델은 Animation 컴포넌트와 같은 역할을 한다.

[그림 6-18] Monster 모델에 추가된 Animator 컴포넌트

Animator 컴포넌트의 각 속성의 기능은 다음과 같다.

속성	설명
Controller	애니메이션 클립 간의 연결 정보를 저장한 Animator Controller를 연결
Avatar	해당 모델의 본 매핑 정보를 저장한 Avatar 에셋을 연결
Apply Root Motion	애니메이션 클립에 저장된 위치와 회전값에 대한 적용 여부
Update Mode	애니메이션의 갱신과 Time Scale의 적용 여부에 대한 설정 ▪ **Normal**: Update 주기와 동기되며 애니메이션의 속도는 Time Scale의 영향을 받는다. ▪ **Animate Physics**: FixedUpdate 주기와 동기되며 Rigidbody와 상호작용을 할 때 사용한다. ▪ **Unscaled Time**: Update 주기와 동기되며 애니메이션 속도는 Time Scale에 영향을 받지 않는다.
Culling Mode	애니메이션 클립의 동작 정지에 대한 설정 ▪ **Always Animation**: 항상 애니메이션을 실행하는 옵션으로 렌더링을 하지 않아도(카메라 영역 밖으로 나가도) 계속 동작한다. ▪ **Cull Update Transforms**: 렌더링을 하지 않을 때 Transform, IK, Retarget 기능을 정지한다. ▪ **Cull Completely**: 렌더링을 하지 않으면 애니메이션의 모든 기능을 정지한다.

[표 6-3] Animator 컴포넌트의 속성

애니메이터 컨트롤러

적 캐릭터에 애니메이션 기능을 추가해보자. 메카님으로 변환한 모델에 애니메이션 기능을 부여하려면 애니메이터 컨트롤러(Animator Controller)가 필요하다. 애니메이터 컨트롤러는 메카님을 적용한 모델에 애니메이션을 적용하고 특정 조건에 따라 다른 애니메이션 상태(State)로 전이(Transition)하는 규칙(Role)을 설계할 수 있는 인터페이스를 제공한다.

프로젝트 뷰의 "**07.Animation**" 폴더 하위에 "**Controllers**"라는 서브 폴더를 생성하고 메뉴에서 [Assets] → [Create] → [Animator Controller]를 선택하거나 프로젝트 뷰의 컨텍스트 메뉴에서 [Create] → [Animator Controller]를 선택하면 "New Animator Controller"가 생성된다. 이름을 "**MonsterAnim**"으로 지정한다.

[그림 6-19] 애니메이터 컨트롤러 생성

생성한 **MonsterAnim**을 더블클릭하면 [그림 6-20]과 같은 애니메이터 뷰가 열린다. 애니메이터 뷰에서는 다이어그램을 그리는 툴처럼 WYSIWYG 방식으로 애니메이션 클립을 드래그 앤 드롭해 메카님 애니메이션을 설정할 수 있다. 디자인 영역을 이동할 때는 단축키(윈도우: Alt 키, 맥: option)를 누른 상태에서 마우스로 드래그하면 상하좌우로 이동시킬 수 있다. 또는 마우스 가운데 버튼을 클릭한 상태에서 드래그해도 된다. 또한, 마우스 휠 스크롤로 애니메이터 뷰의 줌 기능을 제공한다. 스테이트가 복잡할 때는 단축키 "A" 키를 사용하면 상하좌우 스크롤하지 않고 전체 스테이트를 한 번에 볼 수 있도록 자동으로 애니메이터 뷰에 맞게 비율이 설정된다.

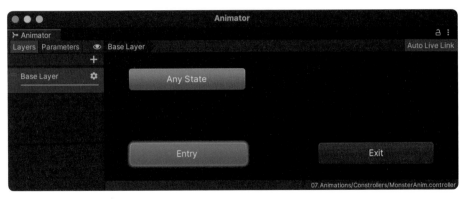

[그림 6-20] 애니메이션을 설계하는 애니메이터 뷰

처음 열린 애니메이터 뷰에는 3개의 스테이트(State)가 생성돼 있다. Exit 스테이트는 오른쪽에 배치돼 있어 처음에는 보이지 않는다. 애니메이터 뷰를 크게 하거나 단축키 "A" 키를 사용하면 한눈에 볼 수 있다. 각 스테이트는 다음과 같은 역할을 한다.

스테이트 종류	역할
Entry	시작 스테이트로 최초의 진입점이다.
Exit	종료 스테이트로 모든 스테이트가 종료되는 마지막 스테이트다.
Any State	현재 어느 스테이트를 실행하고 있더라도 조건에 만족하면 다른 스테이트로 분기시킬 수 있다.

[표 6-4] 기본 스테이트의 역할

프로젝트 뷰의 Monster 모델 하위에 있는 애니메이션 클립 중 idle 애니메이션 클립을 애니메이터 뷰로 드래그 앤드 드롭한다. [그림 6-21]과 같이 처음에 추가한 애니메이션 클립은 주황색을 띠는데 이는 해당 모델에서 처음으로 실행되는 기본 애니메이션 클립이라는 의미이며, Entry 스테이트로부터 연결선이 이어져 있다. 다른 애니메이션 클립을 기본값으로 변경하려면 변경하고자 하는 애니메이션 클립을 마우스 오른쪽 버튼으로 클릭한 다음 컨텍스트 메뉴에서 [Set as Layer Default State]를 선택한다.

이처럼 애니메이터 뷰에 추가한 애니메이션 클립을 스테이트라고 하며, idle 스테이트라는 용어를 사용한다.

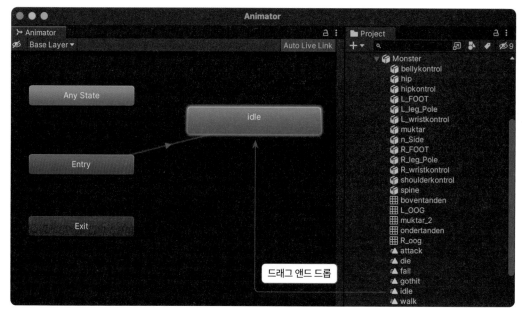

[그림 6-21] 애니메이터 뷰에 idle 애니메이션 클립을 추가

초기 애니메이션이 설정됐으므로 하이러키 뷰에서 Monster를 선택하고 Animator 컴포넌트의 Controller 속성에 MonsterAnim을 드래그해 연결한다.

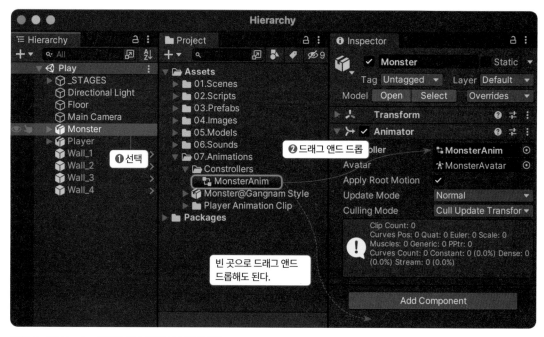

[그림 6-22] Monster 모델에 애니메이터 컨트롤러 연결

게임을 실행해보면 몬스터가 idle 애니메이션을 수행하고 애니메이터 뷰의 idle 스테이트에 애니메이션 진행 상태 바가 채워지는 모습을 확인할 수 있다.

[그림 6-23] 실행 후 애니메이터 뷰에서 idle 애니메이션이 수행되는 모습

실행 중 [그림 6-23]과 같이 애니메이터 뷰의 진행 상태바가 올라가는 모습을 확인하려면 하이러키 뷰에서 Monster를 선택해야 한다. 애니메이션이 반복되지 않고 한 번만 수행됐다면 idle 애니메이션 클립의 Loop Time 속성을 체크하지 않았기 때문이다.

이어서 걷는 애니메이션 클립도 추가해보자. walk 애니메이션 클립을 애니메이터 뷰로 드래그 앤드 드롭해 추가한다.

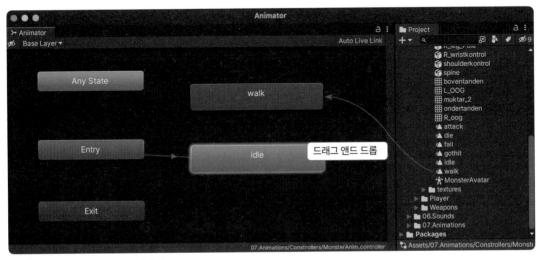

[그림 6-24] walk 애니메이션 클립 추가

스테이트 전이와 파라미터

기본 애니메이션인 idle에서 walk로 전이(Transition)가 발생하려면 두 스테이트 사이를 연결해야 한다. idle을 마우스 오른쪽 버튼으로 클릭한 뒤 팝업된 메뉴에서 [Make Transition]을 선택하면 다른 스테이트로 연결할 수 있는 흰색 연결선이 나온다. 이 선을 walk 스테이트 위로 가져가 클릭하면 두 스테이트가 연결된다. 스테이트 간의 연결선은 Transition이라고 부른다.

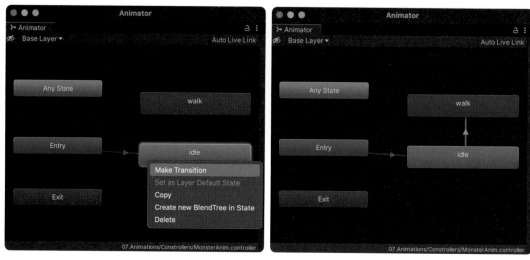

[그림 6-25] idle 스테이트에서 walk 스테이트로 Transition 연결

이때 idle 스테이트에서 walk 스테이트로 전이가 발생할 조건을 설정하기 위해 변수를 생성해야 한다. 애니메이터 뷰의 컨트롤 바에서 [Parameters]를 클릭하고 [+] 버튼을 클릭하면 네 가지 변수 타입(Float, Int, Bool, Trigger)을 선택할 수 있는 메뉴가 팝업된다. 이 가운데 Bool 타입을 선택하고 Parameter 이름을 "IsTrace"라고 입력한다.

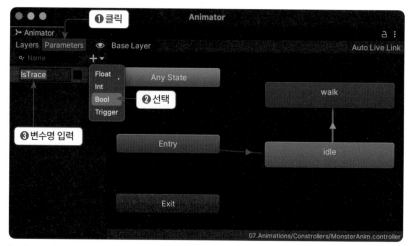

[그림 6-26] 애니메이터 파라미터인 IsTrace 변수 생성

IsTrace 변수가 true이면 walk 스테이트로 전이되고 false이면 idle 스테이트로 되돌아오도록 조건을 설정해보자. 먼저 idle 스테이트에서 walk 스테이트로 연결된 Transition을 선택하고 인스펙터 뷰의 Conditions 속성에서 전이 조건을 추가한다. Conditions 속성 하단에 있는 [+] 버튼을 클릭하면 조건이 하나 추가되고 제일 처음 생성했던 파라미터가 자동으로 선택된다. 또한, IsTrace 파라미터는 Bool 타입으로 선언했기 때문에 바로 옆에 있는 조건 값은 true 또는 false를 선택할 수 있는 콤보 박스 형태로 표시된다.

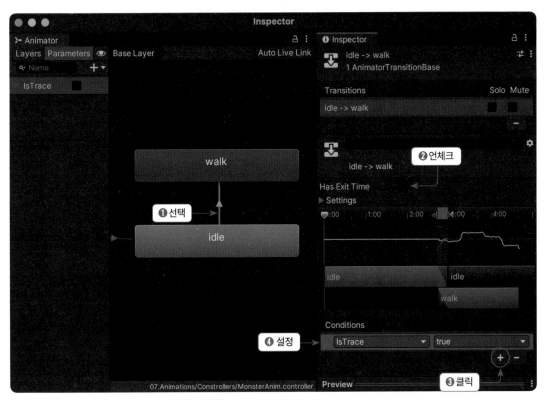

[그림 6-27] idle 스테이트에서 walk 스테이트로 전이되는 Transition의 조건 설정

IsTrace 변숫값이 true가 되면 바로 전이를 발생시키기 위해 Has Exit Time 속성은 언체크한다. 만약 Has Exit Time 속성이 체크돼 있다면 IsTrace 변수가 true가 되어도 현재 실행하는 Idle 애니메이션을 다 수

행하고 나서 walk 스테이트로 전이된다. 따라서 조건을 만족했을 때 바로 전이해야 하는 상황에는 항상 Has Exit Time 속성을 언체크해야 하는 것을 기억하자. idle 스테이트에서 walk 스테이트로 가는 Transition 조건이 설정됐다. 게임 로직상 특정 조건을 충족했을 때 스크립트에서 IsTrace 파라미터 값을 변경하면 애니메이션의 상태가 전이된다.

같은 방법으로 반대 방향으로 연결선을 만들어 보자. walk 스테이트에서 idle 스테이트로 전이하는 Transition을 새로 연결하고 조건은 이전과 반대로 설정한다. 즉, IsTrace를 false로 설정한다.

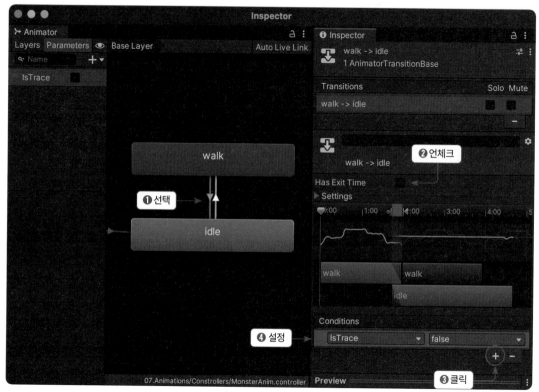

[그림 6-28] idle 스테이트에서 walk 스테이트로 가는 Transition의 조건 설정

idle 스테이트와 walk 스테이트 사이의 전이 조건은 모두 설정했다. 제대로 동작하는지 확인해보자. 게임을 실행하고 애니메이터 뷰의 파라미터 목록에서 IsTrace 변수 옆에 있는 체크박스를 클릭/언클릭해서 몬스터가 idle 애니메이션과 walk 애니메이션을 수행하는지 확인해보자. IsTrace 변수에 체크하면 idle 스테이트에서 walk 스테이트로 전이되기 시작하며, Transition 연결선도 순간적으로 파란색으로 표시된다.

[그림 6-29] 런 모드에서 애니메이터 뷰의 파라미터를 변경해 애니메이션의 전이를 테스트

이제부터 로직을 구현해 나가면서 애니메이터 뷰의 다양한 애니메이션 스테이트를 하나씩 추가하기로 하고, 먼저 몬스터의 추적 기능을 구현하면서 IsTrace 파라미터를 설정해보자.

내비게이션 – 적 캐릭터의 순찰 및 추적

장애물이 없는 곳에서 특정 목적지까지 이동하는 것은 그리 어렵지 않다. 목적지를 향해 회전하고 직진하는 것을 반복하는 방식으로 구현하면 된다. 하지만 중간에 장애물이 있거나 다른 추적자와 충돌 및 경합을 벌이는 경우가 발생한다면 굉장히 복잡해진다. 이러한 로직을 구현하기 위해 추적 또는 길 찾기 알고리즘이 필요하다.

길 찾기 알고리즘은 여러 방식이 있지만, 그중 가장 많이 알려진 알고리즘은 A* Pathfinding이다. 이 알고리즘은 유니티에서 내비게이션(Navigation) 기능을 제공하기 이전에 많이 사용하던 알고리즘 중 하나였다.

[그림 6-30] 길 찾기 알고리즘으로 많이 사용되는 A* Pathfinding 라이브러리(출처: 에셋 스토어)

유니티는 3D 모델을 분석해 추적할 수 있는 내비게이션 기능을 제공한다. 이 기능을 이용해 주인공을 추적하는 로직을 구현해보자. 또한, 추적을 시작하면서 애니메이션을 walk 애니메이션으로 변경하고 플레이어에 근접했을 때는 attack 애니메이션으로 변경되도록 메카님을 구성해본다.

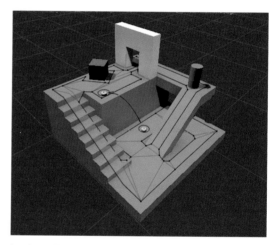

[그림 6-31] 메시를 분석해 생성한 내비메시(출처: 유니티 사이트)

내비메시

유니티에서 제공하는 내비게이션의 구현 방식은 스테이지를 구성하고 있는 3D 메시(지형: Geometry)를 분석해 내비메시(NavMesh) 데이터를 미리 생성하는 방식이다. 즉, 추적할 수 있는 영역(Walkable Area)과 장애물로 판단해 지나갈 수 없는 영역(Non Walkable Area)의 데이터를 메시로 미리 만드는 것이다. 또한, 높은 곳에서 낮은 곳으로 연결하는 오프 메시 링크(Off Mesh Link) 기능을 이용해 뛰어내리는 동작을 연출할 수 있다. 이렇게 유니티 에디터 모드에서 미리 빌드(베이크라고도 함)해서 내비메시를 생성한 다음 런타임에서 그 정보에 따라 최단 거리를 계산해 추적 또는 이동할 수 있게 한다.

유니티 2022.2 버전부터는 기존 Navigation을 전면 대체하는 새로운 Navigation 기능으로 변경됐다. 이에 레거시(유니티 2022.2 이하 버전) 방식과 새로운 방식을 차례대로 소개한다. 만약 유니티 2022.2 이상의 버전을 사용하고 있다면 다음 소개하는 "내비게이션 설정 – Navigation Flag" 절을 건너뛰어도 된다.

내비게이션 설정 – Navigation Static Flag(유니티 2021 버전)

내비메시를 베이크(Bake)하려면 그 대상이 무엇인지 지정해야 한다. 우선 바닥으로 사용되는 Floor의 Static 옵션을 설정한다. 하이러키 뷰에서 Floor를 선택하고 인스펙터 뷰의 오른쪽 위에 있는 Static 체크박스에 체크하면 모든 기능에 대해 Static 처리가 된다. 유니티에서는 기능별로 Static 옵션을 설정할 수 있어 필요한 기능만을 선택적으로 체크할 수 있다. Static 옵션을 펼쳐보면 어떤 기능을 Static으로 처리할 것인지 선택할 수 있게 돼 있다. 여기서는 Navigation Static[2]만 체크한다.

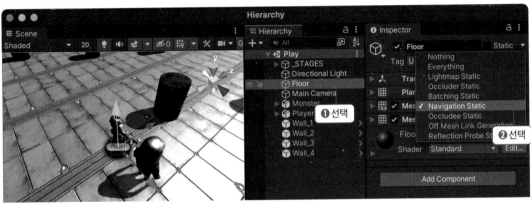

[그림 6-32] 내비메시 데이터를 베이크하기 위해 Floor의 Navigation Static 옵션에 체크

또한 드럼통(Barrel)도 장애물로 인식하기 위해 Navigation Static으로 지정해야 한다. 프로젝트 뷰의 원본 Barrel 프리팹을 선택하고 Navigation Static을 선택한다. 이때 하위 객체까지 모두 적용할 것인지 묻는 다이얼로그가 나온다. [Yes, change children] 버튼을 클릭해 하위에 있는 객체까지 모두 적용한다.

[그림 6-33] 하위의 객체까지 Static 옵션을 설정할 것인지 묻는 다이얼로그

---

2 유니티 2022.2.x 버전부터는 Navigation Static, Off Mesh Link Generation 플래그가 비활성화됐다.

내비메시를 베이크할 때 필요한 정보는 해당 게임오브젝트의 메시 정보다. Barrel의 Mesh Filter 컴포넌트는 하위에 있는 Barrel에 추가돼 있기 때문에 Navigation Static 플래그를 하위의 객체까지 모두 적용한 것이다. 따라서 Mesh Filter 컴포넌트가 상위 객체에 있다면 [No, this object only]를 선택하면 된다.

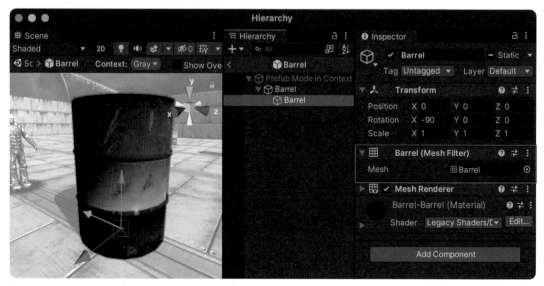

[그림 6-34] 차일드 게임오브젝트에 있는 Mesh Filter 컴포넌트

만약 하이러키 뷰에 있는 Barrel을 선택하고 Navigation Static 속성으로 수정했다면 반드시 [Overrides] → [Apply All] 버튼을 클릭해야 원본 Barrel 프리팹에 저장된다. Wall 프리팹도 마찬가지로 Navigation Static으로 지정한다.

 팁   Static 옵션

Static 옵션은 유니티 엔진에 고정된 게임오브젝트임을 알려주는 옵션으로, 드럼통의 Static 옵션을 모두 선택하면 움직이지 않고 고정되어 폭발 시 날아 올라가지 않는다. 따라서 필요한 Static 옵션만 선택해야 한다.

내비메시 베이크

메뉴에서 [Window] → [AI] → [Navigation]을 선택하면 내비게이션 뷰(Navigation View)가 나타난다. 상단에 있는 [Bake] 탭을 클릭하고 오른쪽 아래의 [Bake] 버튼을 클릭하면 내비게이션 베이크가 시작된다. 베이크가 완료되면 다음 그림과 같이 씬 뷰에 파란색으로 내비메시가 생성된 모습을 확인할 수 있다.

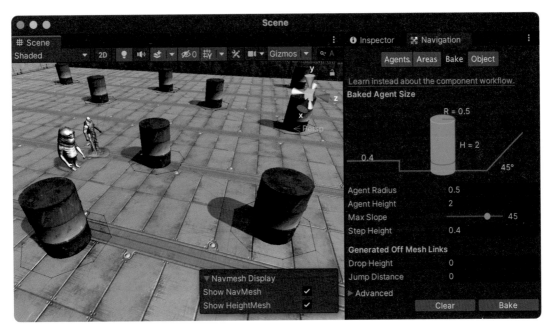

[그림 6-35] 베이크된 내비메시

드럼통 주위는 파란색 메시로 채워지지 않고 구멍이 나 있다. 이 영역은 지나갈 수 없는 영역으로 인식해 추적하는 대상이 장애물로 판단한다.

새로운 내비게이션 시스템

유니티 2022.2 버전부터 새로운 Navigation 기능이 추가됐다. 새로운 Navigation은 기존의 번거로운 사용법을 개선했으며, 다양한 길 찾기 기능을 쉽게 사용할 수 있도록 많은 기능이 추가됐다. 아쉽게도 레거시 Navigation과 동시에 사용할 수는 없다.

AI Navigation 패키지 설치

새로운 Navigation을 사용하려면 AI Navigation 패키지를 설치해야 한다. 패키지 매니저를 열고 왼쪽 상단의 콤보박스에서 [Packages: Unity Registry]를 선택하고 'AI'로 검색한다. 검색된 패키지 중에서 'AI Navigation' 패키지를 설치한다.

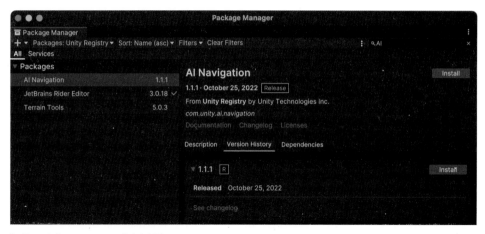

[그림 6-36] AI Navigation 패키지 설치

내비게이션 설정 - NavMeshSurface

새로운 내비게이션에서는 Navigation Static 플래그를 설정할 필요가 없다. 대신 내비메시를 베이크할 객체에 NavMeshSurface 컴포넌트만 추가하면 된다.

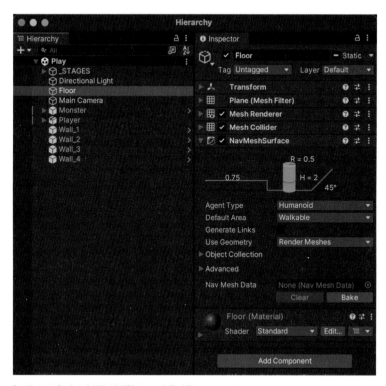

[그림 6-37] 내비메시를 생성할 Floor에 추가한 NavMeshSurface

NavMeshSurface 컴포넌트의 [Bake] 버튼을 클릭하면 다음과 같이 내비메시가 바로 생성된다. 레거시 Navigation에 비해 굉장히 편리해졌다.

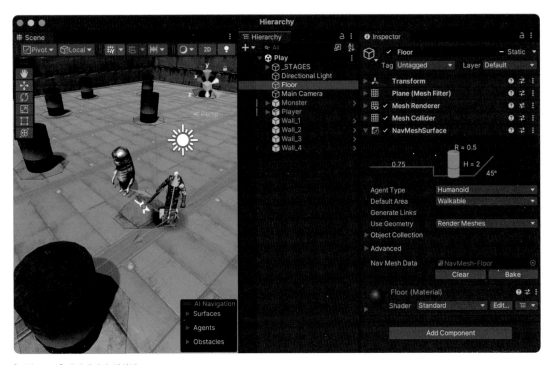

[그림 6-38] 내비메시가 생성된 Floor

드럼통 주위는 파란색 메시로 채워지지 않고 구멍이 나 있다. 이 영역은 지나갈 수 없는 영역으로 인식해 장애물로 판단한다. 하지만 Player 주변에도 구멍이 나 있는 것은 NavMeshSurface의 장애물 인식이 Render Meshes 방식으로 지정되었기 때문이다. 즉, Mesh Renderer 또는 Skinned Mesh Renderer 컴포넌트를 갖는 모든 객체를 분석해 장애물 여부를 판단하는 것이다. 만약 Use Geometry 속성을 Physics Colliders로 설정하면 Collider 컴포넌트가 포함된 게임오브젝트만을 분석해 내비메시를 생성한다.

가장 간단한 해결 방법은 잠시 Player를 Y축으로 이동시키고 내비메시를 베이크한 후 Player를 원래 위치로 이동시키는 것이다.

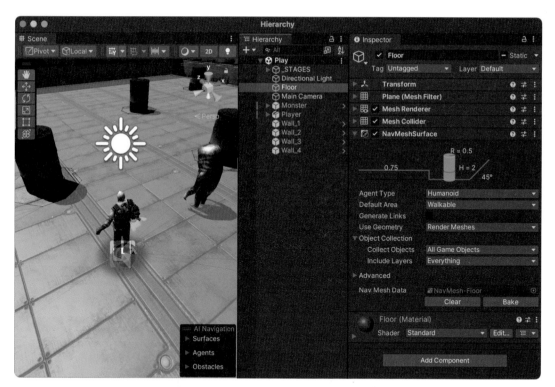

[그림 6-39] 주인공의 위치를 변경한 후 베이크한 내비메시

만약 이동 후 배치해야 할 객체가 많다면 별도의 Layer를 생성해 장애물로 인식하지 말아야 할 객체에 지정하고 NavMeshSurface의 Object Collection/Include Layers 속성에서 해당 Layer를 제외하는 방식을 사용하는 것이 바람직하다.

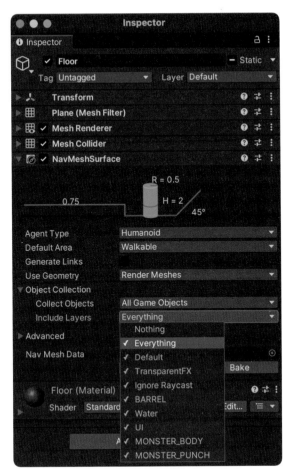

[그림 6-40] 내비메시를 생성할 때 포함할 레이어를 선택하는 속성

NavMeshAgent 컴포넌트

NavMeshAgent 컴포넌트는 내비메시 데이터를 기반으로 목적지까지 최단 거리를 계산해 이동하는 역할을 하며, 장애물과 다른 NPC 간의 충돌을 회피하는 기능도 제공한다. 또한 NavMeshAgent 컴포넌트는 실시간으로 최단 거리를 계산할 때 A* PathFinding 알고리즘을 사용한다.

몬스터에 NavMeshAgent 컴포넌트를 추가해 특정 목적지까지 이동시켜보자. 하이러키 뷰에서 Monster를 선택하고 메뉴에서 [Component] → [Navigation] → [Nav Mesh Agent]를 선택해 NavMeshAgent 컴포넌트를 추가한다.

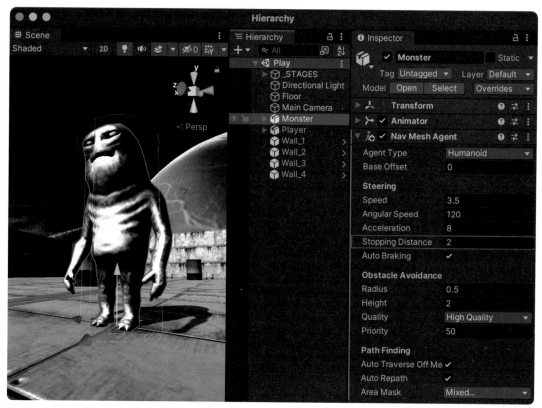

[그림 6-41] NavMeshAgent 컴포넌트를 추가한 Monster 캐릭터

NavMeshAgent의 각 속성의 의미는 다음 표와 같다. NavMeshAgent 컴포넌트는 자주 사용하는 컴포넌트로 속성의 의미를 명확히 이해하기를 권장한다. 하지만 아직 어떤 의미인지 쉽게 이해하기 어려울 것이다. 앞으로 적 캐릭터의 기능을 구현하면서 중요한 속성은 한 번씩 다뤄볼 것이므로 걱정할 필요는 없다.

속성	설명
Agent Type	장애물을 회피하기 위한 회전 반경 및 넘어갈 수 있는 계단의 높이, 경사로의 등판 각도의 정보를 정의한 것을 에이전트라고 한다. 기본값은 Humanoid로 지정돼 있으며 개발자가 추가로 정의해 지정할 수 있다.
Base Offset	실린더 형태로 표현된 NavMeshAgent는 베이크된 내비메시 표면에 붙어서 이동한다. 이때 캐릭터가 바닥에서 뜬 상태로 이동하는 것처럼 보이는 것을 수정하기 위해 NavMeshAgent의 높낮이를 조절하는 기능이다.
Speed	최대 이동 속도(초당 월드 단위)
Angular Speed	최대 회전 속도(초당 각도)

속성	설명
Acceleration	최대 가속(m/s^2)
Stopping Distance	목표 지점에 가까워졌을 때 정지하는 근접 거리
Auto Braking	목표 지점에 가까워졌을 때 속도를 줄이는 기능으로 순찰과 같이 여러 포인트를 부드럽게 이동하기 위해서는 이 기능을 비활성화해야 한다.
Radius	에이전트의 반경으로 장애물을 크게 돌아갈 것인지, 아니면 짧게 돌아갈 것인지 결정한다. 또한, 다른 에이전트 간의 충돌을 계산하기 위해 사용된다.
Height	에이전트가 머리 위에 있는 장애물을 지나갈 때의 높이를 의미한다. 또한, 이 수치가 클수록 넘어갈 수 있는 계단의 스텝(Step)도 커진다.
Quality	장애물을 회피할 때의 품질을 설정하는 것으로 많은 에이전트가 있으면 품질을 낮춰서 CPU 부하를 줄일 수 있다.
Priority	에이전트 간의 회피 우선순위를 결정하는 것으로 자신보다 낮은 에이전트는 회피 대상에서 제외한다. 0~99 사이의 값을 가지며 낮은 수가 높은 우선순위다.
Auto Traverse Off Mesh Link	분리된 메시 간에 자동으로 링크를 생성하는 옵션이다. Off Mesh Link 컴포넌트를 이용해 직접 링크를 만들 때 이 기능은 비활성화해야 한다.
Auto Repath	이 속성을 활성화하면 이동할 경로가 유효하지 않을 때 다시 경로를 재탐색한다.
Area Mask	Area Mask를 지정한 후 내비메시를 베이크하면 특정 영역별로 이동을 제한할 수 있는 기능으로 특히 런타임에서 비트 마스크를 통해 조작할 수 있다.

[표 6-5] NavMeshAgent의 속성 설명

Nav Mesh Agent 컴포넌트의 Stopping Distance 속성은 추적 목표를 추적하다가 정지하는 근접 거리를 말한다. 이 속성을 0으로 설정하면 목표물과 겹쳐 버린다. 따라서 추적하다가 일정 거리만큼 접근한 이후에는 정지해야 하므로 2 정도로 설정한다([그림 6-42] 참고).

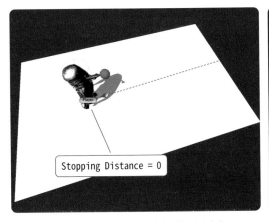
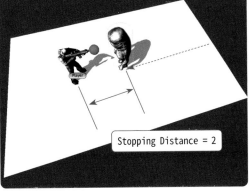

[그림 6-42] Stopping Distance 속성에 따른 정지거리

몬스터가 스테이지에 생성됨과 동시에 추적 대상인 Player의 위치 정보를 가져오기 위해 태그(Tag)를 생성해 지정한다. 새로운 태그 "PLAYER"를 생성하고 하이러키 뷰의 Player를 선택한 다음 "PLAYER" 태그로 지정한다.

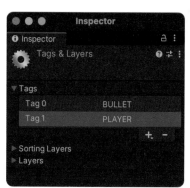

[그림 6-43] 주인공 캐릭터에 설정할 PLAYFR 태그 생성

[그림 6-44] Player에 PLAYER 태그 지정

아쉽게도 Nav Mesh Agent 컴포넌트의 속성 중에서 인스펙터에서 직접 추적 대상을 연결할 수 있는 속성은 없다. 이는 스크립트에서 코드로 지정해야 한다. 따라서 몬스터를 제어하기 위한 MonsterCtrl 스크립트를 생성하고 다음과 같이 소스를 작성한다.

스크립트 6-1 MonsterCtrl – 추적 로직 추가

```
using System.Collections;
using System.Collections.Generic;
using UnityEngine;

// 내비게이션 기능을 사용하기 위해 추가해야 하는 네임스페이스
using UnityEngine.AI;

public class MonsterCtrl : MonoBehaviour
{
```

```
        // 컴포넌트의 캐시를 처리할 변수
    private Transform monsterTr;
    private Transform playerTr;
    private NavMeshAgent agent;

    void Start () {
        // 몬스터의 Transform 할당
        monsterTr = GetComponent<Transform>();

        // 추적 대상인 Player의 Transform 할당
        playerTr = GameObject.FindWithTag("PLAYER").GetComponent<Transform>();

        // NavMeshAgent 컴포넌트 할당
        agent = GetComponent<NavMeshAgent>();

        // 추적 대상의 위치를 설정하면 바로 추적 시작
        agent.destination = playerTr.position;
    }
}
```

내비게이션에 필요한 컴포넌트를 스크립트에서 접근하려면 반드시 UnityEngine.AI 네임스페이스를 명시해야 한다.

추적 대상인 주인공 캐릭터의 Transform 컴포넌트는 다른 게임오브젝트의 컴포넌트다. 따라서 먼저 해당 게임오브젝트를 검색해서 찾는다. GameObject.FindWithTag("태그명") 함수는 하이러키 뷰에 존재하는 게임오브젝트 중 해당 태그로 지정된 게임오브젝트를 찾는다. 태그명의 대소문자가 다르거나 오탈자가 있을 때나 Player 게임오브젝트에 "PLAYER" 태그를 지정하지 않았을 때는 "Null Reference…" 오류가 발생한다.

```
// 추적 대상인 Player의 Transform 할당
playerTr = GameObject.FindWithTag("PLAYER").GetComponent<Transform>();
```

> **❓ 주의**   Find ~ 계열의 함수
>
> FindGameObjectWithTag, FindGameObjectsWithTag와 같이 Find~ 계열의 함수는 처리 속도가 느리기 때문에 Update 함수에서 사용하지 않는다. 따라서 Awake, Start 함수에서 변수에 할당한 후 사용하길 권장한다.

agent 변수는 NavMeshAgent 컴포넌트를 저장하며 destination 속성을 사용해 이동할 좌푯값을 지정한다. 이 값이 지정되면 자동으로 추적을 시작한다.

```
// 추적 대상의 위치를 설정하면 바로 추적 시작
agent.destination = playerTr.position;
```

destination 속성 외에도 다음과 같이 SetDestination 함수를 사용할 수 있다.

```
// 추적 대상의 위치를 설정하면 바로 추적 시작
agent.SetDestination(playerTr.position);
```

MonsterCtrl 스크립트를 하이러키 뷰의 Monster에 추가한 다음 주인공 캐릭터와 조금 멀리 이동시킨 후 게임을 실행해보면 [그림 6-45]와 같이 몬스터가 주인공 캐릭터를 추적하는 모습을 확인할 수 있다. 파란색 NavMesh 위에 적색으로 표현된 실선은 추적 대상까지의 최단 거리를 의미하며, 그 선을 따라 추적을 진행한다. 녹색과 청색 화살표는 몬스터의 진행 방향과 추적 대상과의 각도를 표시해준다. Navigation 뷰를 띄운 상태에서만 이러한 NavMesh 정보를 씬 뷰에서 확인할 수 있다.

[그림 6-45] 장애물을 감지하고 최단 거리를 계산하며 이동하는 적 캐릭터

추적하는 몬스터를 자세히 살펴보면 Floor로부터 살짝 떠서 이동하고 있다. 실린더 모양의 NavMeshAgent 컴포넌트는 미리 베이크된 내비메시 표면에 붙어서 이동하기 때문에 Monster의 Y값에 변화가 발생한다.

[그림 6-46] NavMeshAgent 컴포넌트의 Base Offset 속성

해결 방법으로 내비메시를 표면에 가깝게 붙여서 베이크하는 방법과 NavMeshAgent 컴포넌트의 Base Offset 속성을 조절하는 방법이 있다. [그림 6-46]의 오른쪽 그림은 Base Offset을 -0.1로 설정하고 실행한 화면으로, 몬스터 3D 모델의 발은 그대로 바닥에 붙어 있고, NavMeshAgent 컴포넌트만 Y축으로 올려 내비메시 표면과 높이를 미리 맞췄다.

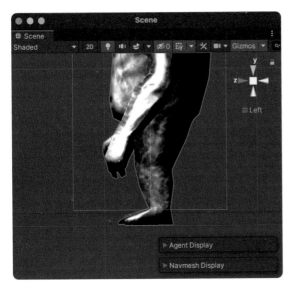

[그림 6-47] Base Offset 값을 -0.1로 변경

유한 상태 머신 구현

FSM은 자신의 상태 값을 갖고 있어야 하며 현재 어떤 상태인지 갱신하고 해당 상태에 맞는 행동을 취해야 한다. 적 캐릭터의 상태를 순찰, 추적, 공격, 사망으로 정의해보자.

적 캐릭터의 행동 시나리오는 처음 생성됐을 때 불규칙적으로 순찰하다가 주인공 캐릭터와 근접하면 추적을 시작하고 공격 사정거리 이내로 들어오면 주인공을 향해 공격한다. 따라서 적 캐릭터와 주인공 캐릭터의 거리를 측정해 적 캐릭터의 상태를 주기적으로 업데이트하고, 해당 상태에 맞는 동작을 취하게 해야 한다. 이러한 로직을 Update 함수에서 처리할 수도 있지만 매 프레임 실행하는 것은 성능상 오버헤드를 줄 수 있으므로 0.2초 또는 0.3초 간격으로 적 캐릭터의 상태를 조사해도 이상 없는 로직이라면 코루틴(Coroutine) 함수를 적극적으로 활용한다.

적 캐릭터의 상태 체크

적 캐릭터의 상태는 0.3초 간격으로 체크해 상태를 갱신한다. 주인공 캐릭터와 자신의 거리를 측정해 추적 사정거리와 공격 사정거리 이내에 들어왔는지 판단한 다음 상태를 변경한다. MonsterCtrl 스크립트를 다음과 같이 수정한다.

스크립트 6-2 MonsterCtrl – 몬스터의 상태를 체크하는 로직 추가

```
using System.Collections;
using System.Collections.Generic;
using UnityEngine;

// 내비게이션 기능을 사용하기 위해 추가해야 하는 네임스페이스
using UnityEngine.AI;

public class MonsterCtrl : MonoBehaviour
{
    // 몬스터의 상태 정보
    public enum State
    {
        IDLE,
        TRACE,
        ATTACK,
        DIE
    }
```

```
// 몬스터의 현재 상태
public State state = State.IDLE;
// 추적 사정거리
public float traceDist = 10.0f;
// 공격 사정거리
public float attackDist = 2.0f;
// 몬스터의 사망 여부
public bool isDie = false;

// 컴포넌트의 캐시를 처리할 변수
private Transform monsterTr;
private Transform playerTr;
private NavMeshAgent agent;

void Start () {
    // 몬스터의 Transform 할당
    monsterTr = GetComponent<Transform>();

    // 추적 대상인 Player의 Transform 할당
    playerTr = GameObject.FindWithTag("PLAYER").GetComponent<Transform>();

    // NavMeshAgent 컴포넌트 할당
    agent = GetComponent<NavMeshAgent>();

    // 추적 대상의 위치를 설정하면 바로 추적 시작
    // agent.destination = playerTr.position;

    // 몬스터의 상태를 체크하는 코루틴 함수 호출
    StartCoroutine(CheckMonsterState());
}

// 일정한 간격으로 몬스터의 행동 상태를 체크
IEnumerator CheckMonsterState()
{
    while(!isDie)
    {
        // 0.3초 동안 중지(대기)하는 동안 제어권을 메시지 루프에 양보
        yield return new WaitForSeconds(0.3f);
```

```
            // 몬스터와 주인공 캐릭터 사이의 거리 측정
            float distance = Vector3.Distance(playerTr.position, monsterTr.position);

            // 공격 사정거리 범위로 들어왔는지 확인
            if (distance <= attackDist)
            {
                state = State.ATTACK;
            }
            // 추적 사정거리 범위로 들어왔는지 확인
            else if (distance <= traceDist)
            {
                state = State.TRACE;
            }
            else
            {
                state = State.IDLE;
            }
        }
    }


    void OnDrawGizmos()
    {
        // 추적 사정거리 표시
        if (state == State.TRACE)
        {
            Gizmos.color = Color.blue;
            Gizmos.DrawWireSphere(transform.position, traceDist);
        }
        // 공격 사정거리 표시
        if (state == State.ATTACK)
        {
            Gizmos.color = Color.red;
            Gizmos.DrawWireSphere(transform.position, attackDist);
        }
    }
}
```

몬스터의 상태를 Enum(열거형) 변수로 설정하면 인스펙터 뷰에 콤보 박스 형태로 표시된다([그림 6-43] 참조). 이러한 상태 정보를 담을 변수를 Enum 타입으로 사용하면 int, string 타입의 변수로 설정할 때보다 가독성이 높아지며 소스를 이해하는 데도 유리하다.

```
// 몬스터의 상태 정보
public enum State
{
    IDLE,
    TRACE,
    ATTACK,
    DIE
}

// 몬스터의 현재 상태
public State state = State.IDLE;
```

[그림 6-48] 인스펙터 뷰에 노출된 열거형 변수(Enumeration Type)

몬스터의 상태를 지속해서 검사하는 로직에서는 코루틴 함수를 사용한다. 물론 Update() 함수에서 구현하더라도 잘못된 방법이라고 할 수는 없다. 하지만 매 프레임 몬스터의 상태를 검사하기보다는 적정한 주기로 상태를 검사하는 방식이 좀 더 효율적이고 깔끔한 코드를 만들 수 있다.

CheckMonsterState( ) 코루틴 함수는 0.3초 간격으로 주인공과 몬스터 사이의 거리를 측정해 몬스터의 상태를 변화시킨다. 또한, 몬스터가 죽기 전에는 while 문을 사용해 무한 루프를 돌다가, 몬스터가 죽으면 더는 몬스터의 상태 값을 검사할 필요가 없으므로 isDie 변수를 true로 변경해 while 문을 빠져나오면서 코루틴 함수가 종료되는 구조다.

```
// 일정한 간격으로 몬스터의 행동 상태를 체크
IEnumerator CheckMonsterState()
{
    while(!isDie)
    {
        // 0.3초 동안 중지(대기)하는 동안 제어권을 메시지 루프에 양보
        yield return new WaitForSeconds(0.3f);

        // 몬스터와 주인공 캐릭터 사이의 거리 측정
        float distance = Vector3.Distance(playerTr.position, monsterTr.position);

        // 공격 사정거리 범위로 들어왔는지 확인
        if (distance <= attackDist)
        {
            state = State.ATTACK;
        }
        // 추적 사정거리 범위로 들어왔는지 확인
        else if (distance <= traceDist)
        {
            state = State.TRACE;
        }
        else
        {
            state = State.IDLE;
        }
    }
}
```

yield return new WaitForSeconds(0.3f)는 인자로 전달된 초(sec)만큼 정지하고 메시지 루프에 제어권을 양보한다. 즉, yield return 구문 이하의 로직을 대기시키는 효과가 있다. 일종의 Sleep 기능으로 보통 일정한 시간 간격으로 로직을 실행할 때 사용한다.

```
// 0.3초 동안 중지(대기)하는 동안 제어권을 메시지 루프에 양보
yield return new WaitForSeconds(0.3f);
```

몬스터의 상태는 주인공 캐릭터와 몬스터 간의 거리를 측정해 추적 사정거리 이내의 범위에 들어왔는지 또는 공격 사정거리 이내에 들어왔는지 판단해 상태를 변경시킨다. Vector3.Distance(Vector3 a, Vector3b) 함수는 a, b 사이의 거리를 측정해 반환하는 함수로 주인공 캐릭터의 현재 위치인 playerTr.position과 몬스터의 현재 위치인 monsterTr.position을 인자로 대입했다.

```
// 몬스터와 주인공 캐릭터 사이의 거리 측정
float distance = Vector3.Distance(playerTr.position, monsterTr.position);
```

주인공 캐릭터가 접근해 몬스터의 상태가 변경되는 것을 시각적으로 표현하기 위해 Gizmos를 사용한다. 추적 사정거리 이내에 근접하면 파란색 WireSphere를 표시하고 공격 사정거리 이내로 접근하면 빨간색 WireSphere를 표시한다. Gizmos.DrawWireSphere(원점, 반지름) 함수는 DrawSphere 함수와 유사하지만, 구체의 면의 색을 표현하지 않고 외곽선만 표시한다.

```
void OnDrawGizmos()
{
    // 추적 사정거리 표시
    if (state == State.TRACE)
    {
        Gizmos.color = Color.blue;
        Gizmos.DrawWireSphere(transform.position, traceDist);
    }
    // 공격 사정거리 표시
    if (state == State.ATTACK)
    {
        Gizmos.color = Color.red;
        Gizmos.DrawWireSphere(transform.position, attackDist);
    }
}
```

유니티를 실행하고 하이러키 뷰에서 몬스터를 선택한 상태에서 주인공을 몬스터 근처로 조금씩 접근해보자. 인스펙터 뷰에서 MonsterCtrl의 State 속성을 보면 IDLE, TRACE, ATTACK 상태를 번갈아 가며 변경되고, WireSphere가 표시되는 것을 확인할 수 있다.

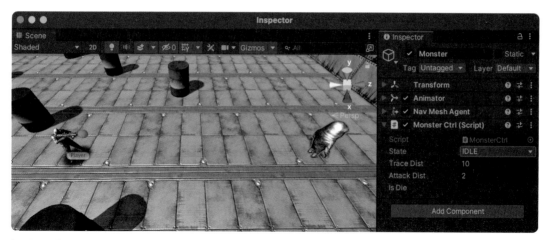

[그림 6-49] 주인공 캐릭터가 추적 사정거리 밖에 있을 때는 state가 IDLE 상태다.

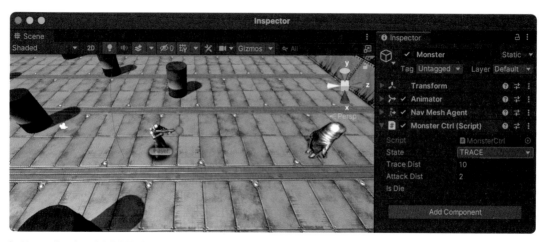

[그림 6-50] 주인공 캐릭터가 추적 사정거리로 들어오면 state가 TRACE로 변경된다.

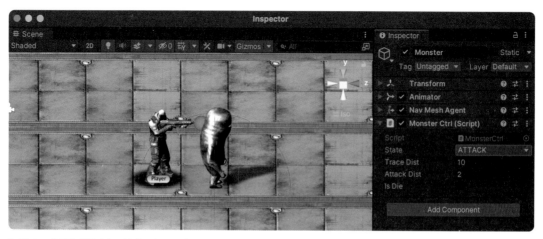

[그림 6-51] 공격 사정거리로 들어오면 state가 ATTACK으로 변경된다.

적 캐릭터의 행동 구현

몬스터의 상태 변수인 state의 값에 따라 애니메이션 및 추적 로직 등은 별도의 코루틴 함수에서 구현한다. 물론 MonsterStateCheck() 함수에서 처리해도 되지만 확장성과 코드의 간결성을 위해서는 별도의 함수에서 처리하는 것이 바람직하다. MonsterCtrl 스크립트에 MonsterAction 코루틴 함수를 추가한다.

스크립트 6-3 MonsterCtrl – MonsterAction 코루틴 함수 추가

```csharp
using System.Collections;
using System.Collections.Generic;
using UnityEngine;

// 내비게이션 기능을 사용하기 위해 추가해야 하는 네임스페이스
using UnityEngine.AI;

public class MonsterCtrl : MonoBehaviour
{
    // 몬스터의 상태 정보
    public enum State
    {
        IDLE,
        TRACE,
        ATTACK,
        DIE
    }

    // 몬스터의 현재 상태
    public State state = State.IDLE;
    // 추적 사정거리
    public float traceDist = 10.0f;
    // 공격 사정거리
    public float attackDist = 2.0f;
    // 몬스터의 사망 여부
    public bool isDie = false;

    // 컴포넌트의 캐시를 처리할 변수
    private Transform monsterTr;
    private Transform playerTr;
    private NavMeshAgent agent;
```

```csharp
void Start ()
{
    // 몬스터의 Transform 할당
    monsterTr = GetComponent<Transform>();

    // 추적 대상인 Player의 Transform 할당
    playerTr = GameObject.FindWithTag("PLAYER").GetComponent<Transform>();

    // NavMeshAgent 컴포넌트 할당
    agent = GetComponent<NavMeshAgent>();

    // 추적 대상의 위치를 설정하면 바로 추적 시작
    // agent.destination = playerTr.position;

    // 몬스터의 상태를 체크하는 코루틴 함수 호출
    StartCoroutine(CheckMonsterState());
    // 상태에 따라 몬스터의 행동을 수행하는 코루틴 함수 호출
    StartCoroutine(MonsterAction());
}

// 일정한 간격으로 몬스터의 행동 상태를 체크
IEnumerator CheckMonsterState()
{
    while (!isDie)
    {
        // 0.3초 동안 중지(대기)하는 동안 제어권을 메시지 루프에 양보
        yield return new WaitForSeconds(0.3f);

        // 몬스터와 주인공 캐릭터 사이의 거리 측정
        float distance = Vector3.Distance(playerTr.position, monsterTr.position);

        // 공격 사정거리 범위로 들어왔는지 확인
        if (distance <= attackDist)
        {
            state = State.ATTACK;
        }
        // 추적 사정거리 범위로 들어왔는지 확인
        else if (distance <= traceDist)
        {
```

```
                state = State.TRACE;
            }
            else
            {
                state = State.IDLE;
            }
        }
    }


    // 몬스터의 상태에 따라 몬스터의 동작을 수행
    IEnumerator MonsterAction()
    {
        while (!isDie)
        {
            switch (state)
            {
                // IDLE 상태
                case State.IDLE:
                    // 추적 중지
                    agent.isStopped = true;
                    break;

                // 추적 상태
                case State.TRACE:
                    // 추적 대상의 좌표로 이동 시작
                    agent.SetDestination(playerTr.position);
                    agent.isStopped = false;
                    break;

                // 공격 상태
                case State.ATTACK:
                    break;

                // 사망
                case State.DIE:
                    break;
            }
            yield return new WaitForSeconds(0.3f);
        }
    }
```

```
        void OnDrawGizmos()
        {
            // 추적 사정거리 표시
            if (state == State.TRACE)
            {
                Gizmos.color = Color.blue;
                Gizmos.DrawWireSphere(transform.position, traceDist);
            }
            // 공격 사정거리 표시
            if (state == State.ATTACK)
            {
                Gizmos.color = Color.red;
                Gizmos.DrawWireSphere(transform.position, attackDist);
            }
        }
}
```

MonsterAction() 함수도 isDie가 true가 되면 while 구문을 빠져나오게 돼 있고 state 변수에 따라 switch 문을 이용해 분기한다. 몬스터 상태를 나타내는 state 변숫값이 state.IDLE일 때는 추적을 중지 해야 한다. NavMeshAgent.isStopped 속성은 추적 중지 여부를 나타내는 것으로 true면 정지 상태를 의미 한다.

```
// IDLE 상태
case State.IDLE:
    // 추적 중지
    agent.isStopped = true;
    break;
```

주인공 캐릭터와 몬스터 사이의 거리가 추적 사정거리 범위에 들어오면 몬스터의 상태 값이 state.TRACE 로 변경된다. 이때 NavMeshAgent.SetDestination 함수로 주인공 캐릭터의 좌푯값을 전달해 추적 위치 를 지정한다. isStopped 속성을 false로 설정해 정지 상태의 NavMeshAgent를 재시작시키는 역할을 한다.

```
// 추적 상태
case State.TRACE:
    // 추적 대상의 좌표로 이동 시작
```

```
    agent.SetDestination(playerTr.position);
    agent.isStopped = false;
    break;
```

유니티를 실행해 주인공 캐릭터를 추적 사정거리 이내로 근접시키면 몬스터가 주인공을 향해 추적을 시작
한다. 또한, 주인공 캐릭터를 멀리 이동시켜 추적 사정거리 밖으로 벗어나면 추적을 정지하는 모습을 확인
해보자. 나머지 몬스터 상태 값에 따른 switch 분기문에 관해서는 추후 로직을 완성해 나가기로 한다.

애니메이션 동기화

이제 IDLE과 TRACE 상태에 맞는 애니메이션을 수행시켜보자. 앞서 애니메이터 뷰에 IsTrace 변수를 설정
해 놓았다. MonsterCtrl 스크립트에서 Monster의 Animator 컴포넌트에 접근하기 위한 변수를 설정 및 할
당하고 MonsterAction 함수에 Animator에 생성한 변숫값을 변경하는 로직을 추가한다.

스크립트 6-4 MonsterCtrl – Animation 동기화 로직 추가

```
using System.Collections;
using System.Collections.Generic;
using UnityEngine;

// 내비게이션 기능을 사용하기 위해 추가해야 하는 네임스페이스
using UnityEngine.AI;

public class MonsterCtrl : MonoBehaviour
{
    // 몬스터의 상태 정보
    public enum State
    {
        IDLE,
        TRACE,
        ATTACK,
        DIE
    }

    // 몬스터의 현재 상태
    public State state = State.IDLE;
    // 추적 사정거리
```

```csharp
public float traceDist = 10.0f;
// 공격 사정거리
public float attackDist = 2.0f;
// 몬스터의 사망 여부
public bool isDie = false;

// 컴포넌트의 캐시를 처리할 변수
private Transform monsterTr;
private Transform playerTr;
private NavMeshAgent agent;
private Animator anim;

void Start ()
{
    // 몬스터의 Transform 할당
    monsterTr = GetComponent<Transform>();

    // 추적 대상인 Player의 Transform 할당
    playerTr = GameObject.FindWithTag("PLAYER").GetComponent<Transform>();

    // NavMeshAgent 컴포넌트 할당
    agent = GetComponent<NavMeshAgent>();

    // Animator 컴포넌트 할당
    anim = GetComponent<Animator>();

    // 몬스터의 상태를 체크하는 코루틴 함수 호출
    StartCoroutine(CheckMonsterState());
    // 상태에 따라 몬스터의 행동을 수행하는 코루틴 함수 호출
    StartCoroutine(MonsterAction());
}

// 일정한 간격으로 몬스터의 행동 상태를 체크
IEnumerator CheckMonsterState()
{
    [중략…]
}

// 몬스터의 상태에 따라 몬스터의 동작을 수행
```

```
IEnumerator MonsterAction()
{
    while (!isDie)
    {
        switch (state)
        {
            // IDLE 상태
            case State.IDLE:
                // 추적 중지
                agent.isStopped = true;
                // Animator의 IsTrace 변수를 false로 설정
                anim.SetBool("IsTrace", false);
                break;

            // 추적 상태
            case State.TRACE:
                // 추적 대상의 좌표로 이동 시작
                agent.SetDestination(playerTr.position);
                agent.isStopped = false;
                // Animator의 IsTrace 변수를 true로 설정
                anim.SetBool("IsTrace", true);
                break;

            // 공격 상태
            case State.ATTACK:
                break;

            // 사망
            case State.DIE:
                break;
        }
        yield return new WaitForSeconds(0.3f);
    }
}

void OnDrawGizmos()
{
    [중략…]
}
}
```

애니메이터 뷰에서 생성한 파라미터는 다음 함수를 이용해 접근할 수 있다.

Set 함수	Get 함수
Animator.SetBool	Animator.GetBool
Animator.SetFloat	Animator.GetFloat
Animator.SetInteger	Animator.GetInteger
Animator.SetTrigger	Animator.GetTrigger

[표 6-6] Animator 변수의 접근 함수

몬스터의 상태 값이 state.IDLE일 때 IsTrace 변수를 false로 설정하면 애니메이터 뷰의 IsTrace 파라미터가 false가 되면서 idle 스테이트로 전이(Transition)가 일어난다.

```
// IDLE 상태
case State.IDLE:
    // 추적 중지
    agent.isStopped = true;
    // Animator의 IsTrace 변수를 false로 설정
    anim.SetBool("IsTrace", false);
    break;
```

반대로 몬스터의 상태 값이 state.TRACE가 되면 IsTrace 변수를 true로 바꿔 walk 스테이트로 전이시킨다.

```
// 추적 상태
case State.TRACE:
    // 추적 대상의 좌표로 이동 시작
    agent.SetDestination(playerTr.position);
    agent.isStopped = false;
    // Animator의 IsTrace 변수를 true로 설정
    anim.SetBool("IsTrace", true);
    break;
```

게임을 실행한 후 주인공 캐릭터를 이동시켜 몬스터에 근접해보면 추적을 시작하면서 동시에 몬스터의 걷는 애니메이션이 실행된다. 반대로 멀어지면 추적을 멈추고 idle 애니메이션을 수행하는 것을 확인할 수 있다.

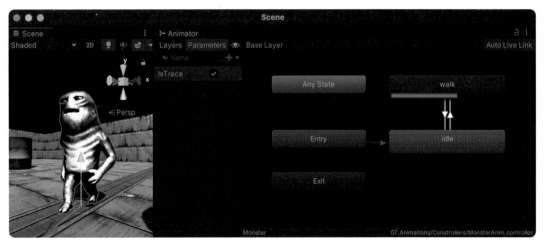

[그림 6-52] IsTrace 변수가 true가 되면 idle 상태에서 walk 상태로 전이됨

몬스터 공격 루틴

몬스터에 공격 기능을 부여하자. 먼저 프로젝트 뷰의 MonsterAnim을 더블클릭해 애니메이터 뷰를 열고 attack 애니메이션 클립을 드래그해 배치한다. 다음과 같이 attack 스테이트와 walk 스테이트를 양방향으로 Transition을 연결한다.

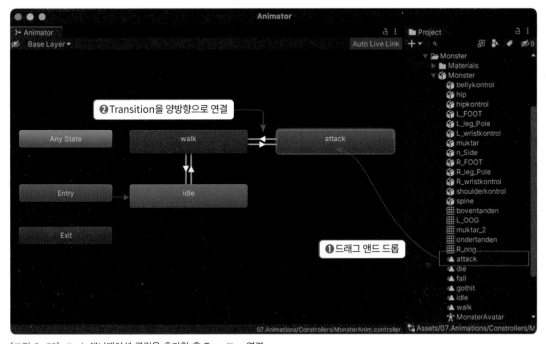

[그림 6-53] attack 애니메이션 클립을 추가한 후 Transition 연결

attack 스테이트의 전이 조건으로 사용할 Bool 타입 파라미터를 추가하고 변수 이름을 "IsAttack"으로 지정한다.

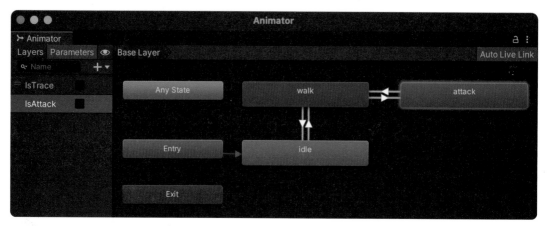

[그림 6-54] Bool 타입의 IsAttack 파라미터 추가

IsAttack이 true일 때 walk 스테이트에서 attack 스테이트로 넘어가게 설정하고 false일 때 walk 스테이트로 돌아오게 하자. 먼저 walk → attack으로 가는 Transition을 선택한 다음 Conditions 조건으로 IsAttack을 선택하고 조건 값은 true로 설정한다. 또한, Has Exit Time 옵션은 언체크한다.

Transition	Conditions	설정값	Has Exit Time 옵션
walk → attack	IsAttack	true	언체크
attack → walk	IsAttack	false	언체크

[표 6-7] walk 스테이트와 attack 스테이트 간의 Transition 조건

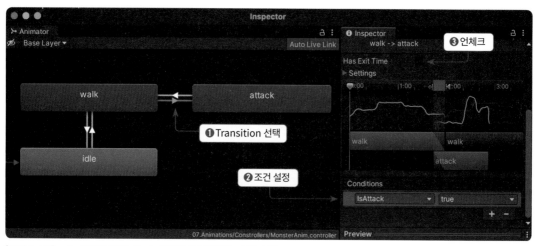

[그림 6-55] walk 스테이트에서 attack 스테이트로 전이되는 조건 설정

같은 방법으로 attack → walk로 가는 Transition을 선택한 다음 Conditions 조건으로 IsAttack을 선택하고 조건 값을 false로 설정한다. Has Exit Time 옵션은 언체크한다.

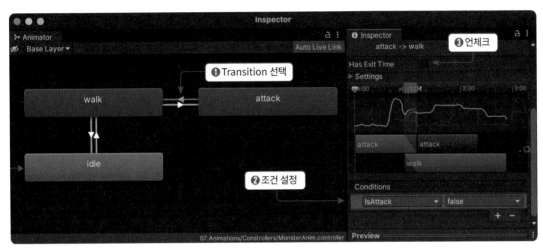

[그림 6-56] attack 스테이트에서 walk 스테이트로 전이되는 조건 설정

애니메이터 뷰의 walk 스테이트와 attack 스테이트 사이의 Transition과 조건 설정을 완료했으면 MonsterCtrl 스크립트의 MonsterAction 함수에서 IsAttack 변수를 조정해보자.

스크립트 6-5 MonsterCtrl – 애니메이터 해시값 추출

```
using System.Collections;
using System.Collections.Generic;
using UnityEngine;

// 내비게이션 기능을 사용하기 위해 추가해야 하는 네임스페이스
using UnityEngine.AI;

public class MonsterCtrl : MonoBehaviour
{

    [중략…]

    // Animator 파라미터의 해시값 추출
    private readonly int hashTrace = Animator.StringToHash("IsTrace");
    private readonly int hashAttack = Animator.StringToHash("IsAttack");
```

```
void Start ()
{
    [중략…]
}


// 일정한 간격으로 몬스터의 행동 상태를 체크
IEnumerator CheckMonsterState()
{
    [중략…]
}


// 몬스터의 상태에 따라 몬스터의 동작을 수행
IEnumerator MonsterAction()
{
    while (!isDie)
    {
        switch (state)
        {
            // IDLE 상태
            case State.IDLE:
                // 추적 중지
                agent.isStopped = true;

                // Animator의 IsTrace 변수를 false로 설정
                anim.SetBool(hashTrace, false);
                break;

            // 추적 상태
            case State.TRACE:
                // 추적 대상의 좌표로 이동 시작
                agent.SetDestination(playerTr.position);
                agent.isStopped = false;

                // Animator의 IsTrace 변수를 true로 설정
                anim.SetBool(hashTrace, true);

                // Animator의 IsAttack 변수를 false로 설정
                anim.SetBool(hashAttack, false);
                break;
```

```
                    // 공격 상태
                    case State.ATTACK:
                        // Animator의 IsAttack 변수를 true로 설정
                        anim.SetBool(hashAttack, true);
                        break;

                    // 사망
                    case State.DIE:
                        break;
                }
                yield return new WaitForSeconds(0.3f);
            }
        }

        void OnDrawGizmos()
        {
            [중략…]
        }
    }
```

애니메이터 뷰에 정의한 파라미터에 접근하는 방식을 변경했다. 앞서 사용했던 방식에서는 파라미터를 문자열로 전달했다.

```
// Animator의 IsTrace 변수를 true로 설정
anim.SetBool("IsTrace", true);
```

파라미터의 이름을 문자열로 전달할 경우 오탈자가 있다면 오류가 발생한다. 또한, 애니메이터 컨트롤에 정의한 파라미터는 모두 해시 테이블(Hash table)로 관리하기 때문에 문자열로 호출할 때마다 내부의 해시 테이블을 검색하므로 속도 면에서 불리하다. 따라서 스크립트에서 접근하려는 애니메이터 뷰의 파라미터 해시값을 미리 추출해 인자로 전달하는 방식이 속도 면에서 바람직한 방법이다.

```
// Animator 파라미터의 해시값 추출
private readonly int hashTrace = Animator.StringToHash("IsTrace");
private readonly int hashAttack = Animator.StringToHash("IsAttack");
```

따라서 앞서 문자열로 전달했던 SetBool 함수는 모두 해시값을 전달하는 방법으로 변경했다.

```
// 몬스터의 상태에 따라 몬스터의 동작을 수행
IEnumerator MonsterAction()
{
    while (!isDie)
    {
        switch (state)
        {
            // IDLE 상태
            case State.IDLE:
                // 추적 중지
                agent.isStopped = true;

                // Animator의 IsTrace 변수를 false로 설정
                anim.SetBool(hashTrace, false);
                break;

            // 추적 상태
            case State.TRACE:
                // 추적 대상의 좌표로 이동 시작
                agent.SetDestination(playerTr.position);
                agent.isStopped = false;

                // Animator의 IsTrace 변수를 true로 설정
                anim.SetBool(hashTrace, true);

                // Animator의 IsAttack 변수를 false로 설정
                anim.SetBool(hashAttack, false);
                break;

            // 공격 상태
            case State.ATTACK:
                // Animator의 IsAttack 변수를 true로 설정
                anim.SetBool(hashAttack, true);
                break;

            // 사망
            case State.DIE:
                break;
        }
```

```
        yield return new WaitForSeconds(0.3f);
    }
}
```

스크립트를 수정한 후 예제 게임을 실행해 몬스터에 접근해보자. 공격 사정거리로 들어가면 몬스터가 attack 애니메이션을 수행하고, 뒤로 물러서서 공격 사정거리 밖으로 빠져나가면 walk 애니메이션이 실행되는 것을 확인할 수 있다.

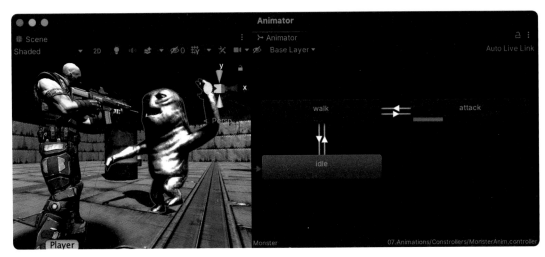

[그림 6-57] 공격 사정거리에 들어왔을 때 attack 애니메이션을 실행하는 몬스터

몬스터 피격 리액션

주인공 캐릭터가 발사한 총알이 몬스터에 명중했을 때 타격을 입는 리액션(Reaction)을 구현해보자. 먼저 총알에 맞는 충돌 감지를 하려면 몬스터에도 Collider가 필요하다. 하이러키 뷰의 Monster를 선택한 다음 Capsule Collider 컴포넌트를 추가하고 다음과 같이 속성을 수정하자.

속성	값
Height	2
Center	X=0, Y=1, Z=0

[표 6-8] Capsule Collider 컴포넌트의 속성

[그림 6-58] Monster에 Capsule Collider 컴포넌트를 추가하고 속성을 설정

Monster에 추가한 Capsule Collider 때문에 이제부터는 총알을 발사하면 관통하지 않고 튕겨 나간다.

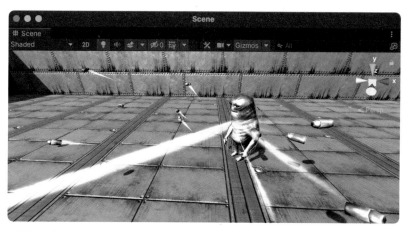

[그림 6-59] Capsule Collider 추가 후 총알이 튕겨 나가는 모습

몬스터가 총알을 맞았을 때 동작할 애니메이션을 설정해보자. 우선 MonsterAnim을 열고 Monster의 gothit 애니메이션 클립을 추가한 다음 Any State에서 gothit 상태로 Transition을 연결한다. gothit 애니메이션은 피격될 때의 리액션 애니메이션으로, 몬스터가 어떤 State에 있든 총알을 맞으면 발생할 수 있다. 즉,

Any State에서 연결된 gothit는 몬스터가 idle, walk, attack 중 어느 상태이든 상관없이 Any State → gothit의 Transition 조건만 성립되면 바로 수행된다. gothit 애니메이션을 실행한 후 이전에 실행했던 스테이트로 되돌아가는 Transition을 모두 연결한다. 다음과 같이 Transition을 연결하고 Trigger 타입 파라미터를 추가한 다음 이름을 "Hit"로 지정한다. 각 Transition의 Condition을 [표 6-9]와 같이 설정한다.

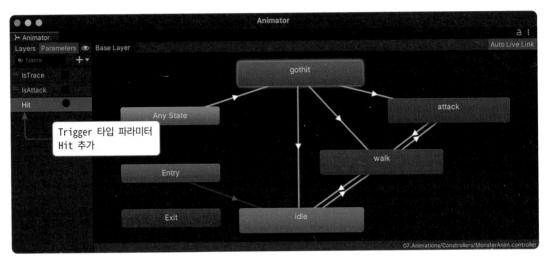

[그림 6-60] Any State와 스테이트 간의 Transition 연결

No	Transition	Conditions	설정값
❶	Any State → gothit	Hit	없음
❷	gothit → idle	Exit Time	0.9
		IsTrace	false
❸	gothit → walk	Exit Time	0.9
		IsTrace	true
		IsAttack	false
❹	gothit → attack	Exit Time	0.9
		IsAttack	true

[표 6-9] Any State에서 각 스테이트 사이의 Transition 조건

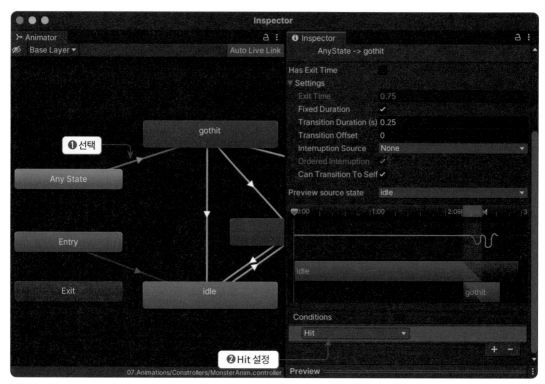

[그림 6-61] Any State → gothit로 전이되는 조건 설정

gothit 애니메이션을 90% 수행하고 다음 스테이트로 넘어갈 수 있게 ②, ③, ④번의 Transition은 모두 Has Exit Time 옵션에 체크한다. 그리고 Settings를 펼치고 하위에 있는 여러 설정 항목 중에서 Exit Time을 0.9로 설정한다. Exit Time은 0.0~1.0까지의 범위를 가질 수 있으며, 0.9는 90%를 의미한다. Exit Time은 시간이 아니며 백분율이다.

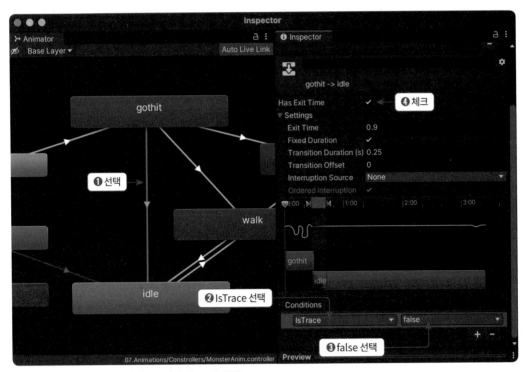

[그림 6-62] gothit → idle 스테이트로 전이되는 조건 설정

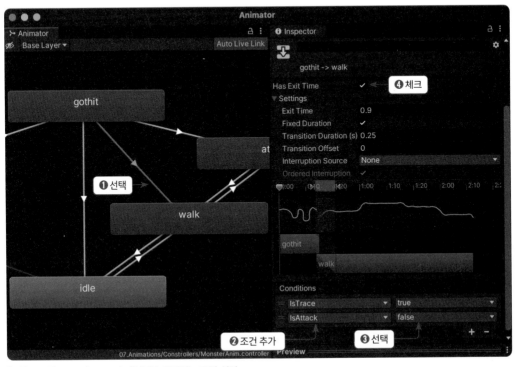

[그림 6-63] gothit → walk 스테이트로 전이되는 조건 설정

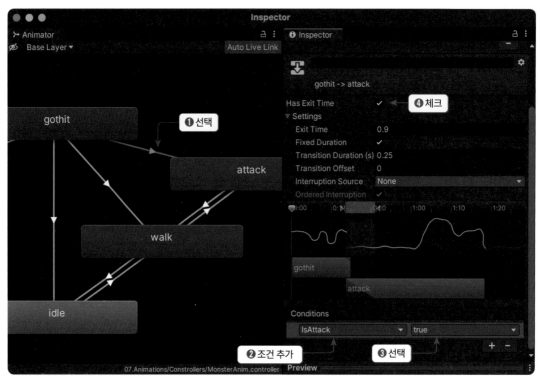

[그림 6-64] gothit → attack 스테이트로 전이되는 조건 설정

Transition을 연결하고 조건 설정을 완료했으면 MonsterCtrl 스크립트에 총알이 충돌했을 때 발생할 콜백 함수를 작성하고, 피격 리액션 애니메이션을 실행시켜보자. MonsterCtrl 스크립트를 다음과 같이 수정한다.

스크립트 6-6 MonsterCtrl – 피격 리액션 애니메이션 로직 추가

```
using System.Collections;
using System.Collections.Generic;
using UnityEngine;

// 내비게이션 기능을 사용하기 위해 추가해야 하는 네임스페이스
using UnityEngine.AI;

public class MonsterCtrl : MonoBehaviour
{
```

```
[중략…]

// Animator 파라미터의 해시값 추출
private readonly int hashTrace = Animator.StringToHash("IsTrace");
private readonly int hashAttack = Animator.StringToHash("IsAttack");
private readonly int hashHit = Animator.StringToHash("Hit");

void Start ()
{
    [중략…]
}

// 일정한 간격으로 몬스터의 행동 상태를 체크
IEnumerator CheckMonsterState()
{
    [중략…]
}

// 몬스터의 상태에 따라 몬스터의 동작을 수행
IEnumerator MonsterAction()
{
    [중략…]
}

void OnCollisionEnter(Collision coll)
{
    if (coll.collider.CompareTag("BULLET"))
    {
        // 충돌한 총알을 삭제
        Destroy(coll.gameObject);
        // 피격 리액션 애니메이션 실행
        anim.SetTrigger(hashHit);
    }
}

void OnDrawGizmos()
{
    [중략…]
}
}
```

스크립트를 수정한 후 예제 게임을 실행해보자. 몬스터를 향해 발사한 총알이 몬스터에 맞으면 gothit 스테이트로 전이되어 피격 리액션 애니메이션이 수행된다. 또한, 몬스터가 총에 맞기 이전의 스테이트로 돌아가는지 확인해본다.

혈흔 효과

주인공 캐릭터가 쏜 총알이 몬스터에 명중했을 때 몬스터가 피를 흘리는 혈흔 효과(Blood Effect)를 추가해보자. 혈흔 효과는 파티클로 구현하며 프로젝트 뷰의 "03.Prefabs/EffectExamples/Blood/Prefabs" 폴더에 있는 BloodSprayEffect를 사용한다. 씬 뷰로 드래그해 어떤 효과인지 살펴보자.

[그림 6-65] BloodSprayEffect 파티클 효과

Resources 폴더

지금까지는 프리팹을 사용하기 위해 변수를 선언하고, 해당 프리팹을 유니티 에디트 모드에서 미리 연결해 사용했다. 이번에는 기존에 사용했던 방식과 달리 사용하려는 프리팹을 런 모드에서 스크립트를 통해 로드하는 방법을 사용해보자. 스크립트에서 프리팹 또는 에셋을 직접 로드하려면 해당 프리팹이나 에셋이 Resources 폴더 하위에 있어야 한다. 프로젝트 뷰에서 새로운 폴더를 생성하고 이름을 "Resources"로 지정한다. 이 폴더는 유니티에 예약된 폴더로서 대소문자를 정확히 지켜야 한다.

Resources 폴더를 생성한 후 BloodSpayEffect 프리팹을 Resources 폴더로 드래그해 옮긴다. 새로운 프리팹으로 만들겠냐는 팝업창이 나오면 [Original Prefab] 버튼을 클릭한다.

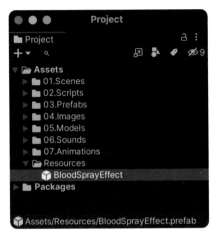

[그림 6-66] Resources 폴더로 이동한 혈흔 효과 프리팹

MonsterCtrl 스크립트를 다음과 같이 수정한다.

스크립트 6-7 MonsterCtrl – 혈흔 효과를 생성하는 로직

```csharp
using System.Collections;
using System.Collections.Generic;
using UnityEngine;

// 내비게이션 기능을 사용하기 위해 추가해야 하는 네임스페이스
using UnityEngine.AI;

public class MonsterCtrl : MonoBehaviour
{
    [중략…]
    // Animator 파라미터의 해시값 추출
    private readonly int hashTrace = Animator.StringToHash("IsTrace");
    private readonly int hashAttack = Animator.StringToHash("IsAttack");
    private readonly int hashHit = Animator.StringToHash("Hit");
```

```csharp
// 혈흔 효과 프리팹
private GameObject bloodEffect;

void Start ()
{
    // 몬스터의 Transform 할당
    monsterTr = GetComponent<Transform>();

    // 추적 대상인 Player의 Transform 할당
    playerTr = GameObject.FindWithTag("PLAYER").GetComponent<Transform>();

    // NavMeshAgent 컴포넌트 할당
    agent = GetComponent<NavMeshAgent>();

    // Animator 컴포넌트 할당
    anim = GetComponent<Animator>();

    // BloodSprayEffect 프리팹 로드
    bloodEffect = Resources.Load<GameObject>("BloodSprayEffect");

    // 몬스터의 상태를 체크하는 코루틴 함수 호출
    StartCoroutine(CheckMonsterState());
    // 상태에 따라 몬스터의 행동을 수행하는 코루틴 함수 호출
    StartCoroutine(MonsterAction());
}

// 일정한 간격으로 몬스터의 행동 상태를 체크
IEnumerator CheckMonsterState()
{
    [중략…]
}

// 몬스터의 상태에 따라 몬스터의 동작을 수행
IEnumerator MonsterAction()
{
    [중략…]
}

void OnCollisionEnter(Collision coll)
```

```
    {

        if (coll.collider.CompareTag("BULLET"))
        {
            // 충돌한 총알을 삭제
            Destroy(coll.gameObject);
            // 피격 리액션 애니메이션 실행
            anim.SetTrigger(hashHit);


            // 총알의 충돌 지점
            Vector3 pos = coll.GetContact(0).point;
            // 총알의 충돌 지점의 법선 벡터
            Quaternion rot = Quaternion.LookRotation(-coll.GetContact(0).normal);
            // 혈흔 효과를 생성하는 함수 호출
            ShowBloodEffect(pos, rot);
        }
    }

    void ShowBloodEffect(Vector3 pos, Quaternion rot)
    {
        // 혈흔 효과 생성
        GameObject blood = Instantiate<GameObject>(bloodEffect, pos, rot, monsterTr);
        Destroy(blood, 1.0f);
    }

    void OnDrawGizmos()
    {
        [중략…]
    }
}
```

혈흔 효과 프리팹은 Start 함수에서 로드한다. 스크립트에서 특정 에셋을 로드하려면 해당 에셋이 반드시 Resources 폴더에 있어야 하며, Resources.Load<T>() 함수를 사용해 로드한다. 여러 개의 에셋을 로드할 때는 Resources.LoadAll<T>() 함수를 사용한다.

```
// BloodSprayEffect 프리팹 로드
bloodEffect = Resources.Load<GameObject>("BloodSprayEffect");
```

Resources 폴더에서 에셋의 타입에 따라 서브 폴더로 분류한다면 로드할 에셋명에 폴더까지 지정해야 한다.

폴더	로드할 에셋	문법
Resources/Prefabs/	Monster	Resources.Load⟨GameObject⟩("Prefabs/Monster");
Resources/Sounds/	gunFire	Resources.Load⟨AudioClip⟩("Sounds/gunFire");

[표 6-10] Resources 폴더 안에 서브 폴더가 있을 때의 호출 방법

혈흔 효과는 총알을 맞은 지점에 발생시켜야 한다. 충돌 지점의 좌푯값은 coll.GetContact(0).point로 알 수 있다. 또한, 혈흔 효과는 Z축으로 피가 튀는 파티클로 회전 각도를 총알 법선 벡터의 반대 방향으로 설정해야 한다. 따라서 coll.GetContact(0).normal 속성에 마이너스를 곱해 반대 방향의 법선 벡터를 구한다. -coll.GetContact(0).normal 벡터의 방향을 Quaternion.LookRotation 함수를 사용해 쿼터니언 타입으로 변환한다.

```
// 총알의 충돌 지점
Vector3 pos = coll.GetContact(0).point;
// 총알의 충돌 지점의 법선 벡터
Quaternion rot = Quaternion.LookRotation(-coll.GetContact(0).normal);
// 혈흔 효과를 생성하는 함수 호출
ShowBloodEffect(pos, rot);
```

혈흔 효과는 Instantiate를 사용해 생성하고, 변수에 할당한 다음 1초 후에 삭제한다. Instantiate 함수는 이전 사용법과는 조금 다른 인자의 조합으로 호출했다. 형식매개 변수 <T>를 GameObject 타입으로 지정했고, 마지막 인자로는 생성한 프리팹이 차일드화될 부모 게임오브젝트의 Transform 컴포넌트를 지정했다. 즉, 생성한 프리팹의 복사본이 Monster 하위로 생성된다. 이렇게 혈흔 효과를 몬스터에 차일드화한 이유는 총알에 맞은 후 몬스터가 이동하면 생성된 혈흔 효과가 뒤에서 발생한 것처럼 보이는 현상이 있기 때문이다.

```
Instantiate<T>(생성할 객체, 위치, 각도, 부모 게임오브젝트)
```

```
// 혈흔 효과를 생성하는 함수
void ShowBloodEffect(Vector3 pos, Quaternion rot)
{
    // 혈흔 효과 생성
```

```
    GameObject blood = Instantiate<GameObject>(bloodEffect, pos, rot, monsterTr);
    Destroy(blood, 1.0f);
}
```

실행 후 총을 발사해 몬스터를 피격하면 다음 그림과 같이 혈흔 효과를 볼 수 있다.

[그림 6-67] 피격 후 생성된 혈흔 효과

적 캐릭터의 공격 능력

앞서 몬스터가 플레이어와 일정 거리 이내로 좁혀지면 공격 애니메이션을 수행하는 로직을 구현했다. 이제 실제로 주인공 캐릭터가 공격 데미지를 입어 생명력이 줄어드는 로직을 구현해보자.

몬스터가 주인공 캐릭터에 데미지를 입히는 방법은 크게 물리적인 충돌을 통해 직접 데미지를 전달하는 방법과 일정한 간격으로 공격 데미지를 수치상으로 주는 두 가지 방법을 꼽을 수 있다. 여러분이 사용한 몬스터는 공격 상태가 되면 양손으로 타격하는 애니메이션을 실행하므로 전자의 방식으로 구현해보자.

- 물리적인 타격으로 주는 데미지
- 공격 주기의 수치상의 데미지

물리적인 충돌을 발생시키기 위해 먼저 몬스터의 양쪽 손에 Collider와 Rigidbody 컴포넌트를 추가한다. 하이러키 뷰의 Monster를 선택하고 본 구조에서 손목 부분까지 찾아간 후 양손에 Sphere Collider와 Rigidbody를 각각 하나씩 추가한다.

```
Monster → hip → belly → L/R_arm → L/R_elbow → L/R_wrist
```

[그림 6-68] 몬스터의 양손에 Sphere Collider와 Rigidbody 컴포넌트 추가

추가한 Sphere Collider의 Is Trigger 속성에 체크해 몬스터 몸체에 있는 Capsule Collider와의 물리적인 간섭을 없애고 Rigidbody의 Is Kinematic 속성에 체크해 물리 시뮬레이션을 연산하지 않게 설정한다. 즉, 운동역학(Kinematic)으로 설정한다. 운동역학이란 물리 엔진의 시뮬레이션 연산으로 이동 및 회전하는 것이 아니라 스크립트 또는 애니메이션에 의해 Transform 컴포넌트의 속성값을 변화시켜 이동 및 회전하는 것을 말한다. 몬스터가 공격 모드가 되면 attack 애니메이션 클립에 의해 공격을 한다. 이때 몬스터의 양손은 애니메이션 클립에 의해 이동 및 회전을 하므로 물리 엔진의 연산 처리가 필요 없다.

컴포넌트	속성	설정값
Sphere Collider	Is Trigger	true
Rigidbody	Is Kinematic	true

[표 6-11] Monster에 추가한 컴포넌트의 속성값

한편 공격을 당하는 주인공 캐릭터 입장에서 보면 충돌이 발생했을 때 어떤 Collider가 와서 충돌했는지 알아야 한다. 따라서 PUNCH라는 신규 태그를 생성하고, 몬스터의 양손에 추가한 Sphere Collider의 태그로 지정한다.

[그림 6-69] 몬스터의 양손을 선택하고 PUNCH 태그로 지정

몬스터의 양손에 Collider를 추가했듯이 주인공 캐릭터에도 Collider를 추가해야만 충돌 이벤트가 발생한다. 따라서 하이러키 뷰의 Player를 선택하고 Capsule Collider와 Rigidbody 컴포넌트를 추가한 후 다음과 같이 속성을 설정한다.

컴포넌트	속성	설정값		
		X	Y	Z
Capsule Collider	Center	0	1	0
	Height		2	
Rigidbody	Freeze Rotation	true	false	true

[표 6-12] Player에 추가한 컴포넌트의 속성값

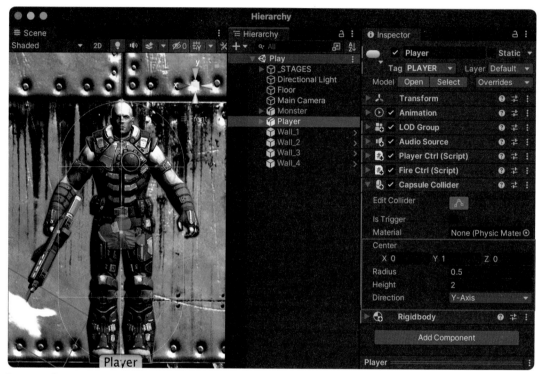

[그림 6-70] Player에 추가한 Capsule Collider 컴포넌트

Player에 추가한 Rigidbody 컴포넌트의 속성 중 Constrains → Freeze Rotation을 X, Z 축으로는 회전할 수 없게 체크해야만 이동할 때 넘어지지 않는다.

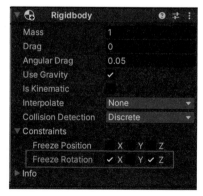

[그림 6-71] Rigidbody 컴포넌트의 Freeze Rotation 속성

실행 후 씬 뷰를 Top View로 변경하고 몬스터의 양손에 추가한 Sphere Collider와 Player에 추가한 Capsule Collider가 서로 충돌하는지 확인한다. 거리가 멀어 충돌이 발생하지 않으면 MonsterCtrl 스크립트의 attackDist 변수를 좀 더 작게 조정한다. [그림 6-67]은 하이러키 뷰에서 Monster와 Player를 동시에 선택하고 좌표축 기즈모의 Y축을 클릭해 Top View로 설정한 화면이다.

[그림 6-72] 씬 뷰에서 좌표축 기즈모를 Top View로 설정해 충돌 여부 확인

OnTriggerEnter 콜백 함수

씬 뷰에서 물리적인 충돌 여부를 확인했으면 PlayerCtrl 스크립트에 충돌 콜백 함수를 추가한다. 몬스터의 양손에 추가한 Sphere Collider에서 Is Trigger 속성에 체크했기 때문에 OnCollision~ 계열의 함수 대신에 OnTrigger~ 계열의 콜백 함수가 호출된다.

스크립트 6-8 PlayerCtrl – OnTriggerEnter 함수 추가

```
using System;
using System.Collections;
using System.Collections.Generic;
using UnityEngine;

public class PlayerCtrl : MonoBehaviour
{
```

```csharp
    // 컴포넌트를 캐시 처리할 변수
    private Transform tr;
    // Animation 컴포넌트를 저장할 변수
    private Animation anim;

    // 이동 속력 변수 (public으로 선언돼 인스펙터 뷰에 노출됨)
    public float moveSpeed = 10.0f;
    // 회전 속도 변수
    public float turnSpeed = 80.0f;

    // 초기 생명 값
    private readonly float initHp = 100.0f;
    // 현재 생명 값
    public float currHp;

    IEnumerator Start()
    {
        // HP 초기화
        currHp = initHp;

        // 컴포넌트를 추출해 변수에 대입
        tr = GetComponent<Transform>();
        anim = GetComponent<Animation>();

        // 애니메이션 실행
        anim.Play("Idle");

        turnSpeed = 0.0f;
        yield return new WaitForSeconds(0.3f);
        turnSpeed = 80.0f;
    }

    void Update()
    {
        [중략…]
    }

    void PlayerAnim(float h, float v)
    {
```

```
            [중략…]
    }


    // 충돌한 Collider의 IsTrigger 옵션이 체크됐을 때 발생
    void OnTriggerEnter(Collider coll)
    {
        // 충돌한 Collider가 몬스터의 PUNCH이면 Player의 HP 차감
        if (currHp >= 0.0f && coll.CompareTag("PUNCH"))
        {
            currHp -= 10.0f;
            Debug.Log($"Player hp = {currHp/initHp}");

            // Player의 생명이 0 이하이면 사망 처리
            if (currHp <= 0.0f)
            {
                PlayerDie();
            }
        }
    }


    // Player의 사망 처리
    void PlayerDie()
    {
        Debug.Log("Player Die !");
    }
}
```

주인공 캐릭터의 생명 수치는 initHp와 currHp 두 개의 변수를 사용한다. 공격을 받았을 때 currHp 값만 차감한다. 이는 뒤에서 생명 게이지 UI를 구현할 때 currHp를 initHp로 나누어 백분율을 구하기 위함이다.

```
// 초기 생명 값
private readonly float initHp = 100.0f;
// 현재 생명 값
public float currHp;
```

충돌한 Collider 컴포넌트의 Is Trigger 속성이 체크돼 있으면 OnTrigger~ 계열의 콜백 함수가 호출된다. 이때 전달되는 파라미터의 타입은 Collider로 컴포넌트가 넘어온다. 즉, 몬스터 양손에 있는 Sphere Collider 컴포넌트가 파라미터로 넘어온다.

```csharp
// 충돌한 Collider의 IsTrigger 옵션이 체크됐을 때 발생
void OnTriggerEnter(Collider coll)
{
    // 충돌한 Collider가 몬스터의 PUNCH이면 Player의 HP 차감
    if (currHp >= 0.0f && coll.CompareTag("PUNCH"))
    {
        currHp -= 10.0f;
        Debug.Log($"Player hp = {currHp/initHp}");

        // Player의 생명이 0 이하이면 사망 처리
        if (currHp <= 0.0f)
        {
            PlayerDie();
        }
    }
}
```

실행 후 몬스터가 공격을 시작하면 콘솔 뷰에서 currHp 변수가 차감되고 currHp가 0 이하일 경우 사망 처리 루틴인 PlayerDie 함수가 호출되는 것을 확인할 수 있다.

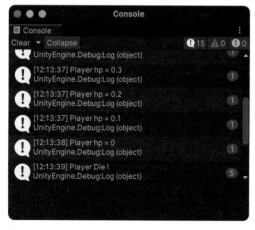

[그림 6-73] 몬스터 공격 시 Player의 currHp 변수가 차감되는 로그

아쉽게도 Player 모델에 Die 애니메이션이 없으므로 몬스터가 춤추는 것으로 게임 종료를 알리자. 이 로직은 이번 장의 마지막 부분에서 완성해본다.

특정 레이어 간의 충돌 감지

지금까지 만든 몬스터의 공격 로직은 겉으로 보기에는 별 이상이 없어 보인다. 하지만 몬스터 몸체에 추가된 Capsule Collider와 양손에 추가한 Sphere Collider는 몬스터가 움직일 때마다 지속적으로 충돌을 감지하고 있다. 양손에 추가한 Sphere Collider가 Rigidbody 컴포넌트를 포함하고 있기 때문에 몬스터 자신의 Capsule Collider와 충돌을 발생시키는 것이다.

이를 확인하기 위해 MonsterCtrl 스크립트에 다음과 같이 스크립트를 추가하고 실행해보면 몬스터가 추적하고 공격하는 동안에도 자신의 양손에 추가된 Collider에 의해 충돌 이벤트가 발생하는 것을 알 수 있다. 즉, 물리 엔진이 충돌 감지를 하고 있다는 의미다.

```
void OnTriggerEnter(Collider coll)
{
    Debug.Log(coll.gameObject.name);
}
```

[그림 6-74] 시작과 동시에 양손의 Collider에 의해 충돌이 감지된 로그

이와 같은 물리 엔진의 불필요한 부하는 특정 Collider 사이에 충돌이 감지되지 않게 설정함으로써 줄일 수 있다. 이러한 물리 엔진 설정은 레이어로 판단하기 때문에 각 Collider를 서로 다른 레이어로 지정해야 한다.

우선 인스펙터 뷰의 상단에 있는 Layer 콤보 박스를 클릭한 다음 [Add Layer...]를 선택해 다음 그림과 같이 MONSTER_BODY와 MONSTER_PUNCH라는 두 개의 레이어를 추가한다. Tags & Layers는 메뉴에서 [Edit] → [Project Settings] → [Tags and Layers]를 선택해도 된다.

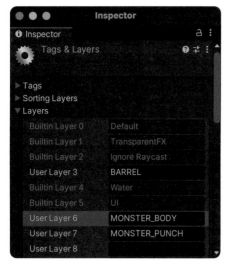

[그림 6-75] 신규 레이어 추가

두 개의 새로운 레이어를 추가한
후 하이러키 뷰에서 Monster를 선
택하고 인스펙터 뷰에서 Layer를
MONSTER_BODY로 설정한다. 이때 하
위 오브젝트도 함께 변경할 것인지
묻는 팝업이 나타나면 반드시 "No,
this object only"를 선택해야 한다.
선택한 게임오브젝트만 MONSTER_
BODY 레이어로 지정하겠다는 뜻이다.

[그림 6-76] 몬스터 몸체의 레이어를 MONSTER_BODY로 지정

같은 방법으로 하이러키 뷰의 Monster 하위에 있는 양손의 본(L_wrist, R_wrist)을 찾아 내려가 레이어를
MONSTER_PUNCH로 지정한다.

[그림 6-77] 몬스터 양손의 레이어를 MONSTER_PUNCH로 지정

서로 충돌을 일으키는 **Collider**의 레이어를 각각 지정한 후 메뉴에서 [Edit] → [Project Settings]를 선택해 Project Settings 창을 연다. 왼쪽에서 [Physics] 메뉴를 선택하면 PhysicsManager가 표시된다. 하단의 Layer Collision Matrix에서 물리적인 충돌이 발생하는 레이어 간의 정보를 표시한다. **MONSTER_BODY** 레이어와 **MONSTER_PUNCH** 레이어가 교차하는 부분의 체크박스를 언체크하면 두 레이어 간의 물리적인 충돌은 물리 엔진에서 처리하지 않는다.

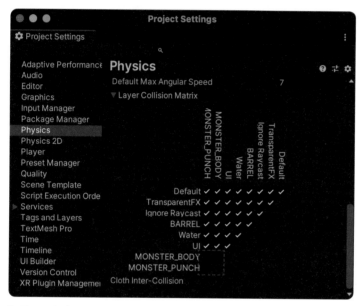

[그림 6-78] 레이어 간의 충돌 처리를 설정하는 레이어 충돌 매트릭스 옵션

Layer Collision Matrix 설정은 흔히 게임에서 아군과 적군이 있을 경우 아군이 발사한 총알의 충돌은 적군에게만 발생하게 하는 로직에 응용할 수 있다. 즉, 아군의 레이어와 적군의 레이어를 서로 분리해 적용하고 Layer Collision Matrix에서 서로 충돌하지 않게 언체크하면 물리 엔진의 부하도 줄일 수 있고, 로직도 간결하게 구현할 수 있다.

설정을 완료한 후 실행하면 더는 자신의 **Collider**에 의한 충돌 감지는 발생하지 않는다는 것을 확인할 수 있다.

본 구조의 최적화

보통의 인체형 모델은 애니메이션을 수행하기 위해 Rig(본 구조, 뼈대)가 설정돼 있다. 적 캐릭터 모델도 이러한 관절이 설정돼 있으며 하이러키 뷰에서 확인할 수 있다.

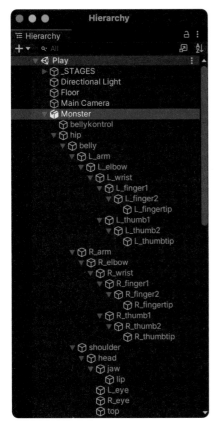

[그림 6-79] 적 캐릭터의 Rig 계층 구조

하이러키 뷰 상에 표시된 각 관절은 게임오브젝트이며 모두 Transform 컴포넌트를 가지고 있다. 이처럼 하나의 3D 모델이 가진 많은 Transform 컴포넌트의 이동 및 회전 처리는 런타임 시 내부적으로 다양한 연산 처리를 하므로 최적화가 필요하다. 따라서 실제 게임에서 사용되는 관절만 남겨두고 다른 것은 노출되지 않게 설정하면 속도 향상에 도움을 줄 수 있으며, 하이러키 뷰를 간결하게 유지해 작업 능률을 높일 수 있다.

몬스터 모델에서 필요한 Rig는 Sphere Collider와 Rigidbody를 추가한 양손이므로 이 부분만을 하이러키 뷰에 노출되게 설정해보자. 프로젝트 뷰의 "05.Models/Monster" 폴더에 있는 Monster 원본 모델을 선택한 후 인스펙터 뷰의 [Rig] 탭을 선택한다. Rig 탭의 `Optimize Game Objects` 옵션을 선택하면 하단에 "Extra Transforms to Expose" 항목이 나타난다.

[그림 6-80] 노출시킬 본을 선택하는 Optimize Game Objects 메뉴

하이러키 뷰에 노출시킬 양손의 Rig를 선택하기 위해 `hip` 관절부터 양손의 계층 구조까지 차례로 내려가거나 검색어를 입력해 바로 선택할 수도 있다. `L_wrist`와 `R_wrist` 앞에 있는 체크박스에 체크하고 [Apply] 버튼을 클릭한다.

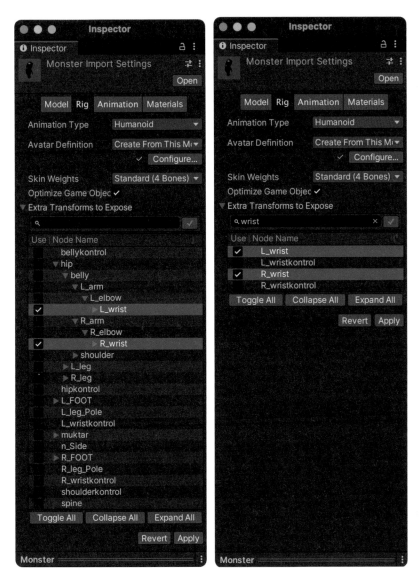

[그림 6-81] 하이러키 뷰에서 노출시킬 양손 관절의 설정

이제 하이러키 뷰의 Monster를 확인해보면 양손 관절인 L_wrist, R_wrist만 노출되고 나머지 관절은 모두 보이지 않는다. Optimize Game Objects 옵션은 3D 모델의 무기(칼, 총기)를 들고 있는 관절만 노출해 작업 시 편리성과 성능 향상을 기대할 수 있다.

[그림 6-82] 양손 관절만 노출된 Monster 모델

📋 팁　　Optimize Game Objects 작업 시점

본 구조를 최적화하는 Optimize Game Objects 옵션은 반드시 프리팹으로 전환하기 전에 작업해야 한다. 예제에서 몬스터 캐릭터는 아직 프리팹으로 전환하기 전이므로 원본 Monster 모델을 선택하고 본 구조를 최적화할 수 있다.

몬스터 공격 중지

주인공 캐릭터의 hp가 0 이하일 때는 죽는 애니메이션을 실행하거나 Game Over 화면으로 넘어가게 된다. 이때 계속 공격하는 몬스터에게 주인공 캐릭터가 죽었음을 알릴 필요가 있다. 몬스터가 공격 중지 명령을 받으면 즉시 공격을 멈추고 추적도 정지하게 한다. 나중에 게임에서 여러 마리의 몬스터가 출현했을 때를 가정하고 모든 몬스터에게 공격 중지 명령을 전달하자.

씬 뷰에 있는 특정 게임오브젝트에 접근하기 위한 여러 가지 방법 중에 다음 함수와 같이 Tag를 사용해 접근하는 방법이 있다.

- GameObject.FindGameObjectWithTag(string tag);

- GameObject.FindGameObjectsWithTag(string tag);

FindGameObjectWithTag(string tag)는 파라미터로 전달한 태그로 설정한 하나의 게임오브젝트만 반환하며, FindGameObjectsWithTag(string tag)는 해당 태그로 지정된 모든 게임오브젝트를 Array 타입으로 반환한다.

MONSTER라는 태그를 새로 추가하고 Monster의 태그로 지정한다.

[그림 6-83] MONSTER 태그 생성

[그림 6-84] Monster의 태그를 MONSTER로 지정

Player가 사망했을 때 호출되는 PlayerCtrl 스크립트의 PlayerDie 함수에서 모든 몬스터를 찾아 공격 중지 함수를 호출하는 소스를 다음과 같이 추가한다.

스크립트 6-9 PlayerCtrl – PlayerDie 함수 수정

```
// Player의 사망 처리
void PlayerDie()
{
    Debug.Log("Player Die !");

    // MONSTER 태그를 가진 모든 게임오브젝트를 찾아옴
    GameObject[] monsters = GameObject.FindGameObjectsWithTag("MONSTER");
```

```
    // 모든 몬스터의 OnPlayerDie 함수를 순차적으로 호출
    foreach(GameObject monster in monsters)
    {
        monster.SendMessage("OnPlayerDie", SendMessageOptions.DontRequireReceiver);
    }
}
```

PlayerDie 함수에 추가한 내용은 씬 뷰에 있는 모든 몬스터를 태그로 검색한 후 배열에 저장한다. 그다음
foreach 구문을 사용해 배열의 처음부터 끝까지 순회하면서 OnPlayerDie 함수를 호출한다.

SendMessage 함수는 첫 번째 인자로 전달한 함수명과 동일한 함수가 해당 게임오브젝트의 스크립트에 있
다면 실행하라는 명령이다. 여러 게임오브젝트의 함수를 호출하는 로직에 사용하면 효율적이다. 두 번째 인
자를 SendMessageOptions.DontRequireReceiver로 설정하면 호출한 함수가 없더라도 함수가 없다는 메
시지를 반환받지 않겠다는 옵션이다. 따라서 빠른 실행을 위해 반드시 이 옵션을 사용한다.

```
GameObject.SendMessage(string methodName, SendMessageOption option)
```

```
// 모든 몬스터의 OnPlayerDie 함수를 순차적으로 호출
foreach(GameObject monster in monsters)
{
    monster.SendMessage("OnPlayerDie", SendMessageOptions.DontRequireReceiver);
}
```

위 로직에서 호출할 OnPlayerDie 함수는 MonsterCtrl 스크립트에 아직 정의하지 않았다. MonsterCtrl에
이 함수를 정의하고 몬스터가 공격 루틴이나 추적 루틴에서 벗어나도록 모든 코루틴 함수를 정지시키는 로
직을 작성해보자. MonsterCtrl 스크립트의 선언부에 애니메이터 해시값을 저장할 변수를 지정하고 맨 마
지막에 다음 함수를 추가한다.

스크립트 6-10 MonsterCtrl – OnPlayerDie 함수 추가

```
using System.Collections;
using System.Collections.Generic;
using UnityEngine;

// 내비게이션 기능을 사용하기 위해 추가해야 하는 네임스페이스
using UnityEngine.AI;
```

```csharp
public class MonsterCtrl : MonoBehaviour
{
    [중략…]

    // Animator 파라미터의 해시값 추출
    private readonly int hashTrace = Animator.StringToHash("IsTrace");
    private readonly int hashAttack = Animator.StringToHash("IsAttack");
    private readonly int hashHit = Animator.StringToHash("Hit");
    private readonly int hashPlayerDie = Animator.StringToHash("PlayerDie");

    // 혈흔 효과 프리팹
    private GameObject bloodEffect;

    void Start ()
    {
        [중략…]
    }

    // 일정한 간격으로 몬스터의 행동 상태를 체크
    IEnumerator CheckMonsterState()
    {
        [중략…]
    }

    // 몬스터의 상태에 따라 몬스터의 동작을 수행
    IEnumerator MonsterAction()
    {
        [중략…]
    }

    void OnCollisionEnter(Collision coll)
    {
        [중략…]
    }

    // 혈흔 효과를 생성하는 함수
    void ShowBloodEffect(Vector3 pos, Quaternion rot)
    {
        [중략…]
    }
```

```
    void OnDrawGizmos()
    {
        [중략...]
    }

    void OnTriggerEnter(Collider coll)
    {
        [중략...]
    }

    void OnPlayerDie()
    {
        // 몬스터의 상태를 체크하는 코루틴 함수를 모두 정지시킴
        StopAllCoroutines();

        // 추적을 정지하고 애니메이션을 수행
        agent.isStopped = true;
        anim.SetTrigger(hashPlayerDie);
    }
}
```

OnPlayerDie 함수에서는 몬스터의 상태를 변경하고 행동을 수행하는 코루틴 함수를 모두 정지시키며 추적
루틴인 NavMeshAgent 컴포넌트도 정지시킨다. 마지막으로 춤추는 애니메이션을 실행한다.

먼저 몬스터가 공격을 정지한 후 처리할 애니메이션을 설정한다. MonsterAnim을 더블클릭해 연 다음, 프로
젝트 뷰의 "07.Animations" 폴더에서 Monster@Gangnam Style 애니메이션 파일을 드래그해 추가한다.

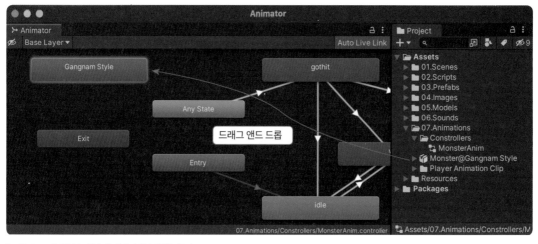

[그림 6-85] 강남스타일 애니메이션 클립을 추가

새로운 파라미터는 Trigger 타입으로 생성하고 이름을 "PlayerDie"로 지정한다. 강남스타일 애니메이션은 주인공이 사망하는 경우에 실행할 것이므로 Any State에서 Gangnam Style 스테이트로 Transition을 연결한다. 또한, Gangnam Style 스테이트에서 Exit로 가는 Transition도 연결한다([그림 6-81] 참고).

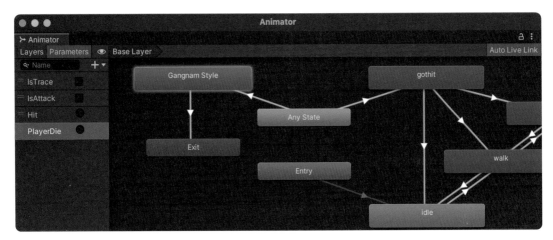

[그림 6-86] 파라미터 생성 및 Transition 연결

새로 연결한 두 개의 Transition 전이 조건은 다음 표를 참고해 설정한다.

Transition	Condition	설정값	Has Exit Time 옵션
Any State → Gangnam Style	PlayerDie	없음	언체크
Gangnam Style → Exit	PlayerDie	없음	체크

[표 6-13] Transition의 전이 조건 설정

이제 스크립트와 애니메이션 설정을 완료했다. 스테이지에 몬스터를 복제해 여러 마리를 배치하기에 앞서 먼저 몬스터를 프리팹으로 전환해야 한다. 하이러키 뷰의 Monster를 프로젝트 뷰의 "03.Prefabs" 폴더로 드래그 앤드 드롭해 프리팹으로 전환한다.

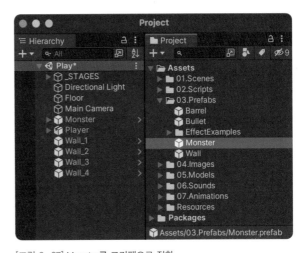

[그림 6-87] Monster를 프리팹으로 전환

이때 다음과 같이 다이얼로그가 나오면 처음 생성하는 프리팹이므로 "Original Prefab"을 선택한다.

이제 하이러키 뷰의 Monster를 선택한 후 단축키(Ctrl+D, Cmd+D)를 사용해 여러 마리를 복제하고, 스테이지의 곳곳에 배치해보자. 게임을 실행해 주인공 캐릭터의 hp가 0이 되게 만들어보면 모든 몬스터가 공격을 중지하고 강남스타일 애니메이션이 실행되는 모습을 확인할 수 있다.

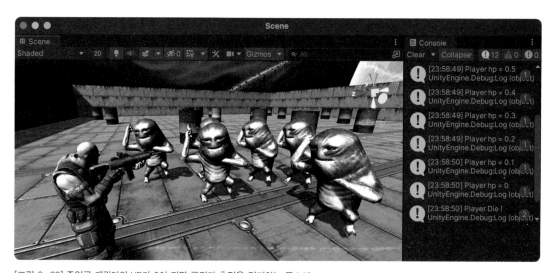

[그림 6-89] 주인공 캐릭터의 HP가 0이 되면 공격과 추적을 정지하는 몬스터

애니메이션의 재생 속도 조절

몬스터들은 한치의 오차도 없이 같은 동작으로 강남스타일 춤을 춘다. 칼 군무가 목적이 아니라면 조금 어색하다. 따라서 몬스터의 춤추는 동작을 조금씩 다르게 설정해보자.

MonsterAnim 애니메이터 컨트롤러를 열고 float 타입의 파라미터를 추가한다. 이름은 "Speed"로 지정한다.

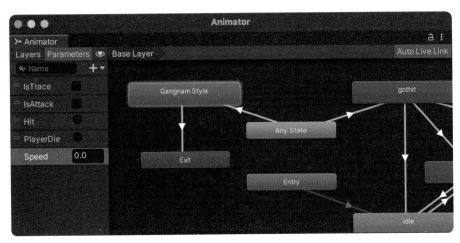

[그림 6-90] 애니메이션의 속도를 조절하기 위한 파라미터 생성

Gangnam Style 스테이트를 선택한 후 인스펙터 뷰를 보면 해당 스테이트의 여러 가지 속성을 볼 수 있다. 그중 Speed 속성은 애니메이션의 재생 속도를 의미한다. 기본값 1은 정상 재생 속도를 의미하고, 0.5로 설정하면 절반의 속도로 재생된다.

Parameter에 체크하면 Multiplier 속성이 활성화되면서 자동으로 float 타입의 파라미터인 Speed가 선택된다. 이제 스크립트에서 Speed 파라미터 값을 변경하면 애니메이션의 재생 속도가 변경된다.

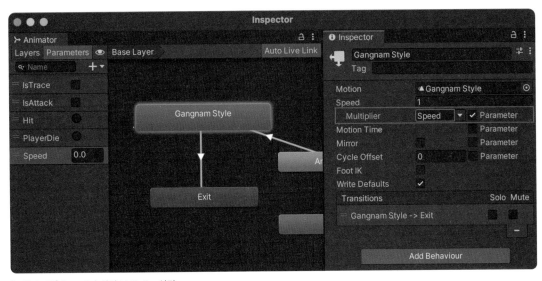

[그림 6-91] Speed 속성의 Multiplier 설정

MonsterCtrl 스크립트의 선언부에 Speed 파라미터에 대한 해시값을 추출하고 OnPlayerDie 함수를 다음과 같이 수정한다.

스크립트 6-11 MonsterCtrl - 애니메이션의 재생 속도를 변경하는 로직 추가

```
[중략…]

// Animator 파라미터의 해시값 추출
private readonly int hashTrace = Animator.StringToHash("IsTrace");
private readonly int hashAttack = Animator.StringToHash("IsAttack");
private readonly int hashHit = Animator.StringToHash("Hit");
private readonly int hashPlayerDie = Animator.StringToHash("PlayerDie");
private readonly int hashSpeed = Animator.StringToHash("Speed");

[중략…]

void OnPlayerDie()
{
    // 몬스터의 상태를 체크하는 코루틴 함수를 모두 정지시킴
    StopAllCoroutines();

    // 추적을 정지하고 애니메이션을 수행
    agent.isStopped = true;
    anim.SetFloat(hashSpeed, Random.Range(0.8f, 1.2f));
    anim.SetTrigger(hashPlayerDie);
}
```

사용자 정의 이벤트 - Delegate

앞서 주인공이 사망하면 모든 적 캐릭터가 공격을 중지할 수 있게 foreach 문을 이용해 순차적으로 공격 중지 함수를 호출했다. 이때 SendMessage를 사용했는데, 스테이지에 적 캐릭터가 아주 많다는 극단적인 상황을 가정한다면 순차적인 호출 방법은 그리 효율적인 방법은 아닌 듯하다.

순차적인 호출 방식을 이벤트 구동(Event Driven) 방식으로 변경해보자. 이벤트란 특정한 조건을 만족하면 자동으로 알려주는 메시지(Notification)를 의미한다. 지금까지 만든 게임에 적용해보자. 주인공이 사망했을 때 "주인공 캐릭터가 죽었다"고 알리는 이벤트를 생성하면 이러한 상황이 발생했을 때 시스템에서 이를 자동으로 통보(Notification)하고, 이 이벤트에 연결된 모든 적 캐릭터에서 정해진 동작을 수행하는

방식이다. 이러한 이벤트 구동 방식은 for, foreach 구문을 사용해 순차적으로 호출하는 방식보다 메모리 사용 측면이나 구동 속도 측면에서 효율적이다.

델리게이트

델리게이트는 함수(메서드)를 참조하는 변수를 의미한다. 즉, 함수(메서드)를 저장할 수 있는 일종의 변수라고 생각하면 이해하기 쉽다. C++의 함수 포인터와 같은 의미다.

델리게이트를 사용하려면 먼저 델리게이트를 선언해야 한다. 어떤 형태의 함수를 저장할지 정의를 내리는 것이다.

접근제한자 delegate 반환_타입 델리게이트명 (매개변수…);

스크립트 6-12 델리게이트 예제

```
using UnityEngine;

public class DelegateDemo : MonoBehaviour
{
    // 델리게이트 선언
    delegate float SumHandler(float a, float b);
    // 델리게이트 타입의 변수 선언
    SumHandler sumHandler;

    // 덧셈 연산을 하는 함수
    float Sum(float a, float b)
    {
        return a + b;
    }

    void Start()
    {
        // 델리게이트 변수에 함수(메서드) 연결(할당)
        sumHandler = Sum;
        // 델리게이트 실행
        float sum = sumHandler(10.0f, 5.0f);
        // 결괏값 출력
```

```
        Debug.Log($"Sum = {sum}");
    }
}
```

위 스크립트에서 델리게이트의 선언을 보면 반환 타입이 float 타입이고, float 타입의 매개변수 두 개를 갖는 함수를 저장할 수 있도록 정의했다. 즉, 변수의 형태를 정의한 것이다.

```
// 델리게이트 선언
delegate float SumHandler(float a, float b);
```

델리게이트를 선언한 후 해당 델리게이트 타입의 변수를 선언한다. 앞서 선언한 델리게이트 명이 변수의 타입이 된다. SumHandler가 변수의 타입이고 sumHandler가 변수명이다.

```
// 델리게이트 타입의 변수 선언
SumHandler sumHandler;
```

Start 함수에서 sumHandler 변수에 Sum 함수를 저장(할당)한다. 이제 sumHandler를 호출하면 해당 변수에 저장된 함수인 Sum 함수를 호출할 수 있다.

```
void Start()
{
    // 델리게이트 변수에 함수(메서드) 연결(할당)
    sumHandler = Sum;
    // 델리게이트 실행
    float sum = sumHandler(10.0f, 5.0f);
    // 결괏값 출력
    Debug.Log($"Sum = {sum}");
}
```

주인공의 사망 이벤트 처리

PlayerCtrl 스크립트의 선언부에 델리게이트와 이벤트 함수를 선언하고 OnTriggerEnter 함수를 다음 스크립트와 같이 수정한다. PlayerDie 함수에서 현재 생성된 모든 몬스터를 태그로 찾아와 배열에 담고 그 배열을 순회하면서 SendMessage 함수로 메시지를 전달할 필요가 없다. 간단히 이벤트만 호출하면 된다. PlayerDie 함수의 기존 코드는 모두 주석 처리한다.

```csharp
using System.Collections;
using System.Collections.Generic;
using UnityEngine;

public class PlayerCtrl : MonoBehaviour
{
    // 컴포넌트를 캐시 처리할 변수
    private Transform tr;
    // Animation 컴포넌트를 저장할 변수
    private Animation anim;

    // 이동 속력 변수 (public으로 선언돼 인스펙터 뷰에 노출됨)
    public float moveSpeed = 10.0f;
    // 회전 속도 변수
    public float turnSpeed = 80.0f;

    // 초기 생명 값
    private readonly float initHp = 100.0f;
    // 현재 생명 값
    public float currHp;

    // 델리게이트 선언
    public delegate void PlayerDieHandler();
    // 이벤트 선언
    public static event PlayerDieHandler OnPlayerDie;

    IEnumerator Start()
    {
        [중략…]
    }

    void Update()
    {
        [중략…]
    }

    void PlayerAnim(float h, float v)
```

```
    {
        [중략…]
    }

    // 충돌한 Collider의 IsTrigger 옵션이 체크됐을 때 발생
    void OnTriggerEnter(Collider coll)
    {
        [중략…]
    }

    // Player의 사망 처리
    void PlayerDie()
    {
        Debug.Log("Player Die !");

        // // MONSTER 태그를 가진 모든 게임오브젝트를 찾아옴
        // GameObject[] monsters = GameObject.FindGameObjectsWithTag("MONSTER");

        // // 모든 몬스터의 OnPlayerDie 함수를 순차적으로 호출
        // foreach(GameObject monster in monsters)
        // {
        //     monster.SendMessage("OnPlayerDie", SendMessageOptions.DontRequireReceiver);
        // }

        // 주인공 사망 이벤트 호출(발생)
        OnPlayerDie();
    }
}
```

이벤트를 정의하려면 델리게이트를 이용해 이벤트 함수의 원형을 선언해야 한다.

```
// 델리게이트 선언
public delegate void PlayerDieHandler();
// 이벤트 선언
public static event PlayerDieHandler OnPlayerDie;
```

이벤트는 언제 호출될지 모르기 때문에 정적 변수로 선언해야 한다. 따라서 static 키워드를 사용하며 원형은 다음과 같다.

```
public static event 델리게이트명 이벤트명;
```

OnPlayerDie는 이벤트명이라고 하지만 변수의 일종이며 PlayerDieHandler는 OnPlayerDie 변수의 타입일 뿐이다. 즉, 다음과 같이 해석하면 이해가 빠를 것이다.

```
public static event 변수타입 변수명;
```

PlayerDie 함수에서 기존의 로직은 주석으로 처리하고 OnPlayerDie 이벤트를 발생시킨다. 이벤트를 발생시키는 방법은 일반 함수의 호출 방법과 동일하다.

```
// Player의 사망 처리
void PlayerDie()
{
    Debug.Log("Player Die !");

    // // MONSTER 태그를 가진 모든 게임오브젝트를 찾아옴
    // GameObject[] monsters = GameObject.FindGameObjectsWithTag("MONSTER");

    // // 모든 몬스터의 OnPlayerDie 함수를 순차적으로 호출
    // foreach(GameObject monster in monsters)
    // {
    //     monster.SendMessage("OnPlayerDie", SendMessageOptions.DontRequireReceiver);
    // }

    // 주인공 사망 이벤트 호출(발생)
    OnPlayerDie();
}
```

이벤트를 선언하고 발생시킬 로직을 완성했으므로 MonsterCtrl에서 발생하는 이벤트에 반응할 특정 함수를 연결한다. 이벤트는 반드시 스크립트의 활성화 시점에 연결하고, 비활성화될 때 해제해야 한다. 다음과 같이 MonsterCtrl 스크립트의 Start 함수 앞에 OnEnable, OnDisable 함수를 추가한다.

```
// 스크립트가 활성화될 때마다 호출되는 함수
void OnEnable()
{
    // 이벤트 발생 시 수행할 함수 연결
    PlayerCtrl.OnPlayerDie += this.OnPlayerDie;
}

// 스크립트가 비활성화될 때마다 호출되는 함수
void OnDisable()
{
    // 기존에 연결된 함수 해제
    PlayerCtrl.OnPlayerDie -= this.OnPlayerDie;
}
```

OnEnable()과 OnDisable()은 스크립트가 활성화되거나 비활성화될 때 수행되는 함수로서 이벤트의 연결과 해지는 반드시 이 함수에서 처리해야 한다. 이벤트 연결과 해지는 다음과 같은 문법을 사용한다.

- **이벤트 연결**: (이벤트가 선언된 클래스명).(이벤트명) += (이벤트 발생 시 호출할 함수)
- **이벤트 해지**: (이벤트가 선언된 클래스명).(이벤트명) −= (이벤트 발생 시 호출할 함수)

게임을 실행해보면 이전 방식과 차이점은 느낄 수 없지만, 이벤트 구동 방식으로 전환해도 같은 로직을 구현할 수 있다.

몬스터의 사망 처리

몬스터가 총에 맞았을 때의 시각적인 효과는 앞서 구현했고 이제 몬스터가 죽는 애니메이션을 완성하자. 주인공 캐릭터와 마찬가지로 몬스터에 생명 변수를 지정하고 OnCollisionEnter 함수에서 hp가 0 이하인지 판단해 사망했는지 판단한다. MonsterCtrl 스크립트를 다음과 같이 수정한다.

```
using System.Collections;
using System.Collections.Generic;
using UnityEngine;
```

```csharp
// 내비게이션 기능을 사용하기 위해 추가해야 하는 네임스페이스
using UnityEngine.AI;

public class MonsterCtrl : MonoBehaviour
{
    // 몬스터의 상태 정보
    public enum State
    {
        IDLE,
        TRACE,
        ATTACK,
        DIE
    }

    // 몬스터의 현재 상태
    public State state = State.IDLE;
    // 추적 사정거리
    public float traceDist = 10.0f;
    // 공격 사정거리
    public float attackDist = 2.0f;
    // 몬스터의 사망 여부
    public bool isDie = false;

    // 컴포넌트의 캐시를 처리할 변수
    private Transform monsterTr;
    private Transform playerTr;
    private NavMeshAgent agent;
    private Animator anim;

    // Animator 파라미터의 해시값 추출
    private readonly int hashTrace = Animator.StringToHash("IsTrace");
    private readonly int hashAttack = Animator.StringToHash("IsAttack");
    private readonly int hashHit = Animator.StringToHash("Hit");
    private readonly int hashPlayerDie = Animator.StringToHash("PlayerDie");
    private readonly int hashSpeed = Animator.StringToHash("Speed");
    private readonly int hashDie = Animator.StringToHash("Die");

    // 혈흔 효과 프리팹
    private GameObject bloodEffect;
```

```csharp
    // 몬스터 생명 변수
    private int hp = 100;

    // 스크립트가 활성화될 때마다 호출되는 함수
    void OnEnable()
    {
        // 이벤트 발생 시 수행할 함수 연결
        PlayerCtrl.OnPlayerDie += this.OnPlayerDie;
    }

    // 스크립트가 비활성화될 때마다 호출되는 함수
    void OnDisable()
    {
        // 기존에 연결된 함수 해제
        PlayerCtrl.OnPlayerDie -= this.OnPlayerDie;
    }

    void Start ()
    {
        // 몬스터의 Transform 할당
        monsterTr = GetComponent<Transform>();

        // 추적 대상인 Player의 Transform 할당
        playerTr = GameObject.FindWithTag("PLAYER").GetComponent<Transform>();

        // NavMeshAgent 컴포넌트 할당
        agent = GetComponent<NavMeshAgent>();

        // Animator 컴포넌트 할당
        anim = GetComponent<Animator>();

        // BloodSprayEffect 프리팹 로드
        bloodEffect = Resources.Load<GameObject>("BloodSprayEffect");

        // 몬스터의 상태를 체크하는 코루틴 함수 호출
        StartCoroutine(CheckMonsterState());
        // 상태에 따라 몬스터의 행동을 수행하는 코루틴 함수 호출
        StartCoroutine(MonsterAction());
    }
```

```csharp
// 일정한 간격으로 몬스터의 행동 상태를 체크
IEnumerator CheckMonsterState()
{
    while (!isDie)
    {
        // 0.3초 동안 중지(대기)하는 동안 제어권을 메시지 루프에 양보
        yield return new WaitForSeconds(0.3f);

        // 몬스터의 상태가 DIE일 때 코루틴을 종료
        if (state == State.DIE) yield break;

        // 몬스터와 주인공 캐릭터 사이의 거리 측정
        float distance = Vector3.Distance(playerTr.position, monsterTr.position);

        // 공격 사정거리로 들어왔는지 확인
        if (distance <= attackDist)
        {
            state = State.ATTACK;
        }
        // 추적 사정거리로 들어왔는지 확인
        else if (distance <= traceDist)
        {
            state = State.TRACE;
        }
        else
        {
            state = State.IDLE;
        }
    }
}

// 몬스터의 상태에 따라 몬스터의 동작을 수행
IEnumerator MonsterAction()
{
    while (!isDie)
    {
        switch (state)
        {
            // IDLE 상태
```

```
        case State.IDLE:
            // 추적 중지
            agent.isStopped = true;

            // Animator의 IsTrace 변수를 false로 설정
            // anim.SetBool("IsTrace", false);
            anim.SetBool(hashTrace, false);
            break;

        // 추적 상태
        case State.TRACE:
            // 추적 대상의 좌표로 이동 시작
            agent.SetDestination(playerTr.position);
            agent.isStopped = false;

            // Animator의 IsTrace 변수를 true로 설정
            // anim.SetBool("IsTrace", true);
            anim.SetBool(hashTrace, true);

            // Animator의 IsAttack 변수를 false로 설정
            anim.SetBool(hashAttack, false);
            break;

        // 공격 상태
        case State.ATTACK:
            // Animator의 IsAttack 변수를 true로 설정
            anim.SetBool(hashAttack, true);
            break;

        // 사망
        case State.DIE:
            isDie = true;
            // 추적 정지
            agent.isStopped = true;
            // 사망 애니메이션 실행
            anim.SetTrigger(hashDie);
            // 몬스터의 Collider 컴포넌트 비활성화
            GetComponent<CapsuleCollider>().enabled = false;
            break;
    }
```

```
            yield return new WaitForSeconds(0.3f);
    }
}


void OnCollisionEnter(Collision coll)
{
    if (coll.collider.CompareTag("BULLET"))
    {
        // 충돌한 총알을 삭제
        Destroy(coll.gameObject);
        // 피격 리액션 애니메이션 실행
        anim.SetTrigger(hashHit);

        // 총알의 충돌 지점
        Vector3 pos = coll.GetContact(0).point;
        // 총알의 충돌 지점의 법선 벡터
        Quaternion rot = Quaternion.LookRotation(-coll.GetContact(0).normal);
        // 혈흔 효과를 생성하는 함수 호출
        ShowBloodEffect(pos, rot);

        // 몬스터의 hp 차감
        hp -= 10;
        if (hp <= 0)
        {
            state = State.DIE;
        }
    }
}


// 혈흔 효과를 생성하는 함수
void ShowBloodEffect(Vector3 pos, Quaternion rot)
{
    // 혈흔 효과 생성
    GameObject blood = Instantiate<GameObject>(bloodEffect, pos, rot, monsterTr);
    Destroy(blood, 1.0f);
}


void OnDrawGizmos()
{
```

```csharp
            // 추적 사정거리 표시
            if (state == State.TRACE)
            {
                Gizmos.color = Color.blue;
                Gizmos.DrawWireSphere(transform.position, traceDist);
            }
            // 공격 사정거리 표시
            if (state == State.ATTACK)
            {
                Gizmos.color = Color.red;
                Gizmos.DrawWireSphere(transform.position, attackDist);
            }
        }

        void OnTriggerEnter(Collider coll)
        {
            Debug.Log(coll.gameObject.name);
        }

        void OnPlayerDie()
        {
            // 몬스터의 상태를 체크하는 코루틴 함수를 모두 정지시킴
            StopAllCoroutines();

            // 추적을 정지하고 애니메이션을 수행
            agent.isStopped = true;
            anim.SetFloat(hashSpeed, Random.Range(0.8f, 1.2f));
            anim.SetTrigger(hashPlayerDie);
        }
    }
```

MonsterCtrl 스크립트의 선언부에 파라미터 해시값을 미리 추출한다. 아직 Die라는 파라미터는 생성하지 않았다. 또한, 몬스터의 생명 변수를 선언하고 초깃값을 100으로 지정했다.

```
private readonly int hashDie = Animator.StringToHash("Die");

// 몬스터 생명 변수
private int hp = 100;
```

몬스터의 상태를 체크하는 CheckMonsterState 코루틴 함수에서 몬스터의 상태가 DIE이면 상태를 체크하는 로직을 수행하지 않고 yield break를 사용해 해당 코루틴 함수를 종료한다.

```
// 일정한 간격으로 몬스터의 행동 상태를 체크
IEnumerator CheckMonsterState()
{
    while (!isDie)
    {
        // 0.3초 동안 중지(대기)하는 동안 제어권을 메시지 루프에 양보
        yield return new WaitForSeconds(0.3f);

        // 몬스터의 상태가 DIE일 때 코루틴을 종료
        if (state == State.DIE) yield break;

        // 몬스터와 주인공 캐릭터 사이의 거리 측정
        float distance = Vector3.Distance(playerTr.position, monsterTr.position);

        // 공격 사정거리 범위로 들어왔는지 확인
        if (distance <= attackDist)
        {
            state = State.ATTACK;
        }
        // 추적 사정거리 범위로 들어왔는지 확인
        else if (distance <= traceDist)
        {
            state = State.TRACE;
        }
        else
        {
            state = State.IDLE;
        }
    }
}
```

몬스터가 총알을 맞았을 때 호출되는 OnCollisionEnter 함수에서 hp를 차감한다. hp가 0보다 같거나 작으면 몬스터의 상태를 DIE로 변경한다.

```
void OnCollisionEnter(Collision coll)
{
    if (coll.collider.CompareTag("BULLET"))
    {
        // 충돌한 총알을 삭제
        Destroy(coll.gameObject);
        // 피격 리액션 애니메이션 실행
        anim.SetTrigger(hashHit);

        // 총알의 충돌 지점
        Vector3 pos = coll.GetContact(0).point;
        // 총알의 충돌 지점의 법선 벡터
        Quaternion rot = Quaternion.LookRotation(-coll.GetContact(0).normal);
        // 혈흔 효과를 생성하는 함수 호출
        ShowBloodEffect(pos, rot);

        // 몬스터의 hp 차감
        hp -= 10;
        if (hp <= 0)
        {
            state = State.DIE;
        }
    }
}
```

몬스터의 상태가 DIE로 변경되면 MonsterAction 코루틴 함수의 switch 구문에서 사망 로직을 실행한다. 사망 로직에서는 먼저 몬스터의 사망 여부를 나타내는 isDie 변수를 true로 변경하고 추적 로직을 정지 시킨다. 그 후 die 애니메이션을 실행시키면 몬스터가 사망한 애니메이션을 실행해도 Monster에 추가한 Capsule Collider는 그대로 서 있기 때문에 총알과 충돌하면 충돌 콜백 함수가 발생한다. 따라서 몬스터가 가진 Capsule Collider를 비활성화해야 죽은 몬스터에 총을 발사했을 때 혈흔 효과가 일어나지 않는다.

```
// 사망
case State.DIE:
    isDie = true;
```

```
        // 추적 정지
        agent.isStopped = true;
        // 사망 애니메이션 실행
        anim.SetTrigger(hashDie);
        // 몬스터의 Collider 컴포넌트 비활성화
        GetComponent<CapsuleCollider>().enabled = false;
        break;
```

Monster의 die 애니메이션 클립을 MonsterAnim 애니메이터 뷰에 추가하고 Any State에서 die 스테이트로 Transition을 연결한다. 조건으로 사용할 파라미터는 Trigger 타입으로 Die를 추가하고, Any State → die 스테이트로 연결되는 Transition의 조건을 Die로 설정한다. die 스테이트는 마지막 스테이트인 Exit 스테이트로 연결하고 각 Transition의 연결 조건은 [표 6-14]를 참고한다.

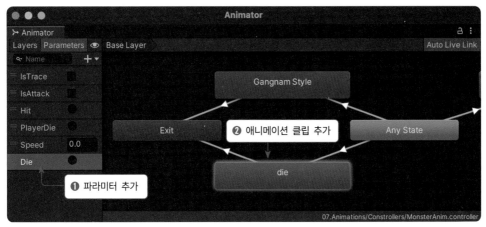

[그림 6-92] Trigger 타입 파라미터 추가 및 die 애니메이션 추가

Transition	Conditions	설정값	Has Exit Time 옵션
Any State → die	Die	없음	언체크
die → Exit	Die	없음	체크

[표 6-14] die 스테이트의 Transition 연결 설정

Root Transform Position

실행 후 몬스터가 총에 맞아 데미지를 입고, die 애니메이션을 수행하는 모습을 확인할 수 있다. 그러나 다음과 같이 공중에 떠 있는 채로 죽는다.

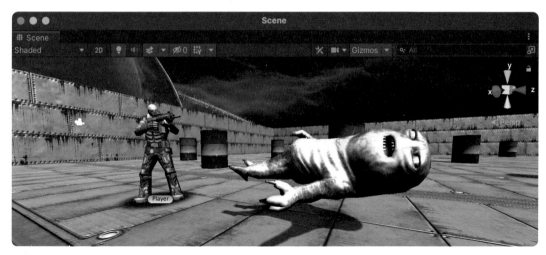

[그림 6-93] die 애니메이션 재생 후 공중에 떠 있는 몬스터

이처럼 애니메이션 클립을 재생한 후 좌표나 회전이 맞지 않을 때는 애니메이션의 오프셋 값을 수정해 보정할 수 있다. 프로젝트 뷰에 있는 원본 Monster를 선택하고 인스펙터 뷰의 [Animation] 탭에서 die 애니메

이션을 슬로 모션으로 살펴보면 바닥에 있는 Pivot 좌표축에서 모델이 뜬 채로 애니메이션이 재생되는 것을 확인할 수 있다.

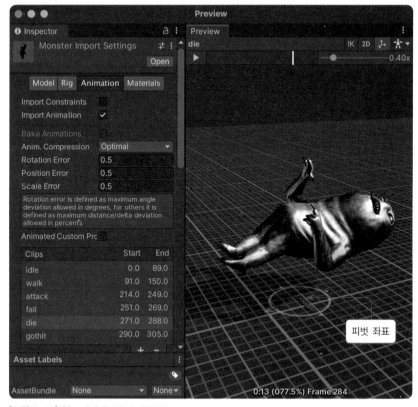

[그림 6-94] 원본 애니메이션의 피벗 위치

원본 애니메이션의 피벗 좌표가 유니티 씬 뷰에서 Transform.position을 의미한다. Root Transform Position(Y) 속성의 Bake Into Pose에 체크하거나 Base upon 값을 Feet으로 설정하면 Pivot 좌푯값이 몬스터의 발 위치로 조정된다. Preview에서 애니메이션을 미리 확인해볼 수 있다. 마지막으로 [Apply] 버튼을 클릭해 저장한다. 이제는 몬스터가 die 애니메이션을 수행하고 나서도 공중에 떠 있지 않은 것을 확인해보자.

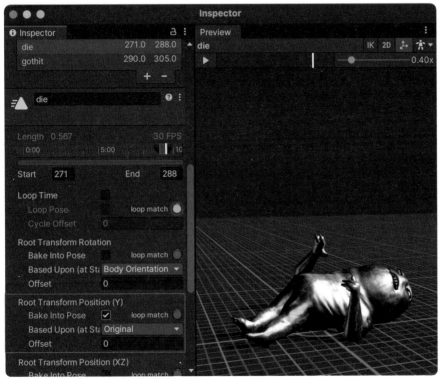

[그림 6-95] Root Transform Position (Y) 값을 설정한 모습

정리

6장에서는 가장 복잡한 로직이 들어간 몬스터 제작을 완료했다. 메카님 애니메이션으로 FSM화했으며 내비게이션을 응용해 추적 루틴을 구현했다. 또한, 델리게이트 문법을 활용해 이벤트를 사용해봤다. 나머지 장에서는 게임의 전반적인 기능을 구현해보자.

- **이 장까지의 소스 코드 내려받기**

  https://github.com/IndieGameMaker/SpaceShooter2021/releases/tag/6장

유니티
UI 시스템

이번 장에서는 Unity UI를 활용해 다양한 UI를 구현해 본다. 기본적인 UI 항목부터 Text Mesh Pro 컴포넌트의 사용법과 한글처리 방식에 대해 알아본다. 또한, 스크립트에서 이벤트를 직접 연결하는 방법도 학습한다.

유니티 UI 구현 형태

유니티 4.6 이전까지 개발자들에게 많은 불평을 들어야 했던 것은 바로 UI였다. 기존 UI는 개발의 불편함을 제외하더라도 타협할 수 없는 심각한 성능 저하로 개발자에게 외면받기 일쑤였다. 이 문제의 해결책으로 UI 관련 서드파티 플러그인을 사용하는 경우가 많았으며, 그중 가장 널리 사용되던 것이 NGUI였다. 유니티 4.6부터는 NGUI 개발자가 참여해 개발한 새로운 유니티 UI가 탑재됐다. 따라서 기존 NGUI를 사용해 본 개발자는 비교적 쉽게 유니티 UI를 사용할 수 있을 것이다.

유니티에서 제공하는 UI는 3가지 형태로 구현할 수 있다.

- IMGUI (Immediate Made GUI)
- UI Toolkit
- Unity UI (UGUI)

IMGUI

IMGUI(Immediate Made GUI)는 코드를 이용해 UI를 표시하는 방법으로 개발 과정에서 간단한 테스트용으로 사용한다. IMGUI는 OnGUI 함수에서 코드를 구현한다.

```
using UnityEngine;

public class IMGUIDemo : MonoBehaviour
{
    void OnGUI()
    {
        GUI.Label(new Rect(10, 10, 200, 50), "SpaceShooter");

        if (GUI.Button(new Rect(10, 60, 100, 30), "START"))
        {
            Debug.Log("START button clicked !");
        }
    }
}
```

위 코드를 실행하면 다음과 같이 게임뷰에 표시된다. 버튼을 클릭하면 콘솔 뷰에 메시지가 출력되는 것을 볼 수 있다. OnGUI 함수는 Update 함수와 같이 매 프레임 발생하기 때문에 테스트가 끝난 후에는 반드시 제거해야 한다.

[그림 7-1] IMGUI를 사용해 레이블과 버튼 UI 구현

IMGUI의 자세한 사용법은 다음 매뉴얼을 참조한다.

- https://docs.unity3d.com/ScriptReference/GUI.html
- https://docs.unity3d.com/kr/2021.1/Manual/gui-Basics.html

UI Toolkit

Unity UI는 게임오브젝트 기반이기 때문에 화면상의 위치나 정렬 등을 수정할 때 일일이 수작업으로 수정해야 하는 단점이 있다. 현재 개발 중인 UI Toolkit은 UXML(Unity XML), USS(Unity Style Sheets)와 같은 UI Asset 파일로 UI 스타일을 정의하고 디자인한다. UXML 기반의 UI 디자인은 위치, 크기, 정렬 등의 속성을 수치로 관리하기 때문에 정확한 디자인을 하기에 매우 유리한 방식이다. 앞으로 UI 전문 개발자에게 매우 편리한 도구가 될 것으로 예상한다.

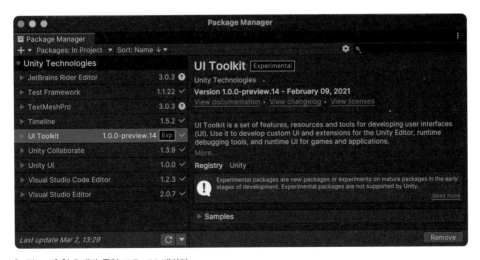

[그림 7-2] 현재 개발 중인 UI Toolkit 패키지

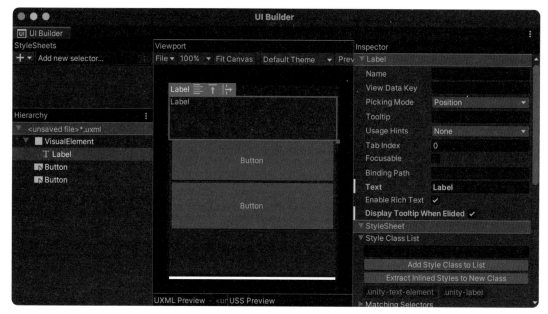

[그림 7-3] UXML, USS를 사용해 디자인할 수 있는 UI Builder

Unity UI

이번 장에서 다룰 내용으로, UGUI라는 명칭으로 사용되다가 최근 Unity UI라는 공식 명칭을 사용하게 됐다. 이 방식은 게임오브젝트 기반의 UI로서 모든 UI 구성요소를 게임오브젝트로 관리한다. 즉, 레이블, 버튼, 슬라이드 바, 패널 등과 같은 UI 요소는 게임오브젝트에 추가하는 컴포넌트 형태로 구현한다. 씬 뷰에서 직접 보면서 UI를 배치하고 조정할 수 있다는 장점이 있다.

UI 리소스 준비

지금까지 만들던 게임의 메인 로직은 이번 장 이후에 다시 살펴보며, 7장에서는 유니티 UI를 사용해 메인 씬을 제작하면서 자연스럽게 유니티 UI의 기능을 살펴보자. 또한, 게임 로직 씬에서 생명 게이지와 스코어 표시와 같은 기능을 구현해본다.

프로젝트 뷰의 "01.Scenes" 폴더를 선택한 후 메뉴에서 [File] → [New Scene]을 선택해 새로운 씬을 생성한다. 메뉴를 선택하면 씬의 종류를 선택하는 창이 뜬다. Basic을 선택하고 [Create] 버튼을 클릭한다. 씬의 이름은 "Main"으로 변경한 후 더블클릭해 연다. 내려받은 리소스의 "Resources/Textures/Menu" 폴더를 프로젝트 뷰의 "04.Images" 폴더로 드래그해 임포트한다.

[그림 7-4] UI 구성에 사용할 텍스처 임포트

Canvas 객체

Canvas 객체는 Canvas 컴포넌트를 포함하고 있는 게임오브젝트의 일종이다. 모든 UI 항목(UI Element)[1]은 반드시 이 Canvas 객체의 하위에 위치해야 한다. Canvas 객체는 기존 게임오브젝트에 있던 Transform 컴포넌트 대신 Rect Transform 컴포넌트를 가지고 있으며, Canvas 객체는 한 씬에서 여러 개 생성하거나 다른 Canvas 객체의 하위로 차일드화할 수 있다.

Canvas 객체를 생성하려면 메뉴에서 [GameObject] → [UI] → [Canvas]를 선택하거나 하이러키 뷰의 [+] 버튼 또는 마우스 오른쪽 버튼을 클릭한 후 컨텍스트 메뉴에서 생성할 수 있다. Canvas 객체를 생성하면 EventSystem 객체도 자동으로 생성된다. EventSystem 객체는 시스템에서 발생하는 키보드, 조이스틱, 스크린 터치 등의 입력 정보를 Canvas 하위에 있는 UI 항목에 전달하는 역할을 한다.

---

1 UI 항목(UI Element): UI를 구성하기 위한 텍스트, 이미지, 버튼, 슬라이더 등을 말한다.

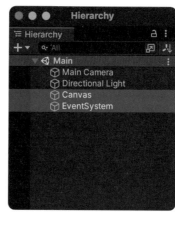

[그림 7-5] Canvas를 생성하면 함께 생성되는 EventSystem

EventSystem 객체

EventSystem 객체는 EventSystem, Standalone Input Module 컴포넌트를 포함하고 있다. 그중에서 EventSystem 컴포넌트의 First Selected 속성을 이용해 처음 포커스를 갖는 UI 항목을 지정할 수 있다. EventSystem 컴포넌트가 없다면 UI 항목이 클릭 또는 터치와 같은 다양한 입력 이벤트에 반응하지 않는다.

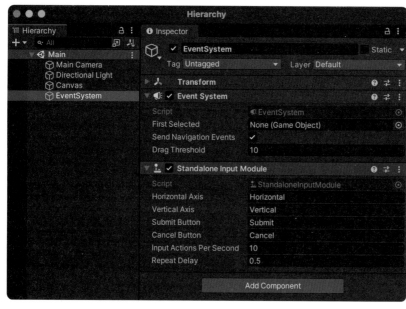

[그림 7-6] EventSystem 객체에 포함된 입력 이벤트 관련 컴포넌트

Canvas 객체의 컴포넌트

Canvas 객체는 Rect Transform, Canvas, Canvas Scaler, Graphic Raycaster라는 4개의 컴포넌트로 구성된 게임오브젝트다. 기존의 게임오브젝트와 달리 UI 항목은 반드시 Rect Transform 컴포넌트를 가지고 있다. Rect Transform 컴포넌트는 앵커(Anchors), 피벗(Pivot), 크기(W, H), 위치(Pos X, Pos Y, Pos Z)와 회전 및 스케일 정보를 저장하고 있다. 간단히 얘기하면 Rect Transform은 UI용 Transform 컴포넌트로 생각하면 된다. 처음 생성된 Canvas 객체의 Rect Transform 속성은 직접 수정할 수 없으며, 화면의 크기에 따라 자동으로 설정된다.

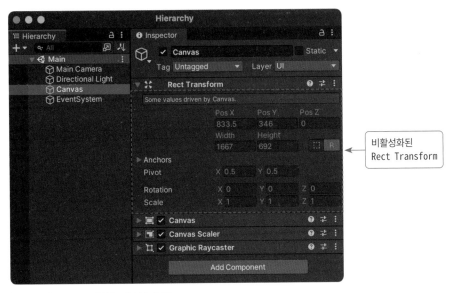

[그림 7-7] Canvas 객체의 기본 컴포넌트

Canvas 컴포넌트

Canvas 컴포넌트는 UI 항목을 화면에 배치하고 렌더링하는 역할을 한다. Render Mode 옵션에 따라 UI 항목의 화면 배치 방식을 다음과 결정할 수 있다.

Screen Space – Overlay

기본 설정값으로 UI 항목은 씬의 가장 상위 계층에 표현된다. 일반적인 UI 구성에 사용되며 어떤 3D 객체에 의해서도 가려지지 않는다. 또한, Canvas의 크기는 화면의 해상도에 맞춰 자동으로 스케일이 조절된다.

[그림 7-8] 16:9 스케일 화면에서의 UI 위치

[그림 7-9] Free Aspect 스케일 화면에서의 UI 위치 – 화면 스케일에 맞춰 자동 정렬

Screen Space – Camera

이 옵션은 씬의 가장 상위에 UI 항목이 표시되는 "Screen Space – Overlay" 옵션과 동일하지만, UI 항목을 렌더링하는 별도의 카메라를 설정할 수 있다. 즉, 씬 전체를 비추는 Main Camera와 별도로 UI만을 위한 카메라로 이원화할 경우 사용한다. Render Mode 속성을 이 옵션으로 변경하면 카메라를 연결할 수 있는 Render Camera 속성이 노출된다. 또한, UI Camera의 Projection 속성을 Perspective로 설정하고 UI 항목의 Transform Position의 Y축을 회전시키면 원근감을 표현할 수 있다. UI 항목을 렌더링하기 위해 추

가한 카메라는 기존의 Main Camera와 충돌이 없도록 반드시 Clear Flag, Culling Mask, Depth 속성을 적절히 설정해야 한다.

[그림 7-10] UI를 렌더링하기 위한 Render Camera 속성

World Space

World Space 옵션은 씬에 있는 다른 게임오브젝트에 직접 UI 항목을 추가한다. 대표적인 용례는 게임 속 HUD(Head Up Display)를 구현할 때와 VR, AR 콘텐츠 속의 UI를 구현할 때다. 특정 게임오브젝트에 Canvas 객체를 추가하고 Render Mode를 World Space로 설정하면 해당 Canvas는 더는 Rect Transform 의 영향을 받지 않으며, 해당 게임오브젝트의 위치에 영향을 받는다. 즉, Screen Space – Overlay로 설정한 Canvas는 물리적인 위치를 변경할 수 없는 반면 World Space 옵션으로 설정하면 Canvas의 물리적인 위치를 이동할 수 있다.

[그림 7-11] Player 하위에 Canvas를 추가해 HUD 구현

Rect Transform 컴포넌트

Rect Transform 컴포넌트는 기존 Transform 컴포넌트와 동일한 역할을 하는 컴포넌트로, UI 항목에 기본적으로 추가돼 있다. 여기서는 UI 항목 중 Panel을 추가해 Rect Transform의 속성에 대해 살펴보기로 한다. Main 씬에 생성한 Canvas 객체를 선택한 후 메뉴에서 [GameObject] → [UI] → [Panel]을 선택해 Canvas의 하위로 Panel을 추가한다.

Panel의 주된 용도는 UI 항목을 그룹화하는 것이다. 예를 들어, 로그인 대화상자와 같이 ID, Password 및 회원가입 UI를 하나의 그룹으로 묶어야 할 때 Panel을 활용할 수 있다. 따라서 메뉴를 구성할 때 여러 버튼을 하나의 Panel에 차일드화해서 구현할 수 있다.

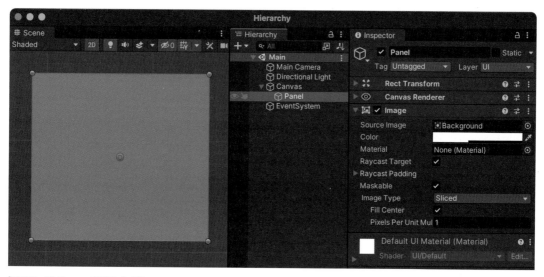

[그림 7-12] Canvas 하위에 추가한 Panel

Panel을 추가하면 씬 뷰에 직사각형 모양의 Panel이 추가된다. Panel은 Image 컴포넌트가 기본적으로 추가돼 있으며, 각 모서리에 청색의 원형 아이콘과 삼각형 모양의 기즈모가 표시된다. Panel의 위치 이동은 씬 뷰가 2D 모드이고, Rect 툴 버튼( )이 선택돼 있을 때 마우스로 드래그하면 원하는 위치로 옮길 수 있다. 3D 모드일 때는 기존의 3D 좌표축을 드래그해 옮길 수 있다.

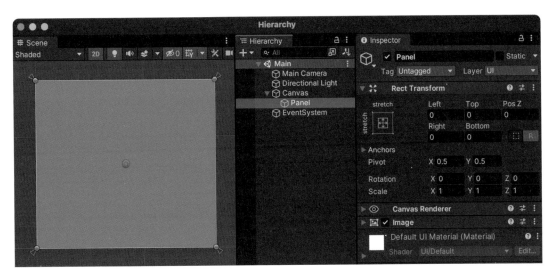

[그림 7-13] 추가한 Panel 주위에 표시된 Resize와 Anchor 아이콘

Panel의 크기는 마우스 커서를 테두리(에지, Edge)로 가져간 후 드래그해 쉽게 조절할 수 있다.

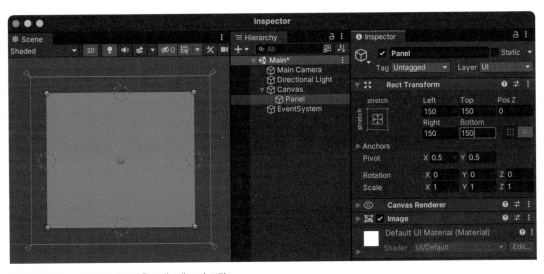

[그림 7-14] Panel의 테두리 부분을 드래그해 크기 조절

Panel의 모서리에 있는 청색 원 아이콘을 드래그하면 해당 방향으로 크기를 조절할 수 있고, 마우스로 클릭한 후 Alt(맥에서는 option) 키를 누른 채로 드래그하면 모든 방향으로 동시에 크기가 조절된다.

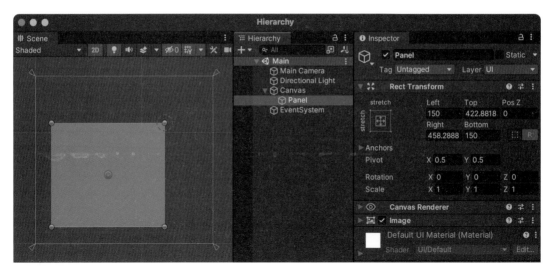

[그림 7-15] 모서리를 드래그해 크기 조절

Panel의 가운데에 있는 원은 피벗(Pivot) 아이콘으로서 Panel의 중심 좌표를 의미하며, 정렬(Align) 기준이 된다. 또한, 회전시킬 때 회전축 역할을 한다. Panel의 회전은 모서리 바깥쪽으로 마우스 커서를 이동하면 회전 아이콘이 나타난다. 이때 드래그하면 회전한다. 피벗 아이콘이 비활성화돼 있다면 유니티 툴바에 있는 피벗 옵션이 Center로 설정된 경우다.

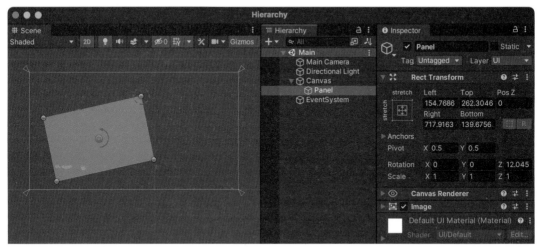

[그림 7-16] 모서리 바깥쪽에서 회전 아이콘이 나왔을 때 드래그해 UI 항목 회전

Panel 이외의 다른 UI 항목의 이동, 크기 조절, 회전은 위에 설명한 방식과 동일하다. Panel 주위에 있는 흰색으로 된 4개의 작은 삼각형은 Panel의 부모 객체인 Canvas를 기준으로 표시되며, 앵커 포인트 (Anchor Point)라 부른다. 앵커 포인트는 Panel의 정렬(Align)과 크기 조절(Stretch)을 설정한다. 이 앵커 포인트는 Panel의 상위 부모의 Rect Transform을 기준으로 하므로 항상 어떤 UI 항목을 선택하면 표시되는 앵커 포인트는 자기 자신의 Rect Transform이 기준이 아니라 바로 상위 객체의 Rect Transform을 기준으로 삼는다는 점을 명심하자.

🔍 정보 │ 씬 뷰의 2D, 3D 모드 전환

UI 작업을 할 때는 씬 뷰를 2D 모드로 설정하고 작업하는 것이 편리하다. 씬 뷰의 2D와 3D 모드는 컨트롤 바에 있는 2D/3D 툴 버튼을 토글해 전환할 수 있으며, 단축키인 숫자 "2" 키를 누를 때마다 전환된다. 또한, 2D 모드로 전환하면 3D 좌표축 기즈모는 사라진다.

[그림 7-17] 씬 뷰의 2D/3D 전환 툴 버튼

Rect Tool 버튼

UI 항목을 조절하려면 Rect Tool 버튼을 사용한다. 단축키는 "T"이며, 씬 뷰가 2D 모드일 때 Rect Tool을 선택하면 이동, 회전, 크기 조절이 가능하다. 3D 객체에도 사용할 수 있다.

[그림 7-18] UI 항목을 조절하기 위한 Rect Tool 버튼

앵커 프리셋

앵커 프리셋(Anchor Preset)은 각 UI 항목의 정렬과 크기를 미리 정의해놓은 집합으로, Unity UI의 기본이 되는 개념이므로 반드시 익히고 넘어가자.

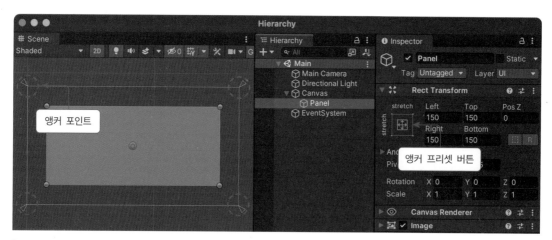

[그림 7-19] 4개의 앵커 포인트와 앵커 프리셋 버튼

현재 Panel의 앵커 프리셋[2] 옵션은 가로세로가 모두 stretch 모드로 돼 있다. 즉, 스크린 해상도가 바뀌어도 자동으로 가로, 세로의 크기가 조절되게 설정한 것이다. 게임 뷰를 유니티 IDE에서 분리해 뷰의 크기를 조정해보면 뷰의 비율에 맞게 Panel의 크기가 조절되는 것을 확인할 수 있다. 앵커 프리셋 버튼을 클릭하면 미리 정의된 앵커 프리셋이 나타난다.

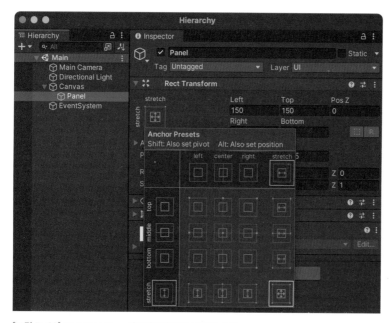

[그림 7-20] Rect Transform 컴포넌트의 앵커 프리셋 속성

---

2 앵커 프리셋: 자주 사용되는 정렬 옵션을 미리 정의해 놓은 속성

앵커 프리셋은 마우스를 클릭했을 때와 Alt(맥에서는 option) 키와 Shift 키의 조합에 따라 다음과 같이 다르게 표현된다.

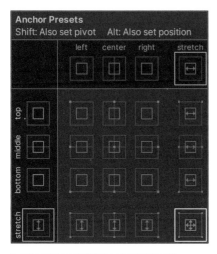

1. 기본 앵커 프리셋(마우스만 클릭했을 때)

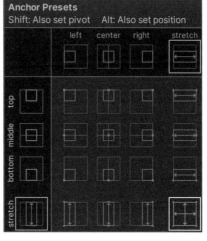

2. Alt(맥에서는 option) 키를 눌렀을 때

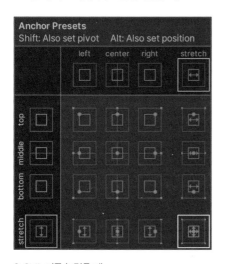

3. Shift 키를 눌렀을 때

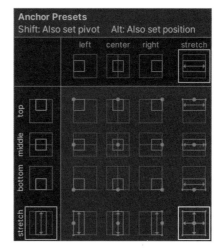

4. Alt + Shift 키를 눌렀을 때

[그림 7-21] 앵커 프리셋의 다양한 조합

앵커 포인트는 4개의 삼각형으로 구성돼 있으며, 각각 개별적으로 움직일 수 있다. [그림 7-21]의 4가지 경우에 따라 Canvas 내에서 Panel이 어떻게 정렬되는지 확인해보자.

기본 앵커 프리셋

앵커 프리셋의 다양한 설정 중에서 정중앙 정렬, top/left 정렬, stretch/left 정렬의 3가지 조합의 정렬만 이해하면 다양하게 응용할 수 있다. top/bottom, left/right를 조합하면 더 많은 경우가 있겠지만, 위에 제시한 것을 기준으로 알아보자.

정중앙 정렬(middle/center)

정중앙 정렬은 스크린의 해상도가 변경되어도 해당 UI 항목(Panel)이 화면 가운데 정렬되는 앵커 프리셋이다.

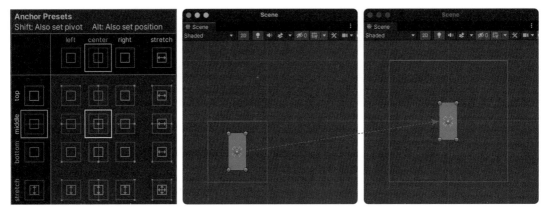

[그림 7-22] 앵커 프리셋: middle/center 설정일 때의 정렬 형태

왼쪽 상단 정렬(top/left)

앵커 프리셋을 왼쪽 상단으로 선택하면 4개의 앵커 포인트가 왼쪽 상단에 모인다. 앵커 포인트 4개가 모인 지점을 기준으로 정렬한다는 의미이며 스크린 해상도를 변경해도 왼쪽 상단을 기준으로 정렬된다. 이때 UI 항목(Panel)의 크기는 변하지 않는다.

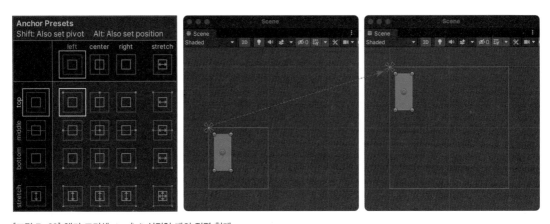

[그림 7-23] 앵커 프리셋: top/left 설정일 때의 정렬 형태

앵커 포인트를 2개는 위쪽에 배치하고, 2개는 아래쪽에 배치하면 수직으로 스트레치(Stretch)한다는 것을 의미한다. 또한, 앵커 포인트를 모두 왼쪽에 위치시키면 왼쪽을 기준으로 정렬된다. 따라서 스크린 해상도를 변경하면 왼쪽으로 정렬된 채 세로 길이가 해상도에 맞춰 변경된다.

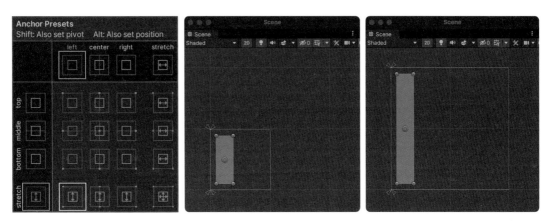

[그림 7-24] 앵커 프리셋: stretch/left 설정일 때의 정렬 형태

Alt 키 조합의 앵커 프리셋

앵커 프리셋을 열고 Alt(맥에서는 option) 키를 누르면 다음과 같이 앵커 프리셋이 바뀐다. 이 모드는 현재 선택된 UI 항목을 선택한 프리셋의 위치로 이동 및 정렬시킨다.

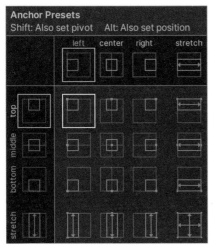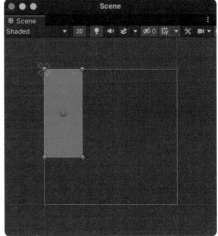

[그림 7-25] Alt 키 조합의 앵커 프리셋

Shift 키 조합의 앵커 프리셋

Shift 키를 누르고 앵커 프리셋을 클릭하면 앵커 포인트의 위치와 선택한 UI 항목의 Pivot 위치만 변경한다. 해당 프리셋의 위치로는 이동하지 않는다.

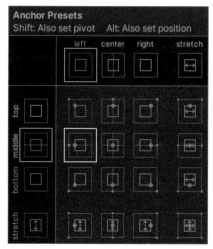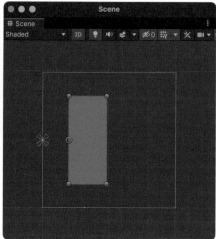

[그림 7-26] Shift 키 조합의 앵커 프리셋

Alt + Shift 키 조합의 앵커 프리셋

Alt + Shift 키를 동시에 누르면 앵커 포인트의 아이콘이 다음과 같이 변경된다. 이 옵션은 UI 항목의 Pivot 위치를 일치시키고 해당 앵커 포인트 위치로 이동시킨다.

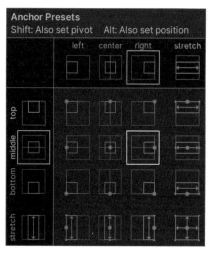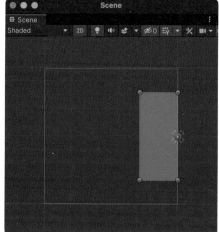

[그림 7-27] Alt + Shift 키 조합의 앵커 프리셋

anchoredPosition 속성

Rect Transform 속성 맨 위에 있는 Pos X, Pos Y, Pos Z는 해당 UI 항목의 앵커 포인트를 기준으로 피벗 좌표가 얼마만큼 떨어져 있는지 나타내는 anchoredPosition이다. 다음 Panel은 앵커 포인트를 기준으로 X축으로 −200, Y축으로 +200만큼 떨어진 좌표에 위치한다.

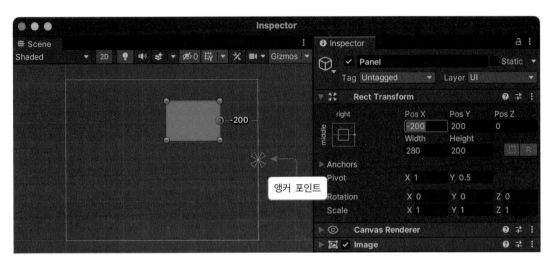

[그림 7-28] 앵커 포인트가 middle/right일 때의 anchoredPosition 속성값

anchoredPosition 속성은 Vector2 타입으로 Pos Z의 값은 의미가 없다. Width와 Height 속성은 해당 UI 항목의 가로, 세로 크기를 의미한다. 하지만 Pos X, Pos Y, Width, Height 캡션은 앵커 포인트와 Pivot에 따라 변경된다. NGUI와 비교했을 때 앵커 시스템이 다소 복잡해 보이지만, 인터페이스에 상당히 고민한 흔적이 보인다.

다음 그림은 앵커 포인트를 왼쪽 정렬과 상하 리사이즈로 설정한 화면이다. 상하 리사이즈 옵션으로 설정했기 때문에 해당 UI 항목의 높이는 씬의 해상도에 따라 가변적으로 바뀐다. 따라서 인스펙터 뷰의 Pos Y와 Height 캡션은 각각 Top과 Bottom으로 바뀌었다. 즉, 상단 여백(Top Margin)과 하단 여백(Bottom Margin) 값을 인스펙터 뷰에 표현한다.

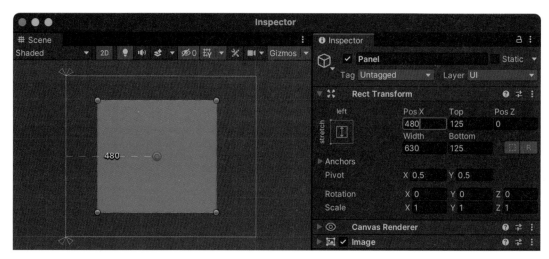

[그림 7-29] 앵커 포인트가 stretch/left일 때의 anchoredPosition 속성값

Anchors 속성

앵커는 네 개의 작은 화살표로 표시되며, UI 항목을 리사이즈하거나 정렬하기 위해 사용한다. Rect Transform 컴포넌트에 표시된 Anchors 속성의 Min (X, Y), Max (X, Y) 값이 네 개의 앵커 설정값이다. 각 앵커 값의 범위는 0.0f ~ 1.0f다. 0.5f는 50%를 의미한다.

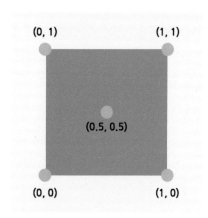

[그림 7-30] 앵커의 좌표계

UI 항목 주변에 앵커를 배치한 경우 해당 UI 항목은 앵커의 영역 내에서 리사이즈된다. 다음 그림에서는 Anchors의 Min을 (0.2, 0.2)로, Max를 (0.8, 0.8)로 설정했다. 따라서 화면 해상도가 바뀌더라도 동일한 비율로 리사이즈된다.

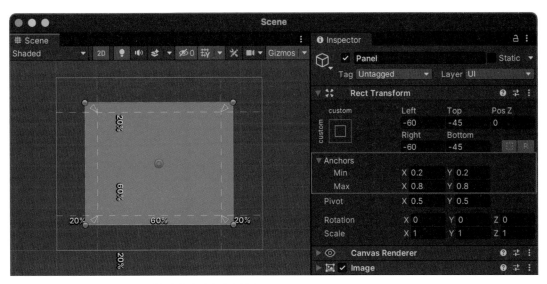

[그림 7-31] 동일한 비율의 크기 조정을 위한 네 개의 앵커 설정

위에서 설정한 앵커 값의 의미는 화면 왼쪽에서 20%, 화면 아래쪽에서 20% 지점에서 시작하고, 화면 왼쪽에서 80%, 화면 아래쪽에서 80% 지점까지의 범위를 말한다. 즉, 화면 비율을 20%, 60%, 20%로 분할하는 것이다([그림 7-32] 참조).

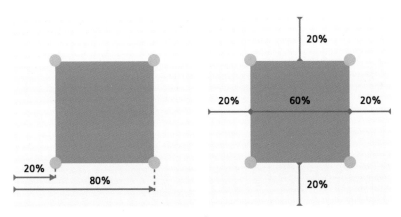

[그림 7-32] 앵커의 Min, Max 값에 따른 화면 비율

Image 컴포넌트

Canvas 하위에 추가한 Panel은 기본적으로 Image 컴포넌트를 갖고 있다. Image 컴포넌트는 화면에 텍스처를 표시하는 컴포넌트로서 Sprite 타입으로 변환된 텍스처만 사용할 수 있다. Panel의 Image 컴포넌트에

적용된 텍스처를 다른 것으로 변경해보자. "04.Images/Menu" 폴더에 있는 "SF Window" 파일을 Image 컴포넌트의 Source Image 속성으로 드래그해 연결한다.

[그림 7-33] Panel의 Image 컴포넌트의 Source Image 속성에 스프라이트 연결

텍스처를 연결한 후, 다음 그림과 같이 위치와 앵커 프리셋을 적용한다.

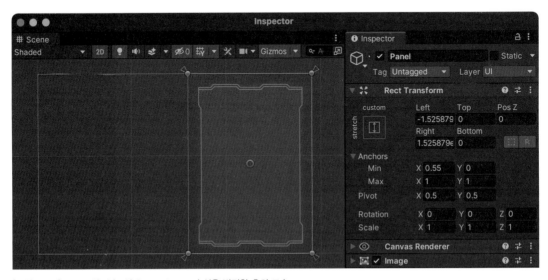

[그림 7-34] Image 컴포넌트의 Source Image 속성을 변경한 후의 모습

Image 컴포넌트는 UI 구성 시 가장 많이 사용하는 UI 항목으로, 어떤 속성이 있는지 자세히 살펴보자. 또한, Image Type 옵션에 따라 이미지가 어떻게 표현되는지 알아보자.

속성	설명
Source Image	화면에 표시하려는 이미지(Sprite만 허용)
Color	이미지의 색상 지정(RGBA)
Material	이미지를 렌더링하기 위한 머티리얼(노멀맵 적용 시 사용 가능)
Image Type	이미지를 표시하는 방식으로 4가지 옵션이 있다. • Simple: 반복이 필요 없거나 이미지가 고정 크기인 경우의 옵션 • Sliced: 이미지를 리사이즈해도 왜곡 없이 표현하는 옵션 • Tiled: 이미지를 타일링 처리할 수 있는 옵션 • Filled: 이미지를 부분적으로 채울 수 있는 옵션

[표 7-1] Image 컴포넌트의 속성

하이러키 뷰에서 Canvas 하위에 새로운 Image를 생성한다. 먼저 Canvas를 선택한 후 메뉴에서 "GameObject → UI → Image"를 선택한다. Image의 Sprite 속성은 프로젝트 뷰의 03.Prefabs/EffectExamples/Shared/Sprites/UnityLogoSprite를 연결한다. Image 컴포넌트의 Image Type 속성은 4가지 옵션을 제공하며, 다음과 같은 차이점이 있다.

Simple

일반적으로 고정 크기를 갖는 이미지로, 반복하거나 다른 기능이 필요 없을 때 사용하는 옵션이다. 주로 화면 꾸미기용 이미지에 적용한다.

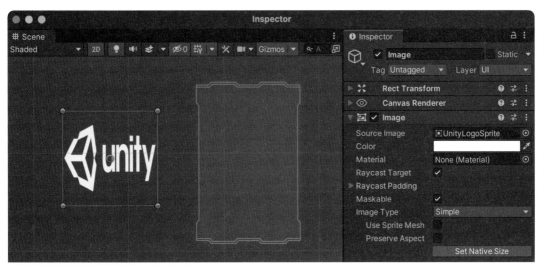

[그림 7-35] Image Type – Simple 옵션

이 옵션으로 변경했을 때 나타나는 Preserve Aspect를 선택하면 이미지의 크기를 조절할 때 원본 이미지의 가로/세로 비율에 맞춰 자동으로 조절된다. [Set Native Size] 버튼을 클릭하면 원본 이미지의 크기로 재설정된다.

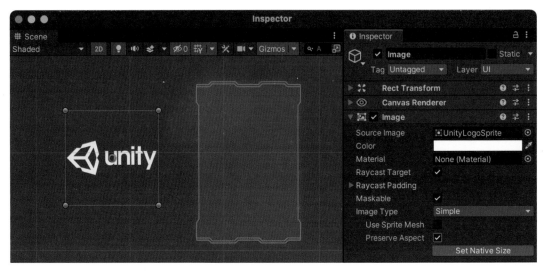

[그림 7-36] 원본 이미지의 비율을 유지하는 Preserve Aspect 옵션

📄 팁 UI 항목 등비율로 크기 조절하기

모든 UI 항목은 Shift 키를 누른 채 크기 조절을 하면 등비율로 조절된다. 또한 Shift와 Alt(option) 키를 함께 누른 채 드래그하면 피벗을 중심으로 등비율로 크기가 조절된다.

Sliced

Panel에 추가된 Image 컴포넌트의 Image Type이 Sliced로 설정돼 있다. Sliced 옵션을 이용하면 이미지의 크기를 조절해도 외곽선이 뭉개지거나 깨지지 않게 설정할 수 있다. Sliced 옵션을 사용하려면 Sprite Editor에서 이미지의 경계선을 미리 설정해야 한다. Panel의 Image 컴포넌트에 추가된 텍스처를 살펴보자. 프로젝트 뷰의 "04.Images/Menu" 폴더에서 SF Window 텍스처를 선택한 후 인스펙터 뷰의 [Sprite Editor] 버튼을 클릭하면 [그림 7-39]와 같이 Sprite Editor 뷰가 열린다.

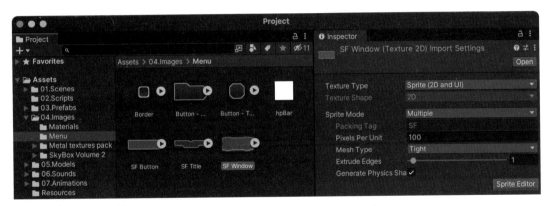

[그림 7-37] Sprite Editor 뷰

[Sprite Editor] 버튼을 클릭했을 때 다음과 같은 메시지가 나온다면 2D Sprite 패키지가 설치되지 않았다는 것을 의미한다. Package Manager를 연 후 2D Sprite 패키지를 설치한다.

[그림 7-38] 2D Sprite 패키지를 설치하라는 메시지

SF Window 이미지는 투명 배경에 흰색 이미지이기 때문에 잘 보이지 않는다. 따라서 컨트롤 바에 있는 RGB/Alpha 버튼을 이용해 Alpha로 설정한다. 4개의 초록색 실선(Border Line)의 위치를 조절해 총 9개 조각으로 적절하게 나뉘게 설정할 수 있다.

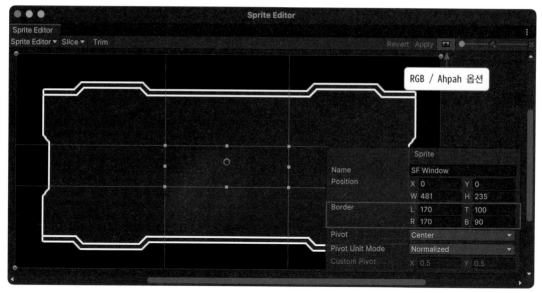

[그림 7-39] Sprite Editor 뷰에서 반복되는 이미지의 범위를 설정

Border Line에 의해 나눠진 9개의 조각 이미지는 이미지의 크기가 바뀌어도 해당 위치의 부분 이미지만 잘라와서 표현하는 방식이기 때문에 외곽선이 깨지는 현상이 없다. 이러한 Sliced 타입의 이미지는 로그인 대화상자 같은 크기가 가변적인 윈도우를 제작할 때 유용하다.

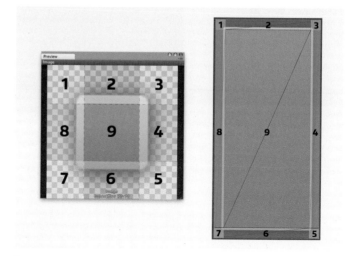

[그림 7-40] Border Line 설정에 따른 조각 이미지 처리 방식

Sliced 옵션으로 선택하면 표시되는 Fill Center 속성은 가운데 이미지를 채울 것인가에 대한 속성으로, 언체크하면 외곽 이미지만 표시하고 [그림 7-40]의 9번 이미지는 표시하지 않는다.

Tiled

Tiled 옵션은 이미지가 반복적인 패턴일 때 Image의 크기를 조절하면 동일한 패턴이 반복적으로 표시된다. 다음 그림과 같이 이미지 크기가 바뀌어도 동일한 패턴이 크기와 상관없이 반복된다.

[그림 7-41] Image Type 속성이 Tiled일 때 크기와 관계없이 패턴이 반복되는 이미지

텍스처의 Wrap Mode

Tiled로 설정했을 때 Source Image에 연결한 스프라이트의 Wrap Mode 속성을 Repeat으로 설정하지 않으면 [그림 7-41]과 같이 경고 문구가 표시된다. Source Image를 클릭하면 프로젝트 뷰에 해당 스프라이트의 위치가 표시되고, Wrap Mode가 Clamp로 지정된 것을 볼 수 있다. 텍스처를 타일링 처리하기 위해 Repeat으로 변경한 후 [Apply] 버튼을 클릭한다. Wrap Mode를 변경하면 인스펙터 뷰에 표시된 경고 문구는 사라진다.

텍스처의 Wrap Mode는 텍스처를 반복해서 렌더링할 것인지 지정하는 속성으로 다음과 같이 선택할 수 있다.

Wrap Mode 옵션	설명
Repeat	텍스처를 반복하는 옵션
Clamp	텍스처를 반복하지 않고 늘리는(Stretch) 옵션
Mirror	미러링 처리를 해서 반복하는 옵션
Mirror Once	미러링 처리 후 한 번만 반복하는 옵션
Per-axis	UV 축별로 Repeat, Clamp를 지정하는 옵션

[표 7-2] 텍스처의 Wrap Mode 속성

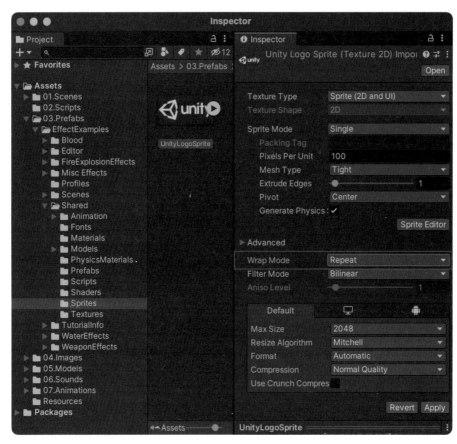

[그림 7-42] 텍스처의 Wrap Mode 속성

Filled

Filled 옵션은 이미지를 특정 방향으로 채워서 그릴 수 있다. 채워지는 방향은 Fill Method 속성에서 정의할 수 있으며, Fill Origin 속성은 어느 위치에서부터 채울 것인지 선택할 수 있다.

Fill Method 옵션	설명	Clockwise 속성
Horizontal	가로 방향으로 이미지가 채워진다.	X
Vertical	세로 방향으로 이미지가 채워진다.	X
Radial90	이미지가 90도 각도까지 채워진다.	O
Radial180	이미지가 180도 각도까지 채워진다.	O
Radial360	이미지가 360도 각도까지 채워진다.	O

[표 7-3] Fill Method 속성

Radial90, 180, 360 옵션은 추가로 Clockwise 속성을 설정할 수 있다. Clockwise는 시계 방향으로 채울 것인지 시계 반대 방향으로 채울 것인지 결정하는 속성이다. 그리고 채워지는 비율을 설정하는 Fill Amount라는 옵션은 0.0f ~ 1.0f까지의 값을 지정할 수 있다. 이 Filled Image Type은 게임 개발 시 생명 게이지 또는 스킬 버튼의 쿨링 타임을 표현할 때 유용하다.

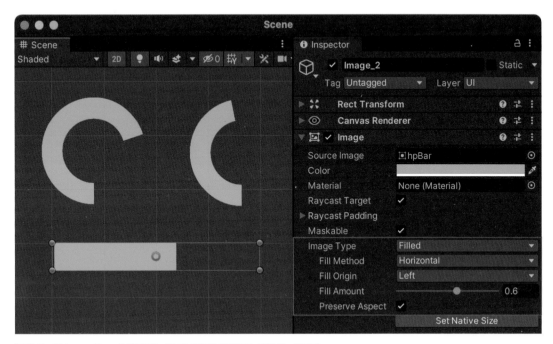

[그림 7-43] Image Type 속성이 Filled일 때 다양한 모양으로 채워지는 이미지

RawImage 컴포넌트

RawImage 컴포넌트는 Image 컴포넌트와 비슷하지만, 배경 이미지와 같이 큰 이미지에 사용한다. 또한, RawImage에 사용할 이미지는 일반 Texture 타입 또는 Sprite 타입 모두 사용할 수 있으며, Sprite Atlas 에 포함되지 않는다. 배경 이미지처럼 큰 사이즈의 이미지가 Sprite Atlas에 포함된다면 불필요한 메모리를 낭비하게 된다. 따라서 메인 화면에서 한 번만 사용할 이미지이거나 너무 큰 이미지일 때 사용한다.

하이러키 뷰의 Canvas를 선택하고 [+] 버튼을 클릭하거나 마우스 오른쪽 버튼을 클릭한 후 컨텍스트 메뉴에서 [UI] → [RawImage]를 선택해 RawImage를 추가한다. 프로젝트 뷰에서 "04. Images/SkyBox Volume 2"에 있는 텍스처 중 하나를 RawImage 컴포넌트의 Texture 속성에 연결하고 씬 뷰의 Canvas 영역보다 크게 RawImage의 크기를 조절한다. 이때 Shift 키를 누른 채로 마우스를 드래그하면 등비율로 크기가 조절된다. 또는 인스펙터 뷰의 [Set Native Size] 버튼을 클릭하면 원래 이미지 크기로 변경할 수 있다.

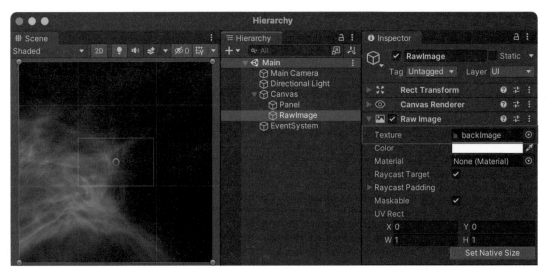

[그림 7-44] RawImage 컴포넌트의 Texture 설정 및 크기 변경

UV Rect 옵션의 X, Y 속성은 이미지의 위치를 보정할 수 있는 오프셋(offset)이고 W, H 속성은 가로/세로의 확대 비율이다.

[그림 7-44]와 같이 처음 추가했던 Panel의 이미지가 마지막에 추가한 RawImage에 덮여서 보이지 않는다. 유니티 UI는 Z-Order의 개념을 하이러키 뷰의 순서로 결정한다. 하이러키 뷰의 정렬 옵션을 TransformSort로 변경한 후 Panel을 드래그 앤드 드롭해 RawImage 아래에 위치시킨다. 즉, 위에서 아래로 갈수록 Z-Order가 높게 설정되는 방식으로 Panel이 RawImage보다 아래에 있기 때문에 다음 그림과 같이 표시된다.

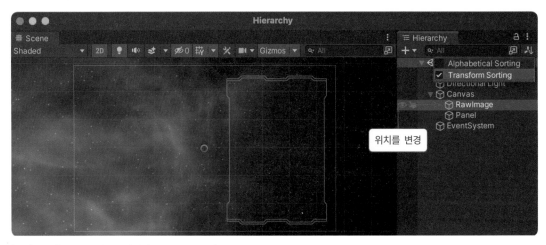

[그림 7-45] Panel의 위치를 변경해 Z-Order를 수정

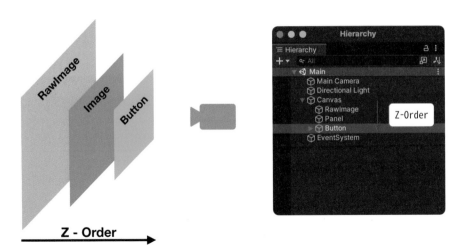

[그림 7-46] UI 항목 간의 Z-Order 순서

Panel을 선택하고 인스펙터 뷰의 Color 속성을 변경해 눈에 잘 띄는 색으로 변경한다. 색상의 알파 값을 255로 설정하면 다음 그림처럼 색상이 진해진다.

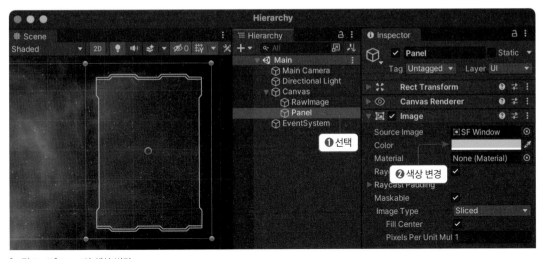

[그림 7-47] Panel의 색상 변경

Button 컴포넌트

메뉴에서 게임을 시작하기 위해 Start 버튼을 제작해보자. 버튼은 Panel 하위에 생성해 그룹화한다. 하이러키 뷰에서 Panel을 선택하고 마우스 오른쪽 버튼을 클릭해 팝업된 메뉴에서 [UI] → [Button]을 선택하면 Panel 하위에 Button 객체가 생성된다. Button 객체 또한 Button 컴포넌트가 추가되어 버튼의 역할을
수행하는 게임오브젝트다.

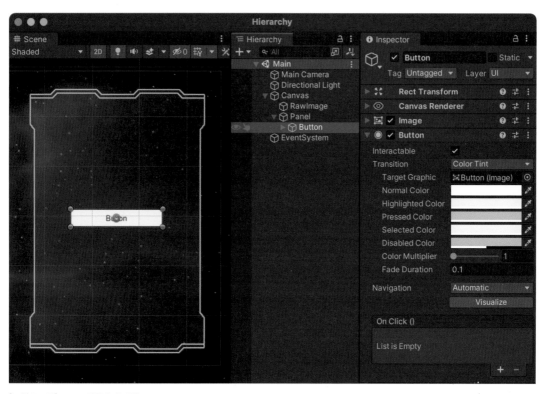

[그림 7-48] Panel 하위에 추가한 Button

추가한 Button은 페어런트인 Panel을 벗어나지 않는 범위에서 크기를 조절한다. Button 컴포넌트의 속성
은 다음과 같다.

속성	설명
Interactable	Button 기능을 활성화/비활성화한다. Transition 속성이 Animation일 경우 이 옵션을 언체크하면 Disabled Trigger가 발생한다.
Transition	버튼의 클릭, 롤오버, 비활성화 등의 상태를 어떻게 변경할 것인지 설정한다. 　　• None 　　• ColorTint 　　• SpriteSwap 　　• Animation

속성	설명
Navigation	키보드 입력 포커스를 받은 후 키를 통해 다음 버튼으로 이동하는 방식을 설정한다.
OnClick	버튼을 클릭했을 때 수행할 함수를 연결하는 이벤트 속성이다.

[표 7-4] Button 컴포넌트의 주요 속성

Transition 속성

버튼은 Normal, Highlighted, Pressed, Disabled라는 4가지 상태를 갖고 있다. 각 상태에 따라 버튼의 외형에 변화를 줄 수 있는 속성이 Transition이다. Transition 속성은 [표 7-4]와 같이 4가지 옵션이 있다.

Transition - None

None 옵션은 버튼 상태가 바뀌어도 아무런 변화를 주지 않는다.

[그림 7-49] Transition - None 옵션

Color Tint

ColorTint 옵션은 버튼 상태에 따라 색상의 변화를 준다. Color Multiplier는 변화되는 색상의 농도를 조절할 수 있다. 또한, Fade Duration은 다른 상태로 페이드인, 페이드아웃 되는 시간을 조절할 수 있다.

[그림 7-50] Transition - Color Tint 옵션

Sprite Swap

Sprite Swap 옵션은 버튼 상태에 따라 버튼의 이미지를 변경한다. 기존에 연결된 Target Graphic은 Normal 상태의 이미지로 지정되고, Highlighted Sprite, Pressed Sprite, Disabled Sprite를 연결할 수 있는 항목이 추가된다.

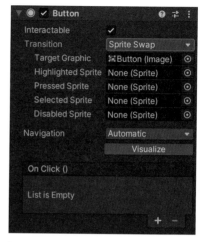

[그림 7-51] Transition - Sprite Swap 옵션

Animation

Animation 옵션은 버튼에 애니메이션 효과를 적용할 수 있으며, [Auto Generate Animation] 버튼을 클릭하면 애니메이션 컨트롤러(Animation Controller)가 자동으로 생성된다.

[그림 7-52] Transition - Animation 옵션

Panel 하위에 추가한 버튼의 Transition을 Animation 형태로 만들어 보자. 버튼의 Transition 속성을 Animation으로 변경한 후 [Auto Generate Animation] 버튼을 클릭하면 애니메이터 컨트롤러의 이름을 저장하라는 대화상자가 나타난다. "07.Animations/Controller" 폴더를 선택한 후, 생성할 애니메이터 컨트롤러의 이름은 자동으로 지정된 "Button"을 그대로 사용한다. [Save] 버튼을 클릭해 저장한다.

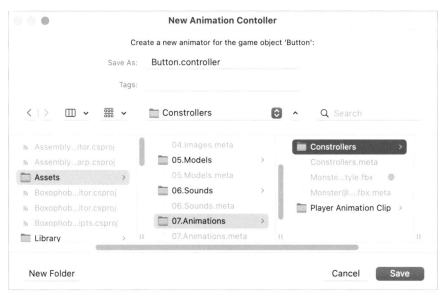

[그림 7-53] Button 애니메이션 컨트롤러를 저장하는 다이얼로그

하이러키 뷰의 Button을 선택한 후 인스펙터 뷰를 보면 자동으로 Animator 컴포넌트가 추가됐으며, Controller 속성에는 생성된 애니메이션 컨트롤러가 연결돼 있다. 또한, 자동 생성된 Button 애니메이션 컨트롤러의 하위에 Button 컴포넌트에 정의된 Trigger 이름과 동일한 이름으로 애니메이션 클립이 생성된 것을 확인할 수 있다.

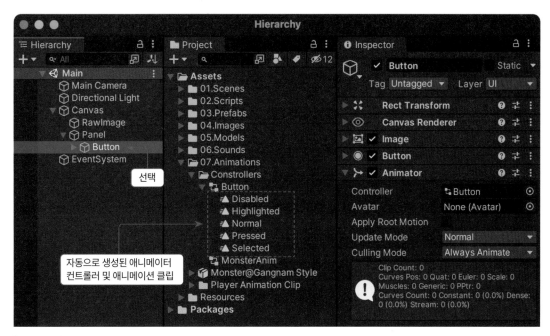

[그림 7-54] 자동으로 생성된 애니메이터 컨트롤러와 5개의 애니메이션 클립

Button 애니메이션 컨트롤러를 더블클릭해 열면 Button의 5가지 상태에 맞는 스테이트가 만들어져 있다. Any State에서 각 스테이트로 Transition이 연결돼 있고 5개의 파라미터가 미리 만들어져 있다. 이 파라미터는 모두 Trigger 타입이고 Button 컴포넌트의 Normal Trigger, Highlighted Trigger, Pressed Trigger, Selected Trigger, Disabled Trigger 속성에 지정된 이름과 같은 이름으로 생성됐다.

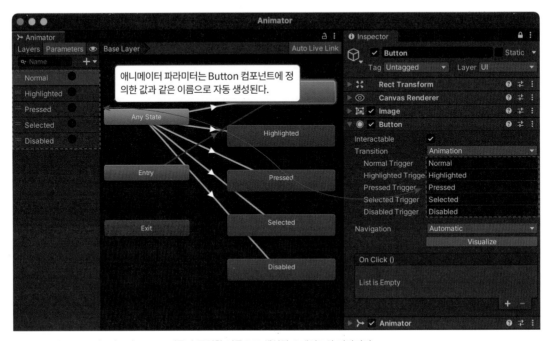

[그림 7-55] Button 컴포넌트의 Trigger 이름과 동일한 이름으로 생성된 스테이트와 파라미터

마우스 커서가 버튼 위로 롤오버(RollOver)됐을 때 버튼이 살짝 커지는 애니메이션 효과를 만들어보자. 반드시 다음 절차를 따라야 애니메이션 클립을 수정할 수 있다.

- 하이러키 뷰에서 Panel 하위에 추가한 Button UI를 선택
- 메뉴에서 [Window] → [Animation] → [Animation] 선택

Animation 뷰가 열리면 기본 선택된 Normal을 Highlighted로 변경하고 왼쪽 상단의 [녹화] 버튼을 클릭해 애니메이션 녹화 모드로 들어간다.

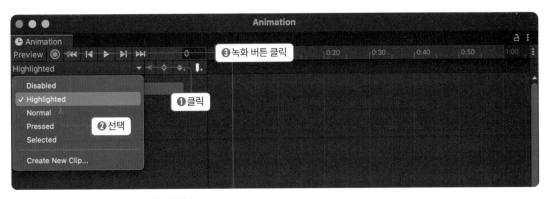

[그림 7-56] Highlighted 애니메이션 녹화 준비

Animation 뷰의 왼쪽에서 [Add Property] 버튼을 클릭한 후 메뉴에서 [Rect Transform] → [Scale]을
선택하면 프로퍼티와 타임라인에 키 프레임 2개가 생성된다.

[그림 7-57] Button의 크기를 변경하기 위한 Scale 프로퍼티 생성

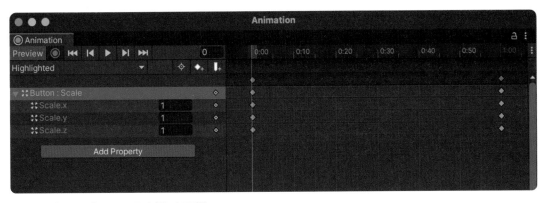

[그림 7-58] Button의 Scale 프로퍼티와 키 프레임

버튼이 점진적으로 커지는 애니메이션을 구현하지 않는다면 첫 번째 프레임만으로도 충분하다. 따라서 두 번째 키 프레임은 삭제한다. 오른쪽에 있는 마름모 아이콘 중 제일 상단에 있는 아이콘을 선택하고 마우스 오른쪽 버튼을 클릭해 [Delete Keys] 메뉴를 선택한다.

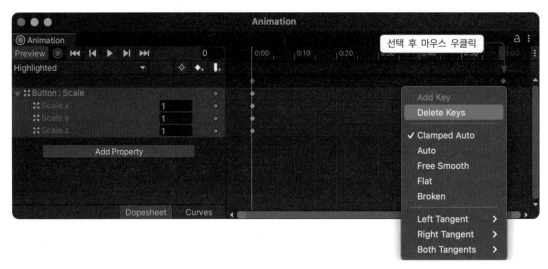

[그림 7-59] 두 번째 키 프레임 삭제

이제 첫 번째 키 프레임을 선택한 후 Button : Scale 속성의 Scale.x, Scale.y, Scale.z 값을 모두 1.1 로 입력한다. 마우스가 롤오버됐을 때 기존의 Button 크기보다 살짝 커지는 효과를 설정한 것이다.

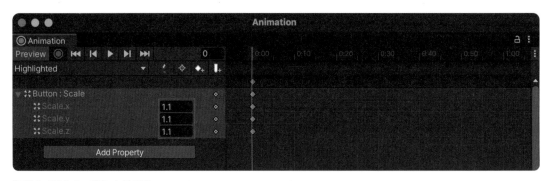

[그림 7-60] Button의 Scale을 변경

녹화 버튼을 한 번 더 클릭하면 녹화 모드에서 나온다. 게임을 실행한 다음 게임 뷰에서 버튼 위로 마우스를 롤오버하면 버튼의 크기가 커지고, 빠져나오면 다시 원래 크기로 돌아가는 모습을 볼 수 있다. 또한, Animator 뷰의 Highlighted 스테이트로 전이되는 것을 볼 수 있다.

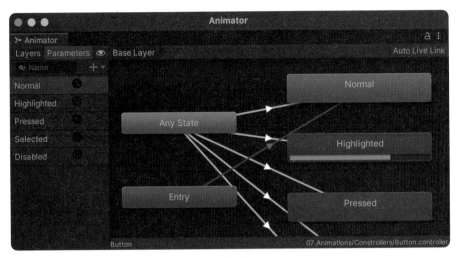

[그림 7-61] 마우스 커서가 롤오버될 때 Highlighted로 전이됨

Navigation

Navigation은 버튼이 여러 개 있을 경우 키보드로 포커스를 어떻게 이동시킬 것인가에 대한 속성이다. Panel 하위에 Button을 두 개 더 추가한 후 다음과 같이 정렬한다. 각 버튼을 구분하기 위해 "Button - Start", "Button - Options", "Button - Shop"으로 이름을 변경한다. 버튼의 이미지는 독자 여러분이 직접 선택해 변경한다. 필자는 Button - Trimmed 이미지로 교체하고 색상은 Panel과 비슷한 파란색으로 변경했다.

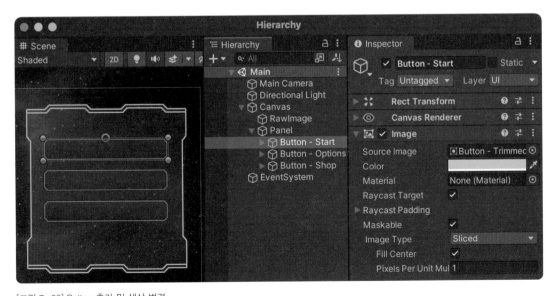

[그림 7-62] Button 추가 및 색상 변경

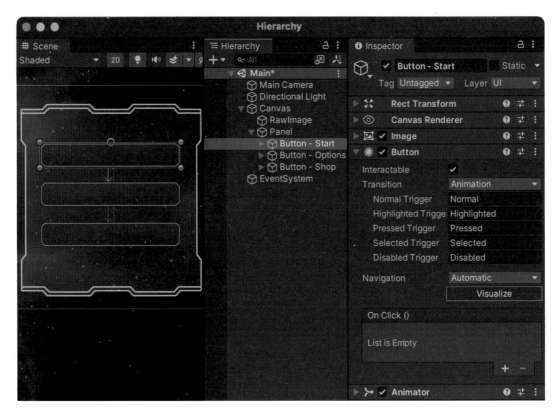

[그림 7-63] 버튼 간의 이동 경로 표시

버튼과 버튼 사이에 보이는 화살표는 상하좌우 키로 포커스가 이동되는 순서를 표현한 것이고 Button 컴포넌트의 [Visualize] 토글 버튼으로 표시 여부를 선택할 수 있다. 이 옵션은 PC 또는 콘솔 게임에서는 메뉴를 키보드나 컨트롤러로 이동해야 하므로 개발자가 설정할 수 있어야 한다. Navigation 옵션은 다음과 같다.

Navigation 옵션	기능
None	포커스 이동 기능을 사용하지 않는다.
Horizontal	좌우 화살표 키만 허용한다.
Vertical	상하 화살표 키만 허용한다.
Automatic	상하좌우 화살표 키를 모두 사용하며 자동으로 이동 순서가 결정된다.
Explicit	포커스 이동을 직접 선택할 수 있으며, 이 옵션을 선택하면 전후좌우로 이동할 객체를 연결할 수 있는 속성이 활성화된다.

[표 7-5] Navigation 옵션

게임이 실행되자마자 첫 번째 버튼이 선택되도록 EventSystem의 First Selected 속성에 Button - Start를 드래그해 연결한다. 게임을 실행하면 Button - Start가 선택된 것을 알 수 있고, 상하 화살표 키로 각 버튼 사이를 이동할 수 있다.

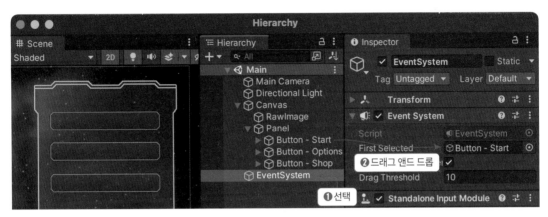

[그림 7-64] 첫 번째 버튼에 포커스를 두기 위해 설정한 First Selected 속성

Button Event

Button Event는 버튼을 클릭했을 때 어떤 작업을 수행할 수 있게 하는 기능이다. 버튼 클릭 이벤트가 발생했을 때 호출할 함수는 여러 개를 지정할 수 있다. Button 컴포넌트 맨 밑에 있는 OnClick()에서 [+], [-] 버튼을 이용해 호출할 함수를 추가하거나 삭제한다. [+] 버튼을 클릭해 리스트를 하나 추가하면 Object를 연결할 수 있는 속성이 나타나며, 이벤트 호출 시 실행할 함수를 포함하고 있는 게임오브젝트를 연결해야 한다.

[그림 7-65] 버튼 이벤트 추가 후 생성된 이벤트 연결 항목

빈 게임오브젝트를 만들고 이름을 "UIMgr"로 지정한다. 새로운 스크립트를 생성하고 이름을 "UIManager"로 지정한다. UIManager 스크립트는 하이러키 뷰에 생성한 UIMgr 게임오브젝트에 미리 추가해둔다.

```
using System.Collections;
using System.Collections.Generic;
using UnityEngine;

public class UIManager : MonoBehaviour
{
    public void OnButtonClick()
    {
        Debug.Log("Click Button");
    }
}
```

하이러키 뷰에 있는 UIMgr 게임오브젝트를 Button - Start의 On Click 이벤트의 Object 항목에 연결하면 Function 목록에 GameObject, Transform, UIManager가 노출되며 연결할 수 있는 함수(메서드) 목록이 펼쳐진다. 그중에서 UIManager → OnButtonClick()을 선택하면 버튼 클릭 이벤트가 호출됐을 때 실행할 함수가 연결된 것이다. 즉, Button - Start를 클릭하면 UIManager 스크립트에 있는 OnButtonClick 함수가 호출된다.

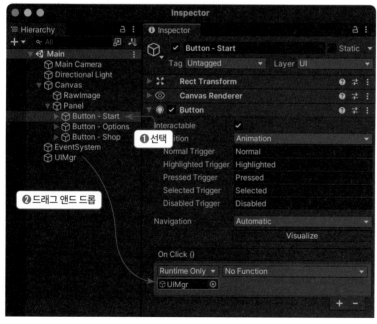

[그림 7-66] 버튼 이벤트의 Object 항목에 UIMgr 게임오브젝트 연결

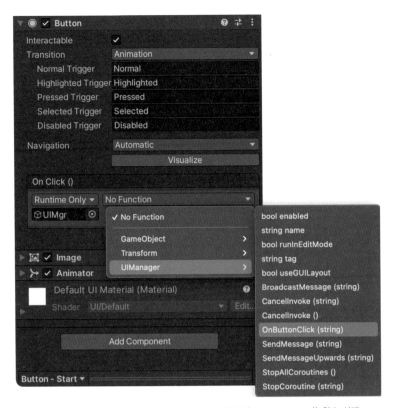

[그림 7-67] Function 콤보 박스에서 UIManager 스크립트의 OnButtonClick() 함수 선택

게임을 실행해 StartBtn을 클릭하면 OnButtonClick() 함수가 호출되면서 콘솔 뷰에 다음과 같이 로그가
출력된다.

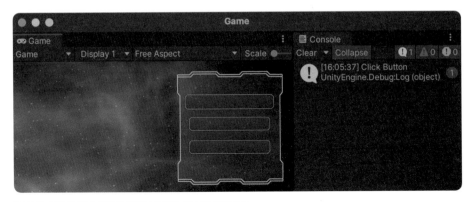

[그림 7-68] 첫 번째 버튼의 클릭과 연결한 함수의 실행 결과

버튼 이벤트에 연결할 함수는 반드시 public 접근 지시자로 선언해야 하며, 다음과 같은 형식으로 정의할 수 있다.

- public void 함수명()
- public void 함수명(인자)

다음과 같이 전달할 인자가 있을 경우 인스펙터 뷰에 입력 항목이 생성되며, 그 입력값을 함수로 전달할 수 있다.

```
public void OnButtonClick (string msg)
{
    Debug.Log($"Click Button : {msg}");
}
```

[그림 7-69] 문자열 파라미터를 전달할 입력 항목이 표시된 에디터

인자로 사용할 수 있는 데이터 타입은 다음과 같다.

- int
- float
- bool
- string
- Object

이 가운데 Object 타입은 유니티에서 최상위 객체이기 때문에 Transform, MeshRenderer 등 다양한 컴포넌트도 전달할 수 있다.

```
public void OnButtonClick (RectTransform rt)
{
    Debug.Log($"Click Button : {rt.localScale.x}");
}
```

[그림 7-70] Object 타입의 파라미터

Text 컴포넌트

UI 구현 시 텍스트를 표현하는 컴포넌트이며, 다음과 같은 속성이 있다.

속성	설명
Text	표시할 텍스트
Font	텍스트에 사용할 폰트(.ttf, .otf)
Font Size	표시할 폰트의 크기
Line Spacing	여러 줄일 때 줄 간격
Rich Text	입력 텍스트를 마크업 형식으로 표현할지 여부 다음과 같은 표현이 가능하다. You are 〈b〉not〈/b〉 alone → You are **not** alone 〈color=#0000ff〉blue〈/color〉 → blue
Alignment	가로, 세로 글 정렬 옵션
Horizontal Overflow	Text 가로 영역을 넘어선 글의 처리 방식 Wrap: 다음 행으로 내려쓴다. Overflow: 가로 범위를 넘어가게 허용한다.
Vertical Overflow	Text 세로 영역을 넘어선 글의 처리 방식 Truncate: 넘어간 글자는 잘라내 표시하지 않는다. Overflow: 세로 범위를 넘어가게 허용한다.
Best Fit	Font Size를 무시하고 Text 컴포넌트의 범위에 맞게 크기를 자동 조정한다.
Color	Text의 색상
Material	Text에 별도의 머티리얼을 적용할 수 있다.

[표 7-6] Text 컴포넌트의 속성

Panel에 추가한 세 개의 버튼 텍스트를 수정해 START, OPTION, SHOP으로 변경한다. Text 컴포넌트는 각 버튼의 하위에 있는 Text에 있다. 글자의 색상도 밝은색으로 변경한다.

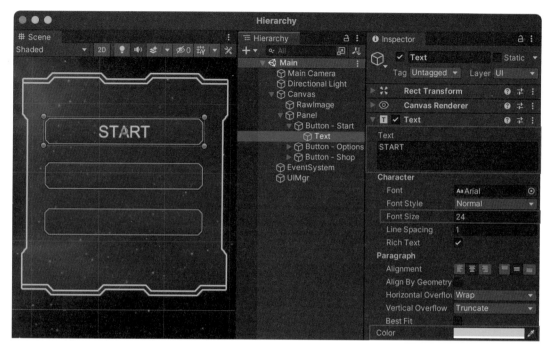

[그림 7-71] 버튼의 캡션 변경 및 색상 변경

스크립트에서 버튼 이벤트 처리하기

앞서 `Button - Start`를 클릭했을 때 호출할 함수를 유니티 에디터에서 연결하는 방식으로 구현했다. 이러한 방식은 UI가 복잡할 경우 매우 번잡스럽고 반복적인 작업으로 개발 능률이 떨어진다. 또한, 런타임에 생성되는 버튼에는 이벤트(Call Back 함수)를 연결할 방법이 없다. 따라서 스크립트에서 버튼의 이벤트를 연결해보자.

Button UI의 이벤트를 연결하는 방법은 UnityEvent 또는 델리게이트를 사용한다. UnityEvent는 유니티 에디터에서 편하게 사용하기 위해 미리 정의된 델리게이트일 뿐이다.

- UnityEvent
- Delegate

`UIManager` 스크립트에 여러분이 생성한 3개의 버튼을 저장할 변수를 선언하고 각 버튼을 연결한 다음, 버튼 클릭 이벤트가 호출(발생)되면 이 스크립트에서 버튼의 동작을 처리하도록 변경한다. 스크립트를 다음과 같이 수정한다.

```csharp
using UnityEngine;
using UnityEngine.UI;       // Unity-UI를 사용하기 위해 선언한 네임스페이스
using UnityEngine.Events;   // UnityEvent 관련 API를 사용하기 위해 선언한 네임스페이스

public class UIManager : MonoBehaviour
{
    // 버튼을 연결할 변수
    public Button startButton;
    public Button optionButton;
    public Button shopButton;

    private UnityAction action;

    void Start()
    {
        // UnityAction을 사용한 이벤트 연결 방식
        action = () => OnButtonClick(startButton.name);
        startButton.onClick.AddListener(action);

        // 무명 메서드를 활용한 이벤트 연결 방식
        optionButton.onClick.AddListener(delegate {OnButtonClick(optionButton.name);});

        // 람다식을 활용한 이벤트 연결 방식
        shopButton.onClick.AddListener(()=> OnButtonClick(shopButton.name));
    }

    public void OnButtonClick(string msg)
    {
        Debug.Log($"Click Button : {msg}");
    }
}
```

먼저 2개의 네임스페이스를 추가한다. UnityEngine.UI는 스크립트에서 Unity UI 관련 컴포넌트에 접근하기 위해 명시하며 UnityEngine.Events는 UnityEvents에 관련된 API를 사용하기 위해 명시한다.

```
using UnityEngine.UI;        // Unity-UI를 사용하기 위해 선언한 네임스페이스
using UnityEngine.Events;    // UnityEvent 관련 API를 사용하기 위해 선언한 네임스페이스
```

특정 이벤트가 발생하면 호출할 함수를 연결하기 위해 `AddListener(UnityAction call)` 함수를 사용한다. `Button`에는 `onClick`이라는 버튼 클릭 이벤트가 정의돼 있다. `AddListener`를 사용해 함수를 연결하는 방법은 `UnityAction`을 사용하거나 델리게이트를 사용하는 것이다. 또한, 델리게이트를 람다식으로 표현할 수 있다. 세 개의 버튼을 서로 다른 방식으로 구현했다.

```
void Start()
{
    // UnityAction을 사용한 이벤트 연결 방식
    action = () => OnButtonClick(startButton.name);
    startButton.onClick.AddListener(action);

    // 무명 메서드를 활용한 이벤트 연결 방식
    optionButton.onClick.AddListener(delegate {OnButtonClick(optionButton.name);});

    // 람다식을 활용한 이벤트 연결 방식
    shopButton.onClick.AddListener(()=> OnButtonClick(shopButton.name));
}
```

람다식

`action` 변수에 함수를 연결하는 방식은 람다식(Lamda expression)을 사용한다. 람다식에 대해 간단히 알아보자. 람다식의 문법은 다음과 같다.

```
델리게이트_타입 변수명 = (매개변수_1, 매개변수2_, …) => 식;
델리게이트_타입 변수명 = (매개변수_1, 매개변수_2, …) => { 로직_1; 로직_2; … };
```

매개변수가 없을 때는 다음과 같이 생략할 수 있다.

```
델리게이트_타입 변수명 = ( ) => 식;
델리게이트_타입 변수명 = ( ) => {로직_1; 로직2; ...}
```

6장 델리게이트 설명에서 사용한 스크립트를 람다식으로 변경하면 다음과 같다.

```
using UnityEngine;

public class DelegateDemo : MonoBehaviour
{
    // 델리게이트 선언
    delegate float SumHandler(float a, float b);
    // 델리게이트 타입의 변수 선언
    SumHandler sumHandler;

    // 덧셈 연산을 하는 함수
    float Sum(float a, float b)
    {
        return a + b;
    }

    void Start()
    {
        // 델리게이트 변수에 함수(메서드) 연결(할당)
        sumHandler = Sum;
        // 델리게이트 실행
        float sum = sumHandler(10.0f, 5.0f);
        // 결괏값 출력
        Debug.Log($"Sum = {sum}");

        // 델리게이트 변수에 람다식 선언
        sumHandler = (float a, float b) => (a+b);
        float sum2 = sumHandler(10.0f, 5.0f);
        Debug.Log($"Sum2 = {sum2}");

        // 델리게이트 변수에 무명 메서드 연결
        sumHandler = delegate(float a, float b) { return a + b;};
        float sum3 = sumHandler(2.0f, 3.0f);
        Debug.Log($"Sum3 = {sum3}");
    }
}
```

위 예제에서 sumHandler는 델리게이트 타입의 변수이고, 람다식으로 표기해 덧셈 연산을 처리한다. 따라서 델리게이트 타입의 변수 sumHandler에 연결한 Sum 함수는 필요가 없다.

```
// 델리게이트 변수에 람다식 선언
sumHandler = (float a, float b) => (a+b);
```

다시 UIManager 스크립트 설명으로 돌아간다. AddListener 인자로 사용할 action 변수는 UnityAction 타입으로 선언했다. UnityAction 타입은 델리게이트로 정의돼 있으며 다음과 같은 람다식 문법을 사용할 수 있다.

```
// UnityAction을 사용한 이벤트 연결 방식
action = () => OnButtonClick(startButton.name);
startButton.onClick.AddListener(action);
```

두 번째 버튼은 무명 메서드(Anonymous 익명 메서드) 문법을 사용했다. 무명 메서드는 델리게이트를 선언하고 델리게이트 타입으로 선언한 변수 없이 바로 사용할 수 있는 문법이다.

```
// 무명 메서드를 활용한 이벤트 연결 방식
optionButton.onClick.AddListener(delegate {OnButtonClick(optionButton.name);});
```

세 번째 버튼은 무명 메서드 방식을 람다식 문법으로 사용한 경우로 무명 메서드 방식을 간략화한 방식이다.

```
// 람다식을 활용한 이벤트 연결 방식
shopButton.onClick.AddListener(()-> OnButtonClick(shopButton.name));
```

```
delegate {OnButtonClick(optionButton.name);} // 무명 메서드
```

```
()=> OnButtonClick(shopButton.name) // 람다식
```

하이러키 뷰의 UIMgr을 선택하고 인스펙터 뷰에 노출된 3개의 버튼 속성에 Canvas → Panel 하위에 있는 버튼을 각각 연결한다.

[그림 7-72] UIManager의 버튼 속성 연결

게임을 실행해 3개의 버튼을 차례로 클릭
하면 콘솔 뷰에 다음과 같이 메시지가 출력
된다. 버튼 클릭 이벤트가 정상적으로 발생
했다는 것을 의미한다.

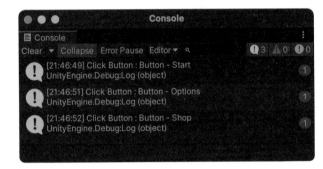

[그림 7-73] 버튼의 클릭 이벤트가 발생해 출력된 문자열

TextMesh Pro

TextMesh Pro는 원래 에셋 스토어에서 판매하던 유료 에셋으로 최근 유니티사에서 정식으로 인수한 패키
지다. 기존 Unity UI의 Text는 확대, 축소 시 글자의 해상도가 깔끔하지 않다. 그에 비해 TextMesh Pro
는 여러 가지 텍스트 렌더링 기법을 이용해 무한으로 확대하거나 축소해도 글자의 외곽선이 뭉개지거나 해
상도가 떨어지지 않는다. 특히 VR, AR 콘텐츠를 제작할 때 Unity UI의 Text를 대신해 TextMesh Pro를
사용해 글자를 표시하면 텍스트를 깔끔하게 표현할 수 있다. 실제로 홀로렌즈 개발 툴킷인 MRTK의 경우
TextMesh Pro를 기본으로 제작됐다.

TextMesh Pro의 필수 리소스 설치

메뉴에서 [Window] → [TextMesh Pro] → [Import TMP Essential Resources]를 선택해 TextMesh
Pro를 사용하기 위한 필수 리소스를 설치한다. 메뉴 명칭은 필수 리소스이지만, 설치하지 않아도 무방하

다. 단, TextMesh Pro에서 사용할 SDF 포맷의 폰트 에셋을 직접 생성해야 한다. SDF 폰트를 생성하는 것은 뒤에서 설명한다. 메뉴를 선택해 TMP Importer 창이 뜨면 [Import TMP Essentials] 버튼을 클릭해 설치한다.

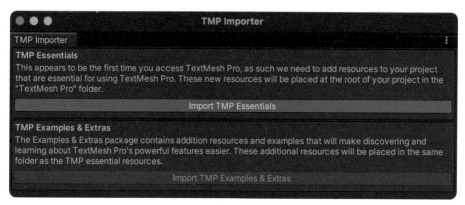

[그림 7-74] 필수 리소스 설치

TextMesh Pro의 샘플과 추가 기능을 활용하고 싶다면 [Import TMP Exmaples & Extras]를 클릭해 설치한다. 필수 리소스를 설치하면 프로젝트 뷰에 TextMesh Pro 폴더가 생성되며 하위에 기본 설명서와 폰트, 셰이더 등이 설치된다.

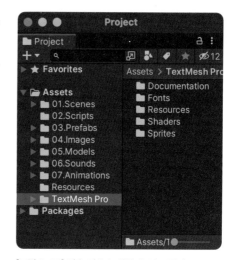

[그림 7-75] 필수 리소스 설치 후 서브 폴더

Text – TextMesh Pro

Text – TextMesh Pro는 기존 Unity UI의 Text를 완벽히 대체한다. 하이러키 뷰의 Canvas를 선택한 후 [+] 버튼을 클릭하고 [UI] → [Text – TextMesh Pro] 메뉴를 선택한다. 하이러키 뷰의 Canvas 하위에 Text(TMP)가 생성되고, 씬 뷰의 화면 가운데 New Text라고 표시된다.

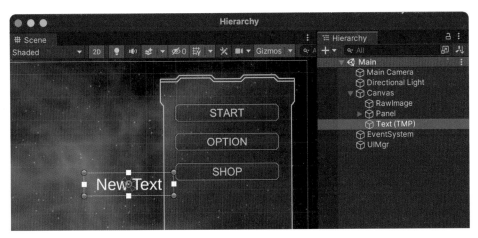

[그림 7-76] Text – TextMesh Pro 추가

생성한 Text(TMP)의 기본적인 속성은 대부분 Unity UI의 Text와 비슷하다. 하지만 좀 더 세밀하게 설정할 수 있는 다양한 속성을 제공한다. 앵커 프리셋에서 앵커 포인트를 좌측 상단으로 설정해 정렬한다.

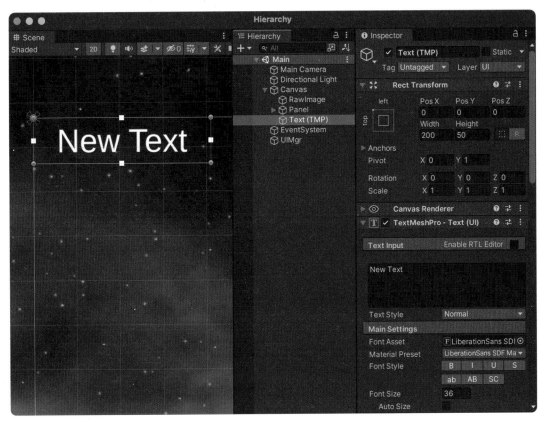

[그림 7-77] 좌측 상단으로 이동시킨 Text – TextMesh Pro의 속성

Unity UI의 **Text**는 마진값 속성을 제공하지 않아서 일일이 위치를 이동시켜 간격을 설정했지만, TextMesh Pro의 **Text**는 별도의 `Margin` 속성을 제공한다. 인스펙터 뷰에서 Extra Settings를 클릭하면 세부적인 속성이 펼쳐진다. `Margins` 속성을 전부 5로 설정하면 Text(TMP)에 노란색 박스로 마진이 설정된 것을 확인할 수 있다. 마진값은 인스펙터 뷰에서 수치를 입력할 수도 있고 경계선 가운데 있는 흰색 사각형을 드래그해 설정할 수도 있다.

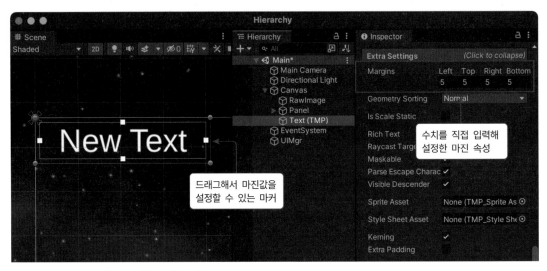

[그림 7-78] 텍스트의 마진을 설정할 수 있는 속성

Text(TMP)를 다음과 같이 크게 설정하고 `Text` 속성에 다음과 같이 입력한다. `Text` 속성은 표시할 텍스트를 입력하는 속성이지만, 일종의 마크업 태그(Markup Tag)인 `Rich Text tag`를 사용할 수 있다. 아래 마크업 태그는 Space Shooter의 첫 글자 S를 빨간색, 볼드체로 표시한다.

```
<color=#ff0000><b>S</b></color>pace Shooter
```

자세한 태그의 종류와 역할은 다음 경로에서 확인할 수 있다.

```
http://digitalnativestudios.com/textmeshpro/docs/rich-text/
```

`Font Size` 속성도 100으로 설정해 폰트를 크게 한다. TextMesh Pro의 폰트 사이즈는 소수점까지 지원한다.

[그림 7-79] 마크업 태그를 적용한 Text

TextMesh Pro의 한글 처리

Text(TMP)의 Font Asset은 LiberationSans SDF 폰트 에셋이 연결돼 있다. 하지만 한글 설정이 안 돼 있어서 다음과 같이 한글을 입력하면 한글이 표시되지 않는다.

[그림 7-80] 한글이 표시되지 않는 기본 SDF 폰트 에셋

TextMesh Pro에서 한글을 사용하기 위해 새로운 SDF 폰트를 생성해보자. 한글을 표시하려면 먼저 한글 폰트를 내려받아야 한다. 저작권에 저촉되지 않는 폰트 중에서 선택한다. 예제에서는 나눔고딕을 폰트를 사용하며 다음 주소에서 받을 수 있다.

- https://hangeul.naver.com

내려받은 NanumGothic.ttf 폰트 파일을 프로젝트 뷰의 "TextMesh Pro/Fonts" 폴더로 드래그해 임포트한다.

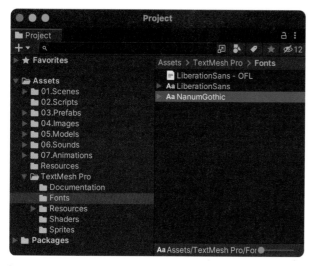

[그림 7-81] 임포트한 나눔고딕 폰트

메뉴에서 [Window] → [TextMesh Pro] → [Font Asset Creator]를 선택해 Font Asset Creator 뷰를 연다. Source Font File에 생성할 폰트를 연결한다. 브라우서 버튼을 클릭해 현재 프로젝트에 임포트된 폰트 중에서 NanumGothic을 선택한다. 나머지 속성은 다음 표를 참고해 설정한다.

속성	설정값
Source Font File	NanumGothic
Sampling Point Size	Custom Size, 32
Padding	2
Atlas Resolution	4096, 4096
Character Set	Custom Range
Character Sequence(Decimal)	32-126,44032-55203

[표 7-7] Font Asset Creator 속성값

Character Set 속성을 Custom Range로 설정하면 유니코드의 특정 범위를 선택할 수 있다. 한글 완성형 유니코드는 0xAC00부터 0xD7A3까지로 이 값을 10진수로 변환하면 44032, 55203이다. 한글뿐만 아니라 특수문자와 영문자도 같이 표현해야 한다면 0x20부터 0x7E까지도 포함해야 한다. 따라서 Character Sequence(Decimal) 속성을 32-126,44032-55203으로 입력한다. 띄어쓰기는 허용되지 않는다.

[그림 7-82] Font Asset Creator 속성 설정

설정을 완료한 후 [Generate Font Atlas]를 클릭하면 선택한 글자를 인코딩한다. 한글 완성형의 글자 수가 11,172자이기 때문에 Atlas Resolution은 최소한 4096X4096을 선택해야 하며, 작을 경우에는 인코딩할 글자를 다 담을 수 없다. 즉, 누락되는 글자가 있어 표현할 수 없는 한글이 발생한다. 인코딩이 완료되면 Font Atlas 이미지가 생성된다.

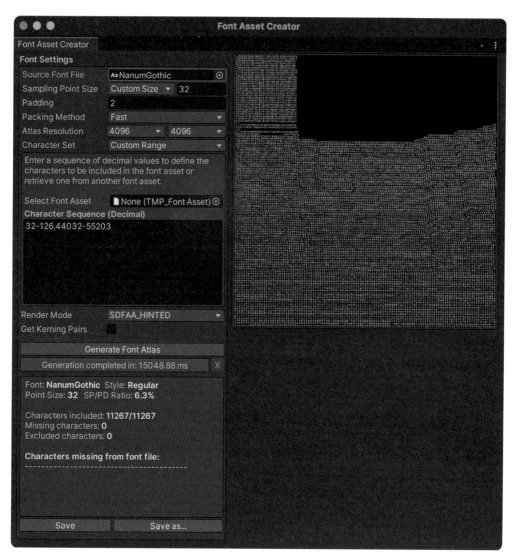

[그림 7-83] 인코딩한 Font Atlas 미리 보기

[Save] 버튼을 클릭한 후 프로젝트 뷰의 "TextMesh Pro/Resources/Fonts & Materials" 폴더에 저장한다. 이제 한글 폰트를 적용해보자. 하이러키 뷰의 Canvas → Text(TMP)를 선택하고 Font Asset을 조금 전에 생성한 NanumGothic SDF으로 지정하면 다음과 같이 한글과 영문이 같이 표시되는 것을 확인할 수 있다.

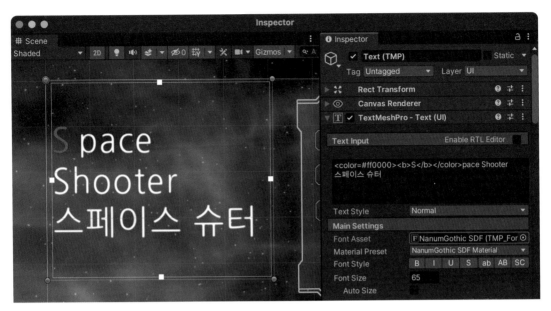

[그림 7-84] Text(TMP)의 Font Asset을 변경

영문자와 한글이 모두 표기됐는데, 영문자는 원래 폰트로 표시되게 변경해보자. Text Input에 다음과 같이 <font="폰트명"></font> 태그를 사용하면 특정 글자만 원하는 폰트로 설정할 수 있다. 다음과 같이 입력 하면 영문자는 LiberationSans SDF 폰트로 적용되고, 나머지 한글은 NanumGothic SDF로 적용된다.

```
<font="LiberationSans SDF"><color=#ff0000><b>S</b></color>pace Shooter</font>
스페이스 슈터
```

KS X 1001 규격의 한글 2350자

앞서 만든 한글 인코딩은 현대 한글의 모든 글자를 담고 있다. 총 11,172자로 폰트 Atlas 크기가 최소 4096 이 돼야만 글자를 다 담을 수 있다. 따라서 저사양 모바일 기기에서 구동해야 하거나 텍스처 크기를 줄여야 할 때는 한글 2350자를 사용한다.

한글 2350자는 KSX1001 규격[3]으로 한국 산업 표준이다. 전체 글자 수는 11,172의 약 21% 정도지만, 잘 사용하지 않는 글자는 제외한 표준안이다. 내려받은 Resources/Textures/Font 폴더의 KSX1001.txt[4] 파 일을 열어 모두 선택한 후 Ctrl+C로 복사한다.

---

3 참고: https://ko.wikipedia.org/wiki/KS_X_1001
4 출처: https://phlm7th.tistory.com/45

[그림 7-85] KS X 1001 한글 산업 표준의 한글 2350자

메뉴에서 [Window] → [TextMesh Pro] → [Font Asset Creator]를 선택해 새로운 SDF를 생성한다. Source Font File은 NanumGothic으로 설정하고 Atlas Resolution을 2048 X 2048로 설정한다. 2350 글자의 경우 텍스처 크기를 2048로 지정해도 충분하다. Character Set은 Custom Characters로 선택한다. 이 옵션은 원하는 글자만 선택해 폰트 에셋을 생성한다. Custom Character List 항목에 복사했던 KSX1001 글자를 붙여넣는다.

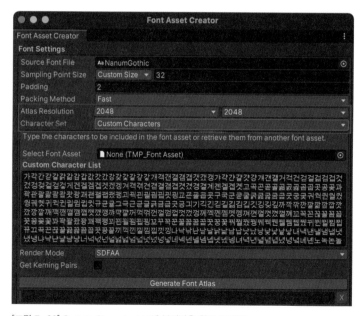

[그림 7-86] Custom Character List에 붙여넣은 한글 2350자

[Generate Font Atlas] 버튼을 클릭해 SDF 폰트로 인코딩하면 다음과 같이 2048 텍스처에 담긴 것을 확인할 수 있다.

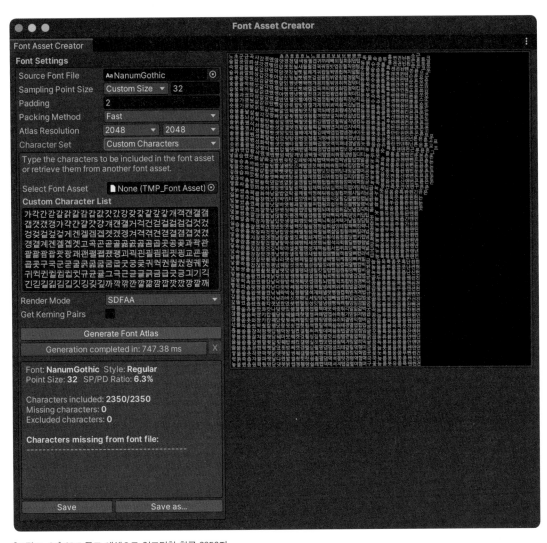

[그림 7-87] SDF 폰트 에셋으로 인코딩한 한글 2350자

Custom Characters 옵션은 한글로 출력해야 할 문구가 이미 정해져 있는 경우 2,350자를 모두 인코딩하지 않고 필요한 한글 문장만 입력해 사용할 때 유용하다. 또한, 폰트 Atlas 텍스처의 용량을 줄이기 위해 Packing Method 속성을 Optimum으로 하면 인코딩 시간은 오래 걸리지만, 텍스처 공간을 최적화해준다.

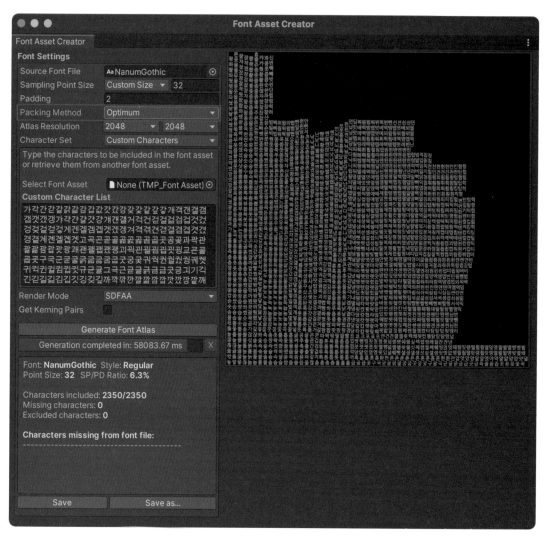

[그림 7-88] 폰트 Atlas 텍스처를 최적화하는 Optimum Packing Method

생명 게이지 구현

주인공 캐릭터의 생명 게이지를 만들어보자. 보통 생명 게이지는 Health Bar(HP bar)라는 명칭을 사용하며 다양한 형태로 구현할 수 있지만, 가장 보편적인 가로 Bar 형태로 만들어보자. 이 타입은 가장 하위 레이어에 배경이 되는 Background 계층이 있고 그 위로 생명 수치를 표현하는 Health bar 계층이 있다. 그리고 최상위 계층은 테두리를 설정하는 Outline 계층으로 구현할 수 있다. 지금까지 작업했던 Main 씬은 저장하고 프로젝트 뷰의 "01.Scenes/Play" 씬을 더블클릭해 연다.

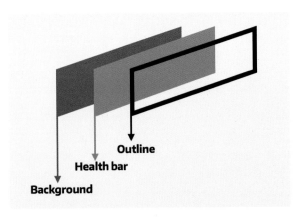

Outline
Health bar
Background

[그림 7-89] 가로바 타입의 HP Bar 구현 예

메뉴에서 [GameObject] → [UI] → [Canvas]를 선택하거나 하이러키 뷰의 컨트롤 바에서 [+] 버튼을 클릭한 다음 [UI] → [Canvas]를 선택해 Canvas 객체를 생성한다. Canvas를 선택하고 인스펙터 뷰에서 Canvas Scaler의 UI Scale Mode 속성을 Scale With Screen Size로 설정한다. UI Scale Mode의 속성은 다음과 같다.

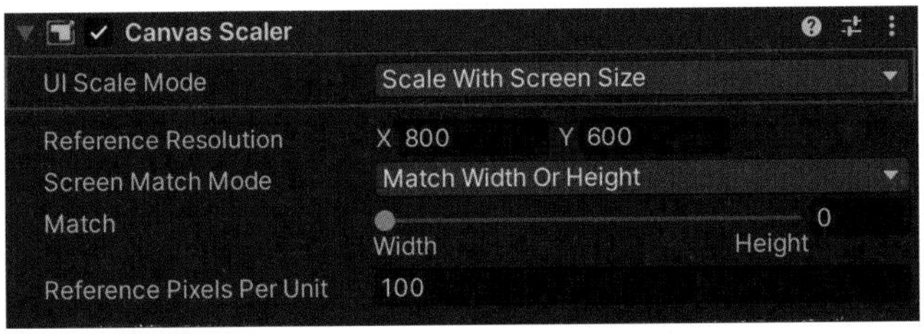

[그림 7-90] Canvas Scaler 컴포넌트

UI Scale Mode 옵션	설명
Constant Pixel Size	스크린 해상도와 관계없이 픽셀의 크기대로 UI를 표시
Scale With Screen Size	스크린 해상도에 맞게 UI를 조절, 해상도가 커지면 UI도 커짐
Constant Physical Size	스크린 해상도와 관계없이 설정한 물리적인 크기를 유지함

[표 7-8] UI Scale Mode 속성

Canvas를 선택하고 [+] 버튼을 클릭한 후 [UI] → [Panel]을 선택해 Canvas 하위에 Panel을 추가한다. 추가한 Panel의 이름은 "Panel - Hpbar"로 변경한다. 생명 게이지를 단순히 이미지로 구현할 수도 있으나 다른 UI 항목과 함께 사용해야 할 경우가 대부분이기 때문에 Panel을 상위로 두고 하위 UI 항목을 그룹화해서 제작하는 것이 편리하다.

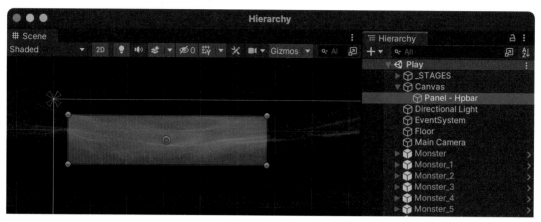

[그림 7-91] Panel 생성 후 앵커와 크기 설정

생명 게이지는 화면의 좌측 상단에 위치시키기 위해 앵커 프리셋을 Top-Left로 설정한다. 이렇게 해야 해상도를 변경해도 항상 같은 위치에 표시할 수 있다. "Panel - Hpbar"를 선택하고 앵커 프리셋을 지정한다. 앵커 프리셋을 선택할 때 Shift 키를 누른 상태에서 클릭해야 "Panel - Hpbar"의 Pivot 위치도 Top-Left로 변경된다. 가로세로 크기는 [그림 7-91]을 참고해 적절하게 변경한다.

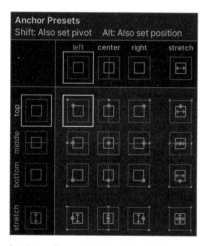

[그림 7-92] Panel의 앵커 프리셋 설정(Top - Left로 설정)

"Panel - Hpbar"에 기본적으로 적용된 이미지를 "04.Images/Menu/Button - Tab"으로 변경한 후 다음 그림과 같이 왼쪽 위에 배치한다. 이미지 색상도 게임의 분위기에 맞게 청색 계열로 설정한다. 필자는 Cyan으로 설정했다(RGBA (0,255,255,255)).

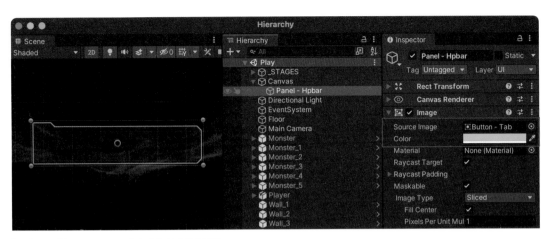

[그림 7-93] "Panel - Hpbar"의 이미지 및 색상 변경

"Panel - Hpbar"를 선택하고 마우스 오른쪽 버튼을 클릭한 후 컨텍스트 메뉴에서 [UI] → [Text - TextMesh Pro]를 선택해 Panel - Hpbar 하위에 Text(TMP)를 추가한다. Text(TMP) UI 항목의 속성은 다음과 같이 설정한다. 폰트는 기본 폰트를 사용하거나 여러분이 원하는 폰트가 있다면 Font Asset Creator를 이용해 추가한 다음 사용한다.

속성	설정값
Text Input	HP
Font Asset	LiberationSans SDF
Font Size	24
Font Style	Bold

[표 7-9] Text - TextMesh Pro의 속성 설정값

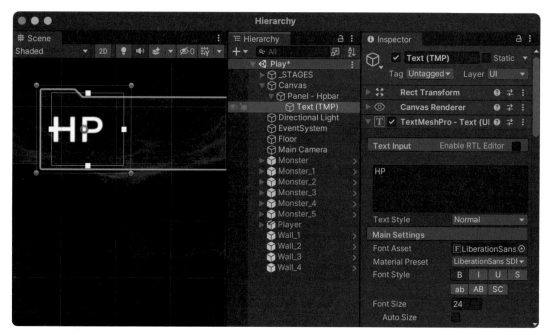

[그림 7-94] Panel – Hpbar의 하위로 Text – TextMesh Pro 항목 추가 후 속성 설정

"Panel – Hpbar"를 선택하고 마우스 오른쪽 버튼을 클릭한 후 컨텍스트 메뉴에서 [UI] → [Image]를 선택해 패널 하위에 Image UI 항목을 추가한다. Image의 이름을 "Image – Hpbar"로 수정한 후 Source Image에 "04.Images/Menu" 폴더에 있는 hpBar를 연결한다. hpBar의 텍스처 타입이 Default일 때는 연결되지 않으므로 반드시 Sprite 타입으로 변경한 후 연결해야 한다. 가로세로 크기는 다음 그림을 참고해 적절히 수정한다.

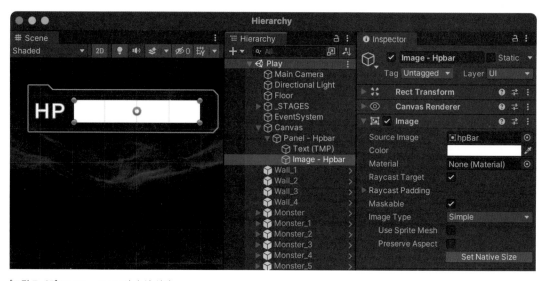

[그림 7-95] Image – Hpbar의 속성 설정

이제 Image Type을 Filled로 변경하고 Fill Method 속성도 Horizontal로 변경해 좌우로 채워지는 형태로 설정한다. 또한, Color 속성을 녹색으로 변경한다.

[그림 7-96] Image – Hpbar의 Color 및 Image Type 설정

Fill Amount의 슬라이드 바를 조절하면 다음과 같이 좌우로 채워지는 모습을 확인할 수 있다.

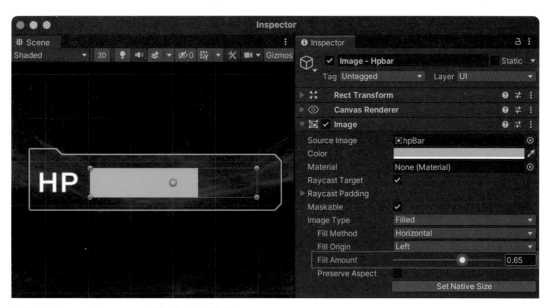

[그림 7-97] Image의 Fill Amount 속성값에 따라 채워지는 Image – Hpbar

스크립트에서 Image - Hpbar에 쉽게 접근할 수 있게 태그를 지정한다. HP_BAR라는 새로운 태그를 생성하고 Image - Hpbar의 태그로 지정한다.

[그림 7-98] HP_BAR 태그 추가

[그림 7-99] Image - Hpbar의 태그를 HP_BAR로 지정

생명 게이지에 대한 UI 작업이 완료됐다. 이제 주인공의 생명 수치가 감소함에 따라 Fill Amount 속성을
수정해보자. PlayerCtrl 스크립트를 다음과 같이 수정한다.

스크립트 7-3 PlayerCtrl – 생명 게이지의 로직 구현

```
using System.Collections;
using System.Collections.Generic;
using UnityEngine;
using UnityEngine.UI;

public class PlayerCtrl : MonoBehaviour
{
    // 컴포넌트를 캐시 처리할 변수
    private Transform tr;
    // Animation 컴포넌트를 저장할 변수
    private Animation anim;

    // 이동 속력 변수 (public으로 선언되어 인스펙터 뷰에 노출됨)
    public float moveSpeed = 10.0f;
    // 회전 속도 변수
    public float turnSpeed = 80.0f;

    // 초기 생명값
    private readonly float initHp = 100.0f;
    // 현재 생명값
    public float currHp;
    // Hpbar 연결할 변수
    private Image hpBar;

    // 델리게이트 선언
    public delegate void PlayerDieHandler();
    // 이벤트 선언
    public static event PlayerDieHandler OnPlayerDie;

    IEnumerator Start()
    {
        // Hpbar 연결
        hpBar = GameObject.FindGameObjectWithTag("HP_BAR")?.GetComponent<Image>();
        // HP 초기화
```

```
        currHp = initHp;
        DisplayHealth();

        // 컴포넌트를 추출해 변수에 대입
        tr = GetComponent<Transform>();
        anim = GetComponent<Animation>();

        // 애니메이션 실행
        anim.Play("Idle");

        turnSpeed = 0.0f;
        yield return new WaitForSeconds(0.3f);
        turnSpeed = 80.0f;
    }


    void Update()
    {
        [중략…]
    }


    void PlayerAnim(float h, float v)
    {
        [중략…]
    }


    // 충돌한 Collider의 IsTrigger 옵션이 체크됐을 때 발생
    void OnTriggerEnter(Collider coll)
    {
        // 충돌한 Collider가 몬스터의 PUNCH이면 Player의 HP 차감
        if (currHp >= 0.0f && coll.CompareTag("PUNCH"))
        {
            currHp -= 10.0f;
            DisplayHealth();

            Debug.Log($"Player hp = {currHp/initHp}");
            // Debug.Log($"Player Hp : {currHp}/{initHp}={currHp/initHp}");

            // Player의 생명이 0 이하이면 사망 처리
            if (currHp <= 0.0f)
```

```
                {
                    PlayerDie();
                }
            }
        }

        // Player의 사망 처리
        void PlayerDie()
        {
            Debug.Log("Player Die !");
            // 주인공 사망 이벤트 호출(발생)
            OnPlayerDie();
        }

        void DisplayHealth()
        {
            hpBar.fillAmount = currHp/initHp;
        }
    }
```

스크립트에서 Unity UI에 접근하기 위해 using UnityEngine.UI 네임스페이스를 명시해야 한다. Image 컴포넌트를 저장하기 위해 hpBar 변수를 선언하고 Start 함수에서 할당한다. Image - Hpbar는 앞서 HP_BAR 태그로 지정했으므로 GameObject.FindGameObjectWithTag 함수로 찾아온다.

FindGameObjectWithTag("HP_BAR") 문법에 ? 연산자를 사용했다. C#의 ? 연산자는 null 체크를 할 때 코드를 간결하게 해주는 역할을 한다.

(클래스 또는 구조체) ? (속성 또는 메서드)

위와 같은 문법에서 앞의 구문이 null이 아니면 뒤에 있는 구문을 실행한다는 의미로, HP_BAR 태그를 검색한 값이 null이 아니면 GetComponent 함수를 실행하고, HP_BAR 태그를 검색한 값이 null이면 null 값을 반환한다.

```
// Hpbar 연결
hpBar = GameObject.FindGameObjectWithTag("HP_BAR")?.GetComponent<Image>();
```

만약 if 문으로 null 체크를 한다면 다음과 같이 코드를 작성해야 한다.

```
var hpbarObject = GameObject.FindGameObjectWithTag("HP_BAR");
if (hpbarObject != null)
{
    hpBar = hpbarObject.GetComponent<Image>();
}
```

OnTriggerEnter 콜백 함수가 발생했을 때 currHp 값을 감산한 후 HpBar의 값을 변경시킨다.

```
// 충돌한 Collider의 IsTrigger 옵션이 체크됐을 때 발생
void OnTriggerEnter(Collider coll)
{
    // 충돌한 Collider가 몬스터의 PUNCH이면 Player의 HP 차감
    if (currHp >= 0.0f && coll.CompareTag("PUNCH"))
    {
        currHp -= 10.0f;
        DisplayHealth();

        Debug.Log($"Player hp = {currHp/initHp}");
        // Debug.Log($"Player Hp : {currHp}/{initHp}={currHp/initHp}");

        // Player의 생명이 0 이하이면 사망 처리
        if (currHp <= 0.0f)
        {
            PlayerDie();
        }
    }
}
```

Image – HpBar의 FillAmount 속성을 변경시키는 로직은 DisplayHealth 함수에서 처리한다. 이 함수는 currHp/initHp 연산으로 백분율을 구해 hpBar.fillAmount 속성에 값을 대입하는 간단한 로직이다.

```
void DisplayHealth()
{
    hpBar.fillAmount = currHp/initHp;
}
```

게임을 실행해 주인공이 공격받을 때마다 다음과 같이 생명 게이지가 줄어드는 모습을 확인할 수 있다.

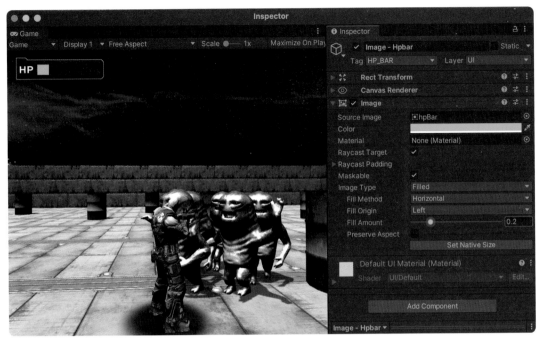

[그림 7-100] 피격 시 줄어드는 Image – Hpbar UI

정리

7장에서는 Unity UI의 중요한 UI 항목을 기준으로 기본적인 사용법을 익혀봤다. 또한 TextMesh Pro 기능을 적극적으로 활용해 UI의 품질을 높이는 방법을 살펴봤다. 앞으로도 지속적인 버전업과 다양한 기능이 추가될 것이며, 이번 장의 시작 부분에서 잠깐 언급했던 UI Toolkit 기능이 정식 발표되면 체계적인 UI 개발 방식으로 UI 개발자에게 많은 도움이 될 것으로 기대된다.

- **이 장까지의 소스 코드 내려받기**

  https://github.com/IndieGameMaker/SpaceShooter2021/releases/tag/7장

08

게임 매니저

이번 장에서는 게임 개발시 자주 사용하는 싱글턴 디자인 패턴을 활용해 게임 매니저를 제작하고 오브젝트 풀링을 활용해 성능을 높이는 기법에 대해 알아본다.

게임 매니저(Game Manager)는 게임의 전체적인 흐름을 관리하거나 게임에 활용되는 전역적인 데이터와 게임 승패에 관련된 조건을 체계적으로 관리하는 역할을 한다. 굳이 이름을 게임 매니저라고 지칭하지 않아도 무방하며, 한마디로 게임을 전반적으로 제어하는 역할을 모아놓은 기능이라고 생각하면 된다.

적 캐릭터의 출현 로직

게임 매니저의 첫 번째 역할로 일정 시간 간격으로 몬스터가 불규칙한 위치에 생성되게 하자. 불규칙한 Vector3 좌표를 생성해도 괜찮지만 여러 Spawn Point 중에서 무작위로 몬스터를 생성해보자. 이제 씬 뷰에 있는 Monster는 모두 삭제할 예정이다. 단, 하이러키 뷰에 있는 Monster가 프리팹으로 전환됐는지 반드시 확인한 다음에 삭제해야 한다. 하이러키 뷰의 Monster를 선택했을 때 인스펙터 뷰에 Prefab이라는 표시가 있어야 한다.

[그림 8-1] 몬스터가 프리팹인지 확인

독자 여러분은 이미 이전 장에서 Monster를 프리팹으로 전환했다. 프로젝트 뷰의 "03.Prefabs" 폴더에 Monster 프리팹이 없다면 먼저 프리팹으로 전환해야 한다. 프리팹으로 전환하지 않은 상태에서 하이러키 뷰에 있는 모든 Monster를 삭제한다면 이는 원본을 삭제하는 것으로 복구할 방법이 없다. 또한, 삭제하기 전에 최종적으로 원본 프리팹에 저장해야 한다. 인스펙터 뷰의 [Override] 콤보 박스를 클릭해 변경 사항이 없는지 확인한다.

[그림 8-2] Overrides를 클릭해 저장할 내역이 있는지 확인

위 절차대로 확인해 이상이 없다면 하이러키 뷰에 있는 모든 Monster를 삭제한다. 5장에서 하이러키 뷰를 간결하게 유지하기 위해 _STAGES 게임오브젝트를 사용했다. 남아 있는 Wall_1, Wall_2, Wall_3, Wall_4, 그리고 Floor도 _STAGES의 하위로 드래그해 차일드화한다. _STAGES로 차일드화하지 않은 것들은 레벨 디자인과는 관계 없는 로직과 UI에 관련된 요소들이다.

[그림 8-3] Wall과 Floor 게임오브젝트도 _STAGE 하위로 이동

SpawnPointGroup 생성

몬스터가 출현할 불규칙한 위치 정보는 게임 매니저가 알고 있어야 한다. 먼저 빈 게임오브젝트를 생성하고 이름을 "SpawnPointGroup"으로 지정한다. 당연히 Position은 (0, 0, 0)이어야 한다. 다음으로 SpawnPointGroup을 선택하고 하위에 빈 게임오브젝트를 생성한다. 이 게임오브젝트가 적 캐릭터가 출현할 위치가 된다. 이름은 "Point"로 지정한다. Point는 빈 게임오브젝트이므로 씬 뷰에 시각적으로 표현하고, 쉽게 배치할 수 있게 MyGizmo 스크립트를 추가한 다음 적절한 색상과 크기를 지정한다.

[그림 8-4] SpawnPointGroup과 몬스터가 출현할 지점인 Point 게임오브젝트 생성

Point를 SpawnPointGroup 게임오브젝트의 하위 오브젝트로 생성한 이유는 개수가 많아지더라도 SpawnPointGroup을 Collapse하면 하이러키 뷰를 간결하게 유지할 수 있기 때문이다. 이제 Point 게임오브젝트를 여러 개 복사해 다음과 같이 화면 곳곳에 배치한다.

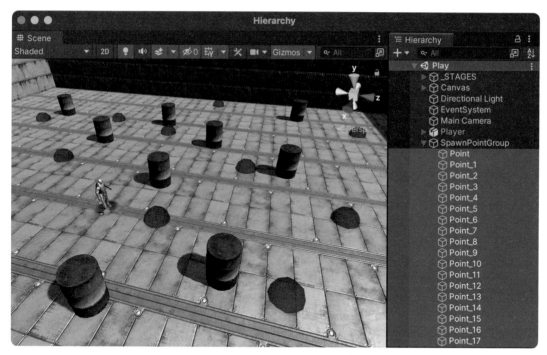

[그림 8-5] 적 캐릭터를 생성할 위치로 활용할 Point를 스테이지 곳곳에 배치

GameManager 객체 생성

SpawnPointGroup 하위에 생성된 Point 위치에서 적 캐릭터를 생성할 게임 매니저를 제작하자. 먼저 빈 게임오브젝트를 추가하고 이름은 "GameMgr"로 지정한다. "02.Scirpts" 폴더에 새로운 스크립트를 생성하고 이름을 "GameManager"로 지정한다. 이 스크립트에서 제일 먼저 처리할 로직은 하이러키 뷰에 있는 SpawnPointGroup을 검색을 통해 추출하고, 해당 게임오브젝트 하위에 있는 모든 Point를 추출하는 것이다. 어떤 게임오브젝트의 차일드 게임오브젝트를 추출하는 방법은 여러 가지가 있지만, 다음 두 가지 방법으로 구현할 수 있다.

- Transform.GetComponentsInChildren〈T〉()

- transform

여러 개의 데이터를 저장하는 데이터 타입도 일반적인 배열과 List 타입에 따라 코드 작성 방식이 다르다. 먼저 일반 배열과 GetComponentsInChildren 함수를 사용해보자. GetComponentsInChildren 함수는 자신의 하위에 있는 모든 차일드 게임오브젝트의 컴포넌트를 반환하는 함수다. 이 함수는 차일드 게임오브젝트 뿐만 아니라 자기 자신의 컴포넌트도 함께 반환하는 특성이 있다.

GameManager 스크립트를 다음과 같이 작성한다.

스크립트 8-1 GameManager – SpawnPointGroup의 하위 컴포넌트 추출

```
using System.Collections;
using System.Collections.Generic;
using UnityEngine;

public class GameManager : MonoBehaviour
{
    // 몬스터가 출현할 위치를 저장할 배열
    public Transform[] points;

    void Start()
    {
        // SpawnPointGroup 게임오브젝트의 Transform 컴포넌트 추출
        Transform spawnPointGroup = GameObject.Find("SpawnPointGroup")?.transform;

        // SpawnPointGroup 하위에 있는 모든 차일드 게임오브젝트의 Transform 컴포넌트 추출
        points = spawnPointGroup?.GetComponentsInChildren<Transform>();
    }
}
```

작성을 완료한 후 스크립트를 하이러키 뷰의 GameMgr에 추가하고 유니티를 실행한다. 다음과 같이 points 배열에 SpawnPointGroup 하위에 있는 모든 게임오브젝트의 Transform 컴포넌트가 저장된 것을 확인할 수 있다.

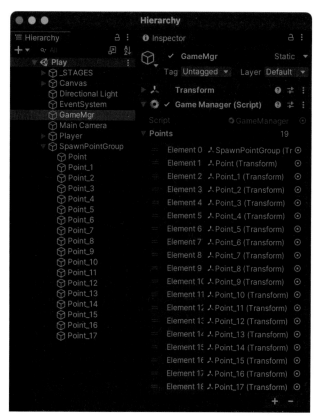

[그림 8-6] SpawnPointGroup의 하위에 있는 모든 Transform 컴포넌트가 할당된 배열

실행한 후 배열에 값이 자동으로 들어가지 않았다면 스크립트에 작성한 SpawnPointGroup 문자열에 오탈자가 있는지 확인한다.

Start 함수에서 하이러키 뷰에 생성힌 SpanwPointGroup 게임오브젝트의 Transform 컴포넌트를 추출해 spawnPointGroup 변수에 할당해야 한다. GameObject.Find("문자열") 함수는 인자로 전달한 문자열과 동일한 게임오브젝트를 반환하는 함수다. 따라서 SpawnPointGroup을 먼저 검색한 후 transform 속성을 이용해 해당 컴포넌트에 접근했다.

```
// SpawnPointGroup 게임오브젝트의 Transform 컴포넌트 추출
Transform spawnPointGroup = GameObject.Find("SpawnPointGroup")?.transform;

// SpawnPointGroup 하위에 있는 모든 차일드 게임오브젝트의 Transform 컴포넌트 추출
points = spawnPointGroup?.GetComponentsInChildren<Transform>();
```

? 연산자를 사용해 SpawnPointGroup을 검색한 결과가 null이 아니면 ? 연산자 뒤의 속성을 참조해 Null Reference Exception 오류가 발생하지 않도록 작성했다. 즉, 아래 빨간색 박스 부분이 null 아닐 경우에 ? 연산자 다음의 구문을 실행한다. 빨간색 부분이 null이면 null을 반환한다.

```
GameObject.Find("SpawnPointGroup")?.transform;
```

위 코드를 이해하기 편하게 일일이 다 풀어서 작성한다면 다음 코드와 같다.

```
// SpawnPointGroup 게임오브젝트 추출
GameObject spawnPointGroupObj = GameObject.Find("SpawnPointGroup");
if (spawnPointGroupObj != null)
{
    // Transform 컴포넌트 추출
    Transform spawnPointGroup = spawnPointGroupObj.GetComponent<Transform>();

    // SpawnPointGroup 하위에 있는 모든 차일드 게임오브젝트의 Transform 컴포넌트 추출
    points = spawnPointGroup.GetComponentsInChildren<Transform>();
}
```

모든 Spawn Point를 저장하는 데이터 타입을 List 타입으로 변경해보자. List는 배열과 유사하지만, 추가, 삭제 및 검색과 같은 기능을 쉽게 처리할 수 있는 특성이 있어 배열보다 좀 더 유연한 작업을 할 수 있다. 앞서 작성했던 코드를 다음과 같이 수정한다.

스크립트 8-2 GameManager – List 데이터 타입 사용

```
using System.Collections;
using System.Collections.Generic;
using UnityEngine;

public class GameManager : MonoBehaviour
{
    // 몬스터가 출현할 위치를 저장할 List 타입 변수
    public List<Transform> points = new List<Transform>();

    void Start()
    {
        // SpawnPointGroup 게임오브젝트의 Transform 컴포넌트 추출
```

```
            Transform spawnPointGroup = GameObject.Find("SpawnPointGroup")?.transform;

            // SpawnPointGroup 하위에 있는 모든 차일드 게임오브젝트의 Transform 컴포넌트 추출
            spawnPointGroup?.GetComponentsInChildren<Transform>(points);
        }
    }
```

변수 선언부의 배열을 List 타입의 변수로 수정한다. List 타입은 저장하려는 데이터의 형식을 형식 매개 변수인 <T>에 지정해야 한다. 따라서 List<Transform>은 Transform 타입의 데이터를 저장한다는 의미다. List 타입의 변수는 반드시 new 키워드로 생성해야 한다.

```
// 몬스터가 출현할 위치를 저장할 List 타입 변수
public List<Transform> points = new List<Transform>();
```

Start 함수에 List 타입의 변수 points를 GetComponentsInChildren<T>(List<T> result) 함수의 인자로 전달하면 모든 컴포넌트를 추출해 points에 저장한다.

```
// SpawnPointGroup 하위에 있는 모든 차일드 게임오브젝트의 Transform 컴포넌트 추출
spawnPointGroup?.GetComponentsInChildren<Transform>(points);
```

GetComponentsInChildren 함수는 다음과 같이 다양한 인자와 반환 값을 제공한다. 크게 반환 값이 있는 함수와 없는 함수로 나눌 수 있고, bool includeInactive 인자는 비활성화된 게임오브젝트까지 반환 값에 포함할 것인지를 결정한다.

```
public Component[] GetComponentsInChildren(Type t);
public void GetComponentsInChildren<T>(List<T> results);
public T[] GetComponentsInChildren<T>();
public void GetComponentsInChildren<T>(bool includeInactive, List<T> result);
public T[] GetComponentsInChildren<T>(bool includeInactive);
```

includeInactive 인자를 생략하면 false 값이 반영된다. 즉, 비활성화된 게임오브젝트의 컴포넌트는 반환하지 않는다. 비활성화 여부와 상관없이 모두 다 추출하려면 다음과 같이 인자를 사용하면 된다.

```
// List 타입 변수를 사용
spawnPointGroup?.GetComponentsInChildren<Transform>(true, points);
// 일반 배열 사용
Transform[] pointArray = spawnPointGroup?.GetComponentsInChildren<Transform>(true);
```

지금까지 두 가지 방법으로 SpawnPointGroup 하위에 있는 Transform 컴포넌트를 추출했는데, 모두 페어런트의 Transform 컴포넌트도 같이 추출돼 변수에 저장됐다. 페어런트의 Transform을 사용하지 않는다면 배열 또는 리스트의 0번째 항목을 제외하고 사용해야 한다. 페어런트에 있는 컴포넌트는 제외하고 순전히 차일드에 있는 컴포넌트만 추출해야 한다면 다음과 같이 작성해야 한다.

```
foreach (Transform item in transform)
{
    points.Add(item);
}
```

transform은 게임오브젝트의 Transform 컴포넌트를 참조하는 속성이다. 하지만 하위에 차일드 게임오브젝트가 있다면 하위에 있는 모든 Transform 컴포넌트에 접근할 수 있다.

GameManager 스크립트의 Start 함수를 다음과 같이 수정하고 실행해보자. spawnPointGroup 변수의 타입이 Transform이기 때문에 아래와 같이 작성할 수 있다.

```
void Start()
{
    // SpawnPointGroup 게임오브젝트의 Transform 컴포넌트 추출
    Transform spawnPointGroup = GameObject.Find("SpawnPointGroup")?.transform;

    // SpawnPointGroup 하위에 있는 모든 차일드 게임오브젝트의 Transform 컴포넌트 추출
    foreach(Transform point in spawnPointGroup)
    {
        points.Add(point);
    }
}
```

실행 결과를 보면 Points 리스트의 Element 0에 SpawnPointGroup의 Transform 컴포넌트가 포함되지 않은 것을 알 수 있다.

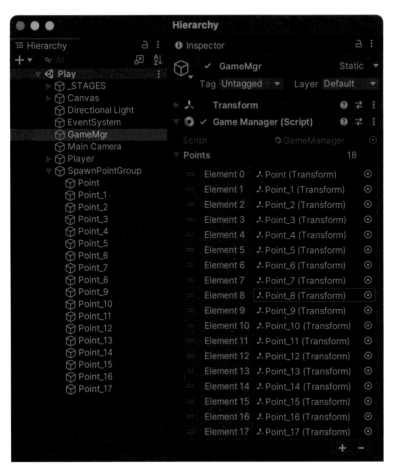

[그림 8-7] 차일드에 있는 컴포넌트만 저장된 Points 변수

Invoke, InvokeRepeate 함수

일정한 시간 간격으로 몬스터를 불규칙한 위치에 생성하는 로직을 구현한다. GameManager 스크립트를 다음과 같이 작성한다.

스크립트 8-3 GameManager – 몬스터 생성 로직 추가

```
using System.Collections;
using System.Collections.Generic;
using UnityEngine;

public class GameManager : MonoBehaviour
{
```

```csharp
// 몬스터가 출현할 위치를 저장할 List 타입 변수
public List<Transform> points = new List<Transform>();

// 몬스터 프리팹을 연결할 변수
public GameObject monster;

// 몬스터의 생성 간격
public float createTime = 3.0f;

// 게임의 종료 여부를 저장할 멤버 변수
private bool isGameOver;

// 게임의 종료 여부를 저장할 프로퍼티
public bool IsGameOver
{
    get{return isGameOver;}
    set{
        isGameOver = value;
        if (isGameOver)
        {
            CancelInvoke("CreateMonster");
        }
    }
}


void Start()
{
    // SpawnPointGroup 게임오브젝트의 Transform 컴포넌트 추출
    Transform spawnPointGroup = GameObject.Find("SpawnPointGroup")?.transform;

    // SpawnPointGroup 하위에 있는 모든 차일드 게임오브젝트의 Transform 컴포넌트 추출
    foreach(Transform point in spawnPointGroup)
    {
        points.Add(point);
    }

    // 일정한 시간 간격으로 함수를 호출
    InvokeRepeating("CreateMonster", 2.0f, createTime);
}
```

```
    void CreateMonster()
    {
        // 몬스터의 불규칙한 생성 위치 산출
        int idx = Random.Range(0, points.Count);
        // 몬스터 프리팹 생성
        Instantiate(monster, points[idx].position, points[idx].rotation);
    }
}
```

GameManager 스크립트의 선언부에 Monster 프리팹을 연결할 변수와 생성 간격을 저장할 변수를 선언했다.

```
// 몬스터 프리팹을 연결할 변수
public GameObject monster;

// 몬스터의 생성 간격
public float createTime = 3.0f;
```

주인공 캐릭터가 사망하거나 게임이 종료되는 조건을 만족하면 몬스터를 생성하는 로직을 정지시켜야 한다. 정지시키는 로직의 함수를 만들어 호출하는 방식도 있지만, C#에서 제공하는 프로퍼티 문법을 사용해 보자. 프로퍼티는 객체지향 언어의 특징인 데이터 은닉성을 유지하면서 해당 데이터를 안전하게 외부에 노출하는 방법이다.

private 접근 제한자로 선언한 isGameOver 변수는 외부에 노출되지 않는다. 즉, 다른 클래스에서 이 변수를 직접 읽고 쓸 수 없다. 대신 IsGameOver라는 프로퍼티를 선언해 isGameOver 변수를 간접적으로 다른 클래스에 노출한다.

```
// 게임의 종료 여부를 저장할 멤버 변수(필드)
private bool isGameOver;

// 게임의 종료 여부를 저장할 프로퍼티
public bool IsGameOver
{
    get{return isGameOver;}
    set{
        isGameOver = value;
        if (isGameOver)
```

```
        {
            CancelInvoke("CreateMonster");
        }
    }
}
```

C# 프로퍼티의 문법은 다음과 같다. 외부에서 프로퍼티를 읽을 때 실행되는 영역은 get(getter) 부분이고 값을 대입(저장)할 때 실행되는 영역은 set(setter) 부분이다. 프로퍼티에 값을 대입하면 그 값은 value 키워드를 통해 전달된다.

```
private 타입 멤버_변수;

public 타입 프로퍼티명
{
    get { return 반환_값; }  ◄──────── getter 영역

    set {
        멤버_변수 = value;    ◄──────── setter 영역
    }
}
```

다음과 같이 getter만 선언하면 읽기 전용(Read-only) 프로퍼티가 된다. 물론 그 반대도 가능하다.

```
private 타입 멤버_변수;

public 타입 프로퍼티명
{
    get { return 반환_값; }
}
```

프로퍼티 선언의 setter 영역에서 멤버 변수인 isGameOver에 값을 저장하고 isGameOver 변수가 true이면 CancelInvoke 함수를 호출한다. CancelInvoke 함수는 InvokeRepeating 함수로 실행한 함수를 종료하는 역할을 한다. 잠시 후 InvokeRepeating 함수의 역할에 관해 설명을 듣고 나면 이 부분은 명확히 이해될 것이다.

```
// 게임의 종료 여부를 저장할 프로퍼티
public bool IsGameOver
{
    get{return isGameOver;}
    set{
        isGameOver = value;
        if (isGameOver)
        {
            CancelInvoke("CreateMonster");
        }
    }
}
```

먼저 Invoke 함수에 대해 알아보자. Invoke 함수는 일정 시간이 지난 후에 특정 함수를 호출할 때 사용하며 문법은 다음과 같다.

```
Invoke("호출할 함수", 대기_시간);
```

InvokeRepeating 함수는 일정 시간이 지난 후 정해진 간격으로 반복해서 특정 함수를 호출한다. 문법 구조는 다음과 같다.

```
InvokeRepeating("호출할 함수", 대기_시간, 호출_간격);
```

Start 함수에서는 InvokeRepeating 함수를 사용했다. 첫 번째 인자는 호출할 함수의 이름이고 두 번째 인자는 대기 시간으로 2.0초 후에 CreateMonster 함수를 실행하는 것을 의미한다. 마지막 인자인 createTime 시간 간격으로 이 함수를 반복해 호출한다.

```
// 일정한 시간 간격으로 함수를 호출
InvokeRepeating("CreateMonster", 2.0f, createTime);
```

InvokeRepeating 함수로 인해 계속 반복하는 프로세스를 정지할 때 사용하는 것이 CancelInvoke 함수다. Invoke 또는 InvokeRepeating 함수는 실행할 함수를 문자열로 전달하기 때문에 오탈자에 주의해야 한다.

실제로 몬스터를 생성하는 CreateMonster 함수에서는 난수를 발생시켜 points 리스트를 불규칙하게 접근해 위치 정보로 사용한다.

```
void CreateMonster()
{
    // 몬스터의 불규칙한 생성 위치 산출
    int idx = Random.Range(0, points.Count);
    // 몬스터 프리팹 생성
    Instantiate(monster, points[idx].position, points[idx].rotation);
}
```

몬스터가 스테이지에 불규칙적으로 생성되자마자 바로 주인공 캐릭터를 추적하도록 프로젝트 뷰에서
Monster 프리팹을 선택하고 MonsterCtrl 스크립트의 traceDist 속성값을 50으로 설정한다.

[그림 8-8] 추적 사정거리를 변경한 Monster 프리팹

하이러키 뷰에서 GameMgr을 선택하고 GameManager 스크립트의 Monster 속성에 Monster 프리팹을 드래그
해 연결한다. 이 부분은 6장에서 혈흔 효과를 구현했을 때처럼 Resources 폴더로 Monster 프리팹을 이동
시키고 스크립트에서 Resources.Load<GameObject>("Monster") 함수를 호출해 연결해도 된다.

[그림 8-9] Monster 프리팹 연결

예제 게임을 실행하면 2초가 지난 후 3초 간격으로 몬스터가 생성되고 주인공 캐릭터를 추적하는 것을 확인할 수 있다.

주인공이 공격을 받은 후 사망했을 때 더는 몬스터가 생성되지 않게 GameManager에서 실행시킨 CreateMonster 함수를 정지시킨다. CreateMonster 함수는 InvokeRepeat 함수를 이용해 반복해서 호출되게 했으므로 CancelInvoke 함수를 사용해 정지시켜야 한다. 이미 IsGameOver 프로퍼티의 setter 영역에서 CancelInvoke 함수가 실행되게 구현했으므로 주인공이 사망했을 때 IsGameOver 속성값만 true로 변경하면 CreateMonster 함수가 종료된다. PlayerCtrl 스크립트의 PlayerDie 함수를 다음과 같이 수정한다.

스크립트 8-4 PlayerCtrl – GameManager의 IsGameOver 프로퍼티 접근

```
void PlayerDie()
{
    Debug.Log("Player Die !");

    // 주인공 사망 이벤트 호출(발생)
    OnPlayerDie();

    // GameManager 스크립트의 IsGameOver 프로퍼티 값을 변경
    GameObject.Find("GameMgr").GetComponent<GameManager>().IsGameOver = true;
}
```

추가한 코드는 먼저 하이러키 뷰에서 GameObject.Find 함수로 GameMgr 게임오브젝트를 검색한 후 GameManager 스크립트를 추출한다. GameManager 스크립트 역시 컴포넌트의 일종이기 때문에

GetComponent<T>() 함수로 추출할 수 있다. 또한, public으로 선언된 함수 또는 변수는 바로 접근할 수 있다.

GameObject.Find("GameMgr") . GetComponent<GameManager>() . IsGameOver = true;
     GameMgr 검색   GameManager 스크립트 추출   GameManager의 IsGameOver 프로퍼티에 접근

예제 게임을 실행해 주인공이 사망하면 더는 몬스터가 생성되지 않는지 확인해보자. 인스펙터 뷰를 Debug 모드로 변경하면 private 변수인 isGameOver가 체크된 것을 알 수 있다.

[그림 8-10] Debug 모드로 전환한 인스펙터 뷰에서 isGameOver 변숫값 확인

싱글턴 디자인 패턴

앞서 구현한 GameManager에 접근하는 방식은 코드도 길고, 접근할 때마다 GetComponent 함수를 사용해야 하는 번거로움이 있다. GameManager에 접근하는 또 다른 방식은 GameManager에 접근하고자 하는 스크립트에서 게임 매니저 스크립트를 미리 변수에 할당해 사용하는 방법이다. 이 방식은 접근하려는 스크립트마다 변수를 선언하고 할당하는 초기화 작업이 필요하다. 따라서 싱글턴(Singleton) 디자인 패턴을 이용하면 좀 더 쉽게 접근할 수 있다.

싱글턴 패턴은 메모리상에 오직 하나의 인스턴스만 생성하고, 그 인스턴스에 전역적인 접근을 제공하는 소프트웨어 디자인 패턴(개발 패턴) 중 하나다. 즉, GameManager 인스턴스를 static 키워드를 사용해 정적 메모리 영역에 올려두고 다른 스크립트에서 바로 접근할 수 있게 구현하는 방식이다. 싱글턴의 구현 방식은 여러 가지 있지만, 비교적 간단한 방법의 코드로 작성해보자. GameManager 스크립트를 다음과 같이 수정한다.

```
using System.Collections;
using System.Collections.Generic;
using UnityEngine;

public class GameManager : MonoBehaviour
{
    // 몬스터가 출현할 위치를 저장할 List 타입 변수
    public List<Transform> points = new List<Transform>();

    // 몬스터 프리팹을 연결할 변수
    public GameObject monster;

    // 몬스터의 생성 간격
    public float createTime = 3.0f;

    // 게임의 종료 여부를 저장할 멤버 변수
    private bool isGameOver;

    // 게임의 종료 여부를 저장할 프로퍼티
    public bool IsGameOver
    {
        get{return isGameOver;}
        set{
            isGameOver = value;
            if (isGameOver)
            {
                CancelInvoke("CreateMonster");
            }
        }
    }

    // 싱글턴 인스턴스 선언
    public static GameManager instance = null;

    // 스크립트가 실행되면 가장 먼저 호출되는 유니티 이벤트 함수
    void Awake()
    {
```

```csharp
        // instance가 할당되지 않았을 경우
        if (instance == null)
        {
            instance = this;
        }
        // instance에 할당된 클래스의 인스턴스가 다를 경우 새로 생성된 클래스를 의미함
        else if (instance != this)
        {
            Destroy(this.gameObject);
        }

        // 다른 씬으로 넘어가더라도 삭제하지 않고 유지함
        DontDestroyOnLoad(this.gameObject);
    }

    void Start()
    {
        // SpawnPointGroup 게임오브젝트의 Transform 컴포넌트 추출
        Transform spawnPointGroup = GameObject.Find("SpawnPointGroup")?.transform;

        // SpawnPointGroup 하위에 있는 모든 차일드 게임오브젝트의 Transform 컴포넌트 추출
        foreach(Transform point in spawnPointGroup)
        {
            points.Add(point);
        }

        // 일정한 시간 간격으로 함수를 호출
        InvokeRepeating("CreateMonster", 2.0f, createTime);
    }

    void CreateMonster()
    {
        // 몬스터의 불규칙한 생성 위치 산출
        int idx = Random.Range(0, points.Count);
        // 몬스터 프리팹 생성
        Instantiate(monster, points[idx].position, points[idx].rotation);
    }
}
```

게임 매니저에 전역적으로 접근하려면 GameManager의 인스턴스를 저장할 변수는 static으로 선언해 메모리에 상주시켜야 하고 외부 접근이 가능하도록 public으로 선언한다. instance 변수는 한마디로 GameManager 클래스를 저장한 변수라고 생각하면 이해하기 쉽다.

```
// 싱글턴 인스턴스 선언
public static GameManager instance = null;
```

instance 변수는 스크립트에서 가장 먼저 실행되는 Awake 함수에 할당한다. instance 변수가 null인지 아닌지 판단해 null이면, 즉 처음 실행하는 것이라면 instance 변수에 GameManager 스크립트를 할당한다. 다른 씬으로 전환했다가 다시 원래의 씬으로 되돌아오면 또 다른 GameManager 스크립트의 Awake 함수가 실행된다. 이때 instance 변수는 static 변수이므로 이미 값이 들어 있다. 따라서 else if 구문을 실행하게 되며 당연히 처음 생성된 GameManager의 인스턴스와 두 번째 생성된 GameManager의 인스턴스가 다르기 때문에 두 번째 생성된 GameManager 인스턴스는 삭제한다. 즉, 최초에 생성된 GameManager만 남게 되므로 하나의 클래스가 지속해서 유지되는 것이다.

```
// 스크립트가 실행되면 가장 먼저 호출되는 유니티 이벤트 함수
void Awake()
{
    // instance가 할당되지 않았을 경우
    if (instance == null)
    {
        instance = this;
    }
    // instance에 할당된 클래스의 인스턴스가 다를 경우 새로 생성된 클래스를 의미함
    else if (instance != this)
    {
        Destroy(this.gameObject);
    }

    // 다른 씬으로 넘어가더라도 삭제되지 않고 유지됨
    DontDestroyOnLoad(this.gameObject);
}
```

한 씬에서 다른 씬이 호출되면 기본적으로는 현재 씬에 있는 모든 게임오브젝트가 삭제된다. 다른 씬으로 넘어가더라도 계속 유지하기를 원하는 게임오브젝트가 있다면 DontDestroyOnLoad 함수를 사용한다.

```
// 다른 씬으로 넘어가더라도 삭제하지 않고 유지함
DontDestroyOnLoad(this.gameObject);
```

GameManager의 싱글턴을 이용해보자. 주인공이 사망했을 때 더는 적 캐릭터를 생성하지 않도록 PlayerCtrl
스크립트의 PlayerDie 함수를 다음과 같이 수정한다. 기존의 GameManager에 접근했던 코드는 주석 처리하
거나 삭제한다.

스크립트 8-6 PlayerCtrl – GameManager의 싱글턴 변수를 사용

```
// Player의 사망 처리
void PlayerDie()
{
    Debug.Log("Player Die !");

    // 주인공 사망 이벤트 호출(발생)
    OnPlayerDie();

    // GameManager 스크립트의 IsGameOver 프로퍼티 값을 변경
    // GameObject.Find("GameMgr").GetComponent<GameManager>().IsGameOver = true;
    GameManager.instance.IsGameOver = true;
}
```

변경한 코드는 GameManager 클래스의 static 변수인 instance를 거친 후 public으로 선언된 변수 또는
함수에 직접 접근하는 방식으로, 앞서 작성했던 코드에 비해 훨씬 간결해졌다. 게임을 실행한 다음 몬스터
의 공격을 유도해 주인공이 사망하면 더는 몬스터가 생성되지 않는다는 것을 확인할 수 있다.

오브젝트 풀링

모바일 플랫폼에서 게임오브젝트 또는 프리팹을 동적으로 생성하는 작업은 물리적인 부하가 걸릴 수밖에
없다. 따라서 주기적 또는 반복적으로 생성하는 객체는 씬을 처음 로드할 때 모두 생성한 다음 사용하는 방
식이 속도 면에서 유리하다. 이처럼 사용할 객체를 미리 만들어 놓은 후 필요할 때 가져다 사용하는 방식을
오브젝트 풀링(Object Pooling)이라 한다. 오브젝트 풀링도 개발 디자인 패턴 중 하나다.

앞서 게임 매니저에 추가한 몬스터 생성 로직을 오브젝트 풀 방식으로 바꿔보자. 우선 한 스테이지에 생성
될 수 있는 몬스터 10개를 미리 생성하고 모두 비활성화한 다음 몬스터의 생성 주기에 따라 하나씩 활성화

한다. 또한, 기존에는 **MonsterCtrl.cs** 스크립트에서 사망한 몬스터를 **Destroy** 처리했는데, 오브젝트 풀에서 재사용할 수 있게 변경한다. 다음과 같이 **GameMgr.cs** 스크립트를 수정한다.

스크립트 8-7 GameManager – 오브젝트 풀링 생성 로직

```csharp
using System.Collections;
using System.Collections.Generic;
using UnityEngine;

public class GameManager : MonoBehaviour
{
    // 몬스터가 출현할 위치를 저장할 List 타입 변수
    public List<Transform> points = new List<Transform>();

    // 몬스터를 미리 생성해 저장할 리스트 자료형
    public List<GameObject> monsterPool = new List<GameObject>();

    // 오브젝트 풀(Object Pool)에 생성할 몬스터의 최대 개수
    public int maxMonsters = 10;

    // 몬스터 프리팹을 연결할 변수
    public GameObject monster;

    // 몬스터의 생성 간격
    public float createTime = 3.0f;

    // 게임의 종료 여부를 저장할 멤버 변수
    private bool isGameOver;

    // 게임의 종료 여부를 저장할 프로퍼티
    public bool IsGameOver
    {
        get{return isGameOver;}
        set{
            isGameOver = value;
            if (isGameOver)
            {
                CancelInvoke("CreateMonster");
            }
        }
    }
```

```csharp
// 싱글턴 인스턴스 선언
public static GameManager instance = null;

// 스크립트가 실행되면 가장 먼저 호출되는 유니티 이벤트 함수
void Awake()
{
    // instance가 할당되지 않았을 경우
    if (instance == null)
    {
        instance = this;
    }
    // instance에 할당된 클래스의 인스턴스가 다를 경우 새로 생성된 클래스를 의미함
    else if (instance != this)
    {
        Destroy(this.gameObject);
    }

    // 다른 씬으로 넘어가더라도 삭제하지 않고 유지함
    DontDestroyOnLoad(this.gameObject);
}


void Start()
{
    // 몬스터 오브젝트 풀 생성
    CreateMonsterPool();

    // SpawnPointGroup 게임오브젝트의 Transform 컴포넌트 추출
    Transform spawnPointGroup = GameObject.Find("SpawnPointGroup")?.transform;

    // SpawnPointGroup 하위에 있는 모든 차일드 게임오브젝트의 Transform 컴포넌트 추출
    foreach(Transform point in spawnPointGroup)
    {
        points.Add(point);
    }

    // 일정한 시간 간격으로 함수를 호출
    InvokeRepeating("CreateMonster", 2.0f, createTime);
}
```

```
    void CreateMonster()
    {
        // 몬스터의 불규칙한 생성 위치 산출
        int idx = Random.Range(0, points.Count);
        // 몬스터 프리팹 생성
        Instantiate(monster, points[idx].position, points[idx].rotation);
    }


    // 오브젝트 풀에 몬스터 생성
    void CreateMonsterPool()
    {
        for(int i=0; i< maxMonsters; i++)
        {
            // 몬스터 생성
            var _monster = Instantiate<GameObject>(monster);
            // 몬스터의 이름을 지정
            _monster.name = $"Monster_{i:00}";
            // 몬스터 비활성화
            _monster.SetActive(false);

            // 생성한 몬스터를 오브젝트 풀에 추가
            monsterPool.Add(_monster);
        }
    }
}
```

클래스의 선언부에 오브젝트 풀로 사용할 List 타입의 변수를 선언한다. List는 배열과 유사하지만 추가, 삭제 및 검색과 같은 기능을 쉽게 처리할 수 있는 특성이 있어 배열보다 좀 더 유연한 작업을 할 수 있다. 특히 객체를 그룹화해야 할 때 유용하다.

List<GameObject> 타입의 monsterPool 변수는 GameObject 타입의 데이터를 저장할 수 있다는 의미이고 생성할 몬스터의 개수를 지정할 maxMonsters 변수도 선언했다.

```
// 몬스터를 미리 생성해 저장할 리스트 자료형
public List<GameObject> monsterPool = new List<GameObject>();

// 오브젝트 풀(Object Pool)에 생성할 몬스터의 최대 개수
public int maxMonsters = 10;
```

오브젝트 풀 변수인 monsterPool에 몬스터를 생성하는 로직은 CreateMonsterPool 함수에서 처리한다. maxMonsters 수만큼 for 구문으로 반복해서 생성하고 monsterPool에 추가한다.

```
// 오브젝트 풀에 몬스터 생성
void CreateMonsterPool()
{
    for(int i=0; i< maxMonsters; i++)
    {
        // 몬스터 생성
        var _monster = Instantiate<GameObject>(monster);
        // 몬스터의 이름을 지정
        _monster.name = $"Monster_{i:00}";
        // 몬스터 비활성화
        _monster.SetActive(false);

        // 생성한 몬스터를 오브젝트 풀에 추가
        monsterPool.Add(_monster);
    }
}
```

몬스터를 생성하는 Instantiate 함수는 이전에 사용했던 방식과는 다르게 생성 위치와 회전 값을 지정하지 않는다. 실제로 몬스터를 오브젝트 풀에서 가져와 스테이지에 배치할 때 위치 값을 지정할 것이기 때문이다.

```
// 몬스터 생성
var _monster = Instantiate<GameObject>(monster);
```

몬스터의 이름은 가독성을 위해 Monster_00, Monster_01, …와 같은 문자열 포맷을 지정했다. $ 기호를 사용해 문자열 치환과 숫자 포맷을 한 번에 지정할 수 있다. 숫자의 포맷 i:00은 콜론(:) 뒤에 표기하며 00의 의미는 표시하는 숫자의 자릿수를 두 자리로 유지하고, 숫자의 자릿수가 부족한 경우 0으로 채운다는 뜻이다.

```
// 몬스터의 이름을 지정
_monster.name = $"Monster_{i:00}";
```

다음과 같이 ToString 메서드를 사용할 수도 있다.

```
_monster.name = "Monster_" + i.ToString("00");
```

C#의 숫자 형식의 포맷과 관련한 자세한 내용은 다음 URL을 참고한다.

- https://docs.microsoft.com/ko-kr/dotnet/standard/base-types/custom-numeric-format-strings

오브젝트 풀에 추가한 모든 몬스터는 생성하자마자 비활성화시키고, 가져와 사용할 때 활성화한다. 게임오브젝트의 활성화/비활성화는 GameObject.SetActive(bool value) 함수를 사용한다.

```
// 몬스터 비활성화
_monster.SetActive(false);

// 생성한 몬스터를 오브젝트 풀에 추가
monsterPool.Add(_monster);
```

스크립트를 완성하고 실행해보면 다음 그림과 같이 monsterPool 리스트에 10개의 몬스터가 생성되고 하이러키 뷰에 비활성화된 10개의 몬스터가 생성된 것을 확인할 수 있다. 물론 기존의 몬스터 출현 루틴으로 인해 잠시 후 몬스터가 생성되기 시작한다. 싱글턴 디자인 패턴을 적용한 GameManager 스크립트로 인해 GameMgr은 DontDestoryOnLoad 씬 하위에 표시된다.

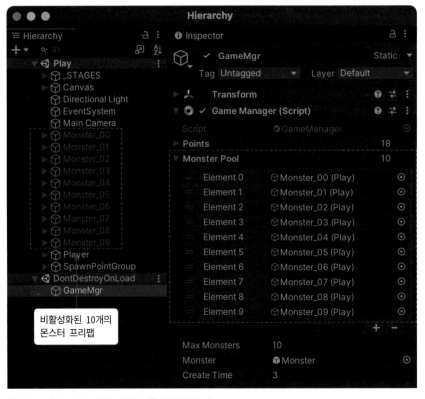

[그림 8-11] 오브젝트 풀에 저장된 비활성화된 몬스터

오브젝트 풀의 초기화 및 생성이 완료됐다. 이제 비활성화된 상태로 생성된 몬스터를 하나씩 꺼내서 사용하는 로직을 완성해보자. GameManager 스크립트를 다음과 같이 수정한다.

스크립트 8-8 GameManager – 오브젝트 풀에서 몬스터를 추출하는 로직 추가

```
using System.Collections;
using System.Collections.Generic;
using UnityEngine;

public class GameManager : MonoBehaviour
{
    // 몬스터가 출현할 위치를 저장할 List 타입 변수
    public List<Transform> points = new List<Transform>();

    // 몬스터를 미리 생성해 저장할 리스트 자료형
    public List<GameObject> monsterPool = new List<GameObject>();

    // 오브젝트 풀(Object Pool)에 생성할 몬스터의 최대 개수
    public int maxMonsters = 10;

    // 몬스터 프리팹을 연결할 변수
    public GameObject monster;

    // 몬스터의 생성 간격
    public float createTime = 3.0f;

    // 게임의 종료 여부를 저장할 멤버 변수
    private bool isGameOver;

    // 게임의 종료 여부를 저장할 프로퍼티
    public bool IsGameOver
    {
        get{return isGameOver;}
        set{
            isGameOver = value;
            if (isGameOver)
            {
                CancelInvoke("CreateMonster");
            }
        }
    }
```

```csharp
    // 싱글턴 인스턴스 선언
public static GameManager instance = null;

    // 스크립트가 실행되면 가장 먼저 호출되는 유니티 이벤트 함수
void Awake()
{
    // instance가 할당되지 않았을 경우
    if (instance == null)
    {
        instance = this;
    }
    // instance에 할당된 클래스의 인스턴스가 다를 경우 새로 생성된 클래스를 의미함
    else if (instance != this)
    {
        Destroy(this.gameObject);
    }

    // 다른 씬으로 넘어가더라도 삭제하지 않고 유지함
    DontDestroyOnLoad(this.gameObject);
}


void Start()
{
    // 몬스터 오브젝트 풀 생성
    CreateMonsterPool();

    // SpawnPointGroup 게임오브젝트의 Transform 컴포넌트 추출
    Transform spawnPointGroup = GameObject.Find("SpawnPointGroup")?.transform;

    // SpawnPointGroup 하위에 있는 모든 차일드 게임오브젝트의 Transform 컴포넌트 추출
    foreach(Transform point in spawnPointGroup)
    {
        points.Add(point);
    }

    // 일정한 시간 간격으로 함수를 호출
    InvokeRepeating("CreateMonster", 2.0f, createTime);
}
```

```csharp
void CreateMonster()
{
    // 몬스터의 불규칙한 생성 위치 산출
    int idx = Random.Range(0, points.Count);

    // 몬스터 프리팹 생성
    // Instantiate(monster, points[idx].position, points[idx].rotation);

    // 오브젝트 풀에서 몬스터 추출
    GameObject _monster = GetMonsterInPool();
    // 추출한 몬스터의 위치와 회전을 설정
    _monster?.transform.SetPositionAndRotation(points[idx].position,
                                        points[idx].rotation);
    // 추출한 몬스터를 활성화
    _monster?.SetActive(true);
}

// 오브젝트 풀에 몬스터 생성
void CreateMonsterPool()
{
    for(int i=0; i< maxMonsters; i++)
    {
        // 몬스터 생성
        var _monster = Instantiate<GameObject>(monster);
        // 몬스터의 이름을 지정
        _monster.name = $"Monster_{i:00}";

        // 몬스터 비활성화
        _monster.SetActive(false);

        // 생성한 몬스터를 오브젝트 풀에 추가
        monsterPool.Add(_monster);
    }
}

// 오브젝트 풀에서 사용 가능한 몬스터를 추출해 반환하는 함수
public GameObject GetMonsterInPool()
{
    // 오브젝트 풀의 처음부터 끝까지 순회
```

```
        foreach (var _monster in monsterPool)
        {
            // 비활성화 여부로 사용 가능한 몬스터를 판단
            if (_monster.activeSelf == false)
            {
                // 몬스터 반환
                return _monster;
            }
        }

        return null;
    }
}
```

CreateMonsterInPool 함수는 오브젝트 풀 배열을 순회하면서 비활성화 여부를 판단해 비활성화된 몬스터 프리팹을 반환한다.

```
// 오브젝트 풀에서 사용 가능한 몬스터를 추출해 반환하는 함수
public GameObject GetMonsterInPool()
{
    // 오브젝트 풀의 처음부터 끝까지 순회
    foreach (var _monster in monsterPool)
    {
        // 비활성화 여부로 사용 가능한 몬스터를 판단
        if (_monster.activeSelf == false)
        {
            // 몬스터 반환
            return _monster;
        }
    }

    return null;
}
```

InvokeRepeat 함수로 반복 호출되는 CreateMonster 함수에서 기존에 작성했던 Instantiate 구문은 삭제하거나 주석 처리하고 오브젝트 풀에서 비활성화된 몬스터를 추출한다.

```
// 몬스터 프리팹 생성
// Instantiate(monster, points[idx].position, points[idx].rotation);

// 오브젝트 풀에서 몬스터 추출
GameObject _monster = GetMonsterInPool();

// 추출한 몬스터의 위치와 회전을 설정
_monster?.transform.SetPositionAndRotation(points[idx].position,
                                           points[idx].rotation);
// 추출한 몬스터를 활성화
_monster?.SetActive(true);
```

Transform.SetPositionAndRotation 함수는 위치와 회전 값을 동시에 설정하는 함수로, GetMonster InPool 함수로 추출한 몬스터는 활성화하기 전에 위치와 회전 값을 설정한다. 마지막으로 추출한 몬스터를 활성화하면 비로소 스테이지에 표시되고 추적을 시작한다. 10개의 몬스터가 모두 다 추출됐다면 GetMonsterInPool 함수는 null을 반환한다. 이 경우 _monster 변수는 null이 되며, ? 연산자를 사용했기에 ? 연산자 뒤의 구문은 실행되지 않는다. ? 연산자를 사용하지 않는다면 다음과 같이 if 문으로 _monster 변수가 null인지 확인해야 한다.

```
// 오브젝트 풀에서 몬스터 추출
GameObject _monster = GetMonsterInPool();

if (_monster != null)
{
    // 추출한 몬스터의 위치와 회전을 설정
    _monster.transform.SetPositionAndRotation(points[idx].position,
                                              points[idx].rotation);

    // 추출한 몬스터를 활성화
    _monster.SetActive(true);
}
```

예제 게임을 실행하면 비활성화된 몬스터가 하나씩 활성화되며 추적을 시작한다.

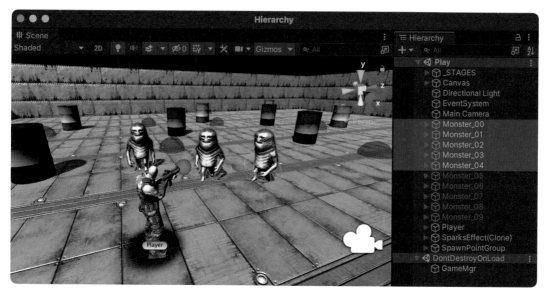

[그림 8-12] 몬스터 생성 주기에 따라 활성화된 몬스터

앞에서는 몬스터가 사망했을 때 몬스터의 모든 코루틴 함수와 NavMeshAgent를 정지시키는 방법으로 처리했다. 그러나 오브젝트 풀 방식에서는 몬스터가 사망하고 일정 시간이 지난 후에 오브젝트 풀에 재사용 가능한 상태로 돌려줘야 한다. 따라서 기존에 작성했던 MonsterCtrl 스크립트를 다음 순서대로 수정하자.

1. 각종 컴포넌트를 할당하는 로직을 맨 먼저 수행하기 위해 Start 함수명을 Awake로 변경한다.
2. 기존 Start 함수에 있던 코루틴 실행 코드는 OnEnable 함수로 옮긴다.
3. MonsterAction 함수에서 일정 시간이 지난 몬스터를 비활성화한다.

다음과 같이 MonsterCtrl 스크립트의 Start 함수를 Awake 함수로 변경한다.

```
void Awake ()
{
    // 몬스터의 Transform 할당
    monsterTr = GetComponent<Transform>();

    // 추적 대상인 Player의 Transform 할당
    playerTr = GameObject.FindWithTag("PLAYER").GetComponent<Transform>();

    // NavMeshAgent 컴포넌트 할당
    agent = GetComponent<NavMeshAgent>();
```

```
    // Animator 컴포넌트 할당
    anim = GetComponent<Animator>();

    // BloodSprayEffect 프리팹 로드
    bloodEffect = Resources.Load<GameObject>("BloodSprayEffect");
}
```

Start 함수를 Awake 함수로 변경한 후 2개의 StartCoroutine 함수를 OnEnable 함수로 옮긴다.

```
// 스크립트가 활성화될 때마다 호출되는 함수
void OnEnable()
{
    // 이벤트 발생 시 수행할 함수 연결
    PlayerCtrl.OnPlayerDie += this.OnPlayerDie;

    // 몬스터의 상태를 체크하는 코루틴 함수 호출
    StartCoroutine(CheckMonsterState());
    // 상태에 따라 몬스터의 행동을 수행하는 코루틴 함수 호출
    StartCoroutine(MonsterAction());
}
```

OnEnable 함수는 스크립트 또는 게임오브젝트가 비활성화된 상태에서 다시 활성화될 때마다 발생하는 유니티 콜백 함수다. 따라서 코루틴 함수를 실행하는 부분을 OnEnable 함수로 옮겨 오브젝트 풀에서 재사용하기 위해 활성화될 때 CheckMonsterState와 MonsterAction 코루틴 함수가 다시 호출되게 한다. 또한, Start 함수를 Awake 함수로 변경한 이유는 OnEnable 함수가 Start 함수보다 먼저 수행되어 각종 컴포넌트가 연결되기 이전에 CheckMonsterState와 MonsterAction 코루틴 함수가 수행될 경우 연결되지 않은 컴포넌트를 참조하는 오류가 발생하기 때문이다.

MonsterAction 함수를 다음과 같이 수정한다. switch - case 구문의 State.DIE 부분을 수정한다.

```
// 몬스터의 상태에 따라 몬스터의 동작을 수행
IEnumerator MonsterAction()
{
    while (!isDie)
    {
        switch (state)
```

```
{
        // IDLE 상태
    case State.IDLE:
            // 추적 중지
        agent.isStopped = true;

            // Animator의 IsTrace 변수를 false로 설정
            // anim.SetBool("IsTrace", false);
        anim.SetBool(hashTrace, false);
        break;

        // 추적 상태
    case State.TRACE:
            // 추적 대상의 좌표로 이동 시작
        agent.SetDestination(playerTr.position);
        agent.isStopped = false;

            // Animator의 IsTrace 변수를 true로 설정
            // anim.SetBool("IsTrace", true);
        anim.SetBool(hashTrace, true);

            // Animator의 IsAttack 변수를 false로 설정
        anim.SetBool(hashAttack, false);
        break;

        // 공격 상태
    case State.ATTACK:
            // Animator의 IsAttack 변수를 true로 설정
        anim.SetBool(hashAttack, true);
        break;

        // 사망
    case State.DIE:
        isDie = true;
            // 추적 정지
        agent.isStopped = true;
            // 사망 애니메이션 실행
        anim.SetTrigger(hashDie);
            // 몬스터의 Collider 컴포넌트 비활성화
```

```
GetComponent<CapsuleCollider>().enabled = false;

// 일정 시간 대기 후 오브젝트 풀링으로 환원
yield return new WaitForSeconds(3.0f);

// 사망 후 다시 사용할 때를 위해 hp 값 초기화
hp = 100;
isDie = false;

// 몬스터의 Collider 컴포넌트 활성화
GetComponent<CapsuleCollider>().enabled = true;
// 몬스터를 비활성화
this.gameObject.SetActive(false);

            break;
    }
    yield return new WaitForSeconds(0.3f);
  }
}
```

게임을 실행해 몬스터를 공격하면 사망한 몬스터는 잠시 후 비활성화된다. 비활성화된 몬스터는 오브젝트 풀에서 추출 가능한 상태를 의미하며, 잠시 후 오브젝트 풀에서 추출돼 다시 활성화되는 것을 확인할 수 있다.

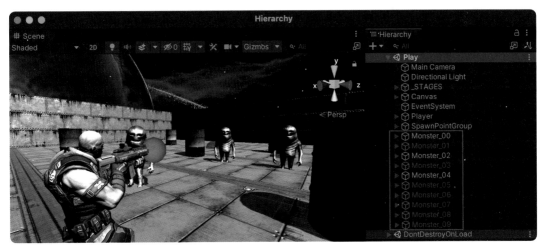

[그림 8-13] 오브젝트 풀로 구현된 몬스터 출현 로직

다음 MonsterCtrl 스크립트는 최종 완성된 전체 코드다. 볼드체로 표시된 변경 사항을 다시 한번 확인해보자.

```csharp
using System.Collections;
using System.Collections.Generic;
using UnityEngine;

// 내비게이션 기능을 사용하기 위해 추가해야 하는 네임스페이스
using UnityEngine.AI;

public class MonsterCtrl : MonoBehaviour
{
    // 몬스터의 상태 정보
    public enum State
    {
        IDLE,
        TRACE,
        ATTACK,
        DIE
    }

    // 몬스터의 현재 상태
    public State state = State.IDLE;
    // 추적 사정거리
    public float traceDist = 10.0f;
    // 공격 사정거리
    public float attackDist = 2.0f;
    // 몬스터의 사망 여부
    public bool isDie = false;

    // 컴포넌트 캐시를 처리할 변수
    private Transform monsterTr;
    private Transform playerTr;
    private NavMeshAgent agent;
    private Animator anim;

    // Animator 파라미터의 해시값 추출
```

```csharp
private readonly int hashTrace = Animator.StringToHash("IsTrace");
private readonly int hashAttack = Animator.StringToHash("IsAttack");
private readonly int hashHit = Animator.StringToHash("Hit");
private readonly int hashPlayerDie = Animator.StringToHash("PlayerDie");
private readonly int hashSpeed = Animator.StringToHash("Speed");
private readonly int hashDie = Animator.StringToHash("Die");

// 혈흔 효과 프리팹
private GameObject bloodEffect;

// 몬스터 생명 변수
private int hp = 100;

// 스크립트가 활성화될 때마다 호출되는 함수
void OnEnable()
{
    // 이벤트 발생 시 수행할 함수 연결
    PlayerCtrl.OnPlayerDie += this.OnPlayerDie;

    // 몬스터의 상태를 체크하는 코루틴 함수 호출
    StartCoroutine(CheckMonsterState());
    // 상태에 따라 몬스터의 행동을 수행하는 코루틴 함수 호출
    StartCoroutine(MonsterAction());
}

// 스크립트가 비활성화될 때마다 호출되는 함수
void OnDisable()
{
    // 기존에 연결된 함수 해제
    PlayerCtrl.OnPlayerDie -= this.OnPlayerDie;
}

void Awake ()
{
    // 몬스터의 Transform 할당
    monsterTr = GetComponent<Transform>();

    // 추적 대상인 Player의 Transform 할당
    playerTr = GameObject.FindWithTag("PLAYER").GetComponent<Transform>();
```

```csharp
        // NavMeshAgent 컴포넌트 할당
    agent = GetComponent<NavMeshAgent>();

        // Animator 컴포넌트 할당
    anim = GetComponent<Animator>();

        // BloodSprayEffect 프리팹 로드
    bloodEffect = Resources.Load<GameObject>("BloodSprayEffect");
}

// 일정한 간격으로 몬스터의 행동 상태를 체크
IEnumerator CheckMonsterState()
{
    while (!isDie)
    {
        // 0.3초 동안 중지(대기)하는 동안 제어권을 메시지 루프에 양보
        yield return new WaitForSeconds(0.3f);

        // 몬스터의 상태가 DIE일 때 코루틴을 종료
        if (state == State.DIE) yield break;

        // 몬스터와 주인공 캐릭터 사이의 거리 측정
        float distance = Vector3.Distance(playerTr.position, monsterTr.position);

        // 공격 사정거리 범위로 들어왔는지 확인
        if (distance <= attackDist)
        {
            state = State.ATTACK;
        }
        // 추적 사정거리 범위로 들어왔는지 확인
        else if (distance <= traceDist)
        {
            state = State.TRACE;
        }
        else
        {
            state = State.IDLE;
        }
```

```
        }
    }

    // 몬스터의 상태에 따라 몬스터의 동작을 수행
    IEnumerator MonsterAction()
    {
        while (!isDie)
        {
            switch (state)
            {
                // IDLE 상태
                case State.IDLE:
                    // 추적 중지
                    agent.isStopped = true;

                    // Animator의 IsTrace 변수를 false로 설정
                    // anim.SetBool("IsTrace", false);
                    anim.SetBool(hashTrace, false);
                    break;

                // 추적 상태
                case State.TRACE:
                    // 추적 대상의 좌표로 이동 시작
                    agent.SetDestination(playerTr.position);
                    agent.isStopped = false;

                    // Animator의 IsTrace 변수를 true로 설정
                    // anim.SetBool("IsTrace", true);
                    anim.SetBool(hashTrace, true);

                    // Animator의 IsAttack 변수를 false로 설정
                    anim.SetBool(hashAttack, false);
                    break;

                // 공격 상태
                case State.ATTACK:
                    // Animator의 IsAttack 변수를 true로 설정
                    anim.SetBool(hashAttack, true);
                    break;
```

```csharp
                    // 사망
                    case State.DIE:
                        isDie = true;
                        // 추적 정지
                        agent.isStopped = true;
                        // 사망 애니메이션 실행
                        anim.SetTrigger(hashDie);
                        // 몬스터의 Collider 컴포넌트 비활성화
                        GetComponent<CapsuleCollider>().enabled = false;

                        // 일정 시간 대기 후 오브젝트 풀링으로 환원
                        yield return new WaitForSeconds(3.0f);

                        // 사망 후 다시 사용할 때를 위한 hp 값의 초기화
                        hp = 100;
                        isDie = false;

                        // 몬스터의 Collider 컴포넌트 활성화
                        GetComponent<CapsuleCollider>().enabled = true;
                        // 몬스터를 비활성화
                        this.gameObject.SetActive(false);

                        break;
                }
                yield return new WaitForSeconds(0.3f);
        }
    }


    void OnCollisionEnter(Collision coll)
    {
        if (coll.collider.CompareTag("BULLET"))
        {
            // 충돌한 총알을 삭제
            Destroy(coll.gameObject);
            // 피격 리액션 애니메이션 실행
            anim.SetTrigger(hashHit);

            // 총알의 충돌 지점
```

```
            Vector3 pos = coll.GetContact(0).point;
            // 총알의 충돌 지점의 법선 벡터
            Quaternion rot = Quaternion.LookRotation(-coll.GetContact(0).normal);
            // 혈흔 효과를 생성하는 함수 호출
            ShowBloodEffect(pos, rot);

            // 몬스터의 hp 차감
            hp -= 10;
            if (hp <= 0)
            {
                state = State.DIE;
            }
        }
    }


    // 혈흔 효과를 생성하는 함수
    void ShowBloodEffect(Vector3 pos, Quaternion rot)
    {
        // 혈흔 효과 생성
        GameObject blood = Instantiate<GameObject>(bloodEffect, pos, rot, monsterTr);
        Destroy(blood, 1.0f);
    }


    void OnDrawGizmos()
    {
        // 추적 사정거리 표시
        if (state == State.TRACE)
        {
            Gizmos.color = Color.blue;
            Gizmos.DrawWireSphere(transform.position, traceDist);
        }
        // 공격 사정거리 표시
        if (state == State.ATTACK)
        {
            Gizmos.color = Color.red;
            Gizmos.DrawWireSphere(transform.position, attackDist);
        }
    }
```

```
    void OnTriggerEnter(Collider coll)
    {
        Debug.Log(coll.gameObject.name);
    }


    void OnPlayerDie()
    {
        // 몬스터의 상태를 체크하는 코루틴 함수를 모두 정지시킴
        StopAllCoroutines();

        // 추적을 정지하고 애니메이션을 수행
        agent.isStopped = true;
        anim.SetFloat(hashSpeed, Random.Range(0.8f, 1.2f));
        anim.SetTrigger(hashPlayerDie);
    }
}
```

스코어 UI 구현

생명 게이지 UI 아래에 스코어 UI를 구현해보자. 이 로직을 7장에서 작성하지 않은 이유는 게임 매니저에
서 점수 계산을 하는 공통 로직을 구현하기 위해서다. 하이러키 뷰의 Panel - Hpbar를 선택하고 Ctrl +
D(맥 Cmd + D) 키를 눌러 복제한 후 이름을 "Panel - Score"로 변경한다. 위치는 밑으로 이동시켜 다
음과 같이 조절한다.

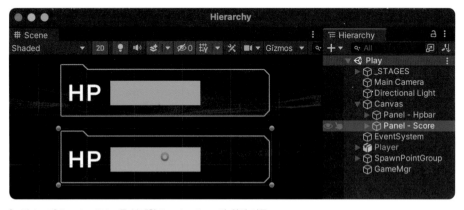

[그림 8-14] Panel – Hpbar를 복제한 Panel – Score와 위치 이동

Panel - Score 하위에 있는 Image - Hpbar는 삭제하고 Text(TMP)의 크기는 다음 그림을 참고해 가로로 크게 설정한다.

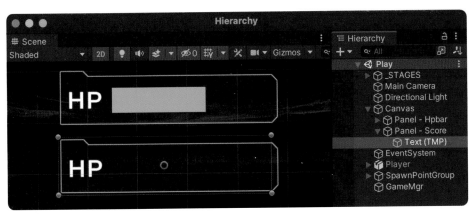

[그림 8-15] Panel – Score의 하위에 있는 Image – Hpbar 삭제 및 Text(TMP) 크기 변경

Text(TMP)를 선택하고 Text Input에 다음과 같이 입력한다. SCORE는 녹색으로 표시하고 점수를 표시할 숫자는 빨간색으로 표시하도록 마크업 태그를 지정한다.

```
<color=#00ff00>SCORE :</color> <color=#ff0000>00000</color>
```

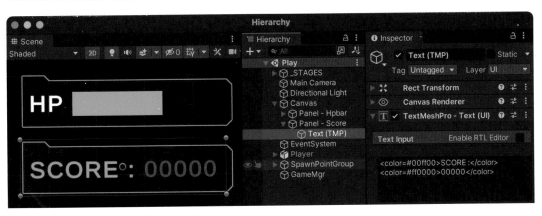

[그림 8-16] 색상 마크업 태그를 지정한 초기 입력값

게임 진행 중 몬스터를 죽였을 때 스코어를 50점씩 증가시키는 로직을 GameManager에서 구현한다. 다음과 같이 GameManager 스크립트를 수정한다.

```
using System.Collections;
using System.Collections.Generic;
using UnityEngine;
// TextMesh Pro 관련 컴포넌트에 접근하기 위해 선언
using TMPro;

public class GameManager : MonoBehaviour
{
    // 몬스터가 출현할 위치를 저장할 List 타입 변수
    public List<Transform> points = new List<Transform>();

    // 몬스터를 미리 생성해 저장할 리스트 자료형
    public List<GameObject> monsterPool = new List<GameObject>();

    // 오브젝트 풀(Object Pool)에 생성할 몬스터의 최대 개수
    public int maxMonsters = 10;

    // 몬스터 프리팹을 연결할 변수
    public GameObject monster;

    // 몬스터의 생성 간격
    public float createTime = 3.0f;

    // 게임의 종료 여부를 저장할 멤버 변수
    private bool isGameOver;

    // 게임의 종료 여부를 저장할 프로퍼티
    public bool IsGameOver
    {
        get{return isGameOver;}
        set{
            isGameOver = value;
            if (isGameOver)
            {
                CancelInvoke("CreateMonster");
            }
        }
    }
```

```csharp
// 싱글턴 인스턴스 선언
public static GameManager instance = null;

// 스코어 텍스트를 연결할 변수
public TMP_Text scoreText;
// 누적 점수를 기록하기 위한 변수
private int totScore = 0;

// 스크립트가 실행되면 가장 먼저 호출되는 유니티 이벤트 함수
void Awake()
{
    // instance가 할당되지 않았을 경우
    if (instance == null)
    {
        instance = this;
    }
    // instance에 할당된 클래스의 인스턴스가 다를 경우 새로 생성된 클래스를 의미함
    else if (instance != this)
    {
        Destroy(this.gameObject);
    }

    // 다른 씬으로 넘어가더라도 삭제하지 않고 유지함
    DontDestroyOnLoad(this.gameObject);
}

void Start()
{
    // 몬스터 오브젝트 풀 생성
    CreateMonsterPool();

    // SpawnPointGroup 게임오브젝트의 Transform 컴포넌트 추출
    Transform spawnPointGroup = GameObject.Find("SpawnPointGroup")?.transform;

    // SpawnPointGroup 하위에 있는 모든 차일드 게임오브젝트의 Transform 컴포넌트 추출
    foreach(Transform point in spawnPointGroup)
    {
        points.Add(point);
    }
```

```csharp
        // 일정한 시간 간격으로 함수를 호출
        InvokeRepeating("CreateMonster", 2.0f, createTime);

        // 스코어 점수 출력
        DisplayScore(0);
    }

    void CreateMonster()
    {
        // 몬스터의 불규칙한 생성 위치 산출
        int idx = Random.Range(0, points.Count);

        // 몬스터 프리팹 생성
        // Instantiate(monster, points[idx].position, points[idx].rotation);

        // 오브젝트 풀에서 몬스터 추출
        GameObject _monster = GetMonsterInPool();

        // 추출한 몬스터의 위치와 회전을 설정
        _monster?.transform.SetPositionAndRotation(points[idx].position,
                                                   points[idx].rotation);
        // 추출한 몬스터를 활성화
        _monster?.SetActive(true);
    }

    // 오브젝트 풀에 몬스터 생성
    void CreateMonsterPool()
    {
        for(int i=0; i< maxMonsters; i++)
        {
            // 몬스터 생성
            var _monster = Instantiate<GameObject>(monster);
            // 몬스터의 이름을 지정
            _monster.name = $"Monster_{i:00}";

            // 몬스터 비활성화
            _monster.SetActive(false);

            // 생성한 몬스터를 오브젝트 풀에 추가
            monsterPool.Add(_monster);
        }
    }
```

```
    // 오브젝트 풀에서 사용 가능한 몬스터를 추출해 반환하는 함수
    public GameObject GetMonsterInPool()
    {
        // 오브젝트 풀의 처음부터 끝까지 순회
        foreach (var _monster in monsterPool)
        {
            // 비활성화 여부로 사용 가능한 몬스터를 판단
            if (_monster.activeSelf == false)
            {
                // 몬스터 반환
                return _monster;
            }
        }

        return null;
    }

    // 점수를 누적하고 출력하는 함수
    public void DisplayScore(int score)
    {
        totScore += score;
        scoreText.text = $"<color=#00ff00>SCORE :</color> <color=#ff0000>{totScore:#,##0}</color>";
    }
}
```

스코어 텍스트를 표시하는 컴포넌트는 TextMesh Pro 관련 컴포넌트이기 때문에 **TMPro** 네임스페이스를 명시해야 한다.

```
// TextMesh Pro 관련 컴포넌트에 접근하기 위해 선언
using TMPro;
```

클래스 선언부에 스코어 텍스트를 연결할 변수와 누적 점수를 저장할 int 타입의 변수를 정의했다.

```
// 스코어 텍스트를 연결한 변수
public TMP_Text scoreText;
// 누적 점수를 기록하기 위한 변수
private int totScore = 0;
```

스코어 점수를 표시하는 로직은 DisplayScore 함수에서 처리한다. 인자로 전달받은 값을 totScore 변수에 누적시키고 문자열 포맷에 맞게 값을 출력한다.

```
// 점수를 누적하고 출력하는 함수
public void DisplayScore(int score)
{
    totScore += score;
    scoreText.text = $"<color=#00ff00>SCORE :</color> <color=#ff0000>{totScore:#,##0}</color>";
}
```

점수를 표시하는 숫자 포맷 #,##0은 3자리 수마다 콤마(,)를 추가한다는 의미다. 또한, #의 의미는 해당 자릿수에 미달하면 숫자를 표시하지 않는다. 앞서 0 포맷은 자릿수가 미달이어도 0으로 표기했었다. 아래 포맷의 예를 확인해보자.

```
{12345:#,##0} → 12,345
{123:#,##0} → 123
{123:0,000} → 0,123
{123:0000} → 0124
```

처음 게임이 실행되면 Start 함수에서 누적된 점수를 표시한다. 인자로 0을 전달했기 때문에 누적된 점수는 변경되지 않는다. 이 로직은 잠시 후 스코어 데이터를 저장하고 시작과 동시에 저장된 데이터를 로드해 출력하는 데 필요하다.

```
void Start()
{
    // 몬스터 오브젝트 풀 생성
    CreateMonsterPool();

    // SpawnPointGroup 게임오브젝트의 Transform 컴포넌트 추출
    Transform spawnPointGroup = GameObject.Find("SpawnPointGroup")?.transform;

    // SpawnPointGroup 하위에 있는 모든 차일드 게임오브젝트의 Transform 컴포넌트 추출
    foreach(Transform point in spawnPointGroup)
    {
        points.Add(point);
    }
```

```
    // 일정한 시간 간격으로 함수를 호출
    InvokeRepeating("CreateMonster", 2.0f, createTime);

    // 스코어 점수 출력
    DisplayScore(0);
}
```

스크립트를 수정하고 하이러키 뷰의 GameMgr을 선택한 후 GameManager의 Score Text 속성에 스코어 텍스트를 드래그해 연결한다.

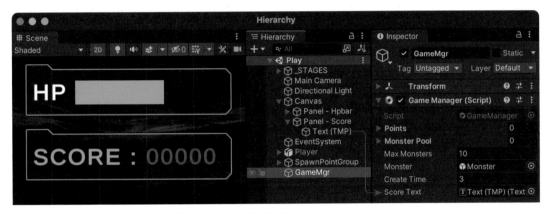

[그림 8-17] 스코어를 표시하는 Text(TMP)를 Score Text 속성에 연결

예제 게임을 실행하면 Start 함수에서 DisplayScore(0)을 호출해 다음과 같이 점수가 0으로 표시된다.

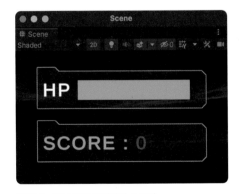

[그림 8-18] 0으로 초기화된 스코어

이제 MonsterCtrl 스크립트를 수정해 몬스터가 죽었을 때 GameManager의 DisplayScore를 호출하게 한다. MonsterCtrl 스크립트의 OnCollisionEnter 함수를 다음과 같이 수정한다.

스크립트 8-11 MonsterCtrl의 OnCollisionEnter 함수 – 스코어 점수를 누적시키는 로직

```csharp
void OnCollisionEnter(Collision coll)
{
    if (coll.collider.CompareTag("BULLET"))
    {
        // 충돌한 총알을 삭제
        Destroy(coll.gameObject);
        // 피격 리액션 애니메이션 실행
        anim.SetTrigger(hashHit);

        // 총알의 충돌 지점
        Vector3 pos = coll.GetContact(0).point;
        // 총알의 충돌 지점의 법선 벡터
        Quaternion rot = Quaternion.LookRotation(-coll.GetContact(0).normal);
        // 혈흔 효과를 생성하는 함수 호출
        ShowBloodEffect(pos, rot);

        // 몬스터의 hp 차감
        hp -= 10;
        if (hp <= 0)
        {
            state = State.DIE;
            // 몬스터가 사망했을 때 50점을 추가
            GameManager.instance.DisplayScore(50);
        }
    }
}
```

스크립트 수정이 완료되면 예제를 실행해 몬스터를 죽여보자. 점수가 누적되어 올라가는 것을 확인할 수 있다.

540   절대강좌! 유니티

[그림 8-19] 몬스터를 죽이면 누적되어 표시되는 스코어 UI

PlayerPrefs를 활용한 스코어 저장

예제 실행 시 죽인 몬스터의 수만큼 누적된 스코어는 다시 게임을 플레이하면 0으로 초기화된다. 유니티에서 제공하는 기본 저장 기능인 PlayerPrefs를 사용해 누적된 점수를 저장해보자.

PlayerPrefs 클래스는 int, float, string, bool 타입의 변수를 저장하고 로드하는 기능을 제공하며, 다음과 같은 메서드를 제공한다.

메서드	기능
DeleteAll	모든 키값을 삭제한다.
DeleteKey	특정 키값을 삭제한다.
GetFloat	지정한 float 타입의 키값을 로드한다.
GetInt	지정한 int 타입의 키값을 로드한다.
GetString	지정한 string 타입의 키값을 로드한다.
HasKey	해당 키가 존재하는지 반환한다.
Save	변경된 모든 키값을 물리적인 저장 공간에 저장한다.
SetFloat	지정한 키로 float 타입의 값을 저장한다.
SetInt	지정한 키로 int 타입의 값을 저장한다.
SetString	지정한 키로 string 타입의 값을 저장한다.

[표 8-1] PlayerPrefs 클래스의 속성과 메서드

데이터를 저장할 때는 다음과 같이 키 이름과 저장 데이터를 인자로 전달한다.

```
PlayerPrefs.SetInt("키이름", 데이터);
```

저장된 데이터를 불러올 경우 데이터 타입에 맞는 메서드를 사용해야 하며, 해당 키가 없으면 기본값을 지정할 수 있다.

```
float damage = PlayerPrefs.GetFloat("DAMAGE");
// PLAYER_LV 키가 생성되지 않았을 때 기본값 1을 반환한다.
int playerLevel = PlayerPrefs.GetInt("PLAYER_LV", 1);
```

GameManager 스크립트의 Start 함수와 DisplayScore 함수를 다음과 같이 수정한다. 실행 후 플레이해서 게임 스코어를 누적한 후 에디터 모드로 돌아왔다가 다시 실행했을 때 직전에 저장된 스코어가 표시되는지 확인해보자.

스크립트 8-12 GameManager – PlayerPrefs를 사용해 데이터 저장

```
void Start()
{
    // 몬스터 오브젝트 풀 생성
    CreateMonsterPool();

    // SpawnPointGroup 게임오브젝트의 Transform 컴포넌트 추출
    Transform spawnPointGroup = GameObject.Find("SpawnPointGroup")?.transform;

    // SpawnPointGroup 하위에 있는 모든 차일드 게임오브젝트의 Transform 컴포넌트 추출
    foreach(Transform point in spawnPointGroup)
    {
        points.Add(point);
    }

    // 일정한 시간 간격으로 함수를 호출
    InvokeRepeating("CreateMonster", 2.0f, createTime);

    // 스코어 점수 출력
    totScore = PlayerPrefs.GetInt("TOT_SCORE", 0);
    DisplayScore(0);
}
```

```
[중략…]

// 점수를 누적하고 출력하는 함수
public void DisplayScore(int score)
{
    totScore += score;
    scoreText.text = $"<color=#00ff00>SCORE :</color> <color=#ff0000>{totScore:#,##0}</color>";
    // 스코어 저장
    PlayerPrefs.SetInt("TOT_SCORE", totScore);
}
```

> ❷ 주의   PlayerPrefs의 보안성은 zero
>
> PlayerPrefs 클래스를 이용해 저장된 데이터는 보안성이 없다. 저장 경로의 plist 또는 xml 파일만 열면 바로 조회 및 수정이 가능하다. 따라서 중요한 게임 데이터는 절대로 PlayerPrefs로 관리해서는 안 된다. PlayerPrefs를 사용하더라도 암호화해서 저장해야 한다. 플랫폼별로 PlayerPrefs가 저장되는 경로는 다음 페이지에서 확인할 수 있다.
>
> • http://docs.unity3d.com/ScriptReference/PlayerPrefs.html

정리

게임 매니저의 기능은 앞서 소개한 것 말고도 레벨업에 따른 게임 난이도를 조정하고, 출현하는 몬스터의 종류, 출현 시간 간격 등 다양한 게임 밸런스를 위한 요소를 담을 수 있다. 또한, 싱글턴 패턴과 오브젝트 풀 디자인 패턴에 대해 살펴봤다. 자주 사용되는 디자인 패턴으로 독자 여러분의 프로젝트에 응용할 수 있기를 바란다.

• 이 장까지의 소스 코드 내려받기
   https://github.com/IndieGameMaker/SpaceShooter2021/releases/tag/8장

09

레이캐스트
활용

이번 장에서는 발사체를 이용한 충돌로직이외에 많이 사용하는 레이
캐스팅 기법에 대해 소개한다.

지금까지 구현한 발사 로직은 실제 Bullet 모델이 날아가서 몬스터와 충돌을 일으키는 방식으로 돼 있다. 발사체가 시각적으로 보이고 물리적인 충돌이 일어나게끔 하는 것을 Projectile이라 한다. 이러한 방식과는 달리 대부분의 FPS 게임에서는 사격 시 실제 총알이 날아가지 않고 발사와 동시에 적에 명중해서 혈흔 효과와 같은 이펙트를 연출하고 적이 사망하는 방식으로 구현되는 방식을 흔히 볼 수 있다.

레이캐스트

게임 개발에 막 입문한 독자라면 앞서 언급한 로직을 어떻게 구현했을지 궁금할 것이다. 유니티에서는 이러한 방식을 구현할 수 있는 레이캐스트(Raycast)를 제공한다. 눈에 보이지 않는 광선(Ray)을 쏘아서 해당 광선에 맞은 물체가 적인지 여부를 판단한 뒤 여러 가지 후처리를 하는 방식이다. 다음 그림과 같이 광선의 발사 원점과 발사각, 그리고 거리 등의 인자로 광선을 발사할 수 있다.

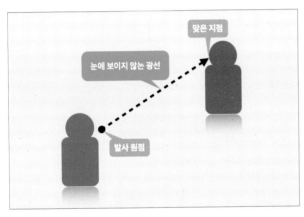

[그림 9-1] 레이캐스트의 개념

레이캐스트는 비단 발사 로직뿐만 아니라 감지 센서 역할과 클릭 후 이동, 또는 회전하는 데도 활용된다. 예를 들어, 디아블로나 리니지 같은 전통적인 쿼터뷰(Quarter View) 방식의 게임에서는 플레이어를 마우스 왼쪽 클릭으로 조작해 이동시킬 때 실제로는 마우스 포인트 위치로 레이캐스트해서 3차원 좌푯값을 읽어온 후 해당 좌표로 이동시킨다.

DrawRay

레이캐스트는 씬 뷰에서 시각적으로 표시되지 않기 때문에 개발할 때는 DrawRay 함수를 이용해 시각적으로 표시하고 개발을 진행해야 한다. FireCtrl 스크립트의 Update 함수에 다음과 같이 Debug.DrawRay 함수를 추가한다.

```
void Update ()
{
    // Ray를 시각적으로 표시하기 위해 사용
    Debug.DrawRay(firePos.position, firePos.forward * 10.0f, Color.green);

    // 마우스 왼쪽 버튼을 클릭했을 때 Fire 함수 호출
    if (Input.GetMouseButtonDown(0))
    {
        Fire();
    }
}
```

게임을 실행해 씬 뷰를 보면 플레이어 총구 앞에 있는 **FirePos** 게임오브젝트의 앞쪽으로 녹색 광선이 표시된 모습을 확인할 수 있다.

[그림 9-2] Debug.DrawRay를 활용해 Ray를 시각적으로 표현

레이캐스트가 어떤 객체를 검출하기 위해서는 그 객체가 하나 이상의 **Collider** 컴포넌트를 갖고 있어야 한다. 반대로 생각하면 **Collider**를 갖고 있는 모든 객체에 레이케스트가 반응한다는 의미다. 또한 주인공이 투사하고 있는 레이캐스트가 몬스터에게만 반응하기 위해 특정 레이어만을 감지하게 할 수 있다. 앞서 몬스터에 **MONSTER_BODY** 레이어를 지정했다. 모든 **Collider** 컴포넌트와의 충돌 여부를 검사하는 것보다 특정 레이어만 검출하는 것이 물리 엔진의 부하를 덜어준다.

Raycast, RaycastHit

이제 물리적인 총알의 용도는 단순히 시각적인 역할을 할 뿐이고, 실제 몬스터는 Ray에 맞았을 때 데미지를 입도록 로직을 수정해보자. 먼저 Ray에 맞아서 사망하는 결과를 확인하기 위해서 Instantiate 함수로 총알을 생성하는 로직은 잠시 주석 처리한다. FireCtrl 스크립트를 다음과 같이 수정한다.

스크립트 9-2 FireCtrl – 레이캐스팅 로직 추가

```
using System.Collections;
using System.Collections.Generic;
using UnityEngine;

// 반드시 필요한 컴포넌트를 명시해 해당 컴포넌트가 삭제되는 것을 방지하는 어트리뷰트
[RequireComponent(typeof(AudioSource))]
public class FireCtrl : MonoBehaviour
{
    // 총알 프리팹
    public GameObject bullet;
    // 총알 발사 좌표
    public Transform firePos;
    // 총소리에 사용할 오디오 음원
    public AudioClip fireSfx;

    // AudioSource 컴포넌트를 저장할 변수
    private new AudioSource audio;
    // Muzzle Flash의 MeshRenderer 컴포넌트
    private MeshRenderer muzzleFlash;

    // Raycast 결괏값을 저장하기 위한 구조체 선언
    private RaycastHit hit;

    void Start ()
    {
        audio = GetComponent<AudioSource>();

        // FirePos 하위에 있는 MuzzleFlash의 Material 컴포넌트를 추출
        muzzleFlash = firePos.GetComponentInChildren<MeshRenderer>();
        // 처음 시작할 때 비활성화
        muzzleFlash.enabled = false;
    }
```

```
void Update ()
{
    // Ray를 시각적으로 표시하기 위해 사용
    Debug.DrawRay(firePos.position, firePos.forward * 10.0f, Color.green);

    // 마우스 왼쪽 버튼을 클릭했을 때 Fire 함수 호출
    if (Input.GetMouseButtonDown(0))
    {
        Fire();

        // Ray를 발사
        if (Physics.Raycast(firePos.position,    // 광선의 발사 원점
                            firePos.forward,      // 광선의 발사 방향
                            out hit,              // 광선에 맞은 결과 데이터
                            10.0f,                // 광선의 거리
                            1 << 6))              // 감지하는 범위인 레이어 마스크
        {
            Debug.Log($"Hit={hit.transform.name}");
        }
    }
}

void Fire()
{
    // Bullet 프리팹을 동적으로 생성
    // Instantiate(bullet, firePos.position, firePos.rotation);
    // 총소리 발생
    audio.PlayOneShot(fireSfx, 1.0f);
    // 총구화염 효과 코루틴 함수 호출
    StartCoroutine(ShowMuzzleFlash());
}

IEnumerator ShowMuzzleFlash()
{
    // 오프셋 좌푯값을 랜덤함수로 생성
    Vector2 offset = new Vector2(Random.Range(0, 2), Random.Range(0, 2)) * 0.5f;
    // 텍스처의 오프셋 값 설정
    muzzleFlash.material.mainTextureOffset = offset;
```

```
// MuzzleFlash의 회전 변경
float angle = Random.Range(0, 360);
muzzleFlash.transform.localRotation = Quaternion.Euler(0, 0, angle);

// MuzzleFlash의 크기 조절
float scale = Random.Range(1.0f, 2.0f);
muzzleFlash.transform.localScale = Vector3.one * scale;

// MuzzleFlash 활성화
muzzleFlash.enabled = true;

// 0.2초간 대기(정지)하는 동안 메시지 루프로 제어권을 양보
yield return new WaitForSeconds(0.2f);

// MuzzleFlash 비활성화
muzzleFlash.enabled = false;
    }
}
```

Ray를 쏘아서 어떤 게임오브젝트에 맞았을 때 맞은 게임오브젝트의 정보를 반환받을 변수는 RaycastHit 타입으로 선언한다.

```
// Raycast 결괏값을 저장하기 위한 구조체 선언
private RaycastHit hit;
```

🔍 정보 ╲ RacycastHit 구조체의 주요 속성

RaycastHit 구조체의 주요 속성은 다음과 같다.

속성	설명
collider	맞은 게임오브젝트의 Collider 반환
transform	맞은 게임오브젝트의 Transform 반환
point	맞은 위치의 월드 좌푯값 반환(Vector3)
distance	발사 위치와 맞은 위치 사이의 거리
normal	Ray가 맞은 표면의 법선 벡터

[표 9-1] RaycastHit 구조체의 주요 속성

Update 함수에 추가한 Raycast 함수의 인자는 총 16가지의 사용법이 있으며, 여러분이 사용한 함수의 인자는 다음과 같다.

```
Physics.Raycast(발사원점, 발사방향, out 결괏값, 광선거리, 검출할_레이어)
```

Physics.Raycast 함수는 Ray를 투사해 조건에 맞는 객체에 닿으면 true 값을 반환한다. 즉, 적 캐릭터에 닿았을 때 true 값을 반환한다.

```csharp
// Raycast 결괏값을 저장하기 위한 구조체 선언
private RaycastHit hit;

void Update ()
{
    // Ray를 시각적으로 표시하기 위해 사용
    Debug.DrawRay(firePos.position, firePos.forward * 10.0f, Color.green);

    // 마우스 왼쪽 버튼을 클릭했을 때 Fire 함수 호출
    if (Input.GetMouseButtonDown(0))
    {
        Fire();

        // Ray를 발사
        if (Physics.Raycast(firePos.position,    // 광선의 발사 원점
                            firePos.forward,      // 광선의 발사 방향
                            out hit,              // 광선에 맞은 결과 데이터
                            10.0f,                // 광선의 거리
                            1 << 6))              // 감지하는 범위인 레이어 마스크
        {
            Debug.Log($"Hit={hit.transform.name}");
        }
    }
}
```

게임을 실행해 마우스 왼쪽 버튼을 클릭하면 총알은 발사되지 않고 총구 화염 효과와 총소리만 들린다. 대신 콘솔 뷰에 다음과 같이 Ray에 맞은 몬스터의 이름이 표시된다.

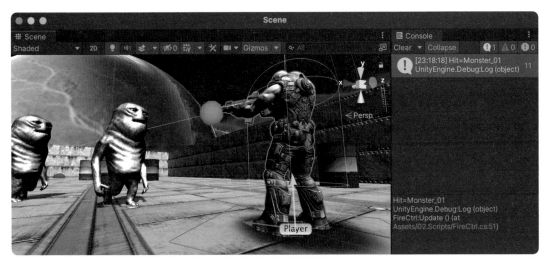

[그림 9-3] 레이캐스트에 맞은 몬스터의 이름이 표시된 콘솔 뷰

실제로 Bullet 모델을 발사해 충돌을 발생시킨 이전 로직은 MonsterCtrl 스크립트의 OnCollision Enter 함수에서 피격 시 혈흔 효과와 hp 수치를 감소시켰다. 그러나 레이캐스트로 변경한 방식은 실제 충돌이 발생하지 않아 OnCollisionEnter 콜백 함수는 당연히 발생하지 않는다. 대신 총을 쏜 플레이어가 몬스터에게 "너, 총 맞았으니까 Hp 줄이고 피 흘려라"라고 알려줘야 한다. MonsterCtrl 스크립트에 다음과 같이 OnCollisionEnter 함수를 수정하고 OnDamage 함수를 추가한다.

스크립트 9-3 MonsterCtrl – OnCollisionEnter 함수의 수정 및 OnDamage 함수 추가

```
void OnCollisionEnter(Collision coll)
{
    if (coll.collider.CompareTag("BULLET"))
    {
        // 충돌한 총알을 삭제
        Destroy(coll.gameObject);
    }
}

// 레이캐스트를 사용해 데미지를 입히는 로직
public void OnDamage(Vector3 pos, Vector3 normal)
{
    // 피격 리액션 애니메이션 실행
    anim.SetTrigger(hashHit);
```

```
        Quaternion rot = Quaternion.LookRotation(normal);

        // 혈흔 효과를 생성하는 함수 호출
        ShowBloodEffect(pos, rot);

        // 몬스터의 hp 차감
        hp -= 30;
        if (hp <= 0)
        {
            state = State.DIE;
            // 몬스터가 사망했을 때 50점을 추가
            GameManager.instance.DisplayScore(50);
        }
    }
}
```

이제 FireCtrl 스크립트에서 MonsterCtrl 스크립트의 OnDamage 함수를 호출한다. FireCtrl 스크립트의
Update 함수와 Fire 함수를 다음과 같이 수정한다.

스크립트 9-4 FireCtrl – OnDamage 함수 호출 로직 추가 및 Fire 함수 수정

```
void Update ()
{
    // Ray를 시각적으로 표시하기 위해 사용
    Debug.DrawRay(firePos.position, firePos.forward * 10.0f, Color.green);

    // 마우스 왼쪽 버튼을 클릭했을 때 Fire 함수 호출
    if (Input.GetMouseButtonDown(0))
    {
        Fire();

        // Ray를 발사
        if (Physics.Raycast(firePos.position,      // 광선의 발사 원점
                            firePos.forward,       // 광선의 발사 방향
                            out hit,               // 광선에 맞은 결과 데이터
                            10.0f,                 // 광선의 거리
                            1 << 6))               // 감지하는 범위인 레이어 마스크
        {
            Debug.Log($"Hit={hit.transform.name}");
```

```
            hit.transform.GetComponent<MonsterCtrl>()?.OnDamage(hit.point, hit.normal);
        }
    }
}

void Fire()
{
    // Bullet 프리팹을 동적으로 생성
    Instantiate(bullet, firePos.position, firePos.rotation);
    // 총소리 발생
    audio.PlayOneShot(fireSfx, 1.0f);
    // 총구 화염 효과 코루틴 함수 호출
    StartCoroutine(ShowMuzzleFlash());
}
```

예제 게임을 실행해 총을 발사하면 물리적인 Bullet에 맞았을 때와 같은 효과가 발생하는 것을 확인할 수
있다.

[그림 9-4] Raycast를 이용해 Ray에 맞은 위치에서 혈흔 효과가 발생하며 데미지를 입는 몬스터

MonsterCtrl 스크립트의 OnCollisionEnter 함수에서 몬스터에 데미지를 입히는 로직은 모두 OnDamage
함수로 이동했기 때문에 물리적인 총알에 맞아도 데미지에는 영향을 주지 않는다. 따라서 FireCtrl 스크립
트의 Fire 함수에서 주석 처리했던 Instantiate 함수는 다시 주석을 해제한다. 즉, 총알은 시각적인 효과
로만 사용하는 것이다.

예제 게임을 실행하면 다시 총알이 발사되지만 실제 몬스터에게 데미지를 주는 로직은 레이캐스트를 통해서 전달된다.

정리

이번 장에서는 단순히 총 발사 로직에 활용했지만, 레이캐스트는 근접 센서, NPC의 시야각, 공중에 떠 있는 상태 체크와 같이 다양한 기능을 구현할 때 매우 유용하게 활용하는 기능이다. 따라서 어떤 로직을 구현할 때 한 번쯤은 레이케스트를 적용할 수 있는지 고민해보길 권한다.

- **이 장까지의 소스 코드 내려받기**

  https://github.com/IndieGameMaker/SpaceShooter2021/releases/tag/9장

10

내비게이션
고급 기법

이번 장에서는 길찾기 알고리즘인 내비게이션을 사용해 주인공 캐릭
터를 추적하는 로직을 구현한다. 또한, 동적 장애물 처리와 끊어진 메
시를 연결하는 Off Mesh Link 기능에 대해서도 소개한다.

동적 장애물

지금까지 제작했던 게임에서 드럼통을 장애물로 설정해 적 캐릭터가 이 장애물을 회피하면서 주인공을 추적하게 했다. 하지만 드럼통을 폭파시킨 이후에도 여전히 적 캐릭터는 그 지점을 장애물로 인식하는 문제점이 있다. 이는 드럼통이 폭파한 후에도 미리 베이크했던 내비메시에서 여전히 그 지점은 지나갈 수 없는 영역이기 때문이다. 이와 같은 문제는 동적으로 변경되는 장애물에 NavMeshObstacle 컴포넌트를 활용하면 쉽게 해결할 수 있다.

[그림 10-1] 드럼통이 폭발하고 난 후에도 장애물로 인식하는 적 캐릭터

NavMeshObstacle 컴포넌트

먼저 프로젝트 뷰에서 Barrel 프리팹을 선택하고 Navigation Static 옵션을 제거한다. 이때 하위의 객체 모두 다 적용할 것인지를 묻는 다이얼로그 창이 나온다. [Yes, change children] 버튼을 클릭해 모두 다 변경한다.

[그림 10-2] Barrel 프리팹의 Static 옵션을 모두 해제

메뉴에서 [Window] → [AI] → [Navigation]을 선택해 내비게이션 뷰를 열고 다시 베이크한다. 이전과는 달리 드럼통 주위에 구멍이 생기지 않고 Floor 바닥 전체가 내비메시로 베이크된다.

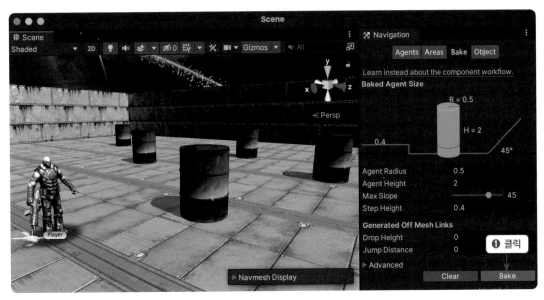

[그림 10-3] 바닥 전체가 내비메시로 베이크된 모습

프로젝트 뷰의 **Barrel** 프리팹 원본을 선택하고 인스펙터 뷰의 [Open Prefab] 버튼을 클릭하면 프리팹을 수정할 수 있는 에디트 모드로 전환된다. Barrel을 선택하고 메뉴에서 [Component] → [Navigation] → [Nav Mesh Obstacle]을 선택해 **NavMeshObstacle** 컴포넌트를 추가한다. **Shape** 속성은 동적 장애물의 외형을 결정하는 것으로, **Box**, **Capsule** 중 하나를 선택할 수 있다. 드럼통 외형에 적합한 **Capsule**로 변경하고 다음과 같이 속성을 수정한다.

속성	설정값
Shape	Capsule
Center	(0, 1.25, 0)
Radius	0.8
Height	2.5

[표 10-1] NavMeshObstacle 속성 설정값

[그림 10-4] NavMeshObstacle 컴포넌트를 추가한 Barrel

프리팹의 에디트 모드 창의 Auto Save 옵션이 체크돼 있기 때문에 변경사항이 자동으로 저장된다. 하이러키 뷰의 Barrel 왼쪽에 있는 [◁] 표시를 클릭하거나 씬 뷰의 [Scenes] 글자를 클릭하면 이전 화면으로 돌아간다.

[그림 10-5] 이전 화면으로 돌아가는 버튼

예제 게임을 실행해 드럼통이 폭발한 이후 추적하는 적 캐릭터가 아직도 그 위치를 장애물로 인식하는지 확인해보자. 다음과 같이 드럼통이 있을 때는 장애물로 인식해서 우회해 경로를 설정하지만, 드럼통을 폭파시킨 이후에는 장애물이 없어졌기 때문에 직선으로 추적해온다.

[그림 10-6] 동적 장애물의 유무에 따라 다른 추적 경로로 이동하는 적 캐릭터

동적 장애물 기능을 구현하기에는 충분한 것으로 생각되지만 [그림 10-7]과 같이 Nav Mesh Obstacle이 적용된 드럼통들이 촘촘히 배치된 경우 그 사이를 관통해 지나가려는 경로를 산출한다. 아마도 독자 여러분이 예측한 경로는 촘촘히 배치된 드럼통을 크게 돌아서 추적하는 형태일 것이다.

[그림 10-7] Nav Mesh Obstacle이 적용된 장애물 사이를 뚫고 나가려는 현상

Nav Mesh Obstacle에 Carve 속성을 활용해 이러한 현상을 해결할 수 있다. Carve 속성을 체크하면 실시간으로 내비메시가 변경된다. 따라서 촘촘히 배치된 드럼통을 우회해 추적할 수 있다.

[그림 10-8] Carve 옵션을 체크해 실시간으로 변경되는 내비메시

Carve 속성은 내비메시를 실시간으로 갱신하기 때문에 연산 부하가 크다. 따라서 Carve 속성을 체크하면 하위에 표시되는 여러 옵션을 통해 부하를 줄이기 위해 최적의 설정값을 찾아야 한다.

Carve 옵션	설명
Move Threshold	속성값의 거리만큼 이동했을 때 내비메시를 갱신한다.
Time To Stationary	동일 위치에서 일정 시간 동안 정지했을 때 내비메시를 갱신한다.
Carve Only Stationary	정지 상태에만 내비메시를 갱신한다.

[표 10-2] Carve 기능의 부하를 줄이는 임계치 속성

Off Mesh Link Generation

내비게이션은 기본적으로 3D 메시의 정보를 기반으로 내비메시를 생성한다. 따라서 서로 분리된 메시는 추적할 수 없다. 다만 Off Mesh Link를 통해 서로 분리된 메시를 연결할 수 있다. 즉, 추적이 가능하게 연결고리를 생성할 수 있다.

계단 모델을 설치해보자. 내려받은 리소스의 "Resources/Models" 폴더에 있는 Stair 패키지를 설치한다. 프로젝트 뷰에 임포트된 "Stair" 폴더는 "05.Models"로 옮긴다. Stair 폴더 하위에 있는 Stair 모델을 씬 뷰로 드래그해서 추가하고 적절한 위치에 배치한다. 추가한 Stair는 _STAGES 게임오브젝트 하위로 차일드화한다.

[그림 10-9] Stair 패키지를 임포트한 후 씬 뷰에 배치한 계단

추가한 Stair는 아랫부분이 바닥에 묻히게 높이를 조절한다. 내비메시를 베이크하기 위해 Static 옵션 중 Navigation Static과 Off Mesh Link Generation을 함께 선택해야 한다.

[그림 10-10] 두 개의 Static 옵션 선택

다른 방법으로는 하이러키 뷰에서 Stair를 선택하고 내비게이션 뷰를 열어 [Object] 탭의 Navigation Static과 Generate OffMesh Links 옵션을 모두 체크한다.

[그림 10-11] Navigation 뷰에서 Static 옵션 설정

내비게이션 뷰의 [Bake] 탭을 클릭하고 Generated Off Mesh Links 속성 중 Drop Height 속성을 5 정도로 입력한다. Drop Height 속성은 Off Mesh Link가 생성되는 최대 높이를 지정하는 것으로 Drop Height 이하에서만 링크가 생성된다. 반면 Jump Distance 속성은 같은 높이에서 장애물을 뛰어넘을 수 있는 거리를 설정하는 옵션이다. [Bake] 버튼을 클릭해 내비메시를 베이크하면 다음과 같이 연결선이 보인다.

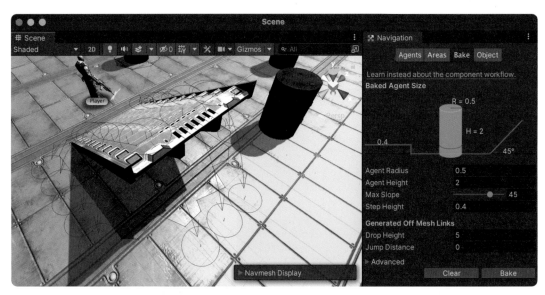

[그림 10-12] Off Mesh Link가 생성되어 분리된 메시 간에 연결된 모습

계단 모델인 Stair는 Collider가 없기에 주인공이 이동해서 올라갈 수 없다. 하이러키 뷰에서 Stair를 선택하고 Mesh Collider 컴포넌트를 추가한다. 물리 엔진의 연산 부하를 줄이기 위해 Mesh Collider 컴포넌트의 Convex 속성을 체크해 폴리곤 수를 낮춘다. 아래 그림은 Mesh Renderer 컴포넌트를 잠시 비활성화해서 Mesh Collider가 어떻게 생성됐는지를 확인해 본 것이다.

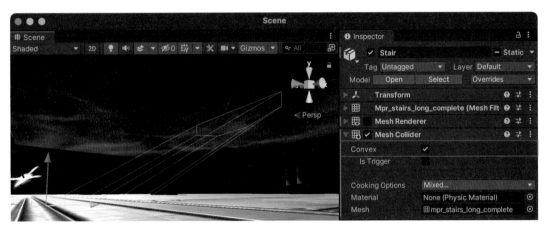

[그림 10-13] Mesh Collider 컴포넌트의 Convex 속성을 체크해 폴리곤을 낮춘 충돌체

이제 게임을 실행해 주인공을 계단 위로 이동시켜 본다. 주인공이 계단 위로 올라가면 몬스터도 따라서 올라오고, 주인공이 계단 밑으로 뛰어내리면 적 캐릭터도 가장 가까운 Off Mesh Link를 통해 뛰어내린다.

[그림 10-14] 주인공을 따라 뛰어내리는 몬스터

내비게이션 뷰의 [Bake] 탭에 있는 Agent Radius 값을 조절해 자동으로 생성할 Off Mesh Link의 간격을 조절할 수 있다. Agent Radius 값을 0.2로 수정하고 다시 베이크하면 다음 그림과 같이 Off Mesh Link가 촘촘하게 생성된다.

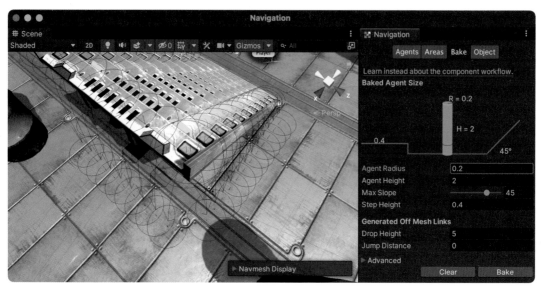

[그림 10-15] Agent Radius 값을 조절해 Off Mesh Link의 간격을 조절

사용자 정의 Off Mesh Link

자동으로 생성된 Off Mesh Link는 Drop Height 높이 이내인 조건만 만족하면 무조건 생성된다. 게임 내 시나리오상 특정 지점에서만 링크를 허용해야 할 경우가 있다면 앞서 적용했던 방법은 적합하지 않다. 따라서 계단 상단에서 바닥으로 연결하는 하나의 사용자 정의 Off Mesh Link를 만들어 보자.

하이러키 뷰의 Stair를 선택한 후 내비게이션 뷰의 [Object] 탭에서 Generate OffMeshLinks 속성을 언체크하고 [Bake] 버튼을 클릭해 내비메시를 다시 베이크한다. 앞서 생성됐던 Off Mesh Link들은 모두 제거된다.

Stair 하위에 빈 게임오브젝트를 2개 생성한 후 하나는 "StartPos", 또 다른 하나는 "EndPos"로 이름을 지정한다. 씬 뷰에서 보일 수 있게 MyGizmo 스크립트를 추가하거나 인스펙터 뷰에서 Icon을 지정하고, StartPos는 계단 위에 배치하고 EndPos는 뛰어내린 후 착지할 지점으로 배치한다. 다만 내비메시 영역에 절반 정도 걸치게 해야 Off Mesh Link가 정상적으로 연결된다.

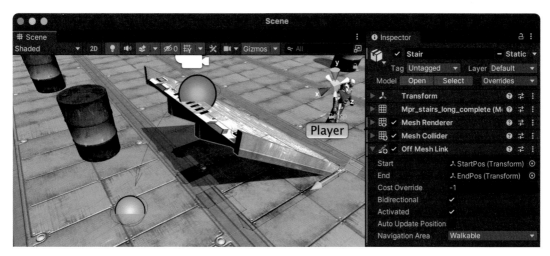

[그림 10-16] 원하는 위치에 생성한 Off Mesh Link

Off Mesh Link 컴포넌트는 내비메시를 베이크하지 않아도 자동으로 생성되며 기본으로 양방향으로 연결
돼 있다. 이는 밑에서도 경사로 위로 뛰어 올라갈 수 있다는 의미다. Bi Directional 옵션을 언체크하면
단방향으로만 링크가 생성되어 Start 지점에서 End 지점으로 방향성을 갖게 된다.

Activated는 런타임 시 Off Mesh Link를 활성/비활성화하는 옵션이다. 또한 런타임 시 링크의 위치가 변
경될 때 이를 반영해 링크의 위치를 갱신하는 것이 Auto Update Positions 옵션이다. 물론 연산 부하를
줄이기 위해 조금의 시차를 두고 링크가 변경된다.

자연스러운 회전 처리

현재 몬스터의 이동과 회전은 NavMeshAgent에서 처리하고 있다. 이동과는 다르게 회전 로직은 이동하면서
회전하기 때문에 부자연스러운 동작을 볼 수 있다. 따라서 빠르게 회전 처리하고 이동하도록 스크립트에서
직접 회전 로직을 구현해본다.

MonsterCtrl 스크립트의 Awake 함수를 수정하고 Update 함수를 다음과 같이 추가한다.

[중략…]

```csharp
void Awake ()
{
    // 몬스터의 Transform 할당
    monsterTr = GetComponent<Transform>();

    // 추적 대상인 Player의 Transform 할당
    playerTr = GameObject.FindWithTag("PLAYER").GetComponent<Transform>();

    // NavMeshAgent 컴포넌트 할당
    agent = GetComponent<NavMeshAgent>();
    // NavMeshAgent의 자동 회전 기능 비활성화
    agent.updateRotation = false;

    // Animator 컴포넌트 할당
    anim = GetComponent<Animator>();

    // BloodSprayEffect 프리팹 로드
    bloodEffect = Resources.Load<GameObject>("BloodSprayEffect");
}

void Update()
{
    // 목적지까지 남은 거리로 회전 여부 판단
    if (agent.remainingDistance >= 2.0f)
    {
        // 에이전트의 이동 방향
        Vector3 direction = agent.desiredVelocity;
        // 회전 각도(쿼터니언) 산출
        Quaternion rot = Quaternion.LookRotation(direction);
        // 구면 선형보간 함수로 부드러운 회전 처리
        monsterTr.rotation = Quaternion.Slerp(monsterTr.rotation,
                                              rot,
                                              Time.deltaTime * 10.0f);
    }
}
```

[중략…]

Awake 함수에서 직접 회전 처리를 하기 위해 NavMeshAgent.updateRotate 속성을 false로 지정해 회전 기능을 비활성화했다.

```
// NavMeshAgent 컴포넌트 할당
agent = GetComponent<NavMeshAgent>();
// NavMeshAgent의 자동 회전 기능 비활성화
agent.updateRotation = false;
```

Update 함수에서 사용한 NavMeshAgent.remainingDistance는 목적지까지 남은 거리가 얼마인지를 가리키는 속성이다. 따라서 목적지와 거리가 2미터 이상일 때 회전 처리하는 로직이다.

```
void Update()
{
    // 목적지까지 남은 거리로 회전 여부 판단
    if (agent.remainingDistance >= 2.0f)
    {
        // 에이전트의 이동 방향
        Vector3 direction = agent.desiredVelocity;
        // 회전 각도(쿼터니언) 산출
        Quaternion rot = Quaternion.LookRotation(direction);
        // 구면 선형보간 함수로 부드러운 회전 처리
        monsterTr.rotation = Quaternion.Slerp(monsterTr.rotation,
                                              rot,
                                              Time.deltaTime * 10.0f);
    }
}
```

예제 게임을 실행해보면 몬스터가 빠르게 회전하는 것을 확인할 수 있다. 이처럼 이동 또는 회전 처리를 직접 구현해야 하는 경우에는 updatePosition과 updateRotate 속성을 활용한다. 다음은 세밀하게 NavMeshAgent를 컨트롤할 때 유용한 속성이다.

속성	설명
updatePosition	위치를 자동으로 이동시키는 옵션
updateRotation	자동으로 회전시키는 옵션
remainingDistance	목적지까지 남은 거리
velocity	에이전트의 현재 속도

속성	설명
desireVelocity	장애물 회피를 고려한 이동 방향
pathPending	목적지까지의 최단거리 계산이 완료됐는지 여부
isPathStale	계산한 경로의 유효성 여부(동적 장애물, OffMeshLink)

[표 10-3] NavMeshAgent의 주요 속성

Area Mask의 활용

내비게이션 기능 중에서 특정 경로에 가중치를 적용해 NavMeshAgent에서 최단 거리를 계산할 때 경로의 가중치를 고려할 수 있다. 즉, 게임의 시나리오에 따라서 이동 시 힘이 덜 드는 평평한 길과 진흙 길과 수영해서 가야 하는 물이 있다고 가정한다면 당연히 걸어서 갈 수 있는 평평한 길이 가장 가중치(비용)가 적게든다.

경로의 가중치

내비게이션 뷰의 Areas 탭을 클릭하면 Area Mask와 Cost를 설정할 수 있다. 여기에 다음과 같이 3개의 Area Mask를 지정하고 각각의 Cost를 입력한다.

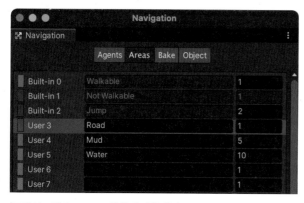

[그림 10-17] Area Mask 생성 및 비용 설정

스테이지에 다음과 같이 세 갈래 길을 구현하고 각각의 Area Mask를 Road, Mud, Water로 지정한다. 하이러키 뷰에서 해당 길을 선택한 후 내비게이션 뷰의 Object 탭에서 Area Mask를 선택할 수 있다.

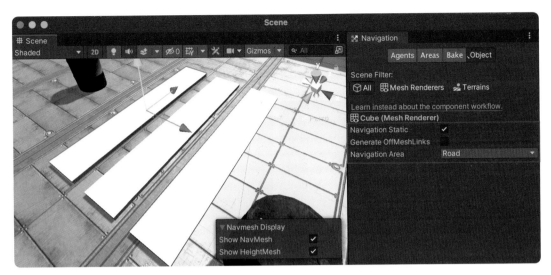

[그림 10-18] Area Mask를 각각 지정

Area Mask를 지정한 후 다시 베이크하면 세 개의 길이 각기 다른 색으로 내비메시가 베이크된 것을 알 수 있다.

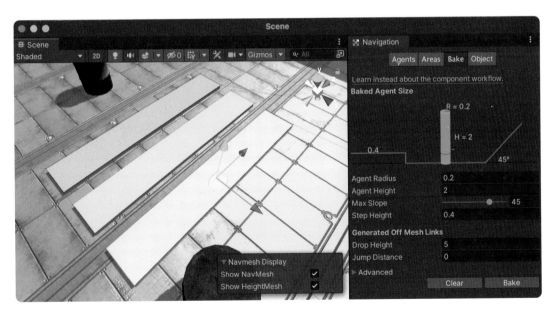

[그림 10-19] Area Mask 지정 후 다시 베이크한 내비메시

테스트를 위해 몬스터 프리팹을 주인공 캐릭터의 건너편에 배치하고 실행하면 최단 거리의 경로보다 가중치(Cost)가 낮은 경로를 선택해 이동하는 것을 볼 수 있다. 다음 그림은 왼쪽부터 가중치를 1, 5, 10으로 설정했을 때의 결과다.

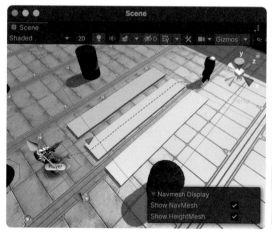 

[그림 10-20] 가중치를 반영한 최단 거리를 따라서 이동하는 몬스터

정리

이번 장에서는 동적 장애물과 Off Mesh Link를 자동 및 수동으로 생성하는 방법을 살펴봤다. 이 기능들은 게임 개발 시 유용하게 활용할 수 있는 기능으로 숙지하기를 권장한다.

- **이 장까지의 소스 코드 내려받기**

  https://github.com/IndieGameMaker/SpaceShooter2021/releases/tag/10장

이번 장에서는 조명의 다양한 모드에 따른 차이점과 라이트 맵핑과
라이트 프로브 기능에 대한 전반적인 내용을 실습한다.

라이트매핑 및
라이트 프로브

유니티에서 제공하는 라이트매핑 엔진은 여러 차례 변경된 이력이 있다. 기존 라이트맵 엔진인 인라이튼(Enlighten)은 더는 지원하지 않고 새롭게 추가된 Progressive CPU, Progressive GPU 라이트매퍼(Lightmapper)를 제공한다. 먼저 라이트매핑에 들어가기에 앞서 기본 지식인 전역 조명(Global Illumination, GI)과 라이트 모드에 대해 살펴보자.

전역 조명

전역 조명은 3D 지오메트리(Geometry)에서 직접 광원(Direct Light)과 다른 물체에 반사된 간접 광원(Indirect Light) 및 그림자를 렌더링해 좀 더 사실적인 조명을 구현하는 것을 말한다. 전역 조명의 연산 처리는 많은 부하를 주기 때문에 대상 하드웨어의 성능에 따라서 실시간 연산이 거의 불가능한 경우가 있다. 따라서 유니티는 실시간 전역 조명(Realtime GI)과 미리 계산된 전역 조명(Precomputed Realtime GI)을 처리하는 기능을 제공한다.

조명 모드

유니티에서 제공하는 조명은 Realtime, Mixed, Baked의 세 가지 모드(Light Mode)가 있다. 하이러키 뷰의 Directional Light를 선택해 확인해보자.

[그림 11-1] Light의 세 가지 모드

Realtime 모드

Realtime 모드의 조명은 실시간 조명으로 설정하는 것으로, 씬에 직접 광을 적용하며 매 프레임 조명 연산을 해서 화면을 업데이트한다. 그만큼 연산 부하가 크다는 의미다. 실시간 조명은 직접 광원만 적용하고 간접 광원과는 관계가 없다. 또한 다른 조명과 연관 없이 단독으로 적용돼 반사광 효과도 없기 때문에 실시간 조명으로 생기는 그림자는 검은색으로 표현된다.

실시간 조명 모드에서 전역 조명을 사용하려면 라이팅 뷰(Lighting View)의 Realtime Lighting 섹션에서 Realtime Global Illumination 옵션에 체크한다. 이 옵션은 향후 제거될 예정이다.

[그림 11-2] Deprecated된 Realtime Global Illumination 기능

Mixed 모드

Mixed 모드의 조명은 라이팅 뷰의 Mixed Lighting 섹션에 있는 Lighting Mode 속성에 따라 조명 처리 방법이 달라진다.

Lighting Mode 속성은 Baked Indirect, Subtractive, Shadowmask의 세 가지 옵션이 있으며, 각각 다음과 같다.

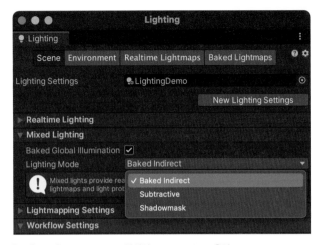

[그림 11-3] Mixed Lighting 섹션의 Lighting Mode 옵션

Lighting Mode 옵션	설명
Lighting Mode	실시간 조명 및 전역 조명의 연산 처리
Baked Indirect	간접 광원만 미리 계산해 베이크하며 그림자는 베이크 대상에서 제외된다. Mixed 모드로 설정된 조명은 씬에서 실시간 조명 기능을 유지한다. 이 옵션은 중급 사양의 PC 또는 고성능 모바일 디바이스에 적합하다.
Subtractive	정적(Static)인 객체의 직접, 간접 광원과 그림자를 모두 베이크한다. 모바일 디바이스에 적합한 옵션이며, Mixed로 설정된 Light 컴포넌트가 실시간 조명 처리를 하지 않는다.
Shadowmask	직접 광원은 실시간 조명으로 처리하고 간접 광원과 Light Probe는 라이트맵에 저장한다. 그림자는 별도의 텍스처인 섀도마스크에 저장한다.

[표 11-1] Lighting Mode별 라이트맵 생성 방법

Baked 모드

Baked 모드의 조명은 런타임 시 조명 연산 처리를 하지 않는 조명이다. 정적(Static)인 물체에 전역 조명과 그림자를 생성한다. 동적인 물체의 조명 효과는 라이트 프로브(Light Probe)를 통해 적용한다. 또한 Baked 모드의 조명은 스페큘러(Specular) 조명 효과도 표현할 수 없기에 리플렉션 프로브(Reflection Probe)를 사용해 구현해야 한다.

라이트매핑

라이트매핑은 씬에 배치된 모든 3D 모델에 영향을 미치는 직접 조명, 간접 조명 및 그림자의 효과를 텍스처로 미리 만드는 과정을 말한다. 그 결과로 만들어진 텍스처 파일을 라이트맵(Lightmap)이라 하며, 이 라이트맵을 만드는 일련의 과정을 "베이크한다"라고 표현한다.

라이트맵은 런타임 시 실시간 렌더링 화면과 오버레이(Overlay)돼 믹싱된다. 따라서 런타임 시 전역 조명에 대한 연산 처리를 하지 않고도 높은 품질의 조명 효과를 구현할 수 있다.

Generate Lightmap UVs 옵션

라이트매핑을 적용하려면 먼저 외부에서 임포트한 3D 모델의 UV를 설정해야 한다. 대부분의 모델은 설정돼 있지만, 10장에서 계단으로 사용했던 Stair 모델은 프로젝트 뷰에서 모델을 선택한 후 Models 탭에서 Generate Lightmap UVs 속성을 체크해야 라이트매핑 효과가 적용된다. 프로젝트 뷰의 "05.Models/Stair" 폴더의 Stair 모델을 선택하고 인스펙터 뷰에서 이 속성을 체크한 후 하단에 있는 [Apply] 버튼을 클릭한다.

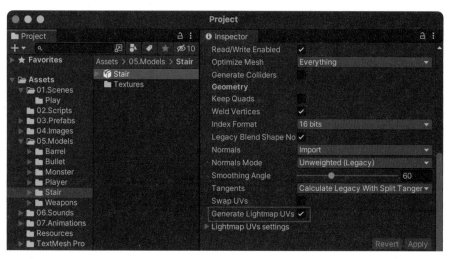

[그림 11-4] 3D 모델의 Import Setting에 있는 Generate Lightmap UVs 옵션 확인

Contribute GI 플래그

라이트매핑을 하려면 라이트매퍼에 그 대상을 알려줘야 한다. 따라서 Barrel, Floor, Wall, Stair를 선택하고 인스펙터 뷰의 Static 플래그 중 Contribute GI을 체크해야 한다.

하이러키 뷰에서 일일이 선택할 수도 있지만 개수가 많기 때문에 프로젝트 뷰의 원본 프리팹을 선택해 플래그를 변경한다. 이 Static 플래그는 체크 박스를 통해 모두 선택할 수도 있지만 드럼통 같은 경우에는 동적 장애물 처리를 했기에 모두 선택하면 고정돼 폭발하지 않는다. 따라서 Barrel 프리팹은 Contribute GI만 체크해야 한다. 나머지 Floor, Wall, Stair는 모두 다 체크하거나 Contribute GI과 Navigation Static 을 함께 체크해야 한다.

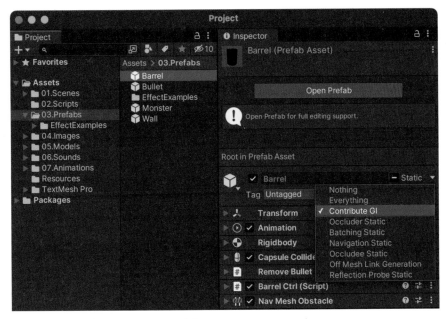

[그림 11-5] Barrel 프리팹의 Static 플래그 설정

Contribute GI 플래그를 체크하지 않으면 라이트매핑 대상에서 제외된다는 점을 꼭 명심하자.

라이팅 뷰

메뉴에서 [Window] → [Rendering] → [Lighting]을 선택해 라이팅 뷰(Lighting View)를 열고 [Scene] 탭을 클릭한다. 라이팅 뷰는 4개의 영역으로 분리돼 있으며 라이트 매핑을 위한 다양한 속성을 제공한다. 먼저 [Scene] 탭의 속성은 다음과 같다.

속성	설명
Lighting Settings	라이트 매핑 정보를 저장하는 에셋을 지정
Realtime Lighting	실시간 전역 조명(Realtime Global Illumination) 기능의 활성화 여부를 결정
Mixed Lighting	혼합 조명(Mixed Lighting) 기능의 활성화 여부를 결정 • Baked Global Illumination: 전역 조명을 베이크할 것인지를 결정하는 옵션 • Lighting Mode: 세 가지 옵션 설정([표 11-1]참고)
Lightmapping Settings	라이트매퍼의 주요 옵션 설정 • Progressive / Enlighten 라이트매퍼를 선택 • 직접 광원 / 간접 광원의 품질 설정 • 간접 광원의 바운스(Bounce) 설정 • 라이트맵의 텍셀(Texel) 설정(라이트맵의 해상도 설정) • 라이트맵의 텍스처 사이즈 설정 • 라이트맵의 압축 기능 사용 여부 설정(압축을 하면 퀄리티가 떨어질 수 있음) • Ambient Occlusion 효과의 적용 여부

[표 11-2] 라이팅 뷰의 [Scene] 탭의 속성

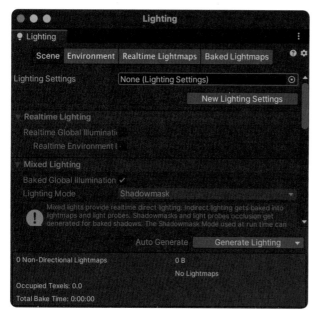

[그림 11-6] 라이팅 뷰의 [Scene] 탭

한 번도 라이트 맵을 베이킹하지 않았다면 모든 섹션이 비활성화돼 있을 것이다. 이는 라이트 매핑 정보를 저장하는 `Lighting Settings` 에셋을 생성하지 않았기 때문이다. [New Lighting Settings] 버튼을 클릭해 새로운 라이팅 세팅을 생성한다. 생성한 라이트 세팅의 이름을 씬 이름과 동일하게 "Play"라고 지정한다.

[그림 11-7] 씬에 적용할 라이팅 세팅 에셋의 생성

라이팅 뷰의 `Lighting Settings` 속성에는 `Play` 라이팅 세팅이 자동으로 연결된다. 씬별로 라이트 매핑 정보가 다르다면 별도의 라이팅 세팅 에셋을 만들어 해당 씬에 연결해야 한다.

[그림 11-8] 라이팅 뷰의 Lighting Settings 속성에 연결

다음 표는 [Environment] 탭의 속성으로, 환경 광원에 대한 설정 옵션들을 제공한다.

속성	설명
Environment	환경 광원에 대한 설정
	• 스카이박스와 태양 광원의 설정
	• 실시간 그림자의 색상 설정
	• 환경 광원(Ambient Light)의 소스, 조도, 베이크 모드를 설정하는 옵션
	• 반사 광원(Reflection Light)의 소스, 조도, 압축 등을 설정하는 옵션
Other Settings	기타 설정 옵션
	• 안개 효과의 사용 여부
	• 헤일로(Halo) 효과의 사용 여부
	• 플레어(Flare) 효과의 속성 설정
	• 라이트에 적용할 쿠키(Cookie)를 지정하는 속성

[표 11-3] 라이팅 뷰의 [Environment] 탭의 속성

유니티는 작업하는 동안에 백그라운드로 라이트맵을 베이크할 수 있다. 라이팅 뷰 하단에 있는 Auto Generate 속성을 체크하면 라이트맵을 백그라운드로 베이크한다. 즉, 씬 뷰에 새로운 3D 모델 또는 조명을 배치하거나 위치를 변경하면 라이트매퍼가 다시 베이크 작업을 시작한다. 이처럼 라이트맵이 베이크되기 시작하면 유니티 에디터의 오른쪽 아래에 있는 상태 바에 베이크 과정이 표시되며 작업 예상 시간이 표시된다.

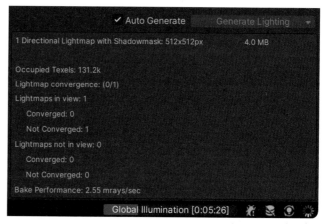

[그림 11-9] Auto Generate 옵션에 의해 자동으로 베이크되는 라이트 맵

Auto Generate 옵션이 체크된 상태에서 베이크된 라이트맵은 캐시에 저장된다. 이 캐시를 GI Cache라 하며 Preferences 창에서 캐시의 저장 경로와 사이즈를 설정할 수 있다. 기본 용량은 10GB로 설정돼 있으며 Custom cache location을 체크하면 별도의 저장 경로를 지정할 수 있다.

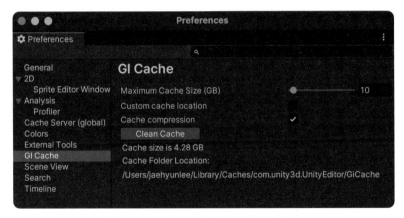

[그림 11-10] 전역 조명(GI)의 결과를 저장하는 캐시의 용량과 저장 경로

캐시에 저장된 라이트맵은 실행 파일에 저장되지 않고 유니티 에디터에서만 확인할 수 있다. 따라서 실행 파일에 라이트맵을 함께 배포하려면 반드시 Auto Generate 옵션을 끄고 수동으로 베이크해야 한다.

Progressive 라이트매퍼

Progressive 라이트매퍼는 유니티 2017 버전부터 미리 보기 기능(Experimental)으로 제공되기 시작했으며 2018 버전부터 정식 버전이 탑재됐다. Progressive 라이트매퍼는 경로 추적(Path tracing)[1] 기반의 라이트매퍼로서 유니티 에디터에서 라이트맵과 라이트 프로브를 점진적으로 베이크하는 기능을 제공한다. 또한, Progressive GPU 라이트매퍼는 GPU의 그래픽 가속 기능을 이용해 좀 더 빠르게 라이트매핑을 할 수 있다.

기존의 Enlighten 라이트매퍼는 베이크가 완료되기 전까지는 결과물을 볼 수 없었던 것에 비해 Progressive 라이트매퍼는 대략적인 결과물을 바로 보여준다는 장점이 있다. 즉, 중간 결과물이 준비되자마자 바로 볼 수 있어 아티스트들의 반복 작업에 매우 유리하다. 또한 이 라이트매퍼는 3D 모델마다 개별적으로 텍셀(Texel)[2]을 변경해 부분적인 라이트맵 해상도를 높이거나 낮춰서 전역 조명을 베이크할 수 있다. 이 속성은 UV overlap[3] 현상이 발생했을 때 유용하게 사용할 수 있다.

---

1 Path Tracing(경로 추적)은 현실감을 높이기 위한 전역 조명과 같이 3차원 장면의 이미지를 렌더링하는 몬테카를로 방법(Monte Carlo method)이다(출처: 위키백과).

2 텍셀(Texel): 텍스처의 화소를 말한다.

3 UV overlap 현상과 해결 방법은 다음 주소를 참조한다. https://docs.unity3d.com/Manual/ProgressiveLightmapper-UVOverlap.html

[그림 11-11] 개별적으로 라이트맵의 해상도를 증감시킬 수 있는 옵션

라이팅 뷰의 Environment

라이트맵을 수동으로 베이크해보자. 씬 뷰에 있는 Directional Light는 Realtime 조명으로 씬을 전체적으로 비췄던 조명이다. 라이트맵의 결과물을 확인하기 쉽게 이 Directional Light를 잠시 비활성화한다.

조명을 비활성화하면 라이트맵을 다시 베이크하기 시작하고 베이크가 완료된 후 씬 뷰를 확인해 보면 어렴풋이 스테이지의 바닥과 드럼통 등이 보인다. 직접 광원인 Directional Light를 제거했음에도 스테이지가 보인다는 것은 아직 어떤 광원에 의해 영향을 받고 있다는 것이다. 이것은 독자 여러분이 설정한 Skybox의 하늘빛이 환경 광원(Environment Light)으로 작용한 것이다. 환경 광원은 앰비언트 라이트(Ambient Light)라고 부르기도 한다. 또한, 하늘빛에 의한 바닥의 반사광도 표시된다.

[그림 11-12] 직접 광원을 제거해도 어렴풋이 보이는 스테이지

라이팅 뷰의 [Environment] 탭에서 Environment Lighting의 Source 속성이 Skybox로 지정돼 있다. 이것은 환경 광원을 어떤 것으로 할 것인지를 결정하는 속성으로, 세 가지 옵션(Skybox/Gradient/Color) 중 하나를 선택할 수 있다. 현재 Skybox로 돼 있기에 스테이지에는 우주의 은은한 빛이 반영된 것이다. 환경 광원의 조도를 결정하는 Intensity Multiplier 속성을 2로 변경하면 잠시 후 베이킹이 끝난 후 한층 밝아진 스테이지를 볼 수 있다. 또는 Skybox 머티리얼의 Color를 밝게 하거나 Exposure 속성을 높여도 밝아진다.

칠흑 같은 어둠을 표현하기 위해 Source 속성을 Color로 변경하고 Ambient Color 속성을 검은색으로 설정한다. 잠시 후 베이크가 완료되면 완전히 어두운 환경이 만들어진다.

[그림 11-13] Ambient Color를 검은색으로 변경

Environment Reflection 속성은 3D 모델의 표면에 반사 광원의 효과를 설정하는 옵션이다. 기본값인 Skybox의 빛을 Floor에 비추고 있다. 따라서 Custom으로 변경하거나 반사율을 나타내는 Intensity Multiplier 속성을 0으로 설정한다.

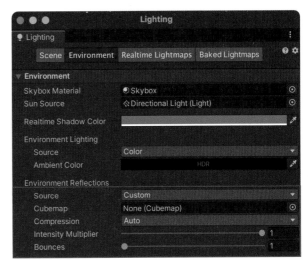

[그림 11-14] Environment Reflections의 Source 속성 수정

Baked 라이트매핑

Baked 라이트매핑을 위해 먼저 라이팅 뷰의 [Scene] 탭으로 이동한 다음 Realtime Lighting 섹션에서 Realtime Global Illumination 속성을 언체크한다. 이 기능은 전역 조명을 실시간 계산해서 반영하는 것으로 고성능 PC 또는 콘솔 플랫폼에 적합하다. 또한, Deprecated 기능으로 더는 지원하지 않는다.

Mixed Lighting 섹션의 Baked Global Illumination 속성을 체크하고 Lighting Mode는 Subtractive로 설정해 라이트맵과 라이트 프로브, 그림자를 모두 하나의 라이트맵에 베이크한다.

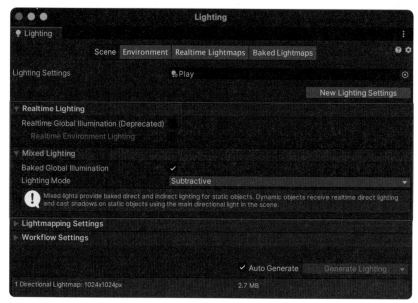

[그림 11-15] Baked 라이트매핑을 위한 라이팅 뷰의 옵션 설정

조명을 여러 개 배치하기 위해 하이러키 뷰의 _STAGES를 선택하고 Point Light를 차일드로 추가한다. Point Light의 속성은 다음 표와 같이 설정한다. 조명의 높이는 주인공의 키 높이 정도로 올려서 스테이지에 배치한다.

속성	설명	설정값
Mode	라이트맵 베이킹 적용 여부	Baked
Color	라이트의 색상	빨강, 녹색, 청색 등 원색으로 지정
Intensity	라이트의 밝기(광량)	3
Shadow Type	그림자 표현 여부 및 타입	Soft Shadow

[표 11-4] Point Light 속성 설정값

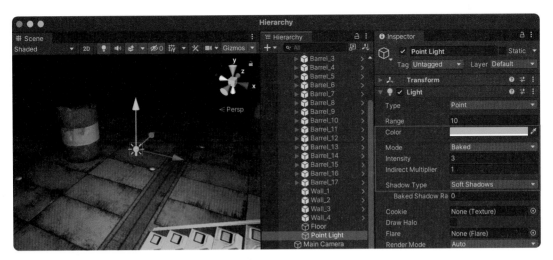

[그림 11-16] _STAGE 하위에 추가한 Point Light의 속성 설정

Baked 모드로 변경한 Point Light는 여러 개 복제해 다음과 같이 스테이지의 여러 곳에 배치해보자. 라이팅 뷰의 Auto Generate 옵션을 체크했기 때문에 조명을 추가하면 바로바로 라이트맵을 베이크하기 시작한다. 처음에는 조금 지저분해 보이는 텍셀이 보였다가 시간이 지날수록 품질이 높아지는 것을 볼 수 있다.

[그림 11-17] Baked 조명을 배치해 베이크된 라이트맵

라이트맵 베이크

라이트맵을 캐시가 아닌 실제 텍스처 파일로 베이크하려면 먼저 백그라운드 베이킹 기능을 꺼야 한다. 라이팅 뷰 하단에 있는 Auto Generate 옵션을 언체크한다. [그림 11-17]과 같이 Point Light를 하나씩 생성

하고 배치할 때도 실시간 라이트매핑이 진행된다. 따라서 개발 PC의 성능에 따라 심각한 성능 저하가 일어나거나 끊기는 현상이 발생한다면 이 옵션을 끄고 진행하기를 권장한다.

라이트맵을 베이크하기 위해 제일 먼저 Lightmapping Settings 섹션의 Lightmapper를 선택한다. 기본값인 Progressive를 선택하거나 GPU 가속 기능을 사용할 수 있는 PC라면 Progressive GPU를 선택한다. Progressive GPU 기능을 사용하기 위한 하드웨어 사양으로 유니티 매뉴얼에서는 다음과 같이 제시한다.

- OpenCL 1.2를 지원하는 GPU 1개 이상
- 전용 GPU 메모리 2GB 이상
- SSE4.1 명령어를 지원하는 CPU

Lightmap Resolution은 유닛당 텍셀(Texel) 값으로, 기본값은 40이다. 이 속성은 베이크할 라이트맵의 품질을 설정하는 것으로, 빠르게 베이킹하기 위해 이 속성을 10 정도로 수정한다. 값을 증가시키면 라이트맵의 품질은 높아지나 베이크 시간이 증가하고 라이트맵의 개수가 많아진다.

Lightmap Size 속성은 라이트맵의 크기를 결정하기 때문에 하드웨어 성능을 고려해 적절한 값으로 설정해야 한다.

[그림 11-18] Lightmapping Settings 속성

Compress Lightmaps 속성을 체크하면 라이트맵을 압축한다. 손실형 압축이라서 결과물에 영향을 미칠 수 있으니 반드시 확인해야 한다. Ambient Occlusion은 명암 대비를 크게 해 입체감을 높이는 속성이다. [그림 11-19]는 Ambient Occlusion 속성을 언체크하고 베이크한 결과고, [그림 11-20]은 속성을 체크하고 베이크한 결과다. 두 그림에서 벽에 가까이 있는 소품들 주변에 표시된 그림자가 좀 더 진해진 것을 알 수 있다.

[그림 11-19] Ambient Occlusion 미적용

[그림 11-20] Ambient Occlusion 적용

Ambient Occlusion의 세부 속성은 다음과 같다.

Ambient Occlusion의 세부 속성	설명
Max Distance	Ambient Occlusion의 범위를 결정하는 속성
Indirect Contribution	간접 광원에 대한 명암비를 결정하는 속성
Direct Contribution	직접 광원에 대한 명암비를 결정하는 속성

[표 11-5] Ambient Occlusion의 세부 속성의 기능

라이팅 뷰의 하단에 있는 [Generate Lighting] 버튼을 클릭하면 라이트매핑을 시작한다. 스테이지의 크기
와 Lightmapping Settings의 설정에 따라 빌드 시간이 결정된다. 진행 상태는 에디터 하단의 상태 바에서
확인할 수 있으며 라이트맵을 베이킹하는 동안에도 다른 작업을 진행할 수 있지만 조명 또는 모델의 위치를
수정하면 다시 베이크를 시작한다.

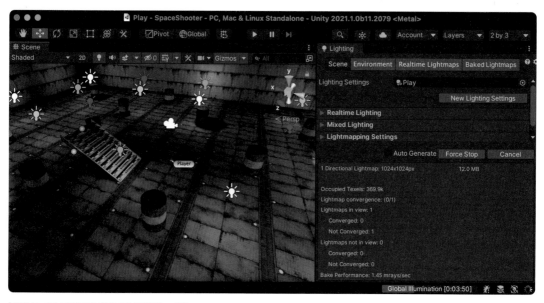

[그림 11-21] 라이트맵 베이크를 진행하는 과정

라이트맵 베이크가 완료되면 라이팅 뷰 상단의 [Baked Lightmaps] 탭을 선택해 베이크된 텍스처를 확인
할 수 있다. [Open Preview] 버튼을 클릭하면 라이트맵의 다양한 정보를 프리뷰 창에서 확인할 수 있다.

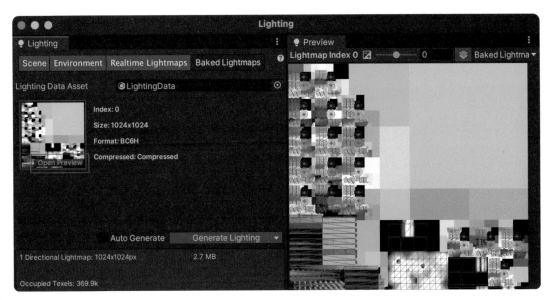

[그림 11-22] 베이크된 라이트맵의 미리 보기 기능

라이트맵 이미지는 exr 파일 포맷[4]으로, 포토샵과 같은 그래픽 에디터에서 이미지의 색상을 보정하거나 여러 필터 효과를 추가하는 등의 후보정 작업이 가능하다. 만들어진 라이트맵 텍스처 파일과 라이트맵의 정보는 씬 이름과 동일한 폴더에 저장된다. 프로젝트의 "01.Scenes/Play" 폴더 아래에서 확인할 수 있다. 라이트맵이 베이크된 후에는 Point Light가 실시간 조명으로서의 영향을 미치지 않는다. 조명의 위치를 바꾸거나 추가했을 때, 또는 정적인 물체를 추가로 배치했을 때는 다시 베이크해야 라이트맵 텍스처에 반영된다.

[그림 11-23] 라이트맵 텍스처의 저장 경로

---

4 OpenEXR 포맷: ILM에서 개발한 HDR 이미지 포맷(출처: 위키피디아, https://ko.wikipedia.org/wiki/OpenEXR)

라이트맵의 베이크가 완료된 후에도 씬에 있는 3D 모델이 검은색으로 표시됐다면 프로젝트 뷰에서 모델을 선택한 후 Models 탭에서 Generate Lightmap UVs 옵션이 체크됐는지와 하이러키 뷰에서 Contribute GI 플래그가 체크됐는지 확인해야 한다.

Auto Generate 옵션을 끄고 진행할 때는 수정사항이 생겼을 때 매번 베이크해 결과를 확인해야 하기에 매우 번거롭고 비효율적이다. 따라서 Progressive 라이트매퍼를 사용한다면 수정사항의 결과를 바로 확인할 수 있으므로 Auto Generate 옵션을 활성화하고 작업하는 것도 좋은 방법이다. 단, 최종 작업물은 반드시 수동으로 베이크해야 한다.

Area Light

3장에서 소개한 조명 가운데 Area Light는 유일하게 실시간 조명이 아니다. 이 조명은 라이트매핑을 했을 때만 조명 효과가 표시되며, 특히 간접조명 효과를 내는 데 효과적이다.

하이러키 뷰의 _STATES를 선택한 후 마우스 오른쪽 버튼을 클릭해 팝업된 메뉴에서 [Light] → [Area Light]를 선택해 _STAGES 하위에 Area Light를 추가한다.

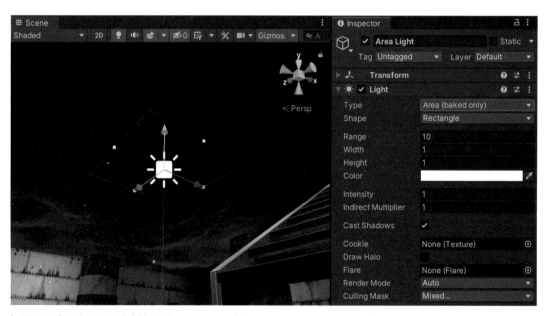

[그림 11-24] 간접 조명으로 활용할 수 있는 Area Light 조명

Area Light는 가로세로의 크기를 조정할 수 있다. 스테이지의 적절한 곳에 Area Light를 배치하고 가로 또는 세로 길이를 길게 설정해보자. 또한 Color 속성을 원하는 색상으로 변경한다. Area Light를 배치하자

마자 바로 광원 효과를 확인하고 싶다면 라이팅 뷰의 [Auto Generate] 옵션을 다시 체크한다. 라이트맵의 베이크가 완료되면 다음과 같이 조명 효과를 볼 수 있다.

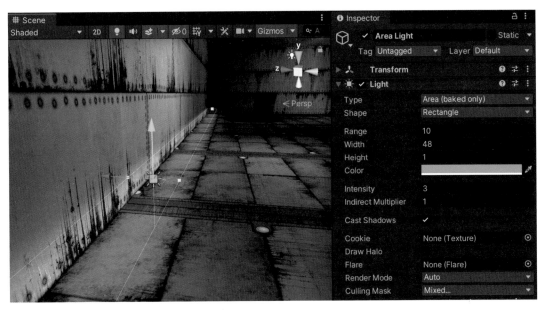

[그림 11-25] 라이트맵의 베이킹을 완료한 후의 Area Light 효과

라이트 프로브

라이트매핑을 사용해 실감 나는 조명 효과를 표현할 수 있음에도 동적으로 움직이는 객체에는 이러한 조명 효과를 적용할 수가 없다. 라이트매핑은 정적인 객체(Static Object)에만 영향을 미치기 때문이다. 따라서 라이트매핑이 끝난 후 씬 뷰의 주인공을 보면 검은색으로 보이는데, 이는 주인공이 라이트매핑의 대상이 아니기 때문이다. 물론 실시간 조명의 Culling Mask를 사용해 주인공에만 조명 효과를 부여할 수도 있지만 라이트매핑에 적용된 간접 광원 또는 그림자 영역에 들어갔을 때도 밝은 조명이 비치는 부자연스러운 장면이 연출된다.

이를 개선하기 위해 유니티에서는 라이트 프로브(Light Probes)라는 기능을 제공한다. 라이트 프로브는 스테이지의 조명이 있는 곳 주변에 라이트 프로브를 배치하고 라이트맵을 베이킹할 때 해당 라이트 프로브에 주변부의 광원 데이터를 미리 저장해둔다. 라이트 프로브에 저장된 광원 데이터는 실행 시 근처를 지나치는 동적 객체에 광원 데이터를 전달해 해당 객체의 색상을 보간시켜 마치 실시간 조명과 같은 효과를 내는 방식이다.

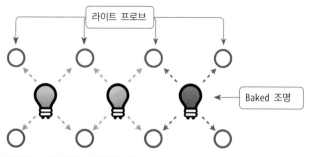

[그림 11-26] 라이트 프로브의 개념

아래 그림은 유니티3.5 버전부터 도입된 라이트 프로브를 최초로 적용한 게임인 섀도건(ShadowGun)이다. 주인공과 적 캐릭터는 동적으로 움직이는 객체지만 실시간 조명을 사용한 것과 같이 자연스러운 조명 연출을 볼 수 있다.

[그림 11-27] 라이트 프로브를 적용해 주변 조명과 자연스럽게 어울리는 게임 장면

Light Probe Group

라이트 프로브를 생성해 스테이지의 주인공을 밝게 만들어 보자. 하이러키 뷰의 _STAGES를 선택하고 마우스 오른쪽 버튼을 클릭해 팝업된 메뉴에서 [Light] → [Light Probe Group]을 선택해 Light Probe Group을 생성한다. _STAGES 하위에 생성한 Light Probe Group의 Position이 (0, 0, 0)인지 다시 한번 확인한다.

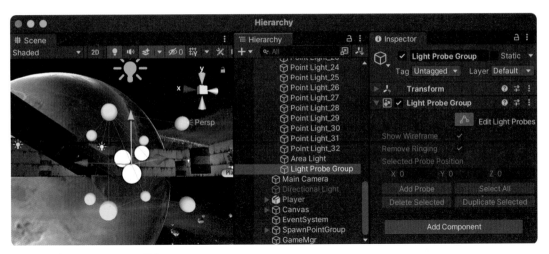

[그림 11-28] Light Probe Group 생성

Light Probe Group 컴포넌트의 기능은 라이트 프로브를 생성하고 배치하는 것이다. 처음 만들어진 8개의 노란색 구체가 각각 라이트 프로브다. 라이트 프로브는 항상 바닥 위에 위치해야 효과를 낼 수 있다. 따라서 Light Probe Group의 position의 Y값을 1.2 정도로 설정해 8개의 라이트 프로브가 모두 바닥 위에 위치하게 한다.

[그림 11-29] Light Probe Group의 위치 조정

Light Probe Group 컴포넌트는 네 개의 버튼을 제공한다. 각 버튼의 기능은 다음과 같다.

버튼명	설명
Add Probe	새로운 Light Probe를 생성한다.
Delete Selected	선택한 Light Probe를 삭제한다.
Select All	현재 씬 뷰에 있는 모든 Light Probe를 선택한다.
Duplicate Selected	선택된 Light Probe를 복제한다. 여러 개를 선택해 복제할 수도 있다.

[표 11-6] Light Probe Group 컴포넌트에 있는 버튼의 기능

라이트 프로브 제작 시 제공되는 버튼 인터페이스는 조금 불친절하다. 하지만 다음 절차를 따른다면 손쉽게 배치할 수 있을 것이다. 먼저 [Edit Light Probes] 버튼을 클릭하면 네 개의 버튼이 활성화되며 에디트 모드로 변경된다. 에디트 모드일 때 노란색 Light Probe를 마우스로 클릭해 개별적으로 선택하고 이동할 수 있다. 다음 순서대로 라이트 프로브를 배치해보자.

Light Probe Group 컴포넌트의 [Select All] 버튼을 클릭하면 기본으로 만들어진 8개의 라이트 프로브가 선택되어 파란색으로 표시된다.

[그림 11-30] [Select All] 버튼을 클릭해 모두 선택한 라이트 프로브

[Duplicate Selected] 버튼을 클릭하면 앞서 선택한 8개의 라이트 프로브가 복제된다. 동일한 위치에 생성됐기 때문에 Transform 축을 클릭해 위치를 이동한다.

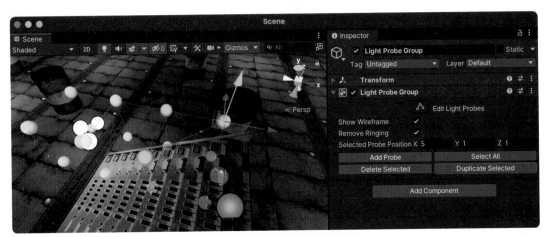

[그림 11-31] [Duplicate Selected] 버튼을 클릭해 복제한 라이트 프로브의 위치를 이동

복제 과정을 반복해 스테이지의 절반에 라이트 프로브를 배치한 후 [Select All] 버튼을 클릭해 지금까지 배치한 라이트 프로브를 모두 선택한다. 다시 [Duplicate Selected]를 클릭해 라이트 프로브를 복제한 후 반대편으로 이동 배치한다.

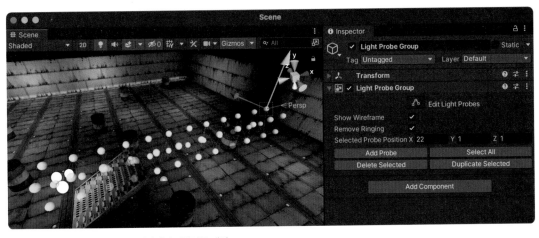

[그림 11-32] 라이트 프로브를 스테이지의 절반만큼 배치

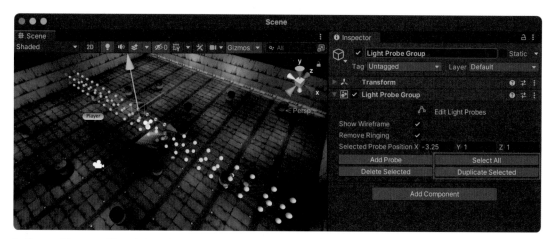

[그림 11-33] [Select All]을 클릭해 복제한 라이트 프로브를 나머지 반대편으로 이동 배치

이제 스테이지 폭에 맞게 라이트 프로브가 배치됐다. [Select All] 버튼을 클릭해 모두 선택하고 [Duplicate Selected] 버튼을 클릭해 나머지 부분에 라이트 프로브를 배치하는 과정을 반복해 스테이지에 모두 채운다. 실제 게임 개발 시에는 예제처럼 가득 채우지 않고 필요한 부분에 적당하게 설정한다.

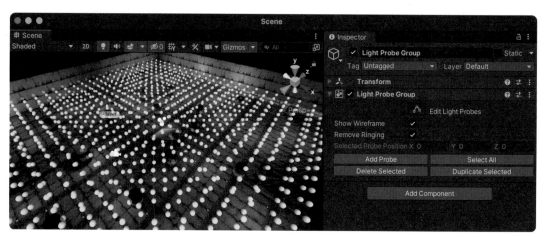

[그림 11-34] 스테이지에 가득 채운 라이트 프로브

스테이지 밖으로 삐져나간 라이트 프로브가 많다면 씬 뷰의 좌표축 기즈모를 Isometric – Top 뷰로 변경한 다음 마우스로 드래그해 여러 개 선택한 후 [Delete Selected] 버튼을 클릭해 삭제할 수 있다.

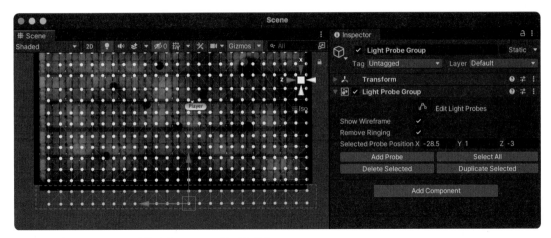

[그림 11-35] 드래그해 복수 선택한 라이트 프로브를 한 번에 삭제

이제 라이팅 뷰를 열고 라이트 프로브 데이터를 베이크해보자. 하단의 [Generate Lighting] 버튼을 클릭하면 라이트맵과 라이트 프로브를 동시에 베이크한다. 라이트맵 베이크가 완료되면 아래 그림과 같이 주인공이 주변의 조명 값을 받아 밝아진다. 단순히 밝아진 것뿐만 아니라 핑크색 조명 밑으로 이동하면 주인공의 몸이 핑크색을 띠고, 녹색 조명 밑에서는 녹색을 띠는 것을 볼 수 있다.

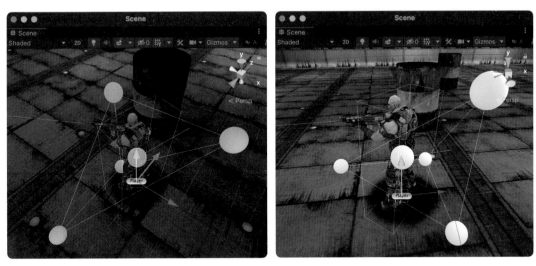

[그림 11-36] 가장 근접한 4개의 라이트 프로브에서 조명 값을 받은 주인공 캐릭터

주인공뿐만 아니라 몬스터 역시 라이트 프로브의 영향을 받아 조명색으로 보정된다.

[그림 11-37] 주변의 라이트 프로브의 영향을 받아 색상이 보정된 적 캐릭터

Anchor Override

라이트 프로브는 주인공의 가장 근접한 4개의 라이트 프로브에서 베이크된 조명 값을 전달한다. [그림 11-36]에서 주인공 중앙에 있는 라이트 프로브는 주변 4개의 라이트 프로브가 조명 값을 전달해주는 위치를 의미한다. 즉, 가운데에 있는 라이트 프로브로 주변 빛이 모이는 것이다.

Anchor Override 속성을 이용해 보간되는 위치를 설정할 수 있다. 이 속성에 원하는 위치의 Transform을 연결하면 그 위치에서부터 텍스처 색상이 보간되기 시작한다. 하이러키 뷰의 Player를 선택하고 관절 구조를 따라 내려가 머리 관절인 head를 Anchor Override 속성에 연결하면 주변 라이트 프로브가 조명 값을 전달하는 위치가 머리 쪽으로 변경된다.

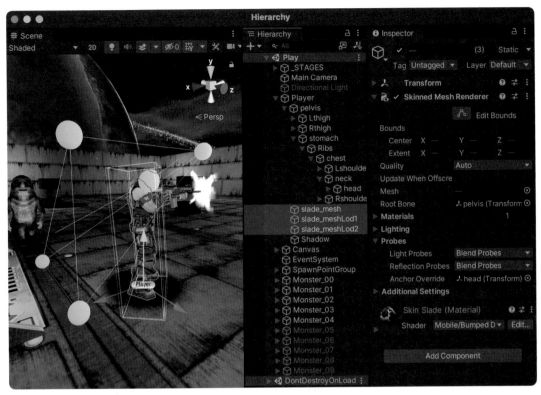

[그림 11-38] Anchor Override를 머리로 변경해 라이트 프로브의 조명 값 전달 위치가 변경됨

정리

라이트매핑은 다양한 옵션 설정에 따라 만들어지는 텍스처의 품질이 달라지며, 또한 런타임 시 성능에 많은 영향을 끼치는 기능이다. 최근 유니티 레퍼런스 매뉴얼에 라이트매핑에 대한 자료가 풍부해졌으니 한 번쯤은 정독하기를 권장한다. 또한 라이트 프로브는 라이트매핑과 함께 적용해 사용하면 동적 객체의 실시간 조명 효과를 연출해 훨씬 자연스럽고 고품질의 비주얼 환경을 구현할 수 있다. 특히 모바일 게임에서 자연스러운 조명 효과를 위해 라이트 프로브는 필수적인 기능이다.

- **이 장까지의 소스 코드 내려받기**

  https://github.com/IndieGameMaker/SpaceShooter2021/releases/tag/11장

12

씬 관리

이번장에서는 협업시 효율적인 씬 분리 병합에 대한 내용을 알아보고, 씬을 호출하는 기법과 멀티 씬 에디트 기능에 대해 학습한다.

지금까지 진행했던 씬을 분리해보자. 씬을 분리하는 가장 큰 이유는 협업 시 분야별로 분리해 개발을 진행한 후 합칠 수 있기 때문이다. 예를 들어 UI 개발자, 레벨 디자이너, 메인 개발자 세 명이 함께 분야별로 개발을 진행하고 실제 게임을 구동할 때는 세 개의 씬을 합쳐서 동시에 실행할 수 있다. 다른 방법으로는 각각 프리팹으로 만들어 합치는 방법도 있다.

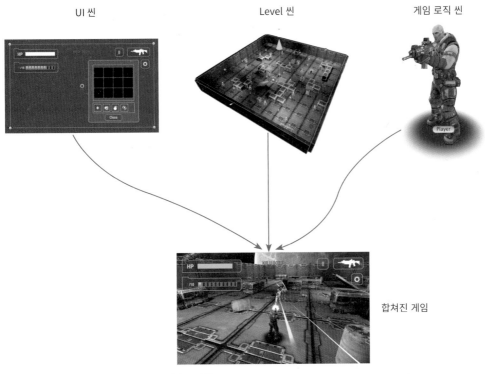

[그림 12-1] 분야별로 씬 작업을 진행한 후 하나로 병합

이 책에서는 씬을 게임 로직 씬과 스테이지(레벨) 씬으로 분리하겠다. 앞서 스테이지에 관련된 것은 모두 _STAGES 게임오브젝트에 차일드화했다. SpawnPointGroup 역시 _STAGES 게임오브젝트 하위로 드래그해서 이동한다.

스테이지를 _STAGES에 정리한 후 반드시 모든 스크립트와 씬을 저장한 후 분리 작업을 진행한다. 그리고 씬 분리 과정에서 실수로 잘못됐을 때를 대비해 씬을 복제해 백업하고 진행하자.

[그림 12-2] 스테이지에 관련된 모든 것을 _STAGES로 차일드화

Scene 분리

프로젝트 뷰에서 "01.Scenes" 폴더의 Play 씬을 선택하고 복제한다(윈도우: Ctrl + D, 맥: command + D). 복제된 씬의 이름은 Play_backup으로 변경한다.

[그림 12-3] Play 씬을 복제해 백업본을 생성

백업본을 만들고 난 이후 Play 씬을 하나 더 복제한다. 복제한 씬의 이름을 "Level_01"로 변경한다.

[그림 12-4] Play 씬을 복제해 이름을 변경한 Level_01 씬

현재 열려 있는 씬이 Play인지 확인한 후 게임 로직 부분만 남겨두고 _STAGES 게임오브젝트만 삭제한다. _STAGES를 삭제하면 Play 씬에는 주인공과 UI 관련 부분만 남는다. 즉, 게임의 로직 부분만 남는 셈이다.

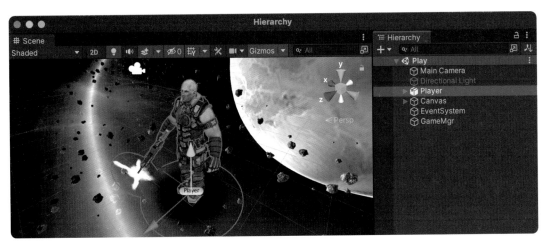

[그림 12-5] Play 씬에서 _STAGES 게임오브젝트를 삭제

Play 씬을 저장한 후 Level_01 씬을 열어 Play 씬과는 반대로 _STAGES 게임오브젝트만 남겨두고 나머지는 전부 삭제한다.

[그림 12-6] Level_01 씬에서 _STAGES 게임오브젝트를 제외한 나머지 삭제

Scene 병합

게임 개발 시 처음 진입하는 화면은 게임 동영상 또는 Cut-Scene 애니메이션 화면을 제외하고는 대부분 메인 메뉴가 있는 화면이 메인 화면이 될 것이다. 메인 화면은 7장에서 만든 Main 씬을 사용하고, Main 씬에 있는 START 버튼을 클릭하면 Level_01씬과 Play씬 두 개의 씬을 합쳐서 보여주는 로직으로 구현해본다. Main 씬을 열고 UIManager 스크립트를 다음과 같이 수정한다.

스크립트 12-1 UIManager 스크립트 – 씬 호출 로직 추가

```
using UnityEngine;
using UnityEngine.UI;        // Unity-UI를 사용하기 위해 선언한 네임스페이스
using UnityEngine.Events;    // UnityEvent 관련 API를 사용하기 위해 선언한 네임스페이스
using UnityEngine.SceneManagement;

public class UIManager : MonoBehaviour
{
    // 버튼을 연결할 변수
    public Button startButton;
    public Button optionButton;
    public Button shopButton;

    private UnityAction action;

    void Start()
    {
        // UnityAction을 사용한 이벤트 연결 방식
        action = () => OnStartClick();
        startButton.onClick.AddListener(action);

        // 무명 메서드를 활용한 이벤트 연결 방식
        optionButton.onClick.AddListener(delegate {OnButtonClick(optionButton.name);});

        // 람다식을 활용한 이벤트 연결 방식
        shopButton.onClick.AddListener(()=> {OnButtonClick(shopButton.name);});
    }

    public void OnButtonClick(string msg)
    {
```

```
        Debug.Log($"Click Button : {msg}");
    }

    public void OnStartClick()
    {
        SceneManager.LoadScene("Level_01");
        SceneManager.LoadScene("Play", LoadSceneMode.Additive);
    }
}
```

SceneManager 클래스는 동적으로 씬을 생성, 해제하거나 기존에 만들어진 씬을 호출하는 여러 메서드를 제공한다. 그중 주요 메서드는 다음과 같다.

메서드	설명
CreateScene	새로운 빈 씬을 생성한다.
LoadScene	씬의 이름 또는 인덱스 번호로 씬을 로드한다.
LoadSceneAsync	씬을 비동기 방식으로 로드한다.
MergeScenes	소스 씬을 다른 씬으로 통합한다. 소스 씬은 모든 게임오브젝트가 통합된 이후 삭제된다.
MoveGameObjectToScene	현재 씬에 있는 특정 게임오브젝트를 다른 씬으로 이동한다.
UnloadScene	현재 씬에 있는 모든 게임오브젝트를 삭제한다.

[표 12-1] SceneManager 클래스의 주요 메서드

SceneManager 클래스는 UnityEngine.SceneManagement 네임스페이스에 정의돼 있기 때문에 처음에 해당 네임스페이스를 명시한다.

```
using UnityEngine.SceneManagement;
```

OnStartClick 함수 안에서 사용한 LoadScene은 새로운 씬을 호출하는 함수로서, Level_01 씬을 먼저 로드한 후 Play 씬을 추가해 로드한다. LoadScene 함수의 두 번째 인자는 씬을 로드할 때의 옵션으로, 단독 씬으로 로드할지 또는 앞서 로드된 화면에 추가해 로드할지를 결정한다.

- LoadSceneMode.Single: 기존에 로드된 씬을 모두 삭제한 후 새로운 씬을 로드한다.
- LoadSceneMode.Additive: 기존 씬을 삭제하지 않고 추가해서 새로운 씬을 로드한다.

```
public void OnStartClick()
{
    SceneManager.LoadScene("Level_01");
    SceneManager.LoadScene("Play", LoadSceneMode.Additive);
}
```

OnStartClick은 [START] 버튼을 클릭했을 때 호출할 함수이므로 Start 함수의 이벤트에 연결한다. 기존에 연결했던 OnButtonClick 함수를 OnStartClick 함수로 교체한다.

```
void Start()
{
    // UnityAction을 사용한 이벤트 연결 방식
    action = () => OnStartClick();
    startButton.onClick.AddListener(action);

    // 무명 메서드를 활용한 이벤트 연결 방식
    optionButton.onClick.AddListener(delegate {OnButtonClick(optionButton.name);});

    // 람다식을 활용한 이벤트 연결 방식
    shopButton.onClick.AddListener(()=> {OnButtonClick(shopButton.name);});
}
```

예제를 실행한 후 [START] 버튼을 클릭하면 다음과 같은 오류가 발생한다. 이는 호출하려는 씬이 없다는 메시지로, 특정 씬을 호출하려 할 때는 반드시 [Build Settings]의 씬 목록에 해당 씬을 등록해야 한다.

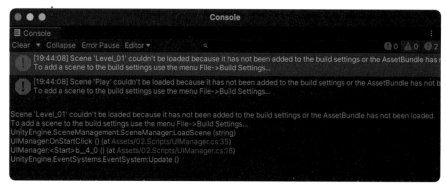

[그림 12-7] 호출하려는 씬이 Scene In Build 목록에 추가되지 않았을 때 발생하는 오류

메뉴에서 [File] → [Build Settings...]를 선택하면 [Build Settings] 창이 열린다. 여기에 Main, Play, Level_01이라는 세 개의 씬을 [Scenes In Build]에 추가한다. 현재 열린 씬을 추가하기 위해 [Add Open Scenes] 버튼을 사용해도 되지만 추가하고자 하는 씬을 모두 선택한 후 드래그 앤드 드롭하면 편리하다.

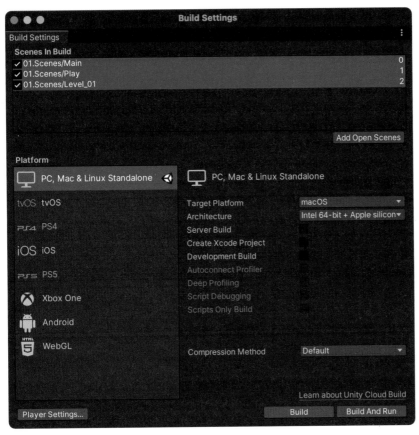

[그림 12-8] Build Settings에 빌드 대상 씬을 추가

게임을 실행하면 [Scenes In Build]에 추가된 씬 중 최상단에 위치한 씬이 열린다. 두 번째 이후 씬 순서는 의미가 없다. 오른쪽에 있는 번호는 자동으로 부여되는 씬의 인덱스값이다. 추가한 씬은 Delete 키로 목록에서 제거할 수 있고, 위치는 드래그해서 원하는 순서대로 정렬할 수 있다.

[Build Settings] 창에는 별도의 저장 버튼이 없다. 따라서 씬을 추가한 후 그냥 닫으면 된다. 이제 Main 씬이 열린 상태에서 예제 게임을 실행해 [START] 버튼을 클릭하면 Play 씬을 분리하기 전의 화면처럼 실행된다. 하지만 스테이지 씬과 게임 로직 씬이 합쳐져 실행된 것이다. 하이러키 뷰에 Level_01, Play, DontDestroyOnLoad와 같이 3개의 씬이 표시된다. DontDestroyOnLoad는 GameManager를 싱글턴으로 구현했기 때문에 자동으로 생성된 씬이다.

[그림 12-9] Play와 Level_01 씬이 병합되어 실행되는 모습

멀티 씬 에디트 기능

프로젝트 개발 시작과 동시에 씬을 분리한 상태로 작업할 경우에는 유니티의 멀티 씬 에디트(Multi Scene Edit) 기능을 사용해 편리하게 개발할 수 있다. 즉, 하이러키 뷰에 여러 개의 씬을 로드한 상태로 작업이 가능하다.

먼저 Play 씬을 더블 클릭해 오픈한 후 Level_01 씬을 하이러키 뷰로 드래그하면 두 개의 씬을 한 번에 로드할 수 있다. 처음 오픈한 Play 씬의 글자가 볼드체로 표시되며 현재 활성화된 씬을 의미한다.

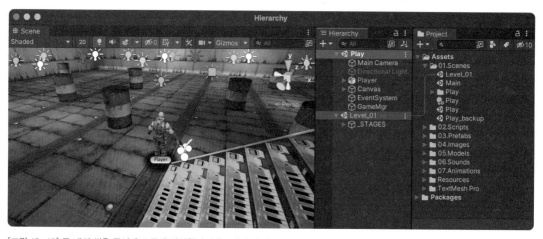

[그림 12-10] 두 개의 씬을 동시에 오픈해 작업할 수 있는 멀티 씬 에디트 기능

정리

이번 장에서는 씬을 분리, 병합하는 개발 프로세스에 대해 살펴봤다. 실제 게임의 아키텍처를 설계할 때 어떻게 씬을 구성해야 하는지 또는 네스티드 프리팹과 씬 분리, 병합하는 방식 중에 어떤 것이 더 효율적인지에 대해서도 고민해야 한다.

- **이 장까지의 소스 코드 내려받기**

  https://github.com/IndieGameMaker/SpaceShooter2021/releases/tag/12장

13

오클루전 컬링

이번 장에서는 랜더링 부하를 줄이는 다양한 컬링에 대해 알아보고 특히 일인칭 시점에 랜더링 부하를 획기적으로 줄일 수 있는 오클루전 컬링 기능에 대해 소개한다.

오클루전 컬링(Occlusion Culling)은 렌더링 부하를 줄여주는 기법 중 하나로 3D 게임 및 콘텐츠 개발에 필수적인 요소다. 오클루전 컬링의 용어를 직역하면 다음과 같다.

- **오클루전(Occlusion)**: 한 물체가 다른 물체를 가리는 것
- **컬링(Culling)**: 도태시킨다(제거한다)

쉽게 설명하자면 무엇인가에 가려진 물체는 제거한다는 의미로, 렌더링 관점에서 본다면 카메라에 보이지 않는 객체는 렌더링하지 않는다고 해석할 수 있다. 이 기법은 불필요한 요소를 렌더링에서 제외함으로써 렌더링 부하를 줄이고 속도를 향상시키기 위함이다.

컬링 방식

3D 그래픽스에서 렌더링 영역에서 컬링하는 방식은 몇 가지를 꼽을 수 있다. 그중 가장 기본적이고 중요한 것은 프러스텀 컬링(Frustum Culling)이다.

프러스텀 컬링

한글로는 절두체 컬링이라고도 한다. 프러스텀 컬링(Frustum Culling)은 카메라의 시야 범위에 들어와 있는 물체만을 렌더링하고 시야 범위 밖의 물체는 렌더링하지 않는다. 아래 그림에서 피라미드 형태의 영역이 프러스텀 영역이고, 그 영역에 포함되는 건물 3개는 렌더링하고 그 영역 밖의 건물은 렌더링하지 않는다.

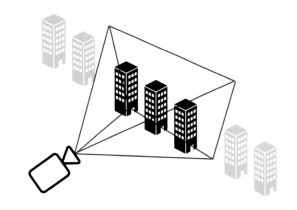

[그림 13-1] 프러스텀 컬링의 개념

유니티의 `Main Camera`를 선택하면 프러스텀 영역이 표시된다. `Field of View` 속성을 40으로 설정한 것으로 `Field of View`는 카메라의 시야각을 의미한다. 줄여서 FOV라고 한다. 또한, 카메라의 렌더링 범위를 줄여주는 `Clipping Planes`의 Far 속성을 10으로 줄였기 때문에 카메라의 10m 전방까지 렌더링할 수 있다. 절두체라는 용어에서 알 수 있듯이 피라미드를 잘라냈다는 의미다. `Clipping Planes Far`는 원거리 절두체이고 Far Plane이라는 용어를 사용한다. 또한, 카메라가 렌더링을 시작하는 지점을 의미하는

Clipping Planes Near(Near Plane)는 기본값이 0.3으로 설정돼 있다. 카메라에서 30cm 떨어진 지점부터 렌더링을 시작한다.

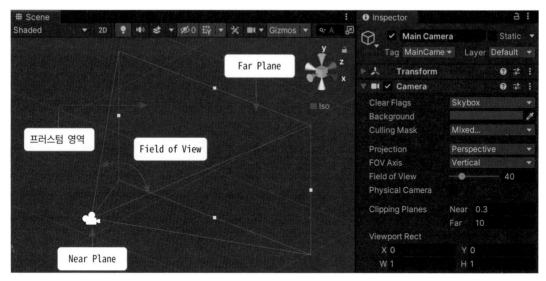

[그림 13-2] Main Camera의 프러스텀 영역과 Clipping Planes

거리 비례에 의한 컬링

프러스텀 컬링은 프러스텀 영역에 들어온 모든 물체를 렌더링한다. 하지만 렌더링 영역에 들어왔다고 하더라도 카메라로부터 너무 멀리 떨어져 사람이 식별하기 어려울 때는 굳이 렌더링할 필요가 없다. 이 방식은 Level Of Detail을 이용해 일정 거리 밖의 물체는 컬링시킨다.

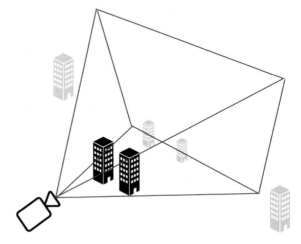

[그림 13-3] 프러스텀 영역에 포함되지만 멀리 떨어진 건물을 컬링

앞서 주인공 캐릭터의 경우 LOD Group 컴포넌트를 보면 Culled 10%로 표시된 부분이 있는데, 이 Culled 구간이 거리에 비례해 컬링시키는 기능이다.

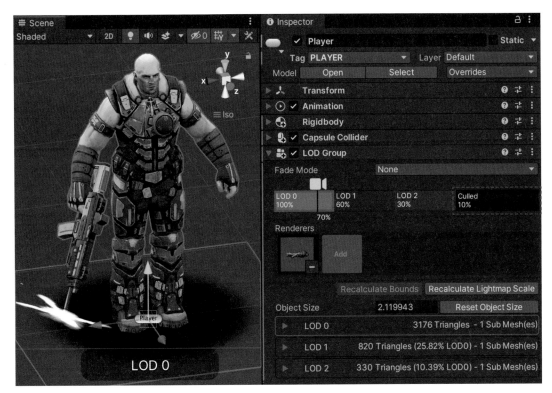

[그림 13-4] LOD Group 컴포넌트에서 제공하는 컬링 기능

오클루전 컬링

오클루전 컬링(Occlusion Culling)은 카
메라 시야에서 다른 물체에 가려 보이지 않는
물체를 렌더링하지 않는 기법을 말한다. 다음
그림에서 3개의 건물은 모두 프러스텀 영역
에 들어와 있지만, 제일 앞에 있는 건물 때문
에 뒤에 있는 2개의 건물이 카메라 시야에서
보면 보이지 않기 때문에 렌더링하지 않는다.

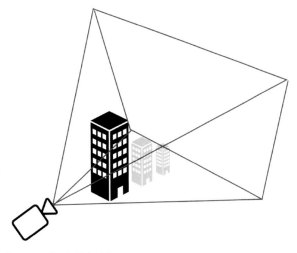

[그림 13-5] 오클루전 컬링

오클루전 컬링 실습

새로운 프로젝트를 생성하거나 기존 프로젝트에서 새로운 씬을 생성해 실습을 진행하자. 다음과 같이 Plane을 설치하고 Main Camera 앞에 가로, 세로 6m 높이의 벽을 세우고 뒤편에 큐브를 배치한다.

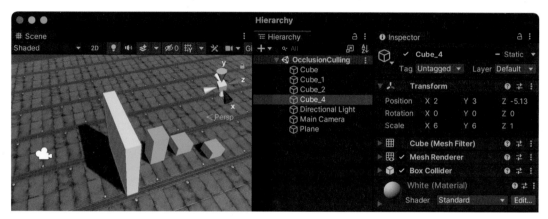

[그림 13-6] 6mX6m 크기의 벽을 세운 스테이지

Occluder Static, Occludee Static

오클루전 컬링 기능을 구현하기 위해서 먼저 대상이 되는 모든 3D 모델에 Static 플래그를 설정해야 한다. Occluder Static 플래그는 다른 물체를 가릴 수 있는 객체에 설정하고, 반대로 가려지는 물체에는 Occludee Static 플래그를 지정한다.

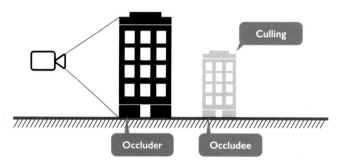

[그림 13-7] Occluder Static과 Occludee Static 플래그의 용도

앞서 만든 예제에서 컬링의 대상은 Plane과 여러 개 배치한 Cube들이다. 벽 역할을 하는 Cube_4와 Plane을 선택하고 Static 옵션을 "Occluder Static"으로 지정한다. 이제 노란색 큐브는 뒤에 배치된 작은 큐브를 가릴 수 있는 기능으로 설정됐다.

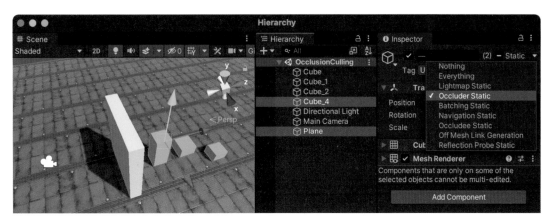

[그림 13-8] 벽과 바닥에 Occluder Static 플래그 설정

노란색 벽 뒤에 배치한 녹색의 큐브들은 가려지는 물체이므로 "Occludee Static" 플래그로 지정한다.

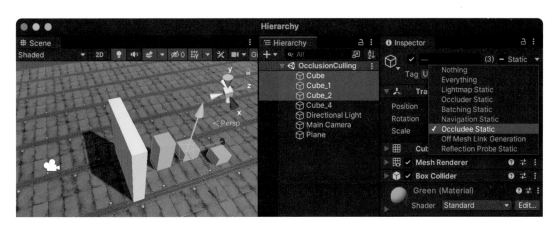

[그림 13-9] 가려지는 물체에 설정한 Occludee Static 플래그

메뉴에서 [Window] → [Rendering] → [Occlusion Culling]을 선택해 오클루전 컬링 창을 오픈한다. [Bake] 탭을 선택한 후 하단에 있는 [Bake] 버튼을 클릭하면 Occlusion 데이터를 생성한다.

[그림 13-10] 오클루전 컬링 베이킹

오클루전 컬링 데이터를 베이크한 후 씬 뷰의 Occlusion Culling 툴 박스에서 뷰 모드를 Visualize로 변경하면 노란색 벽 뒤에 배치한 녹색 큐브가 사라지는 것을 볼 수 있다. 벽에 의해 카메라 시야에서 보이지 않는 물체를 컬링시킨 것이다.

[그림 13-11] 렌더링에서 제외된 큐브

`Main Camera`를 옆으로 이동시키면 다시 벽 뒤에 배치한 큐브가 렌더링되는 것을 확인할 수 있다.

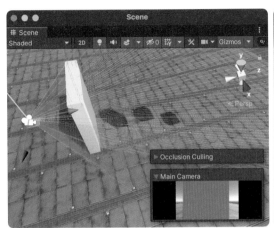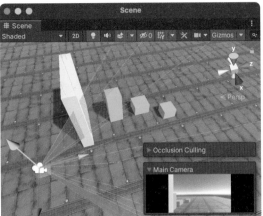

[그림 13-12] Main Camera를 이동시켰을 때 다시 렌더링되는 큐브

정리

오클루전 컬링 기능은 1인칭 시점이고 건물이나 장애물이 많은 스테이지일 경우에는 필수적으로 사용하기를 권장한다. 다만 컬링할 대상이 없는 3인칭 시점 또는 톱다운(Top-down) 시점의 경우에는 오클루전 컬링의 효과가 없을뿐더러 오히려 부하를 가중시킬 수 있기 때문에 적합한 장르에만 적용해야 한다.

- **이 장까지의 소스 코드 내려받기**

  https://github.com/IndieGameMaker/SpaceShooter2021/releases/tag/13장

14

Input System

이번 장에서는 새로운 입력시스템인 Input System의 기본적인 사용법 살펴보고 간단한 RPG 주인공 캐릭터의 이동로직을 Input System을 이용해 제작해본다.

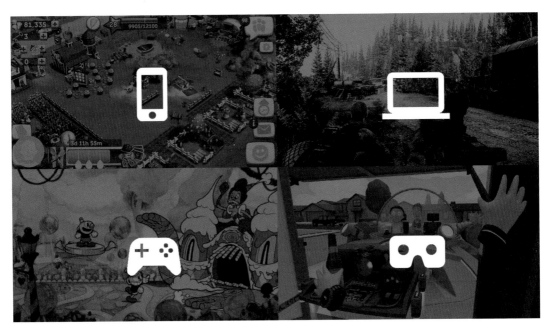

[그림 14-1] 다양한 플랫폼을 지원하는 새로운 Input System

기존 입력 시스템인 Input Manager는 다양한 플랫폼을 지원하기 이전에 설계됐기 때문에 확장성과 편의성이 많이 부족했다. 이에 사용자 편의성과 향후 확정성은 물론이고 성능까지 고려한 Input System이라는 새로운 입력 시스템을 제공한다. Input System은 유니티 2019.1 이상의 버전부터 사용할 수 있다.

레거시 Input 클래스

기존 유니티에서 제공했던 **Input** 클래스의 역할은 키보드, 마우스, 터치, 게임패드와 같은 외부 입력장치의 입력값을 미리 정의해두고 코드에서 직접 해당 디바이스로부터 입력값이 있는지를 확인하는 방식으로 동작한다. 다음은 기존 레거시 Input Manager를 사용한 코드로, **Update** 함수에서 프레임마다 입력값을 확인해 이동과 점프와 같은 로직을 수행한다.

```
void Update()
{
    // 키보드 입력값
    float h = Input.GetAxis("Horizontal");
    float v = Input.GetAxis("Vertical");

    Vector3 moveDir = (Vector3.forward * v) + (Vector3.right * h);
```

```
        transform.Translate(moveDir.normalize * Time.deltaTime * moveSpeed);

        // 점프 키 입력 여부 확인
        if (Input.GetKey(KeyCode.Space))
        {
            // 점프 로직 실행
        }
    }
```

위와 같은 코드는 다음과 같은 문제점을 갖고 있다. 첫째, 다양한 입력장치로의 전환이 어렵다. 예를 들어 이동 및 점프를 모바일 디바이스의 스크린 터치로 변경할 경우 소스 코드를 다시 작성해야 한다. 둘째, Update 함수는 프레임마다 호출되는 함수이기 때문에 프레임마다 입력값을 확인한다. 따라서 성능상 불리할 수밖에 없다.

새로운 Input System의 특징

새로운 Input System은 앞서 레거시 Input 방식과는 다르게 외부 입력장치와 동작하는 코드를 완벽하게 분리할 수 있다. 코드에서 어떤 입력장치로부터 입력됐는지를 확인할 필요가 없다. 다른 입력장치로 변경했을 경우 단순히 바인딩(Binding) 정보만 변경해 적용할 수 있기 때문에 소스 코드의 수정 없이 쉽게 적용할 수 있다.

Input System의 구조

Input System은 `Input Actions` 에셋을 생성해 각종 입력값을 정의하고 할당한다. 다음은 Input Actions의 화면으로 보다시피 Action Maps, Actions, Properties 영역으로 구분한다.

[그림 14-2] 3개의 영역으로 구분된 Input Actions 에셋의 에디터

핵심 개념은 Action과 Binding이다. Action은 게임 내의 행동, 동작을 의미한다. 캐릭터의 예를 든다면 이동, 회전, 점프, 공격, 방어 등이 모두 Action이다. 즉, 다음과 같이 여러 개의 Action을 정의할 수 있다.

- Move

- Rotate

- Jump

- Attack

- Defense

Binding은 Action을 실제 물리적인 입력장치와 매핑하는 것으로, 예를 들어 Jump Action의 경우 키보드 스페이스 키를 눌렀을 때 동작하게 하기 위한 정보를 설정해야 한다. 마우스 왼쪽 버튼을 클릭하는 것 역시 Jump Action으로 사용하려 한다면 해당 Action에 마우스 관련된 Binding을 하나 더 추가하면 된다. 이러한 Binding 속성은 Properties에서 설정한다.

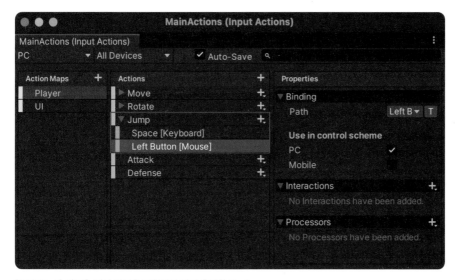

[그림 14-3] 새로운 입력 방식을 구현하기 위해 추가한 Binding

Action Map은 앞서 정의한 여러 Action의 그룹이다. 게임에는 주인공 캐릭터의 조작을 위한 입력 시스템이 있을 수 있고 UI 조작을 위한 입력 시스템이 있다고 가정한다면 별도의 Action Map을 생성해 관리할 수 있다. 다음은 Input Actions 에셋의 Action Maps, Actions, Properties의 관계도다.

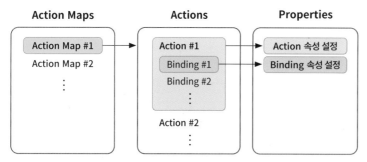

[그림 14-4] Input Actions의 개념도

Input System의 환경 설정

새로운 프로젝트를 생성해 주인공 캐릭터를 키보드 입력값으로 이동 및 공격하는 동작을 새로운 Input System을 활용해 구현해본다. 프로젝트의 이름은 "**Warrior**"로 지정하고 프로젝트 뷰에 다음과 같이 폴더를 생성한다. 기존 Scenes 폴더의 이름을 "**01.Scenes**"로 변경하고 "**02.Scripts**" 폴더만 생성한다.

[그림 14-5] 프로젝트 뷰에 생성한 폴더

Input System 패키지 설치

메뉴에서 [Window] → [Package Manager]를 선택해 Package Manager 창을 오픈한다. 또는, 프로젝트 뷰의 **Packages** 폴더를 선택하고 마우스 오른쪽 버튼을 클릭해 팝업된 메뉴에서 [View in Package Manager]를 선택해도 된다. Package Manager 왼쪽 상단의 콤보박스에서 [Unity Registry]를 선택한 후 Input System을 설치한다.

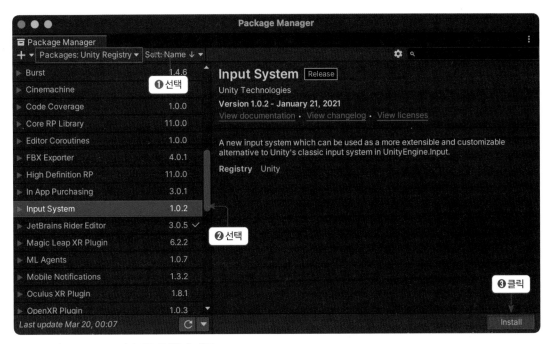

[그림 14-6] Input System 패키지를 선택한 후 설치

패키지 설치가 완료되면 유니티 에디터가 재시작하고 레거시 Input API는 비활성화된다는 팝업이 뜬다. [Yes] 버튼을 클릭한다.

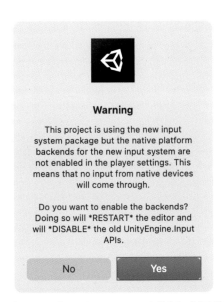

[그림 14-7] 새로운 Input System의 활성화 여부를 확인하는 팝업 메시지

Active Input Handling

유니티 에디터가 재시작된 후 프로젝트가 새로운 Input System으로 설정이 변경됐는지를 확인해보자. 메뉴에서 [Edit] → [Project Settings…]를 선택해 Project Settings 창을 오픈한다. Player 섹션의 Other Settings에 `Active Input Handling` 속성이 "Input System Package (New)"라고 설정된 것을 알 수 있다.

[그림 14-8] 입력 시스템을 선택할 수 있는 Active Input Handling 속성

유니티에서 사용할 입력 시스템은 개발자가 선택할 수 있다. `Active Input Handing` 속성을 예전 방식인 Input Manager (Old)나 새로운 방식인 Input System Package (New), 또는 둘 다 사용하는 Both 중에서 선택할 수 있다.

테스트 환경 제작

내려받은 Resources 폴더에서 다음 두 가지 패키지를 임포트한다.

* Resources/Models: Warrior 패키지

* Resources/Textures: Images 패키지

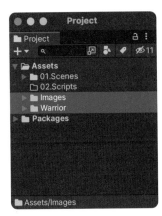

[그림 14-9] 임포트한 두 개의 패키지

하이러키 뷰에 Plane을 추가하고 Transform Scale을 (5, 5, 5)로 입력해 가로, 세로의 크기를 50m, 50m로 설정한다. 프로젝트 뷰의 Images/Materials 폴더의 GridEmissive 머티리얼을 Plane에 연결한다.

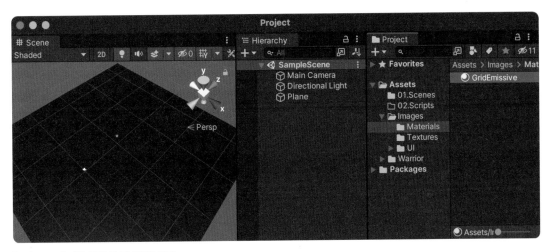

[그림 14-10] 바닥 생성 및 머티리얼 연결

프로젝트 뷰의 Warrior/Models 폴더에 있는 Warrior_bindpose 모델을 씬 뷰에 추가한다. 이 캐릭터는 유니티 URP Tutorial에서 소개됐던 모델로서 다음 URL에서 내려받을 수 있다.

[그림 14-11] Universal Rendering Examples 깃 리포지토리(출처: Unity-Technologies Github)

- https://github.com/Unity-Technologies/UniversalRenderingExamples

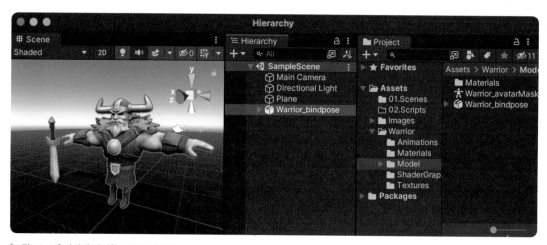

[그림 14-12] 바닥에 배치한 주인공 캐릭터

Warrior_bindpose를 선택한 후 Animator 컴포넌트의 Controller 속성에 Animator Controller를 연결한다. 프로젝트 뷰의 Warrior/Animations/AnimationController_Warrior를 연결하거나 Controller 속성의 브라우저 버튼을 클릭해 선택해도 된다.

[그림 14-13] Animator Controller 속성 설정

Input Action 에셋

새로운 Input System을 사용하기 위해서는 먼저 **Input Action** 에셋을 생성해야 한다. Input Action은 액션과 바인딩 정보를 정의하는 에셋으로 생성하는 방법은 다음 두 가지가 있다.

1. 메뉴에서 [Assets] → [Create] → [Input Action] 또는 프로젝트 뷰의 [+]를 클릭한 후 [Input Actions]를 선택
2. Warrior 캐릭터에 Player Input 스크립트를 추가한 후 Input Action을 생성하는 [Create Actions...] 버튼을 클릭

프로젝트 뷰의 **02.Scripts** 폴더 하위에 **InputActions** 폴더를 생성한 후 **Input Action** 에셋을 생성한다. 생성한 **Input Action**의 이름을 "**MainActions**"로 변경한다.

[그림 14-14] Input Action 에셋 생성

생성한 `Input Action`을 더블 클릭하거나 인스펙터 뷰의 [Edit asset] 버튼을 클릭하면 다음과 같은 Input Actions 창이 열린다.

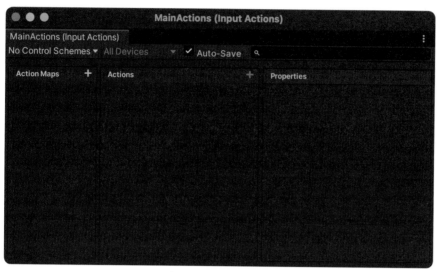

[그림 14-15] Input Action 에셋의 에디트 창

Control Schemes

좌측 상단의 `No Control Schemes` 콤보박스를 클릭한 다음 [Add Control Scheme...]을 선택하면 새로운 Scheme을 생성할 수 있다. 제작하는 게임의 대상 플랫폼이 PC, 모바일, 콘솔 기기라고 가정한다면 플랫폼별로 공유할 입력 설정과 플랫폼에 특화된 입력 설정이 있을 수 있다. 다음과 같이 `PC`와 `Mobile` 두 개의 Scheme을 생성한다. 플랫폼별로 PC Scheme은 Keyboard와 Mouse 입력값을 받고 Mobile Scheme은 Touchscreen만 입력받을 수 있게 설정한 것이다.

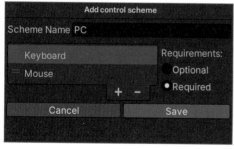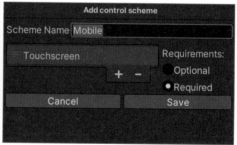

[그림 14-16] 대상 플랫폼별로 생성한 Schemes

두 개의 Scheme을 추가하면 Scheme 콤보박스에서 해당 Scheme 목록이 표시되고 선택할 수 있다.

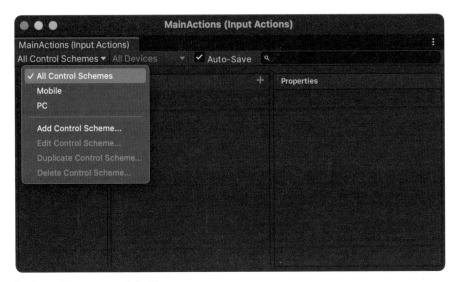

[그림 14-17] Input Actions에 추가한 Schemes

Action Map 및 Action 생성

주인공 캐릭터의 이동 및 공격 로직에 사용할 Action Map을 생성한다. Action Maps 영역의 [+] 버튼을 클릭한 후 이름을 "PlayerActions"로 지정한다.

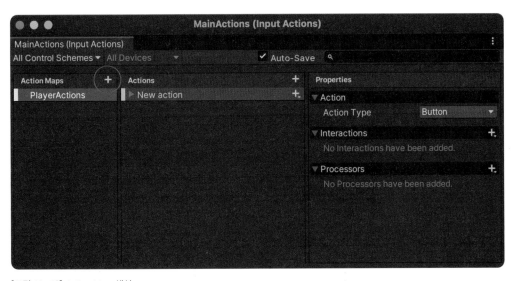

[그림 14-18] Action Map 생성

예제에서는 주인공 캐릭터의 이동과 공격 동작을 구현한다. Action Maps를 생성하면 자동으로 추가되는 New Action을 수정해 사용하거나 삭제한 후 새로 추가해 설정해도 된다. New Action을 더블 클릭해 액션 명을 Move로 수정한다.

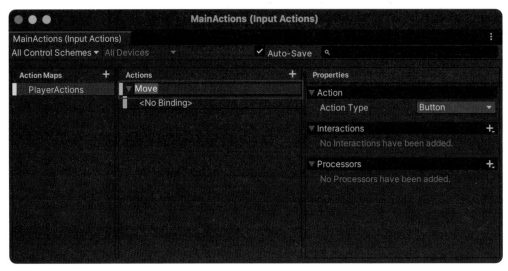

[그림 14-19] 액션 명 수정

주인공 캐릭터의 이동에는 키보드 W, A, S, D 키와 화살표 키를 사용하기 위해 **Move** 액션을 선택한 후 Properties 영역의 **Action Type**을 Button에서 Value로 변경한다.

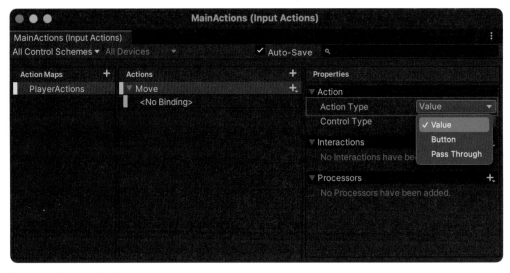

[그림 14-20] Move 액션의 Action Type을 Value로 변경

Move 액션의 Action Type을 Value로 변경한 후 바로 아래에 표시된 Control Type 속성을 Vector2로 변경한다. 캐릭터의 전후좌우 이동에 해당하는 키 조합이 Vector2(x, y) 형태의 값을 갖고 있기 때문이다.

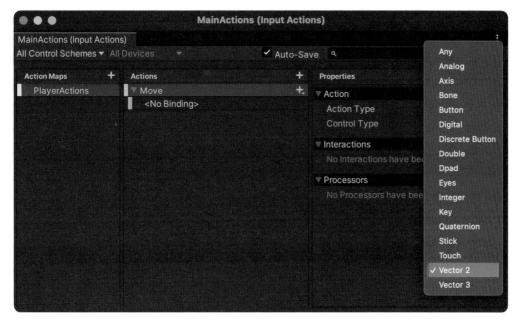

[그림 14-21] Control Type을 전후좌우 값을 입력받기 위한 Vector2 타입으로 설정

Move 액션 하위에 있던 〈No Binding〉 항목은 Delete 키(맥: command + Delete)로 삭제하고 [+] 버튼을 클릭해 팝업된 메뉴에서 [Add 2D Vector Composite]을 선택한다.

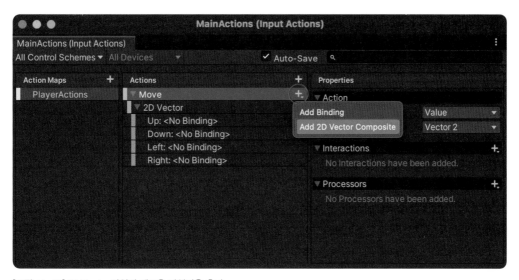

[그림 14-22] 2D Vector 타입의 새로운 바인딩을 추가

바인딩 정보를 쉽게 이해할 수 있게 2D Vector 이름을 적절하게 변경해보자. 2D Vector를 더블 클릭해 이름을 "WASD"로 변경한다.

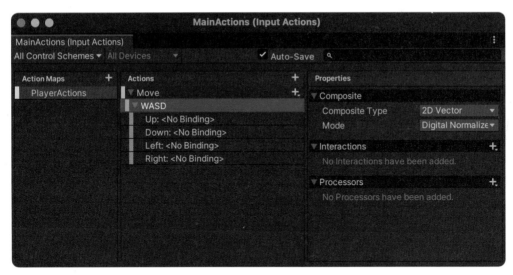

[그림 14-23] 바인딩 명 수정

바인딩 속성 설정

WASD 바인딩 하위에 생성된 Up, Down, Left, Right 옆에 표시된 〈No Binding〉의 의미는 아직 연결정보를 설정하지 않았다는 것을 의미한다.

먼저 Up 액션 항목을 선택하고 Binding의 Path를 클릭하면 다음과 같이 다양한 입력장치를 볼 수 있다. Keyboard를 선택한다. 바인딩 정보를 연결하는 방법에는 다음과 같이 세 가지 방식이 있다.

계층 구조에서 직접 선택

바인딩 경로는 계층 구조를 따라 내려가면서 선택할 수 있다. 다음과 같이 계층을 내려가 선택할 수 있다.

• Keyboard → By Location of Key(Using US Layout) → W

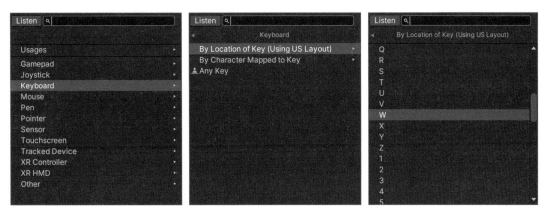

[그림 14-24] 계층 구조를 따라 내려가며 바인딩 값을 선택하는 방식

[Listen] 버튼

[Listen] 버튼을 클릭하면 입력 대기 상태가 되며 바로 키를 입력하면 해당 키가 바인딩 목록으로 표시된다. 일종의 필터링 역할을 하기 때문에 빠르게 바인딩 정보를 선택할 수 있다.

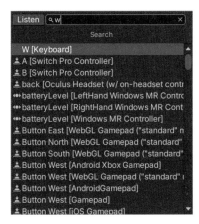

[그림 14-25] 키를 직접 입력해 검색해서 선택하는 방식

[T] 버튼

현재 W키를 연결한 상태에서 [T] 버튼을 클릭하면 〈Keyboard〉/w와 같이 문자열 변환된 정보를 보여준다. 즉, Binding Path에 직접 문자열을 입력해 바인딩 정보를 설정할 수 있는 방식으로, [T] 버튼을 클릭하고 사용하는 키 값을 직접 입력해 바인딩 정보를 설정할 수 있다.

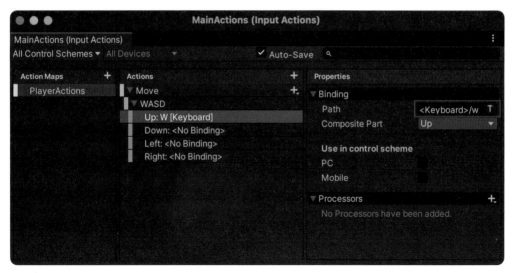

[그림 14-26] [T] 버튼을 클릭해 직접 바인딩 정보를 입력하는 방식

나머지 액션을 [T] 버튼을 사용해 입력한다면 다음과 같이 입력하면 된다.

- **Down**: <Keyboard>/s
- **Left**: <Keyboard>/a
- **Right**: <Keyboard>/d

세 가지 방식 중 편한 방법으로 나머지 액션의 바인딩 정보를 연결해보자.

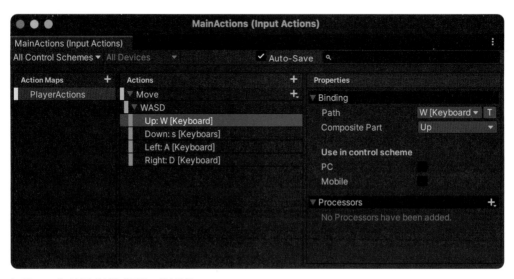

[그림 14-27] 바인딩 속성을 설정한 4개의 액션

이동 동작의 바인딩 추가

주인공 캐릭터의 이동을 다음과 같이 두 쌍의 키 입력값으로 조작하기로 했을 경우 화살표 키를 매핑한 바인딩을 하나 더 추가하면 된다.

- W, A, S, D 키

- 화살표 키

Move 액션의 [+] 키를 클릭해 [Add 2D Vector Composite]을 선택한다. 새로 생성된 하위 바인딩의 이름은 "Arrow Key"로 변경한다. 여기서 Move는 대표 또는 최상위 액션을 의미하며 하위에 여러 개의 바인딩을 추가할 수 있고, 코드에서는 대표 액션을 사용하기 때문에 새로운 키 조합의 바인딩이 추가된다고 해도 코드를 변경할 필요가 없다.

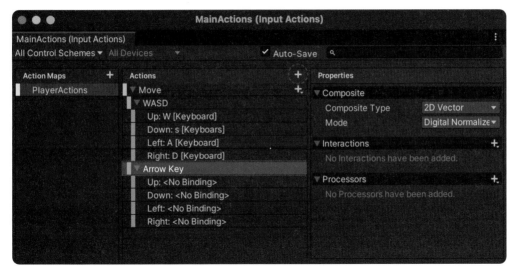

[그림 14-28] 새로운 키 조합의 바인딩 추가

앞서 W, A, S, D 키의 바인딩 연결과 같은 방법으로 이번에는 화살표 키를 연결한다.

- Up: <Keyboard>/upArrow

- Down: <Keyboard>/downArrow

- Left: <Keyboard>/leftArrow

- Right: <Keyboard>/rightArrow

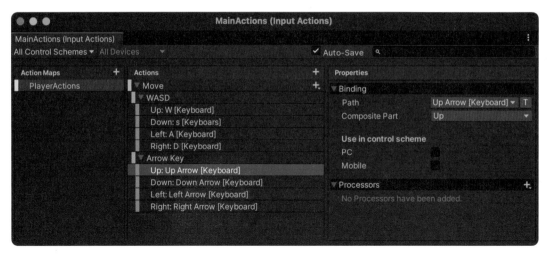

[그림 14-29] Arrow Key 바인딩 정보 설정

공격 동작의 액션과 바인딩 추가

공격 동작을 위해 Actions 영역의 [+] 버튼을 클릭한 후 액션의 이름을 "**Attack**"으로 지정한다. 공격은 스페이스 키를 눌렀을 때 동작하도록 한다. 따라서 Properties의 **Action Type**은 기본값인 [Button]을 사용해야 한다.

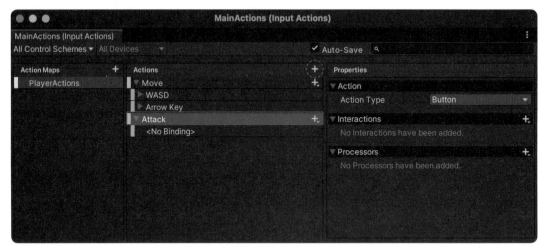

[그림 14-30] Attack 액션 추가

Attack 액션 하위에 〈No Binding〉을 선택하고 **Binding Path**를 〈Keyboard〉/space로 지정한다.

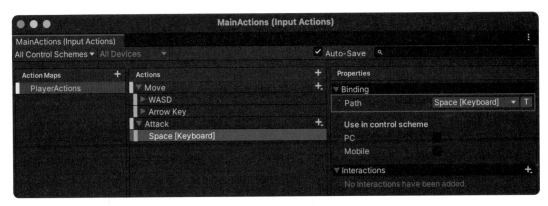

[그림 14-31] 바인딩 속성 설정

이제 주인공 캐릭터가 사용할 이동과 공격 액션에 대한 바인딩 작업은 끝났다. Input Actions 뷰의 [Save Asset] 버튼을 클릭해 지금까지 추가한 내용을 저장한다. Auto-Save 옵션을 체크했다면 수정사항이 발생할 때마다 자동 저장하기 때문에 약간의 딜레이가 발생한다. 따라서 이 옵션을 언체크하고 틈틈이 저장하는 것을 권장한다.

Player Input 컴포넌트

Player Input 컴포넌트는 Input Actions에서 정의한 액션이 발생했을 때 코드와 연결해 해당 로직을 실행시킬 수 있는 기능을 처리한다. 하이러키 뷰의 주인공 캐릭터를 선택하고 메뉴에서 [Components] → [Input] → [Player Input]을 클릭해 Player Input 컴포넌트를 추가한다.

[그림 14-32] Player Input 컴포넌트 추가

Actions 속성

앞에서 Input Actions 에셋을 직접 생성한 후 바인딩 작업을 진행했다. 만약 Input Actions 에셋을 먼저
만들지 않았다면 Player Input 컴포넌트의 [Create Actions...] 버튼을 클릭해 생성할 수도 있다. Player
Input의 Actions 속성에 미리 만들어둔 MainActions를 드래그 앤드 드롭해 연결한다.

[그림 14-33] Actions 속성에 연결한 Input Actions 에셋

Actions 속성에 Input Actions 에셋을 연결하면 바로 밑에 Default Scheme과 Default Map 항목이 표시
되며, MainActions에 정의한 Scheme과 Action Map이 목록으로 표시되고 선택할 수 있다.

Behavior 속성

Player Input의 Behavior는 Input Actions 에셋에 정의한 액션이 발생했을 때 코드의 함수를 어떻게 실
행시킬 것인지를 결정하는 속성으로 다음 네 가지가 있다.

[그림 14-34] Behavior 속성

Behavior 옵션	설명
Send Message	Player Input 컴포넌트가 있는 게임오브젝트에 SendMessage 함수를 이용해 호출한다.
Broadcast Message	Send Message와 동일하지만 BroadcastMessage 함수를 이용해 하위에 있는 게임오브젝트의 함수도 호출한다.
Invoke Unity Events	액션별로 이벤트 연결 인터페이스가 생성되고 각각 호출하려는 함수를 연결해 사용한다.
Invoke C Sharp Events	C# 스크립트에서 이벤트를 직접 연결해 사용한다.

[표 14-1] Behavior 속성의 특징

위 네 가지 Behavior 속성은 입력장치의 연결, 해지, 변경사항에 대해 다음과 같은 이벤트를 기본으로 호출한다.

- OnDeviceLost
- OnDeviceRegained
- OnControlsChanged

Behavior – Send Messages 옵션

Player Input의 Behavior 속성을 Send Messages로 선택하면 Input Actions에서 설정한 액션을 SendMessage 함수를 이용해 호출한다. 호출하는 함수 이름은 다음과 같은 형식으로 정의된다.

```
void On{액션명}()
```

앞서 MainActions에 정의한 액션은 Move와 Attack으로 정의했기 때문에 OnMove와 OnAttack 함수가 SendMessage를 통해 호출된다.

새로운 스크립트를 생성하고 이름을 "PlayerCtrl"로 지정한 후 다음과 같이 작성한다.

스크립트 14-1 PlayerCtrl

```
#pragma warning disable IDE0051

using UnityEngine;
using UnityEngine.InputSystem;

public class PlayerCtrl : MonoBehaviour
{
    void OnMove(InputValue value)
    {
        Vector2 dir = value.Get<Vector2>();
        Debug.Log($"Move = ({dir.x}, {dir.y})");
    }

    void OnAttack()
    {
        Debug.Log("Attack");
    }
}
```

Input System 기능을 사용하기 위해서 제일 먼저 UnityEngine.InputSystem 네임스페이스를 명시해야 한다. #pragma 전처리기를 사용해 IDE0051 경고 문구를 비활성화하는 구문을 추가했다. IDE0051은 함수나 변수를 정의하고 다른 코드에서 사용하지 않았을 때 Visual Studio 또는 VSCode IDE에서 경고를 표시한다.

```
#pragma warning disable IDE0051

using UnityEngine;
using UnityEngine.InputSystem;
```

OnMove 함수의 파라미터 타입은 InputValue 클래스로 Get(), Get<T>() 형식으로 값을 전달받을 수 있다. Move 액션은 Vector2로 정의했기 때문에 Get<Vector2>()를 사용했다.

```
void OnMove(InputValue value)
{
    Vector2 dir = value.Get<Vector2>();
    Debug.Log($"Move = ({dir.x}, {dir.y})");
}
```

OnAttack 함수는 Attack 액션에 대응되는 함수로 Action Type을 Button으로 설정했기에 스페이스 키가 눌리면 호출되며 전달되는 인자는 없다.

```
void OnAttack()
{
    Debug.Log("Attack");
}
```

예제를 실행해 게임 뷰를 클릭해 활성 뷰로 전환한 후 W, A, S, D 키 또는 화살표 키를 누르면 다음과 같이 콘솔 뷰에 좌푯값이 표시된다.

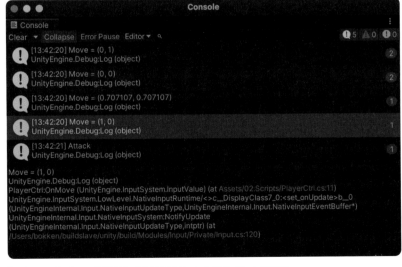

[그림 14-35] 키보드 입력값에 따라 표시된 Vector2 값과 Attack 메시지

입력받은 키 값을 통해 애니메이션과 실제 이동 처리 로직을 구현한다. PlayerCtrl 스크립트를 다음과 같이 수정한다. 이동 로직과 회전 처리는 이 책에서 소개한 SpaceShooter에서 충분히 다뤘기 때문에 이미 충분히 이해할 것이다.

스크립트 14-2 PlayerCtrl – 회전, 이동과 애니메이션 구현

```
#pragma warning disable IDE0051

using UnityEngine;
using UnityEngine.InputSystem;

public class PlayerCtrl : MonoBehaviour
{
    private Animator anim;
    private new Transform transform;
    private Vector3 moveDir;

    void Start()
    {
        anim = GetComponent<Animator>();
        transform = GetComponent<Transform>();
    }

    void Update()
    {
        if (moveDir != Vector3.zero)
        {
            // 진행 방향으로 회전
            transform.rotation = Quaternion.LookRotation(moveDir);
            // 회전한 후 전진 방향으로 이동
            transform.Translate(Vector3.forward * Time.deltaTime * 4.0f);
        }
    }

    void OnMove(InputValue value)
    {
        Vector2 dir = value.Get<Vector2>();
```

```
        // 2차원 좌표를 3차원 좌표로 변환
        moveDir = new Vector3(dir.x, 0, dir.y);

        // Warrior_Run 애니메이션 실행
        anim.SetFloat("Movement", dir.magnitude);
        Debug.Log($"Move = ({dir.x}, {dir.y})");
    }

    void OnAttack()
    {
        Debug.Log("Attack");
        anim.SetTrigger("Attack");
    }
}
```

예제를 실행하면 WASD 키 또는 화살표 키를 통해 이동하는 것을 확인할 수 있다. 또한, 스페이스 키를 누르면 공격 동작을 한다.

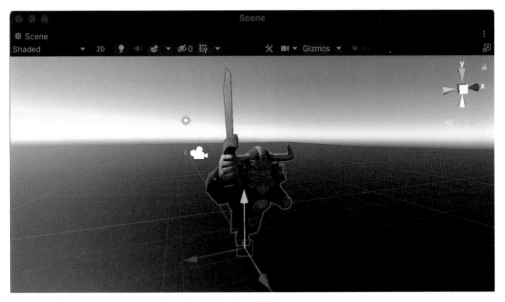

[그림 14-36] 키 입력으로 이동 및 회전 로직이 적용된 주인공 캐릭터

Behavior – Invoke Unity Events 옵션

Player Input의 Behavior 속성을 Invoke Unity Events로 선택하면 다음과 같이 여러분이 정의한 두 개의 액션인 Move와 Attack이 Unity Event 타입의 속성으로 표시된다. 일반적인 UI Button 이벤트를 연결하는 방식과 동일하게 연결할 수 있다. 공통으로 발생하는 3개의 이벤트도 같이 표시된다.

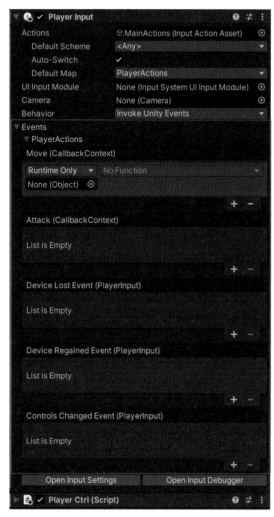

[그림 14-37] Invoke Unity Events로 설정했을 때 표시되는 인터페이스

Events의 Move, Attack 액션명이 표시되며 괄호 안에 CallbackContext라는 파라미터 타입이 표시된다. 따라서 앞서 만들었던 함수를 연결할 수 없기 때문에 다음과 같은 형식의 새로운 함수를 정의해야 한다.

```
void On{액션명}(InputAction.CallbackContext context)
```

PlayerCtrl 스크립트에 Unity Events에 연결할 새로운 **OnMove**와 **OnAttack** 함수를 추가한다.

스크립트 14-3 PlayerCtrl – Unity Events에 연결할 함수 추가

```csharp
#pragma warning disable IDE0051

using UnityEngine;
using UnityEngine.InputSystem;

public class PlayerCtrl : MonoBehaviour
{
    private Animator anim;
    private new Transform transform;
    private Vector3 moveDir;

    void Start()
    {
        anim = GetComponent<Animator>();
        transform = GetComponent<Transform>();
    }

    void Update()
    {
        if (moveDir != Vector3.zero)
        {
            // 진행 방향으로 회전
            transform.rotation = Quaternion.LookRotation(moveDir);
            // 회전한 후 전진 방향으로 이동
            transform.Translate(Vector3.forward * Time.deltaTime * 4.0f);
        }
    }

#region SEND_MESSAGE
    void OnMove(InputValue value)
    {
        Vector2 dir = value.Get<Vector2>();

        // 2차원 좌표를 3차원 좌표로 변환
        moveDir = new Vector3(dir.x, 0, dir.y);
```

```csharp
        // Warrior_Run 애니메이션 실행
        anim.SetFloat("Movement", dir.magnitude);
        Debug.Log($"Move = ({dir.x}, {dir.y})");
    }


    void OnAttack()
    {
        Debug.Log("Attack");
        anim.SetTrigger("Attack");
    }
#endregion


#region UNITY_EVENTS
    public void OnMove(InputAction.CallbackContext ctx)
    {
        Vector2 dir = ctx.ReadValue<Vector2>();

        // 2차원 좌표를 3차원 좌표로 변환
        moveDir = new Vector3(dir.x, 0, dir.y);

        // Warrior_Run 애니메이션 실행
        anim.SetFloat("Movement", dir.magnitude);
    }


    public void OnAttack(InputAction.CallbackContext ctx)
    {
        Debug.Log($"ctx.phase={ctx.phase}");

        if (ctx.performed)
        {
            Debug.Log("Attack");
            anim.SetTrigger("Attack");
        }
    }
#endregion


}
```

#region ~ #endregion 전처리기는 코드의 영역을 정의하는 것으로 비주얼 스튜디오나 VSCode 에디터에서 특정 영역을 Collapse할 수 있다. 코드의 라인이 많을 때나 특정 로직을 그룹화할 때 편리한 방법으로 PlayerCtrl 스크립트는 다음과 같이 영역으로 분류했다.

```
#region SEND_MESSAGE

    Send Message를 사용한 코드 영역

#endregion


#region UNITY_EVENTS

    Unity Events를 사용한 코드 영역

#endregion
```

Invoke Unity Events 옵션을 선택했을 때 넘어오는 파라미터는 InputAction.CallbackContext 타입으로, 입력값은 ReadValue<T>() 함수를 이용해 전달받는다. InputActions에서 Move 액션을 Vector2 타입으로 정의했기 때문에 2차원 벡터 타입으로 받아와야 한다. 나머지 로직은 Send Messages 옵션과 동일하다.

```
public void OnMove(InputAction.CallbackContext ctx)
{
    Vector2 dir = ctx.ReadValue<Vector2>();

    // 2차원 좌표를 3차원 좌표로 변환
    moveDir = new Vector3(dir.x, 0, dir.y);

    // Warrior_Run 애니메이션 실행
    anim.SetFloat("Movement", dir.magnitude);
}
```

Invoke Unity Events 옵션을 사용해 연결한 함수는 총 3번 호출된다. 즉, Input Actions에 정의한 액션은 시작, 실행, 취소의 콜백 함수를 각각 한 번씩 호출하며 어떤 상태로 호출됐는지에 대한 정보는 CallbackContext.phase 속성을 통해 알 수 있다. 이 상태 값은 InputActionPhase 열거형으로 다음과 같이 5개가 정의돼 있다.

```
InputActionPhase.Started
InputActionPhase.Performed
InputActionPhase.Canceled
InputActionPhase.Disabled
InputActionPhase.Waiting
```

따라서 OnAttack 함수에서 InputActionPhase.Performed일 때만 공격 애니메이션을 실행하도록 처리하지 않으면 공격 애니메이션이 3번 발생한다. CallbackContext.performed 속성은 실행 상태일 때 true 값을 반환한다. 실제로 3번 호출되는지를 확인하기 위해 Debug.Log로 상태 값을 출력하는 로직을 작성했다.

```csharp
public void OnAttack(InputAction.CallbackContext ctx)
{
    Debug.Log($"ctx.phase={ctx.phase}");

    if (ctx.performed)
    {
        Debug.Log("Attack");
        anim.SetTrigger("Attack");
    }
}
```

스크립트를 수정한 후 Events 속성에 해당 이벤트를 다음과 같이 연결한다. Move 함수를 연결하는 콤보박스를 클릭해 PlayerCtrl → OnMove를 선택한다. OnMove와 OnAttack 함수는 Dynamic CallbackContext 영역에 표시된다. 같은 방법으로 Attack 함수도 연결한다.

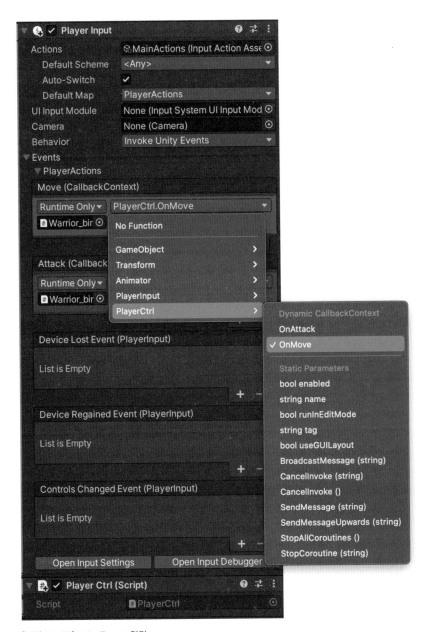

[그림 14-38] Unity Events 연결

예제 게임을 실행해 이동해보고 스페이스 키를 눌렀다가 릴리스했을 때 Started, Performed, Canceled 상태가 차례대로 호출되는지 콘솔 뷰에서 확인해보자.

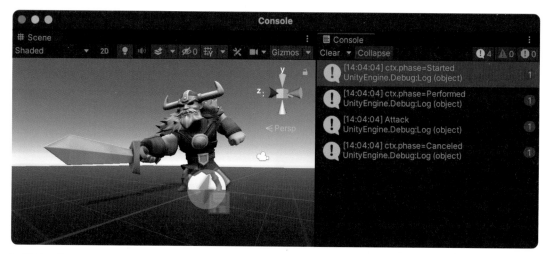

[그림 14-39] InputAction.CallbackContext의 3가지 상태 값

Behavior – Invoke C Sharp Events

Behavior 속성 중 Invoke C Sharp Events 옵션은 C# 스크립트에서 직접 이벤트를 연결해 사용하는 방식이다. Player Input 컴포넌트를 사용할 수도 있고 Input Actions 에셋과 Player Input 컴포넌트 없이모두 다 스크립트로 처리할 수도 있다.

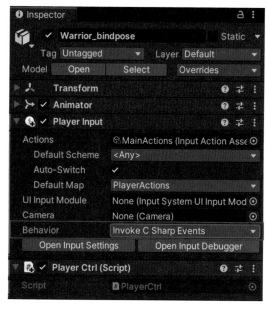

[그림 14-40] Invoke C Sharp Events 옵션으로 변경한 Behavior 속성

먼저 Player Input 컴포넌트와 MainActions를 활용해 이벤트를 연결하는 방법으로 구현한다. PlayerCtrl 스크립트를 다음과 같이 수정한다.

스크립트 14-4 PlayerCtrl – C# 이벤트 연결로직 추가

```
#pragma warning disable IDE0051

using UnityEngine;
using UnityEngine.InputSystem;

public class PlayerCtrl : MonoBehaviour
{
    private Animator anim;
    private new Transform transform;
    private Vector3 moveDir;

    private PlayerInput playerInput;
    private InputActionMap mainActionMap;
    private InputAction moveAction;
    private InputAction attackAction;

    void Start()
    {
        anim = GetComponent<Animator>();
        transform = GetComponent<Transform>();
        playerInput = GetComponent<PlayerInput>();

        // ActionMap 추출
        mainActionMap = playerInput.actions.FindActionMap("PlayerActions");

        // Move, Attack 액션 추출
        moveAction = mainActionMap.FindAction("Move");
        attackAction = mainActionMap.FindAction("Attack");

        // Move 액션의 performed 이벤트 연결
        moveAction.performed += ctx => {
            Vector2 dir = ctx.ReadValue<Vector2>();
            moveDir = new Vector3(dir.x, 0, dir.y);
            // Warrior_Run 애니메이션 실행
```

```
            anim.SetFloat("Movement", dir.magnitude);
        };
        // Move 액션의 canceled 이벤트 연결
        moveAction.canceled += ctx => {
            moveDir = Vector3.zero;
            // Warrior_Run 애니메이션 정지
            anim.SetFloat("Movement", 0.0f);
        };


        // Attack 액션의 performed 이벤트 연결
        attackAction.performed += ctx => {
            Debug.Log("Attack by c# event");
            anim.SetTrigger("Attack");
        };
    }


    void Update()
    {
        if (moveDir != Vector3.zero)
        {
            // 진행 방향으로 회전
            transform.rotation = Quaternion.LookRotation(moveDir);
            // 회전한 후 전진 방향으로 이동
            transform.Translate(Vector3.forward * Time.deltaTime * 4.0f);
        }
    }


#region SEND_MESSAGE
    void OnMove(InputValue value)
    {
        Vector2 dir = value.Get<Vector2>();

        // 2차원 좌표를 3차원 좌표로 변환
        moveDir = new Vector3(dir.x, 0, dir.y);

        // Warrior_Run 애니메이션 실행
        anim.SetFloat("Movement", dir.magnitude);
        Debug.Log($"Move = ({dir.x}, {dir.y})");
    }
```

```
    void OnAttack()
    {
        Debug.Log("Attack");
        anim.SetTrigger("Attack");
    }
#endregion

#region UNITY_EVENTS
    public void OnMove(InputAction.CallbackContext ctx)
    {
        Vector2 dir = ctx.ReadValue<Vector2>();

        Debug.Log($"ctx.phase={ctx.phase}");

        // 2차원 좌표를 3차원 좌표로 변환
        moveDir = new Vector3(dir.x, 0, dir.y);

        // Warrior_Run 애니메이션 실행
        anim.SetFloat("Movement", dir.magnitude);
    }

    public void OnAttack(InputAction.CallbackContext ctx)
    {
        Debug.Log($"ctx.phase={ctx.phase}");

        if (ctx.performed)
        {
            Debug.Log("Attack");
            anim.SetTrigger("Attack");
        }
    }
#endregion
}
```

변수 선언부에 PlayerInput 컴포넌트, 액션 맵, 액션을 저장할 변수를 선언한 후 Start 함수에서 각각의
정보를 대입한다.

```
private PlayerInput playerInput;
private InputActionMap mainActionMap;
```

```
private InputAction moveAction;
private InputAction attackAction;
```

playerInput 변수에는 GetComponent로 PlayerInput 컴포넌트를 저장하고, 액션 맵을 FindActionMap 함수를 사용해 가져온다. FindActionMap 함수에 전달할 파라미터는 MainActons(Input Actions 에셋)에 정의한 액션 맵으로 문자열 "PlayerActions"를 전달한다.

```
playerInput = GetComponent<PlayerInput>();

// ActionMap 추출
mainActionMap = playerInput.actions.FindActionMap("PlayerActions");
```

액션 맵을 추출했으면 해당 액션 맵에 정의한 액션(Move, Attack)을 FindAction("액션 명") 함수를 사용해 변수에 대입한다.

```
// Move, Attack 액션 추출
moveAction = mainActionMap.FindAction("Move");
attackAction = mainActionMap.FindAction("Attack");
```

추출한 Move 액션의 performed 이벤트와 canceled 이벤트가 발행했을 때 실행할 로직을 람다식으로 지정한다. performed 이벤트는 moveDir에 이동할 방향 벡터를 지정하고 run 애니메이션을 실행하게 한다. 반면, canceled 이벤트는 키보드를 릴리스했을 때 발생하므로 이동을 정지하고 애니메이션도 정지상태로 설정한다.

```
// Move 액션의 performed 이벤트 연결
moveAction.performed += ctx => {
    Vector2 dir = ctx.ReadValue<Vector2>();
    moveDir = new Vector3(dir.x, 0, dir.y);
    // Warrior_Run 애니메이션 실행
    anim.SetFloat("Movement", dir.magnitude);
};
// Move 액션의 canceled 이벤트 연결
moveAction.canceled += ctx => {
    moveDir = Vector3.zero;
    // Warrior_Run 애니메이션 정지
    anim.SetFloat("Movement", 0.0f);
};
```

공격 동작은 Attack 액션의 performed 이벤트만 사용한다.

```
// Attack 액션의 performed 이벤트 연결
attackAction.performed += ctx => {
    Debug.Log("Attack by c# event");
    anim.SetTrigger("Attack");
};
```

예제 게임을 실행한 후 스페이스 키를 눌렀을 때 다음과 같이 콘솔 뷰에 C# 이벤트로 호출된 것을 확인할
수 있다.

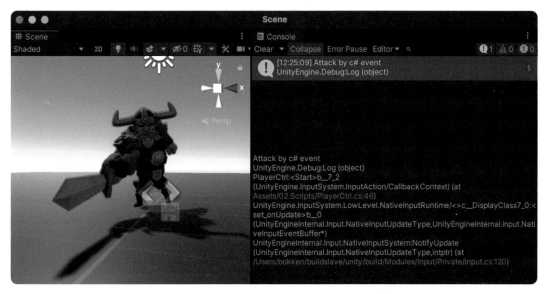

[그림 14-41] C# 이벤트로 호출한 액션

Direct Binding

Input System은 PlayerInput 컴포넌트를 사용하는 방식과 PlayerInput 컴포넌트 없이 직접 스크립트에
서 InputAction을 생성하고 액션을 정의하는 방식이 있다. 새로운 스크립트 PlayerCtrlByEvent를 생성하
고 다음과 같이 작성한다.

```csharp
using System.Collections;
using System.Collections.Generic;
using UnityEngine;
using UnityEngine.InputSystem;

public class PlayerCtrlByEvent : MonoBehaviour
{
    private InputAction moveAction;
    private InputAction attackAction;

    private Animator anim;
    private Vector3 moveDir;

    // Start is called before the first frame update
    void Start()
    {
        anim = GetComponent<Animator>();

        // Move 액션 생성 및 타입 설정
        moveAction = new InputAction("Move", InputActionType.Value);

        // Move 액션의 복합 바인딩 정보 정의
        moveAction.AddCompositeBinding("2DVector")
        .With("Up", "<Keyboard>/w")
        .With("Down", "<Keyboard>/s")
        .With("Left", "<Keyboard>/a")
        .With("Right", "<Keyboard>/d");

        // Move 액션의 performed, canceled 이벤트 연결
        moveAction.performed += ctx => {
            Vector2 dir = ctx.ReadValue<Vector2>();
            moveDir = new Vector3(dir.x, 0, dir.y);
            // Warrior_Run 애니메이션 실행
            anim.SetFloat("Movement", dir.magnitude);
        };

        moveAction.canceled += ctx => {
            moveDir = Vector3.zero;
```

```
            anim.SetFloat("Movement", 0.0f);
        };


        // Move 액션의 활성화
        moveAction.Enable();


        // Attack 액션 생성
        attackAction = new InputAction("Attack",
                                    InputActionType.Button,
                                    "<Keyboard>/space");
        // Attack 액션의 performed 이벤트 연결
        attackAction.performed += ctx => {
            anim.SetTrigger("Attack");
        };
        // Attack 액션의 활성화
        attackAction.Enable();
    }


    // Update is called once per frame
    void Update()
    {
        if (moveDir != Vector3.zero)
        {
            // 진행 방향으로 회전
            transform.rotation = Quaternion.LookRotation(moveDir);
            // 회전한 후 전진 방향으로 이동
            transform.Translate(Vector3.forward * Time.deltaTime * 4.0f);
        }
    }
}
```

UnityEngine.InputSystem 네임스페이스를 명시하고 이동과 공격 액션을 저장할 변수를 선언한다.

```
using UnityEngine.InputSystem;

(생략...)

private InputAction moveAction;
private InputAction attackAction;
```

InputActions 창에서 정의했던 **Move** 액션과 **Attack** 액션을 **InputAction** 함수를 사용해 직접 생성한다.

```
액션 = new InputAction("액션명", 액션_타입)
```

```
// Move 액션 생성 및 타입 설정
moveAction = new InputAction("Move", InputActionType.Value);
```

Move 액션은 액션 타입이 **InputActionType.Value**이고 하위에 4개(Up, Down, Left, Right)의 복합 바인딩(Composite Binding)으로 설정해야 한다. 다음 그림은 **MainActions** 에셋으로, Move → WASD → Up/Down/Left/Right로 구성됐다. 이 구성을 동일하게 스크립트에서 처리할 수 있다.

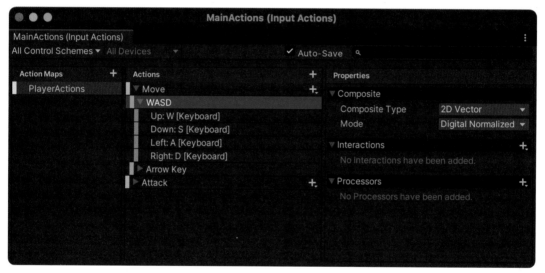

[그림 14-42] Move 액션의 복합 바인딩 정보

이처럼 복합 바인딩은 **AddCompositeBinding** 함수를 사용해 구성할 수 있으며 사용법은 다음과 같다. 복합 바인딩 타입(Composite Type)은 문자열 **"2DVector"**를 사용하며 띄어쓰기가 없다는 것에 주의한다. 실제 바인딩 정보인 **Up**, **Down**, **Left**, **Right**는 **.With()** 구문으로 필요한 만큼 추가할 수 있다.

```
AddCompositeBinding("복합 바인딩 타입").With("바인딩 명", "바인딩 정보")
```

```
// Move 액션의 복합 바인딩 정보 정의
moveAction.AddCompositeBinding("2DVector")
.With("Up", "<Keyboard>/w")
```

```
.With("Down", "<Keyboard>/s")
.With("Left", "<Keyboard>/a")
.With("Right", "<Keyboard>/d");
```

Input System 1.1 버전에서 제공하는 복합 바인딩 타입은 다음과 같다.

- 1DAxis (또는 Axis)

- 2DVector (또는 Dpad)

- 3DVector

- OneModifier

- TwoModifiers

좀 더 자세한 사용법은 다음을 참고한다.

- https://docs.unity3d.com/Packages/com.unity.inputsystem@1.1/manual/ActionBindings.html

액션의 preformed, canceled 이벤트를 연결하는 방식은 이전과 동일하다.

```
// Move 액션의 performed, canceled 이벤트 연결
moveAction.performed += ctx => {
    Vector2 dir = ctx.ReadValue<Vector2>();
    moveDir = new Vector3(dir.x, 0, dir.y);
    // Warrior_Run 애니메이션 실행
    anim.SetFloat("Movement", dir.magnitude);
};
```

액션의 선언과 이벤트 연결을 완료했으면 반드시 해당 액션을 활성화해야 한다.

```
// Move 액션의 활성화
moveAction.Enable();
```

Attack 액션은 Action Type이 Button이기에 복합 바인딩보다 간단하다. InputAction 함수에서 직접 바인딩 정보까지 전달한다.

```
InputAction("액션 명", 액션_타입, "바인딩 정보")
```

```
// Attack 액션 생성
attackAction = new InputAction("Attack",
                               InputActionType.Button,
                               "<Keyboard>/space");

// Attack 액션의 performed 이벤트 연결
attackAction.performed += ctx => {
    anim.SetTrigger("Attack");
};
// Attack 액션의 활성화
attackAction.Enable();
```

스크립트 작성을 완료했으면 하이러키 뷰에 Warrior_bindpose 모델을 하나 더 추가하고 기존 캐릭터 옆에 나란히 위치시킨다. Animator 컴포넌트에 AnimationController_Warrior 컨트롤러를 연결하고 PlayerCtrlByEvent 스크립트만 추가한다.

[그림 14-43] 또 다른 Warrior 캐릭터를 추가한 후 설정

예제 게임을 실행한 후 이동 및 공격을 테스트해보자. 두 캐릭터는 서로 다른 방식으로 구현했지만 정확히 같은 동작을 수행하는 것을 볼 수 있다.

[그림 14-44] 다른 방식으로 구현한 Warrior 캐릭터의 이동 동작

Input Debug

Input Debug는 입력 장치로부터 전달되는 값을 모니터링할 수 있는 기능으로, 에디트 모드에서 다양한 외부 입력 장치의 정보를 확인할 수 있다. 또한, 입력값을 녹화, 저장, 로드할 수 있다.

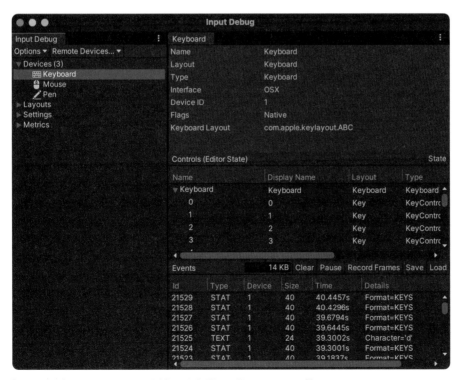

[그림 14-45] 외부 입력 장치의 입력값을 모니터링할 수 있는 Input Debug 창

또한, 런 모드에서는 InputActions에 정의한 액션 값도 다음과 같이 모니터링할 수 있다.

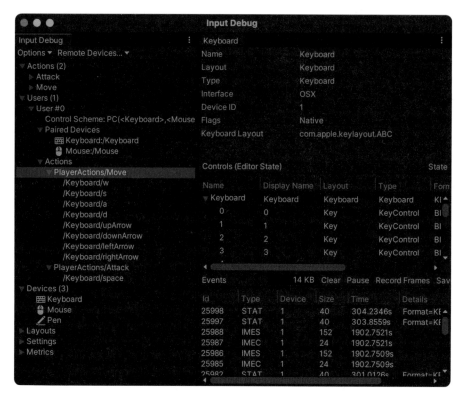

[그림 14-46] InputActions에 정의한 액션 목록 및 입력값 모니터링

정리

새로운 Input System은 아직은 다양한 레퍼런스와 기존 기능을 어떻게 업그레이드해야 하는지에 대한 자료가 많지 않다. 하지만 향후 Input System을 사용하는 방식이 주가 될 것이기에 조금씩 실무에 적용해보길 권한다.

- **이 장까지의 소스 코드 내려받기**
  https://github.com/IndieGameMaker/Warrior2021

포톤 클라우드를 활용한 네트워크 게임

이번 장에서는 포톤 클라우드를 활용해 네트워크 슈팅 게임을 제작한다. 기본적인 로비, 룸을 비롯해 네트워크 동기화, RPC, 채팅로직 등을 구현한다. 또한, 유니버설 랜더 파이프라인 (URP)과 포스트 프로세싱(Post Processing)기능을 활용해 시각적 효과를 높인 프로젝트를 구현한다.

네트워크 게임은 온라인상에서 다수의 사용자가 접속해 게임을 즐기는 것을 말한다. 네트워크 게임을 개발하기 위해서는 물리적인 서버(하드웨어)와 네트워크 게임 엔진(소프트웨어)이 필요하다. 네트워크 게임 엔진을 자체적으로 개발하기 위해서는 오랜 기간에 걸친 개발 경험과 실력 있는 개발자가 프로젝트에 투입돼야 한다. 또한 수많은 필드 테스트를 거쳐 속도와 안정성을 갖추기는 결코 쉽지 않다. 이처럼 네트워크 게임 엔진을 직접 개발하는 것이 현실적으로 어려울 때는 이미 검증된 네트워크 게임 엔진을 도입하는 것도 좋은 방법이다.

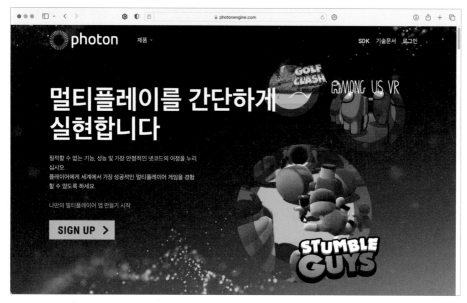

[그림 15-1] 포톤 홈페이지 (https://www.photonengine.com/ko-KR/)

포톤(Photon) 네트워크 게임 엔진은 이미 성능이 검증됐고 수많은 레퍼런스를 보유하고 있다. 또한, 유니티 엔진에 친화적이기 때문에 많은 유니티 개발자가 선호하는 네트워크 게임 엔진 중 하나다. 포톤은 다양한 제품군을 보유하고 있으며 그중에서 유니티 엔진에 특화된 PUN(Photon Unity Networking)의 경우 20명의 동접 사용자(동시 접속 사용자, CCU: Concurrent User)까지는 무료로 사용할 수 있다.

포톤 제품은 클라우드 서비스를 활용하거나 독자 서버를 구축 및 운영할 수 있는 데디케이티드 서버 (Dedicated Server) 모드로 사용할 수 있다. 이 책에서는 포톤 클라우드(Photon Cloud) 서비스를 이용해 네트워크 게임을 제작해보자.

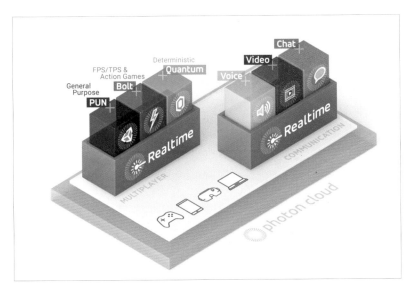

[그림 15-2] 포톤 클라우드의 다양한 제품군

포톤 리얼타임 vs. 포톤 클라우드

포톤을 처음 접하는 대다수의 개
발자는 포톤 리얼타임(Photon
Realtime), 포톤 클라우드, 포톤
서버의 차이점이 무엇인지 많이 혼
란스러워한다. 간단히 얘기하면 포
톤 리얼타임은 다양한 개발 플랫폼
에 맞춰진 포톤의 핵심 코어 엔진
을 의미한다.

포톤 클라우드는 이 엔진을 바탕으
로 클라우드 서비스를 제공하는 것
으로 서버의 보안, 로드밸런싱, 백
업 및 네트워크 트래픽 관리를 자

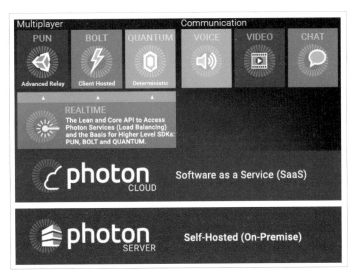

[그림 15-3] 포톤 서비스 구성도 (출처: doc.photonengine.com)

동으로 처리한다. 따라서 포톤 클라우드는 SaaS(Software as a Service)의 개념으로 소프트웨어를 임대
해 사용하는 방식이다. 반대로 포톤 서버는 물리적인 서버를 직접 운영하는 것을 의미한다. 이 책에서 사용하
는 PUN 제품은 포톤 리얼타임 엔진을 유니티에 특화한 제품을 말하며 포톤 클라우드 서비스를 이용한다.

	포톤 서버	포톤 클라우드
서버 운영 및 관리	필요	불필요
확장성(로드밸런싱)	직접 관리	관리 없음
서버 사이드 게임 로직	커스터마이징 가능	불가능
라이선스	서버당 과금 체계	동시 접속 사용자별 과금 체계

[표 15-1] 포톤 서버와 포톤 클라우드 비교

포톤 클라우드 환경 설정

포톤 네트워크 게임을 개발하기 위한 첫 번째 작업은 포톤 사이트에서 개발자 계정을 생성하고 사용할 어플리케이션 ID를 발급받는 것이다. 어플리케이션 ID는 포톤 클라우드와 통신하기 위한 고유번호로, 게임당 하나씩 부여된다.

계정 생성

포톤 서비스를 이용하기 위한 개발자 계정을 생성하려면 포톤 사이트(http://www.photonengine.com)에 접속한 후 [로그인] 메뉴를 선택한다. 회원가입 페이지에서 이메일 주소만 입력하면 가입 절차가 완료된다. 잠시 후 입력한 이메일 주소로 수신된 메일을 열어 링크 주소를 클릭하면 포톤 계정이 활성화된다.

[그림 15-4] 포톤 회원가입

회원가입 절차가 완료된 후 로그인하고 상단에 있는 [관리 화면으로 이동]을 클릭해 관리 화면 페이지로 접속한다. 필자는 이미 많은 프로젝트를 진행했기 때문에 여러 개의 App ID가 이미 생성돼 있다.

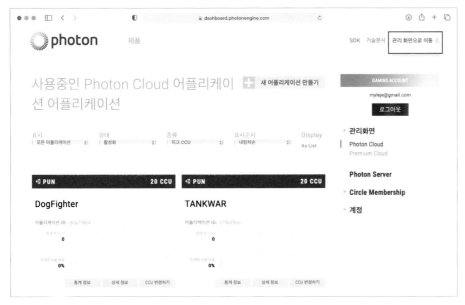

[그림 15-5] 포톤 클라우드 관리 화면

포톤 클라우드 어플리케이션 생성

관리화면의 [새 어플리케이션 만들기] 버튼을 클릭해 Photon 종류, 이름, 어플리케이션 설명 등의 정보를 입력한다. Photon 종류는 Photon PUN을 선택하고 이름(어플리케이션 명)은 "AngryBot2Net"으로 지정한다. 입력을 완료한 후 [작성하기] 버튼을 클릭한다.

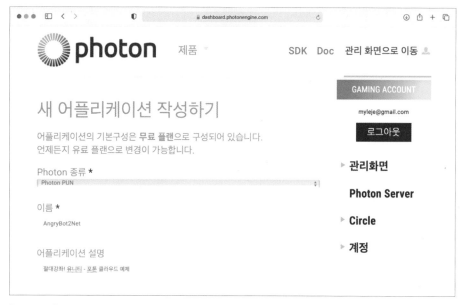

[그림 15-6] 새 어플리케이션 생성

새 어플리케이션을 생성하고 나면 간략한 어플리케이션 정보가 다음과 같이 표시된다. 어플리케이션 ID 부분을 클릭하면 복사가 가능하도록 블록으로 설정되고 클립보드로 복사할 수 있다. 이는 뒤에서 PUN 설정 시 사용할 어플리케이션 ID다.

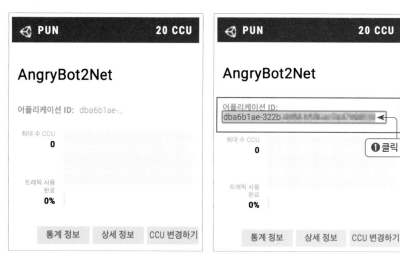

[그림 15-7] 생성한 어플리케이션의 간략한 정보와 어플리케이션 ID 복사

유니티 프로젝트 생성 및 리소스 추가

앞서 포톤 클라우드 계정 설정을 완료했다면 네트워크 엔진은 이미 준비된 셈이다. 네트워크 게임에 이용할 스테이지는 내려받은 Resources/Templete 폴더에 포함된 프로젝트를 사용해도 되지만, 직접 새로운 프로젝트를 생성하면서 진행하기를 권장한다. 템플릿 프로젝트를 사용한다면 "AngryBot2Net.zip" 압축 파일을 풀고 유니티에서 이 프로젝트를 연다.

[그림 15-8] 유니티사에서 공개한 AngryBot2 프로젝트 (출처: 유니티사 깃 허브 저장소)

> 🔍 **정보**   유니티사의 AngryBot2 프로젝트
>
> 이 책에서 사용한 AngryBot2 리소스는 유니티 초창기에 발표된 AngryBot 프로젝트를 URP(유니버설 렌더 파이프라인: Universal Render Pipeline)와 포스트 프로세싱(Post Processing)을 적용해 리뉴얼했다. 또한, 주요 3D 모델을 새롭게 디자인하고 텍스처 URP에 맞게 수정했다. 전체 소스 코드는 유니티사의 깃 저장소에서 내려받을 수 있다.
>
> • https://github.com/UnityTechnologies/AngryBots2

유니버설 렌더 파이프라인

이번 네트워크 대전 게임은 비주얼 효과를 높인 유니버설 렌더 파이프라인(URP: Universal Render Pipeline, 이하 URP로 지칭함)을 적용한 프로젝트로 진행한다. URP는 범용으로 사용 가능한 렌더링 파이프라인으로 고품질의 렌더링을 제공하며 PC, 콘솔, 모바일, VR, AR 등 거의 모든 플랫폼에 적용할 수 있다. 또한 포스트 프로세싱(Post Processing) 기능과 통합되어 다양한 후처리 그래픽 효과를 처리할 수 있다.

[그림 15-9] URP의 다양한 포스트 프로세싱 효과

URP 프로젝트 생성 방법

URP로 프로젝트를 설정하는 방법은 다음 두 가지가 있다. 첫 번째는 유니티 허브에서 새 프로젝트를 생성할 때 프로젝트 템플릿을 [Universal Render Pipeline]으로 선택하고 생성하는 것이다. 이 방식은 URP의 기본 설정값을 미리 설정해주기 때문에 편리하지만 샘플 예제 리소스가 포함되어 개발자가 직접 삭제해야 하는 번거로움이 있다.

[그림 15-10] URP 템플릿을 선택하고 프로젝트 생성하는 방법

두 번째 방법은 프로젝트 템플릿을 [3D]로 선택하고 생성한 후 URP 프로젝트로 변경하는 방법이다. 첫 번째 방법은 URP 관련 프로젝트 속성을 자동으로 설정해주는 편리함이 있지만, 기존에 진행하던 프로젝트를 URP로 변경할 때는 프로젝트의 어떤 속성을 설정해야 하는지 개발자가 알고 있어야 하기 때문에 이 책에서는 두 번째 방법으로 진행한다.

새 프로젝트 생성

유니티 허브에서 프로젝트 템플릿을 [3D]로 선택한 후 프로젝트 명을 "AngryBot2Net"으로 지정하고 프로젝트를 생성한다. 또한, 프로젝트의 저장 경로에 한글 경로가 포함되지 않게 주의한다.

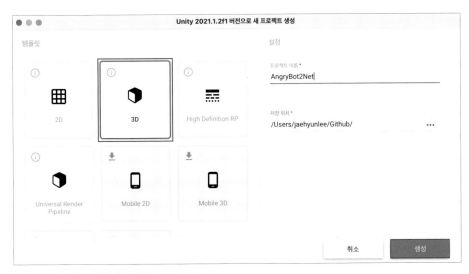

[그림 15-11] 템플릿을 [3D]로 지정하고 프로젝트 생성

Universal RP 패키지 설치 및 URP 설정

메뉴에서 [Window] → [Package Manager]를 선택해 패키지 매니저를 연 후 왼쪽 위의 콤보박스를 [Packages: Unity Registry]로 선택한다. 패키지 목록에서 "Universal RP"를 선택하고 [Install] 버튼을 클릭하면 패키지가 설치된다.

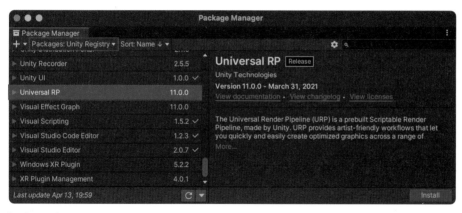

[그림 15-12] Universal RP 패키지 임포트

Universal Render Pipeline Assets 생성 및 설정

메뉴에서 [Assets] → [Create] → [Rendering] → [Universal Render Pipeline] → [Pipeline Asset (Forward Renderer)]를 선택하거나 프로젝트 뷰의 [+] 버튼을 클릭해 해당 메뉴를 선택한다. 생성한 URP 에셋은 에셋 명을 변경할 수 있게 수정 상태로 생성된다. 엔터키를 눌러 기본 에셋명으로 설정한다.

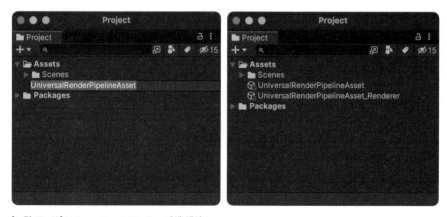

[그림 15-13] UniversalRenderPipeline 에셋 생성

다음과 같이 프로젝트 뷰에 "Rendering Assets" 폴더를 생성하고 앞서 생성한 두 개의 URP 에셋을 Rendering Assets 폴더로 이동시킨다.

[그림 15-14] 생성된 2개의 URP 에셋

Player Settings - Graphics 설정

메뉴에서 [Edit] → [Project Settings…]를 선택해 Project Settings를 연 후 Graphics 섹션을 선택한다. Scriptable Render Pipeline Settings 속성에 앞서 생성한 UniversalRenderPipelineAsset 에셋을 드래그해 연결하거나 브라우저 버튼을 클릭해 팝업된 다이얼로그 창에서 선택한다.

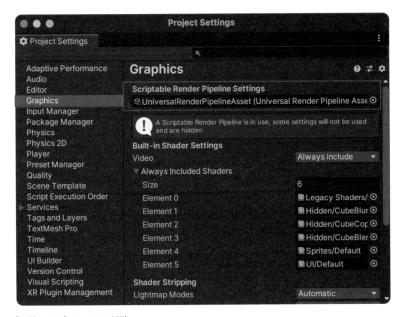

[그림 15-15] Graphics 설정

Player Settings - Quality 설정

Quality 섹션을 선택한 후 High를 선택한다. 렌더링 품질을 설정하는 옵션으로 구동 디바이스의 성능에 따라서 적절히 선택한다. 중간 부분에 있는 Rendering 속성에 UniversalRenderPipelineAsset 에셋을 연결한다.

[그림 15-16] Quality 설정

포스트 프로세싱 설정

포스트 프로세싱이란 렌더링된 결과물(영상, 이미지)에 대한 후처리 작업을 말한다. 카메라가 촬영한 영상 또는 이미지를 스크린에 출력하기 전에 다양한 필터와 효과를 적용하는 기술을 말한다. 즉, 카메라로 촬영한 후에 처리하는 과정이라는 의미에서 붙여진 용어라 볼 수 있으며 다양한 후처리 효과를 통해 시각적 퀄리티를 높일 수 있다. 다음은 보정하지 않은 무보정 렌더링 화면과 포스트 프로세싱을 거쳐 후보정된 화면을 비교한 그림이다.

[그림 15-17] 원본 렌더링 화면

[그림 15-18] 포스트 프로세싱을 거친 후보정된 렌더링 화면

Universal RP 패키지를 설치하면 포스트 프로세싱 패키지를 포함하고 있기 때문에 포스트 프로세싱 패키지를 따로 설치할 필요가 없다. 따라서 URP로 설정된 프로젝트의 경우 포스트 프로세싱 기능을 같이 사용할 경우 더욱 더 좋은 시각적인 효과를 낼 수 있다.

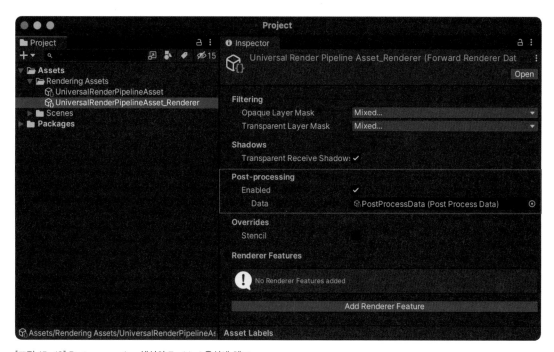

정보   포스트 프로세싱의 URP 지원 범위

URP로 설정된 프로젝트에서 다음과 같은 일부 포스트 프로세싱 기능은 사용할 수 없다.

- Auto Exposure
- Fog
- Screen Space Reflection

다음 매뉴얼에서 자세한 정보를 확인할 수 있다.

- https://docs.unity3d.com/2021.1/Documentation/Manual/PostProcessingOverview.html

Post-processing 옵션 활성화

URP에서 포스트 프로세싱을 사용하려면 프로젝트 뷰의 `Rendering Assets` 폴더 하위에 있는 `Universal RenderPipelineAsset_Renderer` 에셋을 선택하고 인스펙터 뷰에서 Post-processing 섹션의 Enabled 옵션을 체크한다. Enabled 옵션을 체크하면 하위에 Data 속성이 나타나고 자동으로 `PostProcessData` 에셋이 연결된다.

[그림 15-19] Post-processing 섹션의 Enabled 옵션에 체크

포스트 프로세싱 효과

포스트 프로세싱 효과는 특정 영역에 진입했을 때 효과를 처리하거나 씬 뷰 전체에 전역적으로 반영할 수 있다. 네트워크 대전 게임에서는 전역적인 포스트 프로세싱 효과로 적용해보자. 하이러키 뷰에서 [+] 버튼을 클릭한 다음 팝업된 메뉴에서 [Volume] → [Global Volume]을 선택해 Global Volume 개체를 생성한다.

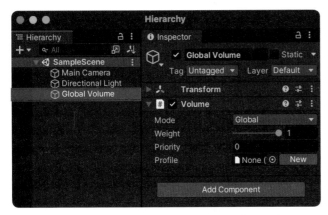

[그림 15-20] 전역적인 포스트 프로세싱을 위한 Global Volume 개체

생성한 Global Volume은 일반적인 게임오브젝트이며 Volume 스크립트 컴포넌트를 포함하고 있다. Volume 컴포넌트의 Profile 속성 옆에 있는 [New] 버튼을 클릭하면 Global Volume Profile 이름으로 새로운 프로파일 에셋이 자동으로 생성된다.

[그림 15-21] 자동 생성되는 Global Volume Profile 프로파일

비네팅 효과

비네팅(Vignetting) 효과는 화면의 주변이나 모서리를 어둡게 처리하는 것으로 자연스럽게 화면의 가운데 부분으로 시선을 모으는 효과가 있다. 따라서 게임 분야 있어서는 게이머의 몰입도를 증가시키는 효과 중 하나로 사용된다.

[그림 15-22] 포스트 프로세싱의 비네팅 효과를 적용하기 전후 화면

하이러키 뷰의 Global Volume을 선택한 후 인스펙터 뷰의 Volume 컴포넌트 아래에 있는 [Add Override] 버튼을 클릭해 [Post-processing] → [Vignette]를 선택한다.

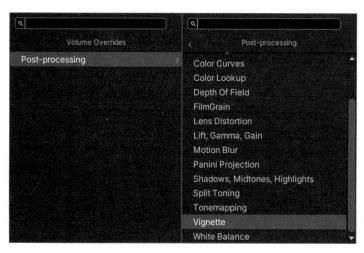

[그림 15-23] Global Volume에 비네팅 효과를 추가하는 메뉴

비네팅 효과를 추가한 후 Vignette 속성의 Intensity 옵션을 체크하고 슬라이드 바를 조절하면 씬 뷰의 외곽 부분이 다음과 같이 어두워지는 것을 확인할 수 있다. Intensity 옵션은 화면의 외곽 부분에 표현할 어두움의 강도 또는 세기를 조절하는 속성이다. 아직 Main Camera에 포스트 프로세싱 효과를 적용하지 않았기 때문에 게임 뷰에는 비네팅 효과가 표현되지 않는다.

[그림 15-24] 씬 뷰에만 적용된 비네팅 효과

메인 카메라의 포스트 프로세싱 적용

하이러키 뷰에서 Main Camera를 선택한 후 인스펙터 뷰에서 Rendering → Post Processing 옵션을 체크하면 게임 뷰에서도 비네팅이 표현되는 것을 확인할 수 있다. 다음 그림은 비네팅 효과를 확실하게 표현하기 위해서 조금 과장된 수치를 적용한 것으로 실제 제작할 게임에서는 외곽 부분이 살짝 어두워진 느낌이 날 정도로만 Intensity 속성을 설정한다.

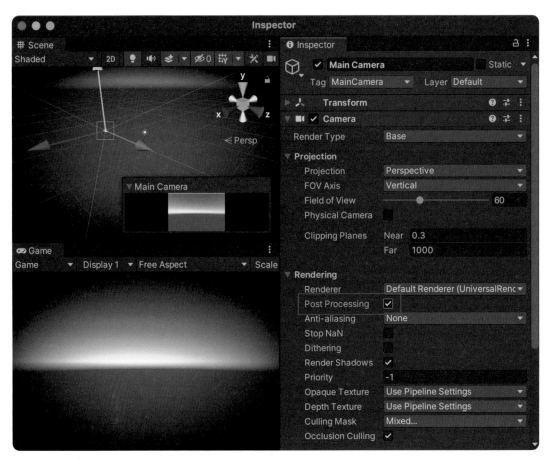

[그림 15-25] Main Camera의 Post Processing 옵션을 활성화

앞으로 Tone Mapping, Bloom 효과도 추가할 예정이지만 이는 게임 스테이지와 주인공 캐릭터를 완성한 후 추가해보자.

🔍 정보　포스트 프로세싱의 효과

포스트 프로세싱에서 제공하는 다양한 효과에 대한 자세한 내용은 다음 문서에서 확인할 수 있다.

· https://docs.unity3d.com/kr/2019.4/Manual/PostProcessingOverview.html

스테이지 생성

내려받은 Resources/PhotonNetwork 폴더 하위에 있는 AngryBotResources 패키지를 임포트한다. 이 패키지는 게임의 스테이지와 주인공 캐릭터 및 파티클 효과 등을 포함하고 있다.

스테이지 설치와 라이트 매핑

패키지 설치가 완료된 후 프로젝트 뷰에 생성된 AngryBotResources/Prefabs 폴더에 있는 Environment 프리팹을 하이러키 뷰로 드래그해 배치한다.

[그림 15-26] 패키지를 임포트한 후 씬 뷰에 배치한 Environment 프리팹

라이트 매핑을 위해 메뉴에서 [Window] → [Rendering] → [Lighting]을 선택해 라이팅 뷰를 연다. [Scene] 탭을 선택하고 [New Lighting Settings] 버튼을 클릭해 SampleScene의 라이트 매핑 정보를 저장할 에셋을 생성한다. 생성된 라이팅 셋팅 에셋은 Scenes 폴더로 이동시켜 폴더를 정리한다.

[그림 15-27] 라이팅 셋팅 에셋 생성 및 연결

라이팅 셋팅 에셋을 생성해 연결하면 라이팅 뷰의 **Lightmapping Settings** 옵션이 활성화된다. 좀더 빠른 라이트 매핑을 위해 **Lightmap Resolution** 속성을 기본값인 40에서 10 또는 20 정도로 설정한다. 라이팅 뷰 아래에 있는 [Generate Lighting] 버튼을 클릭해 라이트 맵 베이킹을 시작한다.

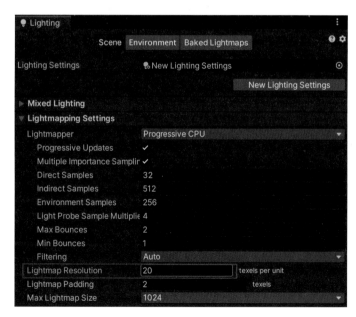

[그림 15-28] Lightmap Resolution 속성 변경 후 라이트 맵 베이킹

다음 화면은 라이트 매핑이 완료된 스테이지 모델이며 비네팅 효과로 인해 모서리 부분이 어둡게 표현된 것을 확인할 수 있다.

[그림 15-29] 라이트 매핑이 완료된 씬 뷰

Bloom, Tonemapping 효과

라이트 매핑이 완료된 씬에 좀 더 화려한 비주얼을 연출하기 위해 톤 매핑(Tone mapping)과 블룸(Bloom) 포스트 프로세싱 효과를 추가한다. 하이러키 뷰에서 Global Volume을 선택한 다음 인스펙터에서 [Add Override] 버튼을 클릭해 Tonemapping을 추가한다. Mode 옵션을 체크하고 ACES를 선택한다. 톤 매핑은 조명의 밝기를 HDR(High Dynamic Range)에서 사람이 인식할 수 있는 범위로 조정하는 효과를 말하며 블룸 효과와 같이 사용할 경우 더욱더 좋은 이미지 품질을 낼 수 있다.

[그림 15-30] 톤 매핑 효과를 추가한 Global Volume

톤 매핑은 광원의 밝기를 일반적인 값보다 크게 하는 것을 권장한다. 따라서 하이러키 뷰에서 Directional Light를 선택한 다음 Intensity를 2로 변경하고 Color 값을 청록색 계열로 설정한다.

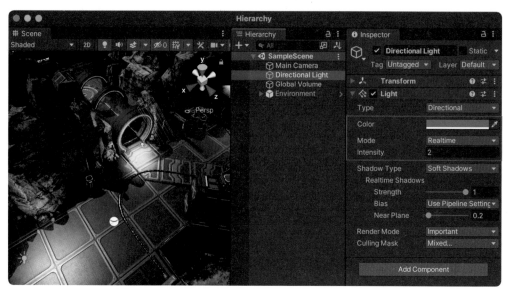

[그림 15-31] 광원의 세기와 색상을 변경

하이러키 뷰에서 Global Volume을 선택한 다음 인스펙터에서 [Add Override] 버튼을 클릭해 Bloom 효과를 마저 추가한다. Intensity 속성은 1.5로 설정한다. 블룸 효과는 광원 주위로 과장되게 표현하는 광학 효과로 몽환적인 느낌을 주는 효과다.

[그림 15-32] 블룸 효과를 추가한 후 광원의 효과

주인공 캐릭터 설정

네트워크 대전 게임의 개발은 이동 로직과 총알의 발사 로직 등을 완성한 후 포톤 클라우드를 이용해 네트워크 버전으로 수정한다. 먼저 주인공 프리팹("AngryBotResources/Prefabs/Player")을 씬 뷰로 가져와 설정 작업을 진행하자. Player 프리팹의 초기 위치를 다음과 같이 설정한다.

	X	Y	Z
Position	15	0	10
Rotation	0	−90	0

[표 15-2] Player 프리팹의 Transform 컴포넌트 설정

Player 프리팹은 애니메이터 컨트롤러와 Character Controller 컴포넌트가 이미 설정돼 있다. 유니티를 실행하면 다음과 같이 Idle 애니메이션을 취하고 있는 것을 확인할 수 있다.

[그림 15-33] Idle 애니메이션을 실행하는 주인공 캐릭터

주인공 캐릭터 이동 및 회전

프로젝트 뷰에 "Scripts" 폴더를 생성하고 해당 폴더에 새로운 스크립트를 생성한다. 스크립트 명은 Movement로 지정하고 다음과 같이 작성한다.

스크립트 15-1 Movement 스크립트 작성

```csharp
using System.Collections;
using System.Collections.Generic;
using UnityEngine;

public class Movement : MonoBehaviour
{
    // 컴포넌트 캐시 처리를 위한 변수
    private CharacterController controller;
    private new Transform transform;
    private Animator animator;
    private new Camera camera;

    // 가상의 Plane에 레이캐스팅하기 위한 변수
    private Plane plane;
    private Ray ray;
    private Vector3 hitPoint;

    // 이동 속도
    public float moveSpeed = 10.0f;

    void Start()
    {
        controller = GetComponent<CharacterController>();
        transform = GetComponent<Transform>();
        animator = GetComponent<Animator>();
        camera = Camera.main;

        // 가상의 바닥을 주인공의 위치를 기준으로 생성
        plane = new Plane(transform.up, transform.position);
    }

    void Update()
    {
```

```
        Move();
        Turn();
    }


    // 키보드 입력값 연결
    float h => Input.GetAxis("Horizontal");
    float v => Input.GetAxis("Vertical");


    // 이동 처리하는 함수
    void Move()
    {
        Vector3 cameraForward = camera.transform.forward;
        Vector3 cameraRight = camera.transform.right;
        cameraForward.y = 0.0f;
        cameraRight.y = 0.0f;

        // 이동할 방향 벡터 계산
        Vector3 moveDir = (cameraForward * v) + (cameraRight * h);
        moveDir.Set(moveDir.x, 0.0f, moveDir.z);

        // 주인공 캐릭터 이동 처리
        controller.SimpleMove(moveDir * moveSpeed);

        // 주인공 캐릭터의 애니메이션 처리
        float forward = Vector3.Dot(moveDir, transform.forward);
        float strafe = Vector3.Dot(moveDir, transform.right);

        animator.SetFloat("Forward", forward);
        animator.SetFloat("Strafe", strafe);
    }


    // 회전 처리하는 함수
    void Turn()
    {
        // 마우스의 2차원 좌푯값을 이용해 3차원 광선(레이)을 생성
        ray = camera.ScreenPointToRay(Input.mousePosition);

        float enter = 0.0f;
```

```
            // 가상의 바닥에 레이를 발사해 충돌한 지점의 거리를 enter 변수로 반환
            plane.Raycast(ray, out enter);
            // 가상의 바닥에 레이가 충돌한 좌푯값 추출
            hitPoint = ray.GetPoint(enter);


            // 회전해야 할 방향의 벡터를 계산
            Vector3 lookDir = hitPoint - transform.position;
            lookDir.y = 0;
            // 주인공 캐릭터의 회전값 지정
            transform.localRotation = Quaternion.LookRotation(lookDir);
        }
    }
```

작성이 완료된 Movement 스크립트를 Player에 추가한다. Movement 스크립트에서 주인공의 이동 처리는 CharacterController 컴포넌트의 SimpleMove 함수를 이용한다.

```
// 주인공 캐릭터 이동 처리
controller.SimpleMove(moveDir * moveSpeed);
```

Plane 구조체는 지정한 지점에서 가상의 바닥을 생성한다. 바닥의 크기는 수치적으로 계산되기 때문에 무한한 영역이다. 만약 Ray에 충돌할 바닥을 물리적인 Box Collider로 구현한다면 주인공이 이동할 때 같이 이동시키거나, 아니면 물리적으로 아주 크게 생성해야 한다.

Plane을 생성하는 방법은 구현하려는 바닥의 3점을 알고 있거나 한 점과 바닥이 생성하는 방향 벡터를 사용한다. Movement 스크립트에서는 후자의 방법으로 생성했다.

```
// 가상의 바닥을 주인공의 위치를 기준으로 생성
plane = new Plane(transform.up, transform.position);
```

Turn 함수에서는 ScreenPointToRay 함수를 사용해 게임 뷰(스크린)상의 마우스 커서의 위칫값을 이용해 3차원으로 투사되는 Ray를 생성한다.

```
// 마우스의 2차원 좌푯값을 이용해 3차원 광선(레이)을 생성
ray = camera.ScreenPointToRay(Input.mousePosition);
```

생성한 Ray는 Plane.Raycast를 사용해 가상의 바닥으로 광선을 투사한다. 가상의 바닥에 닿은 지점까지의 거리를 out 키워드로 선언한 enter 변수를 통해 알 수 있으며 Ray.GetPoint 함수를 사용해 가상의 바닥에 닿은 지점의 좌푯값을 계산한다.

```
// 가상의 바닥에 레이를 발사해 충돌한 지점의 거리를 enter 변수로 반환
plane.Raycast(ray, out enter);
// 가상의 바닥에 레이가 충돌한 좌푯값 추출
hitPoint = ray.GetPoint(enter);
```

이제 레이를 발사해 바닥에 충돌한 지점과 주인공 캐릭터의 지점에 대한 뺄셈 연산을 통해 회전할 방향 벡터를 계산한 후 주인공 캐릭터를 회전시킨다. 즉, 마우스 커서가 있는 지점으로 회전된다.

```
// 회전해야 할 방향의 벡터를 계산
Vector3 lookDir = hitPoint - transform.position;
lookDir.y = 0;
// 주인공 캐릭터의 회전값 지정
transform.localRotation = Quaternion.LookRotation(lookDir);
```

벡터의 뺄셈 연산은 방향을 계산하는 데 유용하며 다음과 같다.

```
A 좌표 - B 좌표 = B 지점에서 A 지점으로 향하는 벡터
```

따라서 다음 코드는 주인공 캐릭터의 지점(좌표)에서 광선이 닿은 지점(좌표)을 바라보는 벡터를 의미한다.

```
// 회전해야 할 방향의 벡터를 계산
Vector3 lookDir = hitPoint - transform.position;
```

시네머신을 활용한 카메라 컨트롤

아직 카메라가 주인공을 따라가는 로직을 구현하지 않았기 때문에 이동 방향이 정확하지 않다. [Window] → [Package Manager]를 선택해 패키지 매니저를 열고 시네머신(Cinemachine) 패키지를 설치한다.

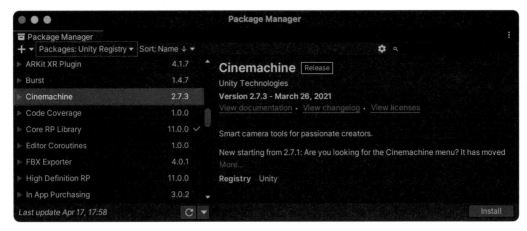

[그림 15-34] 패키지 매니저에서 시네머신 패키지 설치

메뉴에서 [GameObject] → [Cinemachine] → [Virtual Camera]를 선택해 가상 카메라를 추가한다. 하이러키 뷰에 생성된 CM vcam1을 선택한 후 Follow와 Look At 속성에 Player를 연결한다. 다음 표를 참고해 CinemachineVirtualCamera 컴포넌트의 속성을 설정한다.

속성		설정값
Follow		Player
Look At		Player
Body	Binding Mode	Lock To Target On Assign
	Follow Offset	(0, 9, -4)
Aim	Tracked Object Offset	(0, 2, 0)
	Dead Zone Width	0.1
	Dead Zone Height	0.1

[표 15-3] CinemachineVirtualCamera 컴포넌트의 속성 설정값

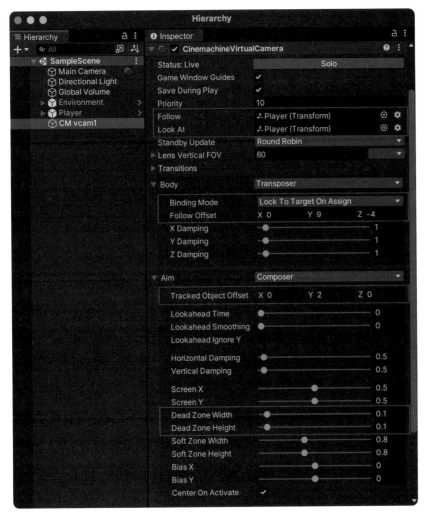

[그림 15-35] CinemachineVirtualCamera 컴포넌트의 속성 설정값

CinemachineVirtualCamera 컴포넌트의 속성을 변경해 Top-down 뷰로 설정했지만, 독자 여러분이 원하는 각도로 설정해도 무방하다. Body → Follow Offset 속성은 카메라가 Follow 속성에 연결된 Player를 추적할 때의 오프셋 값으로 얼마만큼 떨어진 거리에서 추적할 것인지를 결정한다.

Aim → Tracked Object Offset 속성은 카메라의 Look At 속성으로 카메라의 각도를 설정한다. 다음 그림에서 게임 뷰에 표시된 노란색 점이 Look At 포인터다. 이 점을 향해 카메라의 각도가 자동 회전된다.

Dead Zone Width와 Dead Zone Height 속성을 변경하면 Look At 포인터 주변에 구멍이 뚫린 것처럼 사각형이 표시된다. Dead Zone은 주인공이 이동할 때 카메라가 이동 및 회전에 대한 임계치를 설정하는 것으로 노란색 Look At 포인트가 Dead Zone에 가까워지면 바로 이동 및 회전이 일어난다.

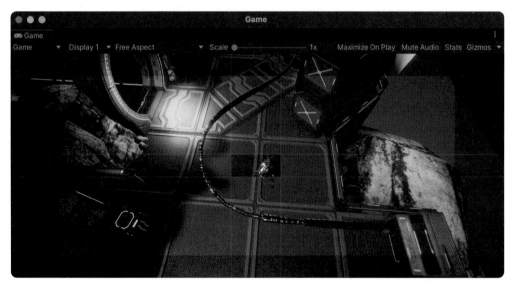

[그림 15-36] 게임 뷰에 표시된 시네머신 가이드 라인과 Look At 포인터

주인공 캐릭터의 이동은 주인공 캐릭터의 회전 각도와는 관계없이 화살표 키 또는 WASD 키로 게임 뷰의 전/후진, 좌/우로 이동한다. 즉, 카메라의 회전 각도는 고정돼 있고 주인공 캐릭터만 마우스 커서의 위치로 회전한다.

포톤 프로젝트 설정

에셋 스토어에 접속한 후 PUN으로 검색하면 "PUN 2 - FREE" 에셋을 볼 수 있다. 이 에셋을 추가한 후 유니티 패키지 매니저에서 설치한다.

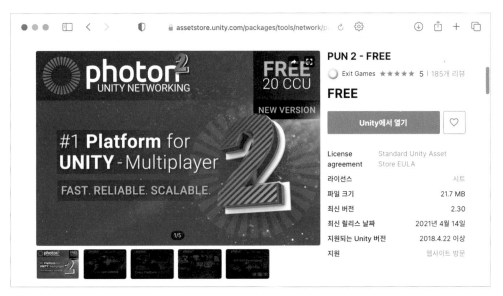

[그림 15-37] 에셋 스토어에서 PUN 2 – FREE 에셋을 검색한 후 내 에셋에 추가하기

[그림 15-38] 패키지 메니저에서 PUN 2 – FREE 패키지를 임포트

PUN 패키지 설치

PUN 패키지 설치가 완료되면 다음과 같이 PUN Wizard 뷰가 열린다. AppId or Email 항목에 포톤 사이트에서 생성한 어플리케이션 ID를 입력한다. 어플리케이션 ID는 포톤 사이트에 접속해 관리화면에서 확인할 수 있다. [Setup Project] 버튼을 클릭하면 잠시 후 프로젝트 설정이 완료됐다는 문구와 함께 아래에 표시된 [Close] 버튼이 표시된다. [Close] 버튼을 클릭하면 PUN 패키지 설정은 완료된다.

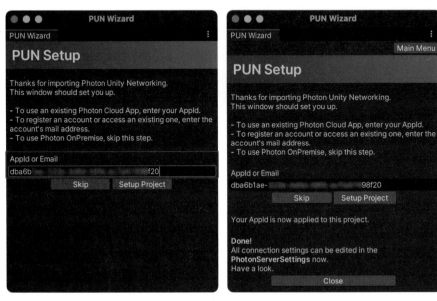

[그림 15-39] PUN Setup 다이얼로그에 입력한 AppId

🔍 정보   PUN Wizard 메뉴창

PUN Wizard 창은 메뉴에서 [Window] → [Photon Unity Networking] → [PUN Wizard]를 선택해 열 수 있다.

PUN 패키지는 Project 뷰의 Photon 폴더에 설치되며 PUN Wizard 창에서 설정한 내용은 Photon/PhotonUnityNetworking/Resources/PhotonServerSetting에 저장된다. PhotonServerSettings를 선택하면 인스펙터 뷰에서 다음과 같이 App Id PUN, Protocol, Dev Region 등의 다양한 설정 정보를 확인할수 있다.

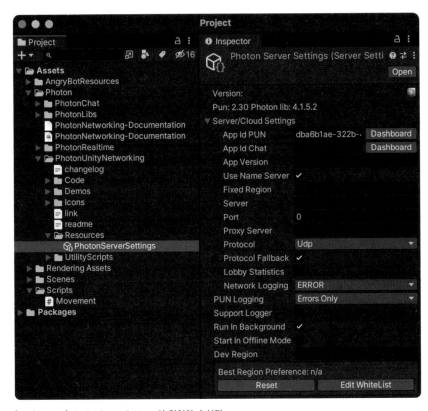

[그림 15-40] PhotonServerSettings의 위치와 속성값

포톤 서버에 최초 접속을 시도하면 ping[1] 테스트를 통해 가장 속도가 빠른 지역 서버를 Dev Region에 자동으로 설정한다. 아마도 처음 접속을 시도하면 한국 서버인 kr로 설정될 것이다.

포톤 서버 접속

네트워크 게임에 참여하려면 맨 먼저 포톤 서버에 접속해야 한다. 포톤 서버는 로비(Lobby)와 룸(Room)의 개념이 존재한다. 즉, 룸 단위 네트워킹 기능을 제공하며 포톤 서버에 접속하면 룸을 생성할 수 있다. 룸이란 네트워크 게임을 실행할 수 있는 논리적인 공간으로 룸에 입장해야만 해당 룸에 접속한 다른 유저와 통신이 가능하다.

예전 포톤 서버에서는 자동으로 로비에 입장하게 했으나 현재 버전은 로비에 입장하는 별도의 함수를 호출해야만 입장할 수 있다. 로비에 입장(접속)한 유저는 현재 어떤 룸이 생성됐는지에 대한 정보를 수신받을

---

1 **ping**: 특정 서버(호스트)에 접속할 수 있는지 여부를 테스트하는 기능으로 해당 서버에 네트워크 패킷이 도착했다가 되돌아올 때까지의 응답시간을 확인할 수 있다.

수 있다. 따라서 룸의 목록을 받아와서 특정 룸을 선택해 입장하는 방식의 네트워크 게임을 개발한다면 먼저 로비로 입장해야 한다. 즉, 포톤 서버에 접속만 한 경우 룸 목록을 받아올 수 없다.

포톤 서버에 접속해 룸을 생성하는 절차를 처리할 스크립트를 만들어보자. 먼저 하이러키 뷰에 빈 게임오브젝트를 생성하고 이름을 PhotonManager로 설정한다. 또한 동일한 이름으로 스크립트를 만들고 다음과 같이 작성한다.

스크립트 15-2 PhotonManager 작성

```csharp
using System.Collections;
using System.Collections.Generic;
using UnityEngine;
using Photon.Pun;
using Photon.Realtime;

public class PhotonManager : MonoBehaviourPunCallbacks
{
    // 게임의 버전
    private readonly string version = "1.0";
    // 유저의 닉네임
    private string userId = "Zack";

    void Awake()
    {
        // 마스터 클라이언트의 씬 자동 동기화 옵션
        PhotonNetwork.AutomaticallySyncScene = true;
        // 게임 버전 설정
        PhotonNetwork.GameVersion = version;
        // 접속 유저의 닉네임 설정
        PhotonNetwork.NickName = userId;

        // 포톤 서버와의 데이터의 초당 전송 횟수
        Debug.Log(PhotonNetwork.SendRate);

        // 포톤 서버 접속
        PhotonNetwork.ConnectUsingSettings();
    }
```

```
    // 포톤 서버에 접속 후 호출되는 콜백 함수
    public override void OnConnectedToMaster()
    {
        Debug.Log("Connected to Master!");
        Debug.Log($"PhotonNetwork.InLobby = {PhotonNetwork.InLobby}");
        PhotonNetwork.JoinLobby();
    }

    // 로비에 접속 후 호출되는 콜백 함수
    public override void OnJoinedLobby()
    {
        Debug.Log($"PhotonNetwork.InLobby = {PhotonNetwork.InLobby}");
    }
}
```

포톤 API를 사용하기 위해서 먼저 다음 두 가지 네임스페이스를 명시한다.

```
using Photon.Pun;
using Photon.Realtime;
```

PhotonManager 스크립트는 MonoBehaviour에서 MonoBehaviourPunCallbacks 클래스로 베이스 클래스를 변경한다. 이 클래스는 PUN의 다양한 콜백 함수를 오버라이드(Override)해서 작성해야 하며 비주얼 스튜디오나 VSCode를 이용한다면 인텔리센스 기능을 통해 소스 코드를 자동 완성할 수 있기 때문에 편리하다.

```
public class PhotonManager : MonoBehaviourPunCallbacks
{
}
```

Awake 함수에서 포톤의 게임 버전과 접속 유저의 닉네임 등 기본적인 설정을 한 후 접속하는 코드를 작성했다. 룸을 생성한 유저는 해당 룸에 자동으로 입장하고 자동으로 해당 룸의 모든 권한을 갖는 방장이 된다. AutomaticallySyncScene 속성은 방장(마스터 권한이 있는 유저)이 새로운 씬을 로딩했을 때 해당 룸에 입장한 다른 접속 유저들에게도 자동으로 해당 씬을 로딩해주는 기능이다.

```
// 마스터 클라이언트의 씬 자동 동기화 옵션
PhotonNetwork.AutomaticallySyncScene = true;
```

GameVersion 속성은 같은 버전의 유저끼리 접속을 허용하는 기능이다. 예를 들어 처음 릴리스한 게임이 버전 1.0이라고 가정해보자. 일정 시간이 지난 후 버그를 수정한 1.1 버전을 업데이트했을 경우 서로 동일한 버전 간의 접속만 허용하는 기능이다. 서로 다른 버전이 설치된 사용자들이 접속했을 때 예기치 않은 오류가 발생할 수 있기 때문이다.

```
// 게임 버전 설정
PhotonNetwork.GameVersion = version;
```

SendRate 속성은 포톤 서버와의 통신 횟수를 설정하는 것으로 기본값은 초당 30회로 설정돼 있다.

```
// 포톤 서버와 데이터의 초당 전송 횟수
Debug.Log(PhotonNetwork.SendRate);
```

ConnectUsingSettings 함수는 포톤 서버에 접속하는 역할을 한다.

```
// 포톤 서버 접속
PhotonNetwork.ConnectUsingSettings();
```

OnConnectedToMaster 콜백 함수

포톤 서버에 접속하면 제일 먼저 OnConnectedToMaster 콜백 함수가 호출된다. 이 콜백 함수에서 로비에 들어왔는지 여부를 나타내는 PhotonNetwork.InLobby 속성을 출력해보자. 포톤은 로비에 자동으로 입장시키지 않기 때문에 False가 출력된다.

```
// 포톤 서버에 접속 후 호출되는 콜백 함수
public override void OnConnectedToMaster()
{
    Debug.Log("Connected to Master!");
    Debug.Log($"PhotonNetwork.InLobby = {PhotonNetwork.InLobby}");
    PhotonNetwork.JoinLobby();
}
```

PhotonNetwork.JoinLobby 함수

포톤 서버에 접속한 후 PhotonNetwork.JoinLobby 함수를 실행하면 로비에 입장한다. 로비에 정상적으로 입장되면 OnJoinedLobby 콜백 함수가 호출된다.

```
// 로비에 접속 후 호출되는 콜백 함수
public override void OnJoinedLobby()
{
    Debug.Log($"PhotonNetwork.InLobby = {PhotonNetwork.InLobby}");
}
```

유니티를 실행해 포톤 서버에 접속하면 ping 테스트를 통해 가장 빠른 kr 서버로 Dev Region이 설정됐다는 메시지와 포톤 서버에 접속했으며 로비에 입장했다는 로그 메시지를 콘솔 뷰에서 확인할 수 있다.

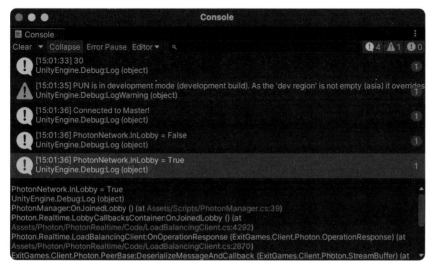

[그림 15-41] 포톤 서버의 접속 성공 및 로비 입장 후 메시지

룸 목록에 대한 정보 수신이 필요 없을 경우 PhotonNetwork.JoinLobby를 호출할 필요 없이 바로 룸을 생성한다.

JoinRandomRoom 함수와 OnJoinRandomFailed 콜백 함수

포톤 서버는 랜덤 매치 메이킹(Random Match Making) 기능을 제공한다. JoinRandomRoom은 포톤 서버에 접속하거나 로비에 입장한 후 이미 생성된 룸 중에서 무작위로 선택해 입장할 수 있는 함수다. 아무런 룸이 생성되지 않았다면 룸에 입장할 수 없으며 이때 OnJoinedRandomFailed 콜백 함수가 발생한다. PhotonManager 스크립트를 다음과 같이 수정한다.

```
using System.Collections;
using System.Collections.Generic;
using UnityEngine;
using Photon.Pun;
using Photon.Realtime;

public class PhotonManager : MonoBehaviourPunCallbacks
{
    // 게임의 버전
    private readonly string version = "1.0";
    // 유저의 닉네임
    private string userId = "Zack";

    void Awake()
    {
        // 마스터 클라이언트의 씬 자동 동기화 옵션
        PhotonNetwork.AutomaticallySyncScene = true;
        // 게임 버전 설정
        PhotonNetwork.GameVersion = version;
        // 접속 유저의 닉네임 설정
        PhotonNetwork.NickName = userId;

        // 포톤 서버와의 데이터의 초당 전송 횟수
        Debug.Log(PhotonNetwork.SendRate);

        // 포톤 서버 접속
        PhotonNetwork.ConnectUsingSettings();
    }

    // 포톤 서버에 접속 후 호출되는 콜백 함수
    public override void OnConnectedToMaster()
    {
        Debug.Log("Connected to Master!");
        Debug.Log($"PhotonNetwork.InLobby = {PhotonNetwork.InLobby}");
        PhotonNetwork.JoinLobby();
    }
```

```
        // 로비에 접속 후 호출되는 콜백 함수
        public override void OnJoinedLobby()
        {
            Debug.Log($"PhotonNetwork.InLobby = {PhotonNetwork.InLobby}");
            PhotonNetwork.JoinRandomRoom();
        }

        // 랜덤한 룸 입장이 실패했을 경우 호출되는 콜백 함수
        public override void OnJoinRandomFailed(short returnCode, string message)
        {
            Debug.Log($"JoinRandom Failed {returnCode}:{message}");
        }
    }
```

유니티를 실행하면 다음과 같이 콘솔 뷰에 룸에 입장할 수 없다는 리턴 코드와 메시지를 확인할 수 있다.

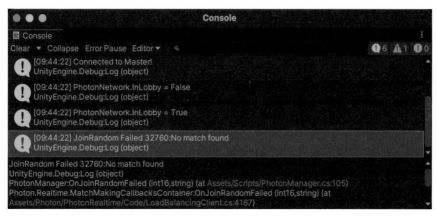

[그림 15-42] 랜덤 룸 입장에 실패했을 때 반환된 No match found 메시지

CreateRoom 함수

독자 여러분의 AppId로 포톤 서버에 접속했기 때문에 입장할 수 있는 룸이 없는 것은 당연하다. 이제 직접 룸을 생성하고 입장해보자. 룸은 먼저 속성을 설정한 후 생성한다. PhotonManager 스크립트를 다음과 같이 수정한다.

```csharp
using System.Collections;
using System.Collections.Generic;
using UnityEngine;
using Photon.Pun;
using Photon.Realtime;

public class PhotonManager : MonoBehaviourPunCallbacks
{
    // 게임의 버전
    private readonly string version = "1.0";
    // 유저의 닉네임
    private string userId = "Zack";

    void Awake()
    {
        // 마스터 클라이언트의 씬 자동 동기화 옵션
        PhotonNetwork.AutomaticallySyncScene = true;
        // 게임 버전 설정
        PhotonNetwork.GameVersion = version;
        // 접속 유저의 닉네임 설정
        PhotonNetwork.NickName = userId;

        // 포톤 서버와의 데이터의 초당 전송 횟수
        Debug.Log(PhotonNetwork.SendRate);

        // 포톤 서버 접속
        PhotonNetwork.ConnectUsingSettings();
    }

    // 포톤 서버에 접속 후 호출되는 콜백 함수
    public override void OnConnectedToMaster()
    {
        Debug.Log("Connected to Master!");
        Debug.Log($"PhotonNetwork.InLobby = {PhotonNetwork.InLobby}");
        PhotonNetwork.JoinLobby();
    }
```

```csharp
// 로비에 접속 후 호출되는 콜백 함수
public override void OnJoinedLobby()
{
    Debug.Log($"PhotonNetwork.InLobby = {PhotonNetwork.InLobby}");
    PhotonNetwork.JoinRandomRoom();
}


// 랜덤한 룸 입장이 실패했을 경우 호출되는 콜백 함수
public override void OnJoinRandomFailed(short returnCode, string message)
{
    Debug.Log($"JoinRandom Filed {returnCode}:{message}");

    // 룸의 속성 정의
    RoomOptions ro = new RoomOptions();
    ro.MaxPlayers = 20;      // 룸에 입장할 수 있는 최대 접속자 수
    ro.IsOpen = true;        // 룸의 오픈 여부
    ro.IsVisible = true;     // 로비에서 룸 목록에 노출시킬지 여부

    // 룸 생성
    PhotonNetwork.CreateRoom("My Room", ro);
}


// 룸 생성이 완료된 후 호출되는 콜백 함수
public override void OnCreatedRoom()
{
    Debug.Log("Created Room");
    Debug.Log($"Room Name = {PhotonNetwork.CurrentRoom.Name}");
}


// 룸에 입장한 후 호출되는 콜백 함수
public override void OnJoinedRoom()
{
    Debug.Log($"PhotonNetwork.InRoom = {PhotonNetwork.InRoom}");
    Debug.Log($"Player Count = {PhotonNetwork.CurrentRoom.PlayerCount}");
}
}
```

룸의 속성은 RoomOptions 구조체를 이용해 정의한다. RoomOptions는 룸에 입장할 수 있는 최대 접속자 수를 결정하는 MaxPlayers 속성과 더이상 접속을 허용하지 말아야 할 경우 룸을 닫을 수 있는 IsOpen 속성, 그리고 로비에 있는 다른 사용자에게 룸을 공개할지 여부를 결정하는 IsVisible 속성을 제공한다.

```
// 룸의 속성 정의
RoomOptions ro = new RoomOptions();
ro.MaxPlayers = 20;       // 룸에 입장할 수 있는 최대 접속자 수
ro.IsOpen = true;         // 룸의 오픈 여부
ro.IsVisible = true;      // 로비에서 룸 목록에 노출시킬지 여부
```

룸 생성은 CreateRoom 함수를 사용한다. 첫 번째 인자는 룸의 이름이며 두 번째 파라미터는 룸 속성인 RoomOptions 데이터를 전달한다.

```
// 룸 생성
PhotonNetwork.CreateRoom("My Room", ro);
```

동일한 룸 이름이 있거나 다른 이유로 룸 생성에 실패하면 다음과 같은 콜백 함수가 호출된다.

```
public override void OnCreateRoomFailed(short returnCode, string message)
{

}
```

정상적으로 룸이 생성되면 OnCreateRoom 콜백 함수가 호출된다. CurrentRoom.Name 속성으로 생성된 룸의 이름을 확인할 수 있다.

```
// 룸 생성이 완료된 후 호출되는 콜백 함수
public override void OnCreatedRoom()
{
    Debug.Log("Created Room");
    Debug.Log($"Room Name = {PhotonNetwork.CurrentRoom.Name}");
}
```

또한, 룸을 생성한 유저는 자동으로 해당 룸에 입장하고 OnJoinedRoom 콜백 함수가 호출된다. 현재 룸에 접속한 유저는 룸을 생성한 방장 혼자이기에 CurrentRoom.PlayerCount 속성은 1이 반환된다.

```
// 룸에 입장한 후 호출되는 콜백 함수
public override void OnJoinedRoom()
{
    Debug.Log($"PhotonNetwork.InRoom = {PhotonNetwork.InRoom}");
    Debug.Log($"Player Count = {PhotonNetwork.CurrentRoom.PlayerCount}");
}
```

유니티를 실행해 콘솔 뷰에 표시된 메시지를 확인해 정상적으로 룸이 생성됐는지 확인해보자.

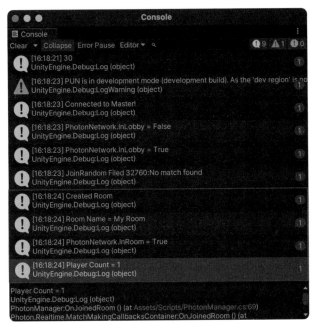

[그림 15-43] 룸 생성 및 룸의 접속자 수

룸에 접속한 사용자 정보

룸에 입장한 접속 사용자의 정보는 CurrentRoom.Players로 확인할 수 있다. PhotonManager 스크립트의 OnJoinedRoom 함수를 다음과 같이 수정한다. CurrentRoom.Players.Value 속성 중 NickName으로 접속한 사용자 닉네임을 확인할 수 있다. NickName은 고유의 값이 아니기 때문에 동일한 닉네임이 있을 수 있다. 접속자 고유의 값이 필요할 경우 ActorNumber를 사용해야 한다.

> **스크립트 15-5** PhotonManager – 룸에 접속한 사용자 정보 조회

```
// 룸에 입장한 후 호출되는 콜백 함수
public override void OnJoinedRoom()
{
    Debug.Log($"PhotonNetwork.InRoom = {PhotonNetwork.InRoom}");
    Debug.Log($"Player Count = {PhotonNetwork.CurrentRoom.PlayerCount}");

    foreach(var player in PhotonNetwork.CurrentRoom.Players)
    {
        Debug.Log($"{player.Value.NickName} , {player.Value.ActorNumber}");
    }
}
```

실행하면 콘솔 뷰에 다음과 같이 표시되는 것을 확인할 수 있다.

[그림 15-44] 룸에 입장한 유저의 닉네임과 ActorNumber 값

주인공 캐릭터의 네트워크 기능 구현

지금까지 포톤 서버에 접속하고, 룸을 생성한 다음 입장하는 기능을 구현했다. 이제 주인공 캐릭터를 네트워크 통신이 가능하게 수정해보자. 하이러키 뷰에서 **Player**를 선택하고 메뉴에서 [Component] → [Photon Networking] → [Photon View]를 선택해 **PhotonView** 컴포넌트를 추가한다.

PhotonView 컴포넌트

PhotonView 컴포넌트는 네트워크상에 접속한 플레이어 간의 데이터를 송수신하는 통신 모듈이다. 즉, 동일한 룸에 입장한 다른 플레이어에게 자신의 위치와 회전 정보를 동기화시키고 특정 데이터를 송수신하려면 반드시 PhotonView 컴포넌트가 필요하다.

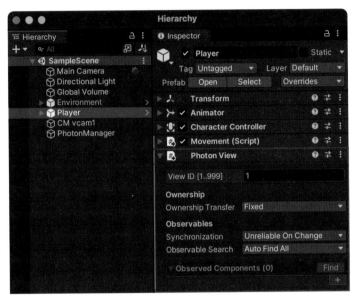

[그림 15-45] PhotonView 컴포넌트를 추가한 Player

포톤 레퍼런스 매뉴얼에는 여러 개의 PhotonView를 사용할 수 있다고 나와 있지만, 네트워크 대역폭과 성능상 이유로 네트워크 객체당 한 개만 사용하기를 권장한다.

PhotonView의 주요 속성 중 Synchronization은 동기화 방식을 의미한다. 기본값인 Unreliable On Change는 변경사항이 발생했을 때 데이터를 전송한다.

속성	설명
None	동기화 처리를 하지 않는다. RPC 호출만을 위한 PhotonView에 적합하다.
Reliable Delta Compress	마지막 데이터가 변경되지 않았을 때 데이터를 송신하지 않는다.
Unreliable	송신한 패킷의 수신 여부를 확인하지 않는다.
Unreliable On Change	Unreliable과 동일하고 변경사항이 발생했을 때만 송신한다.

[표 15-4] Observables의 Synchronization 옵션 설명

Observed Components은 Photon View 컴포넌트가 관찰해 데이터를 송수신할 대상을 등록하는 속성이다. 즉, 데이터를 송수신하기 위한 컴포넌트를 추가하는 것으로 기본 설정은 [Auto Find All]로 자동으로 검색해 등록하게 설정돼 있다.

주인공 캐릭터는 같은 룸에 입장한 다른 네트워크 유저에게 자신의 위치와 회전값, 그리고 애니메이션에 대한 정보를 동기화해야 한다. 다음과 같이 두 가지 방법으로 동기화할 수 있다.

- Photon Transform View, Photon Animator View 컴포넌트를 사용하는 방식
- OnPhotonSerializeView 콜백 함수를 사용하는 방식

첫 번째 방식은 가장 쉽게 네트워크를 동기화할 수 있지만 세밀한 조정을 할 수 없으며 네트워크 레이턴시가 발생했을 때 위치 및 회전값을 수동으로 보간(보정)할 수 없다. 두 번째 방식은 포톤에서 제공하는 컴포넌트를 사용하지 않고 OnPhotonSerializeView 콜백 함수를 통해 데이터 송수신을 수동으로 관리하는 방식이다. 이 방식은 네트워크 레이턴시에 대응할 수 있는 코드를 작성해 좀 더 유연한 로직을 구현할 수 있다. 이 책에서는 두 가지 방식을 차례대로 구현해본다.

Photon Transform View, Photon Animator View

먼저 첫 번째 방식으로 컴포넌트를 이용해 구현해보자. 하이러키 뷰에서 Player를 선택하고 Photon Transform View와 Photon Animator View 컴포넌트를 추가한다. 해당 컴포넌트를 추가하는 메뉴는 [Component] → [Photon Networking] 하위에서 찾을 수 있다. 이 두 컴포넌트는 어떤 데이터를 동기화할 것인지를 지정하고 동기화 속도를 설정하는 것으로 실제로 데이터 통신을 하는 역할은 PhotonView에서 처리한다.

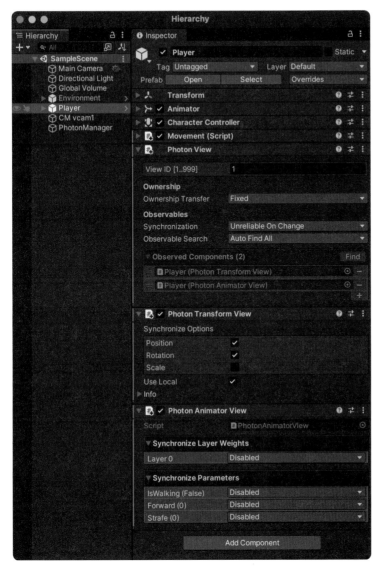

[그림 15-46] Photon Transform View, Photon Animator View 컴포넌트를 추가

Photon Transform View는 Transform 컴포넌트의 position, rotation, scale 값을 동기화하기 위한 것으로 기본값은 position과 rotation 값만 체크돼 있다. Use Local 속성은 동기화하는 데이터가 로컬 기준인지를 결정한다.

Photon Animator View는 Animator 컴포넌트의 속성을 동기화하는 컴포넌트로 추가할 때 Animator 컴포넌트의 정보를 읽어 Layer와 Parameter 값을 자동으로 설정한다. 다만 동기화할 Layer와 파라미터

값의 동기화 속도를 설정해야 한다. 네트워크 대역폭과 동기화의 정확성을 고려해 Discrete(이산)와 Continues(연속) 중 하나를 선택한다. 다음과 같이 모두 Discrete로 지정한다.

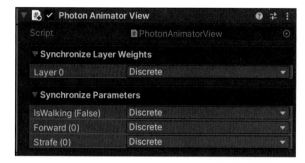

[그림 15-47] Photon Animator View의 동기화 여부 및 속도를 설정

네트워크 환경에서 생성하기 위한 준비

프로젝트 뷰에서 Resources 폴더를 생성한 후 하이러키 뷰의 Player를 Resources 폴더로 드래그해 프리팹으로 생성한다. 프리팹으로 전환한 후 하이러키 뷰에 있는 Player는 삭제한다. 포톤에서 네트워크로 동기화할 대상은 PhotonNetwork.Instantiate 함수를 사용하며 모두 Resources 폴더에 위치해야 한다.

[그림 15-48] Player를 프리팹으로 전환

다수의 네트워크 유저가 접속하기 때문에 미리 스폰 포인트를 설정하고 그중에서 랜덤한 위치에 생성되게 한다. 8장의 SpawnPointGroup을 생성했던 내용을 참고해 동일하게 생성한다.

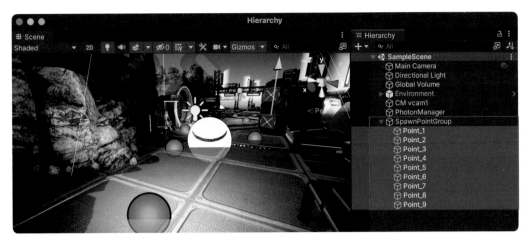

[그림 15-49] Spawn Point 생성

PhotonManager 스크립트에서 룸에 입장한 후 주인공 캐릭터를 네트워크상에서 동기화되게 생성한다.
OnJoinedRoom 함수를 다음과 같이 수정한다.

스크립트 15-6 PhotonManager – 네트워크 동기화된 캐릭터 생성

```
// 룸에 입장한 후 호출되는 콜백 함수
public override void OnJoinedRoom()
{
    Debug.Log($"PhotonNetwork.InRoom = {PhotonNetwork.InRoom}");
    Debug.Log($"Player Count = {PhotonNetwork.CurrentRoom.PlayerCount}");

    foreach(var player in PhotonNetwork.CurrentRoom.Players)
    {
        Debug.Log($"{player.Value.NickName} , {player.Value.ActorNumber}");
    }

    // 출현 위치 정보를 배열에 저장
    Transform[] points = GameObject.Find("SpawnPointGroup").GetComponentsInChildren<Transform>();
    int idx = Random.Range(1, points.Length);

    // 네트워크상에 캐릭터 생성
    PhotonNetwork.Instantiate("Player", points[idx].position, points[idx].rotation, 0);
}
```

네트워크 객체를 생성하기 위해서는 반드시 PhotonNetwork.Instantiate 함수를 사용해야 하며, 해당 프리팹은 PhotonView 컴포넌트를 갖고 있어야 다른 네트워크 객체와 서로 통신을 할 수 있다.

유니티를 실행한 후 하이러키 뷰에 Player(clone)이 생성됐는지를 확인해본다. 런타임 시 동적으로 생성된 Player이기 때문이 시네머신 카메라의 Follow와 LookAt 속성이 모두 연결이 끊어져 주인공을 따라가지는 않는다.

[그림 15-50] 룸에 입장한 후 생성된 주인공 캐릭터

룸에 입장한 후 생성된 주인공 캐릭터를 따라가도록 Movement 스크립트를 다음과 같이 수정한다.

스크립트 15-7 Movement – PhotonView.IsMain을 활용한 가상카메라의 연결 로직 추가

```
using System.Collections;
using System.Collections.Generic;
using UnityEngine;
using Photon.Pun;
using Photon.Realtime;
using Cinemachine;

public class Movement : MonoBehaviourPunCallbacks
{
    // 컴포넌트 캐시 처리를 위한 변수
    private CharacterController controller;
    private new Transform transform;
    private Animator animator;
```

```
private new Camera camera;

// 가상의 Plane에 레이캐스팅하기 위한 변수
private Plane plane;
private Ray ray;
private Vector3 hitPoint;

// PhotonView 컴포넌트 캐시 처리를 위한 변수
private PhotonView pv;

// 시네머신 가상 카메라를 저장할 변수
private CinemachineVirtualCamera virtualCamera;

// 이동 속도
public float moveSpeed = 10.0f;

void Start()
{
    controller = GetComponent<CharacterController>();
    transform = GetComponent<Transform>();
    animator = GetComponent<Animator>();
    camera = Camera.main;

    pv = GetComponent<PhotonView>();
    virtualCamera = GameObject.FindObjectOfType<CinemachineVirtualCamera>();

    // PhotonView가 자신의 것일 경우 시네머신 가상카메라를 연결
    if (pv.IsMine)
    {
        virtualCamera.Follow = transform;
        virtualCamera.LookAt = transform;
    }

    // 가상의 바닥을 주인공의 위치를 기준으로 생성
    plane = new Plane(transform.up, transform.position);
}

void Update()
{
    // 자신이 생성한 네트워크 객체만 컨트롤
    if (pv.IsMine)
    {
```

```
            Move();
            Turn();
        }
    }

    // 키보드 입력값 연결
    float h => Input.GetAxis("Horizontal");
    float v => Input.GetAxis("Vertical");

    // 이동 처리하는 함수
    void Move()
    {
        Vector3 cameraForward = camera.transform.forward;
        Vector3 cameraRight = camera.transform.right;
        cameraForward.y = 0.0f;
        cameraRight.y = 0.0f;

        // 이동할 방향 벡터 계산
        Vector3 moveDir = (cameraForward * v) + (cameraRight * h);
        moveDir.Set(moveDir.x, 0.0f, moveDir.z);

        // 주인공 캐릭터 이동 처리
        controller.SimpleMove(moveDir * moveSpeed);

        // 주인공 캐릭터의 애니메이션 처리
        float forward = Vector3.Dot(moveDir, transform.forward);
        float strafe = Vector3.Dot(moveDir, transform.right);

        animator.SetFloat("Forward", forward);
        animator.SetFloat("Strafe", strafe);
    }

    // 회전 처리하는 함수
    void Turn()
    {
        // 마우스의 2차원 좌푯값을 이용해 3차원 광선(레이)을 생성
        ray = camera.ScreenPointToRay(Input.mousePosition);

        float enter = 0.0f;

        // 가상의 바닥에 레이를 발사해 충돌한 지점의 거리를 enter 변수로 반환
        plane.Raycast(ray, out enter);
```

```
            // 가상의 바닥에 레이가 충돌한 좌푯값 추출
            hitPoint = ray.GetPoint(enter);

            // 회전해야 할 방향의 벡터를 계산
            Vector3 lookDir = hitPoint - transform.position;
            lookDir.y = 0;
            // 주인공 캐릭터의 회전값 지정
            transform.localRotation = Quaternion.LookRotation(lookDir);
        }
    }
```

룸에 입장한 후 PhotonNetwork.Instanciate로 생성한 네트워크 객체는 자신의 캐릭터와 네트워크를 통해 동일한 룸에 입장한 다른 네트워크 유저를 PhotonView.IsMine 속성으로 구별할 수 있다. PhotonView.IsMine 속성이 true이면 로컬 유저를 의미한다. 즉, 자신의 캐릭터이며 시네머신 가상카메라와 연결해야 한다.

Start 함수에서 CinemachinVirtualCamera를 FindObjectofType 함수로 검색해 변수에 연결한 후 PhotonView.IsMine이 true일 경우 CinemachineVirtualCamera의 Follow 속성과 LookAt 속성에 자신의 Transform을 연결한다.

```
void Start()
{
    controller = GetComponent<CharacterController>();
    transform = GetComponent<Transform>();
    animator = GetComponent<Animator>();
    camera = Camera.main;

    pv = GetComponent<PhotonView>();
    virtualCamera = GameObject.FindObjectOfType<CinemachineVirtualCamera>();

    // PhotonView가 자신의 것일 경우 시네머신 가상카메라를 연결
    if (pv.IsMine)
    {
        virtualCamera.Follow = transform;
        virtualCamera.LookAt = transform;
    }
```

```
    // 가상의 바닥을 주인공의 위치를 기준으로 생성
    plane = new Plane(transform.up, transform.position);
}
```

또한, 룸에 접속한 다른 네트워크 유저의 캐릭터는 PhotonView에 의해서 위치, 회전값 및 애니메이션이 동기화되기 때문에 자신이 생성한 주인공 캐릭터(로컬 유저)만 조작해야 한다.

```
void Update()
{
    // 자신이 생성한 네트워크 객체만 컨트롤
    if (pv.IsMine)
    {
        Move();
        Turn();
    }
}
```

실행한 후 룸에 접속했을 때 주인공 캐릭터가 불규칙한 위치에 생성되고 카메라가 주인공을 따라가는 것을 볼 수 있다. 하이러키 뷰에서 Player(Clone)을 선택하고 인스펙터 뷰에서 PhotonView의 IsMine 속성과 Controller, Owner, Creator에 대한 정보를 확인할 수 있다.

[그림 15-51] 룸에 입장한 Player의 PhotonView 정보

동시 접속을 위한 테스트 환경

이제 네트워크를 통해 다중 접속해 주인공 캐릭터의 이동, 회전 및 애니메이션이 제대로 동기화되는지 확인해보자. 지금까지 구현된 상태로 빌드해 실행 파일을 생성한다.

메뉴에서 [Edit] → [Project Settings...]를 선택해 Project Settings 윈도우를 연 후 [Player] 섹션을 선택한다. Resolution and Presentation에서 Fullscreen Mode를 [Windowed]로 변경하고 가로 및 세로 해상도를 적절하게 설정한다. 필자는 각각 2048, 1024로 설정했다.

[그림 15-52] 실행 파일의 해상도 설정

메뉴에서 [File] → [Build Settings...]를 선택해 Build Settings 창을 연다. [Build And Run] 버튼을 클릭하면 저장할 경로를 묻는 다이얼로그가 열린다. Builds라는 폴더를 새로 생성하고 실행 파일명을 입력한 다음 [Save] 버튼을 클릭하면 실행 파일과 관련된 파일이 Builds 폴더 하위에 생성된다.

[그림 15-53] 실행 파일을 생성할 폴더와 실행 파일명 설정

빌드 과정이 끝나면 자동으로 게임이 실행된다. 당연히 포톤 서버에 연결되고 룸을 생성한 후 입장한 상태가 된다. 이제 유니티에서 실행하면 랜덤 매치 메이킹 기능 때문에 동일한 룸에 입장하게 되며 두 번째로 접속한 유저가 된다. 이제 주인공 캐릭터를 이동했을 때 다른 윈도우에서 여러분의 주인공 캐릭터가 같이 이동하는지 확인해보자.

[그림 15-54] 빌드 파일로 실행한 게임에 접속한 두 명의 유저

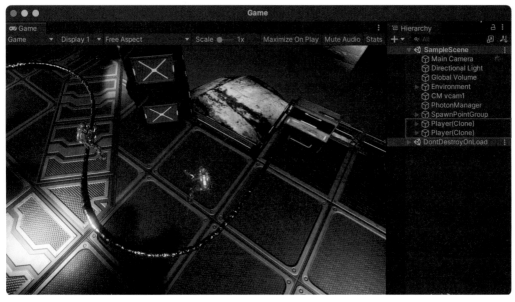

[그림 15-55] 유니티 에디터에서 접속한 게임에서의 주인공 캐릭터

OnPhotonSerializeView 콜백 함수

같은 룸에 입장한 네트워크 객체 간의 데이터를 동기화하는 두 번째 방식이 바로 OnPhotonSerializeView 콜백 함수를 사용하는 방식이다. 앞서 구현한 PhotonTransformView와 PhotonAnimatorView는 컴포넌트만 추가하면 간단히 동기화 처리가 되지만, 좀 더 세밀한 보정이 필요할 때는 이 콜백 함수를 통해 직접 데이터를 송수신해야 한다.

기존 주인공 캐릭터의 위치와 회전값을 동기화했던 PhotonTransformView 컴포넌트를 제거해야 한다. 프로젝트 뷰에서 Resources 폴더에 있는 Player 프리팹을 선택하고 PhotonTransformView 컴포넌트를 제거한다. 그다음 Movement 스크립트를 다음과 같이 수정한다.

스크립트 15-8 Movement - OnPhotonSerializeView 콜백 함수를 사용한 방식으로 변경

```
using System.Collections;
using System.Collections.Generic;
using UnityEngine;
using Photon.Pun;
using Photon.Realtime;
using Cinemachine;

public class Movement : MonoBehaviourPunCallbacks, IPunObservable
{
    // 컴포넌트 캐시 처리를 위한 변수
    private CharacterController controller;
    private new Transform transform;
    private Animator animator;
    private new Camera camera;

    // 가상의 Plane에 레이캐스팅하기 위한 변수
    private Plane plane;
    private Ray ray;
    private Vector3 hitPoint;

    // PhotonView 컴포넌트 캐시 처리를 위한 변수
    private PhotonView pv;

    // 시네머신 가상 카메라를 저장할 변수
    private CinemachineVirtualCamera virtualCamera;
```

```
// 이동 속도
public float moveSpeed = 10.0f;

// 수신된 위치와 회전값을 저장할 변수
private Vector3 receivePos;
private Quaternion receiveRot;
// 수신된 좌표로의 이동 및 회전 속도의 민감도
public float damping = 10.0f;

void Start()
{
    controller = GetComponent<CharacterController>();
    transform = GetComponent<Transform>();
    animator = GetComponent<Animator>();
    camera = Camera.main;

    pv = GetComponent<PhotonView>();
    virtualCamera = GameObject.FindObjectOfType<CinemachineVirtualCamera>();

    // PhotonView가 자신의 것일 경우 시네머신 가상카메라를 연결
    if (pv.IsMine)
    {
        virtualCamera.Follow = transform;
        virtualCamera.LookAt = transform;
    }

    // 가상의 바닥을 주인공의 위치를 기준으로 생성
    plane = new Plane(transform.up, transform.position);
}

void Update()
{
    // 자신이 생성한 네트워크 객체만 컨트롤
    if (pv.IsMine)
    {
        Move();
        Turn();
    }
```

```
        else
        {
            // 수신된 좌표로 보간한 이동 처리
            transform.position = Vector3.Lerp(transform.position,
                                              receivePos,
                                              Time.deltaTime * damping);

            // 수신된 회전값으로 보간한 회전 처리
            transform.rotation = Quaternion.Slerp(transform.rotation,
                                                  receiveRot,
                                                  Time.deltaTime * damping);
        }
    }

    // 키보드 입력값 연결
    float h => Input.GetAxis("Horizontal");
    float v => Input.GetAxis("Vertical");

    // 이동 처리하는 함수
    void Move()
    {
        Vector3 cameraForward = camera.transform.forward;
        Vector3 cameraRight = camera.transform.right;
        cameraForward.y = 0.0f;
        cameraRight.y = 0.0f;

        // 이동할 방향 벡터 계산
        Vector3 moveDir = (cameraForward * v) + (cameraRight * h);
        moveDir.Set(moveDir.x, 0.0f, moveDir.z);

        // 주인공 캐릭터 이동 처리
        controller.SimpleMove(moveDir * moveSpeed);

        // 주인공 캐릭터의 애니메이션 처리
        float forward = Vector3.Dot(moveDir, transform.forward);
        float strafe = Vector3.Dot(moveDir, transform.right);

        animator.SetFloat("Forward", forward);
        animator.SetFloat("Strafe", strafe);
```

```
    }

    // 회전 처리하는 함수
    void Turn()
    {
        // 마우스의 2차원 좌푯값을 이용해 3차원 광선(레이)을 생성
        ray = camera.ScreenPointToRay(Input.mousePosition);

        float enter = 0.0f;

        // 가상의 바닥에 레이를 발사해 충돌한 지점의 거리를 enter 변수로 반환
        plane.Raycast(ray, out enter);
        // 가상의 바닥에 레이가 충돌한 좌푯값 추출
        hitPoint = ray.GetPoint(enter);

        // 회전해야 할 방향의 벡터를 계산
        Vector3 lookDir = hitPoint - transform.position;
        lookDir.y = 0;
        // 주인공 캐릭터의 회전값 지정
        transform.localRotation = Quaternion.LookRotation(lookDir);
    }

    public void OnPhotonSerializeView(PhotonStream stream, PhotonMessageInfo info)
    {
        // 자신의 로컬 캐릭터인 경우 자신의 데이터를 다른 네트워크 유저에게 송신
        if (stream.IsWriting)
        {
            stream.SendNext(transform.position);
            stream.SendNext(transform.rotation);
        }
        else
        {
            receivePos = (Vector3)stream.ReceiveNext();
            receiveRot = (Quaternion)stream.ReceiveNext();
        }
    }
}
```

먼저 Movement 클래스에 IPunObservable 인터페이스를 추가한다. OnPhotonSerializeView 콜백 함수의 인터페이스로 비주얼 스튜디오 또는 VSCode의 리펙토링 기능을 이용해 편리하게 콜백 함수를 추가할 수 있다.

OnPhotonSerializeView 콜백 함수의 첫 번째 인자인 PhotonStream.IsWriting 속성이 true이면 데이터를 전송하는 것을 의미한다. PhotonView.IsMine 속성이 true일 경우 해당 네트워크 객체는 자신의 캐릭터를 말한다. 따라서 자신의 캐릭터의 위치와 회전정보는 같은 룸에 입장한 모든 네트워크 유저에게 전송되어야 한다. PhotonStream.IsWriting이 false일 때는 반대로 다른 네트워크 유저의 캐릭터에 추가된 PhotonView 컴포넌트가 송신한 데이터를 수신한다.

```csharp
public void OnPhotonSerializeView(PhotonStream stream, PhotonMessageInfo info)
{
    // 자신의 로컬 캐릭터인 경우 자신의 데이터를 다른 네트워크 유저에게 송신
    if (stream.IsWriting)
    {
        stream.SendNext(transform.position);
        stream.SendNext(transform.rotation);
    }
    else
    {
        receivePos = (Vector3)stream.ReceiveNext();
        receiveRot = (Quaternion)stream.ReceiveNext();
    }
}
```

데이터를 전송하는 것은 PhotonStream.SendNext 함수를 사용해 전달하며 데이터를 수신할 때는 PhotonStream.ReceiveNext 함수를 사용한다. 전송하는 데이터의 개수와 데이터 타입은 수신할 데이터의 개수와 타입이 일치해야 한다.

수신 부분에서 전달받은 데이터는 receivePos, receiveRot 변수에 저장하고 Update 함수에서 사용한다. Update 함수는 PhotonView.IsMine 속성으로 자신의 로컬 캐릭터는 직접 컨트롤해서 이동 및 회전 처리하고 다른 네트워크 유저의 캐릭터는 수신받은 데이터를 이용해 이동시킨다. 이때 이동할 좌표는 Vector3.Lerp 함수를 이용해 보간하고 회전 값은 Quaternion.Slerp 함수를 사용해 보간한다.

```
void Update()
{
    // 자신이 생성한 네트워크 객체만 컨트롤
    if (pv.IsMine)
    {
        Move();
        Turn();
    }
    else
    {
        // 수신된 좌표로 보간한 이동 처리
        transform.position = Vector3.Lerp(transform.position,
                                          receivePos,
                                          Time.deltaTime * damping);

        // 수신된 회전값으로 보간한 회전 처리
        transform.rotation = Quaternion.Slerp(transform.rotation,
                                              receiveRot,
                                              Time.deltaTime * damping);
    }
}
```

스크립트를 수정한 후 Player 프리팹의 PhotonView 컴포넌트를 보면 Observable Search 속성이 [Auto Find All]로 설정돼 있기 때문에 자동으로 Player (Movement) 스크립트가 Observed Components 속성에 추가된 것을 확인할 수 있다. 만약 Observalbe Search 속성을 [Manual]로 설정했다면 직접 드래그해서 추가해야 한다.

[그림 15-56] Observed Components에 자동으로 추가된 Movement 스크립트

로직을 변경했기 때문에 다시 빌드해 실행시키고 유니티 에디터를 실행해 두 명의 캐릭터가 같은 룸에 입장하도록 한 후 다시 테스트해보자. 앞서 진행했을 때와 큰 차이는 느낄 수는 없지만 이번 방식은 스크립트로 데이터를 직접 송수신하고 보간해 이동하는 로직으로 구현한 것이다.

RPC를 활용한 총 발사 로직

원격 네트워크 유저에게 총알을 발사하는 로직을 만들어 보자. 앞서 이동 로직에서 구현했듯이 총알 프리팹에 PhotonView 컴포넌트를 추가해 생성하면 아주 간단하게 구현할 수 있겠지만 이는 잘못된 방법이다. PhotonView 컴포넌트는 초당 20회 데이터를 전송하기 때문에 스테이지에 많은 총알을 생성하면 생성된 모든 총알에서 데이터 트래픽이 발생하고 머지않아 네트워크 대역폭을 초과하는 상황에 직면할 것이다. 따라서 총알 발사와 같이 이벤트성 동작을 네트워크 유저와 공유할 때는 RPC(Remote Procedure Calls)를 통해 구현하는 것이 일반적인 방식이다.

> 🔍 **정보** 원격 프로시저 호출
>
> 원격 프로시저 호출(RPC; Remote Procedure Calls)은 물리적으로 떨어져 있는 다른 디바이스의 함수를 호출하는 기능으로, RPC 함수를 호출하면 네트워크를 통해 다른 사용자의 스크립트에서 해당 함수가 호출된다. 비슷한 개념으로는 RMI(Remote Method Invocation)가 있다.

총알로 사용할 Bullet은 미리 만들어진 프리팹을 사용한다. 임포트한 AngryBotReource/Prefabs 하위에 있는 Bullet 프리팹을 씬 뷰로 드래그해 확인해보자. Bullet 프리팹은 Capsule Collider와 Rigidbody 컴포넌트로 구성된다. 새로운 "BULLET" 태그를 생성해 지정한다.

[그림 15-57] Bullet 프리팹에 BULLET 태그를 지정

Bullet을 생성하자마자 전진 방향으로 발사하기 위해 Bullet 스크립트를 생성하고 프로젝트 뷰의 Bullet 프리팹 원본에 추가한다. 스크립트는 다음과 같이 작성한다.

스크립트 15-9 Bullet

```
using System.Collections;
using System.Collections.Generic;
using UnityEngine;

public class Bullet : MonoBehaviour
{
    public GameObject effect;

    void Start()
    {
        GetComponent<Rigidbody>().AddRelativeForce(Vector3.forward * 1000.0f);
        // 일정 시간이 지난 후 총알을 삭제
        Destroy(this.gameObject, 3.0f);
    }

    void OnCollisionEnter(Collision coll)
    {
        // 충돌 지점 추출
        var contact = coll.GetContact(0);
        // 충돌 지점에 스파크 이펙트 생성
        var obj = Instantiate(effect,
                            contact.point,
                            Quaternion.LookRotation(-contact.normal));
        Destroy(obj, 2.0f);
        Destroy(this.gameObject);
    }
}
```

인스펙터 뷰에 노출된 Effect 속성에는 프로젝트 뷰의 AngryBotResources/Particles/Prefabs 하위에 있는 Bullet_Impact_Wall 프리팹을 연결하고 프리팹을 저장한다. 이 이펙트는 다른 물체와 충돌했을 때 발생시킬 스파크 효과로서 일정 시간이 지나면 삭제 처리한다. 또한, 총알의 충돌 지점을 GetContact(0) 으로 추출해 해당 위치에 생성하고 법선 벡터를 이용해 이펙트의 방향을 설정한다.

```
// 충돌 지점 추출
var contact = coll.GetContact(0);
// 충돌 지점에 스파크 이펙트 생성
var obj = Instantiate(effect,
                      contact.point,
                      Quaternion.LookRotation(-contact.normal));
```

[그림 15-58] 스파크 이펙트 프리팹을 연결

유니티를 실행해서 총알이 발사되고 다른 물체와 충돌하면 스파크가 발생하는지를 확인한다. 이상이 없다면 하이러키 뷰의 Bullet은 삭제한다. 이제 총알을 발사하는 로직을 구현할 Fire 스크립트를 생성하고 다음과 같이 작성한다.

스크립트 15-10 Fire - RPC 로직을 활용한 총 발사 로직

```
using System.Collections;
using System.Collections.Generic;
using UnityEngine;
using Photon.Pun;

public class Fire : MonoBehaviour
{
    public Transform firePos;
    public GameObject bulletPrefab;
```

```csharp
    private ParticleSystem muzzleFlash;

    private PhotonView pv;
    // 왼쪽 마우스 버튼 클릭 이벤트 저장
    private bool isMouseClick => Input.GetMouseButtonDown(0);

    void Start()
    {
        // 포톤뷰 컴포넌트 연결
        pv = GetComponent<PhotonView>();
        // FirePos 하위에 있는 총구 화염 효과 연결
        muzzleFlash = firePos.Find("MuzzleFlash").GetComponent<ParticleSystem>();
    }

    void Update()
    {
        // 로컬 유저 여부와 마우스 왼쪽 버튼을 클릭했을 때 총알을 발사
        if (pv.IsMine && isMouseClick)
        {
            FireBullet();
            // RPC로 원격지에 있는 함수를 호출
            pv.RPC("FireBullet", RpcTarget.Others, null);
        }
    }

    [PunRPC]
    void FireBullet()
    {
        // 총구 화염 효과가 실행 중이 아닌 경우에 총구 화염 효과 실행
        if (!muzzleFlash.isPlaying) muzzleFlash.Play(true);

        GameObject bullet = Instantiate(bulletPrefab,
                                        firePos.position,
                                        firePos.rotation);
    }
}
```

작성한 스크립트는 프로젝트 뷰의 Resources 폴더에 있는 Player 프리팹에 추가한다. Resources 폴더에 있는 Player 프리팹을 선택한 다음 인스펙터 뷰에서 [Open Prefab] 버튼을 클릭한다. 프리팹 에디터 뷰로 진입하면 하이러키 뷰에 있는 Gun/FirePos를 Fire Pos 속성에 연결한다. Bullet Prefab 속성에는 프로젝트 뷰의 AngryBotResources/Prefabs 하위에 있는 Bullet 프리팹을 연결한다.

[그림 15-59] FirePos와 Bullet 프리팹 연결

🔍 정보   PhotonView의 Synchronization

RPC 호출 목적으로만 사용하려면 PhotonView 컴포넌트의 Synchronization 속성을 Off로 설정해야 한다.

총알의 발사는 자신의 캐릭터에서만 동작해야 하기 때문에 PhotonView.IsMine 속성을 사용한다. 자신의 캐릭터일 경우 로컬 FireBullet 함수를 호출해 총알을 발사하고 원격 네트워크 유저의 캐릭터는 RPC 함수를 사용해 원격 FireBullet 함수를 호출한다.

```
void Update()
{
    // 로컬 유저 여부와 마우스 왼쪽 버튼을 클릭했을 때 총알을 발사
    if (pv.IsMine && isMouseClick)
    {
        FireBullet();
        // RPC로 원격지에 있는 함수를 호출
```

```
        pv.RPC("FireBullet", RpcTarget.Others, null);
    }
}
```

포톤 서버에서 일반적인 RPC 호출은 `PhotonView.RPC(호출할 함수명, 호출 대상, 전달할 데이터)`
함수를 사용한다. 원격으로 호출할 함수명 인자는 `string` 타입으로 전달하고 호출 대상은 특정 플레이어를
지정하거나 `RpcTarget` 옵션으로 전달 대상의 범위를 지정할 수 있다.

- void PhotonView.RPC (string methodName, RpcTargets target, params object[ ] parameters)
- void PhotonView.RPC (string methodName, Player targetPlayer, params object[ ] parameters)

RPC 함수의 전달 대상 설정은 `RpcTarget` 열거형 인자로 다음과 같이 정의돼 있다.

옵션	설명
All	모든 네트워크 유저에게 RPC를 전송하고 자신은 즉시 RPC를 실행한다.
Others	자신을 제외하고 모든 네트워크 유저에게 RPC를 전송한다.
MasterClient	Master Client에게 RPC를 전송한다.
AllBuffered	모든 네트워크 유저에게 RPC를 전송하고 자신은 즉시 RPC를 실행한다. 또한 나중에 입장한 유저에게 버퍼에 저장돼 있던 RPC가 전달된다.
OtherBuffered	자신을 제외하고 모든 네트워크 유저에게 RPC를 전송한다. 또한 나중에 입장한 유저에게 버퍼에 저장돼 있던 RPC가 전달된다.
AllViaServer	모든 네트워크 유저에게 거의 동일한 시간에 RPC를 전송하기 위해 서버에서 모든 클라이언트에게 RPC를 동시에 전송한다.
AllBufferedViaServer	AllViaServer와 동일하며, 버퍼에 저장돼 있는 RPC를 나중에 입장한 유저에게 전송한다.

[표 15-5] RpcTarget 옵션

총알 발사 로직에서 로컬 `FireBullet` 함수를 호출하지 않고 다음과 같이 `RpcTarget.All` 옵션을 사용해도
동일한 결과를 볼 수 있다. `RpcTarget.All`은 `Rpc` 함수를 룸에 입장한 모든 네트워크 유저에 대해 호출하고
로컬 유저는 해당 함수를 즉시 호출한다.

```
pv.RPC ("FireBullet", RpcTarget.All, null );
```

RPC로 호출할 함수는 반드시 [PunRPC] 어트리뷰트를 함수 앞에 명기해야 한다.

```
[PunRPC]
void FireBullet()
{
    GameObject bullet = Instantiate(bulletPrefab,
                                    firePos.position,
                                    firePos.rotation);
}
```

Q 정보 　RpcTarget.AllViaServer, RpcTarget.AllBufferedViaServer

RPC 호출 시 동시성이 필요한 경우 포톤 클라우드 서버에서 접속해 있는 모든 네트워크 유저에게 동시에 RPC를 전송한다. 하지만 클라이언트의 통신망 속도에 따라 RPC의 도달 시간과 처리 속도는 각기 다를 수 있기 때문에 물리적인 동시성 구현은 불가능하다. 따라서 근사치에 가까운 동시성 정도로 생각하자. 또한 추가적인 트래픽이 발생하기 때문에 사용 여부를 신중히 고려해야 한다.

예제 게임을 다시 빌드한 후 실행해 서로 총알을 발사해보면 자신의 캐릭터에서 발사되는 것을 확인할 수 있다.

[그림 15-60] RPC 호출로 구현한 총알 발사 로직

피격 및 리스폰

같은 룸에 입장한 네트워크 유저 간의 RPC를 이용해 총알이 발사되는 로직을 완성했다. 이제 상대편 네트워크 유저가 발사한 총알에 데미지를 입고 사망하는 로직을 구현해보자. 그 반대의 경우도 같은 로직이다. 또한, 사망한 후 일정 시간이 지난 후 리스폰(Respawn)되게 한다. 피격 및 리스폰 로직은 별도의 스크립

트에서 처리한다. 새로운 스크립트를 생성하고 이름을 Damage로 지정한다. 이 스크립트는 프로젝트 뷰의 Resources 폴더에 있는 Player 프리팹에 추가한 후 다음과 같이 작성한다.

스크립트 15-11 Damage – 피격 및 리스폰 로직 구현

```
using System.Collections;
using UnityEngine;

public class Damage : MonoBehaviour
{
    // 사망 후 투명 처리를 위한 MeshRenderer 컴포넌트의 배열
    private Renderer[] renderers;

    // 캐릭터의 초기 생명치
    private int initHp = 100;
    // 캐릭터의 현재 생명치
    public int currHp = 100;

    private Animator anim;
    private CharacterController cc;

    // 애니메이터 뷰에 생성한 파라미터의 해시값 추출
    private readonly int hashDie = Animator.StringToHash("Die");
    private readonly int hashRespawn = Animator.StringToHash("Respawn");

    void Awake()
    {
        // 캐릭터 모델의 모든 Renderer 컴포넌트를 추출한 후 배열에 할당
        renderers = GetComponentsInChildren<Renderer>();
        anim = GetComponent<Animator>();
        cc = GetComponent<CharacterController>();

        // 현재 생명치를 초기 생명치로 초깃값 설정
        currHp = initHp;
    }

    void OnCollisionEnter(Collision coll)
    {
        // 생명 수치가 0보다 크고 충돌체의 태그가 BULLET인 경우에 생명 수치를 차감
        if (currHp > 0 && coll.collider.CompareTag("BULLET"))
        {
```

```
            currHp -= 20;
            if (currHp <= 0)
            {
                StartCoroutine(PlayerDie());
            }
        }
    }

    IEnumerator PlayerDie()
    {
        // CharacterController 컴포넌트 비활성화
        cc.enabled = false;
        // 리스폰 비활성화
        anim.SetBool(hashRespawn, false);
        // 캐릭터 사망 애니메이션 실행
        anim.SetTrigger(hashDie);

        yield return new WaitForSeconds(3.0f);

        // 리스폰 활성화
        anim.SetBool(hashRespawn, true);

        // 캐릭터 투명 처리
        SetPlayerVisible(false);

        yield return new WaitForSeconds(1.5f);

        // 생성 위치를 재조정
        Transform[] points = GameObject.Find("SpawnPointGroup").GetComponentsInChildren<Transform>();
        int idx = Random.Range(1, points.Length);
        transform.position = points[idx].position;

        // 리스폰 시 생명 초깃값 설정
        currHp = 100;
        // 캐릭터를 다시 보이게 처리
        SetPlayerVisible(true);
        // CharacterController 컴포넌트 활성화
        cc.enabled = true;
    }

    // Renderer 컴포넌트를 활성/비활성화하는 함수
    void SetPlayerVisible(bool isVisible)
```

```
    {
        for(int i=0; i<renderers.Length; i++)
        {
            renderers[i].enabled = isVisible;
        }
    }
}
```

Damage 스크립트의 핵심은 총알을 맞아서 생명 수치(hp) 값이 0 이하일 때 캐릭터의 Die 애니메이션을 실행한 후 화면상에 보이지 않게 모든 Renderer 컴포넌트를 비활성화하는 것이다. 리스폰 시간이 지난 후 불규칙한 위치로 이동시키고 다시 Renderer 컴포넌트를 활성화해 화면에 표시한다.

```
IEnumerator PlayerDie()
{
    // CharacterController 컴포넌트 비활성화
    cc.enabled = false;
    // 리스폰 비활성화
    anim.SetBool(hashRespawn, false);
    // 캐릭터 사망 애니메이션 실행
    anim.SetTrigger(hashDie);

    yield return new WaitForSeconds(3.0f);

    // 리스폰 활성화
    anim.SetBool(hashRespawn, true);

    // 캐릭터 투명 처리
    SetPlayerVisible(false);

    yield return new WaitForSeconds(1.5f);

    // 생성 위치를 재조정
    Transform[] points = GameObject.Find("SpawnPointGroup").GetComponentsInChildren<Transform>();
    int idx = Random.Range(1, points.Length);
    transform.position = points[idx].position;

    // 리스폰 시 생명 초깃값 설정
    currHp = 100;
```

```
    // 캐릭터를 다시 보이게 처리
    SetPlayerVisible(true);
    // CharacterController 컴포넌트 활성화
    cc.enabled = true;
}
```

작성한 소스 코드와 프로젝트를 모두 저장한 후 다시 빌드하고 같은 룸에 입장해 서로 상대방을 공격해보
자. 캐릭터가 사망한 후 사라졌다가 3초 후에 리스폰되는지 확인한다. 리스폰되기 전에 불규칙한 위치로 이
동했는지도 확인한다.

로비 제작

로비는 네트워크에 접속한 모든 플레이어가 대기하는 장소이며, 방을 생성하거나 다른 방에 입장할 수 있는
기능을 제공해야 한다. 포톤 클라우드에서 로비에 접속해야만 현재 생성된 룸의 정보를 서버로부터 받아올
수 있다. 예제 게임에서는 이미 로비에 입장했기 때문에 룸 정보를 받을 준비가 끝났다.

로비 씬 제작

로비를 구성하기 위해 현재 열려 있는 SampleScene을 저장한 후 이름을 BattleField로 변경한다. 이
름을 변경한 BattleField 씬을 복제해 로비 씬으로 사용한다. BattleField 씬을 선택하고 단축키(맥:
command + D, 윈도우: Ctrl + D)를 사용해 씬을 복제한다. 복제한 씬의 이름은 Lobby로 변경한다.

- SampleScene 이름을 BattleField로 변경

- BattleField 씬 복제

- 복제한 씬의 이름을 Lobby로 변경

[그림 15-61] 이름을 변경한 SampleScene과 SampleScene을 복제한 Lobby 씬

이제부터 포톤 클라우드에 접속하는 과정은 Lobby 씬에서 처리한다. 따라서 BattleField 씬에 있는 PhotonManager 게임오브젝트는 삭제한다.

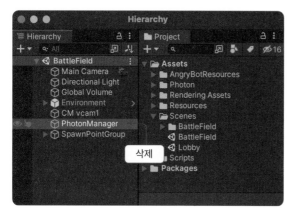

[그림 15-62] BattleField 씬의 PhotonManager 삭제

이제 로비 씬을 수정한다. Lobby 씬은 기존 BattleField를 복제해서 만든 씬이기 때문에 모든 것이 동일하다. 따라서 씬을 혼동하는 것을 방지하기 위해 프로젝트 뷰의 "AngryBotResource/Prefabs" 폴더의 Player를 하이러키 뷰에 추가하고 적절한 위치에 배치한다. 또한 게임 뷰를 보면서 Main Camera 위치와 각도를 다음과 같이 설정한다.

[그림 15-63] 시각적인 효과를 위해 로비 씬에 배치한 주인공 캐릭터

게임 뷰에 나타나는 화면은 실제 게임플레이 영상과 동일하다. 따라서 마음에 드는 카메라 구도를 잡기 위해 게임 뷰를 봐가며 일일이 Main Camera의 위치와 각도를 조절해 맞추기란 상당히 피곤한 일이다. 하지만 다음과 같은 방법을 사용하면 편리하게 설정할 수 있다.

❶ 씬 뷰에서 여러분이 구상하는 화면 구도로 이동(Move) 또는 회전(Orbit)시킨다.

❷ 하이러키 뷰에서 Main Camera를 선택한다.

❸ 메뉴에서 [GameObject] → [Align with view]를 선택한다(맥: command + shift + F, 윈도우: Ctrl + Shift + F).

위 순서대로 진행하면 Main Camera의 속성이 씬 뷰와 동일한 각도로 자동으로 변경된다. 더는 화면 구도를 잡기 위해 Main Camera의 속성을 힘겹게 조절하지 말고 이 기능을 적극 활용하기 바란다.

로비 씬에서는 주인공을 추적하는 카메라 기능이 필요 없기 때문에 `CM vcam1` 게임오브젝트와 `Main Camera`의 `Cinemachine Brain` 컴포넌트도 삭제한다.

로비 씬에서는 시각적 효과를 높이기 위해 피사계 심도(Depth Of Field)와 색상 보정(Color Adjustments) 효과를 추가해보자. 피사계 심도는 뒷배경을 흐릿하게 처리해 특정 사물을 부각시키는 것으로 정식 명칭은 아니지만 흔히 아웃 포커싱이라고도 지칭한다. 색상 보정은 색상의 명암 대비(Contrast)와 씬의 전체적인 색상을 설정할 수 있다.

`Lobby` 씬은 기존의 `BattleField` 씬을 복사했기 때문에 `Global Volume`은 같은 `Profile`을 공유하고 있다. 따라서 [Clone]을 클릭해 `Lobby` 씬의 `Post Processing` 효과를 위한 새로운 `Profile`을 만들어야 한다. 추가한 효과의 속성은 독자 여러분이 직접 조절해 다양한 효과를 표현해보자. [그림 15-63]에서 적용한 피사계 심도와 색상 보정의 속성값은 다음과 같다.

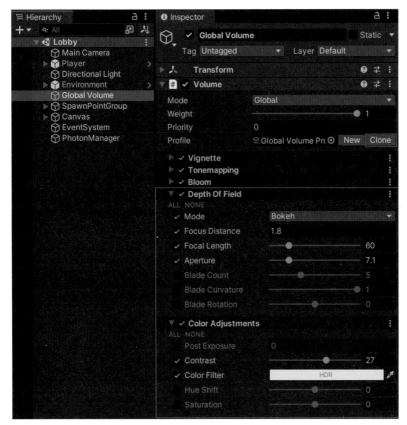

[그림 15-64] 피사계 심도와 색상 보정 효과를 추가하기 위해 Profile 복제

로그인 UI 제작

네트워크 게임상 각 플레이어를 식별하기 위해 유저명을 입력받아야 한다. 먼저 UI를 구성하자. 로비 UI 구현에 사용할 텍스트는 TextMeshPro를 사용해보자. 메뉴에서 [Window] → [TextMeshPro] → [Import TMP Essetial Resources]를 선택해 초기화한다.

Canvas를 생성한 후 다음과 같이 로비 UI에서 유저명과 생성할 룸의 이름을 입력받을 Text 항목과 Button 을 각각 추가한다. Canvas Scaler의 UI Scale Mode 속성은 Scale With Screen Size로 설정하고 진행한다.

Canvas
  ↳ Panel - Login
      ↳ Panel - Login group
          ↳ 로그인 텍스트
          ↳ 로그인 입력항목
          ↳ 로그인 버튼
          ↳ 룸 이름 텍스트
          ↳ 룸 이름 입력항목
          ↳ 룸 생성 버튼

[그림 15-65] 로그인 UI 구성도

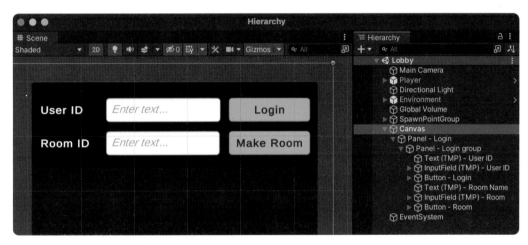

[그림 15-66] UI 구성 예시 화면

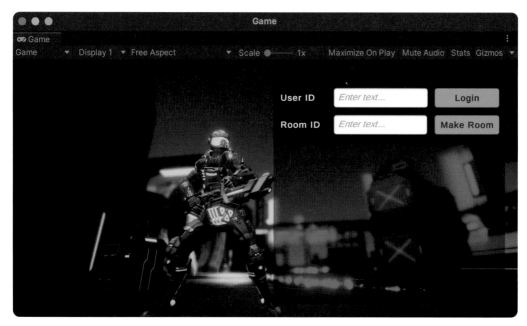

[그림 15-67] 로그인 유저명과 룸 이름을 입력받을 UI 구현

로그인 UI의 구성을 완료한 후 유저명을 입력받아 설정하고 룸을 생성하는 로직을 구현해본다. PhotonManager 스크립트를 다음과 같이 수정한다.

스크립트 15-12 PhotonManager - 로그인 기능 구현

```
using System.Collections;
using System.Collections.Generic;
using UnityEngine;
using TMPro;
using Photon.Pun;
using Photon.Realtime;

public class PhotonManager : MonoBehaviourPunCallbacks
{
    // 게임의 버전
    private readonly string version = "1.0";
    // 유저의 닉네임
    private string userId = "Zack";
```

```csharp
// 유저명을 입력할 TextMeshPro Input Field
public TMP_InputField userIF;
// 룸 이름을 입력할 TextMeshPro Input Field
public TMP_InputField roomNameIF;

void Awake()
{
    // 마스터 클라이언트의 씬 자동 동기화 옵션
    PhotonNetwork.AutomaticallySyncScene = true;
    // 게임 버전 설정
    PhotonNetwork.GameVersion = version;
    // 접속 유저의 닉네임 설정
    // PhotonNetwork.NickName = userId;

    // 포톤 서버와의 데이터의 초당 전송 횟수
    Debug.Log(PhotonNetwork.SendRate);

    // 포톤 서버 접속
    PhotonNetwork.ConnectUsingSettings();
}

void Start()
{
    // 저장된 유저명을 로드
    userId = PlayerPrefs.GetString("USER_ID", $"USER_{Random.Range(1,21):00}");
    userIF.text = userId;
    // 접속 유저의 닉네임 등록
    PhotonNetwork.NickName = userId;
}

// 유저명을 설정하는 로직
public void SetUserId()
{
    if (string.IsNullOrEmpty(userIF.text))
    {
        userId = $"USER_{Random.Range(1,21):00}";
    }
    else
    {
```

```
            userId = userIF.text;
        }


        // 유저명 저장
        PlayerPrefs.SetString("USER_ID", userId);
        // 접속 유저의 닉네임 등록
        PhotonNetwork.NickName = userId;
    }


    // 룸 명의 입력 여부를 확인하는 로직
    string SetRoomName()
    {
        if (string.IsNullOrEmpty(roomNameIF.text))
        {
            roomNameIF.text = $"ROOM_{Random.Range(1,101):000}";
        }


        return roomNameIF.text;
    }


    // 포톤 서버에 접속 후 호출되는 콜백 함수
    public override void OnConnectedToMaster()
    {
        Debug.Log("Connected to Master!");
        Debug.Log($"PhotonNetwork.InLobby = {PhotonNetwork.InLobby}");
        PhotonNetwork.JoinLobby();
    }


    // 로비에 접속 후 호출되는 콜백 함수
    public override void OnJoinedLobby()
    {
        Debug.Log($"PhotonNetwork.InLobby = {PhotonNetwork.InLobby}");
        // 수동으로 접속하기 위해 자동 입장은 주석 처리
        // PhotonNetwork.JoinRandomRoom();
    }


    // 랜덤한 룸 입장이 실패했을 경우 호출되는 콜백 함수
    public override void OnJoinRandomFailed(short returnCode, string message)
    {
```

```csharp
        Debug.Log($"JoinRandom Filed {returnCode}:{message}");

        // 룸을 생성하는 함수 실행
        OnMakeRoomClick();

        // 룸의 속성 정의
        // RoomOptions ro = new RoomOptions();
        // ro.MaxPlayers = 20;      // 룸에 입장할 수 있는 최대 접속자 수
        // ro.IsOpen = true;        // 룸의 오픈 여부
        // ro.IsVisible = true;     // 로비에서 룸 목록에 노출시킬지 여부

        // 룸 생성
        // PhotonNetwork.CreateRoom("My Room", ro);
    }


    // 룸 생성이 완료된 후 호출되는 콜백 함수
    public override void OnCreatedRoom()
    {
        Debug.Log("Created Room");
        Debug.Log($"Room Name = {PhotonNetwork.CurrentRoom.Name}");
    }


    // 룸에 입장한 후 호출되는 콜백 함수
    public override void OnJoinedRoom()
    {
        Debug.Log($"PhotonNetwork.InRoom = {PhotonNetwork.InRoom}");
        Debug.Log($"Player Count = {PhotonNetwork.CurrentRoom.PlayerCount}");

        foreach(var player in PhotonNetwork.CurrentRoom.Players)
        {
            Debug.Log($"{player.Value.NickName} , {player.Value.ActorNumber}");
        }

        // 출현 위치 정보를 배열에 저장
        // Transform[] points = GameObject.Find("SpawnPointGroup").GetComponentsInChildren<Transform>();
        // int idx = Random.Range(1, points.Length);

        // 네트워크상에 캐릭터 생성
        // PhotonNetwork.Instantiate("Player", points[idx].position, points[idx].rotation, 0);
```

```csharp
            // 마스터 클라이언트인 경우에 룸에 입장한 후 전투 씬을 로딩한다.
        if (PhotonNetwork.IsMasterClient)
        {
            PhotonNetwork.LoadLevel("BattleField");
        }
    }


#region UI_BUTTON_EVENT

    public void OnLoginClick()
    {
        // 유저명 저장
        SetUserId();

        // 무작위로 추출한 룸으로 입장
        PhotonNetwork.JoinRandomRoom();
    }


    public void OnMakeRoomClick()
    {
        // 유저명 저장
        SetUserId();

        // 룸의 속성 정의
        RoomOptions ro = new RoomOptions();
        ro.MaxPlayers = 20;      // 룸에 입장할 수 있는 최대 접속자 수
        ro.IsOpen = true;        // 룸의 오픈 여부
        ro.IsVisible = true;     // 로비에서 룸 목록에 노출시킬지 여부

        // 룸 생성
        PhotonNetwork.CreateRoom(SetRoomName(), ro);
    }


#endregion
}
```

TextMeshPro UI를 스크립트에서 접근하기 위해 TMPro 네임스페이스를 명시한다.

```
using UnityEngine;
using TMPro;
using Photon.Pun;
using Photon.Realtime;
```

Start 함수는 처음 실행했을 때 유저명을 자동으로 InputField에 표시하기 위해 PlayerPrefs을 사용해 유저명을 로드하고 InputField에 표시한다. 이미 한 번이라도 "USER_ID" 키로 저장한 유저명이 있다면 해당 값을 표시한다. 이것은 이전에 로그인했을 때의 유저명을 기억해 자동으로 설정하기 위함이다. 만약 저장된 값이 없을 경우(한 번도 실행된 적이 없을 경우) "USER_01"부터 "USER_20"까지의 무작위 값으로 유저명을 지정한다.

```
void Start()
{
    // 저장된 유저명을 로드
    userId = PlayerPrefs.GetString("USER_ID", $"USER_{Random.Range(1,21):00}");
    userIF.text = userId;
    // 접속 유저의 닉네임 등록
    PhotonNetwork.NickName = userId;
}
```

SetUserId 함수는 로그인 UI의 [Login] 버튼 또는 [Make Room] 버튼을 클릭했을 때, 유저명의 변경 사항을 최종 확인하고 PlayerPrefs를 사용해 유저명을 저장한 후 PhotonNetwork.NickName을 설정한다.

```
// 유저명을 설정하는 로직
public void SetUserId()
{
    // 저장된 유저명을 로드
    userId = PlayerPrefs.GetString("USER_ID");
    // 저장된 유저명이 없을 경우 임의의 유저명을 대입
    userIF.text = string.IsNullOrEmpty(userId) ? $"USER_{Random.Range(1,21):00}" : userId;
    // 유저명 저장
    PlayerPrefs.SetString("USER_ID", userIF.text);
    // 접속 유저의 닉네임 등록
    PhotonNetwork.NickName = userId;
}
```

예제 게임을 실행했을 때 바로 룸에 접속되는 것을 방지하기 위해 OnJoinedLobby 콜백 함수에서 JoinRandomRoom 함수를 호출하는 부분을 주석으로 처리한다.

```
// 로비에 접속 후 호출되는 콜백 함수
public override void OnJoinedLobby()
{
    Debug.Log($"PhotonNetwork.InLobby = {PhotonNetwork.InLobby}");
    // 수동으로 접속하기 위해 자동 입장은 주석 처리
    // PhotonNetwork.JoinRandomRoom();
}
```

또한, 무작위 룸에 입장을 시도했다가 실패했을 때 호출되는 OnJoinedRandomFailed 콜백 함수도 룸을 생성하는 로직을 주석 처리하고 OnMakeRoomClick 함수를 호출하도록 수정한다.

```
// 랜덤한 룸 입장이 실패했을 경우 호출되는 콜백 함수
public override void OnJoinRandomFailed(short returnCode, string message)
{
    Debug.Log($"JoinRandom Filed {returnCode}:{message}");
    // 룸을 생성하는 함수 실행
    OnMakeRoomClick();

    // 룸의 속성 정의
    // RoomOptions ro = new RoomOptions();
    // ro.MaxPlayers = 20;       // 룸에 입장할 수 있는 최대 접속자 수
    // ro.IsOpen = true;         // 룸의 오픈 여부
    // ro.IsVisible = true;      // 로비에서 룸 목록에 노출시킬지 여부

    // 룸 생성
    // PhotonNetwork.CreateRoom("My Room", ro);
}
```

룸에 입장한 후 호출되는 OnJoinedRoom 콜백 함수에서 주인공 캐릭터를 생성하는 로직은 주석 처리하고 BattleField 씬을 호출한다. PhotonView가 추가된 주인공 캐릭터는 BattleField 씬에서 생성한다. 씬을 로딩하는 함수는 유니티에서 제공하는 SceneManagement.SceneManager.LoadScene 함수 대신에 PhotonNetwork.LoadLevel 함수를 사용한다. PhotonNetwork.LoadLevel 함수는 다른 씬을 로딩하기 전에 데이터 송수신을 잠시 멈추고 다른 씬의 로딩이 완료된 후 다시 데이터 송수신을 재개하는 로직이 포함

돼 있다. 만약 수동으로 처리한다면 PhotonNetwork.IsMessageQueueRunning 속성을 false로 지정한 후 씬을 로딩하고 로딩된 씬에서 true로 변경해야 한다.

또한, 씬의 로딩은 마스터 클라이언트만 호출해야 한다. 룸에 입장한 다른 네트워크 유저는 PhotonNetwork.AutomaticallySyncScene을 true로 설정했기 때문에 마스터 클라이언트가 다른 씬을 로딩하면 자동으로 씬이 로딩된다.

```
// 룸에 입장한 후 호출되는 콜백 함수
public override void OnJoinedRoom()
{
    Debug.Log($"PhotonNetwork.InRoom = {PhotonNetwork.InRoom}");
    Debug.Log($"Player Count = {PhotonNetwork.CurrentRoom.PlayerCount}");

    foreach(var player in PhotonNetwork.CurrentRoom.Players)
    {
        Debug.Log($"{player.Value.NickName} , {player.Value.ActorNumber}");
    }

    // 출현 위치 정보를 배열에 저장
    // Transform[] points = GameObject.Find("SpawnPointGroup").GetComponentsInChildren<Transform>();
    // int idx = Random.Range(1, points.Length);

    // 네트워크상에 캐릭터 생성
    // PhotonNetwork.Instantiate("Player", points[idx].position, points[idx].rotation, 0);

    // 마스터 클라이언트인 경우에 룸에 입장한 후 전투 씬을 로딩한다.
    if (PhotonNetwork.IsMasterClient)
    {
        PhotonNetwork.LoadLevel("BattleField");
    }
}
```

OnLoginClick 함수는 로그인 UI의 [Login] 버튼의 클릭 이벤트에 연결할 함수로서 유저명을 설정하고 무작위로 선택한 룸에 입장한다.

```
public void OnLoginClick()
{
```

```
        // 유저명 저장
        SetUserId();

        // 무작위로 추출한 룸으로 입장
        PhotonNetwork.JoinRandomRoom();
    }
```

OnMakeRoomClick 함수 역시 로그인 UI의 [Make Room] 버튼에 연결할 함수이며 입력한 룸 이름으로 룸을 생성한다.

```
public void OnMakeRoomClick()
{
    // 유저명 저장
    SetUserId();

    // 룸의 속성 정의
    RoomOptions ro = new RoomOptions();
    ro.MaxPlayers = 20;      // 룸에 입장할 수 있는 최대 접속자 수
    ro.IsOpen = true;        // 룸의 오픈 여부
    ro.IsVisible = true;       // 로비에서 룸 목록에 노출시킬지 여부

    // 룸 생성
    PhotonNetwork.CreateRoom(SetRoomName(), ro);
}
```

📄팁   사용자 정의 이벤트 함수의 접두사

OnLoginClick과 OnMakeRoomClick 함수는 버튼 클릭 이벤트에 연결될 이벤트 함수이자 사용자 정의 함수다. 개발자가 정의한 일반 함수와 성격이 다른 이벤트 함수의 경우 항상 접두사(Prefix) On을 붙여주는 것이 좋은 코딩 습관이자 일반적인 관례다.

스크립트 작성을 완료한 후 로그인 UI의 "InputField(TMP) - User ID"와 "InputField(TMP) - Room"을 PhotonManager의 User IF, Room Name IF에 각각 드래그해 연결한다.

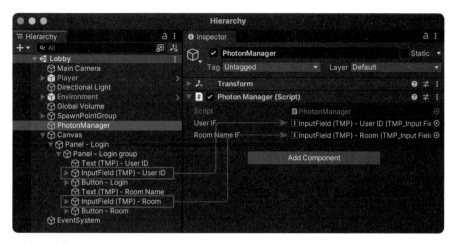

[그림 15-68] PhotonManager에 연결한 두 개의 Input Field

하이러키 뷰의 `Button - Login`을 선택하고 인스펙터 뷰에서 버튼 이벤트를 연결하자. 먼저 `Button` 컴포넌트의 `On Click ()` 이벤트 하단에 있는 [+] 버튼을 클릭해 새로운 이벤트를 하나 추가하고 호출할 함수가 포함된 `PhotonManager`를 이벤트에 연결한다.

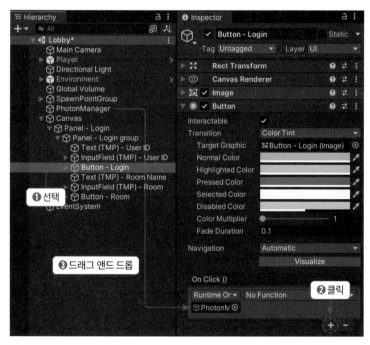

[그림 15-69] Login 버튼의 이벤트 추가

PhotonManager 게임오브젝트를 연결하면 OnClick 이벤트의 함수 목록 콤보박스가 활성화된다. 이 함수 목록에서 PhotonManager → OnLoginClick() 함수를 선택한다.

[그림 15-70] 버튼의 OnClick 이벤트에 연결한 OnLoginClick 함수

같은 방법으로 Button - Room의 Button 이벤트도 연결한다. 연결할 함수는 PhotonManager → OnMakeRoomClick이다.

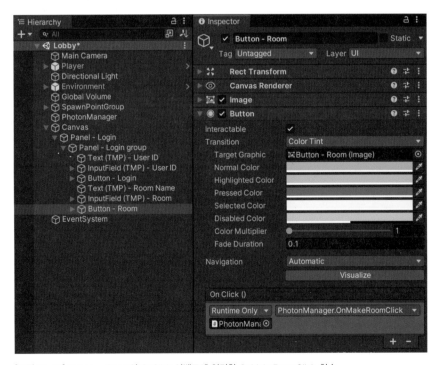

[그림 15-71] Button - Room의 OnClick 이벤트에 연결한 OnMakeRoomClick 함수

게임 룸 입장

이제 예제 게임을 실행하면 User Id 입력 필드에 무작위 이름이 표시되는 것을 확인할 수 있다. 여러분의 이름을 직접 입력하고 [Login] 버튼을 클릭하면 룸 접속 과정이 진행되며, 룸에 입장하면 콘솔 뷰에 유저명과 룸에 접속한 접속자 수가 표시된다. 또한, 씬이 BattleField로 변경된 것을 확인할 수 있다.

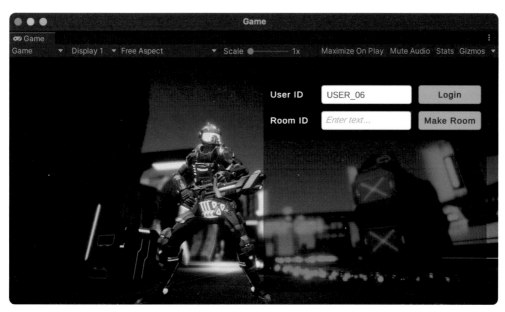

[그림 15-72] 실행 시 무작위로 설정된 유저명

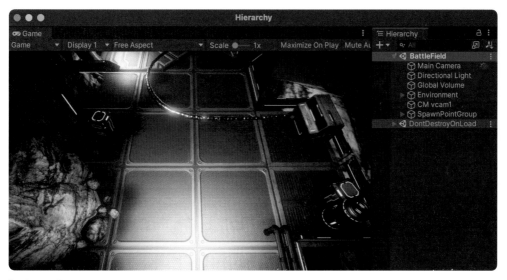

[그림 15-73] 로그인 후 룸에 입장 후 로드된 BattleField 씬

룸에 입장한 후 로드된 `BattleField` 씬에서는 아무런 동작도 없이 단순히 씬만 전환된 것뿐이다. Lobby 씬에서 유저명을 입력받아 네트워크상 식별자를 부여한 후 무작위 추출된 룸에 입장하고 `BattleField` 씬으로 전환된 것이다. 따라서 `BattleField` 씬으로 넘어왔다는 것은 이미 룸에 입장한 상태이므로 주인공 캐릭터를 생성하는 로직을 구현해야 한다.

이제 `BattleField` 씬을 열어 하이러키 뷰에 빈 게임오브젝트를 만들고 이름을 GameManager로 지정한다. 주인공을 생성하는 로직을 처리할 GameManager 스크립트를 만들고 GameManager 게임오브젝트에 추가한다. GameManager 스크립트는 다음과 같이 작성한다.

스크립트 15-13 GameManager – 주인공 캐릭터 생성

```
using System.Collections;
using System.Collections.Generic;
using UnityEngine;
using Photon.Pun;

public class GameManager : MonoBehaviour
{
    void Awake()
    {
        CreatePlayer();
    }

    void CreatePlayer()
    {
        // 출현 위치 정보를 배열에 저장
        Transform[] points = GameObject.Find("SpawnPointGroup").GetComponentsInChildren<Transform>();
        int idx = Random.Range(1, points.Length);

        // 네트워크상에 캐릭터 생성
        PhotonNetwork.Instantiate("Player",
                                  points[idx].position,
                                  points[idx].rotation,
                                  0);
    }
}
```

메뉴에서 [File] → [Build Settings…]를 선택해 Build Settings 창을 연후 Lobby 씬과 BattleField 씬을 Scenes In Builds 목록에 추가한다. 또한, Lobby 씬이 BattleField 씬보다 위에 있어야 한다. 즉, Lobby 씬을 Scenes In Build 목록에서 맨 위에 배치해야 로비씬이 가장 먼저 실행된다.

[그림 15-74] Lobby 씬과 BattleField 씬 추가

새로 빌드해 실행 파일을 구동하고 유니티도 실행해 두 개의 클라이언트로 접속해보자. 단, 유니티에서 실행할 경우 반드시 Lobby 씬을 열고 실행해야 한다. 각각 로비에 입장해서 User Id를 다르게 입력하고 [Login] 버튼을 클릭해 룸에 입장한다. 조금이라도 먼저 [Login] 버튼을 클릭한 유저가 룸을 생성해 입장하고 조금 늦게 로그인한 유저는 해당 룸에 자동으로 입장하기 때문에 결국 같은 룸에 입장하게 된다.

이제 하이러키 뷰의 Player(Clone)를 선택해 인스펙터 뷰에서 PhotonView 컴포넌트를 보면 owner 속성에 로그인 UI에서 입력한 User Id 값이 설정된 것을 확인할 수 있다. 필자는 유니티 에디터에서 실행한 유저는 "Zackiller"로, 실행 파일로 실행한 게임에서는 "USER_01"으로 유저명을 입력했다.

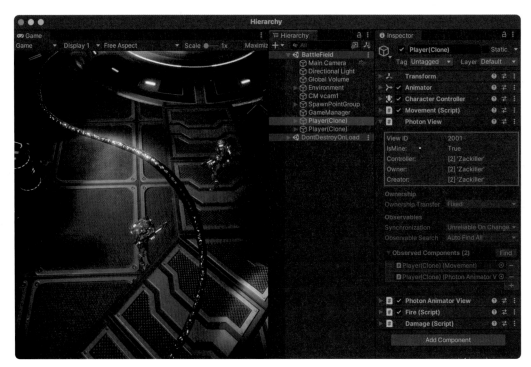

[그림 15-75] 두 번째로 로그인한 유저의 유저명

룸 목록 UI 구현

두 번째로 로그인한 유저의 룸 접속 방식은 랜덤 매치 메이킹을 통해 이미 생성된 룸에 자동으로 입장하는 것이었지만, 이제 직접 룸을 만들어 입장한 후 다른 유저는 로비에서 이미 만들어진 룸의 목록을 조회하고 그중에서 룸을 선택해 입장할 수 있게 해보자.

Scroll Rect 컴포넌트

먼저 하이러키 뷰의 Canvas 하위에 있는 Panel - Login을 선택하고 새로운 Panel UI 항목을 추가한다. 이름을 "Panel - Room List"로 변경하고 앵커 프리셋을 가로와 세로 모두 Stretch로 설정한다. 상하좌우 여백은 다음과 같이 적절히 설정한다.

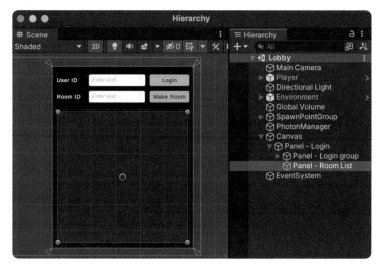

[그림 15-76] 룸 목록을 표시할 "Panel – Room List"

하이러키 뷰의 "Panel - Room List"를 선택하고, 하위에 생성될 객체를 스크롤시키기 위해 메뉴에서 [GameObject] → [UI] → [ScrollView]를 선택해 ScrollView 오브젝트를 추가한다. ScrollView는 실제로 하위 객체를 스크롤시키는 Scroll Rect, Mask 및 Scrollbar 컴포넌트를 미리 조합한 오브젝트다. ScrollView의 앵커 프리셋을 가로와 세로 모두 Stretch로 설정해 "Panel - Room List" 영역에 맞게 설정한다.

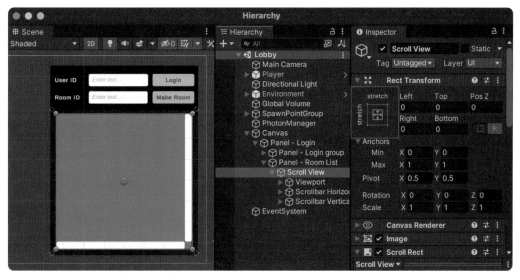

[그림 15-77] ScrollView 추가

추가한 ScrollView의 Horizontal, Vertical 속성은 스크롤되는 방향을 결정하는 것으로, Horizontal 속성은 언체크하고 Vertical 속성만 체크해 위아래로 스크롤되게 하고 나머지 속성은 그대로 둔다.

[그림 15-78] 세로 방향으로만 스크롤되도록 설정

Scroll View → Viewport 하위에 있는 Contents는 실제로 스크롤링될 객체이며, 또한 하위에 차일드로 생성되는 룸 목록 객체를 정렬하는 역할을 한다. Scroll View의 Scroll Rect 컴포넌트의 Content 속성에 Contents 게임오브젝트가 이미 연결됐다. Contents의 하위에 아무런 객체가 없기 때문에 실행해 마우스로 드래그해도 스크롤 효과는 아직 볼 수 없다.

스크롤 객체 생성

로비에 접속했을 때 포톤 클라우드 서버에서 보내주는 룸 목록을 수신받아 동적으로 구성해야 하기 때문에 UI를 디자인하는 시점에서 생성될 룸의 개수가 몇 개인지 알 수 없으며, 가변적일 수밖에 없다. 따라서 룸 정보를 표시하는 UI를 프리팹으로 미리 만들어 두고 로비에 접속했을 때 수신된 룸 개수만큼 반복문을 반복하면서 동적으로 룸 정보를 표시하는 프리팹을 Scroll View → Viewport → Contents 하위에 생성하는 방식으로 룸 목록을 구현한다.

하이러키 뷰에서 Contents를 선택하고 컨텍스트 메뉴에서 "UI → Image"를 선택해 Image UI 항목을 생성한다. 생성된 Image UI 항목의 이름을 RoomItem으로 변경하고 Source Image 속성은 Background로 설정한다. Background 이미지는 Source Image 속성 오른쪽에 있는 Image Browser를 열어 선택한다.

[그림 15-79] 룸 정보를 표현할 RoomItem 생성

자동 정렬 기능을 사용할 것이기 때문에 RoomItem의 크기는 Scroll View에 맞게 조절할 필요는 없다. Text - Text Mesh Pro UI 항목을 차일드로 추가한다. 이름은 "Text - RoomInfo"로 변경한다. 이 텍스트에 룸 이름, 최대 접속자 수 및 현재 접속자 수를 표시한다. 텍스트의 마진과 폰트의 색상과 크기는 다음과 같이 적절하게 설정한다.

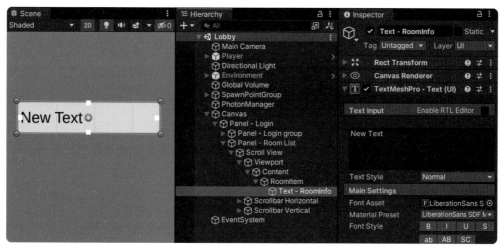

[그림 15-80] RoomItem 하위에 추가한 Text와 속성 설정

RoomItem은 상하 방향으로 스크롤되는 객체지만 동시에 클릭할 수 있어야 한다. 즉, 버튼의 역할도 있어야 하기 때문에 RoomItem에 Button 컴포넌트를 추가한다(메뉴에서 [Component] → [UI] → [Button]). 또한 RoomItem은 동적으로 생성되기 때문에 버튼 클릭 이벤트를 디자인 시점에서 미리 연결하는 것은 의미가 없다. 즉, 동적으로 생성된 RoomItem의 버튼 클릭 이벤트는 스크립트에서 연결해야 한다. 이 기능은 이번 장의 끝에서 구현해본다.

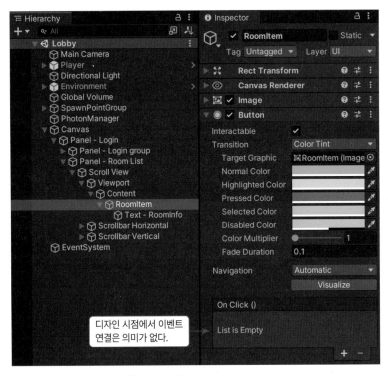

[그림 15-81] RoomItem에 추가한 Button 컴포넌트

Grid Layout Group 컴포넌트

지금까지 만든 RoomItem을 실행 시점에서 동적으로 생성하기 위해 프로젝트 뷰의 "Resources" 폴더로 옮겨 프리팹으로 만든다. 실행 후 로비에 접속했을 때 이미 5개의 룸이 만들어져 있다면 RoomItem을 5개 생성해 위아래로 나란히 정렬되게 해야 한다. Layout 계열의 컴포넌트를 이용하면 손쉽게 정렬 기능을 구현할 수 있다.

우선 Contents 하위에 있는 RoomItem을 5개 정도 복제한 후 테스트해보자. 복제한 RoomItem이 모두 동일한 위치에 겹쳐져 있다. 일일이 마우스로 옮기지 않고 Grid Layout Group 컴포넌트로 한 번에 정렬해 보자. Contents를 선택한 후 메뉴에서 [Component] → [Layout] → [Grid Layout Group]을 선택해 Grid Layout Group 컴포넌트를 추가하면 다음과 같이 복제한 RoomItem이 자동으로 정렬된다. 원하던 그림은 아니지만 그래도 정렬된 모습이다.

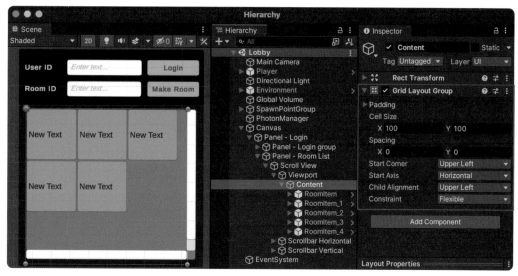

[그림 15-82] Grid Layout Group 컴포넌트를 추가한 후 정렬된 5개의 RoomItem

Grid Layout Group 컴포넌트는 차일드로 속한 모든 UI 항목을 셀(Cell) 형태로 자동으로 정렬하는 역할을 한다. 즉, 워드 문서의 테이블과 같이 가로세로 격자 형태로 UI 항목을 정렬해준다. Cell Size 속성은 테이블 한 칸의 크기를 의미한다. Cell Size 속성을 조절하면 UI 항목의 크기가 조절됨과 동시에 자동으로 정렬된다. 다음 표를 참조해 속성을 설정한다.

속성	세부 속성	속성값
Padding	Left	5
	Right	5
	Top	5
	Bottom	5
Cell Size	X	300
	Y	35
Spacing	Y	3

[표 15-6] Grid Layout Group의 속성 설정값

[그림 15-83] Grid Layout Group의 컴포넌트 속성 설정

예제 게임을 실행해 룸 목록을 스크롤해보면 상하로 스크롤되는 것을 확인할 수 있다.

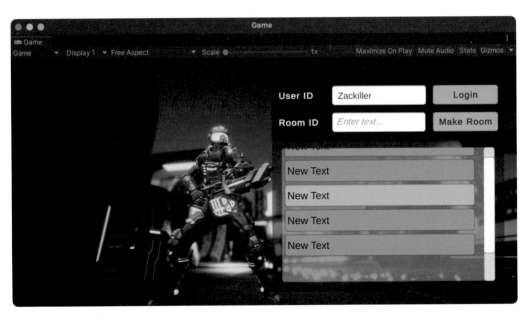

[그림 15-84] 상하로 스크롤링되는 룸 목록

룸 목록 받아오기

로비에 입장하면 포톤 클라우드 서버는 현재 생성된 모든 룸 목록을 전달해준다. 로비에 접속하지 않고 포톤 클라우드 서버에만 접속한 경우에는 룸 목록을 받을 수 없다. PhotonManager 스크립트에 OnRoomListUpdate 콜백 함수를 추가해 룸 목록을 전달받는지를 확인해보자.

스크립트 15-14 PhotonManager – 룸 목록 수신 콜백 함수 추가

```
... 생략 ...

public class PhotonManager : MonoBehaviourPunCallbacks
{
    ... 생략 ...

    // 룸에 입장한 후 호출되는 콜백 함수
    public override void OnJoinedRoom()
        ... 생략 ...
    }

    // 룸 목록을 수신하는 콜백 함수
    public override void OnRoomListUpdate(List<RoomInfo> roomList)
    {
        foreach(var room in roomList)
        {
            // room.ToString();
            Debug.Log($"Room={room.Name} ({room.PlayerCount}/{room.MaxPlayers})");
        }
    }

    ... 생략 ...
}
```

OnRoomListUpdate 함수는 RoomInfo 타입의 데이터를 리스트 자료형으로 넘겨준다. 다음 그림은 새로 빌드한 실행 파일로 두 개의 룸을 생성하고 3번째 유저는 ROOM_034 룸에 입장했다. 마지막으로 유니티를 실행해 로비까지만 입장한 상태에서 콘솔 뷰를 살펴보자. 룸의 목록이 표시되고, ROOM_034 룸의 PlayerCount와 MaxPlayer가 2/20으로 표시된 것을 확인할 수 있다.

[그림 15-85] 룸 목록과 접속한 Player 수가 표시된 콘솔 뷰

룸 목록은 룸 정보의 변화가 발생할 때마다 콜백 함수가 호출된다. 다만 삭제된 룸에 대한 정보도 넘어온다. 룸의 삭제 여부는 RemovedFromList 속성으로 확인할 수 있다. 따라서 룸 목록을 Dictionary 타입의 자료형으로 관리한다. 앞서 작성했던 OnRoomListUpdate 함수를 다음과 같이 수정한다.

스크립트 15-15 PhotonManager - 룸 목록 수신 및 RoomItem 생성 로직 구현

```
using System.Collections;
using UnityEngine;
using TMPro;
using Photon.Pun;
using Photon.Realtime;
using System.Collections.Generic;

public class PhotonManager : MonoBehaviourPunCallbacks
{
    // 게임의 버전
    private readonly string version = "1.0";
    // 유저의 닉네임
    private string userId = "Zack";

    // 유저명을 입력할 TextMeshPro Input Field
```

```csharp
public TMP_InputField userIF;
// 룸 이름을 입력할 TextMeshPro Input Field
public TMP_InputField roomNameIF;

// 룸 목록에 대한 데이터를 저장하기 위한 딕셔너리 자료형
private Dictionary<string, GameObject> rooms = new Dictionary<string, GameObject>();
// 룸 목록을 표시할 프리팹
private GameObject roomItemPrefab;
// RoomItem 프리팹이 추가될 ScrollContent
public Transform scrollContent;

void Awake()
{
    // 마스터 클라이언트의 씬 자동 동기화 옵션
    PhotonNetwork.AutomaticallySyncScene = true;
    // 게임 버전 설정
    PhotonNetwork.GameVersion = version;
    // 접속 유저의 닉네임 설정
    // PhotonNetwork.NickName = userId;

    // 포톤 서버와의 데이터의 초당 전송 횟수
    Debug.Log(PhotonNetwork.SendRate);

    // RoomItem 프리팹 로드
    roomItemPrefab = Resources.Load<GameObject>("RoomItem");

    // 포톤 서버 접속
    if (PhotonNetwork.IsConnected == false)
    {
        PhotonNetwork.ConnectUsingSettings();
    }
}

void Start()
{
    // 저장된 유저명을 로드
    userId = PlayerPrefs.GetString("USER_ID", $"USER_{Random.Range(1,21):00}");
    userIF.text = userId;
    // 접속 유저의 닉네임 등록
```

```
        PhotonNetwork.NickName = userId;
    }


    // 유저명을 설정하는 로직
    public void SetUserId()
    {
        if (string.IsNullOrEmpty(userIF.text))
        {
            userId = $"USER_{Random.Range(1,21):00}";
        }
        else
        {
            userId = userIF.text;
        }

        // 유저명 저장
        PlayerPrefs.SetString("USER_ID", userId);
        // 접속 유저의 닉네임 등록
        PhotonNetwork.NickName = userId;
    }


    // 룸 명의 입력 여부를 확인하는 로직
    string SetRoomName()
    {
        if (string.IsNullOrEmpty(roomNameIF.text))
        {
            roomNameIF.text = $"ROOM_{Random.Range(1,101):000}";
        }

        return roomNameIF.text;
    }


    // 포톤 서버에 접속 후 호출되는 콜백 함수
    public override void OnConnectedToMaster()
    {
        Debug.Log("Connected to Master!");
        Debug.Log($"PhotonNetwork.InLobby = {PhotonNetwork.InLobby}");
        PhotonNetwork.JoinLobby();
    }
```

```csharp
// 로비에 접속 후 호출되는 콜백 함수
public override void OnJoinedLobby()
{
    Debug.Log($"PhotonNetwork.InLobby = {PhotonNetwork.InLobby}");
    // 수동으로 접속하기 위해 자동 입장은 주석 처리
    // PhotonNetwork.JoinRandomRoom();
}


// 랜덤한 룸 입장이 실패했을 경우 호출되는 콜백 함수
public override void OnJoinRandomFailed(short returnCode, string message)
{
    Debug.Log($"JoinRandom Filed {returnCode}:{message}");
    // 룸을 생성하는 함수 실행
    OnMakeRoomClick();

    // 룸의 속성 정의
    // RoomOptions ro = new RoomOptions();
    // ro.MaxPlayers = 20;      // 룸에 입장할 수 있는 최대 접속자 수
    // ro.IsOpen = true;        // 룸의 오픈 여부
    // ro.IsVisible = true;     // 로비에서 룸 목록에 노출시킬지 여부

    // 룸 생성
    // PhotonNetwork.CreateRoom("My Room", ro);
}


// 룸 생성이 완료된 후 호출되는 콜백 함수
public override void OnCreatedRoom()
{
    Debug.Log("Created Room");
    Debug.Log($"Room Name = {PhotonNetwork.CurrentRoom.Name}");
}


// 룸에 입장한 후 호출되는 콜백 함수
public override void OnJoinedRoom()
{
    Debug.Log($"PhotonNetwork.InRoom = {PhotonNetwork.InRoom}");
    Debug.Log($"Player Count = {PhotonNetwork.CurrentRoom.PlayerCount}");
```

```
        foreach(var player in PhotonNetwork.CurrentRoom.Players)
        {
            Debug.Log($"{player.Value.NickName} , {player.Value.ActorNumber}");
        }


        // 출현 위치 정보를 배열에 저장
        // Transform[] points = GameObject.Find("SpawnPointGroup").GetComponentsInChildren<Transform>();
        // int idx = Random.Range(1, points.Length);


        // 네트워크상에 캐릭터 생성
        // PhotonNetwork.Instantiate("Player", points[idx].position, points[idx].rotation, 0);


        // 마스터 클라이언트인 경우에 룸에 입장한 후 전투 씬을 로딩한다.
        if (PhotonNetwork.IsMasterClient)
        {
            PhotonNetwork.LoadLevel("BattleField");
        }
    }


    // 룸 목록을 수신하는 콜백 함수
    public override void OnRoomListUpdate(List<RoomInfo> roomList)
    {
        // 삭제된 RoomItem 프리팹을 저장할 임시변수
        GameObject tempRoom = null;

        foreach(var roomInfo in roomList)
        {
            // 룸이 삭제된 경우
            if (roomInfo.RemovedFromList == true)
            {
                // 딕셔너리에서 룸 이름으로 검색해 저장된 RoomItem 프리팹를 추출
                rooms.TryGetValue(roomInfo.Name, out tempRoom);

                // RoomItem 프리팹 삭제
                Destroy(tempRoom);

                // 딕셔너리에서 해당 룸 이름의 데이터를 삭제
                rooms.Remove(roomInfo.Name);
            }
```

```
            else // 룸 정보가 변경된 경우
            {
                // 룸 이름이 딕셔너리에 없는 경우 새로 추가
                if (rooms.ContainsKey(roomInfo.Name) == false)
                {
                    // RoomInfo 프리팹을 scrollContent 하위에 생성
                    GameObject roomPrefab = Instantiate(roomItemPrefab, scrollContent);
                    // 룸 정보를 표시하기 위해 RoomInfo 정보 전달
                    roomPrefab.GetComponent<RoomData>().RoomInfo = roomInfo;

                    // 딕셔너리 자료형에 데이터 추가
                    rooms.Add(roomInfo.Name, roomPrefab);
                }
                else // 룸 이름이 딕셔너리에 없는 경우에 룸 정보를 갱신
                {
                    rooms.TryGetValue(roomInfo.Name, out tempRoom);
                    tempRoom.GetComponent<RoomData>().RoomInfo = roomInfo;
                }
            }

            Debug.Log($"Room={roomInfo.Name} ({roomInfo.PlayerCount}/{roomInfo.MaxPlayers})");
        }
    }


#region UI_BUTTON_EVENT

    public void OnLoginClick()
    {
        // 유저명 저장
        SetUserId();

        // 무작위로 추출한 룸으로 입장
        PhotonNetwork.JoinRandomRoom();
    }


    public void OnMakeRoomClick()
    {
        // 유저명 저장
        SetUserId();
```

```
        // 룸의 속성 정의
        RoomOptions ro = new RoomOptions();
        ro.MaxPlayers = 20;        // 룸에 입장할 수 있는 최대 접속자 수
        ro.IsOpen = true;          // 룸의 오픈 여부
        ro.IsVisible = true;       // 로비에서 룸 목록에 노출시킬지 여부

        // 룸 생성
        PhotonNetwork.CreateRoom(SetRoomName(), ro);
    }


#endregion
}
```

룸 목록은 룸 이름과 해당 룸을 ScrollView 하위에 생성할 RoomItem 프리팹을 쌍으로 저장해야 관리하기 편리하기 때문에 Dictionary 자료형을 사용한다. C#에서 Dictionary를 사용하기 위해서 System. Collections.Generic 네임스페이스를 선언한다.

```
using System.Collections.Generic;
```

클래스 선언부에 딕셔너리 자료형 변수 rooms를 <string, GameObject> 형식으로 선언하고 초기화한다.

```
// 룸 목록에 대한 데이터를 저장하기 위한 딕셔너리 자료형
private Dictionary<string, GameObject> rooms = new Dictionary<string, GameObject>();
```

Resources 폴더에 저장한 RoomItem 프리팹을 Awake 함수에서 로드해 변수에 할당한다.

```
// RoomItem 프리팹 로드
roomItemPrefab = Resources.Load<GameObject>("RoomItem");
```

룸 목록이 갱신되면 호출되는 OnRoomListUpdate 함수의 로직을 약식 의사 코드(pseudo-code)로 표시하면 다음과 같다.

```
OnRoomListUpdate
For
        If (룸이 삭제된 경우)
        {
                rooms에서 룸 이름으로 검색해 RoomItem을 tempRoom 변수에 저장
                tempRoom 변수에 저장된 RoomItem 삭제
                rooms에서 룸 이름으로 검색해 데이터 삭제
        }
        Else (룸이 생성되거나 변경된 경우)
        {
                If (룸이 생성된 경우)
                {
                        RoomItem 생성
                        RoomItem에 룸 정보 전달
                        rooms에 데이터 추가
                }
                Else (룸이 변경된 경우)
                {
                        rooms에서 룸 이름으로 검색해 RoomItem을 tempRoom 변수에 저장
                        tempRoom 변수에 저장된 RoomItem에 룸 정보 전달
                }
        }
```

OnRoomListUpdate 함수는 RoomInfo 타입의 데이터가 List 자료형으로 넘어온다. 룸의 삭제 여부는 roomInfo.RemovedFromList 불린 변수로 알 수 있다. 즉, 이 값이 true이면 삭제된 룸을 의미한다.

스크립트를 작성한 후 인스펙터 뷰의 PhotonManager의 ScrollContent 속성에 프로젝트 뷰의 Canvas → Panel - Login → Panel - Room List → Scroll View → Viewport → Content를 드래그해 연결한다. 앞서 Content 하위에 추가했던 5개의 RoomItem은 삭제한다.

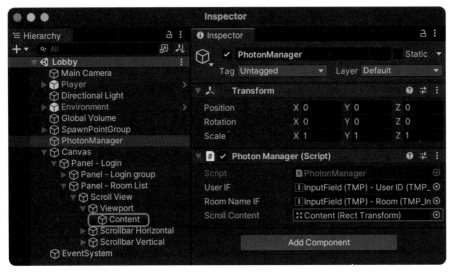

[그림 15-86] RoomItem을 생성할 부모 객체인 Content를 Scroll Content에 연결

버튼 이벤트 동적 연결

OnRoomListUpdate 함수에서 룸에 대한 정보에 따라서 RoomItem 프리팹을 동적으로 생성하거나 이미 만들어진 RoomItem 프리팹에 룸 정보를 저장하고 클릭했을 때 버튼 이벤트에서 룸에 접속하기 위해 새로운 스크립트를 생성하고 이름을 RoomData로 지정한다. 스크립트는 다음과 같이 작성하고 프로젝트 뷰의 Resources 폴더에 있는 RoomItem 프리팹에 추가한다.

스크립트 15-16 RoomData - 룸 정보를 출력하고 저장할 로직 구현

```
using UnityEngine;
using Photon.Pun;
using Photon.Realtime;
using TMPro;

public class RoomData : MonoBehaviour
{
    private RoomInfo _roomInfo;
    // 하위에 있는 TMP_Text를 저장할 변수
    private TMP_Text roomInfoText;
    // PhotonManager 접근 변수
    private PhotonManager photonManager;
```

```csharp
        // 프로퍼티 정의
    public RoomInfo RoomInfo
    {
        get
        {
            return _roomInfo;
        }
        set
        {
            _roomInfo = value;
            // 룸 정보 표시
            roomInfoText.text = $"{_roomInfo.Name} ({_roomInfo.PlayerCount}/{_roomInfo.MaxPlayers})";
            // 버튼 클릭 이벤트에 함수 연결
            GetComponent<UnityEngine.UI.Button>().onClick.AddListener(() =>
OnEnterRoom(_roomInfo.Name));
        }
    }


    void Awake()
    {
        roomInfoText = GetComponentInChildren<TMP_Text>();
        photonManager = GameObject.Find("PhotonManager").GetComponent<PhotonManager>();
    }


    void OnEnterRoom(string roomName)
    {
        // 유저명 설정
        photonManager.SetUserId();

        // 룸의 속성 정의
        RoomOptions ro = new RoomOptions();
        ro.MaxPlayers = 20;      // 룸에 입장할 수 있는 최대 접속자 수
        ro.IsOpen = true;        // 룸의 오픈 여부
        ro.IsVisible = true;       // 로비에서 룸 목록에 노출시킬지 여부
        // 룸 접속
        PhotonNetwork.JoinOrCreateRoom(roomName, ro, TypedLobby.Default);
    }
}
```

RoomData 스크립트는 OnRoomListUpdate에서 룸 정보가 갱신될 때마다 접근해 RoomInfo 데이터를 넘겨받아서 내부적으로 저장하고 하위에 있는 텍스트 UI에 룸 이름과 접속자 정보를 표시한다. 또한, 버튼을 클릭했을 때 룸에 접속하는 함수를 람다식으로 연결한다.

```
// 룸 정보 표시
roomInfoText.text = $"{_roomInfo.Name} ({_roomInfo.PlayerCount} / {_roomInfo.MaxPlayers})";
// 버튼 클릭 이벤트에 함수 연결
GetComponent<UnityEngine.UI.Button>().onClick.AddListener(() => OnEnterRoom(_roomInfo.Name));
```

예제 게임을 다시 빌드한 후 룸을 생성하고 입장한 후 유니티 에디터에서 로비에 입장만 한 상태에서 룸 목록이 표시되는지 확인해보자. 다음은 룸을 2개 생성하고 2명의 유저는 같은 방에 들어가고 한 명의 유저는 혼자 룸에 입장한 시나리오일 때의 룸 목록이다. 룸 목록에 표시된 버튼을 클릭하면 해당 룸으로 입장하는지 확인해보자.

[그림 15-87] 생성된 룸을 표시한 스크롤 목록

베틀 필드 세부기능 구현

로비 씬의 룸 목록과 룸을 클릭했을 때 해당 룸으로 입장하는 로직은 완성됐다. 이제 베틀 필드 씬에서 접속
부가정보를 표시해보자.

접속 정보 및 룸 나가기 기능 구현

해당 룸의 룸 이름과 접속한 접속자 수를 표시하고 룸 나가기 버튼을 구현해보자. BattleField 씬을 더블
클릭해 씬을 전환한다. 하이러키 뷰에 Canvas를 추가하고 Canvas Scaler 컴포넌트의 UI Scale Mode를
"Scale With Screen Size"로 설정한다. Canvas 하위에 Panel을 추가하고 다음과 같이 왼쪽 위에 적절한
크기로 설정한다. Panel의 이름을 "Panel - Room Info"로 변경한다.

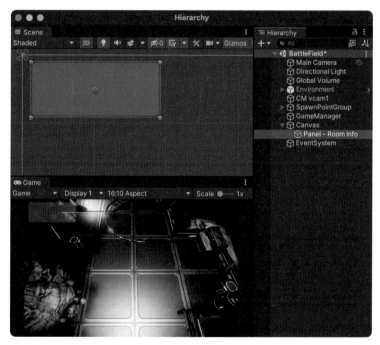

[그림 15-88] 접속 정보를 표시하기 위한 Panel 추가

Panel 하위에 Text - TextMeshPro UI 두 개와 Button UI를 다음과 같이 추가한다. 위치와 크기는 적절
히 수정한다. 텍스트는 룸 이름과 접속자 수와 최대 접속 가능자 수를 표시하고 버튼은 로비로 돌아가는 로
직을 구현해본다.

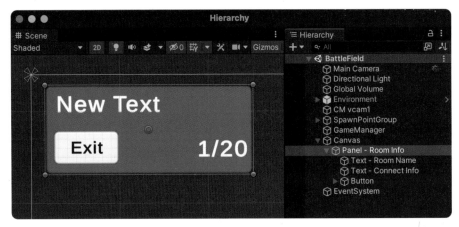

[그림 15-89] 접속 정보 및 로비로 돌아가는 버튼 UI 추가

룸의 접속 정보와 로비로 돌아가는 로직은 GameManager에서 구현한다. GameManager 스크립트를 다음과
같이 수정한다.

스크립트 15-17 GameManager – 접속 정보 및 룸 종료 버튼의 이벤트 연결 로직 추가

```
using UnityEngine;
using Photon.Pun;
using Photon.Realtime;
using TMPro;
using UnityEngine.UI;
using UnityEngine.SceneManagement;

public class GameManager : MonoBehaviourPunCallbacks
{
    public TMP_Text roomName;
    public TMP_Text connectInfo;
    public Button exitBtn;

    void Awake()
    {
        CreatePlayer();
        // 접속 정보 추출 및 표시
        SetRoomInfo();
        // Exit 버튼 이벤트 연결
```

```csharp
        exitBtn.onClick.AddListener(() => OnExitClick());
    }


    void CreatePlayer()
    {
        // 출현 위치 정보를 배열에 저장
        Transform[] points =
GameObject.Find("SpawnPointGroup").GetComponentsInChildren<Transform>();
        int idx = Random.Range(1, points.Length);

        // 네트워크상에 캐릭터 생성
        PhotonNetwork.Instantiate("Player",
                                  points[idx].position,
                                  points[idx].rotation,
                                  0);
    }


    // 룸 접속 정보를 출력
    void SetRoomInfo()
    {
        Room room = PhotonNetwork.CurrentRoom;
        roomName.text = room.Name;
        connectInfo.text = $"({room.PlayerCount}/{room.MaxPlayers})";
    }


    // Exit 버튼의 OnClick에 연결할 함수
    private void OnExitClick()
    {
        PhotonNetwork.LeaveRoom();
    }


    // 포톤 룸에서 퇴장했을 때 호출되는 콜백 함수
    public override void OnLeftRoom()
    {
        SceneManager.LoadScene("Lobby");
    }


    // 룸으로 새로운 네트워크 유저가 접속했을 때 호출되는 콜백 함수
    public override void OnPlayerEnteredRoom(Player newPlayer)
```

```
        {
            SetRoomInfo();
        }


        // 룸에서 네트워크 유저가 퇴장했을때 호출되는 콜백 함수
        public override void OnPlayerLeftRoom(Player otherPlayer)
        {
            SetRoomInfo();
        }
    }
```

PhotonNetwork.CurrentRoom은 현재 접속한 룸 정보를 나타낸다. 반환 값은 Room 클래스 타입으로 룸 이름, 현재 접속자 수, 최대 접속자 수 등을 확인할 수 있다.

```
// 룸 접속 정보를 출력
void SetRoomInfo()
{
    Room room = PhotonNetwork.CurrentRoom;
    roomName.text = room.Name;
    connectInfo.text = $"({room.PlayerCount}/{room.MaxPlayers})";
}
```

[Exit] 버튼을 클릭했을 때 호출한 PhotonNetwork.LeaveRoom 함수는 호출한 즉시 룸에서 나가지 않고 PhotonView를 포함한 네트워크 객체를 삭제하는 Clean up 작업이 완료된 후 나가게 된다. 이 작업이 완료된 후 정말로 룸에서 나갔을 때 포톤 클라우드 서버는 OnLeftRoom 콜백 함수를 호출한다.

```
// Exit 버튼의 OnClick에 연결할 함수
private void OnExitClick()
{
    PhotonNetwork.LeaveRoom();
}

// 포톤 룸에서 퇴장했을 때 호출되는 콜백 함수
public override void OnLeftRoom()
{
    SceneManager.LoadScene("Lobby");
}
```

접속자 수는 같은 룸에 다른 네트워크 유저가 접속하거나 룸에서 퇴장했을 때 변경돼야 한다. 같은 룸에 다른 네트워크 유저가 접속하면 OnPlayerEnteredRoom 콜백 함수가 호출되고, 퇴장하면 OnPlayerLeftRoom 콜백 함수가 호출된다.

```csharp
// 룸으로 새로운 네트워크 유저가 접속했을 때 호출되는 콜백 함수
public override void OnPlayerEnteredRoom(Player newPlayer)
{
    SetRoomInfo();
}

// 룸에서 네트워크 유저가 퇴장했을 때 호출되는 콜백 함수
public override void OnPlayerLeftRoom(Player otherPlayer)
{
    SetRoomInfo();
}
```

스크립트를 수정한 후 인스펙터 뷰에 노출된 UI 속성을 다음과 같이 연결한다.

[그림 15-90] UI 항목을 연결한 GameManager

예제 게임을 실행한 후 접속하면 생성한 룸 이름과 현재 룸에 접속한 유저 수가 표시된다. 또한 [Exit] 버튼을 클릭하면 로비 씬으로 다시 되돌아가는 것을 확인할 수 있다.

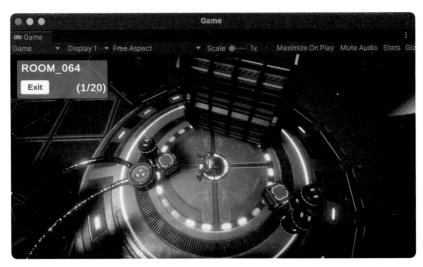

[그림 15-91] 룸 이름과 접속자 수가 표시된 UI

접속 로그 모니터링

Panel - Room Info 패널의 크기를 조정해 아랫부분에 접속자의 입장과 퇴장 등의 정보를 문자로 출력해보자. 다음과 같이 Panel - Room Info 하위에 Panel을 하나 더 추가하고 Panel - Msg로 이름을 변경한다. 텍스트가 잘 식별되도록 배경색을 어둡게 설정한다. 이 패널에 문자를 출력하는 영역으로 채팅창과 같이 아래에서 위로 텍스트가 표시되게 구현해보자.

[그림 15-92] 접속 모니터링을 위한 텍스트 출력 영역

Panel - Msg 하위에 Text - TextMeshPro를 추가하고 앵커 프리셋을 이용해 가로와 세로를 Stretch로 지정하면 Panel - Msg 크기로 설정된다. 필자는 폰트의 Size는 12로 설정했다. 실습을 진행하는 독자 여러분의 UI 크기가 각기 다르기 때문에 다음 그림을 참고해 적절하게 설정한다.

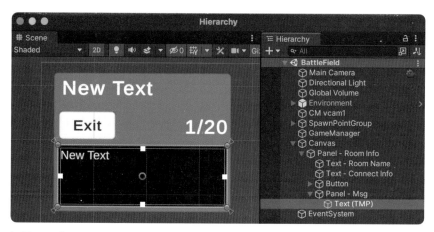

[그림 15-93] Panel - Msg 패널 하위에 추가한 Text - TextMeshPro

텍스트가 아래에서부터 표시되게 하기 위해 Text(TMP)의 Alignment 속성을 "Bottom"으로 지정한다. 또한, Overflow 속성은 기본값인 "Overflow"로 지정돼 있기 때문에 여러 라인의 텍스트를 입력해 보면 다음과 같이 Panel - Msg를 넘어서 표시되는 것을 알 수 있다.

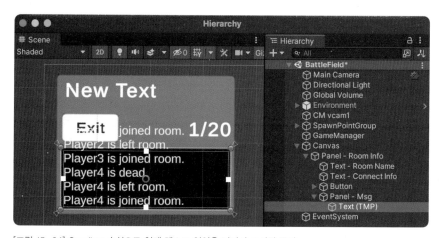

[그림 15-94] Overflow 속성으로 인해 텍스트 영역을 넘어서 표시된 문자

텍스트의 영역을 넘어서 표시된 문자를 Panel - Msg 영역에만 표시하기 위해 Panel - Msg에 Mask 컴포넌트를 추가한다. 메뉴에서 [Component] → [UI] → [Mask]를 선택해 추가하면 다음과 같이 Panel - Msg의 영역에만 텍스트가 표시되는 것을 볼 수 있다.

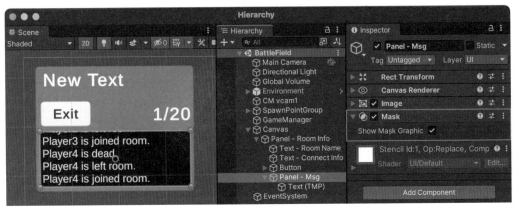

[그림 15-95] Mask 컴포넌트를 추가해 표시 영역을 설정

앞서 네트워크 유저의 접속과 퇴장 시 호출되는 콜백 함수에서 유저의 정보를 표시해보자. GameManager 스크립트를 다음과 같이 수정한다.

스크립트 15-18 GameManager - 입장 및 퇴장에 대한 유저 정보 표시

```
using UnityEngine;
using Photon.Pun;
using Photon.Realtime;
using TMPro;
using UnityEngine.UI;
using UnityEngine.SceneManagement;

public class GameManager : MonoBehaviourPunCallbacks
{
    public TMP_Text roomName;
    public TMP_Text connectInfo;
    public TMP_Text msgList;

    public Button exitBtn;

    void Awake()
```

```
{
    CreatePlayer();
    // 접속 정보 추출 및 표시
    SetRoomInfo();
    // Exit 버튼 이벤트 연결
    exitBtn.onClick.AddListener(() => OnExitClick());
}


void CreatePlayer()
{
    // 출현 위치 정보를 배열에 저장
    Transform[] points = GameObject.Find("SpawnPointGroup").GetComponentsInChildren<Transform>();
    int idx = Random.Range(1, points.Length);

    // 네트워크상에 캐릭터 생성
    PhotonNetwork.Instantiate("Player",
                              points[idx].position,
                              points[idx].rotation,
                              0);
}


// 룸 접속 정보를 출력
void SetRoomInfo()
{
    Room room = PhotonNetwork.CurrentRoom;
    roomName.text = room.Name;
    connectInfo.text = $"({room.PlayerCount}/{room.MaxPlayers})";
}


// Exit 버튼의 OnClick에 연결할 함수
private void OnExitClick()
{
    PhotonNetwork.LeaveRoom();
}


// 포톤 룸에서 퇴장했을 때 호출되는 콜백 함수
public override void OnLeftRoom()
{
    SceneManager.LoadScene("Lobby");
```

```
    }

    // 룸으로 새로운 네트워크 유저가 입장했을 때 호출되는 콜백 함수
    public override void OnPlayerEnteredRoom(Player newPlayer)
    {
        SetRoomInfo();
        string msg = $"\n<color=#00ff00>{newPlayer.NickName}</color> is joined room";
        msgList.text += msg;
    }

    // 룸에서 네트워크 유저가 퇴장했을 때 호출되는 콜백 함수
    public override void OnPlayerLeftRoom(Player otherPlayer)
    {
        SetRoomInfo();
        string msg = $"\n<color=#ff0000>{otherPlayer.NickName}</color> is left room";
        msgList.text += msg;
    }
}
```

스크립트를 작성한 후 GameManager의 msgList 속성에 Panel - Msg 하위의 Text(TMP)를 드래그해 연결한다. 예제 게임을 빌드한 후 룸에 입장 및 퇴장을 하면 다음과 같이 유저의 정보가 표시된다.

[그림 15-96] 유저의 입장과 퇴장 시 표시되는 접속 로그 메시지

ActorNumber 활용

지금까지 만든 예제 게임에서 여러 명의 유저가 접속해 서로 전투를 벌이다가 사망했을 때 누구에 의해 사망하게 됐는지를 알아야 한다. RPC로 호출된 FireBullet 함수에서 생성한 Bullet에 룸에 접속한 네트워크 유저의 고유 번호인 ActorNumber를 저장해 확인할 수 있다. Bullet 스크립트에 ActorNumber를 저장할 변수를 다음과 같이 선언한다.

스크립트 15-19 Bullet - 네트워크 유저의 고유번호를 저장할 변수 선언

```csharp
using System.Collections;
using System.Collections.Generic;
using UnityEngine;

public class Bullet : MonoBehaviour
{
    public GameObject effect;
    // 총알을 발사한 플레이어의 고유 번호
    public int actorNumber;

    void Start()
    {
        GetComponent<Rigidbody>().AddRelativeForce(Vector3.forward * 1000.0f);
        // 일정 시간이 지난 후 총알을 삭제
        Destroy(this.gameObject, 3.0f);
    }

    void OnCollisionEnter(Collision coll)
    {
        // 충돌 지점 추출
        var contact = coll.GetContact(0);
        // 충돌 지점에 스파크 이펙트 생성
        var obj = Instantiate(effect,
                            contact.point,
                            Quaternion.LookRotation(-contact.normal));
        Destroy(obj, 2.0f);
        Destroy(this.gameObject);
    }
}
```

총알을 발사하는 Fire 스크립트에서 총알을 발사하는 네트워크 유저의 고유 번호인 ActorNumber를 설정한다. Player.actorNumber는 룸에 입장한 유저에게 부여되며 고유한 값을 갖는다. 또한, 룸에서 퇴장한 후 재입장을 했을 경우에도 새로운 값을 부여받는다.

스크립트 15-20 Fire – 네트워크 유저의 고유 번호를 지정하는 로직

```
using System.Collections;
using System.Collections.Generic;
using UnityEngine;
using Photon.Pun;

public class Fire : MonoBehaviour
{
    public Transform firePos;
    public GameObject bulletPrefab;
    private ParticleSystem muzzleFlash;

    private PhotonView pv;
    // 왼쪽 마우스 버튼 클릭 이벤트 저장
    private bool isMouseClick => Input.GetMouseButtonDown(0);

    void Start()
    {
        // 포톤뷰 컴포넌트 연결
        pv = GetComponent<PhotonView>();
        // FirePos 하위에 있는 총구 화염 효과 연결
        muzzleFlash = firePos.Find("MuzzleFlash").GetComponent<ParticleSystem>();
    }

    void Update()
    {
        // 로컬 유저 여부와 마우스 왼쪽 버튼을 클릭했을 때 총알을 발사
        if (pv.IsMine && isMouseClick)
        {
            FireBullet(pv.Owner.ActorNumber);
            // RPC로 원격지에 있는 함수를 호출
            pv.RPC("FireBullet", RpcTarget.Others, pv.Owner.ActorNumber);
        }
    }
```

```
    [PunRPC]
    void FireBullet(int actorNo)
    {
        // 총구 화염 효과가 실행 중이 아닌 경우에 총구 화염 효과 실행
        if (!muzzleFlash.isPlaying) muzzleFlash.Play(true);

        GameObject bullet = Instantiate(bulletPrefab,
                                        firePos.position,
                                        firePos.rotation);
        bullet.GetComponent<Bullet>().actorNumber = actorNo;
    }
}
```

피격을 당했을 때 충돌한 총알의 **ActorNumber**를 활용해 어떤 네트워크 유저가 발사한 총알인지 확인하기 위해 **Damage** 스크립트를 다음과 같이 수정한다.

스크립트 15-21 Damage – 피격 시 발사한 네트워크 유저의 확인 및 메시지 출력 로직

```
using System.Collections;
using UnityEngine;
using Photon.Pun;
using Photon.Realtime;
using Player = Photon.Realtime.Player;

public class Damage : MonoBehaviourPunCallbacks
{
    // 사망 후 투명 처리를 위한 MeshRenderer 컴포넌트의 배열
    private Renderer[] renderers;

    // 캐릭터의 초기 생명치
    private int initHp = 100;
    // 캐릭터의 현재 생명치
    public int currHp = 100;

    private Animator anim;
    private CharacterController cc;

    // 애니메이터 뷰에 생성한 파라미터의 해시값 추출
    private readonly int hashDie = Animator.StringToHash("Die");
```

```
        private readonly int hashRespawn = Animator.StringToHash("Respawn");

        // GameManager 접근을 위한 변수
        private GameManager gameManager;

        void Awake()
        {
            // 캐릭터 모델의 모든 Renderer 컴포넌트를 추출한 후 배열에 할당
            renderers = GetComponentsInChildren<Renderer>();
            anim = GetComponent<Animator>();
            cc = GetComponent<CharacterController>();

            // 현재 생명치를 초기 생명치로 초깃값 설정
            currHp = initHp;

            gameManager = GameObject.Find("GameManager").GetComponent<GameManager>();
        }


        void OnCollisionEnter(Collision coll)
        {
            // 생명 수치가 0보다 크고 충돌체의 태그가 BULLET인 경우에 생명 수치를 차감
            if (currHp > 0 && coll.collider.CompareTag("BULLET"))
            {
                currHp -= 20;
                if (currHp <= 0)
                {
                    // 자신의 PhotonView일 때만 메시지를 출력
                    if (photonView.IsMine)
                    {
                        // 총알의 ActorNumber를 추출
                        var actorNo = coll.collider.GetComponent<Bullet>().actorNumber;
                        // ActorNumber로 현재 룸에 입장한 플레이어를 추출
                        Player lastShootPlayer = PhotonNetwork.CurrentRoom.GetPlayer(actorNo);

                        // 메시지 출력을 위한 문자열 포맷
                        string msg = string.Format("\n<color=#00ff00>{0}</color> is killed by
<color=#ff0000>{1}</color>",
                                                    photonView.Owner.NickName,
                                                    lastShootPlayer.NickName);
                        photonView.RPC("KillMessage", RpcTarget.AllBufferedViaServer, msg);
                    }
```

```csharp
            StartCoroutine(PlayerDie());
        }
    }
}


[PunRPC]
void KillMessage(string msg)
{
    // 메시지 출력
    gameManager.msgList.text += msg;
}


IEnumerator PlayerDie()
{
    // CharacterController 컴포넌트 비활성화
    cc.enabled = false;
    // 리스폰 비활성화
    anim.SetBool(hashRespawn, false);
    // 캐릭터 사망 애니메이션 실행
    anim.SetTrigger(hashDie);

    yield return new WaitForSeconds(3.0f);

    // 리스폰 활성화
    anim.SetBool(hashRespawn, true);

    // 캐릭터 투명 처리
    SetPlayerVisible(false);

    yield return new WaitForSeconds(1.5f);

    // 생성 위치를 재조정
    Transform[] points =
GameObject.Find("SpawnPointGroup").GetComponentsInChildren<Transform>();
    int idx = Random.Range(1, points.Length);
    transform.position = points[idx].position;

    // 리스폰 시 생명 초깃값 설정
    currHp = 100;
```

```
        // 캐릭터를 다시 보이게 처리
        SetPlayerVisible(true);
        // CharacterController 컴포넌트 활성화
        cc.enabled = true;
    }

    // Renderer 컴포넌트를 활성/비활성화하는 함수
    void SetPlayerVisible(bool isVisible)
    {
        for(int i=0; i<renderers.Length; i++)
        {
            renderers[i].enabled = isVisible;
        }
    }
}
```

예제 게임을 빌드한 후 실행 파일의 유저는 A라고 지정하고 유니티 에디터에서 실행한 유저는 B라고 지정한다. 한 번씩 번갈아 가면서 총을 발사해 플레이어가 사망하면 PRC 함수로 호출한 KillMessage 함수가 실행되면서 다음과 같이 메시지가 표시된다.

[그림 15-97] 누구에 의해 공격을 받았는지를 확인할 수 있는 메시지 출력

룸에 접속한 네트워크 유저의 고윳값인 `ActorNumber`는 게임 내 `Kill count`를 계산하거나 스코어와 같은 다양한 로직에 활용할 수 있다.

정리

15장에서는 포톤 클라우드를 이용해 네트워크 게임을 제작했다. 가장 기본적인 네트워크 접속 환경과 객체 간의 동기화 처리 및 RPC에 대한 개념을 살펴보고 구현했다. 하지만 실제 네트워크 게임을 제작할 때는 다양한 경우와 환경을 고려해야 하기 때문에 실제 게임을 제작해 실전 경험을 쌓기를 권장한다. 또한, 포톤 서버의 레퍼런스 문서에는 다양하고 세밀한 기능에 대한 내용이 많기 때문에 프로젝트 진행 시 많은 도움이 될 것으로 생각한다.

- 이 장까지의 소스 코드 내려받기

  https://github.com/IndieGameMaker/AngryBot2Net

책을 마치며

성공적인 게임 개발의 지름길은 없지만, 한 가지만 꼽으라면 간단한 게임이라도 기획, 개발, 테스트, 마켓 론칭까지의 과정을 밟아가는 것이 중요하다. 또한 그러한 과정을 경험해 본 개발자와 그렇지 못한 개발자 간의 차이는 여러분이 생각하는 것보다 크다. 화려하거나 거창한 게임이 아니어도 작지만 여러분만의 소중한 게임을 꼭 출시하기를 적극 권장한다.

마지막 장까지 잘 따라와 준 독자 여러분께 감사의 말을 전한다. 이제 이 책을 덮고 여러분의 게임을 만들어 보자.